DESENVOLVIMENTO INTERNACIONAL EM DESTAQUE

Equilíbrio Delicado para a Amazônia Legal Brasileira

Um Memorando Econômico

MAREK HANUSCH, EDITOR

GRUPO BANCO MUNDIAL

Sumário

Quadros

Figuras

Mapas

Tabelas

Agradecimentos

Este memorando foi elaborado por uma equipe do Banco Mundial liderada por Marek Hanusch (Economista Sênior, Prática Global de Macroeconomia, Comércio e Investimentos, MTI), sob a orientação de Felipe Jaramillo (Vice-Presidente para a Região da América Latina e do Caribe, ALC); Seynabou Sakho (Diretora de Estratégias e Operações, ALC); Paloma Anós Casero (Diretora para o Brasil); Robert Taliercio (Diretor Regional do Grupo de Prática de Crescimento Equitativo, Finanças e Instituições, EFI); Doerte Doemeland e Jorge Thompson Araújo (Gerentes de Prática, MTI); e Shireen Mahdi e Rafael Muñoz Moreno (Economistas Líderes para o Brasil, EFI).

Para a nota conceitual, a revisão por pares foi feita por Giovani Ruta (Economista Ambiental Líder, Prática Global de Meio Ambiente, Recursos Naturais e Economia Azul) e Tatiana Didier (Economista Sênior, Prática Global de Finanças, Competitividade e Inovação). Na etapa de melhoria de qualidade, a revisão por pares foi feita por Richard Damania (Economista-Chefe, Grupo da Prática de Desenvolvimento Sustentável, SD) e Kevin Carey (Conselheiro, EFI). Revisões adicionais foram feitas por Elena Ianchovichina (Economista-Chefe Adjunta, ALC). Para a etapa de decisão, foram convidados os seguintes revisores: Otaviano Canuto (Mêmbro Sênior não residente da Brookings Institution); Martin Raiser (Vice-Presidente, Região do Sul da Ásia); e Stephane Hallegatte (Conselheira Sênior sobre Mudança Climática, SD).

Os autores principais dos capítulos, incluindo funcionários e consultores do Grupo Banco Mundial, estão relacinados abaixo:

- *Capítulo 1:* Marek Hanusch, Jon Strand e Claudia Tufani.
- *Capítulo 2:* Gabriel Lara Ibarra, Ildo Lautharte, Jorge Muñoz, Camille Bourguignon, Rovane Battaglin Schwengber, Michael Weber, Marek Hanusch, Stella Mendes Carneiro, Claudia Tufani e Joaquim Bento de Souza Ferreira Filho.
- *Capítulo 3:* Marek Hanusch, Gabriel Zaourak, Joaquim Bento de Souza Ferreira Filho e Diogo Bardal.
- *Capítulo 4:* Jorge Muñoz, Camille Bourguignon, Luis Diego Herrera Garcia, Marek Hanusch, Eric Arias, Fabiano Silvio Colbano, Alexandre Kossoy, Bryan Gurhy, Dieter Wang, Jon Strand, Rafael Amaral Ornelas, Claudia Tufani e Guido Penido.

- *Capítulo 5:* Hans Jansen, Marek Hanusch, Giovani William Gianetti (Universidade de São Paulo, USP), Frank Merry (Climate Focus), Adauto Brasilino Rocha Junior (Universidade de Nebraska-Lincoln), Claudia Tufani e Daniele La Porta.
- *Capítulo 6:* Paula Restrepo Cadavid e Olivia D'Aoust, com contribuições de Hogeun Park e Giuseppe Rossitti, Jake William Schneider (Universidade de Harvard) e Laurent Troost (Laurent Troost Architectures).
- *Capítulo 7:* Marek Hanusch, Ana Maria Gonzalez Velosa, Tanya Lisa Yudelman, Sandra Berman, Jon Strand e Claudia Tufani.

Os capítulos foram revisados separadamente, ou em partes, por Marta Arretche (USP), Armínio Fraga (Gávea Investimentos), Clarissa Gandour (*Climate Policy Initiative*), John Hemming (anteriormente na Royal Geographical Society), Alfredo Kingo Oyama Homma (Empresa Brasileira de Pesquisa Agropecuária, Embrapa), Charly Porcher (Universidade de Georgetown), Luis Quintero (Universidade Johns Hopkins), José Luiz Rossi Júnior (Banco Interamericano de Desenvolvimento), Marcelo Stabile (Instituto de Pesquisa Ambiental da Amazônia, IPAM), Jonas Steinfeld (Universidade de Wageningen) e Fernando Veloso (Fundação Getulio Vargas, FGV).

Este memorando tem um relatório complementar, "Competitidade Urbana no Estado do Amazonas", baseado em 13 documentos de apoio:

Fabio Artuso e Giulio Zanetti. "A Branding Strategy for the Amazon."

Mark Bernhofen, Flannery Dolan e Christian Borja-Vega. "Water in the Legal Amazon."

Adauto Brasilino Rocha Júnior. "Farm Scale and Productivity in the Legal Amazon."

Pietro Calice e Federico Alfonso Diaz Kalan. "Sustainable, Inclusive Growth: Rural Finance in the North Region."

Xavier Cirera e Antonio Martins-Neto. "The Role of Skills Relatedness and Spin-offs in Diversification to Green Sectors."

Joaquim Bento de Souza Ferreira Filho e Marek Hanusch. "A Macroeconomic Perspective of Structural Deforestation in Brazil's Legal Amazon."

Gabriel Kohlmann e Elis Licks. "Mapping Value Chains for the Amazon Bioeconomy."

Ildo Lautharte, Ursula Mello e Lucas Emanuel. "Education as a Leverage for Future Skills in the Legal Amazon."

Charly Porcher e Marek Hanusch. "A Model of Amazon Deforestation, Trade, and Labor Market Dynamics."

Graciela Sanchez Martinez, Juliana Paiva, Gabriela Lima de Paula, Paulo Moutinho, Rodrigo Castriota e Alberto Coelho Gomes Costa. "Indigenous Peoples and Sustainable Development in the Legal Amazon."

Jon Strand. "Valuation of the Brazilian Amazon Rainforest."

Maria Vagliasindi. "Key Challenges and Opportunities in the Power Sector of the State of Amazonas."

Dieter Wang, Bryan Gurhy e Marek Hanusch. "Could Sustainability-Linked Bonds Incentivize Lower Deforestation in Brazil's Legal Amazon?"

Ana Maria Gonzalez Velosa, Tanya Lisa Yudelman e Sandra Berman, da equipe do Projeto Paisagens Sustentáveis do Amazonas do Banco Mundial, nos enviaram comentários detalhados para grande parte deste memorando. O trabalho foi feito em estreita colaboração com a Corporação Financeira Internacional (IFC), incluindo *feedback* de Diogo Bardal, Bruce Ian Keith, Cristina Catunda,

Carolina Moreira Mariotto e Mattia Bordon. A equipe também se beneficiou de conversas com outros membros da equipe da IFC no Brasil.

A equipe agradece pelas sugestões e comentários recebidos de outros colegas do Banco, entre eles: Anna Wellenstein, Genevieve Connors, Diego Arias Carballo, Valerie Hickey, Renato Nardello, Ekaterina Vostroknutova, Mark Thomas, Somik Lall, Christopher Ian Brett, Garo Batmanian, Luis Alberto Andres, Pablo Acosta, Alberto Coelho Gomes Costa, Eirivelthon Santos Lima, Kjetil Hansen, Mathilde Lebrand, Megersa Abera Abate, Daniel Alberto Benitez, Alexander Lotsch, Edson Araújo, Christian Borja-Vega, Maria de Fatima Amazonas, Jevgenijs Steinbuks, James Cust, Ana Waksberg Guerrini, Javier Morales Sarriera, Jean-Francois Arvis e Ernani Argolo Checcucci Filho.

Maria Elisa Dias Diniz Costa ofereceu excelentes orientações quanto às questões de relações externas, e Flávia Nahmias da Silva Gomes, Adriane Landwehr e Priscilla Nunes Cardoso de Sá foram brilhantes no apoio administrativo ao projeto.

Gostaríamos de agradecer de maneira muito especial a Tatiana Schor, que nos inspirou inicialmente para escrever este memorando e acompanhou a sua elaboração ativamente, e também a seus colegas no governo do estado do Amazonas, entre eles: Jório de Albuquerque Veiga Filho, Jeibi Medeiros da Costa, Karla Fabiane Soares Tavares, Natália Sagaydo, Jonas da Rosa Goncalves, Karoline Andrade Barros, Lilia Marina Ferreira de Assunção, Nina Best e Lupuna Souza.

A equipe agradece ainda pela estreita colaboração com João Maria de Oliveira (Instituto de Pesquisa Econômica Aplicada, Ipea) na pesquisa, e pelo generoso compartilhamento de dados feito por Marc Muendler (Universidade da Califórnia em San Diego), Christian de Cico e Matheus Nagliati (Arquivei).

A equipe se beneficiou de conversas com Adriana Moreira (Fundo Global para o Meio Ambiente, GEF); Gustavo Fontenele, José Ricardo Ramos Sales, Klenize Favero, Leonardo Povoa e Vitarque Coelho (Ministério da Economia); Eduardo Sampaio Marques (Ministério da Agricultura); Dione Macedo (Ministério de Minas e Energia); Leonardo Pamplona (Banco Nacional de Desenvolvimento Econômico e Social, BNDES); Leandro Rodrigues e Silva, Tiago Henrique Franca Baroni e Eduardo Dornelas Munhoz (da Empresa de Planejamento e Logística, EPL); General Algacir Polsin, Ana Maria Oliveira de Souza, Germano Augusto Coelho de Morais e Arthur de Freitas Lisboa (Superintendência da Zona Franca de Manaus, SUFRAMA); Carlos Nobre e Victoria Ballester (USP); Juliano Assunção, Arthur Braganca, Amanda Schutze e Clarissa Gandour (*Climate Policy Initiative*); André Guimaraes, Marcelo Stabile e Paulo Moutinho (Ipam); Paulo Barreto e Brenda Brito (Instituto do Homem e Meio Ambiente da Amazônia, Imazon); Gabriel Kohlmann e Elis Licks (Instituto Escolhas); Virgilio Viana e Victor Salviati (Fundação Amazônia Sustentável, FAS); Bernard Appy (Centro de Cidadania Fiscal, C.CiF); Vanessa Rahal Canado (Insper - Instituto de Ensino e Pesquisa); Carlos Klink (Universidade de Brasília); Britaldo Soares-Filho (Universidade Federal de Minas Gerais, UFMG); Roberto Schaffer (Universidade Federal do Rio de Janeiro); Felipe Nunes Coelho Magalhães (Centro de Desenvolvimento e Planejamento Regional, Cedeplar, da UFMG); Luiz Braido (FGV); Wilmara Cruz Messa (Centro de Mídias de Educação do Amazonas, Cemeam); Fernando Ramos e Aline Soterroni (Instituto Nacional de Pesquisas Espaciais, Inpe); Salo Coslovsky (Universidade de Nova York); Bruno Simões (Amazon Vital); Pedro Mariosa, Naziano Filizola, Marcelo Serafico e Waltair Machado

(Universidade Federal do Amazonas); Claudia Azevedo-Ramos (Universidade Federal do Pará); Amintas Brandão Júnior (Universidade de Wisconsin-Madison); Glenn Shepard (Museu Paraense Emílio Goeldi); David (Toby) McGrath (*Earth Innovation Institute*); Maritta Koch-Weser (Earth3000 e USP); Jens Bruggemann (Agência Alemã de Cooperação Internacional, GIZ); Martin Schroder e Florian Arneth (KfW); Claudia Melim-McLeod e Ellen Hestnes Ribeiro (*Rainforest Foundation Norway*); Vanessa Perez-Cirera, Carolina Genin, Caroline Rocha, Paulo Camuri, Rafael Feltran-Barbieri, Leonardo Garrido e Henrique Corsi (*World Resources Institute*); Eurydes Siqueira de Barcellos Junior, Rodolfo Pereira Clemente, Jessica Camilo, Anderson Chaves e Rafael da Silva Lourenço (Yamaha); Roberto Moreno (Honda); e participantes de apresentações individuais na Concertação pela Amazônia, Ipea e iniciativa Amazônia 2030.

Uma equipe na *Communications Development Inc.* (liderada por Bruce Ross-Larson e composta por Joe Caponio, Mike Crumplar e Meta de Coquereaumont) revisou uma versão anterior deste documento. A equipe de publicações do Banco Mundial é composta por Cindy Fisher (editora de aquisição), Mark McClure (editor de produção), Mary Anderson e Elizabeth Forsyth (editoras de texto) e Ann O'Malley (revisora).

Resumo executivo

COMO MELHORAR OS PADRÕES DE VIDA E CONSERVAR AS EXCEPCIONAIS RIQUEZAS NATURAIS DA AMAZÔNIA LEGAL BRASILEIRA

A Amazônia Legal brasileira compreende nove estados, entre os quais alguns dos mais pobres do país. Esse vasto território de 502 milhões de hectares é maior em área que a União Europeia (UE) e é o lar de 28 milhões de brasileiros[1]. Embora a Amazônia Legal seja conhecida principalmente por suas vastas florestas naturais, mais de três quartos de sua população vivem em cidades (grandes e pequenas). Trinta e seis por cento da população da região vive em situação de pobreza[2].

A região abriga cerca de 60% da Floresta Amazônica e também partes de outros biomas importantes, como o Cerrado e o Pantanal. Essas paisagens naturais compreendem grandes áreas contíguas, principalmente florestas, muitas das quais permaneceram relativamente intocadas durante os últimos 12 mil anos de expansão humana em terras naturais.

A Amazônia Legal é uma das últimas regiões de fronteira do mundo. Contudo, a expansão econômica invadiu essas florestas milenares, provocando sua rápida destruição — especialmente no sudeste da região, na área conhecida como "Arco do Desmatamento" — e ameaçando os modos de subsistência de muitas comunidades tradicionais. Há uma necessidade urgente de um caminho alternativo de desenvolvimento para a Amazônia Legal que reduza as desigualdades econômicas e promova o uso sustentável de recursos naturais.

Este memorando propõe uma abordagem multifacetada: um equilíbrio delicado que busca, ao mesmo tempo, indicar um caminho para aumentar a renda da população da Amazônia Legal e proteger suas florestas naturais e modos de vida tradicionais, concentrando-se em quatro ações estratégicas:

- *Melhorar o bem-estar da população,* promovendo a produtividade por meio da transformação estrutural em áreas rurais e urbanas;
- *Proteger a floresta,* fortalecendo a governança territorial e florestal, inclusive por meio da aplicação da legislação em vigor (comando e controle);
- *Fomentar meios de subsistência rurais sustentáveis,* acessando o capital natural associado à floresta em pé e protegendo os mais pobres e os modos de vida tradicionais; e

- ***Estruturar o financiamento para a conservação,*** vinculando-o à redução mensurável do desmatamento e fazendo uso de recursos públicos e privados, ou de soluções baseadas no mercado.

O custo da inação é alto

Reconhecer o valor excepcional das florestas naturais da Amazônia Legal é fundamental para deter sua destruição. O Brasil é responsável por cerca de um terço do desmatamento tropical no mundo todo, principalmente devido à pecuária (Pendrill et al., 2019). No Brasil, a Amazônia Legal é o *hotspot* de desmatamento, em sua maioria ilegal.

Além disso, a Floresta Amazônica corre o risco de atingir um ponto de inflexão em que as mudanças climáticas e o desmatamento se combinariam para causar a morte permanente de grandes extensões de floresta tropical. Embora os pontos de inflexão permaneçam cercados de incerteza, inclusive em relação a quando seriam acionados, suas consequências seriam catastróficas. Desde 2000, três quartos da floresta tropical já perdeu sua capacidade de regeneração e adaptação. (Boulten, Lenton e Boers, 2022). O desmatamento coloca em risco o valor da floresta em pé no Brasil, estimado em mais de US$ 317 bilhões por ano — o que equivale a até sete vezes mais que o valor estimado da exploração privada ligada à agricultura extensiva, à exploração madeireira ou à mineração (Strand, 2022).

Enquanto bem público, o valor da floresta tropical brasileira inclui seus serviços ecossistêmicos, os quais, somente para a região da América do Sul, são estimados em US$ 20 bilhões anuais. Esses serviços incluem a chuva necessária para a agricultura da região e a proteção contra a erosão do solo e os incêndios (Strand, 2022). Os valores públicos globais associados à floresta em pé são ainda maiores, principalmente devido ao papel da Amazônia Legal como sumidouro de carbono: o valor anual do armazenamento de carbono é estimado em US$ 210 bilhões, com o valor de opção e existência ligado à biodiversidade e cobertura florestal somando outros US$ 75 bilhões[3]. Os valores de uso privado sustentável da floresta em pé, como, por exemplo, a produção de produtos não madeireiros ou o turismo sustentável, são estimados em US$ 12 bilhões anuais. Portanto, o custo da inação é alto, tanto na Floresta Amazônica quanto nos outros biomas da Amazônia Legal.

Impedir o desmatamento ilegal não é apenas uma prerrogativa econômica e ambiental, mas também se alinha aos compromissos assumidos pelo Brasil no âmbito do Acordo Climático de Paris: o solo, as mudanças no uso do solo e as florestas são as principais fontes de emissões brutas de gases de efeito estufa no país; impedir o desmatamento ilegal, portanto, é uma prioridade explícita na Contribuição Nacionalmente Determinada original do Brasil. Na Conferência das Nações Unidas sobre Mudanças Climáticas de 2021 — também chamada de 26ª Conferência Anual das Partes (COP26) — o Brasil antecipou para 2028 sua meta de zerar o desmatamento ilegal no país. A efetivação desse compromisso é importante para que o governo brasileiro demonstre sua credibilidade política para seus cidadãos e para o mundo e, ao mesmo tempo, cumpra suas obrigações de conter o aquecimento global como membro da comunidade internacional. Dada sua matriz energética verde, a redução efetiva do desmatamento tornaria o Brasil um país verde e beneficiaria a pauta de comércio internacional à medida que o mundo se descarbonizasse (Banco Mundial, 2023a).

Além dos impactos climáticos e econômicos associados ao desmatamento, o custo da inação também resulta em progresso social mais lento. Na maioria dos estados amazônicos, especialmente os mais remotos, a pobreza estagnou ou aumentou nos últimos anos. As condições de vida dos mais pobres permanecem precárias nas áreas rurais e urbanas, o que desfavorece especialmente os indígenas, os afro-brasileiros, os caboclos e as famílias chefiadas por mulheres.

A Amazônia dispõe de uma base sólida para controlar o desmatamento

Nos anos 2000, o Brasil implementou uma série de medidas para reforçar a proteção de suas florestas, especialmente a Floresta Amazônica. O Programa Áreas Protegidas da Amazônia, lançado em 2002, criou 60 milhões de hectares de áreas protegidas. Atualmente, totaliza cerca de 209 milhões de hectares de áreas protegidas ou territórios indígenas, o que equivale a 42% do território da Amazônia Legal. Em 2004, o governo adotou o Plano de Ação para Prevenção e Controle do Desmatamento na Amazônia Legal, que inicialmente se concentrava em questões fundiárias e de planejamento territorial; produção sustentável; e monitoramento e controle ambientais. Além disso, a fiscalização foi intensificada por meio do monitoramento por sensoriamento remoto, inclusive o Sistema de Detecção de Desmatamento em Tempo Real (DETER). Desde 2008, houve um aumento nas ações de fiscalização direcionada em municípios prioritários (que integram a "Lista de Municípios Prioritários"). Em 2012, o Brasil atualizou seu Código Florestal de 1965 e introduziu o Cadastro Ambiental Rural (CAR), uma inovação em termos de banco de dados e ferramenta de gestão ambiental. Essas ações públicas foram complementadas por compromissos do setor privado, tais como a Moratória da Soja na Amazônia de 2006 e o Compromisso de Desmatamento Zero na Pecuária de 2009.

Algumas dessas medidas foram mais eficazes que outras, mas, juntas, elas contribuíram para uma redução significativa nas taxas de desmatamento. De um pico de 27.772 quilômetros quadrados em 2004, o desmatamento na Amazônia Legal caiu para 4.471 quilômetros quadrados em 2012: uma redução de 84%[4]. No entanto, o Brasil não foi capaz de manter essa tendência positiva: o desmatamento voltou a acelerar acentuadamente na região desde 2015, atingindo 13.235 quilômetros quadrados (o equivalente a 1,8 milhão de campos de futebol) em 2021 (figura RE.1).

A aplicação da legislação brasileira de proteção às florestas naturais tornou-se, portanto, mais urgente, e medidas adicionais devem ser consideradas para promover tanto a proteção das florestas quanto o crescimento inclusivo, conforme propõe este memorando. No curto prazo, a vontade política é fundamental para que as instituições brasileiras de proteção florestal funcionem de forma eficaz.

Há uma grande necessidade de revigorar o progresso social

Há vínculos importantes entre sustentabilidade ambiental e progresso social, e qualquer abordagem de desenvolvimento para a Amazônia Legal deve reconhecer os desejos legítimos de seus nove estados de elevar o padrão de vida de seus cidadãos.

FIGURA RE.1

O desmatamento está aumentando na Amazônia Legal

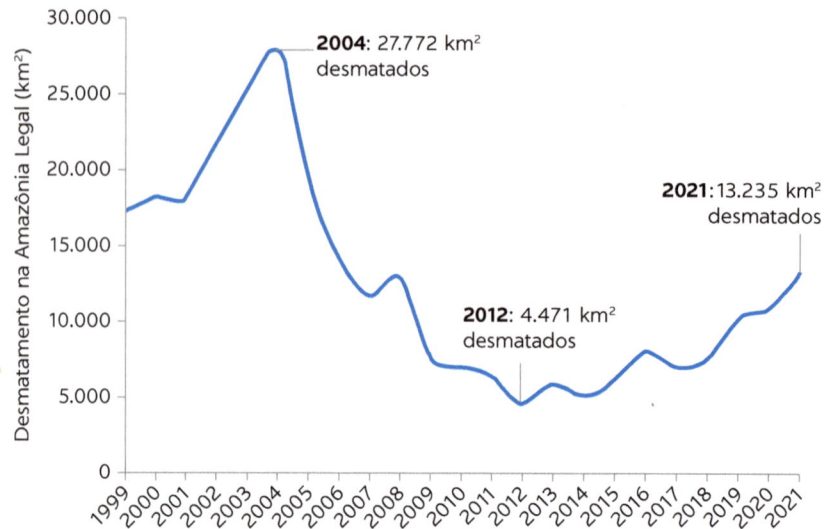

Fontes: Banco Mundial, com dados do Projeto de Monitoramento por Satélite do Desmatamento na Amazônia Legal (Prodes) do Instituto Nacional de Pesquisas Espaciais (INPE).
Observação: A figura ilustra o desmatamento anual na Amazônia Legal; km² = quilômetros quadrados.

As economias da Amazônia Legal não apresentam resultados particularmente bons em relação à geração de empregos: o desemprego entre os pobres urbanos da região atingiu 29% em 2019 e piorou durante a crise da Covid-19[5]. As cidades enfrentam dificuldades para gerar bons empregos, e a informalidade é alta. O desemprego rural é muito menor, mas isso mascara níveis relativamente mais altos de trabalho informal de baixa produtividade. Como a Amazônia Legal já é bastante urbanizada, 6,5 milhões da população pobre vivem em áreas urbanas (a maioria dos pobres da região) e 3,8 milhões, em áreas rurais (figura RE.2)[6]. Nas áreas rurais, a pobreza, no entanto, é mais profunda.

Lacunas significativas na prestação de serviços públicos também são observadas em toda a Amazônia Legal, especialmente nas áreas rurais. Houve um progresso considerável na implantação de serviços de energia elétrica, mas a região ainda carece de muitos outros serviços: em 2019, 34% dos pobres rurais não tinham acesso a serviços de esgotamento sanitário aprimorados; 46% praticavam defecação a céu aberto; e 86% não tinham acesso à coleta de resíduos sólidos[7]. Os serviços públicos são melhores nas áreas urbanas, inclusive para os pobres, mas os déficits habitacionais são significativos e muito maiores que no Brasil em geral. Muitos habitantes urbanos vivem em assentamentos semelhantes a favelas, variando de cerca de 2% da população urbana em Mato Grosso a 35% no Amazonas[8].

A Covid-19 expôs algumas das fragilidades dos sistemas de saúde da Amazônia Legal, muitos dos quais estavam sobrecarregados durante a pandemia. Dados preliminares demonstram que a mortalidade nos hospitais da região Norte (que inclui sete dos nove estados da Amazônia Legal) foi mais alta que em qualquer outra região brasileira. De fato, a mortalidade entre os pacientes internados em unidades de terapia intensiva foi de 79% na região Norte (a mais alta do país),

FIGURA RE.2

A maioria da população pobre vive em cidades grandes e pequenas

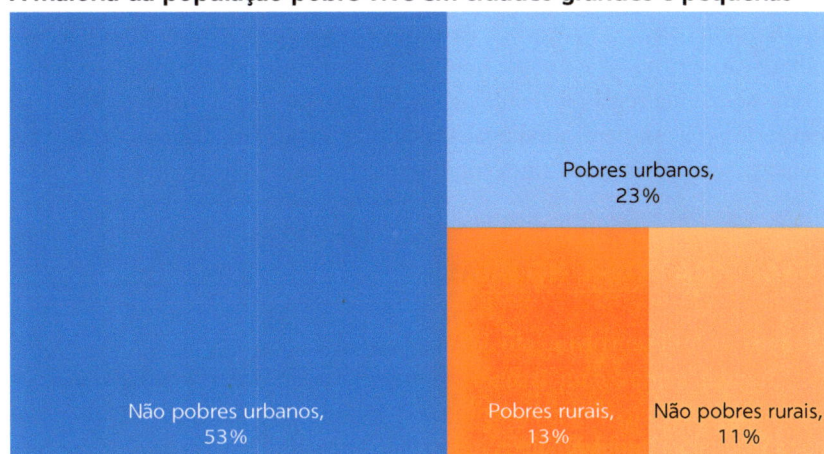

Pobres urbanos, 23%

Não pobres urbanos, 53%

Pobres rurais, 13%

Não pobres rurais, 11%

Fontes: Banco Mundial, com dados do Banco de Dados Socioeconômicos da América Latina e Caribe (Sedlac) e da Pesquisa Nacional por Amostra de Domicílios Contínua do Brasil (PNADC) 2019 por meio do pacote datalibweb Stata do Banco Mundial.
Observação: A figura apresenta as porcentagens da população amazônica em 2019. Os "pobres" são definidos como pessoas que vivem na linha de pobreza de US$ 5,50 por pessoa por dia ou abaixo dela.

ao passo que a média brasileira foi de 55%. Mesmo antes da pandemia, a região Norte já apresentava índices mais altos de mortalidade hospitalar que as demais regiões (Ranzani et al., 2021).

Por fim, a criminalidade é um problema grave na Amazônia. Ela está principalmente ligada ao crime organizado, ao tráfico de drogas, à corrupção e assaltos à mão armada e conflitos domésticos em menor escala, o que é sintomático da fragilidade do Estado na região.

As soluções de desenvolvimento devem incluir ênfase na geração de empregos — inclusive visando ao aumento da produtividade — e no fortalecimento das instituições para o progresso social em toda a Amazônia Legal.

As soluções de desenvolvimento devem levar em consideração a diversidade da Amazônia Legal

A Amazônia Legal é rica não apenas do ponto de vista ambiental, mas também em termos culturais. É a região brasileira com o maior número de indígenas — cerca de 380 mil, o que equivale a 1,5% da população da Amazônia Legal, com quase metade deles vivendo no estado do Amazonas (IBGE, 2012). Muitos indígenas da região transitam por espaços rurais e urbanos, e cerca de 20% vivem permanentemente nas capitais dos estados.

Diversas comunidades indígenas ainda vivem em completo isolamento em partes remotas da floresta. Outros grupos tradicionais da Amazônia Legal são as comunidades ribeirinhas e quilombolas. Esses grupos tendem a manter fortes laços culturais com as terras naturais da região. Ao mesmo tempo, tendem a ter renda mais baixa e acesso mais precário aos serviços públicos. O desenvolvimento inclusivo na Amazônia Legal deve prestar muita atenção aos povos tradicionais da região, independentemente do fato de eles optarem por adotar a vida urbana, manter seu modo de vida rural tradicional, ou ambos.

O norte da Amazônia Legal — uma área predominantemente coberta por florestas — é bem diferente do sudeste da região, em maior contato com o Arco do Desmatamento. O sudeste da Amazônia Legal concentra a maior parte da população da região e possui mercados e instituições mais consolidadas. Trata-se de uma região marcada pela imigração de outras partes do Brasil ao longo de décadas, bem como pela agricultura comercial. Embora tenda a ser uma região mais rica, a pobreza continua a representar um desafio importante.

AMAZÔNIA LEGAL NO BRASIL E NO MUNDO

O contexto de desenvolvimento da Amazônia Legal tem origens globais e nacionais. À medida que o mundo se tornou mais rico e a população global cresceu, a demanda por *commodities* aumentou. A crescente demanda por produtos agrícolas e minerais impulsionou o crescimento brasileiro, que faz uso intensivo de recursos naturais. Também levou ao desmatamento, especialmente na Amazônia Legal, pois a produção agrícola ajuda a atender às demandas nacional e global de alimentos.

Paralelamente o mundo vem despertando para o impacto de sua demanda sobre o desmatamento e suas devastadoras consequências naturais, sociais e econômicas. Crescem os esforços globais para promover cadeias de valor livres de desmatamento por meio da conscientização dos consumidores e de medidas comerciais. As empresas exigem cada vez mais de seus fornecedores produtos que não estejam associados ao desmatamento. Às vezes, essas tendências são vistas como uma ameaça ao crescimento econômico no Brasil e na Amazônia Legal. Elas também indicam uma oportunidade de substituir o modelo de crescimento do país por outro que proporcione simultaneamente a proteção dos recursos naturais e um desenvolvimento sustentável e inclusivo. Uma mudança no modelo de crescimento é importante para o Brasil e a Amazônia Legal.

O Brasil alcançou o *status* de país de renda média alta com base na acumulação de fatores, tais como demografia e educação crescente (aumento da força de trabalho); poupança e investimento (acumulação de capital); e expansão da fronteira agrícola (acumulação de terras). Nesse sentido, o desmatamento é um elemento fundamental do modelo de crescimento do país. Todavia, a acumulação de fatores tem seus limites — e, no caso do Brasil, efeitos potencialmente devastadores para as florestas da Amazônia Legal. A prosperidade futura do Brasil dependerá de sua capacidade de aumentar a produtividade em setores além das *commodities* (os chamados "setores urbanos" como manufatura e serviços), que atualmente são os menos competitivos do país (figura RE.3). Enquanto isso, a pauta de exportações do Brasil permanece dominada por *commodities* (figura RE.4).

Devido ao fato de as economias da Amazônia Legal estarem inseridas na economia brasileira e representarem menos de 10% do produto interno bruto (PIB) nacional, as soluções para os desafios enfrentados pela região não se limitam apenas à Amazônia Legal. Este memorando demonstra que a aceleração do crescimento da produtividade em todo o Brasil, inclusive nos setores urbanos, promoveria o crescimento sustentável e inclusivo na Amazônia Legal por três razões:

• O crescimento da produtividade em outras partes do país aumentaria a demanda por bens produzidos na Amazônia Legal, beneficiando

FIGURA RE.3

Desequilíbrio da produtividade do trabalho entre *commodities* e setores mais urbanos no Brasil, 1996–2021

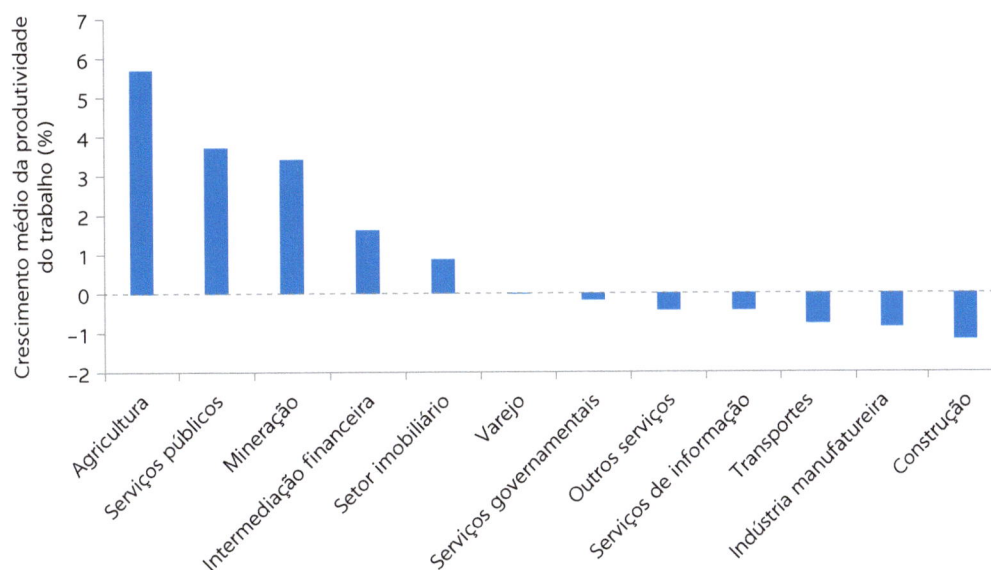

Fonte: Banco de dados do Observatório de Produtividade Regis Bonelli do Instituto Brasileiro de Economia (Ibre) da Fundação Getulio Vargas (FGV).
Observação: A figura ilustra o crescimento médio anual da produtividade do trabalho de 1996 a 2021.

especialmente estados, como o Amazonas, que estão integrados aos mercados internos.

- Além disso, atrairia trabalhadores para fora da Amazônia Legal, reduzindo a oferta de mão de obra local e, assim, elevando os salários locais.
- Por fim, reduziria o desmatamento, atenuando a competitividade externa das *commodities* da região, reduzindo as pressões sobre as terras rurais e, portanto, sobre as florestas naturais da Amazônia Legal.

Um modelo de crescimento mais equilibrado com ganhos de produtividade em todos os setores, inclusive os urbanos, é fundamental para o Brasil, em geral, e para a Amazônia Legal, em particular.

Em relação ao duplo objetivo de atender à demanda global de alimentos e conter o desmatamento, a intensificação agrícola assume um papel importante, pois implica que mais demanda pode ser atendida com a mesma quantidade de terra. Este memorando demonstra que promover ganhos de produtividade agrícola em todo o Brasil aumenta a produção de alimentos e reduz o desmatamento. A principal razão é que a maior parte desse aumento na produção vem das regiões agrícolas mais consolidadas do Brasil, onde o desmatamento é menos preocupante porque restam poucas florestas naturais e os mercados de terras estão relativamente maduros.

No entanto, este relatório também indica que os ganhos de produtividade agrícola na Amazônia abrigam riscos: a disponibilidade de vastas áreas de terra natural e as falhas em sua proteção fomentam o *efeito Jevons*, por meio do qual agricultores mais competitivos demandam mais terra para ampliar sua participação de mercado (intensificação que induz a extensificação). Conter o efeito

FIGURA RE.4

Cesta de exportações do Brasil, com grande presença de *commodities*

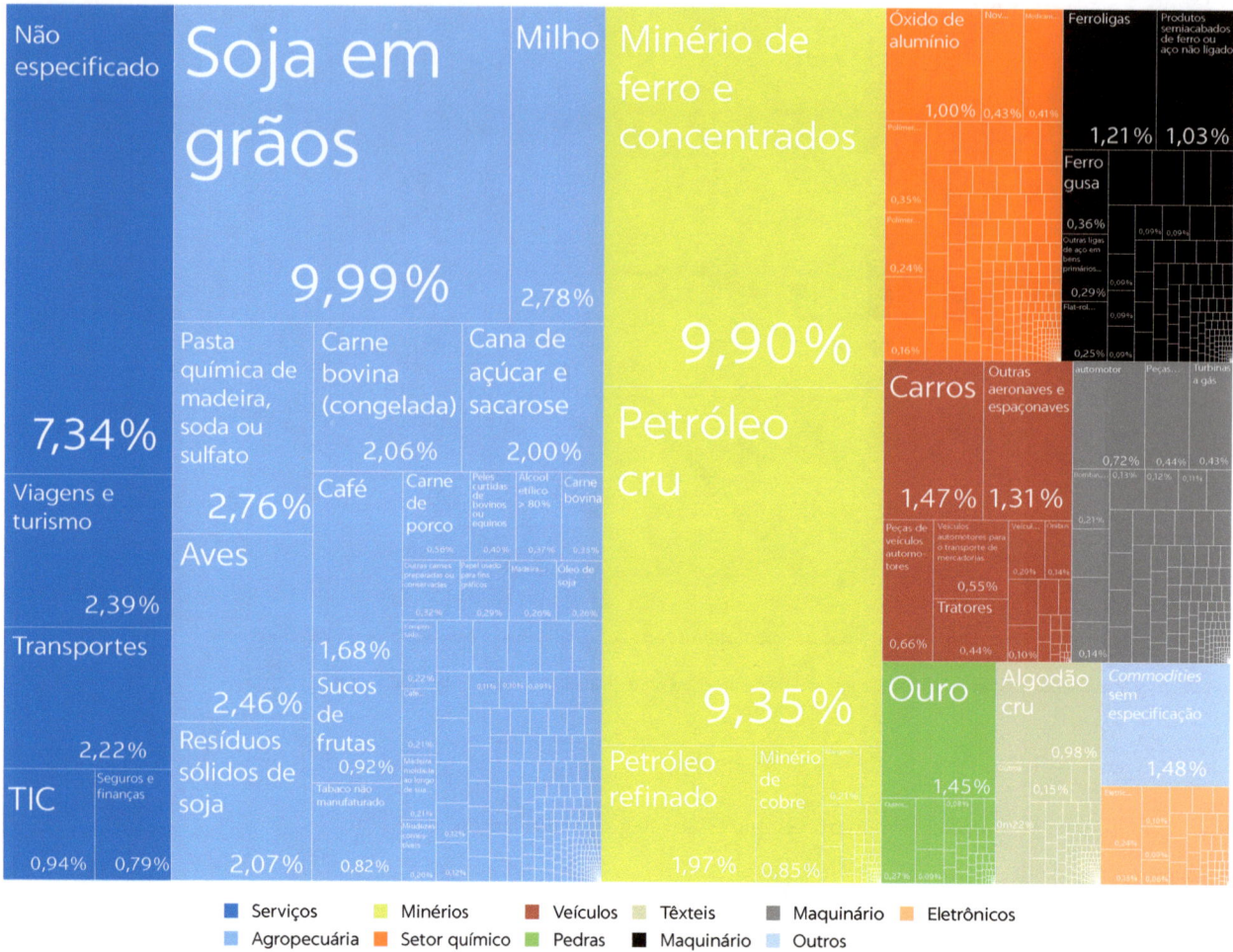

Não especificado 7,34%

Soja em grãos 9,99%

Pasta química de madeira, soda ou sulfato 2,76%

Carne bovina (congelada) 2,06%

Cana de açúcar e sacarose 2,00%

Café 1,68%

Carne de porco 0,58%

Peles curtidas de bovinos ou equinos 0,40%

Álcool etílico > 80% 0,37%

Carne bovina 0,35%

Outras carnes preparadas ou conservadas 0,32%

Papel usado para fins gráficos 0,29%

Madeira... 0,36%

Óleo de soja

Viagens e turismo 2,39%

Aves 2,46%

Sucos de frutas 0,92%

0,22%

0,21%

Transportes 2,22%

Resíduos sólidos de soja 2,07%

Tabaco não manufaturado 0,82%

TIC 0,94%

Seguros e finanças 0,79%

Milho 2,78%

Minério de ferro e concentrados 9,90%

Petróleo cru 9,35%

Petróleo refinado 1,97%

Minério de cobre 0,85%

Óxido de alumínio 1,00%

Nov... 0,43%

Moder... 0,41%

Polímer... 0,35%

Polímero 0,24%

0,16%

Ferroligas 1,21%

Produtos semiacabados de ferro ou aço não ligado 1,03%

Ferro gusa 0,36%

Outras ligas de aço em bens primários... 0,29%

Flat-rol... 0,09%

0,25% 0,09%

0,09% 0,09%

0,06%

Carros 1,47%

Outras aeronaves e espaçonaves 1,31%

Peças de veículos automotores 0,66%

Veículos automotores para o transporte de mercadorias 0,55%

Tratores 0,44%

Kombin... 0,13%

0,21%

0,12% 0,11%

0,20% 0,14%

0,10% 0,14%

automotor 0,72%

Peças 0,44%

Turbinas a gás 0,43%

Ouro 1,45%

Algodão cru 0,98%

0,15%

Commodities sem especificação 1,48%

0,27% 0,09%

| Serviços | Minérios | Veículos | Têxteis | Maquinário | Eletrônicos |
| Agropecuária | Setor químico | Pedras | Maquinário | Outros |

Fonte: Ferramenta de pesquisa e visualização do Atlas da Complexidade Econômica da Universidade de Harvard (https://atlas.cid.harvard.edu/).
Observação: A figura ilustra as porcentagens no total de exportações de mercadorias do Brasil em 2019; TIC = tecnologias de informação e comunicação.

Jevons, especialmente nas economias menos consolidadas da Amazônia Legal, é fundamental. Isso requer uma governança efetiva da terra e das florestas e um processo de transformação estrutural mais equilibrado. Ao mesmo tempo, fomentar a produtividade agrícola no resto do Brasil (onde há uma maior probabilidade de se conter o efeito Jevons) pode ajudar a atender a demanda global de alimentos e, ao mesmo tempo, reduzir as pressões econômicas sobre as florestas da Amazônia Legal.

MELHORANDO O BEM-ESTAR DA POPULAÇÃO EM ÁREAS URBANAS E RURAIS

Como equilibrar a transformação estrutural por meio de melhorias na produtividade rural e urbana

Entre os estados da Amazônia Legal, Mato Grosso seguiu o modelo brasileiro de crescimento baseado no uso intensivo de recursos naturais, o que o transformou num grande exportador de *commodities* agrícolas, especialmente a soja. Mato Grosso tornou-se o quarto estado mais rico do Brasil e, de longe, o mais rico da Amazônia Legal. De certa forma, atualmente serve de modelo para outros estados da região. No entanto, a ascensão econômica de Mato Grosso ocorreu às custas de uma vasta perda florestal: se outros estados amazônicos seguirem o caminho histórico de Mato Grosso, as florestas da Amazônia Legal seriam, em grande parte, dizimadas, com consequências ambientais e econômicas desastrosas. Portanto, é necessária uma abordagem de desenvolvimento diferente, que promova crescimento econômico de base ampla em todos os setores da economia, tanto nas áreas rurais quanto nas urbanas, e, ao mesmo tempo, reduza os incentivos econômicos ao desmatamento.

O aumento da produtividade nas áreas rurais e urbanas exigirá uma transformação estrutural. Para elevar os padrões de vida e oferecer oportunidades aos trabalhadores em outros setores além da agricultura, é fundamental realizar ganhos de produtividade em setores mais urbanos, como manufatura e serviços. No entanto, o desempenho econômico das áreas urbanas na Amazônia Legal — assim como em outras partes do Brasil — permanece aquém do esperado, o que leva a resultados ruins no mercado de trabalho e a condições de vida precárias.

O aumento da produtividade urbana também pode ajudar a conter o efeito Jevons por dois motivos: primeiramente, fortalece em termos relativos outros setores em comparação à agricultura, atenuando, assim, a competitividade externa do setor agrícola da Amazônia Legal. Além disso, reduz o custo de maquinários e insumos (como sementes ou fertilizantes) em relação ao custo da terra (e da mão de obra). Este memorando demonstra que os ganhos de produtividade urbana e agrícola são complementares — promovem a intensificação agrícola e, assim, reduzem o desmatamento. Tal complementaridade não depende da integração dos setores por meio de cadeias de valor. De fato, o memorando indica que, nos casos em que as florestas se encontram em risco, indústrias apoiadas em cadeias de valor rural podem ter um impacto negativo sobre as florestas porque os ganhos de produtividade no setor aumentariam a demanda por insumos agrícolas.

Eliminação de distorções de mercado

Diversas distorções fomentam o atual modelo de crescimento, muitas das quais estão vinculadas ao processo de colonização do Brasil (como, por exemplo, as vastas áreas não regularizadas) ou a suas políticas históricas industriais e comerciais. A remoção de distorções apoiaria a mudança para um modelo de crescimento que faça uso menos intensivo de recursos naturais e seja mais orientado para a produtividade.

Nos mercados fundiários, as seguintes distorções estão entre as mais significativas:

- ***Terras não destinadas.*** Uma enorme parte da Amazônia Legal (comparável à área conjunta da Noruega, Suécia e Finlândia) ainda carece de destinação adequada. Essas áreas aguardam destinação como unidades de conservação, terras indígenas, assentamentos de reforma agrária, terras passíveis de regularização fundiária ou outra categoria de posse. Áreas não destinadas apresentam índices mais altos de desmatamento vinculado à grilagem de terras.
- ***Insegurança fundiária.*** Muitos assentados rurais ainda aguardam o título definitivo de suas terras, muitas vezes por décadas, o que limita o potencial de produção.

- **Tributação fundiária inadequada.** O Imposto sobre a Propriedade Territorial Rural (ITR), originalmente destinado a fomentar a intensificação agrícola em seu formato atual, promove a agricultura extensiva e o desmatamento.
- **Deficiências na aplicação da lei.** Há uma aplicação ineficaz da lei destinada a preservar a integridade das áreas protegidas ou territórios indígenas e garantir que pelo menos 80% das propriedades privadas no bioma Amazônia (e porcentagens um pouco inferiores em outros biomas) permaneçam preservadas. Na prática, a má aplicação da lei reduz o custo da extração ilegal de madeira e do uso da terra.

Coletivamente, essas distorções nos mercados fundiários restringem a produtividade e vinculam os fatores de produção a práticas extrativistas que, caso contrário, poderiam ser usados para promover uma transformação estrutural equilibrada. Há, portanto, vínculos importantes entre as políticas com foco na governança territorial e florestal efetiva e o desenvolvimento econômico.

No mercado de trabalho, o limitado capital humano e as incompatibilidades de qualificação prejudicam a produtividade e a transformação estrutural. Isso também pode contribuir para o desmatamento se os agricultores menos produtivos não puderem realizar a transição para empregos rurais ou urbanos mais sustentáveis, o que destaca a importância das políticas com foco em educação, formação profissional, requalificação e meios de subsistência sustentáveis.

Também há distorções nos mercados de insumos e produtos. As políticas federais de crédito rural atualmente oferecem uma vantagem implícita para a agricultura — um setor que faz uso intensivo da terra — em detrimento de outros setores. Em vez disso, as políticas deveriam se concentrar no apoio a práticas agrícolas inteligentes relacionadas ao clima, como, por exemplo, abordagens integradas de paisagem[9], as quais exigem uma mudança de postura: em vez de incentivar bens privados por meio de crédito relativamente não direcionado, oferecer incentivos para bens públicos, como no caso do Plano ABC do Brasil[10].

Ao mesmo tempo, os incentivos fiscais a atividades industriais na Amazônia Legal não ajudaram a estimular o crescimento da produtividade e devem ser reavaliados. Incentivos fiscais generosos do orçamento federal (que somam cerca de 0,4% do PIB nacional) atraíram empresas para o estado do Amazonas, possivelmente a economia mais urbana da Amazônia Legal. Bens como televisores, motocicletas, celulares e aparelhos de ar condicionado são produzidos na Zona Franca de Manaus, sustentando muitos empregos em Manaus, uma cidade de 2 milhões de pessoas no meio da floresta tropical. Apesar do alto custo fiscal, o Amazonas vem perdendo competitividade, e encontra cada vez mais dificuldade para atrair novas empresas. O número de empregos na indústria também vem diminuindo, com um aumento concomitante da intensidade de capital.

Claramente, oferecer mais incentivos fiscais para as empresas não é a solução, porque isso introduz distorções que incentivam as empresas a se instalarem em lugares onde, de outra forma, não se instalariam e resultam em produtividade reduzida — exatamente o oposto do que um modelo de crescimento com foco na produtividade tentaria alcançar. Em vez disso, Manaus deve se concentrar mais em alavancar suas significativas capacidades urbanas, gerando um clima de negócios propício (Banco Mundial, 2023b).

Além disso, as barreiras comerciais distorcem significativamente os mercados de produtos. O Brasil está entre as economias mais fechadas do mundo, e sua participação nas cadeias globais de valor tende a se concentrar na exportação de *commodities* primárias. A manufatura e os serviços são altamente protegidos, o que introduz grandes distorções. A abertura desses setores atrairia investimentos estrangeiros diretos, ao passo que uma maior concorrência tenderia a aumentar a produtividade média no Brasil, de forma mais ampla, e na Amazônia Legal, em particular.

No entanto, é necessária muita atenção na elaboração de acordos comerciais. Por um lado, eles podem prejudicar diretamente os estados amazônicos que dependem de isenções tributárias, especialmente o Amazonas, destacando ainda mais a necessidade de uma menor dependência de incentivos fiscais. Em segundo lugar, podem gerar riscos para as florestas da Amazônia Legal. Nos termos do acordo comercial entre a União Europeia (UE) e o Mercado Comum do Sul (Mercosul, do qual o Brasil é membro), cuja ratificação permanece pendente, a UE abrirá seus mercados para mais exportações agrícolas brasileiras, ao passo que o Brasil abrirá gradualmente seu setor manufatureiro. Várias salvaguardas ambientais destinam-se a reduzir os impactos desse acesso aprimorado ao mercado sobre o desmatamento. Os efeitos dessas salvaguardas variam conforme o caso: é importante que elas sejam implementadas e aplicadas adequadamente[11]. Os acordos comerciais que incluem a liberalização agrícola continuarão a representar um risco para a conservação das florestas da Amazônia até que a maturidade econômica e institucional esteja suficientemente avançada.

Garantindo logística adequada

A redução dos custos de transporte fomentaria a produtividade, mas os sistemas de transporte precisam ser cuidadosamente adaptados. As estradas rurais são, muitas vezes, a causa mais imediata do desmatamento. Elas liberam o potencial comercial de terras atualmente subvalorizadas devido a distorções nos mercados fundiários. A precificação adequada das terras amazônicas, levando em conta o valor da floresta em pé, reduziria a atratividade das terras rurais para a produção agrícola e liberaria mão de obra e recursos de capital para a produção urbana. Um foco maior na produtividade e conectividade urbanas também reduziria a necessidade de estradas rurais. A maioria das cidades da Amazônia Legal já está conectada aos mercados por meio de transporte rodoviário, ferroviário, aéreo ou aquaviário. No bioma Amazônia, quase todas as cidades são conectadas por rios, pois se originaram no período colonial, quando os colonizadores navegavam pela região por vias fluviais.

Em reconhecimento da necessidade de minimizar ao máximo os impactos adversos dos extensos sistemas fluviais da Amazônia sobre a biodiversidade, o transporte aquaviário pode ser um meio de transporte de mercadorias eficaz e relativamente econômico, podendo inclusive ajudar a reduzir os custos ligados à distância da Amazônia Legal a outros mercados no país. Todavia, há desafios significativos no sistema de cabotagem, inclusive a pouca concorrência — uma questão estrutural (que os incentivos fiscais visam compensar parcialmente). Melhorar a competitividade do transporte fluvial para conectar as cidades da Amazônia Legal pode ser uma melhor alternativa às estradas rurais.

O relatório que acompanha este memorando demonstra, no caso do estado do Amazonas, que reduzir os custos de transporte em 12,5% (digamos, reformando o sistema de cabotagem) aumentaria o PIB estadual em cerca de 38% (figura RE.5). Isso é mais que o valor anual dos atuais incentivos fiscais para a Zona Franca de Manaus.

FIGURA RE.5

A redução nos custos de transporte beneficiaria muitos setores da economia: exemplo do estado do Amazonas

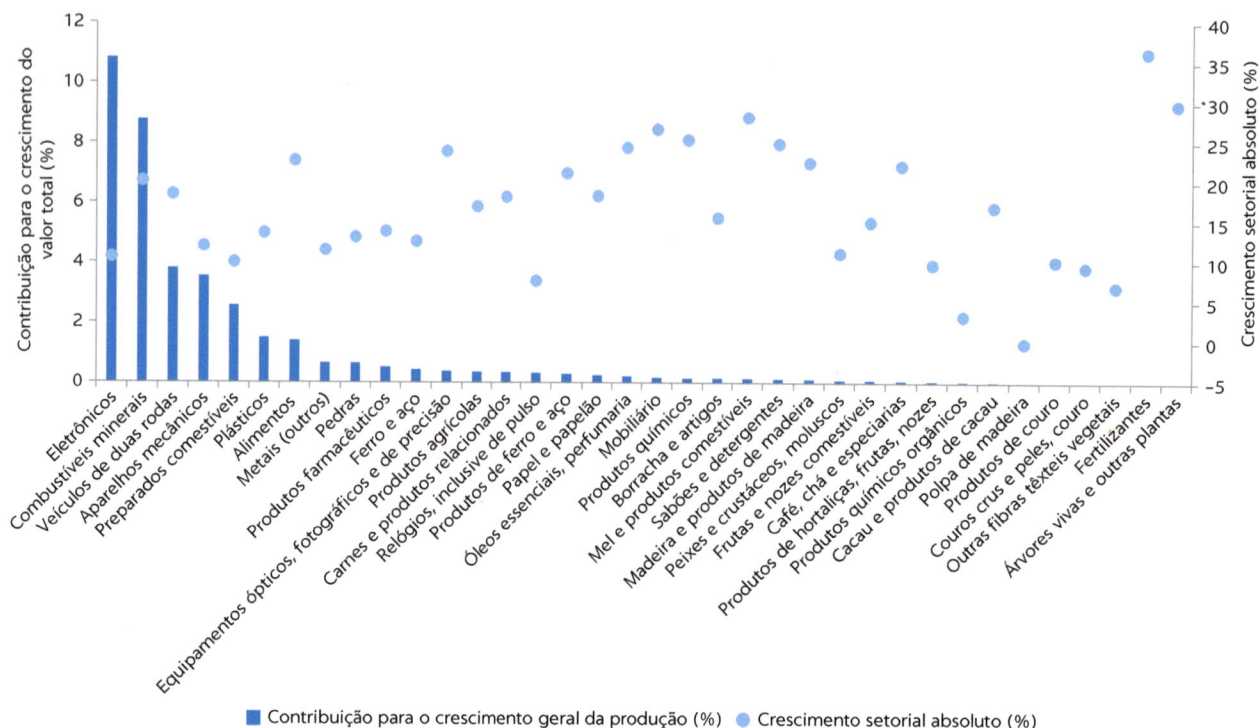

■ Contribuição para o crescimento geral da produção (%)   ● Crescimento setorial absoluto (%)

Fonte: Ver relatório complementar a este memorando (Banco Mundial, 2023b).
Observação: A figura ilustra os impactos estimados, por setor, de uma redução de 12,5% nos custos de transporte de e para o estado do Amazonas. As contribuições para o crescimento são responsáveis pelas interligações entre os setores, mas os efeitos setoriais não o são. Setores maiores tendem a oferecer contribuições maiores para o crescimento geral.

Desenvolvimento de uma rede de cidades

Dada a fragmentação da paisagem urbana na vastidão amazônica, apenas algumas cidades podem se tornar competitivas. Entretanto, como a população amazônica é relativamente pequena, alguns centros urbanos bem-sucedidos podem ser suficientes para promover um progresso significativo no desenvolvimento. Nos estados menos desenvolvidos do norte da Amazônia Legal, as capitais estaduais têm maior potencial para se tornarem polos econômicos. Atualmente, elas tendem a ser dominadas pelo setor público, mas sua densidade urbana, infraestrutura e capacidades também podem permitir que desenvolvam um setor privado mais dinâmico. Alguns candidatos adicionais como polos econômicos, além das capitais estaduais, podem ser encontrados nos estados mais desenvolvidos e populosos da região, como Mato Grosso, Maranhão, Pará e Rondônia. Como essas cidades já se encontram em regiões agrícolas mais consolidadas da Amazônia Legal, o fortalecimento dos vínculos rural-urbano pode impulsionar ainda mais o desenvolvimento, com riscos menores para as florestas.

Embora os polos econômicos tenham o potencial de gerar uma dinâmica de apoio à convergência regional, várias cidades menores podem se tornar polos de serviços. Elas têm menos potencial de dinamismo econômico competitivo, mas podem servir como ponte entre as áreas urbanas e rurais. São grandes o suficiente para alavancar a escala necessária para fornecer certos serviços públicos, como hospitais, e estão associadas a melhores resultados educacionais do que as vilas menores. Os polos de serviços podem garantir uma prestação de serviços mínima para as regiões mais remotas da Amazônia Legal e criar bases de capital humano para seus habitantes, servindo como trampolins para polos econômicos da Amazônia Legal ou para outras partes do país.

Fortalecimento das instituições na Amazônia Legal

Saúde e educação. A qualificação da mão de obra abre o caminho para melhores empregos, seja na Amazônia Legal, seja em outras partes do Brasil ou fora do país. A agricultura pode absorver uma quantidade significativa de mão de obra não qualificada, mas a manufatura e muitos tipos de serviços apresentam uma demanda significativamente maior por trabalhadores qualificados. O fortalecimento da base de capital humano da Amazônia Legal é fundamental para a implementação de um modelo de crescimento sustentável e inclusivo. Os estados da Amazônia Legal têm níveis mais baixos de capital humano que outros estados brasileiros. As lacunas na saúde são menores que as lacunas na educação, mas os estados mais pobres da região amazônica tendem a enfrentar lacunas de saúde relativamente maiores. Isso é o reflexo de um sistema de saúde menos eficiente em áreas mais pobres e níveis mais baixos de urbanização, pois muitos serviços de saúde (como hospitais) exigem uma escala mínima para funcionarem.

A educação é a chave para aumentar o capital humano. Houve certo progresso na melhoria da educação na Amazônia Legal, inclusive para os povos indígenas, mas ainda existem lacunas significativas. Em média, 65% das crianças de 10 anos na Amazônia não conseguem ler e entender um parágrafo curto apropriado para a idade, o que está bem acima da média brasileira de 48% em 2019 (Banco Mundial, 2022). A pandemia de Covid-19 enfraqueceu ainda mais o capital humano da região. Recuperar terreno e aproveitar as conquistas passadas exigem investimentos em professores e o fortalecimento dos sistemas de formação e requalificação. Essas intervenções na educação básica também serão essenciais para ajudar a elevar as taxas de matrícula no ensino superior na Amazônia Legal, o que representa a base das economias urbanas modernas.

Serviços municipais. As condições de vida e os serviços de saneamento básico são consideravelmente piores na Amazônia Legal que no restante do Brasil, especialmente entre as populações mais pobres e rurais. Embora os cidadãos urbanos pobres da Amazônia Legal enfrentem condições piores que em outras partes do Brasil, há vantagens claras na vida nas cidades, inclusive o acesso quase universal à eletricidade e a serviços melhores de saneamento básico. Em linha com a visão de uma economia de fronteira em que tanto a infraestrutura quanto a provisão dos serviços públicos ainda precisam melhorar, as condições são muito piores nas áreas rurais, especialmente para as famílias pobres. Conforme observado anteriormente, cerca de 86% dos pobres rurais não têm acesso a serviços de coleta de lixo; 65% não têm água encanada em suas casas; e 48% não têm banheiro privativo[12]. A baixa qualidade da prestação de serviços públicos está ligada não apenas a orçamentos limitados, mas também a uma governança frágil, inclusive em relação à coleta de lixo, redes de esgoto, gestão de recursos hídricos e outros serviços urbanos, embora com variações significativas de desempenho em toda a Amazônia Legal. A provisão adequada de serviços públicos, especialmente na esfera municipal, é fundamental para elevar os padrões de vida nas áreas urbanas e rurais.

Nas áreas rurais, a prestação mínima de serviços pode ser cara ou mesmo inviável, dadas as distâncias e as condições naturais da Amazônia Legal, como, por exemplo, as cheias sazonais. A tecnologia oferece algumas oportunidades, como soluções verdes (painéis solares, clínicas móveis e internet via satélite), apesar das limitações. O acesso a serviços básicos de infraestrutura, como eletricidade e saneamento básico, será necessário para todas as comunidades rurais. Os investimentos rurais precisam ser orientados para o futuro e compatíveis com a transformação econômica, o que inclui facilitar a emigração das populações rurais. Garantir um padrão mínimo de vida é importante não apenas do ponto de vista da pobreza rural, mas também para reduzir os fatores de pressão ligados à migração urbana improdutiva.

Aplicação da lei. Fazer cumprir a lei tem sido um desafio na Amazônia Legal. Isso dificulta a redução das atividades ilegais predominantes na região, desde o tráfico de drogas até o garimpo e o desmatamento ilegal. A magnitude do desafio demonstra que, embora os estados da região gastem uma parcela considerável de seus orçamentos com o Judiciário, os gastos orçamentários ainda são ineficientes em fazer valer a lei.

Em alguns casos, a atitude dos governos em relação a comportamentos ilícitos é bastante negligente. Por exemplo, no caso de grilagens, os prazos para a regularização de terras ocupadas ilegalmente são constantemente estendidos. Certos crimes ambientais — como, por exemplo, a violação do Código Florestal — não são processados de forma consistente.

A limitada aplicação da lei é muitas vezes agravada por um ambiente político favorável. De fato, num modelo de crescimento ancorado na extração de recursos naturais, será difícil proteger os mesmos. A substituição desse modelo de crescimento, conforme propõe este memorando, poderia aumentar a vontade política de proteger as florestas da Amazônia Legal, porque um modelo de crescimento voltado para a produtividade é mais compatível com a conservação ambiental.

MELHORA DA PROTEÇÃO FLORESTAL

A governança efetiva do capital natural se baseia em instituições fortes e na aplicação das regras. A proteção das florestas da Amazônia Legal requer uma reforma institucional para reverter a promoção da agricultura extensiva (por exemplo, por meio do crédito rural e do Imposto sobre a Propriedade Territorial Rural), regularizar as terras e fazer cumprir as leis existentes (comando e controle). A promoção de cadeias de valor sustentáveis será fundamental, e o investimento privado deve ser responsável e apoiado por uma boa governança corporativa. O financiamento para a conservação deve ser alavancado para financiar os esforços de proteção florestal e, ao mesmo tempo, estabelecer as bases para um desenvolvimento mais sustentável e inclusivo na Amazônia Legal.

Reforma do crédito rural

O crédito rural deve favorecer a produtividade e a sustentabilidade. As políticas de crédito rural atualmente oferecem uma vantagem implícita para a agricultura — um setor que faz uso intensivo da terra — em detrimento de outros setores. As políticas de crédito promovem a agricultura de forma ineficiente devido tanto à fragmentação dos programas de crédito quanto às distorções decorrentes de sua vinculação, o que de fato reduz a produtividade. As regras do Banco Central para reduzir o impacto direto do crédito rural no desmatamento representam um avanço importante. Para conciliar ainda mais o crescimento agrícola com a sustentabilidade ambiental e fiscal, o apoio do governo ao financiamento agrícola deve:

- *Concentrar o apoio fiscal em agricultores menores e mais produtivos,* com maior ênfase na resiliência que apenas na produção e utilizando outros instrumentos além da subsídios às taxas de juros, como garantias parciais de crédito e apoio ao seguro agrícola;
- *Revisar subsídios e incentivos a programas de empréstimos para grandes propriedades agrícolas,* direcionando-os exclusivamente a programas que claramente contribuam para os bens públicos (como agricultura de baixo carbono e métodos agroflorestais);
- *Revisar programas para agricultores de médio porte* com base em análises das condições atuais de mercado, eliminando gradualmente as cotas de crédito e os tetos das taxas de juros; e
- *Remover cotas e tetos de taxas de juros para empréstimos a grandes agricultores* para evitar distorções da concorrência.

Reforma dos impostos territoriais

O Imposto sobre a Propriedade Territorial Rural (ITR) gera incentivos perversos ao desmatamento e poderia ser reformado de quatro maneiras:

- *Ajuste das taxas de lotação* (cabeças de gado por hectare) empregadas no cálculo do imposto para refletir melhor os níveis realistas de produtividade, associando alíquotas mais baixas a níveis muito mais altos de produtividade pecuária. Isso afetaria a carga tributária referente à área tributável produtiva (que especificamente exclui as florestas).
- *Atualização da definição da área total da propriedade* para cálculos do ITR. Tanto a área tributável produtiva quanto a área total da propriedade devem ser líquidas de florestas para reduzir os incentivos ao desmatamento.
- *Melhora da integração entre o ITR e o CAR* para garantir que sejam respeitadas as áreas de proteção ambiental.
- *Substituição da autodeclaração dos proprietários por uma avaliação independente* para evitar a subestimação das responsabilidades fiscais e aumentar a eficácia do ITR.

O aumento da alíquota do ITR também poderia reduzir as pressões de desmatamento, ao passo que a devolução das receitas fiscais aos agricultores poderia mitigar as perdas de bem-estar associadas (Souza-Rodrigues, 2019).

Aceleração da regularização fundiária

A segurança fundiária afeta tanto o bem-estar quanto a proteção florestal. Em particular, a regularização fundiária deve ser priorizada como investimento público num bem público essencial. Por exemplo, a clareza fundiária é importante para permitir, de forma eficaz e justa, que o crédito seja condicionado ao cumprimento das leis de proteção florestal. Também é importante para a responsabilização, porque a incerteza fundiária resulta em indefinição para os órgãos de fiscalização em relação às violações da legislação de proteção ambiental.

Concluir a destinação de terras rurais públicas não destinadas é fundamental. As áreas não destinadas (figura RE.6) continuam a ser focos de desmatamento. Elas podem até refletir uma preferência política implícita nos estados da

FIGURA RE.6

O Amazonas e o Pará contêm quase dois terços das terras não destinadas na Amazônia Legal, 2019

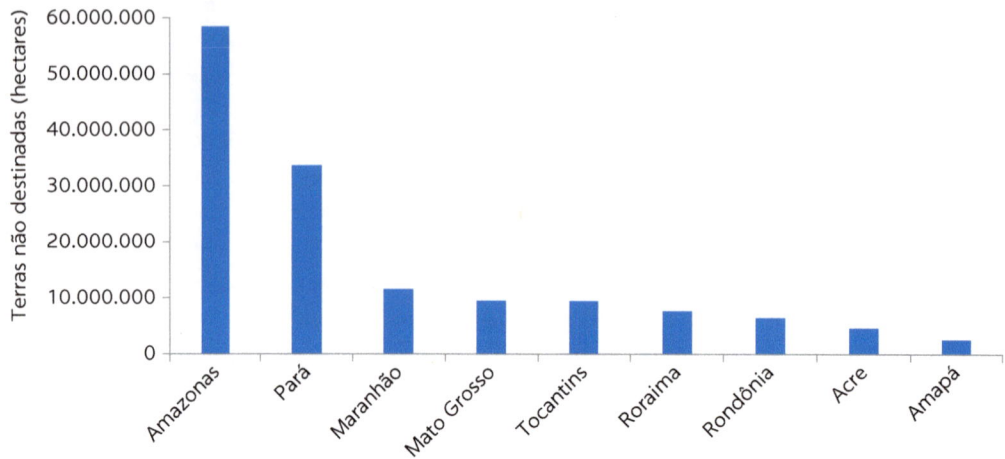

Fonte: Banco Mundial, com base em Brito et al. (2021).
Observação: A figura apresenta as áreas não destinadas nos estados amazônicos (em hectares). O termo *terras não destinadas* refere-se a terras públicas que aguardam destinação como unidades de conservação, terras indígenas, assentamentos de reforma agrária, terras passíveis de regularização fundiária ou outra categoria de posse.

FIGURA RE.7

Há descontos implícitos significativos na regularização fundiária na Amazônia, 2019

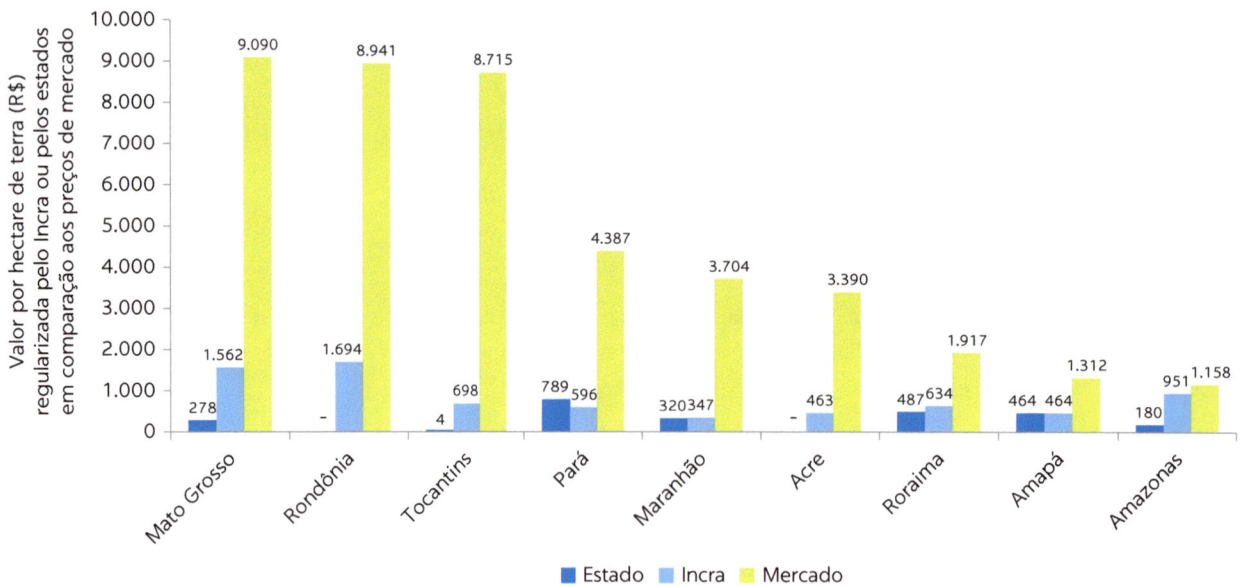

Estado ▪ Incra ▪ Mercado

Fonte: Modificado a partir de Brito et al. (2021).
Observação: A figura compara os valores (em reais por hectare) das terras regularizadas pelo Instituto Nacional de Colonização e Reforma Agrária (Incra) ou por estados com os preços de mercado. A comparação entre os valores médios de mercado por hectare e os valores da terra nua é usada como base para as vendas de terras pelos governos estaduais da Amazônia Legal. - = dados não disponíveis.

Amazônia Legal para desenvolver a agricultura: atualmente, a terra é transferida da propriedade pública para a privada a preços muito abaixo dos níveis de mercado (figura RE.7), ao passo que uma política com foco na expansão agrícola cria fortes expectativas de que os preços da terra rural venham a aumentar. Isso racionaliza a especulação sobre o aumento dos preços da terra, incentivando, assim, a grilagem.

Um modelo de crescimento mais equilibrado e uma política com foco na intensificação agrícola são internamente compatíveis e podem criar um ambiente mais propício para a regularização fundiária que favoreça mais fortemente a conservação das terras naturais em vez da grilagem e da agricultura extensiva. O financiamento para a conservação poderia fornecer mais incentivos.

Para ser eficaz, a regularização fundiária esclarecerá primeiramente a categoria de posse das áreas não destinadas, incluindo a destinação, o mapeamento, a demarcação e o registro de todas as áreas protegidas propostas em nível federal e estadual. A conclusão desse processo esclareceria os direitos fundiários e aumentaria os custos legais previstos da grilagem.

Em segundo lugar, os órgãos de adjudicação de terras (tanto federais quanto estaduais) devem reduzir a diferença entre o baixo custo (privado) de acesso e o alto valor (social) das terras públicas não destinadas[13]. Isso pode ser alcançado ajustando os valores de adjudicação estatutária para que se aproximem aos valores de mercado; considerando penalidades mais altas para o desmatamento ilegal em todas as terras públicas; interrompendo as mudanças no ano de corte para reivindicações de posse não regularizadas válidas; e dando acesso a informações sobre posse de terra e transações de mercado a todos os agentes públicos e privados. Ao fortalecer a administração fundiária e as instituições ambientais, os governos federal e estaduais devem integrar a regularização fundiária e ambiental, dando atenção especial à equidade. Como as taxas de desmatamento são muito maiores em áreas sem regularização fundiária, a regularização deve começar com pequenos agricultores nos assentamentos de reforma agrária do Instituto Nacional de Colonização e Reforma Agrária (Incra), com ações complementares para garantir a conformidade ambiental.

Em terceiro lugar, sob a liderança do governo federal, o Brasil deve implementar a interoperabilidade e integração de seus múltiplos cadastros, registros e outros sistemas de informação fundiária.

Por fim, o governo deve investir em mecanismos de resolução de disputas mais acessíveis e simples, bem como na aplicação mais rigorosa das regulamentações de posse e uso da terra. Mecanismos alternativos simples para solucionar controvérsias, tais como arbitragem, mediação e outros procedimentos administrativos, podem manter tais desacordos fora do sistema judicial, que é caro, lento e, muitas vezes, inacessível. A fiscalização e aplicação das leis devem se concentrar em penalidades confiáveis para a ocupação ilegal e o desmatamento de terras, a falsificação de documentos, a sonegação de impostos e o registro de terrenos não regularizados no CAR como forma de reivindicação de propriedade.

Fortalecendo o cumprimento da legislação florestal

Para facilitar a conformidade com suas regras, o Código Florestal do Brasil prevê um sistema de comercialização de Cotas de Reserva Ambiental (CRAs): os proprietários de terras cujo estoque florestal estivesse abaixo do mínimo da reserva legal antes de 2008 poderiam cobrir seus déficits pagando a outros proprietários pela manutenção de uma área florestal equivalente. Operacionalizar este sistema reduziria os custos de conformidade em todo o Brasil e, espera-se, reduziria a pressão sobre as florestas naturais, especialmente na Amazônia Legal.

Comando e controle é outra ferramenta importante para garantir a conformidade com o Código Florestal. A proteção ambiental na Amazônia — se apoiada por uma forte vontade política de aplicá-la — pode ser aprimorada fortalecendo os órgãos de fiscalização e direcionando recursos para os *hotspots* de desmatamento. Em alguns casos, a aplicação deficiente da lei deve-se a restrições institucionais, tais como recursos e treinamento inadequados de agentes de fiscalização e mandatos sobrepostos. Essas deficiências podem ser solucionadas por meio de mais recursos, capacitação e colaboração entre diversos órgãos. Recentemente, os recursos alocados para a aplicação da legislação florestal brasileira foram drasticamente reduzidos (Banco Mundial, 2023a). É fundamental que isso seja revertido. Idealmente, esses esforços devem se estender além das fronteiras do Brasil para alcançar uma abordagem regional para a proteção da Amazônia.

A priorização dos municípios com as maiores taxas de desmatamento pode reduzir o desmatamento de forma mais eficiente. Ao mesmo tempo, é fundamental evitar que o desmatamento seja deslocado para outras áreas. O financiamento para a conservação pode ajudar a arcar com os custos associados e aumentar a vontade política para uma melhor aplicação da lei.

Há fortes vínculos entre a proteção efetiva das florestas e a proteção da integridade das terras indígenas e meios de subsistência, que atualmente se encontram ameaçados pelos padrões de exploração de recursos na Amazônia Legal.

Cadeias de valor mais sustentáveis

O setor privado também tem um papel importante a desempenhar na conservação das florestas da Amazônia Legal, inclusive por meio de normas ambientais, sociais e de governança (ESG) eficazes. Há potencial para fortalecer e expandir iniciativas como a Moratória da Soja na Amazônia de 2006 ou o Compromisso de Desmatamento Zero na Pecuária de 2009. Além disso, as empresas devem se assegurar de que somente adquirem produtos de fornecedores sustentáveis. Para isso, os sistemas de monitoramento e rastreamento devem ser fortalecidos, especialmente no setor de carne bovina.

FOMENTANDO OS MEIOS DE SUBSISTÊNCIA RURAIS SUSTENTÁVEIS NA AMAZÔNIA LEGAL

Nas áreas rurais da Amazônia Legal, as políticas devem estar particularmente atentas ao contexto local. Nas áreas agrícolas mais consolidadas, em que o desmatamento já ocorreu há muito tempo, as políticas devem se concentrar no aumento da produtividade, promovendo a inovação e atividades de valor agregado em setores estabelecidos e emergentes; apoiando uma estratégia justa de adaptação e mitigação das mudanças climáticas (adoção de uma agricultura inteligente em termos de clima, manejo do solo e recuperação de terras degradadas); e possibilitando a geração de valor a partir de serviços ecossistêmicos (por exemplo, biodiversidade e sequestro de carbono). A bioeconomia pode desempenhar um papel importante na promoção de meios de vida rurais sustentáveis nas áreas mais pobres e remotas da Amazônia Legal.

Apoio à bioeconomia

A bioeconomia, capaz de acessar o capital natural associado à floresta em pé, representa um pequeno setor da economia amazônica. Além do extrativismo sustentável na floresta em pé, a bioeconomia inclui a produção rural, como o cultivo de açaí ou cacau e outros produtos florestais não madeireiros; a produção não florestal, como pesca e aquicultura; e serviços como turismo ecológico. A produção agroflorestal em terras privadas classificadas como reserva legal também pode ser considerada parte da bioeconomia, embora a escala exata dessa prática permaneça desconhecida. É um setor pequeno, mas uma importante fonte de renda para muitos produtores rurais pobres, inclusive comunidades tradicionais. A produção da bioeconomia também possui um valor cultural considerável. O apoio a esses meios de subsistência tradicionais constitui, portanto, um pilar fundamental das estratégias de redução da pobreza rural.

A bioeconomia também pode desempenhar um papel central no processo de transformação estrutural da Amazônia Legal. À medida que a agricultura se profissionalizar na região, os produtores menores e menos produtivos passarão a sofrer crescente pressão competitiva. Para suportar essa pressão, esses produtores podem vir a adotar uma produção mais extensiva, como a pecuária, com fortes incentivos para transformar florestas em pastos, possivelmente de forma ilegal. É, portanto, uma prioridade social e ambiental fornecer caminhos intermediários alternativos para esses agricultores, sabendo que as gerações futuras são mais propensas a procurar empregos nas cidades. A bioeconomia oferece esse caminho alternativo.

Os mercados para produtos florestais produzidos de forma sustentável, em oposição aos mesmos produtos produzidos em monoculturas (por exemplo, cacau), permanecem pequenos, mas estão crescendo. Especialmente se os produtos forem diferenciados com um selo de sustentabilidade confiável, eles podem atender à crescente demanda dos consumidores por produtos sustentáveis e oferecer oportunidades para produtores da bioeconomia. Ao mesmo tempo, no entanto, esses mercados tendem a permanecer como nichos, dadas as curvas acentuadas de custos marginais de produção dos produtos extraídos de forma sustentável da floresta.

Fortalecimento da proteção social

O sistema avançado de proteção social do Brasil (que inclui aposentadorias sociais e programas de transferência condicional de renda) continuará a ter importância na absorção de choques que acontecerão tanto nas áreas urbanas e quanto nas rurais (causados por processos de transformação estrutural, mudanças climáticas ou outras fontes) e na redução da pobreza. Programas adicionais — possivelmente modelados com base no extinto Programa de Apoio à Conservação Ambiental (Bolsa Verde) ou no Fundo de Conservação Florestal (Bolsa Floresta) vigente no estado do Amazonas — podem ser garantidos para preservar os modos de vida tradicionais na Amazônia Legal. Eles podem manter os padrões de vida em comunidades tradicionais à medida que a Amazônia Legal passa por mudanças estruturais.

Por si só, o fortalecimento dos programas de proteção social não é capaz de conter o desmatamento em grande escala na Amazônia Legal, mas deve ser parte de uma abordagem de desenvolvimento mais ampla. O Programa Bolsa Verde foi instituído em áreas com menor risco de desmatamento, e as reduções no desmatamento devido ao programa são estimadas como pequenas (Wong et al., 2018). Os impactos do Programa Bolsa Floresta sobre o desmatamento também foram avaliados como limitados (Cisneros et al., 2019). Direcionar esses programas para os *hotspots* de desmatamento pode ajudar a reduzir o desmatamento ilegal, limitando a miséria que poderia alimentar o comportamento ilegal. Um desafio fundamental é que condicioná-los à redução do desmatamento colocaria os beneficiários, que tendem a estar entre as comunidades mais vulneráveis, em conflito direto com madeireiros ilegais, especialmente numa região onde a aplicação da lei é deficiente.

ESTRUTURAÇÃO DO FINANCIAMENTO PARA A CONSERVAÇÃO NA AMAZÔNIA LEGAL

A promoção do desenvolvimento sustentável e inclusivo na Amazônia Legal requer financiamento inovador. O financiamento para a conservação é uma fonte que alavanca recursos públicos e privados ou mecanismos de mercado para o financiamento climático, tanto em âmbito nacional quanto internacional. Os recursos públicos podem ser motivados pelo valor de bem público global das florestas amazônicas em pé. Embora esse financiamento se concentre nos esforços para conter o desmatamento, também poderia apoiar, de forma mais ampla, um modelo de desenvolvimento mais sustentável e inclusivo.

Atualmente, a maior parte do desmatamento na Amazônia Legal é ilegal; portanto, o financiamento poderia apoiar governos em suas ações de comando e controle ou regularização de terras. O foco nos governos e suas jurisdições é particularmente importante, pois o desmatamento pode "vazar" de um território para outro, o que significa que intervenções bem-sucedidas na redução do desmatamento numa área podem inadvertidamente aumentá-lo em outra. As conquistas dos governos da Amazônia Legal em termos de redução do desmatamento podem ser recompensadas com financiamento para a conservação, gerando recursos e vontade política para proteger as florestas; e o financiamento para a conservação pode apoiar tanto esforços de proteção direta quanto políticas voltadas para o desenvolvimento sustentável e inclusivo.

Para condicionar o financiamento para a conservação a reduções mensuráveis no desmatamento em nível jurisdicional, é necessário um aspecto contrafatual: quanto desmatamento teria ocorrido se não fosse pelos esforços do governo? A taxa de câmbio efetiva real do Brasil (uma medida da competitividade das *commodities* brasileiras) e os preços das *commodities* (uma medida de sua demanda) representam uma boa aproximação do desmatamento da Amazônia Legal (figura RE.8). Podem, portanto, ser usados para construir esse aspecto contrafatual.

Quando as forças econômicas aumentam a pressão sobre as florestas, os governos precisam de mais recursos para manter o mesmo nível de desmatamento, e vincular a linha de base aos indicadores econômicos viabilizaria isso. Um aumento suficiente da produtividade levará a uma apreciação de longo prazo da taxa de câmbio real, e o financiamento para a conservação ajuda a consolidar a governança florestal. Dessa forma, a melhora da produtividade e da governança poderia garantir que as pressões de desmatamento na Amazônia Legal se

FIGURA RE.8

Como estimar a "floresta em risco" na Amazônia Legal usando indicadores macroeconômicos e levando em consideração políticas públicas para conter o desmatamento

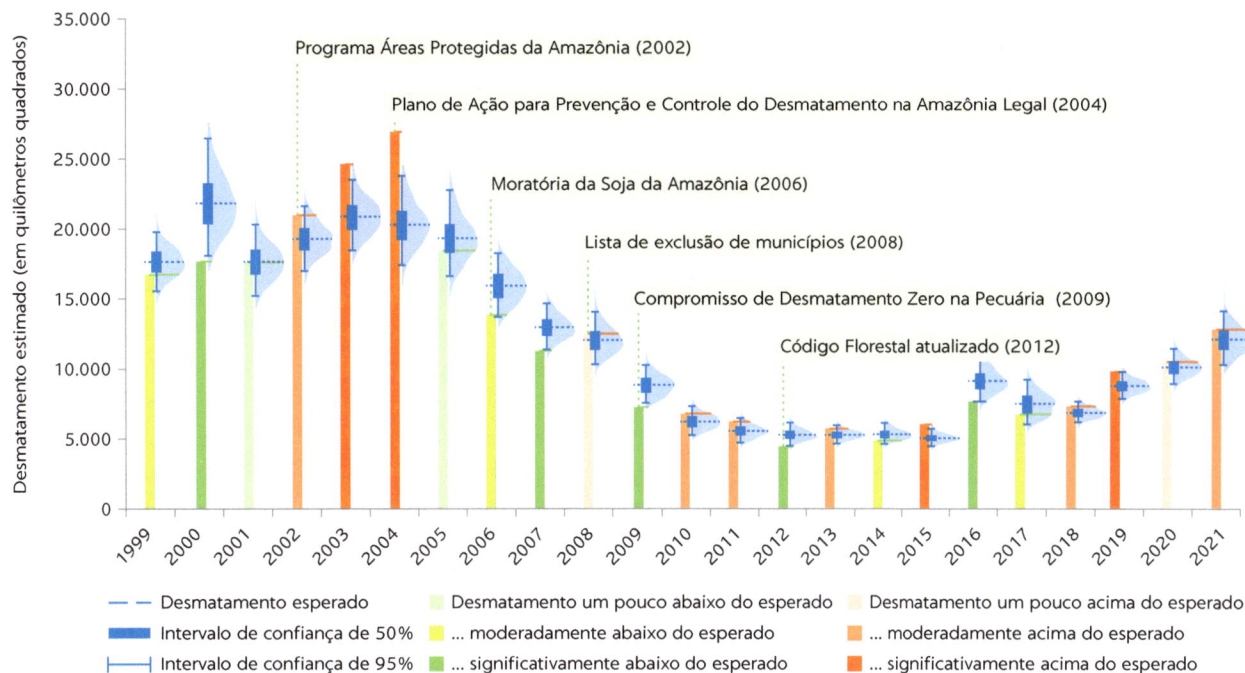

Fonte: Wang, Gurhy e Hanusch (2022).
Observação: As barras verdes e vermelhas indicam o nível de desmatamento observado, e as linhas horizontais tracejadas azuis indicam o nível estimado de desmatamento com intervalos de confiança *bootstrap*. O modelo utiliza preços de *commodities* defasados e taxa de câmbio efetiva real defasada, identificados como os preditores mais importantes usando métodos de regularização. As bandeiras demonstram como várias intervenções políticas coincidiram com níveis estatística e significativamente mais baixos de desmatamento, o que pode ser atribuído à eficácia das políticas.

reduzam com o tempo, diminuindo potencialmente a necessidade geral de financiamento para a conservação.

Vincular o financiamento para a conservação a resultados verificáveis pode torná-lo mais eficaz na captação de recursos adequados para evitar o desmatamento e promover o desenvolvimento na Amazônia Legal. O Brasil já tem experiência na vinculação do financiamento ao desempenho ambiental: a cota-parte do Imposto sobre Circulação de Mercadorias e Serviços Ecológico (ICMS Ecológico), que destina parte das receitas fiscais estaduais aos municípios que apresentam os melhores desempenhos. Por causa da natureza de bens públicos globais das florestas da Amazônia Legal, também há um forte argumento a favor do financiamento internacional, como, por exemplo, por meio de iniciativas como o Fundo Amazônia. Em geral, muitos países estão dispostos a contribuir significativamente para a conservação, especialmente da Floresta Amazônica, quando isso está vinculado a resultados verificáveis.

Diferentes modelos de financiamento baseado no mercado podem ser alavancados para aumentar o financiamento para a conservação na Amazônia Legal, desde que isso esteja claramente condicionado à desaceleração do desmatamento. Alguns instrumentos específicos são os títulos e empréstimos verdes, os títulos vinculados à sustentabilidade e as compensações (*offsets*) florestais como parte dos mercados de carbono brasileiros ou globais. De fato, as compensações florestais constituem uma das principais fontes de créditos de carbono nos mercados voluntários globais, e o Brasil já tem experiência na venda desses créditos. Esses instrumentos financeiros podem, ainda, ser apoiados por financiamento internacional para o desenvolvimento, por meio de instituições como o Grupo Banco Mundial. Além dos mercados voluntários, o crédito florestal poderia estar vinculado a um mercado brasileiro de conformidade se o país introduzisse um mecanismo de precificação de carbono, como, por exemplo, um sistema de comércio de emissões (o Brasil demonstra interesse significativo nesse tipo de sistema) ou um imposto de carbono.

RUMO A UM DESENVOLVIMENTO SUSTENTÁVEL E INCLUSIVO NA FRONTEIRA AMAZÔNICA

O desenvolvimento na Amazônia Legal é um desafio complexo, que requer ação coordenada nos níveis global, nacional e local (tabela RE.1). A Amazônia Legal pertence ao Brasil, mas, como suas florestas geram impactos e benefícios globais, os esforços para ajudar a preservá-las também devem ser compartilhados por todos os países. Reduzir as emissões decorrentes de mudanças no uso da terra ajudaria o Brasil a cumprir seus compromissos climáticos. Além disso, como o Brasil já é um país bastante verde, com uma matriz energética de baixo carbono, isso poderia gerar grandes oportunidades relacionadas às tendências globais de descarbonização, tais como o comércio de produtos verdes ou os mercados internacionais de carbono (Banco Mundial, 2023a). Definir o melhor momento para as diferentes intervenções é importante e pode aumentar a eficácia geral dos pacotes de políticas complementares, oferecendo proteção contra consequências não intencionais.

Esforços compartilhados

No mundo todo, inclusive no Brasil e na Amazônia Legal, consumidores, empresas e governos com uma visão mais sustentável continuam a ser essenciais nos esforços para livrar as cadeias de suprimentos e o comércio global dos modos de produção que contribuem para o desmatamento. Dietas que fazem uso menos intensivo de recursos reduzirão a pressão sobre as florestas naturais; além disso, a eliminação de diferenciais de produtividade agrícola no mundo e no Brasil ajudará a limitar a demanda por expansão das fronteiras (Searchinger et al., 2019). O financiamento para a conservação deve beneficiar a Amazônia Legal, mas pode, em teoria, ser obtido em qualquer lugar do mundo.

A agenda de produtividade é compartilhada entre a Amazônia Legal e o resto do Brasil. A acumulação de fatores e a exploração de recursos naturais não são mais suficientes para impulsionar o desenvolvimento em qualquer lugar do Brasil. Será fundamental dar uma ênfase muito maior à produtividade, especialmente em outros setores (além das *commodities*), de forma a promover uma transformação estrutural mais equilibrada em todo o país. Essa agenda inclui a remoção das distorções de mercado; a criação de infraestrutura e logística sustentáveis; o fortalecimento dos investimentos em capital humano; e o redirecionamento de incentivos implícitos à agricultura extensiva, colocando-os a serviço da produção e produtividade inteligentes em termos de clima. Na Amazônia, os esforços federais e subnacionais devem se concentrar na promoção do progresso socioeconômico, ao mesmo tempo que protegem a excepcional riqueza natural e cultural da região.

TABELA RE.1 Esforços compartilhados para apoiar o desenvolvimento sustentável e inclusivo na Amazônia Legal nos níveis global, nacional e local

OBJETIVO	NÍVEL GLOBAL	NÍVEL NACIONAL	AMAZÔNIA LEGAL
Demanda e oferta globais sustentáveis			
Consumo mais sustentável	✓	✓	✓
Eliminação das lacunas de rendimento agrícola	✓	✓	Sim, com proteção contra o efeito Jevons[a]
Promoção de integração comercial sustentável	✓	✓	
Transformação estrutural equilibrada em todo o Brasil			
Remoção de distorções nos mercados de produtos e fatores		✓	✓
Fomento de infraestrutura e logística sustentáveis e fortalecimento das redes urbanas e de serviços municipais em áreas rurais e urbanas		✓	✓
Reforma dos incentivos implícitos à agricultura extensiva (tais como crédito rural e impostos fundiários) e promoção de uma agricultura inteligente em termos de clima		✓	✓
Fortalecimento do capital humano		✓	✓
Melhora da proteção florestal na Amazônia Legal			
Aceleração da regularização fundiária		Sim, para terras federais na Amazônia legal	✓
Fortalecimento da aplicação da lei, inclusive em relação à governança florestal		Sim, para órgãos federais relevantes e colaboração regional	✓
Prevenção de desmatamento, promoção de reflorestamento e restauração de terras degradadas		Sim, por exemplo, por meio de CRAs	Sim, com proteção contra o vazamento de desmatamento
Meios de vida rurais sustentáveis na Amazônia Legal			
Fortalecimento da bioeconomia			✓
Adequação da proteção social			✓
Financiamento para a conservação			
Fornecimento de financiamento	✓	✓	✓
Recebimento de financiamento		Sim, para esforços federais na Amazônia Legal	✓

Fonte: Banco Mundial.
a. O efeito Jevons refere-se à "intensificação que induz a extensificação", em que os ganhos de produtividade agrícola aumentam o desmatamento em nível local. CRAs = Cotas de Reserva Ambiental.

Timing de implementação de políticas e complementaridades

Deve ser dada atenção especial às características particulares da Amazônia Legal como uma região de fronteira, na qual tanto as economias quanto as instituições ainda tendem a ser relativamente jovens (com exceção das instituições tradicionais) e requerem tempo e esforços específicos para que possam amadurecer. A maturidade já é maior em algumas partes da Amazônia Legal, especialmente no sudeste da região.

As políticas voltadas para o amadurecimento institucional e econômico são complementares. Por exemplo, os investimentos públicos em educação promovem o crescimento econômico, o que gera oportunidades de trabalho, que por sua vez tornam os investimentos em educação mais vantajosos para as famílias. Outros exemplos se aplicam ao desenvolvimento econômico e à proteção florestal. Por um lado, a proteção efetiva das florestas liberará recursos da agricultura extensiva para atividades mais produtivas, inclusive em áreas urbanas. Reconhecer que a população da Amazônia Legal é majoritariamente urbana pode ajudar a gerar vontade política para fomentar a produtividade e gerar mais empregos urbanos. Ao mesmo tempo, a proteção florestal eficaz e a transformação estrutural equilibrada nos setores agrícola e urbano limitarão os riscos relacionados ao efeito Jevons, intensificando a agricultura e promovendo tanto o desenvolvimento econômico quanto as florestas em pé.

Embora amadurecimento econômico seja um processo demorado, proteger as florestas da Amazônia Legal é uma necessidade urgente. Isso aumenta a importância de concentrar esforços e recursos, inclusive de financiamento para a conservação, na governança territorial e florestal. Devem ser lançados alicerces nos estados com baixa maturidade institucional. Ao mesmo tempo, é necessário reduzir rapidamente as diferenças entre esses estados e aqueles com maior maturidade geral, mas ainda assim com altos níveis de desmatamento, como os que se encontram no Arco do Desmatamento. Mais gradualmente, devem ser fortalecidas todas as instituições — inclusive os sistemas educacionais, os serviços municipais, o policiamento e os serviços judiciais — para elevar o nível geral de maturidade institucional em toda a Amazônia Legal.

Alcançar uma transformação estrutural equilibrada é fundamental para fortalecer a maturidade econômica, e essa transformação requer investimentos em produtividade, inclusive na produtividade urbana. Enquanto a pobreza rural for alta e as áreas urbanas enfrentarem dificuldades para absorver mão de obra rural, investir nos meios de subsistência rurais e fornecer serviços básicos rurais continuarão a ser particularmente importantes. As políticas devem apoiar a transformação rural promovendo práticas de produção rural sustentáveis e inteligentes em termos de clima, inclusive na bioeconomia, e também devem preparar as populações rurais para as oportunidades geradas pelo processo de transformação estrutural e urbanização. Para garantir que as comunidades tradicionais não sejam afetadas adversamente por choques econômicos (ou outros choques, como as mudanças climáticas), os sistemas de proteção social devem proteger sua renda e modos de vida sustentáveis.

Certas políticas que promovem o crescimento econômico se tornarão menos arriscadas para os ecossistemas da Amazônia Legal quando a maturidade geral for maior. Isso inclui acordos comerciais, especialmente se estimularem desproporcionalmente a agricultura brasileira. Também inclui investimentos em infraestrutura de transporte, capazes de aumentar a competitividade externa dos agricultores amazônicos — os quais, numa situação de maior maturidade geral, são menos propensos a causar desmatamento.

Ao mesmo tempo, certas políticas que recompensam diretamente uma maior cobertura florestal são mais eficientes quando a maturidade é maior: o "vazamento" (*leakage*) de desmatamento é um risco menor quando uma governança eficaz suprime a grilagem e o desmatamento ilegal e quando uma transformação estrutural mais equilibrada reduz as pressões gerais de desmatamento. Nesses casos, as políticas que incentivam os agentes privados a poupar áreas florestais, reflorestar, ou restaurar terras agrícolas degradadas têm menos probabilidade de serem compensadas por maior desmatamento em outras áreas, o que torna as políticas mais eficientes.

Este memorando constata que é possível criar uma Amazônia Legal econômica, ambiental e culturalmente rica, mas o tempo já está se esgotando, e são necessárias ações urgentes para que isso se torne realidade. É necessário reequilibrar a abordagem de desenvolvimento da Amazônia Legal.

NOTAS

1. Os dados refletem as estimativas populacionais do Instituto Brasileiro de Geografia e Estatística (IBGE).
2. Os dados sobre a pobreza são do Banco Mundial, com base nos dados da Pesquisa Nacional por Amostra de Domicílios Contínua (PNADC) 2019 do IBGE e uma linha de pobreza de US$ 5,50 em termos de paridade de poder de compra.
3. "Valor de opção" refere-se ao valor prospectivo da inovação farmacêutica a partir da colheita dos recursos genéticos da biosfera, e "valor de existência", aos valores ligados à disponibilidade de recursos para as gerações atuais e futuras.
4. Os dados sobre o desmatamento anual são do Projeto de Monitoramento por Satélite do Desmatamento na Amazônia Legal (Prodes) do Instituto Nacional de Pesquisas Espaciais (INPE).
5. Os dados sobre o desemprego são do Banco Mundial, usando dados da PNADC 2019.
6. Os dados sobre a pobreza e população são do Banco de Dados Socioeconômicos da América Latina e Caribe (Sedlac).
7. Os dados sobre a prestação de serviços públicos e condições de moradia, por categoria demográfica, são da PNADC 2019 do IBGE. Ver também capítulo 2, tabela 2.3.
8. Os dados sobre a habitação urbana são do Banco Mundial, com base em IBGE (2020).
9. Uma abordagem integrada de paisagem é aquela em que o princípio organizador da gestão dos sistemas de produção e dos recursos naturais é baseado no planejamento espacial racional e leva em consideração questões socioeconômicas, ecológicas e institucionais. Inclui a integração de diferentes atividades agrícolas, como os sistemas lavoura-pecuária ou lavoura-pecuária-floresta, para maximizar os serviços ecossistêmicos.
10. O Plano de Agricultura de Baixa Emissão de Carbono (Plano ABC) promove a agricultura de baixo carbono.
11. Um elemento essencial é a certificação adequada da carne bovina.
12. Os dados sobre o acesso aos serviços municipais são da PNADC 2019 do IBGE. Ver também capítulo 2, tabela 2.3.
13. Por motivos de equidade, as parcelas de terra abaixo de determinado limite poderiam ser isentas.

REFERÊNCIAS

Banco Mundial. 2022. "Brazil Human Capital Review: Investing in People." Report 173246, Banco Mundial, Washington, DC.

Banco Mundial. 2023a. "Brazil: Country Climate and Development Review." Banco Mundial, Washington, DC.

Banco Mundial. 2023b. "Urban Competitiveness in Brazil's State of Amazonas: A Green Growth Agenda." Relatório complementar a este memorando, Banco Mundial, Washington, DC.

Boulton, C. A.; T. M. Lenton; N. Boers. 2022. "Pronounced Loss of Amazon Rainforest Resilience since the Early 2000s." *Nature Climate Change* 12 (3): 271–278.

Brito, B.; J. Almeida, P. Gomes; R. Salomão. 2021. *Dez fatos essenciais sobre regularização fundiária na Amazônia Legal*. Belém: Imazon.

Cisneros, E.; J. Borner; S. Pagiola; S. Wunder. 2019. "Impacts of Conservation Incentives in Protected Areas: The Case of Bolsa Floresta, Brazil." Payments for Environmental Services (PES) Learning Paper 2019-1, Banco Mundial, Washington, DC.

IBGE (Instituto Brasileiro de Geografia e Estatística). 2012. "Os indígenas no Censo Demográfico 2010: primeiras considerações com base no quesito cor ou raça". IBGE, Rio de Janeiro.

IBGE (Instituto Brasileiro de Geografia e Estatística). 2020. "Aglomerados subnormais 2019: Classificação preliminar e informações de saúde para o enfrentamento à COVID-19". Relatório, IBGE, Rio de Janeiro.

Pendrill, F.; U. M. Persson; J. Godar; T. Kastner. 2019. "Deforestation Displaced: Trade in Forest-Risk Commodities and the Prospects for a Global Forest Transition." *Environmental Research Letters* 14 (5): 055003.

Ranzani, O. T.; L. S. L. Bastos; J. G. M. Gelli; J. F. Marchesi; F. Baiao; S. Hamacher; F. A. Bozza. 2021. "Characterisation of the First 250 000 Hospital Admissions for COVID-19 in Brazil: A Retrospective Analysis of Nationwide Data." *Lancet Respiratory Medicine* 9 (4): 407–418.

Searchinger, T.; R. Waite; C. Hanson; J. Ranganathan; E. Matthews. 2019. *Creating a Sustainable Food Future: A Menu of Solutions to Feed Nearly 10 Billion People by 2050.* Washington, DC: World Resources Institute.

Souza-Rodrigues, E. 2019. "Deforestation in the Amazon: A Unified Framework for Estimation and Policy Analysis." *Review of Economic Studies* 86 (6): 2713–2744.

Strand, J. 2022. "Valuation of the Brazilian Amazon Rainforest." Relatório de apoio a este memorando, Banco Mundial, Washington, DC.

Wang, D.; B. Gurhy; M. Hanusch. 2022. "Could Sustainability-Linked Bonds Incentivize Lower Deforestation in Brazil's Legal Amazon?" Relatório de apoio a este memorando, Banco Mundial, Washington, DC.

Wong, P. Y.; T. Harding; K. Kuralbayeva; L. O. Anderson; A. M. Pessoa. 2018. "Pay for Performance and Deforestation: Evidence from Brazil." Paper funded under Project No. 230860, Research Council of Norway, Oslo.

Abreviações

ABC Plan	Plano ABC – Agricultura de Baixa Emissão de Carbono (Brasil)
ASG	Ambiental, Social e Governança
CAR	Cadastro Ambiental Rural
Conab	Companhia Nacional de Abastecimento
COP26	Conferência das Nações Unidas sobre Mudança Climática 2021 (26ª. Conferência Anual das Partes)
CRA	Cota de Reserva Ambiental (Brasil)
DETER	Sistema de Monitoramento do Desmatamento em Tempo Real
Embrapa	Empresa Brasileira de Pesquisa Agropecuária
FPE	Fundo de Participação dos Estados (Brasil)
FUNAI	Fundação Nacional do Índio (Brasil)
GEE	Gases de Efeito Estufa
IBGE	Instituto Brasileiro de Geografia e Estatística
ICH	Índice de Capital Humano (Banco Mundial)
INCRA	Instituto Nacional de Colonização e Reforma Agrária (Brasil)
ITR	Imposto sobre a Propriedade Territorial Rural (Brasil)
NDC	Contribuição Nacionalmente Determinada
NU	Nações Unidas
OCDE	Organização para Cooperação e Desenvolvimento Econômico
OTCA	Organização do Tratado de Cooperação Amazônica
PAA	Programa de Aquisição de Alimentos (Brasil)
PIB	Produto Interno Bruto
PNADC	Pesquisa Nacional por Amostra de Domicílio Contínua
PNAE	Programa Nacional de Alimentação Escolar (Brasil)
PNDR	Política Nacional de Desenvolvimento Regional (Brasil)
PPA	Plano Plurianual
PRODES	Projeto de Monitoramento do Desmatamento na Amazônia Legal por Satélite
PSA	Pagamento(s) por Serviços Ambientais
PTF	Produtividade Total dos Fatores
SAEB	Sistema de Avaliação da Educação Básica (Brasil)
SCE	Sistema de Comércio de Emissões

SEDLAC	Base de dados socioeconômicos para a América Latina e o Caribe
SGAS	Sistema de Gestão Ambiental e Social
TCRE	Taxa de Câmbio Real Efetiva
UE	União Europeia
WWF	Fundo Mundial para a Natureza

1 Desenvolvimento na Amazônia Legal, uma das últimas regiões de fronteira do mundo

MAREK HANUSCH, JON STRAND E CLAUDIA TUFANI

MENSAGENS PRINCIPAIS

- A Amazônia Legal brasileira é uma das últimas regiões de fronteira do mundo, onde a expansão econômica se contrapõe a antigos ecossistemas e comunidades tradicionais.
- Os altos níveis de privações sociais observados na região coexistem com a destruição de áreas de florestas de excepcional biodiversidade e grande importância para o clima global.
- Dado o alto valor da Floresta Amazônica enquanto bem público, em comparação aos valores mais baixos que costumam resultar do uso econômico de terras naturais convertidas para uso privado, tem-se que o desmatamento constitui, de fato, uma enorme destruição de riquezas e um incentivo implícito para um modelo de crescimento ineficiente e que faz uso intensivo de recursos naturais.
- Não é apenas a Floresta Amazônica que merece proteção: os outros biomas da Amazônia Legal também fornecem importantes serviços ecossistêmicos.
- Um delicado ato de equilíbrio em termos de políticas públicas pode conciliar a proteção das florestas naturais da Amazônia Legal e, ao mesmo tempo, promover o crescimento sustentável e inclusivo.
- Já existem sistemas e leis capazes de proteger as florestas da Amazônia Legal. Eles precisam ser postos em prática com urgência para conter a recente aceleração do desmatamento.
- A substituição de um modelo de crescimento que faz uso intensivo de recursos naturais por um que vise à produtividade ajudaria a conciliar o desenvolvimento e a conservação florestal no longo prazo.
- O financiamento para a conservação pode se estender no curto e longo prazos, incentivando a proteção florestal e, ao mesmo tempo, financiando a transição rumo a uma abordagem de desenvolvimento mais adequada para a Amazônia Legal.

- Para implementar uma abordagem de desenvolvimento mais sustentável e inclusiva, é necessário:

  - Melhorar o bem-estar da população local, promovendo a produtividade por meio da transformação estrutural em áreas rurais e urbanas.
  - Proteger a floresta ao fortalecer a governança fundiária e florestal, inclusive a aplicação das leis em vigor (comando e controle).
  - Fomentar meios de subsistência rurais sustentáveis, por meio do capital natural associado à floresta em pé e preservação dos modos de vida tradicionais.
  - Estruturar o financiamento para conservação, vinculando-o a uma redução mensurável do desmatamento e fazendo uso de recursos públicos e privados, ou de soluções de mercado.

UM MEMORANDO ECONÔMICO PARA OS ESTADOS DA AMAZÔNIA LEGAL BRASILEIRA

Este memorando se concentra nos nove estados da Amazônia Legal brasileira: Acre, Amapá, Amazonas, Pará, Rondônia, Roraima, Tocantins, Mato Grosso e partes do Maranhão. A Amazônia Legal abriga cerca de 28 milhões de brasileiros em uma vasta área de, aproximadamente, 5 milhões de quilômetros quadrados; portanto, sua densidade populacional é baixa. Embora cubra quase 60% do território brasileiro, abriga apenas 13% da população[1]. A região engloba toda a porção brasileira do bioma Amazônia e partes de outros ecossistemas importantes, como o Cerrado e o Pantanal.

Entre riquezas naturais e privações socioeconômicas

A Floresta Amazônica abriga uma riqueza natural excepcional. O Brasil abrange cerca de 65% da Bacia Amazônica, que inclui o segundo maior rio e a maior floresta primária remanescente do mundo[2]. O bioma Amazônia é responsável por 25% da biodiversidade terrestre, em média, e de 17% a 20% de toda a água doce do planeta (Charity et al., 2016; Siikamäki et al., 2019). Também é capaz de moderar os efeitos globais dos gases de efeito estufa (GEEs) e, portanto, tem um grande impacto no clima global. Contudo, não é somente a Floresta Amazônica que merece proteção, pois todos os biomas da região apresentam altos níveis de biodiversidade e prestam importantes serviços ecossistêmicos.

A Amazônia Legal abriga não apenas ecossistemas importantes; também é o lar de muitos brasileiros carentes, o que demanda soluções capazes de melhorar seu padrão de vida de maneira sustentável. Os estados da Amazônia Legal, especialmente na região Norte, estão entre os mais pobres do Brasil. Em 2018, a média do valor agregado *per capita* na Amazônia Legal era 20% inferior à média nacional (figura 1.1)[3]. A taxa de pobreza é alta, com 36% da população da região vivendo com menos de US$ 5,50 por dia. Além disso, os indicadores de desenvolvimento (especialmente o capital humano) são baixos[4]; apenas os estados do Nordeste

FIGURA 1.1

A Amazônia Legal é uma região menos desenvolvida

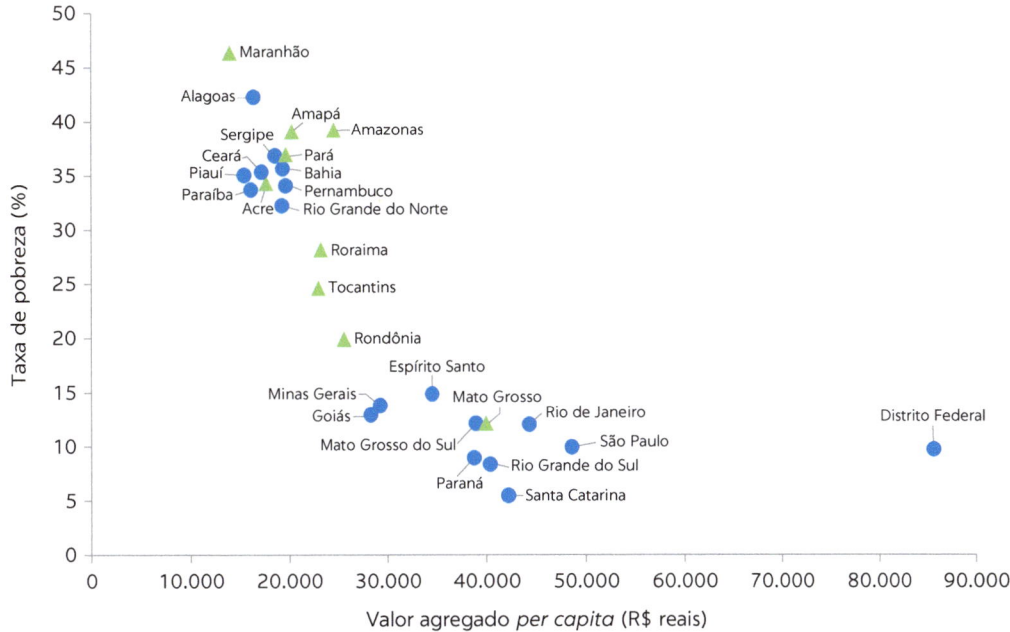

Fonte: Banco Mundial, com base em dados do Instituto Brasileiro de Geografia e Estatística (IBGE).
Observação: A figura apresenta dados de 2018 para todos os estados brasileiros; os triângulos verdes identificam os estados da Amazônia Legal. A "linha de pobreza" é de US$ 5,50 por pessoa por dia.

brasileiro são mais pobres. Em termos puramente econômicos e sociais, os desafios da Amazônia Legal são os mesmos que outras regiões menos desenvolvidas do Brasil e de outras partes do mundo enfrentam. Contudo, as mudanças sociais e ambientais associadas ao desenvolvimento econômico da região atraem considerável atenção pública, tanto no Brasil quanto no resto do planeta. Este memorando explora pacotes de políticas capazes de reduzir simultaneamente a pobreza e as pressões de desmatamento.

Equilíbrio delicado

Promover o desenvolvimento econômico e social na Amazônia Legal e, ao mesmo tempo, manter as florestas naturais requer um delicado ato de equilíbrio. Diversos governos já tentaram melhorar as condições econômicas locais na Amazônia Legal. Muitas vezes, isso levou a atritos entre o ser humano e a natureza, resultando em desmatamento em grande escala em certas áreas da Amazônia Legal e, em alguns casos, conflitos com modos de vida tradicionais. Somente em 2021, uma área equivalente a cerca de 1,8 milhão de campos de futebol foi desmatada[5]. Este memorando explora uma nova abordagem de desenvolvimento para a diversa população da região, que busca conciliar desenvolvimento econômico em maior harmonia com o ecossistema milenar tão valioso e, ao mesmo tempo, tão frágil, da Amazônia Legal.

O desenvolvimento econômico ocorre por meio da transformação estrutural, que está ligada ao aumento da produtividade e à crescente concentração da atividade econômica em áreas urbanas. Esse processo leva à transição de uma economia de base agropecuária para uma economia cada vez mais ligada à indústria (inclusive de produtos manufaturados) e ao setor de serviços. A Amazônia Legal já é altamente urbanizada — cerca de três quartos da população local vivem em cidades, e a urbanização aumentará ainda mais como resultado da transformação estrutural (figura 1.2). As políticas públicas precisam garantir que sejam criados empregos e meios de subsistência nos lugares onde as pessoas vivem — e para onde elas, cada vez mais, *se mudarão*. Isso exige que o crescimento econômico seja mais baseado na produtividade, inclusive na produtividade urbana. Para tal, não é necessário construir novas cidades, mas, sim, tornar as cidades atuais mais funcionais. O atual modelo de crescimento da Amazônia Legal privilegia a agricultura e os setores primários. Um modelo mais equilibrado, que permita que as áreas urbanas desempenhem seu devido papel de desenvolvimento da região, ajudará a promover o desenvolvimento econômico, e, ao mesmo tempo, atenuar as pressões sobre as florestas naturais.

Todavia, a transformação estrutural é um processo de longo prazo, ao passo que a proteção das florestas da Amazônia Legal é uma prioridade urgente. Nos anos 2000, o Brasil alcançou avanços impressionantes na proteção das florestas, especialmente a Floresta Amazônica, incluindo o aumento das unidades de conservação e dos territórios indígenas; do Plano de Ação para Prevenção e Controle do Desmatamento na Amazônia Legal (PPCDAm) e da inclusão, em uma lista negra, de diversos municípios, além de iniciativas do setor privado ligadas à produção de soja e carne bovina. Ademais, o Brasil dispõe de um Código Florestal robusto. Apesar disso, os sistemas destinados a proteger as florestas da Amazônia Legal vêm sendo enfraquecidos, bem como sua aplicação por meio de intervenções de comando e

FIGURA 1.2

A Amazônia Legal passa por transformações estruturais e urbanização (que continuarão)

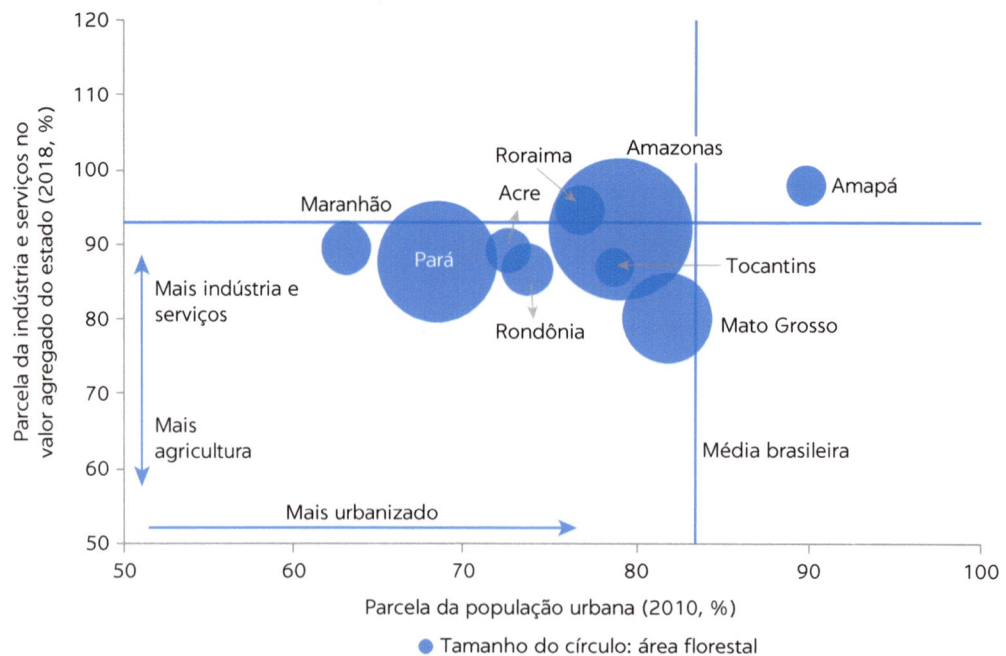

Fontes: Banco Mundial, com base em dados do Instituto Brasileiro de Geografia e Estatística (IBGE); banco de dados do estudo Dimensões Ocultas da Pobreza do Banco Mundial.
Observação: O tamanho dos círculos reflete o tamanho relativo das áreas florestais nos nove estados brasileiros que constituem a Amazônia Legal em 2015. As transformações estruturais acarretarão o deslocamento de mais estados rumo ao quadrante superior direito da figura (em direção às médias brasileiras, que o estado do Amapá já superou).

controle, o que tem contribuído para a aceleração do desmatamento. A vontade política de consolidar conquistas passadas é fundamental para que o Brasil volte a ser um pioneiro na proteção florestal e garanta que o crescimento econômico não esgote o capital natural. Este memorando demonstra a complementaridade da proteção florestal e de um modelo de crescimento voltado à produtividade.

A pobreza é especialmente grave nas áreas rurais. Embora a transformação estrutural gere benefícios amplos, ela também causa dificuldades, especialmente para as populações rurais. A nova abordagem de desenvolvimento precisa gerar meios de vida sustentáveis para as populações rurais da Amazônia Legal. A região abriga muitas comunidades tradicionais, inclusive o maior número de indígenas do Brasil. A produção florestal sustentável (também conhecida como extrativismo) está intimamente ligada aos modos de vida tradicionais. Além disso, as populações rurais mais pobres, que vivem em assentamentos de reforma agrária, precisam poder vislumbrar uma possibilidade de melhorar seu padrão de vida. A promoção de meios de subsistência rurais sustentáveis é fundamental para reduzir a pobreza e preservar as culturas locais e tradicionais, ao mesmo tempo em que fornece uma importante fonte de resiliência aos produtores cujas vidas serão prejudicadas pelo processo de transformação estrutural. A bioeconomia, que amplia o acesso ao capital natural da floresta em pé, integra, portanto, um misto de políticas cuidadosamente equilibradas para a Amazônia Legal.

A nova abordagem de desenvolvimento da Amazônia Legal deve ser reforçada pelo financiamento da conservação, que busca capitalizar o valor substancial das florestas da Amazônia Legal como bem público para atrair recursos para sua proteção e investir em um crescimento mais sustentável e inclusivo, protegendo a floresta em pé e melhorando os meios de subsistência. Ela também fará pender a balança para o lado da proteção dos bens públicos e ajudará a angariar vontade política nos casos em que se vislumbrarem *trade-offs* entre o desenvolvimento econômico e a proteção florestal. Este memorando demonstra que tal financiamento pode vir de recursos públicos, privados ou de mecanismos baseados no mercado.

Os desafios de desenvolvimento da Amazônia Legal estão interligados ao modelo de crescimento do Brasil, o que exige políticas públicas muito além da própria região. O modelo de crescimento do Brasil ofusca as pequenas economias dos estados amazônicos, que, juntas, correspondem a menos de 10% do produto interno bruto (PIB) nacional. Este memorando demonstra que o crescimento do Brasil está estagnado. O país luta para aumentar a produtividade de seus setores urbanos, o que gera problemas socioeconômicos (por exemplo, grandes favelas), ao mesmo tempo que aumenta o desmatamento nas regiões de fronteira da Amazônia Legal. Para promover o desenvolvimento econômico e, ao mesmo tempo, conservar as florestas, o Brasil precisa enfrentar esses desafios de produtividade, pois o modelo atual será incapaz de sustentar um crescimento econômico significativo se continuar a depredar as riquezas naturais do país. Mais do que nunca, é necessário repensar urgentemente as políticas públicas, à medida que o sistema de comércio global demonstra preocupações crescentes com a sustentabilidade.

Oportunidades de um novo modelo de desenvolvimento

É possível criar uma Amazônia Legal mais rica, sustentável e inclusiva. Se o Brasil se tornar uma economia mais voltada à produtividade, com mais equilíbrio entre os setores econômicos, haverá um aumento da demanda por produtos da região e, ao mesmo tempo, criação de mais oportunidades de trabalho em outras partes do país. Esse novo modelo atrairia recursos para atividades mais produtivas, tornando menos atraente a expansão econômica do Arco do Desmatamento (este ponto será detalhado mais adiante). Um modelo de crescimento com foco na produtividade e em uma transformação estrutural mais equilibrada seria compatível com esse contexto nacional e fortaleceria a coesão econômica em todo o Brasil, e também melhoraria as oportunidades de renda para a população local. Especialmente se combinado com intervenções de capital humano e outras medidas para permitir que a população busque novas oportunidades, esse modelo limitaria os riscos de desemprego e de aumento da desigualdade.

Não fosse pelo desmatamento, o Brasil seria uma nação muito mais verde. A matriz energética do país é 48% verde (a média mundial é de 15%), e a matriz elétrica brasileira é mais que 80% verde (em comparação a 27% no resto do mundo) (Banco Mundial, 2023a). O desmatamento e a agropecuária representam as principais fontes de emissões do país. Sendo assim, reduzir o desmatamento é crucial para que o Brasil possa cumprir sua meta de zerar as emissões (ou torná-las negativas) até 2050. Também é um requisito para o cumprimento da Contribuição Nacionalmente Determinada (NDC) brasileira no âmbito do Acordo de Paris e do compromisso assumido na Conferência das Nações Unidas sobre Mudanças Climáticas de 2021 (também conhecida como 26ª Conferência das Partes, ou COP26) de zerar o desmatamento ilegal até 2028. Em um mundo que busca a descarbonização, o Brasil tem muito a ganhar com seu potencial verde, principalmente na seara do comércio internacional.

Para a Amazônia Legal, uma nova abordagem de desenvolvimento significaria padrões de vida mais elevados, convergência econômica com regiões mais desenvolvidas no país e no mundo, e preservação de sua excepcional riqueza natural e cultural.

Organização deste capítulo

Primeiramente, este capítulo descreve o desenvolvimento histórico da Amazônia Legal como região de fronteira, com ênfase nos grupos sociais que continuam a moldar suas dinâmicas sociais e econômicas e na interação com o meio ambiente, especialmente a floresta. Em seguida, argumenta que a conversão do uso da terra associada ao desenvolvimento da região é, essencialmente, uma forma de redistribuição de riqueza pública para o privado — com uma enorme destruição de riquezas no processo. Isso destaca a urgência de proteger as florestas naturais da Amazônia Legal. No entanto, o desenvolvimento econômico pode ser uma ameaça às florestas naturais se a Amazônia Legal não seguir uma abordagem de desenvolvimento adaptada ao seu contexto ambiental. Tal abordagem precisaria combinar uma forte proteção florestal com um foco mais nítido na produtividade, inclusive em áreas urbanas, gerando, ao mesmo tempo, meios de subsistência rurais sustentáveis, apoiados pelo financiamento da conservação. O capítulo termina com a inclusão do memorando na agenda de políticas públicas e a apresentação de um roteiro para os capítulos seguintes.

FRONTEIRA AMAZÔNICA: ORIGENS SOCIAIS, ECONÔMICAS E AMBIENTAIS

A Amazônia Legal é uma das últimas regiões de fronteira do mundo, um lugar em que as economias modernas se chocam com estilos de vida tradicionais e ecossistemas milenares[6]. Os povos indígenas se mudaram para a Amazônia entre 11 mil e 13 mil anos atrás e se estabeleceram principalmente ao longo dos numerosos rios da bacia. Além de viverem em harmonia com a floresta tropical milenar, eles podem ter moldado até 12% das paisagens da Amazônia. A partir de 1500, esse modo de vida foi ameaçado pela colonização portuguesa, que se concentrou, inicialmente, na costa leste do Brasil. A cidade de Belém, capital administrativa de Portugal no território amazônico do Grão-Pará, foi fundada em 1616. A partir daí, diversas expedições avançaram pela floresta, erguendo fortes e assentamentos.

O colonialismo quase aniquilou os povos indígenas da Amazônia. Os colonos dependiam quase inteiramente de trabalhadores indígenas, em grande parte, escravizados. A escravidão, o trabalho forçado, os conflitos armados, os suicídios entre indígenas desesperados e — de longe a principal causa — as novas doenças introduzidas por colonos europeus (entre as quais a varíola, o sarampo, a malária, a tuberculose e a gripe) reduziram a população indígena da Amazônia de vários milhões para os cerca de 300 mil atuais. A legislação colonial portuguesa proibiu repetidamente a escravização de indígenas, mas essa prática não foi efetivamente abolida até 1748 (a escravidão africana somente foi abolida no Brasil em 1888). Os indígenas de hoje descendem, em grande parte, de tribos que conseguiram algum nível de integração com os portugueses (como os Munduruku), que migraram ao longo do rio (como os Tikuna), ou que permaneceram desconhecidos e isolados — como alguns ainda são.

As comunidades quilombolas e ribeirinhas atuais também estão associadas à história colonial — e à pobreza resultante dela. O Brasil importou mais escravos africanos que qualquer outro país, mas a Amazônia era pobre demais para importar escravos e dependia de mão de obra indígena. Logo, há muito menos comunidades quilombolas (descendentes de escravos africanos fugidos) na Amazônia que no resto do Brasil. A mistura de raças no Brasil português e, após a independência do Brasil, em 1822, no Brasil Imperial levou ao surgimento de grandes grupos de caboclos, como eram chamadas as pessoas de raça mista. Assim como outras pessoas de cor, a maioria dos caboclos era pobre. Seu descontentamento culminou numa das poucas tentativas de revolução na história do Brasil: a Cabanagem, que ocorreu no Grão-Pará entre 1835 e 1840. Após serem derrotados, alguns caboclos permaneceram nas cidades, mas muitos migraram para as profundezas da Amazônia. Vivendo às margens do rio Amazonas, eles adquiriram muitas habilidades de grupos indígenas e aprenderam técnicas sustentáveis de caça, cultivo e pesca. Aqueles caboclos foram a origem das comunidades ribeirinhas atuais e também desempenharam um papel importante no fornecimento de mão de obra não qualificada, como, por exemplo, durante o ciclo da borracha na Amazônia.

Apesar de todo o trabalho, da violência e da perda de vidas humanas, a Floresta Amazônica rendeu poucos benefícios econômicos por séculos, o que se deve, em grande parte, à sua inadequação para a agricultura. Diferentemente das florestas temperadas conhecidas dos europeus, que armazenam nutrientes e cálcio no solo, as florestas tropicais extraem nutrientes do solo e os armazenam em sua biomassa[7]. Isso significa que a terra da floresta tropical é pouco adequada para a maioria das lavouras agrícolas, com solos de baixa qualidade, que se degradam rapidamente. Embora sua dieta fosse mais baseada em peixes e tartarugas, os povos indígenas contornaram o problema de fertilidade do solo com técnicas rotativas de corte e queima em suas roças, que eram pequenas o suficiente para se regenerarem após algum tempo.

Por outro lado, todas as experiências europeias com gado e culturas importadas fracassaram. Em vez disso, os colonos se concentraram na produção de mandioca (uma cultura indígena) e enviaram expedições para dentro da floresta para colher produtos florestais[8]. Alguns desses produtos do extrativismo eram a salsaparrilha, a ipeca, a cataia (usada para disfarçar o sabor da carne em putrefação), o guaraná e alguns remédios fitoterápicos. O cacau, nativo da Amazônia e de outras partes da América Latina, foi, durante algum tempo, uma importante cultura de exportação devido à "mania do chocolate" na Europa, embora a produção tenha se deslocado com relativa rapidez para outros lugares, especialmente para a Bahia e a África Ocidental[9]. O café, que não é nativo da Amazônia, foi introduzido em Belém no século XIX, mas a produção também migrou rapidamente para outras partes do Brasil.

A Fronteira Colonial — e a Nova Fronteira

Um novo dinamismo começou a surgir na Amazônia Legal no final do século XIX, com duas fronteiras distintas: uma ao longo dos principais rios da região (a Fronteira Colonial), e outra vindo do sudeste, cerca de 100 anos depois (a Nova Fronteira) (quadro 1.1). A Fronteira Colonial, ligada às expedições e assentamentos coloniais, acelerou-se com o ciclo da borracha na Amazônia de 1879 a 1912. A Nova Fronteira resultou do desenvolvimento agrícola do bioma Cerrado no sudeste dos estados da região amazônica, apoiado por inovações na adaptação do solo desenvolvidas pela Empresa Brasileira de Pesquisa Agropecuária, a Embrapa; da mudança da capital federal do Rio de Janeiro para Brasília e da construção de rodovias para promover a expansão agrícola na Amazônia Legal.

A economia construída pela borracha

O ciclo da borracha trouxe prosperidade à região pela primeira vez em sua história, à custa do trabalho duro das populações mais pobres e vulneráveis da região. A borracha já crescia de forma selvagem na Floresta Amazônica, especialmente perto de Manaus, no estado do Amazonas, bem como no Acre (que o Brasil comprou da Bolívia durante o ciclo da borracha).

Com a descoberta das capacidades industriais da borracha (especialmente para a fabricação de pneus) e a aceleração da Revolução Industrial em nível global, a borracha passou a ser uma mercadoria muito procurada e, em pouco tempo, o principal produto de exportação do Brasil. Com a disparada dos preços da borracha, Manaus tornou-se uma cidade próspera, ostentando as mais recentes tecnologias (inclusive um sistema de bondes e iluminação pública elétrica) e prédios luxuosos (como seu magnífico teatro de ópera). A borracha era transportada ao longo do rio Amazonas, e Belém, na foz do rio, passou a acumular riqueza graças aos serviços financeiros e logísticos relacionados à exportação.

No entanto, como ocorreu anteriormente com o cacau, a borracha logo começou a ser cultivada em outras partes do mundo, e grandes plantações de borracha na Malaia britânica (atual Malásia) e na Sumatra holandesa (atual Indonésia) começaram a competir com a borracha de extrativismo da Amazônia. Buscando quebrar o monopólio anglo-holandês, a empresa Ford Motor Company tentou usar a borracha amazônica mais uma vez por um breve período, mas a tentativa fracassou, em grande parte devido aos danos causados por pragas (o mal das folhas sul-americano), que varreram plantações inteiras de monoculturas, deixando para trás a agora quase deserta Fordlândia, no estado do Pará. Por fim,

QUADRO 1.1

Biomas e fronteiras da Amazônia Legal

A Amazônia Legal abrange nove estados brasileiros, que correspondem a toda a região Norte do país e parte da região Centro-Oeste (Mato Grosso) e do Nordeste (alguns municípios do estado do Maranhão). Além disso, engloba toda a porção brasileira do bioma Amazônia e partes de outros ecossistemas importantes, como o Cerrado e o Pantanal (mapa Q1.1.1).

Geralmente, o termo *região de fronteira* está associado à expansão da fronteira na América do Norte rumo à direção oeste. As regiões de fronteira são áreas remotas, com baixa densidade populacional, em processo de assentamento e com baixa presença do Estado. A expansão das fronteiras costuma atrair novas instituições e modos de produção, o que gera mudanças significativas nos padrões fundiários, principalmente com um aumento da propriedade privada de terras (além de maior especulação imobiliária). Ao mesmo tempo, a exploração dos recursos naturais abundantes se contrapõe à escassez de outros tipos de capital (Johansen, 1999). Tamanhas transformações socioecológicas são marcadas por conflitos (às vezes, violentos), que costumam vitimizar povos indígenas e outras comunidades tradicionais (Schetter; Müller-Koné, 2021).

Durante a colonização portuguesa, a Fronteira Colonial da Amazônia Legal (incluindo Acre, Amapá, Amazonas, Pará e Roraima) se estendia ao longo dos principais rios da região. A partir das décadas de 1970 e 1980, novas rodovias deram acesso a terras agrícolas no sudeste da Amazônia Legal, dando origem à Nova Fronteira (incluindo Mato Grosso, Rondônia, Tocantins e municípios relevantes do Maranhão)[a] (mapa Q1.1.2). O desmatamento está concentrado no sudeste da Amazônia Legal, impulsionado pela expansão econômica que destrói as florestas naturais da região. Essa área é a atual fronteira agrícola brasileira, também conhecida como Arco do Desmatamento (mapa Q1.1.3).

MAPA Q1.1.1

Estados e biomas do Brasil e limites da Amazônia Legal

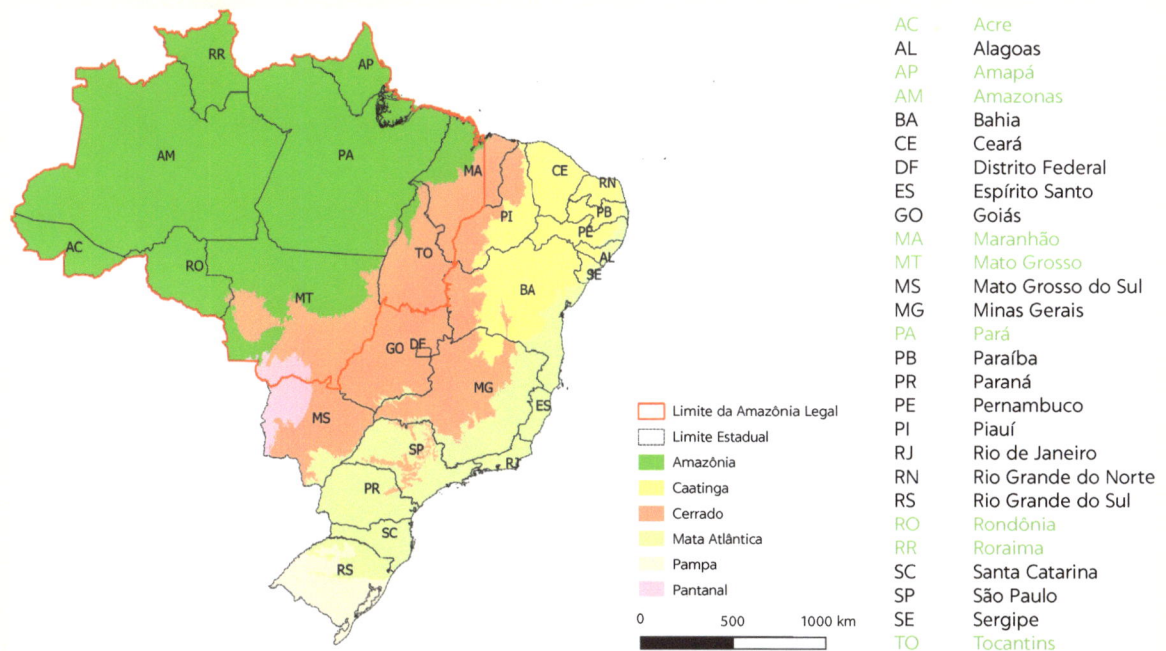

AC	Acre
AL	Alagoas
AP	Amapá
AM	Amazonas
BA	Bahia
CE	Ceará
DF	Distrito Federal
ES	Espírito Santo
GO	Goiás
MA	Maranhão
MT	Mato Grosso
MS	Mato Grosso do Sul
MG	Minas Gerais
PA	Pará
PB	Paraíba
PR	Paraná
PE	Pernambuco
PI	Piauí
RJ	Rio de Janeiro
RN	Rio Grande do Norte
RS	Rio Grande do Sul
RO	Rondônia
RR	Roraima
SC	Santa Catarina
SP	São Paulo
SE	Sergipe
TO	Tocantins

Legenda:
- Limite da Amazônia Legal
- Limite Estadual
- Amazônia
- Caatinga
- Cerrado
- Mata Atlântica
- Pampa
- Pantanal

0   500   1000 km

Fontes: IBGE; Banco Mundial.
Observação: Os estados da Amazônia Legal estão destacados com um contorno em vermelho no mapa e escritos em verde na legenda.

continua

Quadro 1.1, *continua*

MAPA Q1.1.2
Estados da Fronteira Colonial e da Nova Fronteira

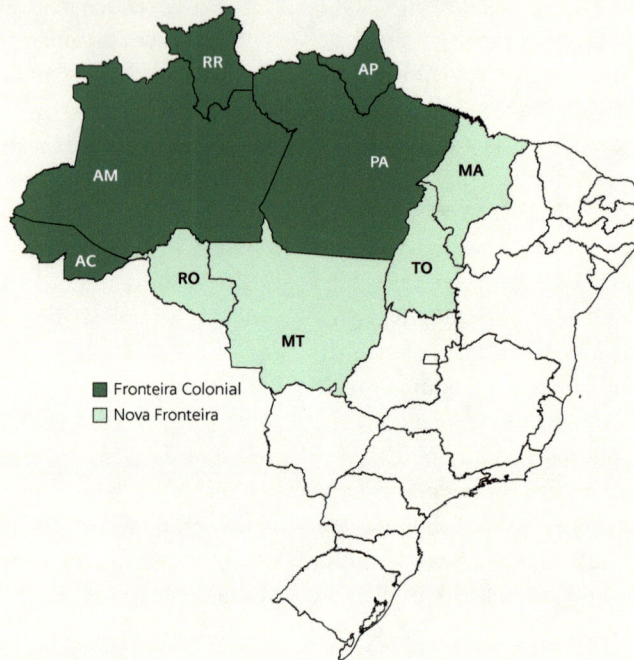

- Fronteira Colonial
- Nova Fronteira

Fonte: Banco Mundial.

MAPA Q1.1.3
Arco do Desmatamento na Amazônia Legal

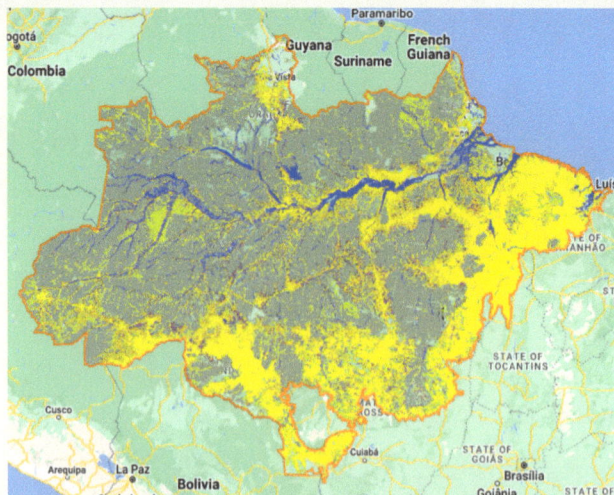

Fonte: Prodes, Mapa do Desmatamento. http://terrabrasilis.dpi.inpe.br/app/map/deforestation?hl=en (CC BY-SA 4.0).
Observação: A parte do mapa em amarelo indica áreas desmatadas; o verde-escuro representa floresta em pé; e a extensa área desmatada ao sudeste da Amazônia Legal representa o Arco do Desmatamento.

a. Embora o Maranhão também tenha uma história colonial antiga, a maior parte dos municípios relevantes incluídos na definição de Amazônia Legal apresentam mais similaridades com os estados da Nova Fronteira.

houve um segundo ciclo da borracha, de mais curta duração, entre 1942 e 1945, em consequência das interrupções no fornecimento dos Aliados durante a Segunda Guerra Mundial, quando a região do Pacífico caiu sob controle japonês.

A promoção do desenvolvimento econômico

A Superintendência do Desenvolvimento da Amazônia (Sudam) foi fundada em 1966 para revigorar o desenvolvimento econômico da Amazônia Legal. O mandato territorial da Sudam incluía a recém-concebida Amazônia Legal, que abrangia nove estados elegíveis para receber apoio do órgão. A Sudam investiu em projetos de infraestrutura e, em 1967, criou a Zona Franca de Manaus, no estado do Amazonas, com o objetivo de estimular o crescimento econômico nessa remota região da Amazônia. A principal conectividade logística de Manaus é por via fluvial. Além de Manaus, nove municípios (menores) dos estados do Acre, Amapá, Amazonas, Rondônia e Roraima receberam designações de áreas de livre-comércio. As zonas francas eram fiscalizadas pela nova Superintendência da Zona Franca de Manaus (Suframa). Sua competitividade derivava de isenções de tributos e de taxas de importação, uma vantagem de custo considerável no contexto da política brasileira de industrialização baseada na substituição de importações.

O governo também construiu rodovias de acesso ao interior da Floresta Amazônica e apoiou o assentamento de agricultores pobres. A rodovia BR-230, ou Transamazônica, que se estende quase paralelamente aos rios Amazonas e Madeira, fornece conectividade oeste-leste e liga direta ou indiretamente as cidades de Belém, no Pará, a Porto Velho, em Rondônia (e Acre pela mais recente BR-317, além de Manaus, no Amazonas, e Boa Vista, em Roraima, pelas BR-319 e BR-174). A rodovia raramente é usada devido às suas más condições.

Quando a seca e a fome atingiram o Nordeste do Brasil em 1971, o governo militar promoveu uma nova política resumida no slogan "terra sem povo para um povo sem terra". O objetivo era levar 1 milhão de colonos para assentamentos de 100 hectares desmatados pelo governo. Muito menos pessoas foram e, em muitos casos, suas terras permanecem sem registro até hoje. A pobreza persiste entre esses agricultores, refletindo a insegurança da posse, a distância e a baixa qualidade da terra, que distingue aquela (antiga) fronteira da segunda (nova) fronteira ao sul e sudeste da Amazônia Legal.

O Arco do Desmatamento

A expansão agrícola do sul e do sudeste para dentro da Amazônia Legal tornou-se a Nova Fronteira, dando origem ao Arco do Desmatamento, que destruiu florestas nos biomas Amazônia, Cerrado e Pantanal. Em todo o país, sucessivos governos vêm incentivando o desenvolvimento agrícola por meio da expansão do crédito rural e de um sistema de baixos impostos fundiários.

Nas décadas de 1950 e 1960, o governo disponibilizou novas terras agrícolas com a construção da rodovia BR-010, que liga Brasília a Belém, abrindo grandes regiões entre os rios Tocantins e Araguaia para a agricultura. Outra importante rodovia foi a BR-364[10], que ligava Cuiabá (originalmente um antigo centro de mineração no Mato Grosso) a Porto Velho, em Rondônia. Entre 1976 e a década de 1990, o governo construiu a BR-163 (a "rodovia da soja"), que ligava Cuiabá a Santarém, no Pará (que tem um porto fluvial), e também à Transamazônica.

Essas estradas (principalmente nos trechos pavimentados[11]) proporcionaram novas oportunidades, especialmente para produtores rurais nas partes mais desenvolvidas do Brasil, que tinham famílias grandes e terras suficientes apenas para passar para seus filhos mais velhos. Os filhos mais novos terminariam sem nada e acabariam migrando para a Amazônia Legal. Essas terras faziam parte, em sua maioria, do bioma Cerrado, mas foram transformadas em terras agricultáveis.

Isso resultou num desmatamento em grande escala (o Arco do Desmatamento original), que adentrou a Amazônia Legal, chegando até mesmo aos estados da Fronteira Colonial (quadro 1.1). Atualmente, a maior parte do desmatamento na Amazônia Legal ocorre em torno de 11 municípios no Pará, Mato Grosso, Rondônia e Amazonas, embora também seja relativamente alto nas áreas de Cerrado no Tocantins e no Maranhão. Os painéis do mapa 1.1 ilustram como a rede de transportes do Brasil contorna a Amazônia Legal e favorece a expansão econômica.

O impacto da mineração e das barragens

A economia de fronteira passou a incluir, cada vez mais, a mineração. A região é rica em recursos minerais que têm alta demanda, desde minério de ferro e ouro até minerais de "ação climática", tais como cobre e minerais de terras raras, que oferecem a promessa de tecnologias de energia limpa (eólica, solar e de baterias) na transição global para um futuro de zero carbono. A maior jazida de minério de ferro do mundo, descoberta na década de 1960 no sudeste do Pará, foi explorada pela mineradora Vale. A infraestrutura ferroviária necessária para exportar o minério de Carajás gerou alguns benefícios socioeconômicos diretos para os municípios, mas o crescimento de assentamentos humanos em grandes projetos

MAPA 1.1

As redes de transporte do Brasil revelam o afastamento da Amazônia Legal dos mercados

a. Ferrovias e capitais dos estados

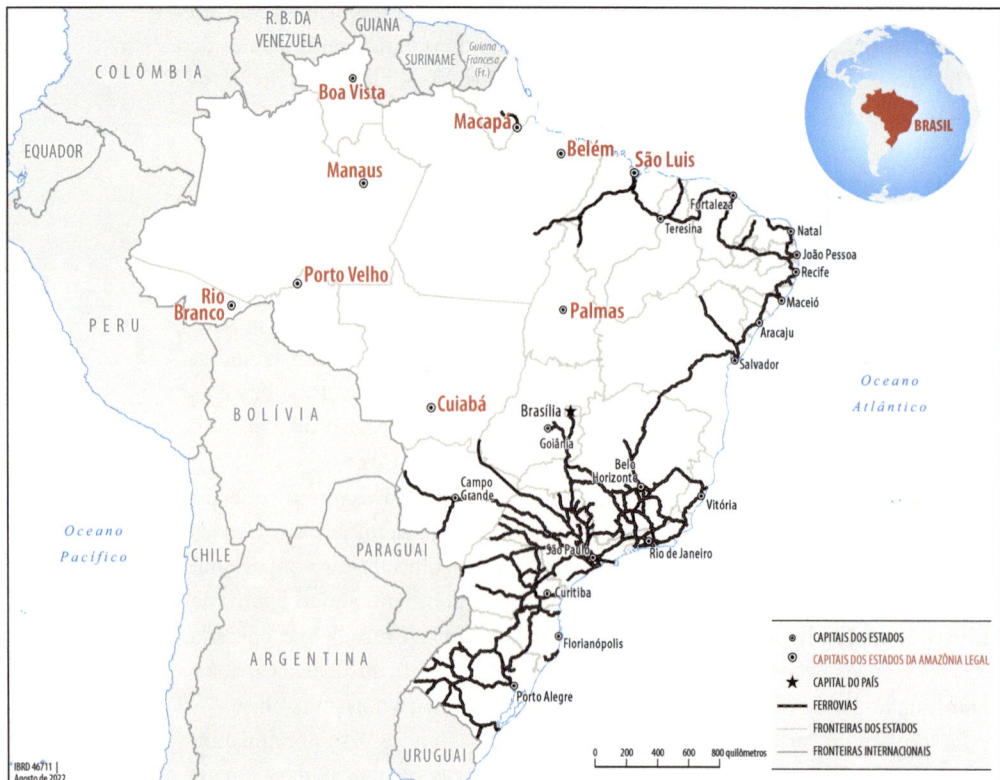

continua

MAPA 1.1, *continua*

b. Estradas pavimentadas e não pavimentadas

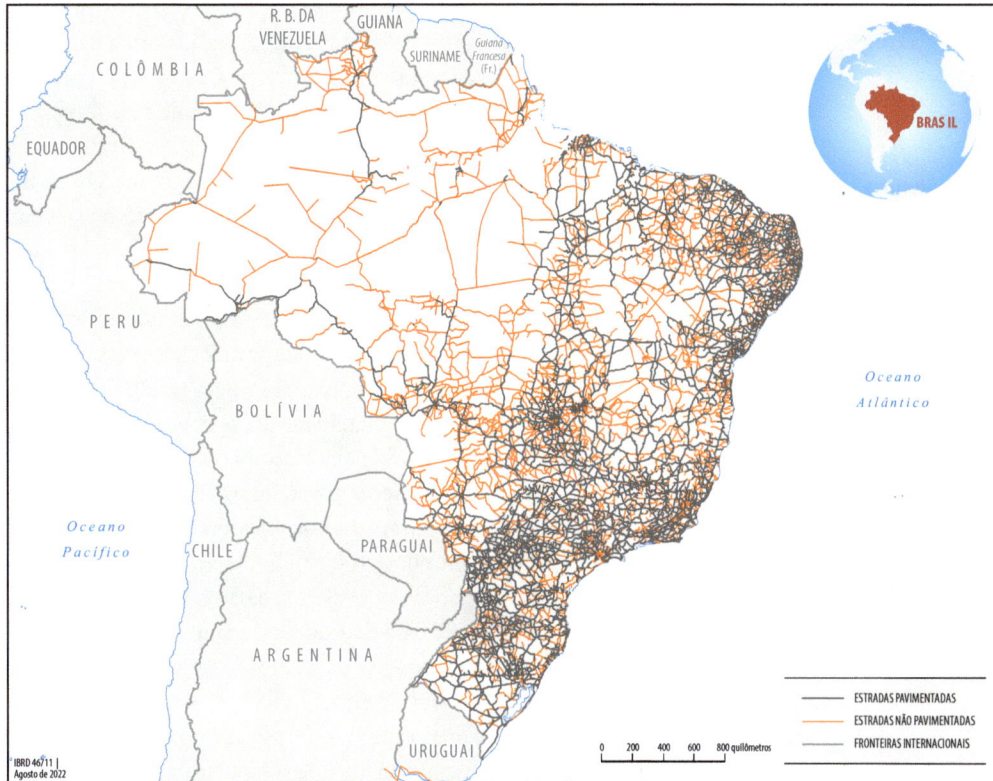

ESTRADAS PAVIMENTADAS
ESTRADAS NÃO PAVIMENTADAS
FRONTEIRAS INTERNACIONAIS

c. Rios navegáveis e portos

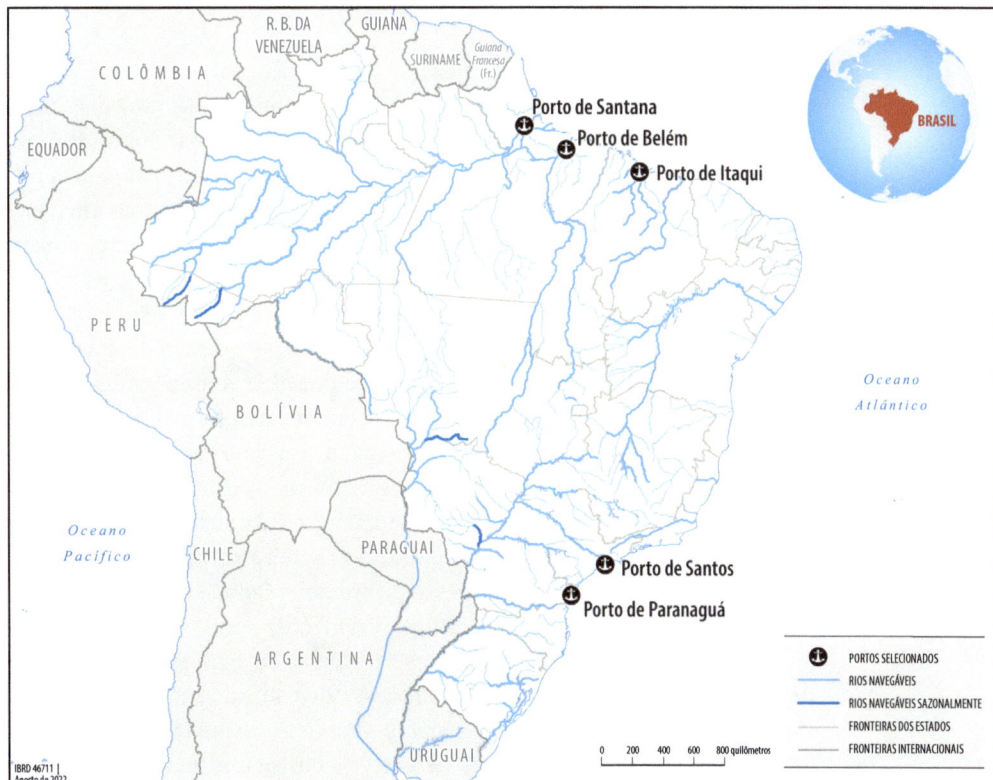

Porto de Santana
Porto de Belém
Porto de Itaqui

Porto de Santos
Porto de Paranaguá

PORTOS SELECIONADOS
RIOS NAVEGÁVEIS
RIOS NAVEGÁVEIS SAZONALMENTE
FRONTEIRAS DOS ESTADOS
FRONTEIRAS INTERNACIONAIS

Fontes: Modificado a partir de Souza-Rodrigues (2019), com base em dados do Plano Nacional de Logística e Transportes e do Instituto Nacional de Pesquisas Espaciais (Inpe).

de mineração (como Carajás e a mina de bauxita de Trombetas, também no Pará) e nos corredores de infraestrutura associados a eles também resultou em danos ambientais significativos.

Atualmente, há um forte compromisso do capital privado com o desenvolvimento de modelos de mineração mais sustentáveis. Contudo, os mais de 450 garimpos ilegais (principalmente de ouro) na Amazônia Legal resultaram em extensa degradação ambiental, às vezes dentro de áreas indígenas e, em alguns casos, gerando conflitos violentos com povos indígenas. Os garimpos modernos são altamente mecanizados e capitalizados, e obtêm uma parcela considerável de suas receitas do contrabando de ouro e da lavagem de dinheiro.

As barragens também contribuíram para a destruição ambiental na Amazônia Legal. Foram erguidas barragens na Bacia Amazônica para fornecer energia para atividades industriais ligadas à mineração (por exemplo, para produzir alumínio a partir da bauxita de Trombetas) e para eletrificar áreas urbanas. A polêmica barragem de Belo Monte, no Pará, concluída em 2019, foi o mais recente grande projeto hidrelétrico. Na paisagem geralmente plana da Amazônia, as barragens resultam em grandes reservatórios e causam danos consideráveis. A barragem de Tucuruí, que atende Trombetas, inundou 400 mil hectares de mata virgem e grandes extensões de terras indígenas em 1987[12]. A barragem de Belo Monte, conectada à rede elétrica nacional, foi associada ao deslocamento de 20 mil pessoas e grandes perdas na biodiversidade.

As barragens também afetaram rios de fluxo livre, que são essenciais para prevenir a erosão, manter a saúde dos cardumes de peixes de água doce, mitigar os impactos das inundações e secas extremas e sustentar uma rica biodiversidade. A interrupção da conectividade dos rios muitas vezes diminui ou até mesmo elimina esses importantes serviços ecossistêmicos.

A urbanização da Amazônia Legal

Com o desenvolvimento, a Amazônia Legal foi se tornando cada vez mais urbanizada. Entre 1960 e 2010, a população da região multiplicou-se por dez[13]. Cerca de três quartos da população amazônica brasileira vivem em cidades, uma porcentagem muito maior que nos países amazônicos vizinhos, e apenas um pouco abaixo da média nacional. A urbanização tem sido consequência do crescimento populacional e da migração rural-urbana, vinculada à transformação estrutural, ao aumento do emprego urbano e aos melhores serviços disponíveis nas cidades. Grande parte dessa urbanização foi impulsionada pelo desejo do governo de colonizar a Amazônia Legal. De fato, exceto por alguns municípios da Nova Fronteira, o governo continua sendo o maior empregador formal (mapa 1.2).

Atualmente, a maioria da população amazônica vive no Pará e nos estados da Nova Fronteira (Maranhão, Mato Grosso, Rondônia e Tocantins), e a maioria da população pobre vive em áreas urbanas. Sozinho, o Pará abriga cerca de 31% da população amazônica, e os estados da Nova Fronteira abrigam 45%, restando apenas cerca de 24% para as vastas áreas da Fronteira Colonial, que inclui o Acre, o Amapá, o Amazonas e Roraima[14]. Há relativamente poucas cidades grandes na Floresta Amazônica; Manaus se destaca, com cerca de 2 milhões de habitantes (mapa 1.3). A maioria da população da região vive no lado sudeste do Arco do Desmatamento (ou seja, o lado desmatado). Como a Amazônia Legal é altamente urbanizada, a maioria das pessoas pobres vive em vilas e cidades e, embora a região abrigue 13% da população urbana do Brasil, ela tem 25% da população urbana pobre.

MAPA 1.2

O governo é o maior empregador formal, especialmente na Fronteira Colonial

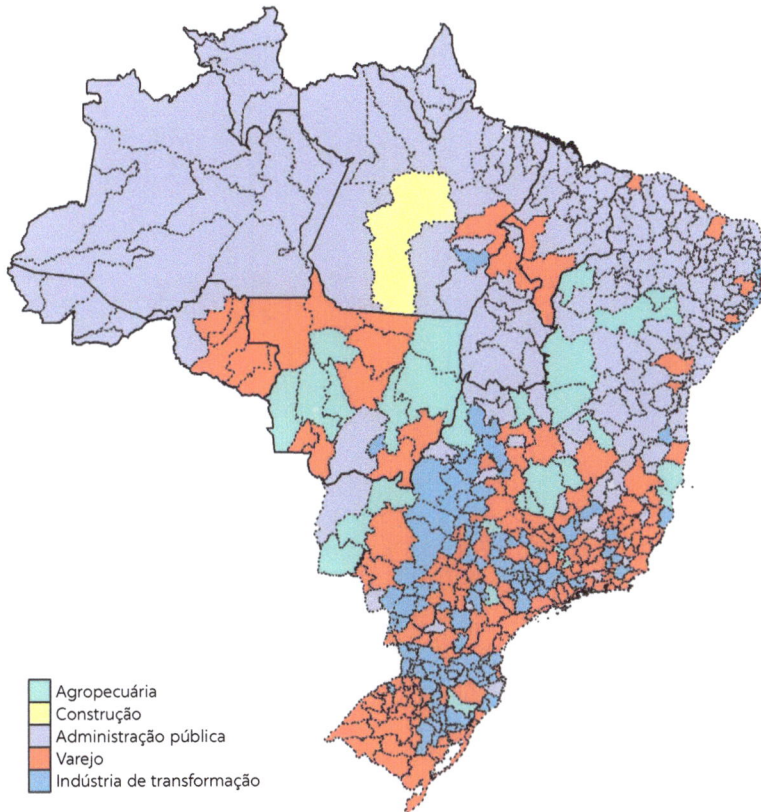

Fonte: Banco Mundial, com base na RAIS de 2017.
Observação: O mapa apresenta o setor dominante do emprego formal, por região imediata (grupo de municípios no mesmo estado).

Lições da história

A história guarda cinco lições principais para a Amazônia Legal.

- O antigo objetivo dos governos brasileiros de desenvolver economicamente a Amazônia Legal permanece intacto, embora as preocupações com os impactos ambientais do desenvolvimento estejam crescendo em número e influência.

- A Amazônia Legal (especialmente a Floresta Amazônica) abriga riquezas naturais consideráveis, que nem sempre são facilmente aproveitadas pela população local. Alguns avanços da medicina realizados na Europa, como o desenvolvimento de anestésicos, foram baseados em drogas indígenas. A planta de coca inspirou vários refrigerantes, inclusive a Coca-Cola, um dos produtos mais populares dos EUA (embora a Coca-Cola não use mais a coca como ingrediente).

- A Amazônia Legal tem enfrentado obstáculos para comercializar seus produtos naturais no Brasil, e a produção cultivada em outras partes do mundo superou os métodos extrativistas originais. Considerado "biopirataria" por muitos, esse cultivo comercial inclui a quinina na Índia (para tratar a febre da malária), o cacau na África Ocidental e a borracha no sudeste da Ásia.

MAPA 1.3
Sistema de cidades da Amazônia Legal

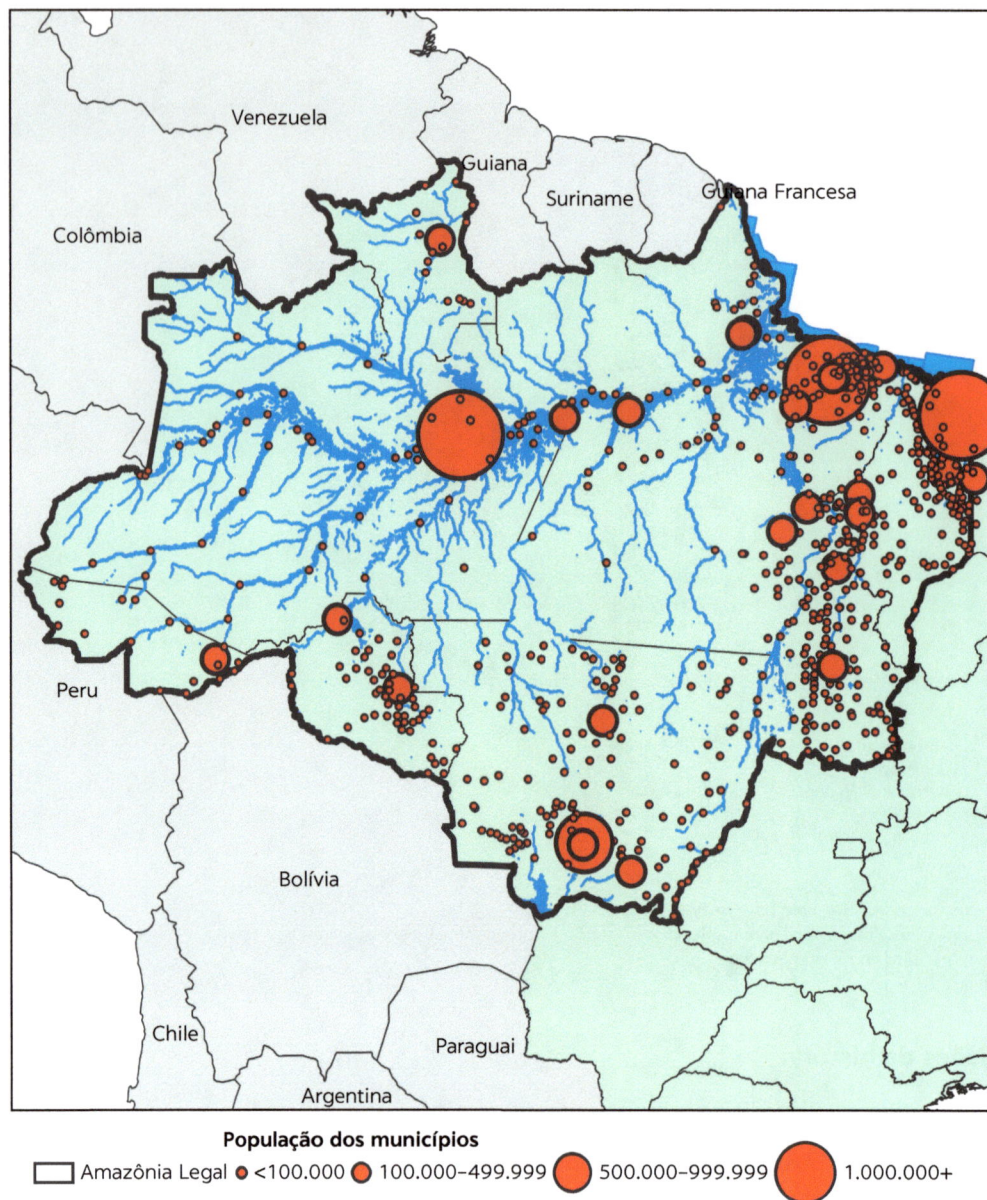

População dos municípios

☐ Amazônia Legal ● <100.000 ● 100.000–499.999 ● 500.000–999.999 ● 1.000.000+

Fonte: Sanchez Martinez et al. (2002).
Observação: Os círculos indicam a população relativa das cidades.

- A Amazônia Legal ainda é atraente para pessoas que buscam melhorar suas condições de vida, desde produtores rurais e garimpeiros até especuladores imobiliários. Às vezes, isso resulta em conflitos pelo uso da terra e repartição de benefícios com comunidades mais tradicionalmente ligadas à terra, como os povos indígenas e as comunidades ribeirinhas.
- Por fim, dado que os assentamentos se desenvolveram ao longo dos rios na Fronteira Colonial, a grande maioria das cidades e vilas da Fronteira Colonial ainda é atendida por transporte aquático.

Agricultura na fronteira. A Amazônia Legal continua sendo uma região de fronteira, onde aspirações socioeconômicas e ambientais muitas vezes colidem, apesar dos desafios para a agricultura em muitas áreas, especialmente na floresta tropical. As várzeas, que correspondem a cerca de 3% do território amazônico, não podem ser utilizadas para outras atividades que não sejam extrativistas durante a maior parte do ano.

Devido ao fato de as árvores da floresta tropical armazenarem nutrientes em sua biomassa em vez de transferi-los ao solo, e devido à rápida degradação dos solos, a terra é imprópria para a maioria das culturas. No entanto, algumas culturas prosperam em solos amazônicos e algumas inovações tecnológicas — como certos tipos de gramíneas — criaram melhores condições para a pecuária (talvez como um prenúncio de inovação agrícola, como a que anteriormente permitiu a exploração do Cerrado). Embora muitas áreas não sejam apropriadas para a agricultura, ainda há quem defenda a adequação dos solos amazônicos para o cultivo de culturas agrícolas, dada a atual tecnologia disponível (Soares-Filho et al., 2014; Souza-Rodrigues, 2019; Brandão Jr. et al., 2020).

A pecuária tem se espalhado cada vez mais pela Amazônia Legal, tanto no Arco do Desmatamento quanto no interior da região. No estado de Roraima, a vegetação de savana torna a terra relativamente apta para a pecuária e posterior produção agrícola[15]. A mineração continua a impor outros desafios para as florestas naturais, tanto direta (por meio dos garimpos ilegais) quanto indiretamente (por meio do desenvolvimento de infraestrutura).

Capacidade institucional. Na Amazônia Legal, muitas instituições ainda estão em desenvolvimento e, portanto, são menos capazes de prestar serviços sociais e econômicos essenciais ou de combater o desmatamento ilegal e outras atividades ilícitas (Trajber Waisbich; Husek; Santos, 2022). A prestação de serviços públicos (desde a infraestrutura básica até serviços de saúde e educação) é bastante defasada na região. Apesar das variações entre diferentes estados, e do reconhecimento do amadurecimento dos sistemas tradicionais de governança, as instituições na Amazônia Legal tendem a ser menos eficientes que no resto do Brasil.

Mercados fundiários pouco desenvolvidos, com grandes áreas não destinadas, deixam espaço para grilagem, alimentam conflitos violentos e são um grande facilitador do desmatamento ilegal. Além disso, deficiências na aplicação da lei incentivam o comércio ilegal de madeira e não impedem a violação da legislação ambiental em propriedades privadas. Nos últimos anos, o tráfico de drogas na América Latina fez incursões na Amazônia Legal, beneficiando-se de instituições fracas e contribuindo ainda mais para sua erosão.

Instituições de proteção aos povos indígenas e às florestas naturais. O governo brasileiro realizou avanços importantes na proteção das terras naturais da Amazônia Legal e de suas comunidades tradicionais, mas as pressões persistem. A Constituição de 1988 reconhece os direitos dos povos indígenas, quilombolas e ribeirinhos, mas ainda há lacunas na proteção desses direitos. Grandes extensões de terra na Amazônia Legal foram declaradas territórios indígenas. Em 1961, foi criado o vasto Parque Indígena do Xingu, a primeira área do mundo reservada exclusivamente para seus povos indígenas e seu meio ambiente (não é um parque nacional aberto a visitantes). Grandes extensões de terra adicionais foram destinadas a grupos indígenas.

Além disso, o Brasil designou outras grandes áreas do bioma Amazônia como áreas protegidas. O Parque Nacional do Tumucumaque é um dos maiores parques florestais tropicais do mundo, cobrindo 70% do Amapá, o segundo estado menos populoso do Brasil. Em 2004, o Brasil lançou o Plano de Ação para Prevenção e Controle do Desmatamento na Amazônia Legal (PPCDAm), que previa monitoramento por satélite quase em tempo real para conter o desmatamento ilegal. Em 2012, o Brasil atualizou seu Código Florestal, estabelecendo áreas mínimas de reserva florestal de 80% em propriedades privadas no bioma Amazônia (e cotas mais baixas para os outros biomas da região)[16]. No âmbito da Moratória da Soja, o setor privado comprometeu-se a não cultivar soja em terras desmatadas na Amazônia após 2006, ou comprar soja cultivada nessas áreas. No entanto, esses avanços na redução do desmatamento no início dos anos 2000 foram neutralizados pela aceleração do desmatamento a partir de 2015. Este memorando demonstra que isso resultou tanto de fatores econômicos quanto do enfraquecimento das políticas ambientais.

VALOR DA FLORESTA AMAZÔNICA: RIQUEZA PÚBLICA *VERSUS* RIQUEZA PRIVADA

Há muitas maneiras de pensar sobre o valor das florestas naturais, incluindo tanto seu valor público quanto privado. Considerando os dados disponíveis, esta seção se concentra na Floresta Amazônica, o que não significa que ela conteste a importante riqueza natural dos outros biomas.

Para as comunidades indígenas e outras comunidades tradicionais, o valor da floresta está intrinsecamente ligado a seus modos de vida. Em termos econômicos mais amplos, a floresta tropical gera valores que podem ser apropriados de forma direta (bens privados para os indivíduos) e indireta (bens públicos, que são não rivais e não excludentes[17], como a captura e o armazenamento de carbono, a biodiversidade, os impactos climáticos locais e outros serviços ecossistêmicos) com benefícios para a população global, em vez de apenas para um país ou região específica.

Os aspectos de valor mais importantes da Floresta Amazônica são os *valores de exploração* e os *valores de proteção*. Strand (2022) descreve a distinção entre esses dois conceitos fundamentais:

- Os *valores de exploração* são, em grande parte, valores privados, obtidos quando a floresta é derrubada e sua área e recursos são convertidos para outros usos.
- Os *valores de proteção* são, em grande parte, valores públicos, obtidos da área florestal quando seus recursos permanecem intactos.

Valores de proteção da floresta

Uma avaliação conservadora dos valores totais anuais de proteção da Floresta Amazônica brasileira é de US$ 317 bilhões ao ano (Strand, 2022). Esse total inclui três componentes: valores de uso privado; valores de uso público regionais e locais; e valores de uso público globais. O valor total refere-se a um valor de bem público global (sequestro de carbono, proteção da biodiversidade e proteção da cobertura florestal) de US$ 285 bilhões. Além disso, o equivalente a US$ 12 bilhões são valores privados; e US$ 20 bilhões, valores de bens públicos locais e regionais (tabela 1.1).

Em sua maioria, esses valores de proteção não são exatos. Os valores apresentados na tabela 1.1 são calculados de forma altamente conservadora

TABELA 1.1 Os valores anuais privados, públicos regionais e públicos globais avaliados da Floresta Amazônica brasileira totalizam US$ 317 bilhões ao ano
(US$, bilhões)

VALORES DE EXPLORAÇÃO[a]		VALORES DE PROTEÇÃO[b]					
TODOS PRIVADOS (USO DIRETO)		VALORES PRIVADOS (USO DIRETO)		VALORES PÚBLICOS REGIONAIS (USO INDIRETO)		VALORES PÚBLICOS GLOBAIS[c] (USO INDIRETO)	
Agropecuária	25-75	**Madeira**	1	**Agropecuária**	7,5	**Valor de uso indireto**	210
				Pecuária	1,5	Armazenamento de dióxido de carbono	210
				Soja, outros produtos agrícolas	2,5		
				Polinização	3,5		
		Produtos não madeireiros	8,7	**Produtos não agrícolas**	12,5	**Valor de opção**	10
			1,8	Serviços de regulação hídrica (água e erosão)	8,7	Biodiversidade	10
		Castanha-do-brasil	0,2		2,3		
		Borracha	6,7	Clima regional	1,5		
		Outros produtos florestais não madeireiros		Proteção contra incêndio			
Valores da madeira	10-15	**Turismo Sustentável**	2,3			**Valores de existência**	65
						Biodiversidade	35
						Cobertura florestal	30
Mineração	8						
Subtotal	43-98	**Subtotal**	12	**Subtotal**	20	**Subtotal**	285
TOTAL	43-98			317			

Fonte: Strand (2022).
Observação: Os valores estimados cobrem toda a Floresta Amazônica brasileira. O termo "uso direto" refere-se a bens privados cujo valor beneficia indivíduos; e "uso indireto" refere-se a bens públicos cujo valor beneficia populações regionais ou globais.
a. Os "valores de exploração" indicados na tabela são valores privados, obtidos quando a floresta é derrubada e sua área e seus recursos são convertidos para outros usos.
b. Os "valores de proteção" indicados na tabela incluem alguns valores privados, mas são, em sua maioria, valores públicos obtidos de uma área florestal quando seus recursos permanecem intactos.
c. Os valores de "uso indireto" globais beneficiam a população global; o "valor de opção" refere-se ao valor de prospecção de inovações farmacêuticas geradas a partir de recursos genéticos da biosfera; e os "valores de existência" estão relacionados à disponibilização desses recursos para as gerações atuais e futuras de seres humanos.

considerando parâmetros-chave de valor (como o valor do carbono e de possíveis impactos biofísicos) e a exclusão de vários valores ecossistêmicos importantes sobre os quais não há dados confiáveis. Essa abordagem significa que os valores gerais de proteção são subestimados, possivelmente em grande medida.

Valores de proteção privados

Os valores diretos de proteção privada da Floresta Amazônica foram avaliados em US$ 12 bilhões ao ano. Os valores diretos de proteção privada incluem atividades consideradas sustentáveis, o que significa que têm uma interferência mínima na floresta e em seus ecossistemas sensíveis (Strand et al., 2018). As atividades, avaliadas em US$ 1 bilhão ao ano, incluem a madeira produzida por meio de técnicas de corte de baixo impacto ou de impacto reduzido, bem como o corte de árvores selecionadas em áreas de concessão florestal.

Também há importantes produtos florestais não madeireiros. A tabela 1.1 avalia o valor anual de dois desses produtos: a castanha-do-brasil (US$ 1,8 bilhão) e a borracha (US$ 200 milhões). A pesca no rio Amazonas e em seus afluentes, avaliada em mais de US$ 1 bilhão ao ano (provavelmente muito mais), também está incluída na medida. O valor global anual desses produtos é de US$ 12 bilhões.

Além disso, o turismo sustentável está avaliado em US$ 2,3 bilhões para a população regional. É possível argumentar que os valores da proteção privada também beneficiam os próprios turistas e, portanto, são de uso direto, mesmo que não em termos monetários; e que o turismo pode ter um importante valor educacional ecológico, como uma externalidade positiva não avaliada.

Valores de bem público

O valor de bem público da Floresta Amazônica é considerável e beneficia o Brasil, o resto da América do Sul e o mundo todo. Esses valores são apropriados indiretamente e incluem benefícios regionais e globais. Os benefícios regionais incluem valores de uso indireto, ao passo que os benefícios globais incluem valores de uso indireto, valores de opção e valores de existência.

Valores públicos regionais. Os valores de bem público regionais representam benefícios para os seres humanos de várias maneiras indiretas, inclusive efeitos climáticos específicos para o Brasil e seus países vizinhos. Perdas florestais na Amazônia levam a mudanças nos padrões pluviométricos regionais (os "rios voadores")[18], que afetam a produtividade agrícola na América do Sul e a produção de energia hidrelétrica, que é essencial para garantir o fornecimento de eletricidade no Brasil. Essas perdas florestais também podem afetar as temperaturas regionais e a ocorrência e gravidade das secas. Além disso, a manutenção da cobertura florestal fornece uma série de outros serviços ecossistêmicos locais e regionais, como, por exemplo, serviços de polinização para a agricultura local e de regulação hídrica pela redução de inundações e secas. Ela também reduz o risco de incêndios florestais, que podem afetar terras adjacentes.

Ademais, a manutenção da Floresta Amazônica gera benefícios sanitários regionais (e potencialmente globais), pois a fumaça dos incêndios florestais prejudica a saúde humana, ao passo que a perda de cobertura florestal pode levar ao aumento da prevalência de insetos e a uma maior incidência de doenças transmitidas por esses vetores (quadro 1.2).

QUADRO 1.2

Desmatamento e pandemias: possíveis conexões

Há conexões entre a degradação ambiental causada pelo homem e as epidemias e pandemias. Muitas pandemias são causadas por vírus transmitidos aos seres humanos por espécies selvagens, especialmente roedores, pássaros e morcegos.

As florestas tropicais são uma rica fonte de vírus causadores de pandemias, e o desmatamento e a fragmentação florestal aproximam as pessoas das espécies selvagens. O desmatamento tem sido associado a mais de 30% das novas doenças relatadas

desde 1960, tais como as causadas pelo vírus ebola na África, o nipah na Malásia e o Hendra na Austrália.

Duas características da Floresta Amazônica brasileira — alta diversidade de espécies selvagens hospedeiras de vírus e taxas crescentes de desmatamento — são comuns aos focos de doenças emergentes. Atualmente, a Amazônia ainda é considerada uma área de baixo transbordamento zoonótico, mas isso pode mudar se o desmatamento não for controlado.

Fonte: Vale et al. (2021).

O valor total dos benefícios regionais é enorme. A tabela 1.1 apresenta apenas uma fração do valor desses benefícios que pode ser facilmente mensurada: cerca de US$ 20 bilhões anuais.

Valores públicos globais. O valor de bem público global representa a maior parte do valor geral da Floresta Amazônica brasileira, especialmente devido aos valores de carbono. A maior parte do valor global da floresta está relacionada a três aspectos: armazenamento de carbono (liberado quando as árvores são cortadas), proteção da biodiversidade e proteção da cobertura florestal.

Os valores dos estoques de carbono compõem a maior parte dos valores mensuráveis da Floresta Amazônica brasileira, representando, pelo menos, US$ 7 trilhões em seu valor atual[19]. Isso, por sua vez, corresponde a um valor anualizado de armazenagem de dióxido de carbono para a Floresta Amazônica brasileira de pelo menos US$ 210 bilhões[20].

Embora seja difícil avaliar com precisão, a proteção da biodiversidade representa outro importante valor público global da Floresta Amazônica (quadro 1.3). Uma maneira de avaliar esse valor é por meio de pesquisas amostrais com a população global, que perguntam se as pessoas estariam dispostas a pagar para manter a biodiversidade da Floresta Amazônica como um bem público global. Os valores foram avaliados para o Brasil, a América do Norte e outras regiões usando métodos Delphi (Siikamäki et al., 2019; Strand et al., 2018). Avaliados de forma conservadora, os estudos estimam um valor mínimo de US$ 1 bilhão ao ano para os brasileiros e US$ 5 bilhões ao ano para as populações do Canadá e dos Estados Unidos para evitar a perda de 10% da biodiversidade da Floresta Amazônica. Quando esses valores são expandidos para a população global e para o valor de toda a biodiversidade da Floresta Amazônica brasileira, chega-se a um valor global plausível de pelo menos US$ 35 bilhões anuais.

Dada a biodiversidade singular da Floresta Amazônica também é possível obter, da biosfera amazônica, valores substanciais de prospecção (uso direto e valores de opção) associados a novas inovações farmacêuticas baseadas em recursos genéticos. Esse "valor de opção" total é avaliado em US$ 10 bilhões ao ano.

Por si só, a proteção da cobertura florestal, independentemente de seu estoque de carbono e de sua biodiversidade, é outra parte importante do valor global da Floresta Amazônica brasileira. Muitas estimativas atribuem um valor alto e crescente à Floresta Amazônica devido à sua grande extensão e à manutenção dessa área para as gerações atuais e futuras. Esse valor deriva, em parte, do *status* icônico da Amazônia como a maior área de floresta tropical do mundo. Um redimensionamento plausível, a um nível global, do valor de proteção derivado de uma pesquisa representativa sobre a preferência declarada da população norte-americana resulta numa avaliação global total de pelo menos US$ 30 bilhões ao ano (Siikamäki et al., 2019).

Na Amazônia, observam-se variações significativas nos valores de proteção privada e pública. Essas variações refletem múltiplas diferenças de área em fatores como qualidade do solo, microclimas, espécies de árvores e densidade florestal, biodiversidade e acesso à área.

Valores de exploração da floresta

Os valores de uso alternativo e de exploração da terra na Floresta Amazônica brasileira também podem ser significativos. Esses valores de uso exploratório são calculados na hipótese de a floresta tropical ser eliminada (desmatada) e substituída por outra atividade, principalmente agropecuária e florestas

QUADRO 1.3

Biodiversidade e serviços ecossistêmicos das florestas naturais da Amazônia Legal

A Floresta Amazônica abriga uma biodiversidade excepcional: cerca de 10% de toda a biodiversidade global conhecida e 25% da biodiversidade terrestre. Além disso, cerca de 40% de toda a floresta tropical remanescente no mundo encontra-se na região. Quase 80% do bioma Amazônia é coberto por florestas perenes, com áreas menores de florestas inundadas e pântanos (ou várzeas), florestas decíduas e savanas. A Bacia Amazônica contém o maior sistema fluvial do mundo, e o rio Amazonas é o segundo maior rio do planeta. A Amazônia abriga cerca de 40 mil espécies de plantas, mais de 2.500 espécies de peixes de água doce, 1.300 espécies de aves, 427 espécies de mamíferos, 400 espécies de anfíbios e 370 espécies de répteis, inclusive muitas espécies vegetais e animais endêmicas e ameaçadas (como a onça, o boto-cor-de-rosa e o pirarucu gigante). Segundo estimativas do Fundo Mundial para a Natureza (WWF), de 90% a 95% dos mamíferos da Amazônia são conhecidos, mas apenas 2% a 10% de seus insetos são.

A Floresta Amazônica fornece serviços ecossistêmicos vitais, muitos dos quais são avaliados na tabela 1.1. A legislação brasileira define quatro categorias de serviços ecossistêmicos:

- *Bens relacionados ao ecossistema*, como água, alimentos e madeira;
- *Serviços de apoio à vida na Terra,* como ciclagem de nutrientes, redução da polinização, controle de ervas daninhas e biodiversidade;
- *Serviços regulatórios* para manter os processos ecossistêmicos, como sequestro de carbono, regulação do ar e minimização de inundações; e
- *Serviços culturais,* como recreação, turismo e identidade cultural.

A Amazônia Legal abrange partes de outros dois biomas: o Cerrado e o Pantanal (uma área de zonas úmidas tropicais e campos alagados), onde altos níveis de biodiversidade também se encontram em risco devido ao desmatamento. O Cerrado é a maior região de savana da América do Sul, considerada a mais rica do mundo em biodiversidade. O bioma abriga mais de 10 mil espécies de plantas, quase metade das quais não se encontra em nenhum outro lugar do mundo. O WWF estima que mais da metade de sua vegetação original já foi destruída. O Pantanal é a maior zona úmida do planeta, com um ecossistema único e rico, porém ameaçado, que se estende pelo Brasil, Bolívia e Paraguai. Embora grandes extensões do Pantanal permaneçam intocadas, o bioma está ameaçado pela expansão dos assentamentos humanos, por práticas agrícolas insustentáveis, pela mineração ilegal, pela construção de usinas hidrelétricas e pelo turismo desregulado. Menos de 10% do Pantanal está sob proteção.

A rápida perda da biodiversidade global ameaça as pessoas e as economias. A velocidade atual de redução da biodiversidade é a mais rápida da história da humanidade (Brondizio et al., 2019).

Simulações recentes do Banco Mundial indicam, com base em premissas conservadoras, que um colapso nos ecossistemas poderia reduzir o PIB global em US$ 2,7 trilhões até 2030, e que 1,6 bilhão de pessoas passariam a viver em países com um declínio associado do PIB de 10% a 20% (Johnson et al., 2021). Embora esses efeitos se concentrem nos países mais pobres, o Brasil poderia perder até 5% de seu PIB segundo essa avaliação conservadora.

Isso não leva em consideração potenciais repercussões para outros setores. Por exemplo, um colapso nos serviços ecossistêmicos também pode afetar o setor bancário — no Brasil, isso poderia aumentar os índices de empréstimos inadimplentes em 9 pontos percentuais (Calice; Diaz Kalan; Miguel, 2021). Os potenciais multiplicadores econômicos ligados à destruição dos serviços ecossistêmicos são significativos, destacando ainda mais a urgência de agir.

Fontes: Brondizio et al. (2019); Johnson et al. (2021).

plantadas (que têm valor de biodiversidade muito menor), conforme demonstra o lado esquerdo da tabela 1.1. Parte desse valor também consiste no valor líquido da madeira extraída no desmatamento.

Uma grande parte da Floresta Amazônica não é adequada para a produção agrícola, e isso limita o valor privado total das terras da região. A avaliação aqui discutida partiu da premissa que uma área de 20% a 35% da Floresta Amazônica brasileira poderia ser convertida em culturas de alta produtividade ou pastagens, com retornos líquidos anuais prováveis de até US$ 500 a US$ 750 por hectare, com um valor agrícola total de US$ 25 bilhões a US$ 75 bilhões ao ano (Richards; Vanwey, 2015). No entanto, essa estimativa pode ter sido exagerada: Souza-Rodrigues (2019) avalia que o valor líquido de muitas terras agrícolas na Amazônia brasileira pode ser inferior a US$ 100 por hectare ao ano. A extração madeireira não sustentável é avaliada em um valor líquido anual de US$ 10 bilhões. Além disso, há uma extensa atividade de extração mineral na Amazônia, que também pressiona a floresta tropical. Seu valor é incerto, mas, nos últimos anos, tem girado em torno de US$ 8 bilhões anuais.

Os valores de proteção da Floresta Amazônica brasileira dominam fortemente os valores de exploração, o que indica que o desmatamento é uma redistribuição ineficiente de riquezas públicas para o privado. O custo de oportunidade total (da exploração) da mesma área de floresta, avaliado de forma muito menos conservadora, pode variar de US$ 43 bilhões a US$ 98 bilhões por ano. Isso significa que, com base nos conhecimentos atuais, o valor médio de proteção da Floresta Amazônica brasileira supera em muito seu valor médio de exploração. Nesse sentido, converter terras amazônicas para usos exploratórios é uma forma ineficiente de redistribuição, já que o valor privado gerado é inferior ao valor público destruído[21].

Implicações do exercício de avaliação

Um maior desmatamento da Amazônia poderia ampliar seus valores de proteção, fazendo com que a avaliação pendesse ainda mais para a conservação da floresta. O recente aumento do desmatamento e a degradação mais ampla da terra podem, de fato, ter transformado a Floresta Amazônica em uma emissora líquida de CO_2 (Qin et al., 2021).

Uma das possíveis consequências não intencionais de mais desmatamento (não consideradas na tabela 1.1) está relacionada a um "ponto de inflexão" para a Floresta Amazônica, que iniciaria um processo de "morte progressiva" [*dieback*], que resultaria em grande parte da Floresta Amazônica remanescente sendo transformada em savana (quadro 1.4). Dados recentes indicam que cerca de três quartos da Floresta Amazônica já perderam resiliência desde os anos 2000 (Boulton; Lenton; Boers, 2022). Franklin e Pindyck (2018) demonstram que, com pontos de inflexão, os custos marginais de mais desmatamento poderiam ser multiplicados várias vezes em relação aos níveis da tabela 1.1. Os custos resultantes incluiriam a perda da maioria dos benefícios estimados, além de custos adicionais relacionados a sérios impactos climáticos regionais e globais e perdas catastróficas de biodiversidade decorrentes de um desmatamento adicional relativamente limitado.

O exercício de valoração da Floresta Amazônica brasileira indica que preservá-la é o ideal do ponto de vista econômico, mas também revela que a maior parte do valor é atribuída à população global fora da América do Sul, e não ao Brasil. Os valores de proteção para a população brasileira podem ser inferiores aos valores de exploração da Floresta Amazônica, pelo menos em certas partes do bioma (tabela 1.1). Como resultado, o Brasil e outros países do bioma podem ter interesses próprios na exploração de partes da floresta tropical para ganhos econômicos de curto prazo, especialmente devido aos desafios intrínsecos ligados ao crescimento econômico na região. Esse interesse próprio colide com os interesses de proteção de longo prazo do Brasil, com seus compromissos climáticos, e com o grande interesse internacional em salvar a Floresta Amazônica e outras florestas da Amazônia Legal.

QUADRO 1.4

Um ponto de inflexão para a Floresta Amazônica?

Os pontos de inflexão são mudanças ecológicas potencialmente irreversíveis. Os ecossistemas podem aguentar certa quantidade de choques. No entanto, sua resiliência tem limites, e o ponto de inflexão ocorre quando os ecossistemas perdem sua integridade e iniciam a transição para um ecossistema diferente, ou morrem por completo (como, por exemplo, no caso dos recifes de coral). A velocidade desse processo é incerta e pode variar muito. Conforme resume Dasgupta (2021, p. 87): "Pode levar décadas para que uma floresta se transforme em savana, ao passo que os campos podem se transformar em áreas arbustivas em poucos anos, e os lagos podem sofrer um processo de eutrofização em poucas horas".

O desmatamento no bioma Amazônia ameaça a integridade da floresta tropical, que pode avançar rumo a um ponto de inflexão. Nas regiões sul e leste da Amazônia, o ponto de inflexão pode ser alcançado quando o nível de desmatamento da Floresta Amazônica brasileira chegar a 25%, em relação ao atual nível de desmatamento de 20% (Lovejoy; Nobre, 2019; Nobre; Borma, 2009).

As simulações indicam que as mudanças climáticas podem acelerar o ponto de inflexão e levar a um sério declínio da Floresta Amazônica no final deste século, uma vez que a proteção da região não é uma prioridade, e as mudanças climáticas não são suficientemente combatidas (Vergara; Scholz, 2011). O estágio do desmatamento em que o ponto de inflexão seria alcançado é, com base nos conhecimentos científicos de hoje, algo ainda difícil de definir. Diante de tal risco, manter os ecossistemas amazônicos em seu estado atual ou num estado próximo a ele é um argumento de valor inequivocadamente positivo.

NEXO ENTRE DESENVOLVIMENTO E FLORESTAS

Do ponto de vista histórico, as probabilidades parecem não favorecer as florestas naturais da Amazônia Legal, uma vez que a expansão humana e o desenvolvimento econômico têm alterado fundamentalmente as paisagens naturais do mundo todo (Ellis et al., 2021). Nos últimos 12 mil anos, pastagens, lavouras e assentamentos se espalharam por todo o mundo, começando na África, Europa, Oriente Médio e Ásia Oriental (anexo 1A, mapa 1A.1).

Entre 800 d.C. e 900 d.C., as regiões de agricultura de uso intensivo cobriam cerca de 5% do território global; em 1700, isso havia aumentado para 10%. A transformação do uso da terra acelerou após a Revolução Industrial e, entre 1880 e 2017, as áreas de agricultura de uso intensivo aumentaram de 28% para 51% da área terrestre global (as áreas totalmente selvagens caíram para apenas 18%). A colonização européia espalhou a tecnologia – e os padrões de uso da terra que ela induziu – para as Américas, inclusive para o Brasil.

Embora o Brasil ainda estivesse coberto por florestas por volta de 1900, as pastagens e terras agrícolas se deslocaram rapidamente para o interior, a partir das regiões costeiras mais densamente povoadas. As duas fronteiras do desenvolvimento da Amazônia Legal, em particular o Arco do Desmatamento, representam, portanto, a continuação de uma longa evolução das economias humanas e uma grande ameaça à sobrevivência dos preciosos ecossistemas da região. Consequentemente, são necessários esforços substanciais para quebrar esse padrão.

A relação entre desenvolvimento econômico e florestas é complexa e pode resultar na destruição permanente de ecossistemas. A proteção ineficaz das florestas naturais da Amazônia Legal viabiliza a extração ilegal de madeira e a expansão agrícola. Essa situação é condizente com as constatações da literatura, que indicam que o "acesso liberado" a certos recursos naturais — "em que os direitos de propriedade sobre um estoque de recursos são difíceis de definir, difíceis de aplicar ou caros para administrar" — pode resultar em sua destruição ou extinção, principalmente quando isso estiver ligado a uma demanda global (Taylor; Brander, 1998)[22].

A agropecuária extensiva reflete os preços artificialmente baixos da terra. A região carece de governança florestal efetiva e dispõe de terras abundantes, cuja oferta é relativamente elástica. Isso faz com que a decisão econômica mais racional da iniciativa privada seja expandir a agropecuária na margem extensiva (convertendo florestas naturais em terras produtivas). O crescimento econômico consome, então, o capital natural: as florestas da Amazônia Legal. Países tendem a desmatar menos à medida que se tornam mais desenvolvidos, mas a destruição de ecossistemas naturais pode ser permanente, especialmente quando se alcançam pontos de inflexão.

O Brasil ainda é responsável por cerca de um terço do desmatamento global, em grande parte devido à pecuária (Pendrill et al., 2019). A Amazônia Legal cobre cerca de 59% do território brasileiro, mas responde por cerca de 80% do desmatamento no país. O desmatamento no Brasil tem se deslocado cada vez mais para o Norte, do Cerrado para a Amazônia (figura 1.3), bem como dos estados da Nova Fronteira para os estados da Fronteira Colonial.

Atualmente, os níveis de desmatamento são especialmente altos no estado do Pará, e têm aumentado rapidamente no Acre, Amazonas, Mato Grosso e Rondônia. A Amazônia Legal é o *hotspot* de desmatamento no país. Atualmente, o desmatamento é menor em outros lugares porque o desmatamento em grande escala ocorreu no passado (inclusive em estados do

FIGURA 1.3

O desmatamento está se deslocando cada vez mais do Cerrado para a Amazônia

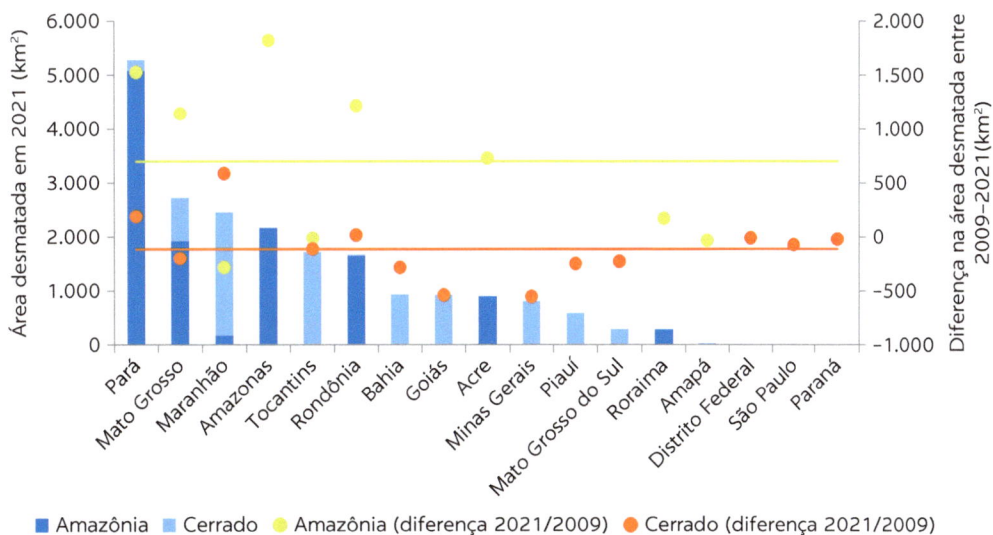

Fonte: Banco Mundial, com base em dados do Projeto de Monitoramento do Desmatamento da Amazônia Legal por Satélite do Instituto Nacional de Pesquisas Espaciais (Prodes-Inpe).
Observação: A figura ilustra, em estados selecionados e no Distrito Federal, a extensão da área desmatada em 2021 (eixo esquerdo), bem como a diferença nessa área entre 2009 e 2021 (eixo direito). As barras e os pontos verdes indicam estados (ou partes de estados) no bioma Amazônia. As barras e os pontos laranja indicam estados brasileiros (ou partes de estados) com desmatamento no bioma Cerrado.

Nordeste, como Alagoas e Paraíba, a antiga fronteira agrícola, que já perdeu importância, ou nas atuais áreas agrícolas interioranas no Sul e Sudeste do país) (figura 1.4). Além disso, alguns estados estão muito mais avançados em sua transformação estrutural (como os centros econômicos do Brasil, São Paulo e Rio de Janeiro). De fato, algumas áreas no Sudeste do Brasil registraram recentemente um pequeno reflorestamento líquido.

As ameaças às florestas naturais podem, em última análise, diminuir por vários motivos. Um está ligado à transformação estrutural associada ao desenvolvimento econômico: o crescimento econômico se desloca de setores que fazem um uso relativamente intensivo da terra (agricultura e pecuária) para setores com uso menos intensivo (manufatura e serviços) (Andrée et al., 2019). Nesse processo, a produção agropecuária também pode se tornar mais intensiva em capital e mais eficiente (o que promove sua intensificação). Outra razão está ligada à disponibilidade de terras: a escassez de terras pode aumentar à medida que o desmatamento esgotar o estoque de terras naturais, ou à medida que a governança dos recursos naturais proteger as terras naturais contra sua conversão em terras produtivas. Os governos podem intensificar seus esforços para proteger o meio ambiente à medida que a ênfase econômica se deslocar dos setores rurais para os urbanos (transformação estrutural) e os cidadãos forem se tornando mais conscientes da necessidade de proteger os

FIGURA 1.4

A Amazônia Legal é o *hotspot* do desmatamento no Brasil

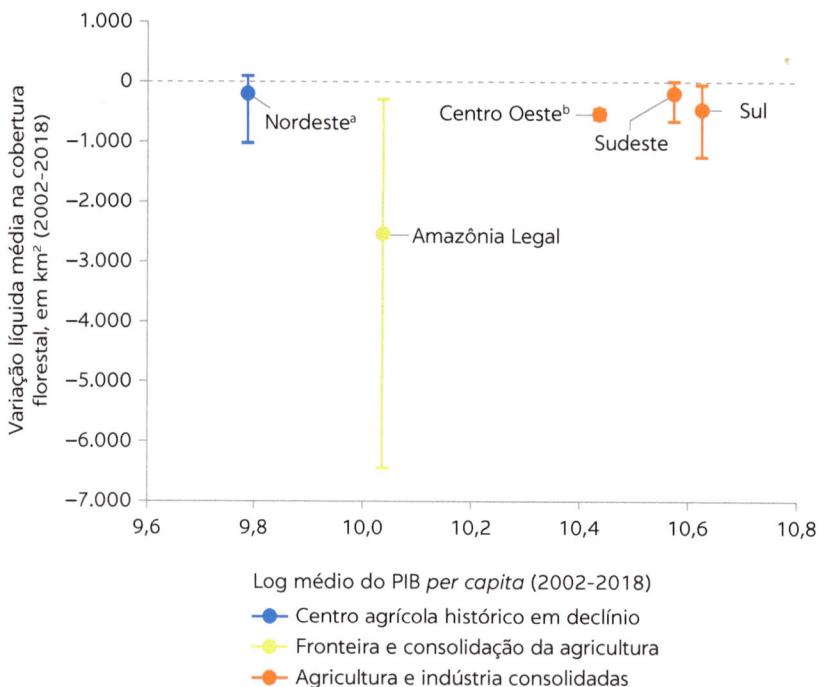

Fontes: Banco Mundial, usando mapas do Projeto de Mapeamento Anual do Uso e Cobertura da Terra no Brasil (MapBiomas); dados do Instituto Brasileiro de Geografia e Estatística (IBGE).
Observações: A figura cobre todos os estados brasileiros em suas respectivas regiões e biomas. Os números negativos no eixo y refletem desmatamento; os números positivos indicam reflorestamento. Os pontos indicam as médias regionais, e as linhas indicam os máximos e mínimos regionais.
a. O Nordeste exclui o Maranhão (Amazônia Legal).
b. O Centro-Oeste exclui o Mato Grosso (Amazônia Legal).

ecossistemas, principalmente à luz da aceleração das mudanças climáticas. Uma combinação de intervenções econômicas e de governança se faz necessária para conciliar o desenvolvimento econômico com a manutenção das florestas em pé na Amazônia Legal.

MODELOS DE CRESCIMENTO E DECISÕES SOBRE O USO DA TERRA

O desmatamento é uma decisão privada racional que é prejudicial ao bem-estar público. É uma forma ineficiente de redistribuição de riquezas públicas para o privado, que aumenta o bem-estar somente de certos agentes privados. A figura 1.5 ilustra a lógica privada do desmatamento. A situação fundiária (especialmente ligada à destinação da terra) é parte integrante dessa lógica e varia conforme a propriedade da terra (privada ou pública) e também no caso de terras sem destinação específica, o que é característico da Amazônia Legal como região de fronteira. As questões fundiárias afetam incentivos privados e públicos, os quais também são condicionados por fatores econômicos que moldam a decisão de agentes econômicos de desmatar a floresta para produzir.

Em alguns casos, as distinções são sutis — por exemplo, comunidades tradicionais podem ter permissão para produzir de forma sustentável em terras públicas, como áreas protegidas e terras indígenas. Esse tipo de produção tende a não estar associado ao desmatamento e, portanto, foge à lógica apresentada na figura 1.5.

O processo de desmatamento. O desmatamento tende a estar relacionado à extração madeireira, ao uso produtivo da terra (principalmente agricultura e pecuária) e à grilagem. O desmatamento é, na maioria dos casos, ilegal (mas legal em certas circunstâncias). O Código Florestal permite que proprietários de terras particulares no bioma Amazônia desmatem até 20% de suas propriedades — e possivelmente mais, nos termos de exceções formais. Em outros biomas, as regras são menos severas. A extração madeireira de impacto reduzido é permitida dentro das áreas de concessão e das reservas legais. A construção de rodovias e outras infraestruturas públicas também pode causar desmatamento, que, nesse caso, é considerado legal. Contudo, as estradas informais que se espalham a partir das rodovias principais construídas legalmente causam desmatamento ilegal na maioria das vezes.

O "desmatamento ilegal" na figura 1.5 inclui a extração de madeira sem licença (que ocorre frequentemente em terras públicas, inclusive territórios indígenas ou áreas protegidas); o desmatamento para a atividade agropecuária em propriedades privadas além dos limites do Código Florestal; e atividades relacionadas à grilagem (que tendem a ocorrer em terras públicas sem destinação clara)[23].

As rotas para o desmatamento podem estar entrelaçadas. Por exemplo, em terras não destinadas e em áreas com baixos níveis de proteção florestal, um agente econômico pode contratar madeireiros para extrair as madeiras mais valiosas (mogno e ipê). Além de derrubar árvores específicas, os equipamentos pesados de colheita e transporte podem acabar destruindo o ecossistema circundante para chegarem a essas árvores. O fluxo de caixa gerado pela venda do bem valorizado pode financiar a derrubada da floresta remanescente. A terra desmatada geralmente é convertida em pasto e povoada com gado suficiente para que seja possível reivindicar seu uso e, após algum tempo, obter uma escritura — em outras palavras, grilagem.

FIGURA 1.5

A perniciosa lógica privada do desmatamento

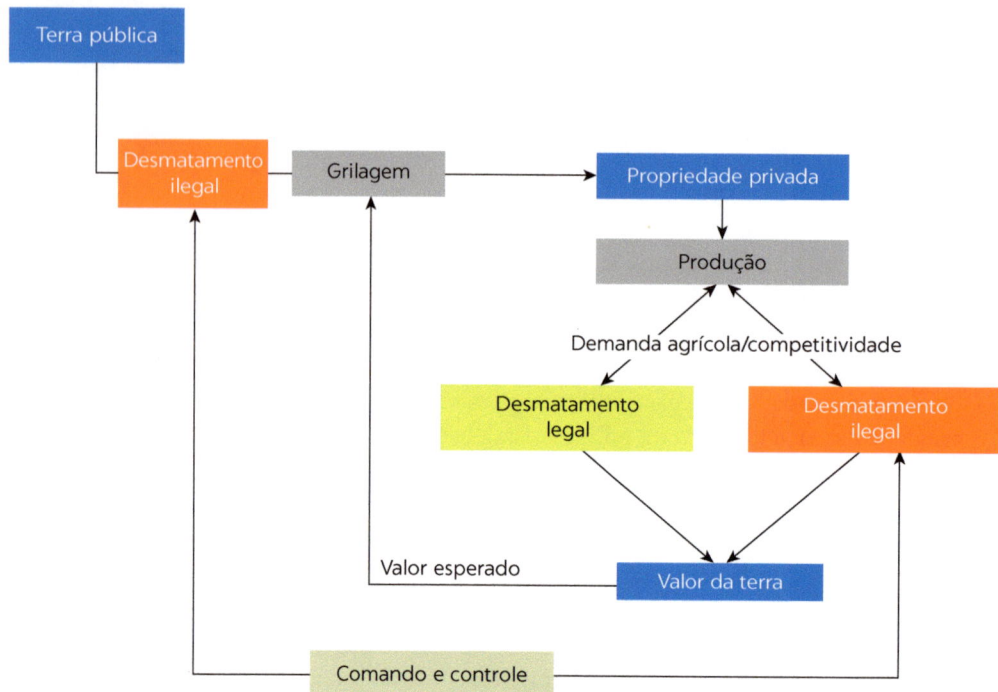

Fonte: Banco Mundial.

Observação: O "desmatamento ilegal" inclui a extração não autorizada de madeira em terras públicas (como áreas protegidas ou territórios indígenas) e a retirada de vegetação florestal para atividades de grilagem. O desmatamento ilegal também ocorre em terras privadas em desrespeito ao Código Florestal. O "desmatamento legal" ocorre em terras privadas conforme os limites estabelecidos no Código Florestal. A demanda e a competitividade agrícolas impactam as decisões sobre o uso da terra, os valores da terra (e expectativas quanto ao futuro valor das terras) e os consequentes incentivos à grilagem. As intervenções de comando e controle visam a coibir o desmatamento ilegal. A figura não leva em consideração o desmatamento legal ou aquele que ocorre para fins de desenvolvimento de infraestrutura, ou outras formas legais de produção sustentável em pequena escala em terras públicas.

A ação de grilagem refere-se à tomada de posse de uma parcela de terra não destinada, normalmente com documentação falsa, na expectativa de que ela venha a ser regularizada. A ideia é que tal terra terá um valor consideravelmente mais alto no futuro.

Desmatamento e degradação. O desmatamento e a degradação florestal mais ampla também estão interligados. A degradação é ainda mais generalizada que o desmatamento, afetando o dobro de terras na Amazônia entre 2007 e 2016 (Gandour et al., 2021). A degradação pode ser causada por incêndios florestais e, em áreas protegidas, muitas vezes está ligada à extração ilegal de madeira e a danos à integridade do ecossistema (com frequência, a extração seletiva implica a retirada apenas das árvores mais valiosas). Fora das áreas protegidas, a degradação florestal tende a estar mais explicitamente ligada às decisões de uso da terra. A degradação do solo pode "servir como indicador de que o desmatamento ocorrerá em breve naquela região", o que demonstra que os dois conceitos estão intimamente ligados (Gandour et al., 2021).

Vetores do desmatamento. O Brasil tem um marco de proteção ambiental ambicioso, especialmente para o bioma Amazônia, mas forças econômicas, lacunas de capacidade e vontade política limitada podem prejudicar sua eficácia. As forças econômicas determinam a demanda e o preço de cada produto, e, como a terra é um insumo para a produção, as decisões de uso da terra têm motivadores econômicos. A figura 1.5 mostra que, à medida que a demanda agropecuária aumenta ou à medida que os produtores rurais na Amazônia Legal se tornam mais competitivos (permitindo que eles retirem participação de mercado de outros produtores), sua demanda por terras aumenta. Isso pode resultar em desmatamento legal ou ilegal em terras privadas, especialmente se o desmatamento tiver um custo-benefício maior que a intensificação da produção agropecuária. Quando a demanda por terra excede a oferta, os preços sobem, criando mais incentivos especulativos e estimulando a grilagem.

O Brasil realizou avanços impressionantes na implantação de sistemas formais para proteger as florestas da Amazônia Legal, e a figura 1.5 demonstra como sua aplicação controlaria o desmatamento. Contudo, forças econômicas e o enfraquecimento da aplicação da lei contribuíram para a recente aceleração do desmatamento na região. São necessários uma governança florestal mais robusta e um modelo de desenvolvimento mais sustentável para conter o desmatamento.

O modelo de crescimento assimétrico e insustentável do Brasil

O Brasil continua a ser uma potência agropecuária, e a produção primária ainda é um pilar de seu modelo de crescimento. No entanto, o país precisa pensar além da produção primária para desenvolver uma economia mais dinâmica, que faça uso menos intensivo de recursos naturais e gere empregos melhores.

A produção primária inclui o extrativismo (minerais e mineração) e a agropecuária. Embora a agropecuária represente uma porcentagem relativamente pequena do PIB total do Brasil, aproximadamente em linha com seu nível geral de desenvolvimento, ela está ligada a cadeias econômicas importantes, como, por exemplo, o agronegócio. Quando essas cadeias são consideradas, o setor responde por mais de 20% do PIB, dependendo do ano, com multiplicadores de empregos significativos[24].

A agropecuária é um dos poucos setores competitivos no Brasil e o único com participação considerável no mercado internacional nas últimas décadas. Além dos produtos do extrativismo, a pauta brasileira de exportações é dominada por *commodities* agrícolas, especialmente a soja e a carne bovina (figura 1.6). Todavia, esse modelo que faz uso intensivo de recursos naturais parou de gerar crescimento; além disso, não cria bons empregos nem eleva significativamente os padrões de vida da maioria dos brasileiros.

Muitas distorções prejudicam o crescimento no Brasil e destroem seus recursos naturais. Restrições à produtividade existem nos mercados de fatores e produtos, muitas das quais encontram-se descritas em Dutz (2018). As distorções se refletem no alto custo de fazer negócios no país: o chamado "Custo Brasil". Este memorando se concentra em algumas dessas distorções em mercados fundiários, de capital, de trabalho e de bens e serviços:

- *Mercados fundiários*: a regularização fundiária incompleta prejudica a capacidade dos agricultores sem título formal de usar suas terras de forma eficiente. A proteção florestal ineficaz é um subsídio implícito, pois o desmatamento ilegal redistribui a renda do setor público (o valor do bem público da floresta em pé) para indivíduos privados.
- *Mercados de capital*: o crédito direcionado distorce a oferta eficiente de crédito, inclusive no setor agropecuário.

FIGURA 1.6

Commodities agrícolas dominam a pauta de exportações do Brasil

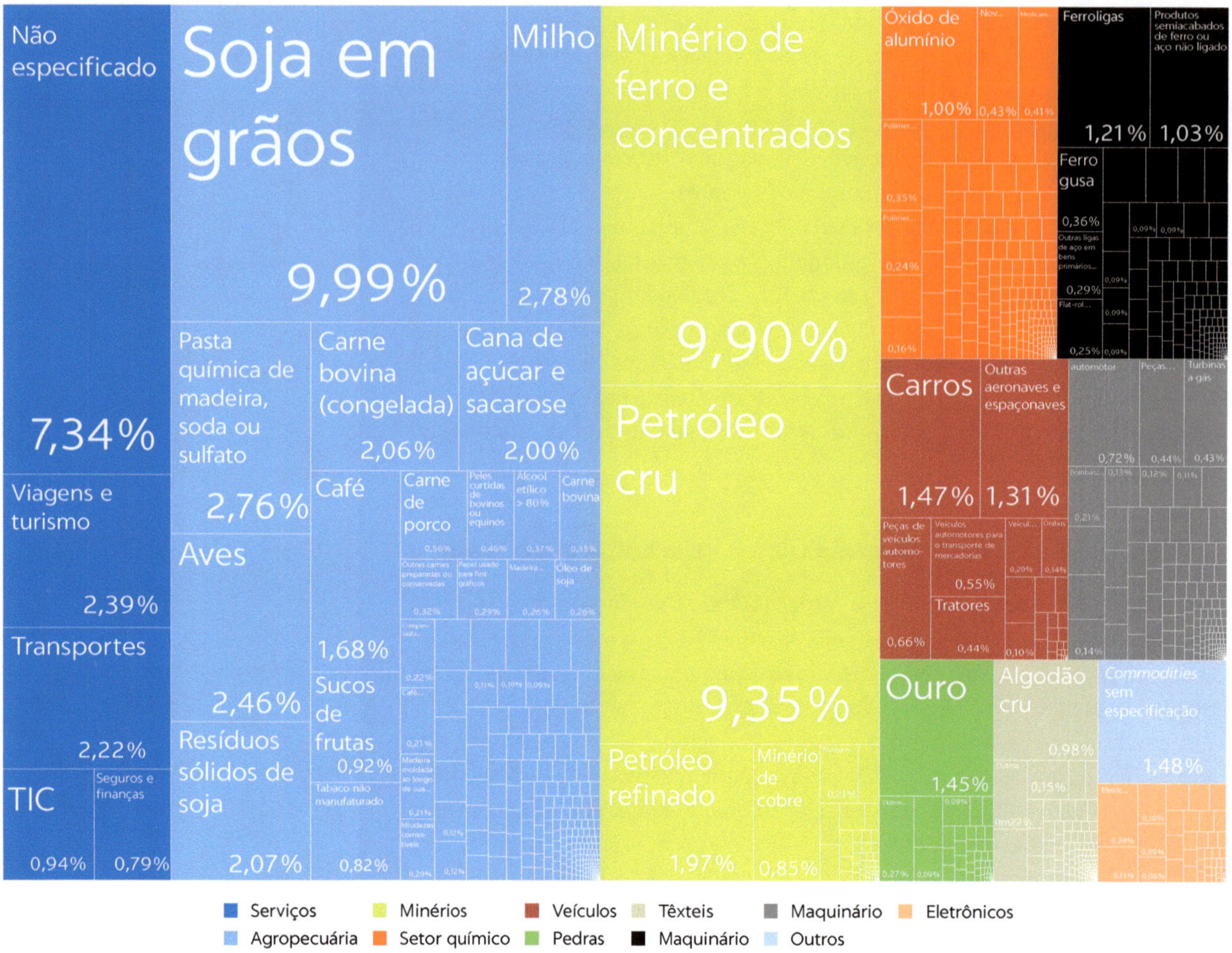

Treemap das exportações do Brasil. Principais blocos:

- Não especificado **7,34%**
- Viagens e turismo **2,39%**
- Transportes **2,22%**
- TIC **0,94%**
- Seguros e finanças **0,79%**
- Soja em grãos **9,99%**
- Pasta química de madeira, soda ou sulfato **2,76%**
- Aves **2,46%**
- Resíduos sólidos de soja **2,07%**
- Carne bovina (congelada) **2,06%**
- Café **1,68%**
- Sucos de frutas **0,92%**
- Carne de porco **0,56%**
- Outras carnes preparadas ou conservadas **0,32%**
- Peles curtidas de bovinos ou equinos **0,49%**
- Papel usado para fins químicos **0,29%**
- Álcool etílico > 80% **0,17%**
- Madeira... **0,26%**
- Carne bovina **0,33%**
- Óleo de soja **0,26%**
- Tabaco não manufaturado **0,82%**
- Cana de açúcar e sacarose **2,00%**
- Milho **2,78%**
- Minério de ferro e concentrados **9,90%**
- Petróleo cru **9,35%**
- Petróleo refinado **1,97%**
- Minério de cobre **0,85%**
- Óxido de alumínio **1,00%** / **0,43%** / **0,41%**
- **0,35%** / **0,24%** / **0,16%** / **0,29%**
- Ferroligas **1,21%**
- Produtos semiacabados de ferro ou aço não ligado **1,03%**
- Ferro gusa **0,36%** / **0,09%** / **0,09%** / **0,09%** / **0,09%**
- Outras ligas de aço em bens primários... **0,25%** / **0,09%**
- Carros **1,47%**
- Outras aeronaves e espaçonaves **1,31%**
- Peças de veículos automotores **0,66%**
- Veículos automotores para o transporte de mercadorias **0,55%**
- Tratores **0,44%** / **0,10%** / **0,14%**
- automotor **0,72%** / Peças... **0,44%** / Turbinas a gás **0,43%**
- **0,13%** / **0,32%** / **6,1%** / **0,21%** / **0,20%** / **0,14%**
- Ouro **1,45%**
- Algodão cru **0,98%** / **0,15%**
- Commodities sem especificação **1,48%**

Fonte: Ferramenta de pesquisa e visualização do Atlas da Complexidade Econômica da Universidade de Harvard (https://atlas.cid.harvard.edu/).
Observação: A figura ilustra as participações das exportações totais de bens e serviços do Brasil em 2019. TIC = tecnologias de informação e comunicação.

- *Mercados de trabalho:* o baixo capital humano e a incompatibilidade de habilidades prejudicam a transformação estrutural relacionada a atividades mais produtivas e a transição rural-urbana.
- *Mercados de bens e serviços:* ao mesmo tempo que promove suas exportações agrícolas, o Brasil tende a proteger seus setores manufatureiro e de serviços. Mecanismos de política industrial, como os incentivos fiscais e tributários para a Zona Franca de Manaus, atraem empresas para lugares onde, de outra forma, não seriam competitivas (ver relatório complementar, Banco Mundial, 2023b).

O modelo de crescimento que utiliza a terra de modo intensivo fez com que o Brasil expandisse suas terras agrícolas por meio do desmatamento, especialmente na Amazônia Legal. Tal modelo não é sustentável.

O crescimento sustentável é responsável pelas externalidades ambientais da atividade econômica. Isso está ilustrado na figura 1.7, que divide o PIB em componentes numa abordagem de função de produção: produtividade total dos fatores (PTF), capital, trabalho e terra. O modelo também inclui insumos, que podem

FIGURA 1.7

Modelo esquemático de crescimento inclusivo e sustentável para este memorando

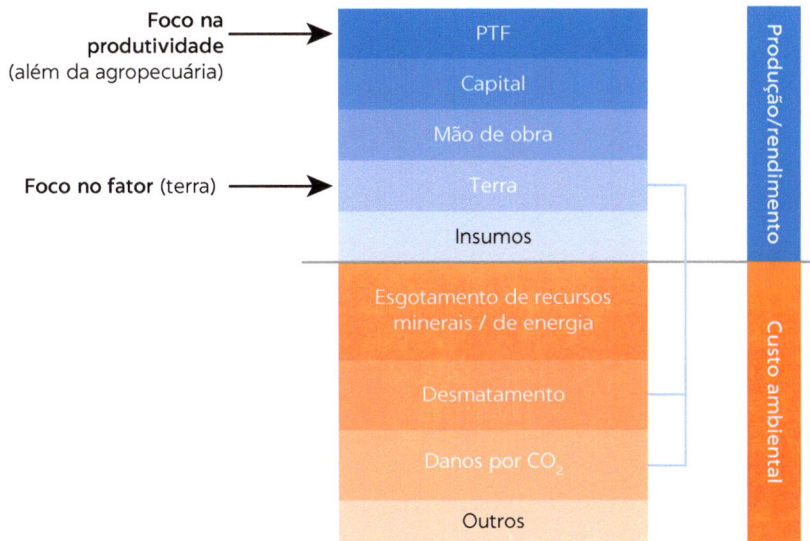

Fonte: Banco Mundial.
Observação: CO_2 = dióxido de carbono; PTF = produtividade total dos fatores.

ser ambientais, como água ou produtos florestais, os quais podem ser impactados pelas mudanças climáticas ou outras formas de destruição. O crescimento econômico requer insumos de recursos naturais, o que pode gerar custos ambientais quando se esgotam os recursos naturais finitos e são geradas externalidades negativas (como as emissões de GEEs). Quanto menor for o aumento dos custos ambientais e da extração de recursos naturais para determinado aumento do PIB, mais sustentável será o crescimento[25]. Na figura 1.7, a linha conectora azul ilustra que um modelo de crescimento fundamentado na acumulação de terras destruirá a riqueza florestal, pois converte florestas naturais para usos produtivos (desmatamento) e libera CO_2 no processo.

Este memorando se concentrará na importância da PTF (quadro 1.5) em toda a economia: ou seja, ganhos de produtividade *além da* agricultura e pecuária. O reequilíbrio do desenvolvimento econômico por meio de um apoio maior à produtividade urbana atenuará a competitividade da produção primária e ajudará a dissociar o desenvolvimento econômico do desmatamento.

Como membro aspirante da Organização para Cooperação e Desenvolvimento Econômico (OCDE), o Brasil precisará garantir que seu modelo de crescimento mantenha o foco na produtividade e na diversificação de suas exportações. Embora a acumulação de terras forneça algum impulso para o crescimento, o Brasil já atingiu um nível tal de desenvolvimento que não lhe permite avançar mais puramente por meio da expansão da fronteira agrícola, mesmo que ainda disponha de muitas terras naturais. O desenvolvimento tende a estar associado a um maior crescimento da PTF em relação à acumulação de terras — e o Brasil está muito defasado nesse aspecto (figura 1.8). Isso se deve, em parte, ao fato de o país ter muita terra natural e, portanto, continuar convertendo-a em vez de fomentar a produtividade.

Em última análise, o Brasil precisará mudar seu modelo de crescimento se quiser se tornar um país de renda alta, aumentando a produtividade em setores mais

QUADRO 1.5

O que é produtividade?

A produtividade total dos fatores (PTF) pode ser entendida como a eficiência das empresas ou economias para combinar seus trabalhadores, recursos, ferramentas e insumos. É o principal motor do desenvolvimento econômico de longo prazo; geralmente, decorre de ganhos de eficiência, graças a uma melhor alocação dos fatores de produção ou à inovação. Significa fazer mais com menos, ou seja, exige menos recursos naturais para determinado nível de produção, o que faz da PTF um importante componente do crescimento sustentável.

Embora a PTF seja a principal medida teórica usada nesta análise, é difícil medi-la diretamente porque é residual. Ademais, a PTF reflete economias de escala, variações na utilização da capacidade e erros de medição. Como observam Loayza, Fajnzylber e Calderón (2005, 20): "A não contabilização de melhorias na composição da qualidade dos estoques de capital ou da força de trabalho, por exemplo, levará a uma superestimativa do componente da PTF". Outra limitação é que a PTF, como medida contábil, não esclarece os fatores subjacentes que impulsionam seu crescimento.

Embora a maioria dos economistas considere a PTF uma medida de mudança tecnológica, ela também pode refletir externalidades em muitos dos novos modelos de crescimento, ou, até mesmo, mudanças na composição setorial da produção[a]. Na falta de uma medida confiável da PTF, os economistas costumam adotar, como medida, a produtividade do trabalho, ou seja, a produção por trabalhador.

A PTF e a produtividade do trabalho estão intimamente relacionadas, uma vez que os ganhos de eficiência aumentarão tanto a PTF quanto a produtividade do trabalho. No entanto, as duas medidas também podem divergir, pois a produtividade do trabalho é afetada pela intensidade de uso dos outros fatores de produção. Dois produtores podem, portanto, ter produtividades de trabalho diferentes, mesmo que tenham a mesma tecnologia de produção, se, digamos, um usar capital muito mais intensivamente que o outro. Nos casos em que as medidas de PTF são incompletas, este capítulo usa a produtividade do trabalho ou a produtividade da terra, dependendo do que for mais apropriado, reconhecendo suas potenciais limitações.

a. Para mais detalhes sobre limitações adicionais da PTF, ver Hsieh e Klenow (2010) e Klenow e Rodriguez-Clare (1997).

avançados, além das *commodities* primárias; diversificando a economia e as exportações (quadro 1.6); e criando as bases para bons empregos e padrões de vida mais elevados. A mesma agenda se aplica à Amazônia Legal mais especificamente.

Fomentando o desenvolvimento e a maturidade institucional

Uma nova abordagem de desenvolvimento exigiria um foco mais forte na produtividade e na governança dos recursos naturais. As economias mais ricas e maduras têm níveis mais altos de produtividade e tendem a ser relativamente mais impulsionadas pelos setores urbanos (figura 1.9). Este memorando demonstrará que a maioria dos estados amazônicos ainda apresenta baixa maturidade econômica e altas diferenças de produtividade em relação às regiões mais maduras do Brasil, o que indica lacunas ainda maiores com os países da OCDE. A baixa produtividade resulta em alta pobreza, e este memorando examinará maneiras de aumentar a produtividade e promover a convergência regional da Amazônia Legal.

O amadurecimento da fronteira amazônica também exige instituições mais fortes e mais inclusivas para lançar as bases para o desenvolvimento social e econômico, protegendo as riquezas naturais. Entre as complementaridades,

FIGURA 1.8

Para alcançar o *status* de renda alta, é necessário desviar o foco da expansão de terras e direcioná-lo à produtividade, 1990-2016

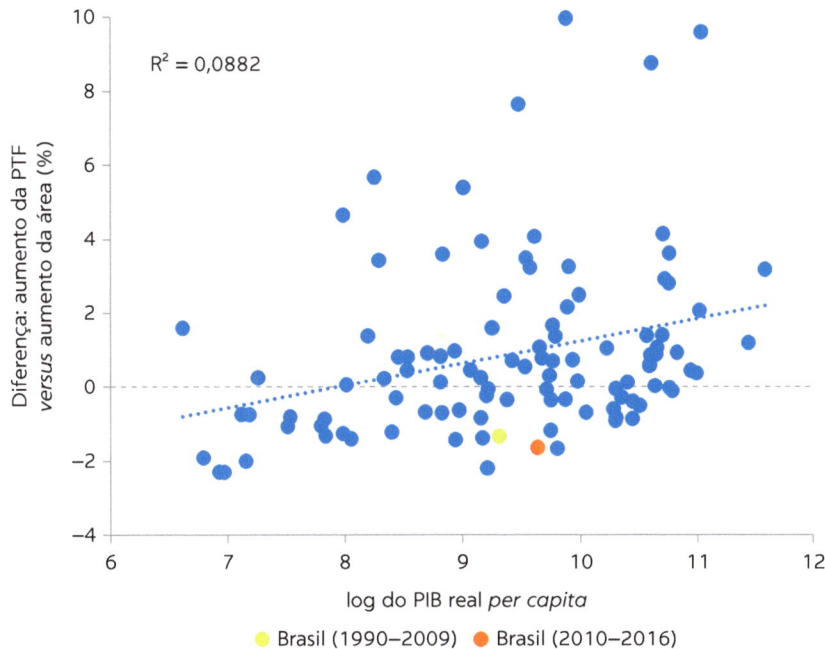

Fontes: Banco Mundial, com base em dados da Penn World Table 9.0 de Feenstra, Inklaar e Timmer (2015); e banco de dados dos Indicadores de Desenvolvimento Mundial (WDI). *Observação:* O eixo x representa o log médio do PIB real *per capita*, e o eixo y, a diferença, em pontos percentuais, entre o crescimento médio da PTF e o crescimento médio da terra. O Brasil aparece duas vezes no gráfico, com um ponto para 1990-2009 e outro para 2010-2016; PTF = produtividade total dos fatores.

QUADRO 1.6

É a Apple, não a soja, que ajuda a tornar os Estados Unidos um dos países mais ricos do mundo

Assim como o Brasil, os Estados Unidos são uma potência agropecuária — e também como o Brasil, a soja é a maior exportação do setor agropecuário daquele país. Contudo, ao contrário do Brasil, os Estados Unidos vêm reflorestando suas terras. Os Estados Unidos são a maior economia do mundo e a sexta mais rica em PIB *per capita*. Com cerca de 1,5 vez a população do Brasil, os Estados Unidos têm uma participação de mercado na produção global de alimentos aproximadamente duas vezes superior à brasileira (8,9% e 4,6%, respectivamente). No entanto, a agropecuária representa apenas 0,7% do PIB dos EUA, em comparação com 7% do PIB do Brasil; além disso, a agropecuária corresponde a uma parcela muito menor das exportações estadunidenses que das exportações brasileiras (figura Q1.6.1).

Apesar da grande participação relativa da agropecuária dos EUA nos mercados mundiais, os setores agropecuários não impulsionam o crescimento naquele país. Em vez disso, o crescimento estadunidense vem sendo impulsionado, em grande parte, por gigantes da tecnologia, como a Apple. A alta tecnologia é uma parte importante das exportações do país. Em 2019, o valor agregado da Apple (cerca de US$ 41 bilhões) foi, por si só, equivalente a cerca de um quarto do valor agregado da agropecuária dos EUA. A Apple e outras empresas do Vale do Silício ajudam a tornar a Califórnia um estado rico: com US$ 2,8 trilhões, o PIB da Califórnia equivale a cerca de 1,5 vez o PIB do Brasil[a]. Em linha com o marco proposto por este memorando econômico, grandes ganhos de

continua

Quadro 1.6, *continua*

FIGURA Q1.6.1

Composição das exportações no Brasil e nos Estados Unidos

a. Exportações de alimentos, 2018

b. Exportações totais, 2018

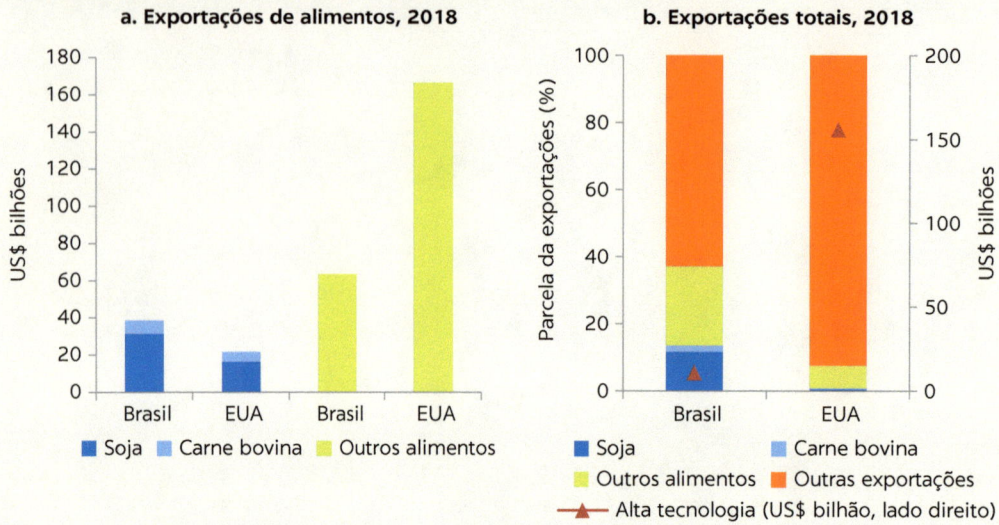

Fontes: Banco Mundial, com base na ferramenta de pesquisa e visualização do Atlas da Complexidade Econômica da Universidade de Harvard (https://atlas.cid.harvard.edu/) e no banco de dados dos Indicadores de Desenvolvimento Mundial (WDI).

FIGURA Q1.6.2

Produtividade total dos fatores e cobertura florestal nos Estados Unidos

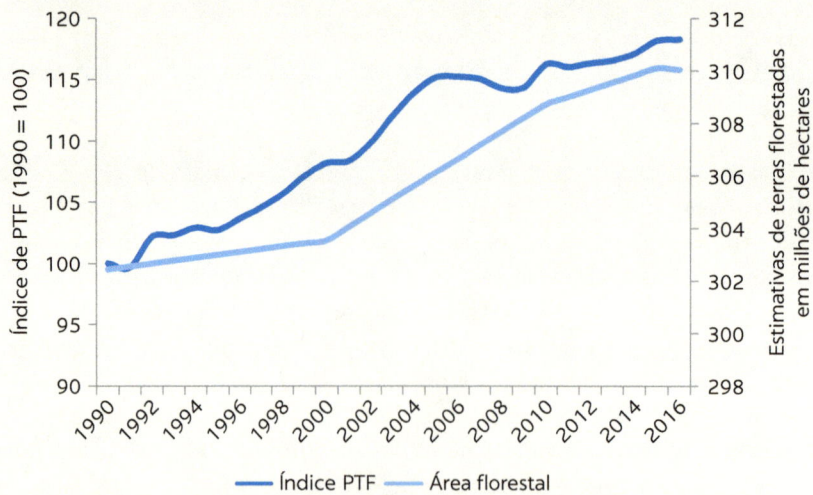

Fontes: Banco Mundial, com base em dados da Organização das Nações Unidas para a Alimentação e a Agricultura (FAO); Penn World Table 9.0; e Feenstra, Inklaar e Timmer (2015).
Observação: PTF = produtividade total dos fatores.

continua

Quadro 1.6, *continua*

produtividade de toda a economia — impulsionados especialmente pelos setores de alta tecnologia — coincidiram com um reflorestamento considerável nos Estados Unidos (figura Q1.6.2).

O Brasil pode se tornar um país muito mais rico — com uma presença ainda maior no mercado agrícola — sem desmatamento; e uma área maior de floresta preservada contribuirá para essa riqueza. Para tal, a agropecuária não precisa crescer menos — em vez disso, outros setores precisam se intensificar. Em nível global, os ganhos de produtividade do setor agropecuário são fundamentais para atender à demanda global de alimentos com mais eficiência, inclusive com menos terra. O Brasil vem avançando na produtividade agropecuária. Contudo, embora isso possa reduzir o desmatamento nos países com participação de mercado reduzida, em consequência da maior produtividade do Brasil, esse aumento de produtividade pode aumentar a pressão sobre as florestas brasileiras, principalmente na Amazônia Legal. Manter o foco no crescimento da produtividade para além da agricultura reduziria essa pressão, como aconteceu nos Estados Unidos.

O Brasil já tem uma boa base para isso. O país conta com 8 unicórnios (*startups* que atingiram rapidamente um valor de US$ 1 bilhão), ficando atrás apenas dos Estados Unidos, da China, da Índia e do Reino Unido[b]. A maioria dos unicórnios brasileiros atua no setor de finanças. Em 2020, o Brasil ficou em quarto lugar no Índice Global de Inovação na América Latina (apesar de, em nível global, ter ficado na 62ª posição entre 131 economias) (Dutta; Lanvin; Winsch-Vincent, 2020).

Ao mesmo tempo, o Brasil permanece isolado da concorrência global em setores não primários comercializáveis, como o setor manufatureiro. O Custo Brasil (uma referência aos altos custos de fazer negócios no país) é típico de uma economia protegida que luta para aumentar sua produtividade. Abordar a agenda de produtividade permitirá que o Brasil se torne um país mais rico, com uma base competitiva nos setores de agropecuária, manufatura e serviços, ao mesmo tempo que mantém suas vastas florestas naturais.

a. Os dados para o Brasil são dos Indicadores de Desenvolvimento Global, e os dados da Califórnia são da Statistica: https://www.statista .com/statistics/248023/us-gross-domestic-product-gdp-by-state/.

b. Ver "Startups in Brazil: Statistics and Facts," Statista website: https://www.statista.com/topics/5281/startups-in-brazil/#topicHeader wrapper.

FIGURA 1.9

Marco de desenvolvimento que considera a maturidade econômica e institucional

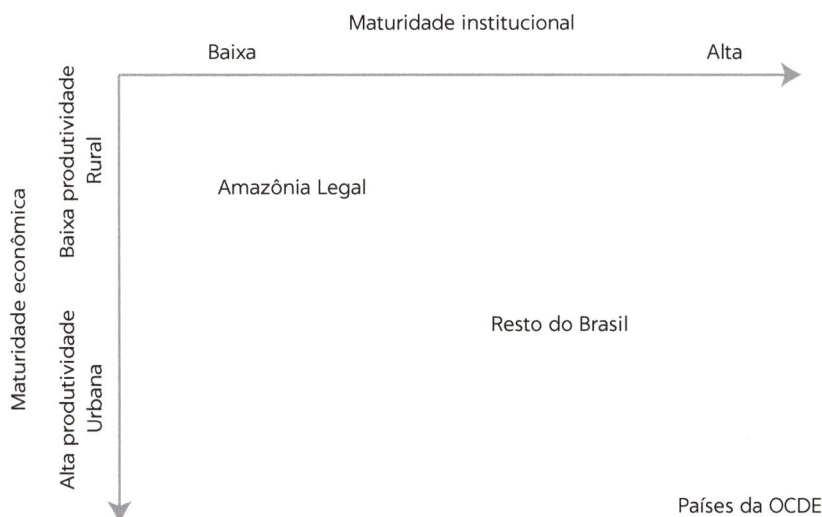

Fonte: Banco Mundial.
Observação: OCDE = Organização para Cooperação e Desenvolvimento Econômico.

níveis mais altos de desenvolvimento também podem melhorar a governança (North, 1991), e uma governança florestal fortalecida que vise a limitar a conversão de terras por meio do desmatamento na Amazônia Legal pode liberar capital para os setores urbanos.

À medida que a Amazônia Legal amadurecer, o crescimento econômico permitirá que a região alcance o resto do Brasil, pois a convergência regional reduz a desigualdade espacial em todo o país. O aumento da produtividade, inclusive em setores mais urbanos, e instituições mais robustas também ajudarão o Brasil e a Amazônia Legal a alcançar as economias mais ricas, como, por exemplo, os países da OCDE, elevando ainda mais os padrões de vida. Este memorando também analisa mecanismos de financiamento capazes de fomentar uma transformação sustentável e inclusiva da Amazônia Legal: trata-se do financiamento para conservação.

PRIORIDADES GOVERNAMENTAIS PARA A AMAZÔNIA LEGAL

Reduzir o desmatamento é essencial para que o Brasil cumpra sua Contribuição Nacionalmente Determinada (NDC) no âmbito do Acordo Climático de Paris. Agricultura, pecuária, mudança de uso do solo e florestas são, de longe, as maiores fontes de emissões líquidas de gases de efeito estufa no Brasil (figura 1.10). Dessa forma, a proteção florestal é um componente-chave da NDC do Brasil. Zerar o desmatamento ilegal na Amazônia até 2030 era uma das metas originais do Brasil no âmbito do Acordo de Paris. Na época em que foram apresentadas, essas metas estavam entre as mais ambiciosas do mundo.

FIGURA 1.10

Agricultura, pecuária, mudanças no uso da terra e florestas são as maiores fontes de emissões de GEEs no Brasil

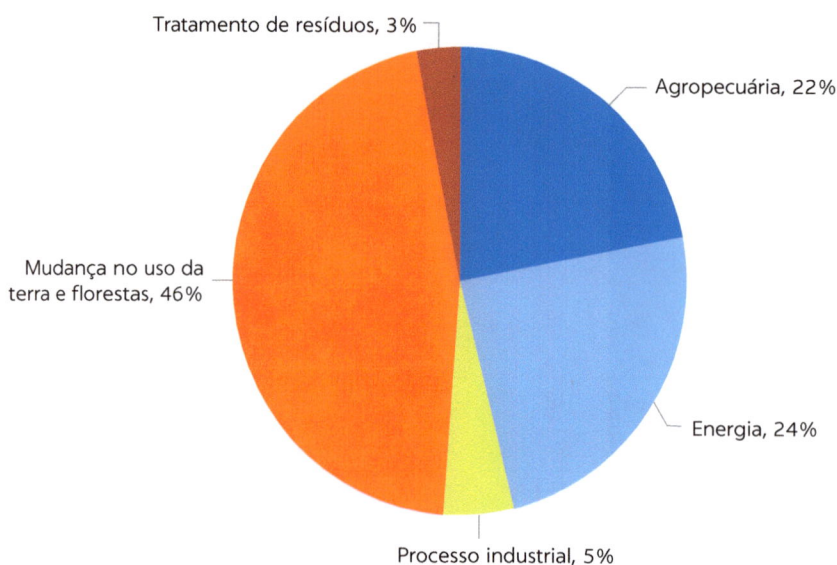

Fontes: Speranza, Romeiro e Feder (2017).
Observação: O gráfico apresenta as fontes de emissões brutas de gases de efeito estufa (GEEs) do Brasil em 2015, conforme as participações estimadas do país. O termo GEE refere-se a dióxido de carbono equivalente (CO_2e), calculado com base no potencial de aquecimento global.

Na atualização mais recente, durante a COP26, o Brasil comprometeu-se a zerar o desmatamento ilegal até 2028 e aumentou sua meta de redução de emissões até 2030. Além disso, durante a COP26, o Brasil uniu-se a mais de 140 países e assinou a Declaração dos Líderes sobre Florestas e Uso da Terra de Glasgow. Dada a importância das mudanças no uso da terra e das florestas nas emissões líquidas do Brasil, será praticamente impossível atingir as metas do Brasil sem uma redução do desmatamento (Banco Mundial, 2023a).

A estratégia do governo federal para o desenvolvimento da Amazônia Legal (e do bioma Amazônia, em particular) está focada principalmente na agropecuária sustentável e no pagamento de serviços ecossistêmicos. O pilar ambiental do atual instrumento de planejamento de médio prazo do governo federal (o Plano Plurianual, ou PPA, 2020–2023) visa conciliar o crescimento econômico e a preservação de recursos naturais por meio do fortalecimento do Código Florestal e de melhorias de produtividade em sistemas agropecuários mais sustentáveis, tais como agricultura de baixo carbono (Plano ABC)[26]; restauração de terras degradadas; cultivo de produtos orgânicos; produção agroflorestal e paisagens mistas.

Além do PPA, a Estratégia Nacional de Desenvolvimento Econômico e Social 2020–2031 do governo federal (de mais longo prazo) também promove a introdução de pagamentos por serviços ecossistêmicos como uma das ferramentas disponíveis para preservar a biodiversidade e reduzir o desmatamento. Em 2021, o Ministério do Meio Ambiente lançou o programa *Adote um Parque*, que busca atrair financiamento de um grupo amplo de partes interessadas (inclusive entidades públicas e privadas e indivíduos) para a proteção florestal; no entanto, o programa reduziu os orçamentos de fiscalização para a proteção ambiental, inclusive para o principal órgão fiscalizador, o Instituto Brasileiro do Meio Ambiente e dos Recursos Naturais Renováveis (Ibama).

O governo federal também tem uma agenda de reformas relacionadas à produtividade. A tão esperada reforma tributária, a melhoria do ambiente de negócios, o aumento da competitividade e a integração do mercado fazem parte da agenda de crescimento de médio e longo prazos do governo brasileiro (PPA federal 2020–2023). Essas reformas estão alinhadas a várias avaliações nacionais (especialmente à de Dutz, 2018), que defendem reformas institucionais e integração de mercado como mecanismos para o Brasil cumprir suas metas de produtividade.

O governo federal oferece apoio financeiro considerável aos estados da Amazônia Legal. A maior transferência do governo federal para os estaduais é o Fundo de Participação dos Estados e do Distrito Federal (FPE), que responde por cerca de 85% das transferências obrigatórias do governo federal para os estados[27]. Os estados menos populosos, como os da região amazônica, são os mais beneficiados[28]. As transferências federais não são apenas altas em termos *per capita*, mas também representam grande parte do PIB desses estados. Alguns estados destinam recursos agrupados do Imposto sobre Circulação de Mercadorias e Serviços (ICMS) para promover políticas verdes (ICMS-Ecológico).

As prioridades de desenvolvimento dos estados da Amazônia Legal são significativamente semelhantes. Apesar dos recursos discricionários limitados resultantes da rigidez da legislação orçamentária e dos altos gastos com o funcionalismo público, os instrumentos de planejamento de médio prazo (PPAs) dos estados da Amazônia Legal revelam as principais prioridades políticas dos governos estaduais. Levando em consideração os Objetivos de Desenvolvimento

TABELA 1.2 Áreas focais dos planos plurianuais 2020–2023 para os estados da Amazônia Legal

ESTADO	ÁREAS FOCAIS
Acre	(1) Gestão institucional, (2) cidadania e segurança, (3) economia e agronegócio e (4) infraestrutura para o desenvolvimento.
Amazonas	(1) Qualidade de vida, (2) desenvolvimento sustentável e (3) modernização da gestão pública.
Amapá	(1) Desenvolvimento econômico, (2) desenvolvimento social, (3) desenvolvimento de infraestrutura, (4) fortalecimento da segurança e (5) fortalecimento orçamentário e financeiro.
Maranhão	(1) Injustiças sociais, (2) gestão financeira e modernização da gestão pública, (3) desenvolvimento para todos e (4) infraestrutura logística.
Mato Grosso	(1) Qualidade de vida, (2) desenvolvimento sustentável, (3) gestão pública moderna e eficiente e (4) atuação de todos os poderes e unidades autônomas.
Pará	(1) Sociedade justa, (2) crescimento inteligente, (3) trabalho confiável e (4) gestão pública ativa.
Roraima	(1) Inclusão social, (2) crescimento sustentável e (3) eficiência e transparência na gestão pública.
Rondônia	(1) Bem-estar social, (2) competitividade sustentável, (3) infraestrutura logística e (4) modernização da gestão pública.
Tocantins	(1) Saúde, (2) educação, ciência e tecnologia, (3) segurança pública, assistência social e direitos humanos, (4) fatores de produção, (5) infraestrutura, desenvolvimento regional e rede de cidades e (6) gestão pública.

Fonte: Banco Mundial, compilada a partir do Plano Plurianual federal 2020–2023.

Sustentável da ONU, os PPAs foram estruturados em torno de cinco temas comuns: bem-estar e inclusão do cidadão; desenvolvimento econômico sustentável; administração pública; infraestrutura e logística; e ciência e tecnologia (tabela 1.2).

Em 2021, o Consórcio Interestadual de Desenvolvimento Sustentável da Amazônia Legal lançou o Plano de Recuperação Verde da Amazônia Legal (PRV), cujo propósito era ajudar a região a se recuperar da pandemia de Covid-19. O plano tem quatro pilares: fim do desmatamento ilegal; desenvolvimento produtivo sustentável; tecnologias e capacidades verdes; e infraestrutura verde.

De modo geral, este memorando está alinhado às prioridades dos PPAs, embora exija uma ênfase complementar mais acentuada na produtividade urbana em relação aos atuais planos e programas do governo. Novos mandatos (nos níveis federal e estadual) com início em 2023 oferecerão mais oportunidades para a promoção do desenvolvimento sustentável e inclusivo no Brasil e, mais especificamente, na Amazônia Legal.

DESENVOLVIMENTO SUSTENTÁVEL E INCLUSIVO DA AMAZÔNIA LEGAL: A LÓGICA DESTE MEMORANDO

Este memorando parte de uma base de conhecimentos preexistentes, incluindo o valor das florestas amazônicas e sua importância para o clima, a biodiversidade e a economia; a necessidade da terra e da governança florestal e suas praticalidades e os Pagamentos por Serviços Ecossistêmicos (PSE); além do papel da economia rural (incluindo a bioeconomia) (figura 1.11). O memorando aprimora

FIGURA 1.11

Base de conhecimentos e contribuições originais deste memorando econômico

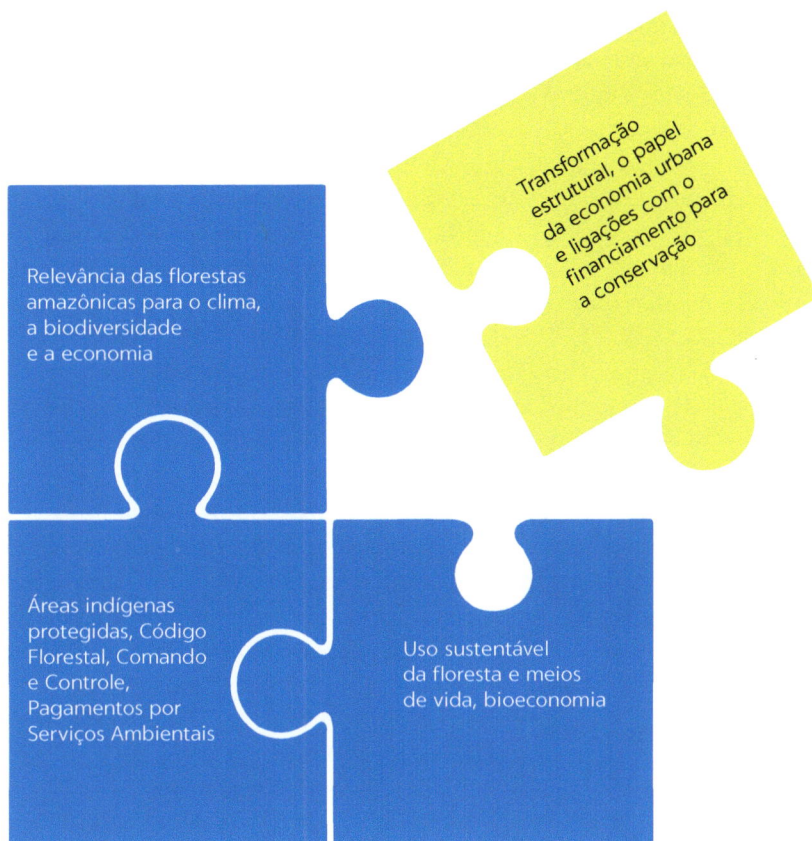

Fonte: Banco Mundial.

o conhecimento existente, com um foco mais acentuado na produtividade e na transformação estrutural, e no papel das economias urbanas, e também apresenta novas maneiras possíveis de financiamento para conservação.

O modelo brasileiro de acumulação de fatores e agricultura voltada à exportação tem sustentado o desenvolvimento até agora. Contudo, para que o Brasil possa, num futuro próximo, se tornar um país mais rico na OCDE, é necessário aumentar a produtividade em outros setores além da agropecuária, ou seja, setores mais associados à produção urbana. Para isso, investimento é essencial, e os recursos de financiamento para conservação devem ser usados para promover a governança florestal e a transição econômica. Como esses recursos abrirão o caminho para um modelo de crescimento capaz de conciliar desenvolvimento econômico e florestas naturais, a expectativa é que também fomentem a vontade política de proteger as florestas, especialmente se o financiamento estiver condicionado a reduções mensuráveis do desmatamento.

A parte I deste memorando (capítulos 2 a 4) concentra-se na pobreza e na desigualdade; na transformação estrutural e convergência regional; e nas florestas — bem como na interação entre esses fatores. O desenvolvimento econômico visa beneficiar as pessoas, especialmente as mais pobres. O capítulo 2 define o contexto social para este memorando, apresentando uma visão geral do cenário socioeconômico na Amazônia Legal e as políticas que podem ajudar a elevar o padrão de vida das famílias e, ao mesmo tempo, reduzir a desigualdade. Isso pode ser alcançado por meio de intervenções do lado da oferta (como serviços básicos de infraestrutura, investimentos em capital humano ou regularização fundiária) e fatores do lado da demanda (como a transição rumo a um modelo de crescimento mais urbano e voltado ao crescimento). Como os fatores do lado da demanda estão intimamente ligados ao crescimento econômico, o capítulo 3 mergulha mais profundamente nessa análise, investigando os motores globais, nacionais e regionais de crescimento econômico na Amazônia Legal; as maneiras como a transformação estrutural vem ocorrendo; e a influência das forças econômicas no uso da terra, especialmente no desmatamento. O capítulo 4 examina as instituições e mecanismos de financiamento que se destinam a controlar o desmatamento na Amazônia Legal.

A parte II (capítulos 5 e 6) aprofunda a análise da transformação estrutural da Amazônia Legal tanto do ponto de vista rural quanto urbano. O capítulo 5 concentra-se na transformação estrutural em áreas rurais, demonstrando que a transformação da agropecuária extensiva liberará mão de obra para outras atividades econômicas. Para que esse processo não leve ao desemprego generalizado e à pobreza arraigada, os governos nacional e estaduais precisarão identificar rotas para empregos alternativos, e as oportunidades provavelmente estarão nas áreas urbanas, especialmente no longo prazo. A urbanização da Amazônia Legal, embora já esteja em andamento, está longe de ser concluída. As cidades da região precisam se tornar centros de produtividade, crescimento e geração de empregos. O capítulo 6 explora o espaço urbano na Amazônia Legal e identifica políticas que possam tornar as cidades mais propícias à realização de negócios e mais competitivas. Argumenta que as vilas e cidades são uma parte fundamental da história de desenvolvimento sustentável e inclusivo da Amazônia Legal, mas que ainda carecem de atenção. Um relatório complementar a este memorando ("Competitividade Urbana no Estado do Amazonas: Uma Agenda para o Crescimento Verde", Banco Mundial, 2023b) concentra-se no estado do Amazonas, especificamente em sua capital, Manaus, para explorar políticas públicas que possam apoiar a produtividade urbana na região.

A parte III (capítulo 7) sintetiza a análise, repensando o delicado ato de equilíbrio necessário para desenvolver a Amazônia Legal de forma sustentável e inclusiva. Analisa o desenvolvimento da região através de uma lente de conservação para identificar conjuntos de políticas públicas capazes de conciliar o desenvolvimento econômico e as florestas naturais no curto e longo prazos.

ANEXO 1A: O IMPACTO HUMANO NO USO DA TERRA EM TODO O MUNDO

MAPA 1A.1
Perspectiva histórica das mudanças no uso da terra

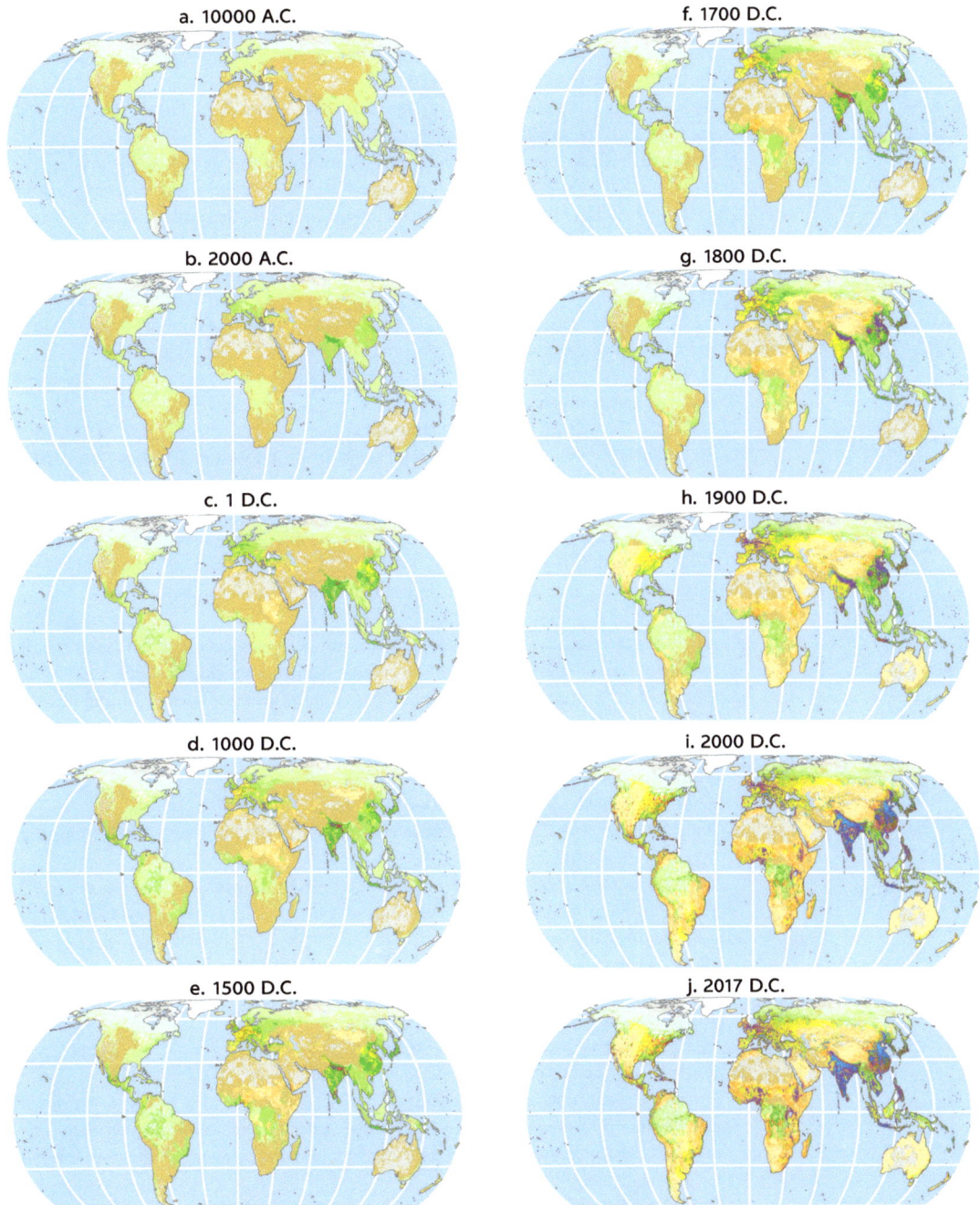

a. 10000 A.C.

b. 2000 A.C.

c. 1 D.C.

d. 1000 D.C.

e. 1500 D.C.

f. 1700 D.C.

g. 1800 D.C.

h. 1900 D.C.

i. 2000 D.C.

j. 2017 D.C.

Intensivo

Assentamentos densos

- Urbano
- Assentamentos mistos

Aldeias

- Aldeias de arroz
- Aldeias irrigadas
- Aldeias de sequeiro
- Aldeias pastorais

Terras de cultivo

- Terras de cultivo em áreas residenciais irrigadas
- Terras de cultivo em áreas residenciais de sequeiro
- Terras de cultivo em áreas povoadas
- Terras de cultivo em áreas remotas

Pastagens

- Pastagens em áreas residenciais
- Pastagens em áreas povoadas
- Pastagens em áreas remotas

Agrícola

- Florestas em áreas florestais
- Florestas em áreas povoadas
- Florestas em áreas remotas
- Terras secas habitadas

Terras selvagens

- Florestas em áreas selvagens
- Terras secas em áreas selvagens
- Gelo, desabitado

Fonte: Modificado a partir de Ellis et al. (2021).

NOTAS

1. Cálculos a partir de dados de 2021 do Instituto Brasileiro de Geografia e Estatística (IBGE).
2. Segundo alguns relatos, o rio Amazonas é o mais longo do mundo (Hemming, 2009).
3. Os últimos dados disponíveis são de 2018.
4. Taxa de pobreza calculada com base na linha de pobreza de US$ 5,50 por dia e em dados da Pesquisa Nacional por Amostra de Domicílios Contínua (PNADC) de 2019 do Instituto Brasileiro de Geografia e Estatística (IBGE).
5. Dados do desmatamento do Prodes/Inpe: http://terrabrasilis.dpi.inpe.br/app/dashboard /deforestation/biomes/legal_amazon/rates.
6. Esta seção baseia-se, em grande parte, em Hemming (2009) e foi revisada pelo autor.
7. Os solos de florestas temperadas acumulam húmus durante o outono e o inverno, ao passo que as florestas tropicais crescem constantemente ao longo do ano: suas camadas horizontais de raízes e serapilheira reciclam todos os nutrientes que caem, incorporando-os à biomassa em crescimento. Essa reciclagem é mais importante que a extração de nutrientes do solo. Os solos de florestas tropicais destruídas são, portanto, pobres e ácidos; a camada superficial que permanece exposta é lavada pelas chuvas ou endurecida durante as secas.
8. Alguns produtos um pouco mais rentáveis do Grão-Pará eram o óleo de tartaruga, o peixe salgado e a madeira para a indústria naval.
9. Isso será detalhado no anexo 3B do capítulo 3.
10. Esta rodovia recebeu (controversamente) apoio de um empréstimo do Banco Mundial.
11. As estradas de terra são esburacadas e poeirentas na estação seca e, muitas vezes, intransitáveis, lamacentas ou escorregadias na estação chuvosa. Com uma pavimentação adequada para todos os climas, o impacto das estradas aumenta enormemente: madeira em toras, gado e soja podem ser transportados durante todo o ano, e serrarias e matadouros são instalados ao longo da rodovia para eliminar, por exemplo, a necessidade de transportar animais vivos.
12. A devastação causada pelas barragens na Amazônia está associada às paisagens relativamente planas da região, o que resulta no surgimento de vastos reservatórios.
13. Cálculos com base em dados de 1960 e 2010 do Censo Demográfico do Instituto Brasileiro de Geografia e Estatística (IBGE).
14. Cálculos com base em dados de 2021 do Instituto Brasileiro de Geografia e Estatística (IBGE).
15. A pecuária já havia sido introduzida em Roraima no século XIX.
16. O limite mínimo pode chegar a 50% se houver zoneamento relevante ou se o município tiver mais de 50% de áreas protegidas.
17. Estas são as duas qualidades do bem público. A "não rivalidade" significa que a oferta dos bens não diminui à medida que mais pessoas os consomem; a "não exclusividade" significa que o bem está disponível para todos.
18. Ver Fenômeno dos Rios Voadores no *site* do Projeto Rios Voadores.
19. Considerando uma média mínima de 500 toneladas de CO_2/hectare, uma área de 350 milhões de hectares e um preço internacional de carbono de US$ 40 por tonelada de CO_2, o que é conservador em preços atuais.
20. O valor anualizado do carbono é calculado a uma taxa de retorno de 3%.
21. Isso não leva em conta as variações regionais nos valores públicos e privados: em algumas áreas, o valor privado da conversão da terra pode exceder o valor público, pelo menos se as externalidades negativas ou consequências não intencionais não forem totalmente levadas em consideração.
22. Para outros "equilíbrios de extinção" ver também Clark (1973).
23. Geralmente, a limpeza da terra é feita por queimadas, mas nem todos os incêndios florestais são devidos ao desmatamento. Também há incêndios florestais não intencionais, e as mudanças climáticas aumentaram a frequência de tais incêndios. Este memorando concentra-se nas causas humanas do desmatamento, e especialmente nas decisões privadas, reconhecendo que os impactos humanos podem ser amplificados por meio de incêndios florestais.
24. As estimativas foram obtidas da publicação PIB do Agronegócio Brasileiro, produzida pelo Centro de Estudos Avançados em Economia Aplicada (Cepea) em parceria com a Confederação da Agricultura e Pecuária do Brasil (CNA): https://www.cepea.esalq.usp.br /br/pib-do-agronegocio-brasileiro.aspx.

25. Este conceito está ligado ao trabalho do Banco Mundial sobre a Mudança da Riqueza das Nações, segundo o qual o crescimento é sustentável quando, no processo de crescimento, a riqueza natural é convertida em outros tipos de riqueza nacional, como, por exemplo, capital humano ou físico. Nos termos do marco apresentado na figura 1.7, a poupança líquida ajustada é o PIB (mais custos dos fatores = renda nacional bruta) multiplicado pela taxa de poupança nacional menos os custos ambientais (mais a formação de capital humano). De acordo com esse marco, quanto maior for a poupança líquida ajustada, mais sustentável será o crescimento.

26. O Plano ABC refere-se ao Plano Setorial de Adaptação e Baixa Emissão de Carbono na Agricultura, que foi atualizado em 2021 e passou a se chamar "ABC+: Programa para a Adaptação à Mudança do Clima e Baixa Emissão de Carbono na Agropecuária".

27. Em 2020, o FPE totalizou R$ 74,4 bilhões (excluindo os valores referentes ao Fundo de Manutenção e Desenvolvimento da Educação Básica e de Valorização dos Profissionais da Educação — Fundeb), ao passo que os demais repasses obrigatórios totalizaram R$ 12,3 bilhões.

28. Segundo o Instituto Brasileiro de Geografia e Estatística (IBGE), o menor estado do país em termos de população é Roraima, com pouco mais de 630 mil habitantes. É seguido pelo Amapá (861 mil habitantes) e pelo Acre (894 mil habitantes). Tocantins e Rondônia têm, respectivamente, 1,6 milhão e 1,8 milhão de habitantes.

REFERÊNCIAS

Andrée, B. P. J.; Spencer, P.; Chamorro, A.; Dogo, H. 2019. "Environment and Development Penalized Non-Parametric Inference of Global Trends in Deforestation, Pollution and Carbon." Policy Research Working Paper 8756. Washington, DC: Banco Mundial.

Banco Mundial. 2023a. *Brazil: Country Climate and Development Report*. Washington, DC: Banco Mundial.

Banco Mundial. 2023b. "Urban Competitiveness in Brazil's State of Amazonas: A Green Growth Agenda." Relatório complementar a este relatório. Washington, DC: Banco Mundial.

Boulton, C. A.; Lenton, T. M.; Boers, N. 2022. "Pronounced Loss of Amazon Rainforest Resilience since the Early 2000s." *Nature Climate Change* 12 (3): 271–278.

Brandão Jr., A.; Rausch, L.; Durán, A. P.; Costa Jr., C.; Spawn, S. A.; Gibbs, H. K. 2020. "Estimating the Potential for Conservation and Farming in the Amazon and Cerrado under Four Policy Scenarios." *Sustainability* 12 (3): 1277.

Brondizio, E. S.; Settele, J.; Díaz, S.; Ngo, H. T. (eds.). 2019. *Global Assessment Report on Biodiversity and Ecosystem Services*. Bonn: Intergovernmental Science-Policy Platform on Biodiversity and Ecosystem Services (IPBES).

Calice, P; Kalan, F. D.; Miguel, F. 2021. "Nature-Related Financial Risks in Brazil." Policy Research Working Paper 9759. Washington, DC: Banco Mundial.

Charity, S.; Dudley, N.; Oliveira, D.; Stolton, S. (eds.). 2016. *Living Amazon Report 2016: A Regional Approach to Conservation in the Amazon*. Brasília e Quito: World Wildlife Fund Living Amazon Initiative.

Clark, C. W. 1973. "Profit Maximization and the Extinction of Animal Species." *Journal of Political Economy* 81 (4): 950–961.

Dasgupta, P. 2021. *The Economics of Biodiversity: The Dasgupta Review*. Londres: HM Treasury.

Dutta, S.; Lanvin, B.; Wunsch-Vincent, S. (eds.). 2020. *The Global Innovation Index 2020: Who Will Finance Innovation?* Ithaca, Fontainebleu e Genebra: Cornell University. INSEAD e World Intellectual Property Organization.

Dutz, M. A. 2018. *Jobs and Growth: Brazil's Productivity Agenda*. International Development in Focus Series. Washington, DC: Banco Mundial.

Ellis, E. C.; Gauthier, N.; Klein Goldewijk, K.; Bird, R. B.; Boivin, N.; Díaz, S.; Fuller, D. Q. et al. 2021. "People Have Shaped Most of Terrestrial Nature for at Least 12,000 Years." *PNAS* 118 (17): e2023483118.

Feenstra, R. C.; Inklaar, R.; Timmer, M. P. 2015. "The Next Generation of the Penn World Table." *American Economic Review* 105 (10): 3150–3182.

Franklin, S. L.; Pindyck, R. S. 2018. "Tropical Forests, Tipping Points, and the Social Cost of Deforestation." *Ecological Economics* 153: 161–171.

Gandour, C.; Menezes, D.; Vieira, J. P.; Assunção, J. J. 2021. "Forest Degradation in the Brazilian Amazon: Public Policy Must Target Phenomenon Related to Deforestation." *Insight*, 9 de março. Rio de Janeiro: Climate Policy Initiative.

Hemming, J. 2009. *Tree of Rivers: The Story of the Amazon*. Nova Iorque: Thames & Hudson.

Hsieh, C.-T.; Klenow, P. 2010. "Development Accounting." *American Economic Journal: Macroeconomics* 2 (1): 207–223.

Johansen, B. E. (ed.). 1999. *The Encyclopedia of Native American Economic History*. Westport, CT: Greenwood Publishing Group.

Johnson, J. A.; Ruta, G.; Baldos, U.; Cervigni, R.; Chonabavashi, S.; Corong, E.; Gavryliuk, O. et al. 2021. "The Economic Case for Nature: A Global Earth-Economy Model to Assess Development Policy Pathways." Relatório. Washington, DC: Banco Mundial.

Klenow, P.; Rodríguez-Clare, A. 1997. "The Neoclassical Revival in Growth Economics: Has It Gone Too Far?" In Bernanke, B. S.; Rotemberg, J. (eds.). *NBER Macroeconomics Annual* 12, 73–114. Cambridge, MA: MIT Press.

Loayza, N.; Fajnzylber, P.; Calderón, C. 2005. *Economic Growth in Latin America and the Caribbean: Stylized Facts, Explanations, and Forecasts*. Washington, D.C.: Banco Mundial.

Lovejoy, T. E.; Nobre, C. 2018. "Amazon Tipping Point." *Science Advances* 4 (2): eaat2340.

Nobre, C. A.; Borma, L. D. S. 2009. "Tipping Points for the Amazon Forest." *Current Opinion in Environmental Sustainability* 1 (1): 28–36.

North, D. C. 1991. "Institutions." *Journal of Economic Perspectives* 5 (1): 97–112.

Pendrill, F.; Persson, U. M.; Godar, J.; Kastner, T. 2019. "Deforestation Displaced: Trade in Forest-Risk Commodities and the Prospects for a Global Forest Transition." *Environmental Research Letters* 14 (5): 055003.

Qin, Y.; Xiao, X.; Wigneron, J.-P.; Ciais, P.; Brandt, M.; Fan, L.; Li, X. et al. 2021. "Carbon Loss from Forest Degradation Exceeds That from Deforestation in the Brazilian Amazon." *Nature Climate Change* 11 (5): 442–448.

Richards, P.; Vanwey, L. 2015. "Where Deforestation Leads to Urbanization: How Resource Extraction Is Leading to Urban Growth in the Brazilian Amazon." *Annals of the Association of American Geographers* 105 (4): 806–823.

Sanchez Martinez, G.; Paiva, J.; De Paula, G. L.; Moutinho, P.; Castriota, R.; Costa, A. C. G. 2022. "Indigenous Peoples and Sustainable Development in the Brazilian Amazônia." Documento de apoio a este relatório. Washington, DC: Banco Mundial.

Schetter, C.; Müller-Koné, M. 2021. "Frontiers' Violence: The Interplay of State of Exception, Frontier Habitus, and Organized Violence." *Political Geography* 87: 102370.

Siikamäki, J. V.; Krupnick, A.; Strand, J.; Vincent, J. R. 2019. "International Willingness to Pay for the Protection of the Amazon Rainforest." Policy Research Working Paper 8775. Washington, DC: Banco Mundial.

Soares-Filho, B.; Rajão, R.; Macedo, M.; Carneiro, A.; Costa, W.; Coe, M.; Rodrigues, H.; Alencar, A. 2014. "Cracking Brazil's Forest Code." *Science* 344 (6182): 363–364.

Souza-Rodrigues, E. 2019. "Deforestation in the Amazon: A Unified Framework for Estimation and Policy Analysis." *Review of Economic Studies* 86 (6): 2713–2744.

Speranza, J.; Romeiro, V.; Feder, F. 2017. "Will Brazil Meet Its Climate Targets?" *Insights*, 7 de julho. Washington, DC: World Resources Institute.

Strand, J. 2022. "Valuation of the Brazilian Amazon Rainforest." Documento de apoio a este relatório. Washington, DC: Banco Mundial.

Strand, J.; Soares-Filho, B.; Heil Costa, M.; Oliveira, U.; Ribeiro, S. C.; Pires, G. F.; Oliveira, A. et al. 2018. "Spatially Explicit Valuation of the Brazilian Amazon Forest's Ecosystem Services." *Nature Sustainability* 1 (11): 657–664.

Taylor, M. S.; Brander, J. A. 1998. "International Trade and Open Access Renewable Resources: The Small Open Economy Case." *Canadian Journal of Economics* 30 (3): 526–552.

Trajber Waisbich, L.; Husek, T.; Santos, V. 2022. *Territórios e Caminhos do Crime Ambiental na Amazônia Brasileira: Da floresta às demais cidades do país.* Rio de Janeiro: Instituto Igarapé. https://igarape.org.br/wp-content/uploads/2022/07/2022-07-AE-territorios-e-caminho-do -crime-ambiental-amazonia-brasileira.pdf.

Vale, M. M.; Marquet, P. A.; Corcoran, D.; De M. Scaramuzza, C. A.; Hannah, L.; Hart, A.; Busch, J.; Maass, A.; Roehrdanz, P.; Velasco-Hernández, J. X. 2021. *Could a Future Pandemic Come from the Amazon?* Estudo. Arlington, VA: Conservation International.

Vergara, W.; Scholz, S. M. (eds.). 2011. *Assessment of the Risk of Amazon Dieback.* Estudo do Banco Mundial. Washington, DC: Banco Mundial.

Crescimento Inclusivo e Sustentável

2 Os habitantes da Amazônia Legal e seus meios de vida

GABRIEL LARA IBARRA, ILDO LAUTHARTE, JORGE MUÑOZ,
CAMILLE BOURGUIGNON, ROVANE BATTAGLIN SCHWENGBER,
MICHAEL WEBER, MAREK HANUSCH, STELLA MENDES CARNEIRO,
CLAUDIA TUFANI E JOAQUIM BENTO DE SOUZA FERREIRA FILHO

MENSAGENS PRINCIPAIS

- A Amazônia Legal tem níveis de pobreza altos. A desigualdade é menor que a média brasileira, mas é alta para os padrões latino-americanos.
- Os índices de pobreza são mais altos nas áreas rurais, mas a maioria das pessoas pobres na Amazônia Legal vive nas cidades.
- Afrodescendentes, povos indígenas e outros grupos tradicionais são maioria entre os pobres.
- Existem déficits significativos na prestação de serviços públicos na Amazônia Legal, especialmente para os pobres e principalmente nas áreas rurais.
- O patrimônio das famílias, inclusive seu capital humano e financeiro, é pequeno na Amazônia Legal. A distribuição fundiária é extremamente desigual, e a insegurança jurídica quanto à posse da terra prejudica os pobres de forma desproporcional.
- A lenta transformação estrutural da Amazônia Legal se reflete em mercados de trabalho pouco desenvolvidos, com limitada participação da força de trabalho rural e altos níveis de desemprego urbano.
- A competição por terras e recursos rurais resulta em conflitos, que muitas vezes prejudicam os povos indígenas.
- As taxas de urbanização são altas na Amazônia Legal, mas as cidades não oferecem bons empregos alternativos em número suficiente para os migrantes rurais. Assentamentos informais, semelhantes a favelas, proliferam.
- Um foco maior na produtividade urbana no modelo de crescimento da Amazônia Legal é compatível tanto com a proteção das florestas quanto com o aumento da renda de sua população.

- O crescimento mais rápido da produtividade no resto do Brasil também pode aumentar a renda de forma sustentável na Amazônia Legal.
- *Implicações para políticas públicas:*

  - Investir em capital humano, especialmente na educação, com ênfase nos professores e na requalificação.
  - Melhorar a prestação de serviços básicos, especialmente água e saneamento, tanto nas áreas rurais quanto nas urbanas.
  - Fortalecer a gestão fundiária e a garantia da posse, especialmente para colonos rurais, comunidades indígenas e outros grupos tradicionais.
  - Incentivar a inclusão financeira.
  - Complementar o sistema de proteção social com programas que levem em consideração a excepcional riqueza cultural e ambiental da Amazônia Legal.
  - Promover meios de subsistência rurais sustentáveis.
  - Dar mais ênfase aos empregos urbanos e à produtividade urbana.

ELEVAÇÃO DO PADRÃO DE VIDA NA AMAZÔNIA LEGAL

A Amazônia Legal é uma das regiões mais pobres do Brasil. Este capítulo explora como elevar o padrão de vida para os habitantes da região. Apresenta uma visão geral do nível de pobreza, desigualdade, prestação de serviços públicos, criminalidade e conflitos na região. A ênfase principal, no entanto, é na renda da população. O capítulo trata de canais e mecanismos de políticas públicas mais amplos para elevar a renda dos habitantes da Amazônia Legal de forma sustentável, abordados em mais detalhe na parte II deste memorando. A análise neste capítulo adota a lógica de um modelo baseado em ativos, que trata a renda domiciliar como uma função dos seguintes aspectos (figura 2.1):

- O patrimônio acumulado de uma família inclui seu capital humano, seu capital natural (geralmente propriedade), seus ativos financeiros e seus bens materiais.
- A renda proveniente desse patrimônio depende da intensidade de sua utilização e do retorno sobre o patrimônio utilizado. Por exemplo, estar fora da força de trabalho ou estar desempregado implica na não utilização de

FIGURA 2.1

A geração de renda é uma função da acumulação e do uso de patrimônio

Fonte: Adaptado de Lopez-Calva e Rodríguez-Castelán (2016).

capital humano para a geração de renda, ao passo que o salário de um indivíduo empregado reflete os retornos sobre o uso desse ativo.

- Quando as famílias têm muitos bens com alta taxa de utilização e alto retorno, elas tendem a ser mais ricas.
- Outra fonte de renda para as famílias são as transferências, que podem ser monetárias ou em espécie (como alimentos), de dentro ou de fora do país, e de fontes privadas (remessas) ou públicas (por exemplo, transferências de renda no âmbito de programas sociais)[1].
- Para calcular o poder de compra de uma família, todas as fontes de renda são ponderadas de acordo com os preços ao consumidor. Se os preços aumentarem mais rapidamente que a renda, as famílias perdem poder de compra e ficam mais pobres — e vice-versa.
- Todas as fontes de renda real são ponderadas pela ocorrência de choques externos que afetem as famílias e que sejam diretamente relacionados ao processo de transformação estrutural ou a outras causas (como desastres naturais).

Os padrões de vida mais baixos na Amazônia Legal refletem tanto a renda mais baixa quanto o menor acesso a serviços públicos de qualidade. A renda geral mais baixa é compatível com a noção da Amazônia Legal como uma região menos desenvolvida ou de fronteira. Em uma região de fronteira, o capital humano, a infraestrutura e as instituições ainda precisam ser construídos e desenvolvidos. Alguns estados amazônicos, especialmente na região da Nova Fronteira, são mais desenvolvidos que outros em termos de infraestrutura básica (logística, escolas, hospitais) e na prestação de serviços adequados (desde educação e policiamento até assistência médica e saneamento básico). Contudo, as condições de vida e os serviços de esgotamento sanitário são consideravelmente piores na Amazônia Legal que no resto do país, especialmente entre as populações pobres e rurais. Moradia adequada também continua a ser uma grande preocupação.

As rendas mais baixas se refletem em menor acúmulo de patrimônio e retornos mais baixos — de fato, muito mais baixos na Amazônia Legal que no resto do Brasil. Seguindo a lógica da figura 2.1, a figura 2.2 demonstra que a renda individual total na Amazônia Legal é, em média, cerca de 30% menor que a renda no restante do Brasil, com 78% da diferença resultante do fato de as famílias na região possuírem um patrimônio menor, tais como níveis de capital humano mais baixos. Quando consideramos apenas as áreas urbanas, a diferença diminui. Porém, para os 40% mais pobres da região, a diferença de renda em relação ao resto do Brasil é ainda menor: os 40% mais pobres da Amazônia Legal tendem a ser apenas cerca de 11% mais pobres que os 40% mais pobres em outras partes do Brasil, quando contabilizadas as diferenças de preços. Embora o retorno patrimonial (em salários, renda de capital ou aluguéis) seja menor na Amazônia Legal, esse não é o caso dos 40% mais pobres, cujos retornos são comparáveis aos dos 40% mais pobres em outras partes do Brasil.

Construir patrimônio é crucial, e gerar bons empregos, especialmente para a população pobre da Amazônia Legal, continua a ser uma prioridade — principalmente enquanto o resto do Brasil está estagnado. A figura 2.2 indica a necessidade de qualificar os trabalhadores para permitir que eles elevem seu padrão de vida aos níveis de outras localidades brasileiras. Isso também indica que a migração para outras partes do país não necessariamente melhoraria a situação dos 40% mais pobres da Amazônia Legal — a menos que o crescimento econômico e, portanto, a demanda por mão de obra aumentasse nas outras regiões. No cenário atual, a população pobre da Amazônia Legal que migra para outras partes do país (talvez não pela renda, mas por outros motivos, como acesso a serviços)

FIGURA 2.2

A renda individual na Amazônia Legal é 30% mais baixa que no resto do Brasil

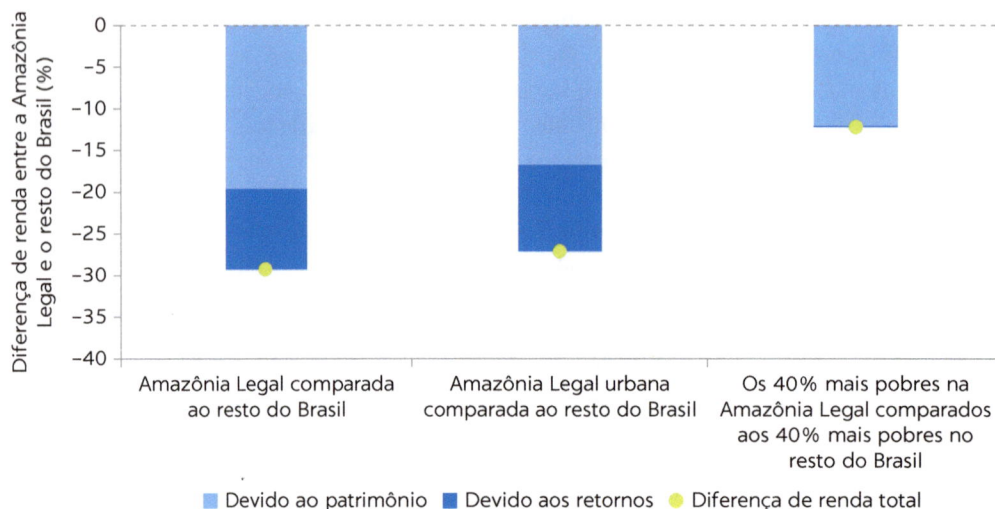

Fonte: Banco Mundial, com dados da Pesquisa Nacional por Amostra de Domicílios Contínua (PNADC) 2019.
Observação: A figura segue a metodologia usada em Banco Mundial (2020). Os dados foram posteriormente harmonizados na Base de Dados Socioeconômicos para a América Latina e o Caribe (Sedlac), que consiste em microdados de pesquisas harmonizadas por países (PNADC no Brasil) criados em conjunto pelo Centro para Estudos Distributivos, Trabalhistas e Sociais (Cedlas) na Universidad Nacional de La Plata e pelo Grupo de Pobreza para a Região da América Latina e Caribe do Banco Mundial. A renda foi deflacionada em nível de estado e por área metropolitana, urbana e rural, usando deflatores espaciais do Instituto Brasileiro de Geografia e Estatística (IBGE).

pode contribuir para a aglomeração urbana sem produtividade, o que tende a reduzir a qualidade de vida e o bem-estar (Grover; Lall; Maloney, 2022). Políticas públicas podem beneficiar a população pobre da Amazônia Legal de duas maneiras: (a) ajudando-a a aumentar seu patrimônio, especialmente ao ampliar seu capital humano para que encontrem empregos mais bem remunerados na região ou em outras partes do Brasil; e (b) promovendo o crescimento econômico e, portanto, aumentando a oferta de empregos na Amazônia Legal (capítulos de 3 a 6).

Gerar empregos é fundamental para a redução da pobreza. Assim como no resto do Brasil, a renda do trabalho domina todas as outras formas de renda na Amazônia Legal (tabela 2.1). A aposentadoria é a fonte mais importante de renda não laboral para as pessoas que não são pobres. As transferências privadas são pequenas, ao passo que as públicas são substanciais. Programas governamentais como o Bolsa Família e o Benefício de Prestação Continuada (BPC) são uma importante fonte de renda não laboral para os pobres em todo o Brasil: eles representam cerca de 17% da renda dos pobres nas áreas urbanas e 31% da renda dos pobres nas áreas rurais na Amazônia Legal, o que está um pouco acima da média nacional. Outras rendas não laborais, tais como ganhos de capital, estão concentradas entre os brasileiros mais ricos e são relativamente pequenas, especialmente na Amazônia Legal.

O aumento do patrimônio familiar e o crescimento econômico reforçam-se mutuamente. O capítulo 3 demonstra que o capital humano é crucial para apoiar o desenvolvimento, a transformação estrutural e a convergência da Amazônia Legal com as regiões mais desenvolvidas do país. Este capítulo demonstra que o crescimento na Amazônia Legal e no Brasil também afeta o retorno sobre o patrimônio das famílias (com foco no capital humano e em propriedade). Também revela que o foco numa transformação estrutural

TABELA 2.1 **Renda familiar *per capita*, por fonte, localização e situação de pobreza, 2019**
(Em R$)

| VARIÁVEL | BRASIL | | | | AMAZÔNIA LEGAL | | | |
| | URBANO | | RURAL | | URBANO | | RURAL | |
	POBRE	NÃO POBRE	POBRE	NÃO POBRE	POBRE	NÃO POBRE	POBRE	NÃO POBRE
Total sem aluguel imputado[a]	217	1.783	197	1.137	214	1.314	189	1.000
Renda laboral	154	1.309	113	698	151	1.012	107	621
Renda não laboral	63	474	84	439	63	302	82	379
Pensões	20	358	23	359	20	221	22	288
Transferências privadas	9	20	4	6	6	15	2	4
Outras rendas não laborais[b]	1	70	1	27	1	30	1	20
Transferências públicas[c]	33	27	56	47	36	36	58	68

Fonte: Banco Mundial, com dados de 2019 da Base de Dados Socioeconômicos para a América Latina e o Caribe (Sedlac).
Observação: Os "pobres" são definidos como as pessoas que vivem na linha de pobreza de US$ 5,50 por dia ou abaixo dela, ajustada pelo poder de compra em preços de 2011.
a. O "total sem aluguel imputado" refere-se ao conjunto de dados completo sem o preenchimento dos valores faltantes.
b. As "outras rendas não laborais" incluem ganhos de capital e outros rendimentos.
c. As "transferências públicas" incluem o Programa Bolsa Família; o Benefício de Prestação Continuada ou a Lei Orgânica de Assistência Social (BPC ou LOAS, respectivamente); e outros programas sociais.

equilibrada pode ajudar a aumentar a renda das famílias de forma inclusiva e sustentável. Assim como mencionam os capítulos 1 e 3, o crescimento da produtividade no resto do Brasil é importante para melhorar o padrão de vida dos habitantes da Amazônia Legal.

A Amazônia Legal apresenta fragilidades sociais idiossincráticas que não se limitam às suas florestas. Ela é uma região de fronteira onde os mundos moderno e tradicional se encontram — e às vezes colidem. Este capítulo dá especial atenção aos povos indígenas da Amazônia Legal e a outras minorias tradicionais cujos meios de subsistência e, em alguns casos, modos de vida centenários estão ameaçados. Esses grupos muitas vezes encontraram maneiras de aproveitar as oportunidades associadas à transformação estrutural da região, mas as ameaças e os conflitos precisam ser administrados com cuidado.

O capítulo se baseia na lógica da figura 2.1 e prossegue da seguinte forma: em primeiro lugar, analisando a renda e as condições de vida de forma mais ampla, faz um levantamento social da população da região, com ênfase na pobreza e na desigualdade, inclusive para os povos indígenas e outras minorias tradicionais. Em seguida, desmembra os componentes do modelo de estrutura patrimonial das famílias, analisando primeiro a renda do trabalho, do capital e da terra. A análise é seguida por uma discussão sobre preços e choques, e como as transferências podem ajudar a aumentar a renda enquanto mitigam os choques. O capítulo explora, então, como os modelos de crescimento da Amazônia Legal e do Brasil afetam os retornos do capital humano e da terra.

UM RETRATO SOCIAL DA AMAZÔNIA LEGAL

A pobreza e a desigualdade (que são uma função da renda na figura 2.1) são altas na Amazônia Legal, embora a desigualdade na região seja um pouco menor que no Brasil como um todo. A maioria das pessoas pobres vive em áreas urbanas, mas a pobreza é mais profunda nas áreas rurais. A Amazônia Legal tem a maior população indígena do Brasil, embora ela represente apenas 1,5% de sua população.

Pobreza, desigualdade e condições de vida

Pobreza e desigualdade

A Amazônia Legal é uma região pobre, e a desigualdade, embora menos extrema que no resto do país, é alta. No período mais recente com dados comparáveis (2012–2019), o índice médio anual de pobreza da Amazônia Legal foi de cerca de 36% (com base na linha de pobreza do Banco Mundial de US$ 5,50 por pessoa ao dia, ajustada pelo poder de compra em preços de 2011); isso excede a média brasileira, que é de cerca de 21%.

O índice de pobreza atual varia entre os estados da Amazônia Legal, mas, à exceção de Mato Grosso e de Rondônia (os mais avançados da Nova Fronteira), os índices de pobreza estão acima da média nacional. A pobreza é mais alta no Maranhão (cerca de 46% em 2019). Embora a Amazônia Legal seja um pouco menos desigual que o Brasil como um todo, a desigualdade de renda ainda é alta (figura 2.3).

A grande maioria dos pobres da Amazônia Legal vive em cidades, embora o índice de pobreza seja mais alto nas áreas rurais. Após a rápida urbanização do país, a maioria dos habitantes da Amazônia Legal vive, atualmente, em áreas urbanas (figura 2.4). Em 1970, pouco mais de 3 milhões dos 8 milhões de habitantes da Amazônia Legal, ou 37%, viviam em áreas urbanas. Em 2010, 72% dos 24,3 milhões de habitantes da Amazônia Legal viviam em cidades, uma parcela que subiu para quase 76% em 2019 (a última estimativa populacional para a Amazônia Legal indicava cerca de 28 milhões de habitantes). Embora já bastante urbanizada, a Amazônia Legal ainda é um pouco menos urbana do que o Brasil como um todo.

Dos cerca de 10 milhões de pobres que viviam na Amazônia Legal em 2019, 6,54 milhões residiam em áreas urbanas, e 3,8 milhões, em áreas rurais. No entanto, os índices de pobreza são mais altos nas áreas rurais: 53% (em comparação a 29% nas áreas urbanas). A pobreza extrema (menos de US$ 1,90 por

FIGURA 2.3

A desigualdade é alta no Brasil e na Amazônia Legal, mesmo para padrões latino-americanos

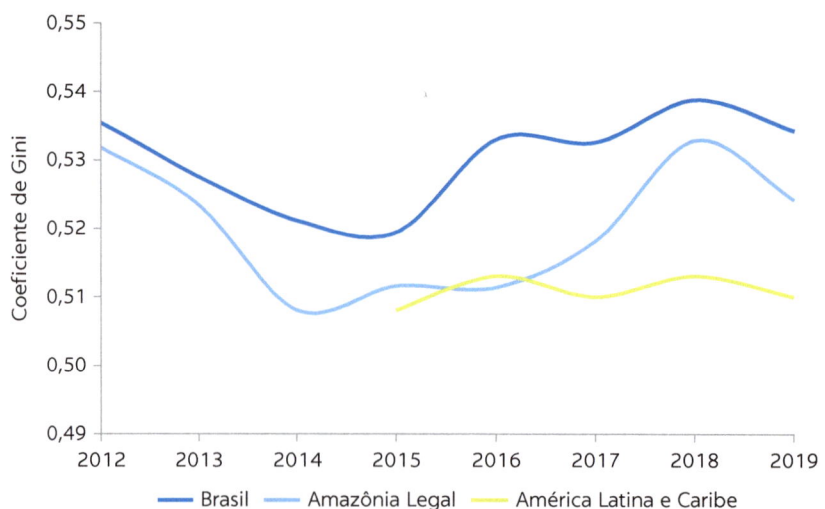

Fonte: Banco Mundial, com dados da Base de Dados Socioeconômicos para a América Latina e o Caribe (Sedlac) e da plataforma de compartilhamento de dados LAC Equity Lab do Banco Mundial.
Observação: O coeficiente de Gini mensura a desigualdade da distribuição de renda (ou consumo) na economia. O coeficiente 0,0 indica a situação de igualdade perfeita, e o coeficiente 1,0 indica a situação de desigualdade perfeita.

FIGURA 2.4

A população da Amazônia Legal tornou-se cada vez mais urbana, conforme tipificado pelo estado do Amazonas

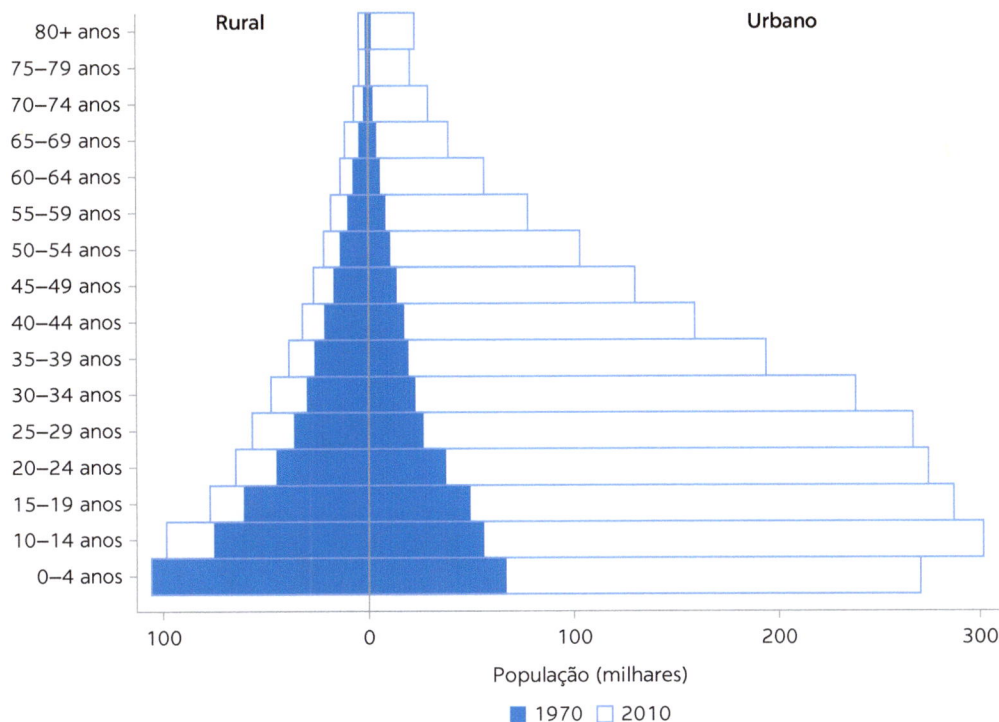

Fonte: Banco Mundial, com dados do Censo Demográfico do Instituto Brasileiro de Geografia e Estatística (IBGE).
Observação: A figura compara a pirâmide populacional no estado do Amazonas entre 1970 e 2010. As barras azuis representam a população em 1970, e as barras brancas, a população em 2010.

FIGURA 2.5

A maioria da população pobre da Amazônia Legal vive em áreas urbanizadas

Fonte: Banco Mundial, com dados da Base de Dados Socioeconômicos para a América Latina e o Caribe (Sedlac) e da Pesquisa Nacional por Amostra de Domicílios Contínua (PNADC) 2019. Os dados foram obtidos em 5 de julho de 2022 por meio do pacote Datalibweb Stata.
Observação: A figura apresenta parcelas populacionais da Amazônia Legal em 2019. Os "pobres" são definidos como as pessoas que vivem na linha internacional de pobreza de US$ 5,50 por dia ou abaixo dela.

pessoa ao dia) também é mais prevalente nas áreas rurais, com quase 20%, em comparação a 6,3% nas áreas urbanas. A menor intensidade da pobreza nas áreas urbanas é um provável fator de atração da população rural para as cidades, juntamente com melhor prestação de serviços públicos e melhores resultados em termos de saúde e educação.

A pobreza tem um forte componente demográfico. Afro-brasileiros e pardos (ver capítulo 1)[2] estão sobrerrepresentados entre os moradores rurais e entre os pobres, constituindo cerca de 86% da população rural pobre da Amazônia Legal (tabela 2.2). Isso também acontece com os indígenas. As famílias chefiadas por mulheres são sobrerrepresentadas entre os pobres urbanos, com seis em cada 10 domicílios chefiados por mulheres, comparado a menos de cinco em cada 10 domicílios urbanos não pobres. Em contraste, apenas cerca de cinco em cada 10 famílias rurais são chefiadas por mulheres. Finalmente, as famílias mais pobres tendem a ser, em média, mais jovens.

Condições de Vida

As condições de vida e os serviços de saneamento são consideravelmente piores na Amazônia Legal que no resto do país, especialmente para as populações pobres e rurais, segundo dados da Pesquisa Nacional por Amostra de Domicílios Contínua (PNADC) 2019. Para os não pobres urbanos, as diferenças nas condições de vida são pequenas entre a Amazônia Legal e o Brasil em geral, exceto no caso de abastecimento de água (tabela 2.3). Os moradores pobres das cidades da Amazônia Legal, por outro lado, enfrentam condições piores que seus vizinhos mais ricos e que os moradores urbanos pobres em outras partes do Brasil. Há vantagens claras em viver nas cidades, no entanto, mesmo para as pessoas pobres, como, por exemplo, acesso quase universal à energia elétrica e um serviço de saneamento de qualidade razoável.

Compatível com a noção de uma economia de fronteira em que tanto a infraestrutura quanto a governança dos serviços públicos ainda precisam amadurecer, as condições são muito piores nas áreas rurais, especialmente para as famílias pobres (e um pouco menos para as não pobres). Cerca de 86% dos pobres rurais não têm acesso a serviços de coleta de lixo; 65% não têm conexão de água; e 48% não têm banheiro privativo. Essas diferenças ilustram os fatores de atração das áreas urbanas, amplificando os fatores de pressão vivenciados pelos trabalhadores agrícolas afetados pela transformação estrutural rural (capítulo 3).

TABELA 2.2 **Características demográficas da população brasileira, por localização e situação de pobreza, 2019**

| VARIÁVEL | BRASIL | | | | AMAZÔNIA LEGAL | | | |
| | URBANA | | RURAL | | URBANA | | RURAL | |
	POBRE	NÃO POBRE	POBRE	NÃO POBRE	POBRE	NÃO POBRE	POBRE	NÃO POBRE
Preto ou pardo (%)	74	51	79	59	84	75	86	79
Indígena (%)	1	0	1	0	1	1	2	1
Tamanho médio da família	4,5	3,4	4,7	3,3	5,0	3,7	5,2	3,6
Chefe de família								
Homens (%)	39	52	63	68	39	51	68	73
Mulheres (%)	61	48	37	32	61	49	32	27
Média de idade	41,7	49,2	41,7	52,1	42,0	48,2	41,4	51,5

Fonte: Banco Mundial, com dados da Base de Dados Socioeconômicos para a América Latina e o Caribe (Sedlac).
Observação: Os "pobres" são definidos como as pessoas que vivem na linha de pobreza de US$ 5,50 por dia ou abaixo dela.

TABELA 2.3 **Características demográficas e de habitação, por localização e situação de pobreza, 2019**
porcentagem

CARACTERÍSTICAS DE HABITAÇÃO	TOTAL DO BRASIL				AMAZÔNIA LEGAL			
	URBANA		RURAL		URBANA		RURAL	
	POBRE	NÃO POBRE	POBRE	NÃO POBRE	POBRE	NÃO POBRE	POBRE	NÃO POBRE
Materiais precários	5	2	14	6	12	5	30	13
Sem abastecimento de água	4	1	42	29	7	2	46	27
Sem ligação à rede de água	10	4	59	59	22	18	65	67
Sem saneamento melhorado	2	0	26	8	4	1	34	14
Defecação a céu aberto	2	0	25	6	7	1	46	18
Sem coleta de lixo	3	1	72	54	7	2	86	79
Sem acesso à eletricidade	0	0	2	1	0	0	5	2
Sem rede elétrica	0	0	6	2	0	0	16	8
Sem banheiros privativos	3	0	26	7	8	1	48	20

Fonte: Banco Mundial, com dados da Pesquisa Nacional por Amostra de Domicílios Contínua (PNADC) 2019.
Observação: Os "pobres" são definidos como as pessoas que vivem na linha de pobreza de US$ 5,50 por dia ou abaixo dela.

O crescimento populacional, a informalidade e a urbanização não planejada estão por trás da baixa qualidade dos serviços de saneamento básico. A cobertura limitada e a baixa qualidade dos serviços de saneamento básico, combinadas a taxas mais baixas de coleta de esgoto, contribuem para a disseminação de doenças, o que afeta tanto a saúde quanto a produtividade do trabalho. Em comparação com o resto do Brasil, a Amazônia Legal tem menos receitas provenientes de serviços de esgoto, pior qualidade da água, menor densidade de ligações por provedor, redes de água mais curtas, maiores perdas técnicas e comerciais e pior desempenho financeiro geral. As diferenças aumentaram desde 2000. Dessa forma, os estados da Amazônia Legal têm proporcionalmente mais dias de produtividade perdidos (medido por anos de vida ajustados por incapacidade) por diarreia e doenças transmitidas pela água que outros estados (exceto os da região Nordeste). Nas áreas rurais, a persistência de serviços de saneamento não melhorados perpetua o ciclo vicioso de pobreza, desigualdade e baixa produtividade (Bernhofen; Dolan; Borja-Veja, 2022).

Tanto nas áreas urbanas quanto rurais, o acesso da população indígena aos serviços de saneamento básico melhorou entre 1991 e 2010, embora ainda exista uma grande lacuna entre os moradores urbanos e rurais (IBGE, 2012). A parcela da população indígena que vive em domicílios com banheiro saltou de 77% em 1991 para 92% em 2010 nas áreas urbanas; e de 13% para 31% nas áreas rurais. Ainda assim, em 2010, o percentual de famílias chefiadas por indígenas sem acesso a banheiros era quase seis vezes maior na Amazônia Legal (36%) do que no Brasil em geral (6,6%). Essas lacunas são maiores na região Norte, onde 71% dos domicílios chefiados por indígenas não tinham acesso a banheiros, em comparação com 22% dos domicílios chefiados por não indígenas (a maior diferença no país). A porcentagem da população indígena residente em áreas urbanas também aumentou, de 24% em 1991 para 39% em 2010 (IBGE, 2012).

Os serviços nas áreas urbanas da Amazônia Legal têm dificuldade de acompanhar a taxa de urbanização, o que se reflete em grandes assentamentos urbanos informais semelhantes a favelas. Embora as áreas urbanas ofereçam serviços públicos muito melhores que as áreas rurais, elas têm dificuldade em absorver uma população em rápido crescimento e oferecer oportunidades de moradia adequada e outros serviços. A falta de moradia adequada pode ser representada pelo "déficit habitacional", uma medida aproximada da necessidade de novas moradias em determinada área. O déficit habitacional é o número de casas "que faltam" em determinada região — ou seja, o número de novas casas que seriam necessárias para acabar com a precariedade habitacional, evidenciada por famílias dividindo casas individuais, ou muitas pessoas dividindo quartos individuais. O déficit habitacional é maior na Amazônia Legal que no resto do Brasil (figura 2.6).

Além disso, assentamentos urbanos informais (chamados "aglomerados subnormais"[3]) são comuns na Amazônia Legal, e mais comuns em alguns estados amazônicos que no resto do Brasil. O número de residentes urbanos nesses assentamentos varia de 2% das famílias em Mato Grosso a 35% no Amazonas. Esses assentamentos informais são mais prevalentes em estados com economia menos aquecida, e menos prevalentes nos estados de desenvolvimento mais rápido da Nova Fronteira, pois melhores oportunidades econômicas se traduzem em melhores moradias (figura 2.7).

Crime e Violência

Juntamente com a pobreza e a desigualdade, a criminalidade é alta na Amazônia Legal (capítulo 5). Nas grandes cidades amazônicas, o índice de violência é semelhante ao de outros grandes centros urbanos do Brasil. A violência está ligada ao crime organizado, ao tráfico de drogas, à corrupção policial, a pequenos assaltos à mão armada e à violência doméstica. A Amazônia Legal é particularmente

FIGURA 2.6

O déficit habitacional é maior na Amazônia Legal que no resto do Brasil, 2010

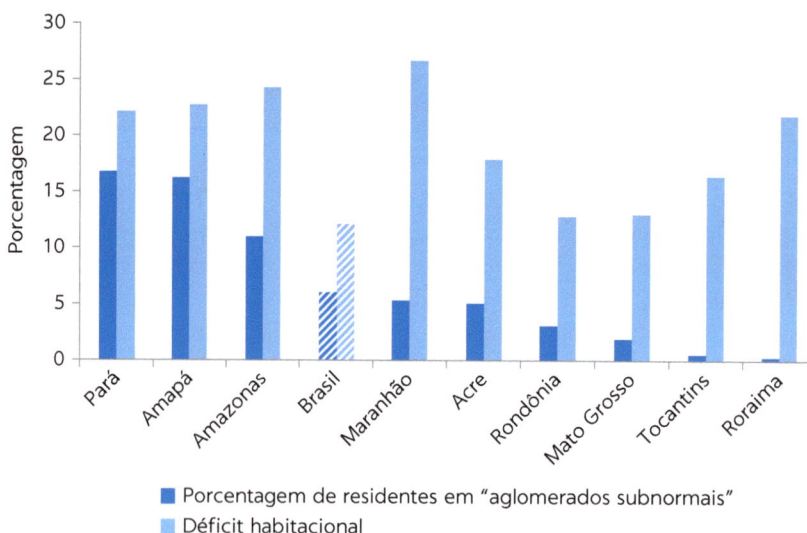

Fonte: Banco Mundial, com dados de IBGE (2010a).
Observação: A figura mostra o déficit habitacional nos nove estados da Amazônia Legal, bem como o do Brasil em geral. O "déficit habitacional" refere-se ao total de habitações "que faltam" e que seriam necessárias para solucionar os problemas atuais de acesso à moradia, o que obriga várias famílias a compartilharem habitações individuais, além do ônus excessivo dos aluguéis sobre os salários e do grande número de pessoas que compartilham quartos individuais. Os "aglomerados subnormais" são assentamentos urbanos informais, definidos como áreas urbanas densas com pelo menos 51 unidades residenciais que não dispõem, em sua maioria, de acesso a serviços públicos essenciais; que ocupam áreas públicas ou particulares; e que são urbanizados de forma desordenada (IBGE, 2020a).

FIGURA 2.7

Os assentamentos informais são mais comuns nos estados com economia pouco aquecida

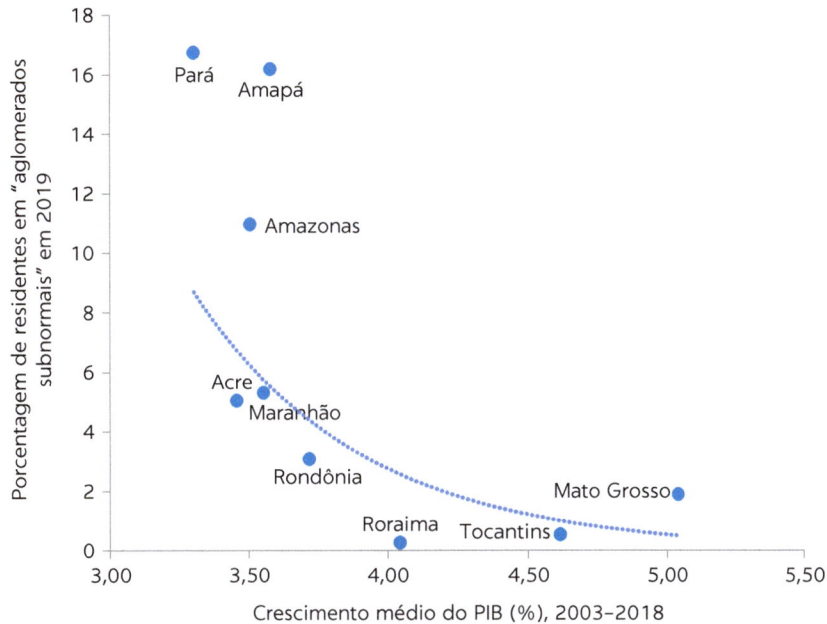

Fonte: Banco Mundial, com dados de IBGE (2010a) e dados das contas subnacionais.
Observação: A figura mostra a distribuição dos nove estados brasileiros que compõem a Amazônia Legal em termos de parcela de residentes em aglomerados subnormais em relação ao crescimento do PIB entre 2003 e 2018 naqueles estados. Os "aglomerados subnormais" são assentamentos urbanos informais, definidos como áreas urbanas densas com pelo menos 51 unidades residenciais que não dispõem, em sua maioria, de acesso a serviços públicos essenciais; que ocupam áreas públicas ou particulares; e que são urbanizados de forma desordenada (IBGE, 2020a).

vulnerável aos traficantes de drogas, que entram na região em áreas desprotegidas da fronteira com países vizinhos em busca de mercados maiores em outras regiões do Brasil, bem como de países ricos em outros continentes. A violência associada a essas atividades contribui para os conflitos violentos na região (Chimeli; Soares, 2017; Piva Da Silva; Fraser; Parry, 2021). A região amazônica está envolvida na produção e na distribuição de drogas em grande escala, ao passo que as cidades do Sudeste brasileiro respondem pelo consumo e pela distribuição de drogas em menor escala (Paiva, 2019).

Os estados do Norte do Brasil, inclusive a maioria dos estados da Amazônia Legal, apresentaram as maiores taxas de homicídio em 2018. A taxa de homicídios da região vem aumentando desde 2014, ao passo que a média nacional permaneceu bastante estável, de acordo com o último Atlas da Violência do Instituto de Pesquisa Econômica Aplicada (Ipea) (Cerqueira et al., 2020)[4]. Os estados da Amazônia Legal com as maiores taxas de homicídios foram Roraima (72 homicídios por 100 mil habitantes), Pará (53) e Amapá (51)[5]. O Atlas sugere que a crescente taxa de homicídios em Roraima é um reflexo da alta taxa de homicídios da Venezuela (81 por 100 mil) e relaciona a taxa de homicídios do Amapá com a migração ilegal e as rotas do tráfico de drogas ao longo da fronteira da Guiana Francesa com o estado (Cerqueira et al., 2020). Rondônia, Acre, Amazonas e Roraima são os estados com o maior número de pessoas encarceradas no país (Jacarandá; Flores; Feitoza, 2019). O Acre tornou-se o segundo estado mais violento do país em 2017 em número de homicídios e crimes violentos, e sua capital,

Rio Branco, era a mais violenta do país, com 87 homicídios por 100 mil habitantes (Jacarandá; Flores; Feitoza, 2019). Há evidências em todo o Brasil de que melhorar os resultados do desenvolvimento econômico também pode reduzir o crime (Baggio et al., 2019).

Foco nos povos indígenas e outras comunidades tradicionais

O potencial de geração de renda das comunidades tradicionais no Brasil não está bem documentado. Devido à limitação das informações, não é fácil aplicar o modelo patrimonial para estudar o potencial de geração de renda de indígenas, quilombolas e outros grupos que residem na Amazônia Legal rural[6]. Esta seção descreve brevemente o tamanho e a distribuição espacial das populações de indígenas, quilombolas e outras comunidades tradicionais[7].

Populações indígenas

Em 2010, os menos de 900 mil indígenas brasileiros habitavam todas as cinco regiões do país, com mais de um terço vivendo na Amazônia Legal (IBGE, 2010). Cerca de 58% deles viviam em terras indígenas (95% na área rural), e 42%, fora delas (79% em áreas urbanas). Os que viviam em terras indígenas eram mais jovens que os que viviam fora delas. Mais de um terço dos indígenas viviam em áreas urbanas e 380 mil viviam na Amazônia Legal, a região com a maior população indígena do Brasil, embora constituíssem apenas 1,5% da população da região (tabela 2.4). O estado do Amazonas tem a maior população indígena do país; seus 167 mil indígenas representam 20% dos indígenas no Brasil e quase 5% da população do estado (IBGE, 2010). Cerca de 80% da população indígena vive em áreas rurais, e 20%, nas capitais dos estados. Muitos indígenas se deslocam entre áreas urbanas e rurais. Os povos indígenas isolados constituem um grupo indígena separado que permanece afastado da sociedade em geral (quadro 2.1).

Quilombolas e outras comunidades tradicionais

Os quilombolas não são numerosos na Amazônia Legal (capítulo 1). De acordo com o Instituto Brasileiro de Geografia e Estatística (IBGE), há 5.972 localidades quilombolas no Brasil: 404 territórios, 2.308 comunidades e 3.620 regiões (IBGE, 2020b)[8]. Apenas 15% dessas localidades (23% dos territórios, 23% das

TABELA 2.4 **Povos indígenas na Amazônia Legal**

ESTADO	POPULAÇÃO INDÍGENA	POPULAÇÃO INDÍGENA NA CAPITAL DO ESTADO	POPULAÇÃO INDÍGENA FORA DA CAPITAL DO ESTADO	POPULAÇÃO NÃO INDÍGENA	POPULAÇÃO TOTAL	POPULAÇÃO INDÍGENA COMO PARCELA DO TOTAL (%)
Acre	15.684	2.604	13.080	717.889	733.573	2,1
Amapá	7.333	1.341	5.992	662.139	669.472	1,0
Amazonas	167.079	41.181	125.898	3.316.933	3.484.012	4,8
Maranhão	34.305	5.967	28.338	6.539.023	6.573.328	0,5
Mato Grosso	43.114	6.469	36.645	2.990.462	3.033.576	1,4
Pará	38.207	10.989	27.218	7.541.230	7.579.437	1,1
Rondônia	13.618	3.168	10.450	1.546.826	1.560.444	0,9
Roraima	50.352	8.559	41.793	399.621	449.973	11,2
Tocantins	12.839	1.728	11.111	1.370.133	1.382.972	0,9
Total	**382.531**	**80.657**	**301.874**	**25.084.256**	**25.466.787**	**1,5**

Fonte: IBGE (2010).

QUADRO 2.1

Povos indígenas isolados

O governo brasileiro reconhece 114 grupos de povos indígenas que optaram por viver separados de outros grupos indígenas e não indígenas, a maioria deles na Amazônia Legal. Esses grupos variam de centenas de pessoas a apenas poucos sobreviventes. No passado colonial, eles entraram em contato com segmentos da sociedade nacional — encontros esses muitas vezes marcados pela violência, pela disseminação de doenças e até mesmo pelo extermínio. Mais tarde, os membros restantes desses grupos fugiram para refúgios em locais remotos e de difícil acesso. A decisão de permanecer em isolamento também estava relacionada ao desejo de viver em condições que lhes permitissem atender às suas necessidades sociais, materiais e espirituais, evitando interações sociais que pudessem desencadear tensões ou conflitos interétnicos[a].

A política brasileira sobre povos indígenas isolados recomenda evitar o contato com eles, exceto em casos de ameaças específicas e claras. Essa política de não contato existe desde 1987, quando a Fundação Nacional do Índio (Funai) criou a Coordenação de Índios Isolados (atualmente Coordenação-Geral de Índios Isolados e de Recente Contato, CGIIRC) para resguardar os direitos dos indígenas isolados e de contato recente. A Funai é responsável por garantir às pessoas isoladas o pleno exercício de sua liberdade e de seu modo de vida tradicional sem ter que entrar em contato com elas.

Quando constata a presença de indígenas isolados fora dos limites de terras indígenas já demarcadas, a Funai aplica o dispositivo legal da "restrição de uso" da terra para proteger a área de ocupação de grupos isolados, restringir a entrada de terceiros e garantir a integridade física do povo indígena enquanto tramitam outras ações de proteção e procedimentos administrativos para a demarcação da terra indígena. A restrição de uso está amparada no artigo 7º do Decreto n.º 1.775/96; no artigo 231 da Constituição Federal de 1988; e no artigo 1º, inciso VII, da Lei n.º 5.371/67.

Fonte: Sanchez Martinez et al. (2022).
a. Entre os grupos isolados cuja presença foi confirmada, apenas os Avá-Canoeiro vivem fora da Amazônia Legal.

comunidades e 7% das regiões) estão nos estados do Norte, especialmente no Pará. O Amazonas responde por 21% das localidades quilombolas da região. Muitas comunidades quilombolas ainda aguardam o reconhecimento oficial.

Os grupos tradicionais estão bem definidos na legislação brasileira. O Decreto Presidencial n.º 6.040/2007 descreve os povos e comunidades tradicionais como "grupos culturalmente diferenciados e que se reconhecem como tais, que possuem formas próprias de organização social, que ocupam e usam territórios e recursos naturais como condição para sua reprodução cultural, social, religiosa, ancestral e econômica, utilizando conhecimentos, inovações e práticas gerados e transmitidos pela tradição". Ademais, em seu artigo 3º, § 2º, define territórios tradicionais como "os espaços necessários à reprodução cultural, social e econômica dos povos e comunidades tradicionais, sejam eles utilizados de forma permanente ou temporária". Além disso, o marco regulatório brasileiro do Sistema Nacional de Unidades de Conservação permite que os povos de comunidades tradicionais permaneçam em unidades de uso sustentável e reservas extrativistas e utilizem os recursos de forma sustentável (Lei 9.985/2000).

Um conjunto comum de características define a vasta gama de populações e comunidades tradicionais no Brasil (De Melo Lira; Rodrigues Chaves, 2016; Gomes De Souza et al., 2020; Little, 2018). A autoidentificação como membro de um grupo cultural distinto e o reconhecimento dessa identidade por outros são elementos críticos da identidade dos povos tradicionais. Eles também são identificados pela relação simbiótica de seu modo de vida com a natureza e pelo uso de recursos naturais renováveis; pela produção e reprodução social do grupo a partir do profundo conhecimento dos ciclos naturais; e por sua dependência de várias fontes sazonais de renda, que combinam atividades extrativistas, agricultura e pecuária, pesca e artesanato.

A organização econômica do grupo tradicional gira em torno de atividades voltadas à subsistência, embora alguns tenham se envolvido na produção de bens e obtido acesso aos mercados. Seus sistemas produtivos tendem a se basear numa divisão social do trabalho conforme distintos papéis de gênero. Eles contam com sistemas tradicionais para regular o acesso aos recursos terrestres e naturais baseados principalmente na organização do território em unidades espaciais para atividades econômicas distintas, mas complementares. Consequentemente, sua paisagem é frequentemente marcada por uma combinação de pequenas roças familiares, com grandes áreas de uso coletivo para reuniões, caça e atividades de pastoreio. Os grupos tradicionais têm poucos ativos financeiros, pouca representação ou poder político e são, em grande parte, socialmente invisíveis. Seus sistemas de subsistência, caracterizados pelo uso eficiente dos variados recursos da floresta tropical e dos cursos d'água da Amazônia, garantem sua considerável independência de mercados externos, mesmo quando exercem atividades essencialmente voltadas à comercialização.

CAPITAL HUMANO

O capital humano — ou seja, os conhecimentos, capacidades e saúde que as pessoas cultivam e que acumulam para realizar seu potencial como membros produtivos da sociedade — é baixo na Amazônia Legal. O Índice de Capital Humano (ICH) do Banco Mundial captura as diferenças de capital humano entre países ou regiões dentro de um país. Com base em indicadores de saúde e educação[9], o ICH estima que as crianças nascidas no Brasil hoje realizarão apenas cerca de 60% de seu potencial de produtividade nas condições atuais de saúde e educação (Banco Mundial, 2022). A região Nordeste e os estados da Amazônia Legal têm a maior concentração de municípios com capital humano criticamente baixo. Mato Grosso, que faz parte da Amazônia Legal e da Nova Fronteira, tem, de longe, o maior capital humano da região (mapa 2.1). A educação é o mais importante fator para eliminar as lacunas de ICH na Amazônia Legal, embora desafios na saúde também estejam presentes (figura 2.8).

Saúde

As lacunas de saúde na Amazônia Legal são compatíveis com sua condição de região de fronteira, com instituições mais frágeis e estrutura econômica menos madura. O Sistema Único de Saúde (SUS) brasileiro oferece acesso universal a serviços de saúde, mas a qualidade varia entre estados e regiões e entre áreas urbanas e rurais. Estados menos afluentes — ou menos desenvolvidos — têm maior mortalidade infantil e menor expectativa de vida, de acordo com a análise de regressão feita para este memorando. Um fator que contribui para esses resultados é a inadequação do saneamento básico nas regiões mais pobres, onde ainda persistem déficits no acesso aos serviços de água e esgotamento sanitário.

A Covid-19 expôs algumas das deficiências dos sistemas de saúde na Amazônia Legal, muitas das quais foram exacerbadas pela pandemia.

MAPA 2.1

O capital humano é baixo na Amazônia Legal, 2019

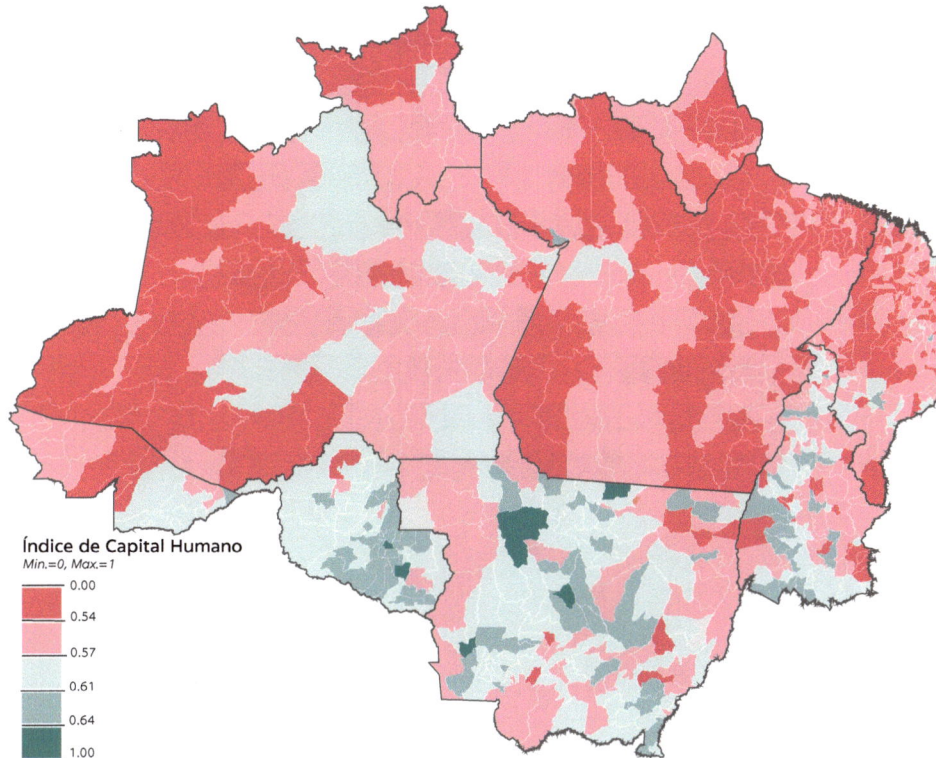

Índice de Capital Humano
Min.=0, Max.=1

- 0.00
- 0.54
- 0.57
- 0.61
- 0.64
- 1.00

Fonte: Banco Mundial (2022).
Observação: O Índice de Capital Humano do Banco Mundial (ICH) referencia os principais componentes do capital humano entre economias ou entre diferentes regiões de uma mesma economia (https://www.worldbank.org/en/publication /human-capital). É uma medida resumida da quantidade de capital humano que uma criança nascida hoje pode esperar adquirir até os 18 anos de idade, dados os riscos de saúde deficiente e baixos níveis de educação que prevalecem no país onde a criança vive. Com variação entre 0 e 1, o ICH tem valor 1 apenas se uma criança nascida hoje tiver a expectativa de atingir saúde plena (sem atrasos no desenvolvimento e sobrevivência até pelo menos os 60 anos) e potencial de educação formal (14 anos de escola de alta qualidade até os 18 anos). A pontuação representa a distância em relação àqueles com melhor desempenho em educação e saúde plenas durante toda a vida. Uma pontuação de 0,57 no ICH, por exemplo, indica que o potencial de ganhos futuros de uma criança nascida hoje equivalerá a 57% do que poderia ser caso essa criança tivesse tido acesso a educação e saúde plenas.

Dados preliminares indicam que a mortalidade nos hospitais da região Norte (que inclui sete dos nove estados da Amazônia Legal) foi mais alta que em qualquer outra região do país. De fato, a mortalidade entre pacientes internados em unidades de terapia intensiva na região Norte atingiu 79%, ao passo que, no resto do país, a média foi de 55%. Em termos gerais, a mortalidade hospitalar no Norte foi de 50% (mais uma vez, a mais alta do país), em comparação com 38% no Brasil como um todo. Embora a população do Norte tenda a ser mais jovem que em outras regiões, a mortalidade hospitalar foi mais alta naquela região em todas as faixas etárias. Mesmo antes da pandemia, o Norte já apresentava índices de mortalidade hospitalar superiores aos das outras regiões (Ranzani et al., 2021).

Assim como em outras partes do país, a população vulnerável da Amazônia Legal foi a mais afetada pela pandemia. Estudos preliminares sobre a prevalência de anticorpos de SARS-CoV-2 no Brasil indicam um rápido aumento da soroprevalência de SARS-CoV-2 nas regiões Norte e Nordeste, com

FIGURA 2.8

A educação é o maior déficit de capital humano na Amazônia Legal, 2019

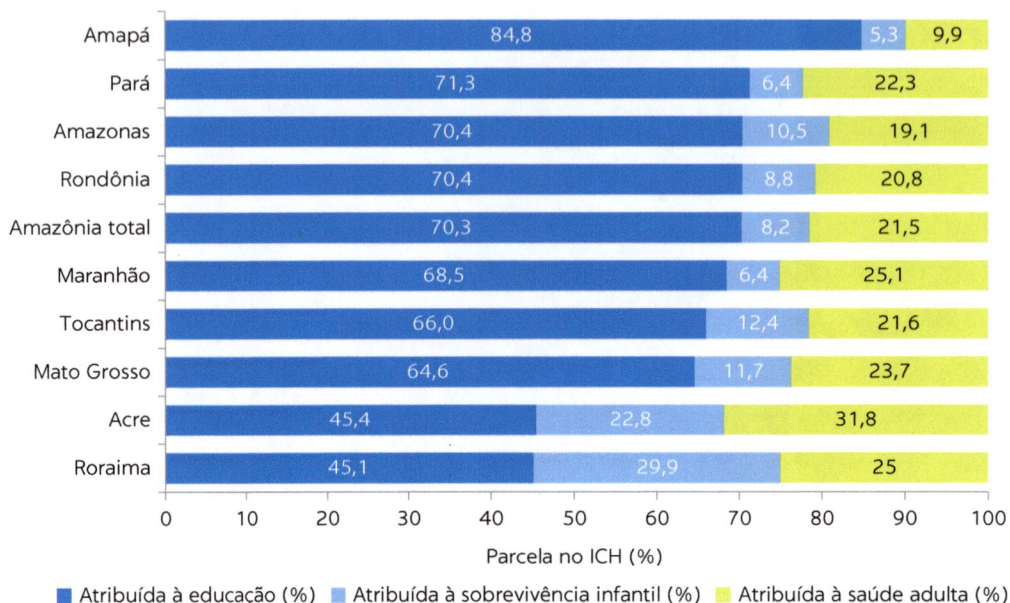

Fonte: Banco Mundial (2022).
Observação: Os três componentes do capital humano apresentados aqui são as taxas de saúde infantil (sobrevivência infantil aos 5 anos e sem atrasos no crescimento), saúde do adulto (probabilidade, aos 15 anos, de viver até os 60 anos) e educação (anos de escolaridade ajustados à aprendizagem, uma medida que combina a quantidade e a qualidade do ensino como porcentagem dos anos previstos de escolaridade de uma criança ao chegar aos 18 anos, se as taxas de evasão e de repetição permanecerem inalteradas em todo o ensino básico). A Amazônia Legal compreende os nove estados apresentados aqui.

índices mais altos entre as pessoas de ascendência indígena e aquelas com *status* socioeconômico mais baixo (Hallal et al., 2020). Um estudo realizado no Vale do Juruá (no interior do estado do Amazonas) demonstrou que as crianças de famílias carentes (ou seja, aquelas que enfrentam insegurança alimentar) apresentavam um risco 76% superior de contrair Covid-19 (Ferreira et al., 2022).

Outra razão para os resultados de saúde ruins na Amazônia Legal está relacionada ao tamanho e densidade de seus povoamentos. Devido aos ganhos de escala na prestação de serviços de saúde, povoamentos com maior densidade populacional tendem a ter uma prestação de serviços de saúde mais eficiente. Uma análise recente em um conjunto de países encontrou uma relação significativa e positiva entre os indicadores de saúde materna e as medidas de densidade populacional, com um aumento de um ponto no índice de densidade relacionado a um aumento de 0,2% na taxa de cobertura (Hanlon et al., 2012). No sistema de saúde brasileiro, grande parte da ineficiência decorre da construção de hospitais muito pequenos (quase 80% dos hospitais brasileiros têm menos de 100 leitos), muitas vezes para fornecer serviços de saúde a municípios pequenos (Banco Mundial, 2017).

Os estados menos urbanizados da Amazônia Legal enfrentam mais dificuldades para melhorar os indicadores de saúde. A baixa densidade tem um impacto adverso significativo nos resultados de saúde brasileiros. Em média, as taxas de sobrevivência infantil são mais baixas nos municípios da Amazônia Legal, a região menos densa do país, que no resto do Brasil — apenas os municípios amazônicos com maior densidade populacional têm taxas de sobrevivência infantil comparáveis às de outros municípios brasileiros (figura 2.9). No Acre e em Roraima, dois dos estados menos urbanizados e mais remotos da Amazônia Legal, as baixas taxas de sobrevivência infantil explicam uma parte considerável de seus resultados em capital humano (ver figura 2.8). Em contraste, a sobrevivência infantil explica apenas uma pequena parte do desempenho de capital humano do Amapá, o estado mais urbanizado da região.

Em todo o Brasil, a maior densidade populacional em nível de estado está associada a uma expectativa de vida mais alta (figura 2.10); os estados da Amazônia Legal têm uma das menores expectativas de vida do Brasil. Em conjunto, esses resultados fornecem algumas evidências de que a mudança estrutural e a urbanização na Amazônia Legal também podem ajudar a melhorar seus resultados na área de saúde.

Educação

A baixa qualidade educacional é o mais importante obstáculo para a construção de capital humano na Amazônia Legal (ver figura 2.8). O componente de educação do ICH ajusta os anos de escolaridade pela qualidade do aprendizado. No Brasil, quando os anos de escolaridade previstos (10 a 11 anos) são ajustados pelos déficits na qualidade do aprendizado (com base nos dados de proficiência do Sistema de Avaliação da Educação Básica, ou SAEB), esses anos de escolaridade caem para cerca de 7 a 8 anos. Por exemplo, para cidades do

FIGURA 2.9

Apenas os municípios amazônicos com maior densidade populacional apresentam taxas de sobrevivência infantil comparáveis ao restante do Brasil

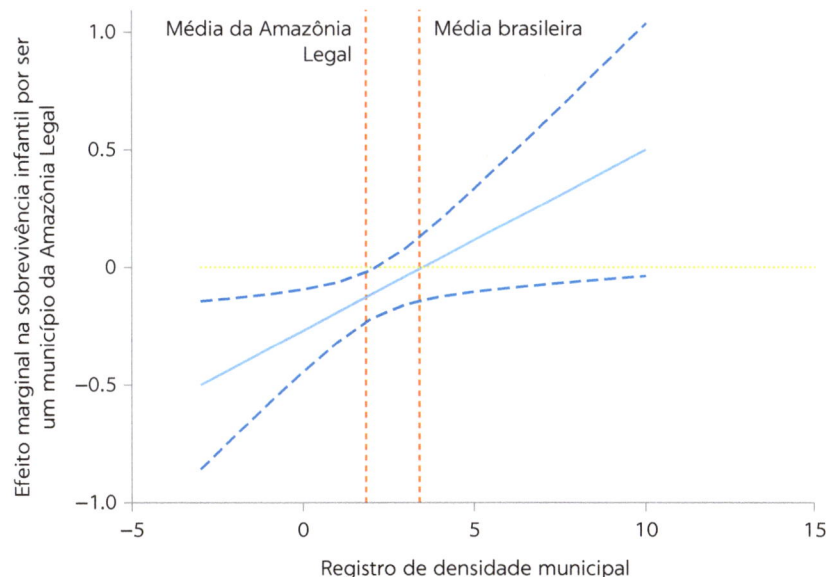

Fontes: Banco Mundial, com dados do banco de dados de Áreas Territoriais, do banco de dados de projeções populacionais e do banco de dados de estimativas populacionais, todos do Instituto Brasileiro de Geografia e Estatística (IBGE); bem como do banco de dados do Departamento de Informática do Sistema Único de Saúde (DataSUS).
Observação: Controles para o PIB *per capita*. O controle para os gastos com saúde é estatisticamente insignificante. As linhas azuis pontilhadas representam intervalos de confiança de 95%.

FIGURA 2.10

Em todo o Brasil, a expectativa de vida está associada à densidade populacional do estado

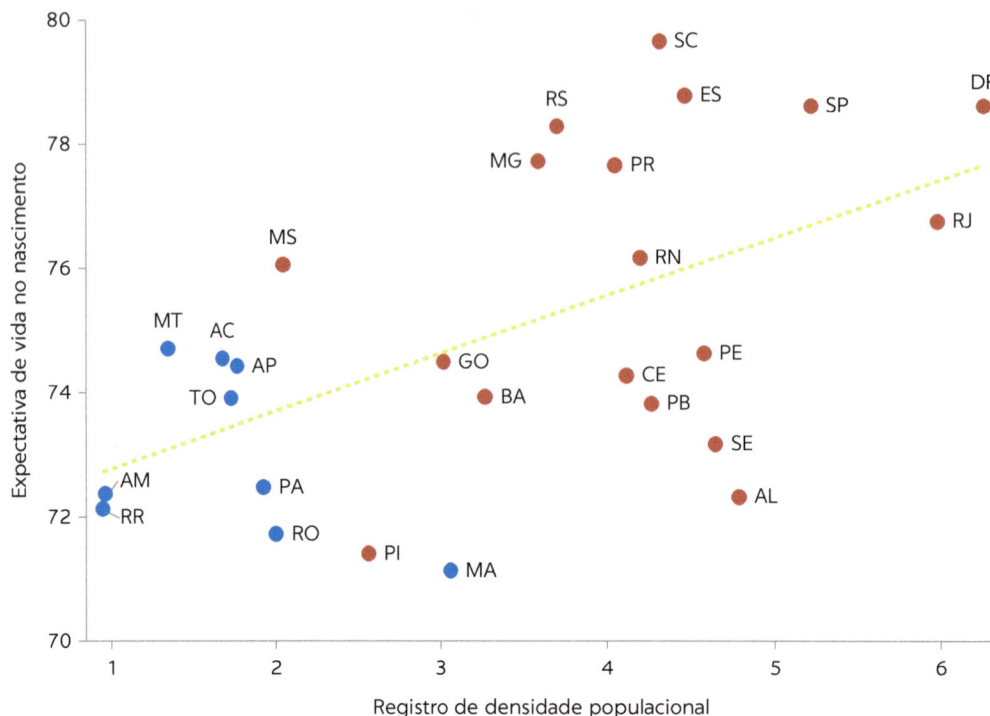

Fonte: Banco Mundial, com dados do banco de dados de estimativas populacionais, do banco de dados de áreas territoriais e do banco de dados de projeções populacionais, todos do Instituto Brasileiro de Geografia e Estatística (IBGE).

Observação: Controles para o PIB *per capita*. Os estados são designados por sua sigla de duas letras. Os estados da Amazônia Legal estão indicados na cor azul.

Maranhão dentro da Amazônia Legal, os 11 anos de escolaridade esperados caem para 6,6 anos após o ajuste pela qualidade do aprendizado. A interrupção das atividades escolares devido à Covid-19 atrasou a educação no Brasil e na Amazônia Legal, e serão necessários muitos anos para recuperar as perdas (Banco Mundial, 2022).

Houve ganhos significativos na educação dos grupos indígenas entre 1991 e 2010. O índice de analfabetismo entre os indígenas com 15 anos ou mais caiu de 51% em 1991 para 23% em 2010, embora ainda fosse muito superior à média nacional dos não indígenas (pouco menos de 10%). O índice de analfabetismo permaneceu maior nas áreas rurais (33%) que nas áreas urbanas (12%), e mais alto entre as mulheres (25%) que entre os homens (22%).

A educação é crucial para a qualidade da força de trabalho futura da região. As desigualdades na educação e no capital humano, em geral, apontam para possíveis grandes limitações para melhorar a produtividade do trabalho na Amazônia Legal de forma sustentável. Faltam competências fundamentais, conforme indica o índice de pobreza de aprendizagem, evidenciado, por exemplo, pela porcentagem de crianças de 10 anos que não conseguem ler e entender um parágrafo curto apropriado para a idade (figura 2.11) (Banco Mundial, 2019). A leitura é importante porque aprender a ler promove a prontidão para aprender[10].

FIGURA 2.11

A pobreza de aprendizagem é alta na Amazônia Legal
porcentagem

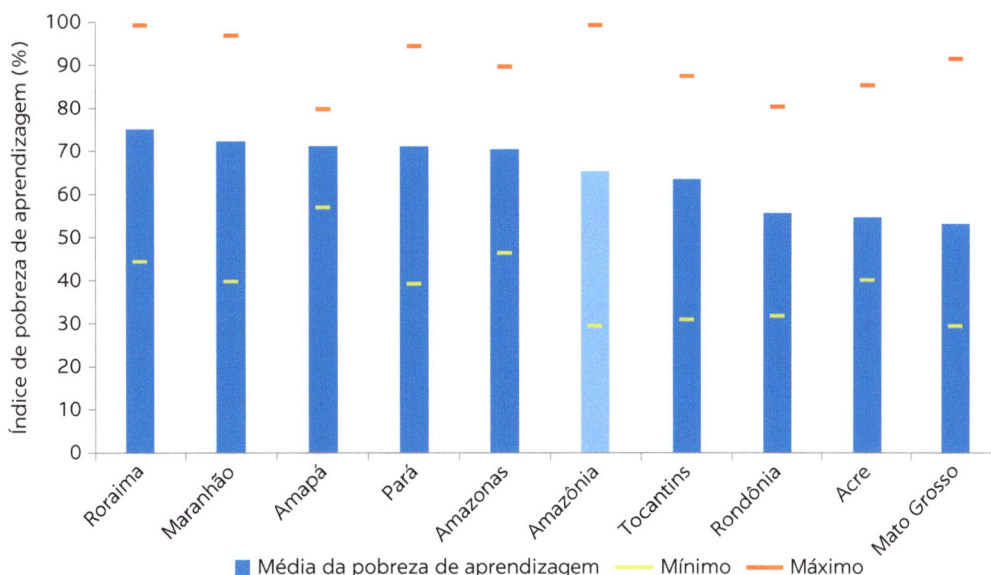

Fonte: Banco Mundial, com base no banco de dados de estimativas populacionais do Instituto Brasileiro de Geografia e Estatística (IBGE) de 2019.
Observação: A pobreza de aprendizagem é definida como a porcentagem de crianças de 10 anos que não conseguem ler um parágrafo apropriado para a idade. A Amazônia Legal compreende os nove estados indicados no gráfico, e seus resultados são a média desses nove estados. Os valores mínimos e máximos referem-se aos municípios de cada estado com os índices mais baixos e mais altos de pobreza de aprendizagem, respectivamente.

Cerca de 65% das crianças na Amazônia Legal estão em situação de pobreza de aprendizagem, bem acima da média brasileira de 48%. As diferenças dentro dos estados são ainda maiores que as diferenças entre estados. Mato Grosso tem o menor índice de pobreza de aprendizagem da Amazônia Legal (29%), mas, num de seus municípios, 94% das crianças de 10 anos não sabem ler.

Como para os indicadores de saúde, alguns padrões de educação condizem com a situação de fronteira da Amazônia Legal. Estados da Nova Fronteira, como Mato Grosso, Rondônia e Tocantins, têm índices de pobreza de aprendizagem mais baixos que estados mais remotos, como Roraima. Como na saúde, a densidade espacial parece ser importante para os resultados educacionais, com municípios mais populosos associados a melhores resultados educacionais (figura 2.12).

Melhora da oferta de capital humano

Investimento nos professores

Professores qualificados são fundamentais para o bom desempenho dos alunos. Logo, as políticas para construir o capital humano das crianças visando à produtividade dos futuros trabalhadores devem ter seu foco na melhoria da qualidade do ensino. Há várias características que reduzem a eficiência dos professores na Amazônia Legal. O isolamento geográfico, a pequena escala e o alto custo do transporte aumentam a dificuldade de atrair professores mais qualificados para municípios e comunidades da região.

FIGURA 2.12

Na Amazônia Legal, as escolas com pior desempenho estão localizadas nos municípios menores

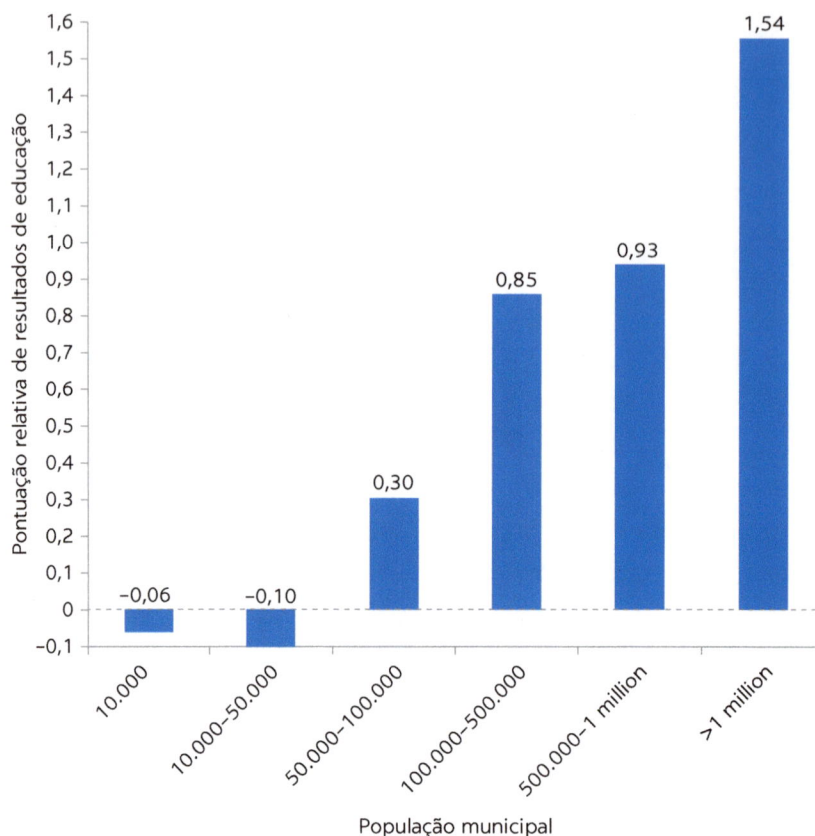

Fonte: Banco Mundial, com dados do Instituto Nacional de Estudos e Pesquisas Educacionais Anísio Teixeira (Inep) e das estimativas populacionais de 2019 do Instituto Brasileiro de Geografia e Estatística (IBGE).
Observação: Os resultados de educação são índices normalizados do Índice de Desenvolvimento da Educação Básica (Ideb) (rede pública) dentro de cada estado.

Os municípios da Amazônia Legal têm uma proporção de professores que concluíram o ensino superior menor que o restante do Brasil, com lacunas maiores surgindo no segundo ciclo do ensino fundamental. Na Amazônia Legal, 86% dos professores concluíram o ensino superior, em comparação com 98% em outras partes do país. A qualificação dos professores não parece estar de acordo com sua função: apenas 65% dos professores do primeiro ciclo do ensino fundamental e 42% dos professores do segundo ciclo do ensino fundamental na Amazônia Legal têm um diploma compatível com a disciplina que lecionam. No restante do Brasil, as parcelas são de 76% e 70%, respectivamente (Lautharte; Mello; Emmanuel, 2022).

A Amazônia Legal tem a maior porcentagem de professores que permanecem no emprego por menos de um ano — portanto, tem mais professores com menos experiência. O professor normalmente se aperfeiçoa em sua função no período de um a três anos iniciais de ensino; depois disso, os ganhos da experiência tendem a se estabilizar (Hanushek, 2010; Staiger; Rockoff, 2010). Assim, o principal custo da rotatividade de professores não é o custo direto de contratação e demissão, mas, sim, a perda de aprendizagem dos alunos, que têm um professor novato, e não um professor com mais experiência (Staiger; Rockoff, 2010). Na Amazônia

Legal, cerca de 14% dos professores estão no cargo há menos de um ano, em comparação com 9% no resto do Brasil (Lautharte; Mello; Emmanuel, 2022). Enquanto a maioria dos professores permanece na mesma escola por dois a quatro anos — 77% na Amazônia Legal e 86% no resto do Brasil —, uma parcela considerável de professores na Amazônia Legal não permanece na mesma escola por tempo suficiente para adquirir experiência, criar vínculos com a escola e com os alunos, ou aprender com sua experiência naquele ambiente específico. Assim, políticas que prolonguem a permanência dos professores na região podem ter um impacto positivo nos resultados dos alunos.

Condições de trabalho mais precárias na Amazônia Legal também afetam a capacidade dos professores de ensinar bem. As escolas da Amazônia Legal têm uma jornada escolar média mais curta que as escolas do resto do Brasil. Lá, os alunos têm entre 35 e 84 horas a menos de instrução por ano letivo que os alunos do resto do Brasil. As diferenças são maiores no segundo ciclo do ensino fundamental. O tamanho médio das turmas do primeiro ciclo do ensino fundamental na Amazônia Legal é de 23,4 alunos, um pouco menor que no resto do Brasil (24,1 alunos), ao passo que a média no segundo ciclo é de 27 alunos (em comparação com 28,3 alunos no resto do Brasil) (Lautharte; Mello; Emmanuel, 2022). No entanto, esse tamanho médio das turmas é maior que em países com desempenho estudantil muito mais alto. Por exemplo, o tamanho médio das turmas nos países da OCDE é de 21 alunos no primeiro ciclo do ensino fundamental e 23 alunos no segundo ciclo — 3 a 5 alunos a menos que na Amazônia Legal (OCDE, 2019).

Os professores podem ter pouca motivação para ensinar se não tiverem incentivos. No Brasil, o salário médio de um professor da educação fundamental pública equivale a apenas 71% do salário de um profissional com ensino superior. Essa diferença é maior que nos países da OCDE, onde os salários dos professores nos níveis pré-primário, primário e secundário geral são de 80% a 94% dos ganhos de um trabalhador médio com nível superior (OCDE, 2020). Se contabilizarmos o salário por hora, no entanto, os professores com nível superior ganham mais que outros trabalhadores com nível superior. No entanto, como os professores não costumam ser contratados para trabalhar em tempo integral (40 horas), não costumam estar empregados nas férias escolares e não são devidamente pagos por seu trabalho fora do horário de aula, seu salário total é mais baixo.

Salários médios mais altos podem encorajar indivíduos mais qualificados a se tornarem professores e permanecerem no magistério. Políticas que tornem mais atrativo o trabalho em escolas públicas poderiam melhorar a qualidade dos professores na Amazônia Legal. Estudos constatam que salários mais altos podem estimular indivíduos com qualificações acadêmicas mais avançadas a escolher a carreira docente (Chevalier; Dolton; Mcintosh, 2007; Dolton, 1990; Dolton; Makepeace, 1993; Guarino et al., 2004; Han; Rossmiller, 2004; Leigh, 2012; Zibalza, 1979). Salários mais altos também estão associados a menor rotatividade e maior retenção de professores nas escolas e no magistério (Boyd et al., 2008; Johnson; Berg; Donaldson, 2005).

No entanto, mesmo que salários mais altos possam atrair candidatos mais preparados para o magistério, as evidências são inconclusivas quanto a se salários mais altos, por si só, melhoriam o desempenho acadêmico dos alunos. Não há uma relação sistemática entre os níveis salariais dos professores e o grau de proficiência do aluno ou os resultados da educação (Podgursky, 2011). Um estudo sobre aumentos salariais de professores no estado de São Paulo constatou que o aumento salarial para professores já estabelecidos não parece afetar sua produtividade e, portanto, não afeta o aprendizado dos alunos (Tavares; Ponczek, 2018). No entanto, e em linha com resultados encontrados na literatura internacional, bônus salariais de 24% a 36% para professores em escolas desfavorecidas no estado de São Paulo reduziram significativamente a rotatividade de professores (Camelo; Ponczek, 2021). Embora nenhum efeito direto tenha sido encontrado nos resultados dos testes dos alunos, a menor rotatividade de professores teve um reflexo positivo para os alunos com baixo desempenho (Camelo; Ponczek, 2021).

Esses achados sugerem que um aumento nos salários melhora a qualidade do ensino somente se acompanhado de intervenções complementares, como a autonomia dos gestores escolares para contratar e demitir professores (Hanushek, 2003; Milanowski, 2008). No geral, a Amazônia Legal deve considerar políticas que vão além de salários mais altos e que aumentem a atratividade da profissão, como um melhor plano de progressão de carreira, mais tempo alocado para o planejamento pedagógico e apoio aos alunos com dificuldades.

Treinamento e requalificação

A transição de trabalhadores entre setores é muito baixa na Amazônia Legal e muito menor que no resto do Brasil — e educação, treinamento e requalificação podem aumentar a adaptabilidade dos trabalhadores. A mobilidade é especialmente baixa entre os trabalhadores agrícolas na Amazônia Legal — menor apenas que a dos trabalhadores da administração pública — e entre os trabalhadores do setor informal, que geralmente são pouco qualificados. A baixa mobilidade pode indicar que as pessoas não conseguem se adaptar às mudanças econômicas e, portanto, podem acabar desempregadas, subempregadas ou empregadas no setor informal — o que pode impedir a transformação estrutural da região. Além disso, um nível de educação mais alto está associado à maior produtividade do trabalho, o que, por sua vez, gera um crescimento que atrai demanda em todas as categorias profissionais. A educação deve incluir a educação básica para formar a base, mas também níveis mais elevados de ensino e formas de aprendizagem ao longo da vida para fomentar maior mobilidade.

Tendências globais — como o crescente papel das tecnologias, mudanças climáticas, mudanças demográficas, urbanização e globalização das cadeias de valor — estão transformando a natureza do trabalho e a demanda por habilidades profissionais no Brasil e no mundo. Para ter sucesso no mercado de trabalho do século XXI, os trabalhadores precisam de um conjunto abrangente de competências que incluam habilidades cognitivas, socioemocionais, técnicas, digitais e ambientais. O desenvolvimento de competências pode contribuir para a transformação estrutural e o crescimento econômico, aumentando a empregabilidade e a produtividade do trabalho, e ajudando o Brasil a se tornar mais competitivo. A transformação do mercado de trabalho aumenta a urgência de garantir que os sistemas de educação básica e os sistemas de desenvolvimento de competências estejam prontos para atender às demandas em constante mudança dos empregadores (Almeida; Packard, 2018). A melhoria dos serviços de qualificação técnica pode permitir que a força de trabalho responda às necessidades dos mercados de trabalho cada vez mais dinâmicos, faça a transição para empregos melhores e se torne mais produtiva à medida que a economia se desenvolve e cresce.

A melhoria da qualificação e a requalificação dos trabalhadores, especialmente os mais afetados pelo processo de mudança estrutural, requer estratégias de aprendizagem ao longo da vida. As abordagens tradicionais demonstraram ser insuficientes durante a pandemia de Covid-19, e houve necessidade imediata de novas competências. Em vista disso, empresas, trabalhadores e governos tomaram a iniciativa de se modernizarem e requalificarem. Além das habilidades técnicas e digitais, os trabalhadores precisam de habilidades sociais, como as socioemocionais, de gerenciamento de tempo e de saúde e segurança ocupacional. As inovações adotadas durante a pandemia revelam várias medidas que podem apoiar os trabalhadores na melhoria e na requalificação ao longo da carreira, como investir em plataformas, ferramentas e recursos digitais, incluindo realidade virtual e realidade aumentada; aplicar metodologias híbridas de capacitação; desenvolver a capacidade de funcionários e professores para planejar e oferecer treinamento on-line; e adquirir equipamentos e *softwares* para treinamento on-line (OIT, 2021).

Onde oferta e demanda se encontram: mercado de trabalho e empregos

A utilização e a remuneração do capital humano dependem de fatores de oferta e demanda. O capítulo 3 concentra-se nos fatores do lado da demanda — os motivadores do desempenho econômico que, por sua vez, demandam mão de obra. No modelo de estrutura patrimonial, cujo foco é a renda das famílias, fatores do lado da demanda afetam a utilização do trabalho por meio do emprego e dos retornos do trabalho (salários). Um crescimento econômico mais rápido aumentaria a demanda por mão de obra e impulsionaria os retornos, inclusive para os mais pobres (que atualmente têm retornos semelhantes aos dos mais pobres do resto do Brasil, conforme ilustra a figura 2.2 acima). Fatores do lado da oferta contribuem para a formação de capital humano, inclusive a saúde e a educação, que aumentam a produtividade do trabalho. Também há interações entre fatores de oferta e demanda: por exemplo, o capital humano apoia a transformação estrutural, ao passo que o nível mais alto de desenvolvimento resultante pode estimular a formação de capital humano (quadro 2.2).

A participação da força de trabalho é baixa na Amazônia Legal, especialmente entre os pobres e nas áreas rurais. O desemprego é alto, especialmente nas áreas urbanas. Os mercados de trabalho oferecem perspectivas bastante sombrias no

QUADRO 2.2

Evolução do mercado de trabalho e formação de capital humano

A evolução do mercado de trabalho também afeta os resultados da educação.
Há amplas evidências na literatura acadêmica de que a situação socioeconômica dos pais pode prever o desempenho educacional dos filhos (Black; Devereux; Salvanes, 2009; Lundborg; Majlesi, 2018). Assim, à medida que as economias se desenvolvem e as oportunidades econômicas melhoram para os pais, isso também afeta os resultados de aprendizagem de seus filhos, em parte mediados por suas expectativas. Se os salários e as oportunidades forem visivelmente mais altos para os trabalhadores com melhor escolaridade, as crianças e jovens também podem prever retornos mais altos da educação e adaptar seu comportamento para isso, estudando mais e permanecendo na escola. Por outro lado, mercados de trabalho frágeis podem desencorajar o esforço dos alunos e diminuir seu desempenho. Assim, embora a política educacional — inclusive o investimento em professores e escolas e a elaboração de currículos — seja fundamental para melhorar os resultados da aprendizagem, também pode haver um ciclo virtuoso entre a melhoria da

continua

educação e o amadurecimento da economia, especialmente no longo prazo.

Efeitos na educação observados durante a construção da barragem de Belo Monte

A barragem de Belo Monte, no estado do Pará, recebeu seu alvará de construção em junho de 2011; a primeira turbina começou a rodar em fevereiro de 2016; e as obras foram concluídas em 2019. Durante a construção, a região do entorno da barragem passou por mudanças substanciais na composição da população, na economia e na prestação de serviços públicos. Altamira, por exemplo, absorveu mais de 30 mil trabalhadores de Belo Monte, muitos dos quais eram migrantes que chegaram à área entre 2012 e 2015, aumentando a população de Altamira de 77.439 em 2010 para 109.938 em 2016 (Lautharte; Mello; Emmanuel, 2022).

Um estudo comparando os municípios expostos ao projeto aos não expostos constatou que, nos municípios diretamente afetados pela construção da barragem, houve uma queda nas notas gerais dos alunos do 5º ano do ensino fundamental, bem como nas notas de português dos alunos do 9º ano do ensino fundamental (Lautharte; Mello; Emmanuel, 2022). Em geral, constatou-se que o projeto teve um impacto negativo sobre as notas dos alunos, estando relacionado a uma queda de 3 a 5 pontos percentuais nas pontuações de exames padronizados nos municípios expostos, segundo a escala do Sistema de Avaliação da Educação Básica (Saeb); ou uma queda de cerca de 3% a 4% nas pontuações dos testes de linha de base. O projeto da barragem também afetou outros resultados educacionais, com aumento das taxas de repetência e evasão em todos os níveis de ensino.

Canais de resultados negativos da educação advindos da construção da barragem de Belo Monte

Por um lado, as pessoas mais pobres tendem a ter pouca liquidez financeira, o que faz com que valorizem as oportunidades de renda de curto prazo (como um emprego na construção da barragem) em detrimento das oportunidades de renda de médio e longo prazos (associadas a um nível de escolaridade mais alto). Além disso, os frágeis mercados de trabalho na Amazônia Legal provavelmente reduzem o retorno esperado de anos adicionais de escolaridade em comparação com a renda imediata; e as restrições na ponta da cadeia de valor da educação — principalmente os gargalos no sistema universitário brasileiro — podem fazer com que a melhoria salarial pós-faculdade pareça inatingível, especialmente para estudantes de renda baixa.

Todos esses fatores estão associados às condições socioeconômicas das famílias. Assim, o desenvolvimento econômico, bem como sua associação com melhores oportunidades de trabalho, incrementará o capital humano por meio de melhores resultados educacionais. Ele também sugere que a experiência da Amazônia Legal com ciclos econômicos marcados por alta volatilidade pode representar um risco para a formação de capital humano.

Brasil e na Amazônia Legal, com opções de emprego relativamente limitadas ou precárias. Apenas pouco mais da metade dos pobres urbanos na Amazônia Legal estão empregados ou procurando emprego ativamente, o que está abaixo da média do país (tabela 2.5). A participação dos pobres na força de trabalho é ainda menor nas áreas rurais, embora em linha com o resto do país. Como em grande parte do Brasil, a taxa de desemprego é alta, especialmente nas áreas urbanas. Em 2019, 29% dos habitantes urbanos pobres da Amazônia Legal estavam desempregados.

O desemprego é menor nas áreas rurais, mas muitas pessoas realizam atividades laborais informais e precárias. O trabalho autônomo é predominante entre os pobres, tanto nas áreas urbanas quanto nas rurais, e geralmente está associado à informalidade. O número de trabalhadores formais sujeitos à legislação trabalhista (Consolidação das Leis do Trabalho, ou CLT) é baixo, especialmente entre os pobres. Os empregos do setor público estão sobrerrepresentados na Amazônia

Legal, e sustentam os índices salariais dos não pobres. A agricultura e a pesca tendem a ter a maior parcela de trabalhadores não qualificados da Amazônia Legal (tabela 2.6).

A duração média do vínculo empregatício dos assalariados na Amazônia Legal (3,8 anos) é menor que no resto do país (4,8 anos), e o tempo médio de

TABELA 2.5 Características do mercado de trabalho no Brasil e na Amazônia Legal, por localização e situação de pobreza, 2019
Porcentagem

	BRASIL				AMAZÔNIA LEGAL			
	URBANO		RURAL		URBANO		RURAL	
CARACTERÍSTICA DA FORÇA DE TRABALHO	POBRE	NÃO POBRE	POBRE	NÃO POBRE	POBRE	NÃO POBRE	POBRE	NÃO POBRE
Participação na força de trabalho	54	66	46	55	51	65	46	54
Empregador	0	5	0	3	1	4	0	3
Empregado	39	64	35	49	39	61	26	44
Trabalhador por conta própria	22	21	34	35	29	25	44	40
Não assalariado	2	1	14	8	3	1	22	10
Desempregado	37	9	17	5	29	9	9	4
Gostaria de trabalhar mais	29	11	32	14	26	11	23	13
Servidor público ou militar	1	9	1	5	1	12	1	6
Setor público (todos)	2	13	3	9	3	18	3	12
Trabalhador formal CLT[a]	14	39	5	23	11	28	3	15

Fonte: Banco Mundial, com dados da Pesquisa Nacional por Amostra de Domicílios Contínua (PNADC) 2019.
Observação: Os "pobres" são definidos como as pessoas que vivem na linha internacional de pobreza de US$ 5,50 por dia ou abaixo dela.
a. Os trabalhadores formais com contratos baseados na CLT estão sujeitos à legislação trabalhista brasileira.

TABELA 2.6 Características dos trabalhadores na Amazônia Legal, por setor, 2019

SETOR	PARCELA DE TRABALHADORES (%)	MEDIANA DE IDADE	ESCOLARIDADE (%)	
			ABAIXO DO PRIMÁRIO	SUPERIOR OU ACIMA
Agricultura, caça e silvicultura	14,5	40	66	9
Pesca	2,2	38	80	5
Mineração e pedreiras	0,7	36	22	7
Manufatura	7,3	37	37	8
Fornecimento de eletricidade, gás e água	0,7	34	25	9
Construção	7,2	37	45	11
Comércio (atacado e varejo)	21,0	34	23	10
Hotéis e restaurantes	5,7	37	33	11
Transporte, armazenamento e comunicações	5,4	38	26	9
Intermediação financeira	0,6	34	3	3
Atividades imobiliárias, aluguel e negócios	5,4	36	14	7
Administração pública e defesa	6,6	41	10	4
Educação	7,8	40	5	2
Saúde e trabalho social	4,2	38	4	2
Outros serviços[a]	4,6	34	19	11
Atividades de casas particulares	6,1	39	45	12

Fonte: Banco Mundial, com dados da Pesquisa Nacional por Amostra de Domicílios Contínua (PNADC) 2019.
a. O termo "outros serviços" inclui serviços comunitários, sociais e pessoais.

FIGURA 2.13

A participação da força de trabalho rural caiu — e o desemprego aumentou — na Amazônia Legal e no Brasil, 2012–2020

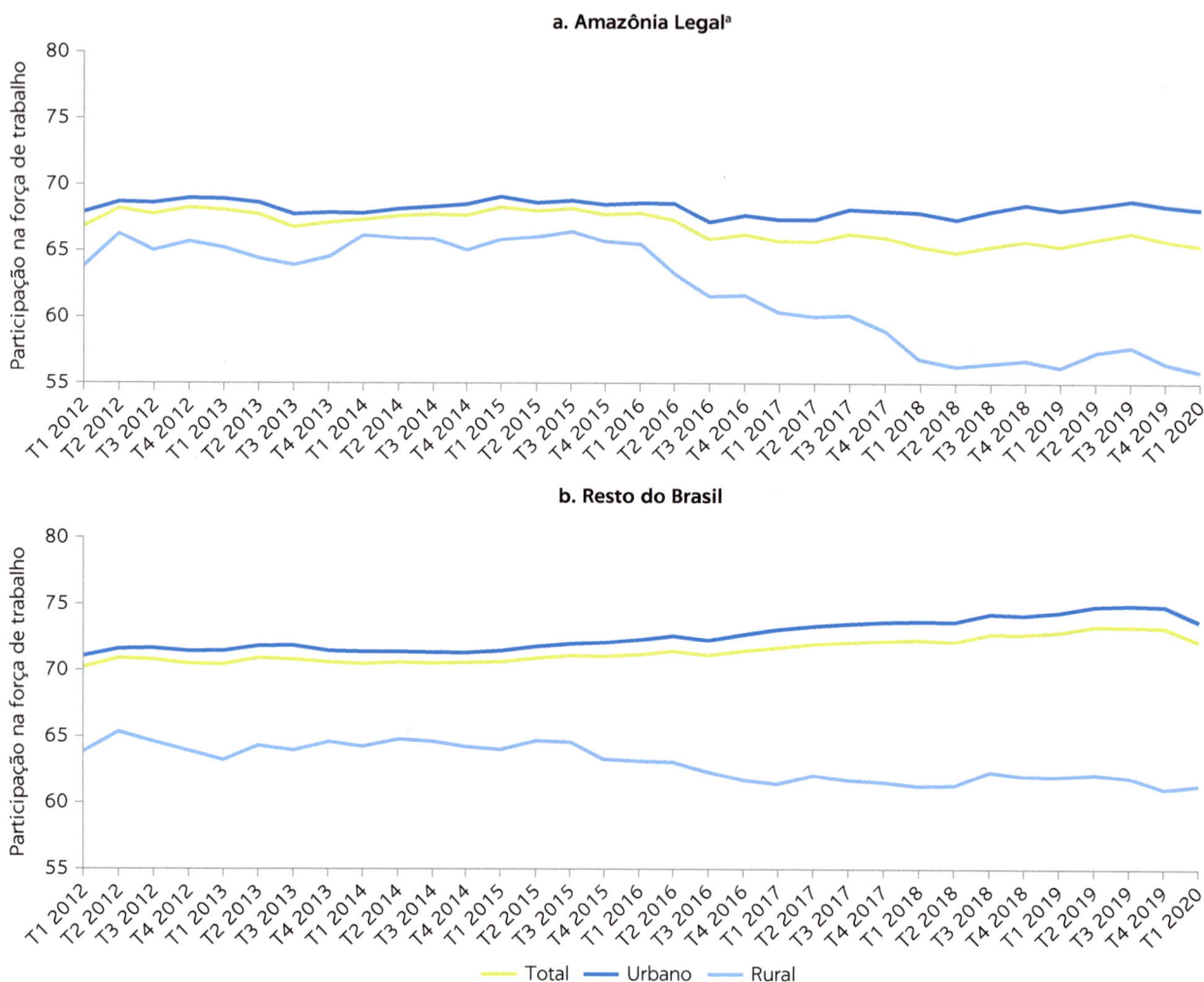

a. Amazônia Legal[a]

b. Resto do Brasil

Total — Urbano — Rural

Fonte: Banco Mundial, com dados da Pesquisa Nacional por Amostra de Domicílios Contínua (PNADC) 2019.
Observação: A participação na força de trabalho rural reduziu-se consideravelmente durante a recessão de 2015 e 2016, estagnando-se desde então.
a. A Amazônia Legal abrange nove estados brasileiros: Acre, Amapá, Amazonas, Maranhão, Mato Grosso, Pará, Rondônia, Roraima e Tocantins.

desemprego é ligeiramente maior (1,2 ano versus 1,1 ano). Essas taxas médias de duração, estimadas a partir de dados da PNADC 2019, indicam maior rotatividade de mão de obra e menor estabilidade no emprego para os trabalhadores da Amazônia Legal, além de maior dificuldade em encontrar um novo emprego. Os trabalhadores vulneráveis sofrem ainda mais. Por exemplo, as mulheres com ensino secundário têm vínculo empregatício médio de 3,2 anos com um período médio de desemprego de 1,6 ano. De 2012 a 2018, cerca de 22% dos trabalhadores assalariados passaram menos de um ano em seu emprego atual, e 14%, menos de três meses.

Já frágil, o mercado de trabalho na Amazônia Legal deteriorou-se ainda mais após a profunda recessão pela qual passou o país entre 2015 e 2016. Desde o início da crise do mercado de trabalho em 2015, a participação da força de trabalho nas áreas rurais da Amazônia Legal caiu cerca de 10 pontos percentuais, de 65% para

55%, e o desemprego aumentou (figura 2.13). Do primeiro trimestre de 2015 ao primeiro trimestre de 2017, a taxa de desemprego rural aumentou cerca de 5 pontos percentuais e estabilizou perto do novo patamar de 7%. A persistência dos altos índices de desemprego faz com que os trabalhadores se sintam desencorajados e abandonem a força de trabalho. Desde a crise de 2014, o índice de desencorajamento nas áreas rurais da Amazônia Legal subiu 8 pontos percentuais, de 3% para 11%.

O retorno econômico advindo dos anos adicionais de educação no mercado de trabalho é baixo, com prêmios de qualificação mais altos nas áreas urbanas. Em geral, o salário por hora aumenta a uma taxa semelhante para cada ano adicional de escolaridade, tanto na Amazônia Legal rural quanto no Brasil rural (tabela 2.7). As áreas urbanas tendem a demandar maior qualificação dos trabalhadores e, portanto, os retornos à educação aumentam mais rapidamente para cada ano adicional de educação. No entanto, o efeito é mais fraco na Amazônia Legal que no Brasil em geral. Isso reflete uma demanda por trabalhadores qualificados relativamente menor na Amazônia Legal em comparação com o Brasil, e é o que se observa nos mercados de trabalho em regiões menos desenvolvidas, que tendem a se especializar em atividades econômicas que requerem uma força de trabalho menos especializada.

Tanto as melhorias no capital humano quanto uma economia mais robusta melhorariam a renda do trabalho. O crescimento mais forte na Amazônia Legal geraria mais demanda por mão de obra e melhoraria os resultados do mercado de trabalho por meio de mais empregos e salários mais altos — especialmente se as qualificações demandadas estiverem disponíveis, justificando salários mais altos e oferecendo proteção contra a substituição de mão de obra por capital.

TABELA 2.7 Retornos da educação no Brasil e na Amazônia Legal, 2019
(variável dependente: Log (salários por hora))

VARIÁVEL	BRASIL	AMAZÔNIA LEGAL
Anos de escolaridade	0,0666***	0,0679***
	(0,00137)	(0,00253)
Anos de escolaridade * População urbana	0,0219***	0,0104***
	(0,00141)	(0,00267)
População urbana	−0,207***	−0,121***
	(0,0132)	(0,0260)
Homens	0,186***	0,154***
	(0,00377)	(0,00937)
Afrodescendentes	−0,115***	−0,101***
	(0,00357)	(0,00941)
Constante	0,261***	0,206***
	(0,0264)	(0,0446)
Número de observações	120.911	22.739
R ao quadrado	0,436	0,437

Fonte: Banco Mundial, com dados da Pesquisa Nacional por Amostra de Domicílios Contínua (PNADC) 2019.
Observação: Os números entre parênteses são erros-padrão. Todas as regressões incluem variáveis fictícias de estado, variáveis fictícias de emprego e uma quadrática da idade do indivíduo.
***$p < 0{,}01$.

TERRA

A terra na Amazônia Legal é importante como ativo produtivo, como fonte de subsistência e como recurso natural provedor de serviços ecológicos. Especialmente para os povos indígenas e outras comunidades tradicionais, a terra tem um valor histórico, cultural e social vital, além do valor econômico. Embora reconheça essas dimensões não econômicas da terra, este memorando se concentra em seu papel econômico e está ancorado no modelo da estrutura patrimonial.

A propriedade particular da terra na Amazônia Legal é altamente desigual (Claudino et al., 2014; Freitas; Giatti, 2009; Lira; Da Silva; Pinto, 2009; Oliveira, 2008). Por muitas décadas, os esforços do governo para aumentar o acesso à terra e a oportunidades econômicas fora das principais regiões metropolitanas do centro-sul do país atraíram grandes interesses econômicos que buscavam apropriar-se de novas áreas e terras agrícolas. Como resultado, a maioria das intervenções de grande escala acabou concentrando latifúndios e recursos (Hall, 1987). Grupos vulneráveis, que incluem povos indígenas, migrantes e camponeses, responderam a esse processo com demandas por reforma agrária. No entanto, a reforma agrária nunca foi plenamente adotada pelo governo brasileiro, sendo implementada de forma muito controlada e seletiva. A formação de latifúndios reproduziu, em escala ampliada, padrões históricos de ocupação agrícola (Schmink; Wood, 1992). No modelo de estrutura patrimonial, a distribuição altamente desigual da terra ajuda a explicar a pobreza entre os pequenos produtores rurais da Amazônia Legal, cujo acesso à terra não era garantido.

As disputas pela posse e ocupação da terra continuam, especialmente nas áreas rurais. Embora a maioria dos moradores da Amazônia Legal possua casa própria, uma parcela menor declara ter posse de uma terra — e uma parcela ainda menor de pessoas tem um título formal de propriedade (tabela 2.8). Embora a não garantia de posse também seja um problema nas áreas urbanas, ela é particularmente pronunciada para os pobres das áreas rurais. Apenas 34% dos pobres rurais têm título de propriedade de suas terras — muito menos que outros grupos na Amazônia Legal e muito abaixo dos padrões brasileiros. Isso reflete o progresso limitado da regularização fundiária da Amazônia Legal (capítulo 4). A concorrência pela terra também gera conflitos, às vezes violentos, inclusive com povos indígenas e tradicionais (capítulos 1 e 4).

A insegurança fundiária afeta agricultores de todos os portes na Amazônia Legal, em grande parte devido às incertezas sobre a confiabilidade dos registros fundiários. Aproximadamente 21% da Amazônia Legal está registrada como propriedade privada ou "com posse" no Sistema Nacional de Certificação de Imóveis

TABELA 2.8 Características das moradias no Brasil e na Amazônia Legal, por localização e situação de pobreza
Porcentagem

STATUS DA MORADIA	BRASIL				AMAZÔNIA LEGAL			
	URBANO		RURAL		URBANO		RURAL	
	POBRE	NÃO POBRE	POBRE	NÃO POBRE	POBRE	NÃO POBRE	POBRE	NÃO POBRE
Casa própria	62	74	82	80	74	79	88	81
Terras próprias	57	69	72	75	69	75	75	75
Possui título de propriedade	46	67	44	60	52	66	34	49

Fonte: Banco Mundial, com dados da Pesquisa Nacional por Amostra de Domicílios Contínua (PNADC) 2019.
Observação: Os "pobres" são definidos como as pessoas que vivem na linha internacional de pobreza de US$ 5,50 por dia ou abaixo dela.

(SNCI) e no Sistema de Gestão Fundiária (SiGeF) do Instituto Nacional de Colonização e Reforma Agrária (Incra). Uma parcela desconhecida dos direitos documentados nos registros fundiários tem origem em erros ou registros fraudulentos. Isso ocorre porque grandes extensões de terras federais e estaduais não têm registro e porque muitos direitos fundiários privados foram registrados numa época em que os terrenos não eram demarcados com precisão, e os cadastros e registros de terras eram mantidos de forma menos rigorosa do que hoje. Em geral, essas imprecisões e fraudes são descobertas quando ocorrem conflitos ou quando governos federais ou estaduais tentam demarcar suas terras.

A maioria dos 2.700 assentamentos de reforma agrária do Incra na Amazônia Legal foi criada a partir da década de 1970, como parte da estratégia de desenvolvimento do governo para a Amazônia e no âmbito mais amplo do projeto de reforma agrária. Os 41,8 milhões de hectares desses assentamentos representam cerca de 7,3% do território da Amazônia Legal[11] e são habitados por 580.460 famílias pobres, ou cerca de 2% da população da Amazônia Legal (May et al., 2016). Para ser elegível ao programa, a família deve ser de renda baixa — definida como aquela que não tem posse de terra rural, não é acionista de empresa agrícola e não recebe renda de atividades não agrícolas equivalente a mais de três salários mínimos mensais ou um salário mínimo *per capita*, quando se considera a renda familiar[12]. Além de ter renda baixa, o beneficiário de assentamento do Incra deve atender a vários critérios, tais como ter no mínimo 18 anos, ser cidadão brasileiro e não ser um servidor público.

Os beneficiários do Incra enfrentam vários desafios de desenvolvimento, entre os quais a insegurança fundiária. Em geral, o governo federal mantém a propriedade formal da terra (uma parcela desses beneficiários consegue obter direitos de uso da terra, mas esses são geralmente temporários e caducam após certo tempo). Isso limita a capacidade dos pequenos agricultores de renda baixa de obter crédito para melhorar sua produtividade, bem como a capacidade do governo local de aplicar leis de proteção ambiental e estimular práticas agrícolas sustentáveis[13]. Os beneficiários do Incra também se qualificam para um programa federal de empréstimos (o Programa Nacional de Fortalecimento da Agricultura Familiar, ou Pronaf "A"), que concede pequenos empréstimos de até R$ 25 mil, a taxas de juros concessionais de 0,5% com prazo de pagamento de dez anos (e um período de carência de até 3 anos)[14]. No entanto, a maioria dos pequenos agricultores pobres da Amazônia Legal luta para ganhar a vida, pois sua produtividade é baixa e seu acesso aos mercados é limitado; ademais, sofre crescentes pressões competitivas de agricultores comerciais mais produtivos.

Os povos indígenas e outras comunidades tradicionais também enfrentam problemas de insegurança fundiária. O Brasil destinou vastos territórios como áreas indígenas. O programa federal Polonoroeste da década de 1980 — que visava abrir a Amazônia a assentamentos, pavimentando 1.500 quilômetros de estradas de terra que ligariam a região centro-sul do país, densamente povoada, à Amazônia e conectaria uma rede de estradas secundárias de acesso que cortariam a floresta tropical em ambos os lados da rodovia — provocou clamor internacional por seus impactos adversos sobre o meio ambiente e os povos indígenas que ali viviam. Desde então, o governo tem feito grandes investimentos para apoiar a regularização fundiária dos povos indígenas e estabelecer unidades de conservação. Entre 1995 e 2004, o governo federal destinou 38 milhões de hectares de terras indígenas, ou cerca de um terço dos territórios indígenas da região amazônica, no âmbito do Projeto Terras Indígenas (Banco Mundial, 2007).

Apesar dessas conquistas, muitos povos indígenas e outras comunidades tradicionais ainda carecem de reconhecimento formal de seu direito à terra[15].

Fazer cumprir os direitos fundiários dos quilombolas continua sendo um grande desafio. De acordo com o artigo 68 do Ato das Disposições Constitucionais Transitórias da Constituição Federal de 1988, os assentamentos quilombolas são reconhecidos como propriedade, e o Estado deve emitir títulos de posse da terra. Os territórios quilombolas são definidos como "terras ocupadas por remanescentes de comunidades quilombolas e utilizadas para garantir sua reprodução física, social, econômica e cultural". O uso comum da terra pelas comunidades é outra característica marcante desses territórios. O primeiro título fundiário só foi concedido em novembro de 1995, e, desde então, apenas 186 territórios quilombolas foram regularizados, 52 deles apenas parcialmente. Outros 1.719 processos de regularização de terras estão pendentes, 44% deles abertos há mais de 10 anos[16].

O fortalecimento dos direitos fundiários, especialmente para os mais pobres, requer a regularização fundiária sistemática. Para tal, é necessário concluir a identificação e o registro de terras federais e estaduais, revisar e retificar (ou cancelar) direitos fundiários indevidamente registrados e apoiar a regularização fundiária. Em 2019, a Universidade Federal do Pará, o Ministério Público e o Tribunal de Justiça do Estado do Pará revisaram registros fundiários em 10 municípios do estado. Entre outras irregularidades, identificaram terras com até 10 registros sobrepostos e casos em que as áreas cadastradas eram 10 vezes o tamanho do município (Chiavari; Lopes; Araujo, 2020). Uma análise dos registros de propriedade de terras no Brasil descobriu que registros de posse de terra sobrepostos cobrem metade do território registrado do Brasil e que um sexto (16,5%) de todas as terras no país não têm registro oficial de posse. A insegurança fundiária afeta a capacidade dos agricultores de melhorar a produção (por meio do acesso ao crédito, por exemplo) e cria ambiguidade para a aplicação de leis de uso da terra que poderia incentivar a grilagem.

O governo brasileiro precisa ordenar a integração de seus múltiplos cadastros, cartórios e outros sistemas de informação fundiária. O sistema de Gerenciamento de Informações Geoespaciais Globais das Nações Unidas (UN-GGIM) oferece orientações detalhadas aos países sobre a adoção de um Marco Integrado de Informações Geoespaciais. Isso poderia reduzir fraudes e disputas durante o processo de regularização fundiária. O Brasil tem capacidade técnica para fazer isso, mas a implementação requer vontade política sustentada e coordenação institucional entre os vários níveis de governo. As bases de dados terrestres não são organizadas ou coordenadas, e o uso de novas tecnologias ainda é limitado.

Cerca de 22 órgãos estão envolvidos em diferentes aspectos da regularização fundiária, dificultando o estabelecimento de uma fonte única e compartilhada de informações sobre a posse da terra. É necessária maior coordenação entre os órgãos, com sólidas parcerias entre os poderes Executivo e Judiciário. Há experiências animadoras nesse sentido no Piauí e nos demais estados da região do Matopiba (Maranhão, Tocantins, Piauí e Bahia).

Há um processo de regularização fundiária em vigor. No entanto, nos últimos anos, tem havido pouco progresso em termos de formalização da posse de pequenos agricultores e comunidades tradicionais. Com base na experiência positiva de grandes programas de regularização fundiária em alguns estados (como Piauí e Pará), o governo federal e órgãos estaduais de gestão fundiária precisam simplificar os procedimentos, automatizar os processos, descentralizar a implementação e investir fortemente em procedimentos sistemáticos de posse da terra, principalmente no âmbito do Incra e em assentamentos estaduais de reforma agrária e comunidades tradicionais. Outros passos importantes são investir no aumento da produtividade e do acesso aos mercados; na aplicação mais rigorosa da regulamentação que rege a posse e o uso da terra; e em mecanismos de resolução de disputas fundiárias mais simples e acessíveis, tais como arbitragem, mediação e outros procedimentos administrativos que sejam capazes de manter as disputas fora do sistema judicial, que é lento, caro e, muitas vezes, inacessível.

Embora a regularização fundiária sistemática seja fundamental para sustentar a renda rural, são necessárias medidas adicionais. Aumentar a competitividade dos pequenos agricultores requer apoio complementar para a construção de seu capital humano e de sua qualificação profissional e para a adoção de métodos agrícolas sustentáveis. Pessoas de grupos tradicionais e outros grupos mais pobres ainda usam métodos tradicionais de produção extrativista. Os agricultores que adotam esses métodos correm o risco de ser excluídos pela concorrência econômica, a menos que encontrem nichos de mercado que paguem valores mais altos pela produção sustentável (capítulo 5). As intervenções de proteção social e as oportunidades de requalificação também são importantes para proteger os meios de subsistência rurais (capítulo 5). Ademais, há questões importantes relacionadas ao solo urbano (capítulo 6).

A renda decorrente do uso da terra depende, em parte, do modelo de crescimento econômico. A distribuição desigual da terra — e as lacunas relacionadas à regularização que afetam especialmente as pessoas mais pobres — parece indicar que proprietários de terra maiores (ou mais ricos) tendem a ganhar mais, em termos absolutos, com modelos de crescimento baseados na produção agrícola (ver considerações posteriores).

CAPITAL FINANCEIRO

O capital é altamente concentrado no Brasil. No passado, a acumulação de riqueza estava relacionada a terras e bens imóveis, em parte devido ao modelo de crescimento agrícola do país e, em parte, ao seu uso como proteção contra a alta inflação (Fandiño; Arretche; Hanusch, 2022). Nas décadas mais recentes, no entanto, as famílias brasileiras acumularam riquezas financeiras significativas, pois o Brasil conseguiu controlar a inflação e desenvolver seu setor financeiro. No entanto, a riqueza é altamente concentrada. Estima-se que o 1% mais rico dos brasileiros possua quase metade da riqueza das famílias do país, ao passo que cerca de 70% das famílias têm riqueza inferior a US$ 10 mil (CSRI, 2019). Assim, o coeficiente Gini de riqueza (0,85) é muito superior ao Gini de renda apresentado na figura 2.3. Os detentores de ativos financeiros, como alguns tipos de capital corporativo, se beneficiam de retornos artificialmente altos por causa de políticas de proteção que beneficiam algumas empresas, permitindo-lhes obter lucros do monopólio (Dutz, 2018).

Há evidências sugestivas, baseadas em dados limitados, de que a desigualdade de riqueza (e desigualdade na renda do capital) também é alta na Amazônia Legal — embora possa ser menor que no resto do Brasil. Em 2019, menos de 4% das famílias da Amazônia Legal relataram renda de "aluguel e arrendamento", e 1% relatou renda de "outras fontes" (como investimentos financeiros e contas de poupança) segundo dados do PNADC 2019. Entre as famílias pobres da Amazônia Legal, isso corresponde a menos de 0,5% da renda; para as famílias urbanas não pobres, a renda de capital/aluguel representa cerca de 2% da renda. A receita de capital é menor na Amazônia Legal que no resto do Brasil, o que provavelmente está ligado a níveis mais baixos de ativos que a retornos mais baixos (ativos financeiros, pelo menos, tendem a não ser geograficamente vinculados, o que ajuda a equalizar os retornos entre as regiões). A diferença de renda entre famílias mais ricas e mais pobres é menor na Amazônia Legal que no resto do país, o que indica que a desigualdade de riqueza pode ser alta, mas menor que no resto do Brasil.

Melhorar os serviços financeiros na Amazônia Legal pode promover a geração e a acumulação de capital e de riqueza. O fortalecimento dos mercados financeiros brasileiros está refletido no mais recente relatório da Findex, que mostra a participação de contas financeiras saltando de 55% em 2011 para 70% em 2017 (Demirgüç-Kunt et al., 2018). Ter uma conta-corrente ainda não é uma realidade entre as famílias dos 40% mais pobres, embora a diferença para os 60% mais ricos tenha diminuído. Em 2017, 56% dos 40% mais pobres tinham uma conta em banco, em comparação com 79% dos 60% mais ricos. O maior acesso aos bancos foi acompanhado por um melhor acesso ao crédito, embora o acesso ao crédito ainda seja incomum em regiões menos desenvolvidas e entre famílias mais pobres, com muitos empreendedores lutando para ter acesso a linhas de crédito. Inovações em serviços financeiros têm amplo potencial para promover a inclusão financeira na Amazônia Legal, inclusive em áreas mais remotas, onde os custos bancários são particularmente altos. Melhorar o acesso ao financiamento também pode promover a transformação estrutural (capítulo 3).

O acesso ao crédito nem sempre gera capital; ele também estimula o consumo e pode reduzir a poupança e a formação de riqueza. O crédito, inclusive na forma de cartões de crédito, pode ajudar a suavizar os choques de consumo. A posse de cartão de crédito é relativamente alta no Brasil: 27% da população com 15 anos ou mais — e 15% entre as pessoas que fazem parte do grupo de 40% mais pobres — tinham cartão de crédito em 2017, em comparação com 19% nas economias de renda média alta (Demirgüç-Kunt et al., 2018). A posse de cartão de débito no Brasil (59%) é comparável à das economias de renda média alta; no entanto, é muito menor na Amazônia Legal (42%) e entre os 40% mais pobres no Brasil (43%). Dados de outras pesquisas especializadas confirmam que pouco menos de um quarto das famílias brasileiras usa cartão de crédito; todavia, esse é um instrumento menos comum na Amazônia Legal, especialmente entre as famílias mais pobres, das quais apenas 7% declaram usar cartão de crédito.

CHOQUES, PREÇOS E TRANSFERÊNCIAS

As famílias podem sofrer diferentes choques capazes de afetar sua renda e seu bem-estar. As mudanças climáticas são uma fonte potencial de choques macro, à medida que secas, inundações, calor extremo e outros desastres naturais se tornam mais comuns. Tais desastres naturais reduzem os rendimentos dos agricultores e podem causar graves danos à moradia e à infraestrutura nas áreas rurais e urbanas. Desastres naturais também podem resultar em mortes. Entre os riscos macros para a saúde, encontram-se as pandemias de doenças contagiosas, como a Covid-19. Entre os principais riscos econômicos estão o desemprego e os choques dos termos de trocas individuais, que podem ocorrer quando a transformação estrutural afeta os preços relativos de forma a reduzir o poder de compra de algumas famílias e, ao mesmo tempo, aumentá-lo para outras. Um exemplo disso são os ganhos de produtividade agrícola, que tendem a resultar em preços mais baixos de alimentos. Embora os preços mais baixos beneficiem os consumidores, eles podem prejudicar os produtores que não conseguirem realizar ganhos de produtividade. Da mesma forma, um fluxo de migrantes rurais não qualificados em áreas urbanas pode reduzir os salários dos trabalhadores não qualificados se a produtividade não aumentar e os mercados de trabalho forem frágeis, prejudicando os trabalhadores não qualificados e beneficiando aqueles que contratam serviços não qualificados (que tendem a ser os mais ricos).

As mudanças climáticas ameaçam setores centrais da economia amazônica, exacerbando a volatilidade dos preços. As secas, por exemplo, afetam negativamente dois setores importantes: (a) energia hidrelétrica, que gera quase dois terços da eletricidade do Brasil; e (b) agricultura, que liderou a recuperação da contração econômica durante a pandemia de Covid-19. Ambos podem minar o poder de compra dos consumidores devido ao aumento dos preços.

A renda não ligada ao mercado é importante para as famílias e pode servir de amortecedor contra riscos que afetem as rendas de mercado. As transferências privadas são uma importante fonte de renda familiar não relacionada ao mercado de trabalho (ver tabela 2.1). As transferências de familiares ou amigos, como as remessas financeiras, são uma importante fonte de renda para algumas famílias, permitindo que se beneficiem dos rendimentos de mercado auferidos por um membro da família num mercado de trabalho mais remoto, mas mais dinâmico. Embora as transferências privadas possam ser importantes para algumas famílias, elas desempenham um papel relativamente menor no agregado da Amazônia Legal, especialmente entre as famílias mais pobres.

Os programas de assistência social brasileiros desempenham um papel crucial ao facilitar a absorção de choques econômicos pelas famílias pobres. Ao contrário das transferências privadas, as transferências públicas são independentes dos ciclos econômicos e, portanto, permitem às famílias beneficiárias absorverem choques econômicos que, de outra forma, não conseguiriam absorver. Além disso, é importante ressaltar que algumas transferências públicas são anticíclicas. Durante a pandemia de Covid-19, o Brasil expandiu o Programa Bolsa Família, e introduziu um novo programa temporário para prestar assistência às famílias: o Auxílio Emergencial. Em linha com o nível mais alto de pobreza na Amazônia Legal, as transferências públicas são a fonte de renda não laboral mais importante para as famílias pobres da região, ainda mais que no resto do Brasil (ver tabela 2.1). Além das transferências de renda, os recursos provenientes de aposentadorias são particularmente importantes nas áreas rurais, como reflexo tanto dos pagamentos ligeiramente mais elevados do sistema previdenciário rural quanto da idade mais avançada da população nessas áreas. Entre os programas de proteção social permanente, o Auxílio Brasil (antes denominado Bolsa Família) é, de longe, o mais importante para os pobres da Amazônia Legal.

O Bolsa Família apoiava famílias de renda baixa, especialmente aquelas com filhos menores de 18 anos[17]. O programa oferece um benefício básico em dinheiro para famílias que atendem ao critério de elegibilidade de renda máxima, com pagamentos variáveis adicionais para famílias com filhos ou mães que estejam amamentando. Para quase 90% das famílias beneficiárias, as mulheres são as responsáveis pelo recebimento do benefício financeiro. O programa também serve como garantia de renda mínima para adultos sem filhos, incluindo trabalhadores autônomos que não têm direito ao seguro-desemprego.

O programa incluiu uma grande parcela da população indígena, embora não possa mitigar todos os choques que essa população enfrenta (quadro 2.3). Em abril de 2021, 75.178 famílias indígenas na Amazônia Legal receberam transferências do

QUADRO 2.3

Impactos da mineração sobre os povos indígenas

No Brasil, não existe mineração legal em terras indígenas. Além disso, atividades de mineração localizadas num raio de 10 quilômetros de terras indígenas (dentro das chamadas "zonas de amortecimento") devem seguir um processo de licenciamento ambiental que requer a participação da Fundação Nacional do Índio (Funai), um estudo de impacto sobre as comunidades indígenas e medidas de mitigação e compensação para quaisquer impactos identificados. Ainda assim, as atividades de mineração, legais ou ilegais, podem ter repercussões negativas em territórios indígenas, tais como poluição e desmatamento.

Podem surgir conflitos com garimpeiros ilegais em terras indígenas, ou entre os indígenas e as mineradoras legais fora dos territórios indígenas. A mineração ilegal dentro ou ao redor de terras indígenas geralmente conta com alguma participação das populações indígenas, e os conflitos são frequentes. Conflitos com mineradoras legais eram mais comuns no passado, mas os problemas permanecem mesmo com os atuais requisitos de licenciamento. Por exemplo, os primeiros acordos de compensação — elaborados na década de 1980, intermediados pela Funai e envolvendo cerca de 90 aldeias e 12.500 indígenas — incluíam tanto investimentos em infraestrutura de saúde, educação, transporte e outras áreas quanto transferências de renda (Fernandes; Alamino; Araujo, 2014). Até hoje, ainda existem divergências e conflitos entre os indígenas e as mineradoras em relação aos valores repassados às comunidades. Conflitos também ocorrem porque os acordos de compensação podem interferir, em alguma medida, no funcionamento dos modos de vida tradicionais da população indígena.

São necessárias melhorias para garantir que os acordos respeitem os modos de vida tradicionais e reduzam os conflitos. Tais melhorias devem incluir medidas para minimizar os impactos ambientais e sociais adversos em hábitats naturais e grupos sociais tradicionais e vulneráveis, especialmente os povos indígenas que vivem em isolamento voluntário; consultas significativas; consentimento livre, prévio e informado; mecanismos de reparação de queixas culturalmente apropriados e acessíveis; e sistemas justos de compartilhamento de recursos financeiros e outros benefícios.

Fonte: Sanchez Martinez et al. (2022).

Bolsa Família (representando 81% das famílias indígenas inscritas no Cadastro Único de programas sociais do governo brasileiro (ver anexo 2A, tabela 2A.1). Os mecanismos de distribuição foram aprimorados para facilitar a inclusão de populações indígenas e membros de outros grupos minoritários, adaptando as condições de saúde e educação ao contexto cultural desses grupos.

O programa Bolsa Família teve impactos positivos de médio prazo no capital humano. Melhorou os resultados da educação, o crescimento das crianças, o consumo de alimentos e a dieta, dando às crianças das famílias beneficiárias chances significativamente maiores de uma vida fora da pobreza (tabela 2.9). No período 2016–2018, mais de 1 milhão de famílias se graduaram do Bolsa Família ao ultrapassarem seu limite de elegibilidade de renda (principalmente com renda do mercado de trabalho). Na maioria dos casos, isso aconteceu porque um membro da família encontrou um emprego formal, ou porque os filhos atingiram a idade adulta, alterando os limites de elegibilidade (Silva; Almeida; Strokova, 2015). Estudos sobre os efeitos de longo prazo das transferências condicionais de renda no México (que tem o programa mais antigo do mundo) e no Brasil indicam que os impactos são duradouros, especialmente no mercado de trabalho, em grande parte, devido ao aumento da probabilidade de conclusão do ensino médio.

Também há programas complementares de proteção social na Amazônia Legal que se concentram na promoção de meios de vida sustentáveis e na proteção de comunidades tradicionais. O programa de transferência de renda Bolsa Verde

TABELA 2.9 **Impactos do Bolsa Família na educação, emprego e saúde**

ÁREA	IMPACTO
Educação e mercado de trabalho	• Redução nas taxas de repetência escolar; • Melhorias nas taxas de aprovação; • Aumento das taxas de conclusão do ensino médio; • Redução do tempo de trabalho doméstico para as meninas; • Resultados mistos, sempre pequenos, na participação na força de trabalho e horas de trabalho formal e informal; elasticidade mais forte para mulheres com filhos; e • Efeito positivo de longo prazo no ensino e na participação formal no mercado de trabalho.
Saúde e nutrição	• Efeitos positivos na utilização dos serviços de saúde, principalmente no pré-natal; • Aumento do consumo alimentar, melhoria das medidas antropométricas das crianças e diminuição da anemia; • Menores taxas de mortalidade de menores de 5 anos (redução de 58% nas taxas de mortalidade por desnutrição e 46% por doenças diarreicas); • Menor incidência de suicídios e homicídios e reduções significativas de casos novos de tuberculose e hanseníase; e • Melhoria significativa nos resultados de saúde entre os pobres no Brasil.

Fontes: Bastagli et al. (2019); Amaral e Monteiro (2013); Monteiro et al. (2014); Simões e Soares (2012); Silva (2018); e Oliveira e Chagas (2020).

permaneceu em vigor de 2011 a 2018, com cobertura nacional. Alcançando quase 50 mil beneficiários em 2017, abrangeu unidades de conservação federais, projetos federais de reassentamento e territórios ocupados por populações tradicionais. Os beneficiários tinham que ser registrados no Cadastro Único e precisavam ter renda abaixo do limiar de extrema pobreza do Bolsa Família (o que significa que o programa era adicional ao Bolsa Família). Os pagamentos tinham o valor de R$ 300 por trimestre, totalizando R$ 1.200 por família ao ano por até dois anos, podendo ser prorrogados por mais dois anos (Viana, 2011). As transferências estavam condicionadas ao estado de pobreza dos participantes e a seu compromisso com a preservação dos ecossistemas. O programa se concentrou em meios de subsistência sustentáveis, tais como agricultura familiar, pecuária, atividades extrativistas e agrossilvicultura. As transferências ajudaram a reduzir a pobreza e preservar os meios de subsistência tradicionais e a riqueza cultural da Amazônia Legal.

Os programas sociais, inclusive os de transferência condicional de renda, assumem um papel particularmente importante na manutenção do padrão de vida das comunidades tradicionais à medida que a Amazônia Legal passa por processos de transformação estrutural. Esses processos podem afetar negativamente os termos de troca dos produtores tradicionais, que tendem a perder mercado para os agricultores mais produtivos (capítulo 5) ao mesmo tempo que os custos dos serviços tendem a aumentar com o desenvolvimento econômico (capítulo 3).

No entanto, os programas de proteção social podem não ser a ferramenta mais eficaz ou adequada para reduzir o desmatamento. Embora a gestão de serviços ecossistêmicos fosse um dos focos do Bolsa Verde, conter o desmatamento especificamente não era seu objetivo principal. Em geral, o programa atuou em áreas com menor risco de desmatamento, e as reduções no desmatamento resultantes do programa foram estimadas como pequenas: de 3% a 5% (Wong et al., 2018). O estado do Amazonas introduziu um programa semelhante chamado Bolsa Floresta (com impactos ainda menores na redução do desmatamento, nos casos em que houve alguma redução).

Direcionar mais esses programas a áreas que sejam foco de desmatamento pode ajudar a reduzir o desmatamento ilegal, ao reduzir a miséria que poderia alimentar comportamentos ilegais. Ainda assim, condicionar as transferências à redução do desmatamento colocaria os beneficiários, que tendem a estar entre as comunidades mais vulneráveis, em conflito direto com madeireiros ilegais, especialmente numa região onde a aplicação da lei é falha. Para reduzir o desmatamento, são necessárias atividades complementares (capítulo 7).

RETORNOS SOBRE O PATRIMÔNIO DAS FAMÍLIAS

O modelo de crescimento da Amazônia Legal (ver capítulos 1 e 3) impacta a demanda por patrimônio familiar e, portanto, o retorno sobre tal patrimônio. Esse modelo de crescimento, assim, afeta a renda das famílias e o nível de equidade na região.

A agricultura é atrativa devido a seus grandes multiplicadores de emprego (figura 2.14) e à geração de diversas oportunidades para os trabalhadores de menor qualificação da região. Atender à crescente demanda agrícola mundial melhora os padrões de vida das famílias e de todos os grupos de renda no país: simulações apresentadas na tabela 2.10 indicam que a crescente demanda global por produtos agrícolas aumenta os salários reais de maneira bastante inclusiva, especialmente em razão do número ainda alto de trabalhadores não qualificados no setor agrícola na Amazônia Legal. Ao mesmo tempo, esse modelo vem sendo associado à destruição das florestas na região. Todavia, a imposição de medidas de proteção florestal mais rígidas, por si só, resultaria em perdas econômicas relativas para os assalariados e ganhos para os proprietários de terras (sem levar em consideração os impactos ambientais negativos da perda florestal sobre os mais pobres). Políticas públicas que restringem a oferta de terra (ao limitarem o potencial de conversão de florestas naturais em terras produtivas) tornam a agricultura mais intensiva, mas também aumentam os custos de produção para os agricultores, reduzem a produção e o emprego e elevam os preços dos alimentos, o que resulta em redução do padrão de vida de todos os trabalhadores (tabela 2.10). As simulações indicam que os trabalhadores urbanos pobres em outras partes do Brasil (como os moradores de favelas) enfrentam as maiores perdas em seu padrão de vida, principalmente devido aos preços mais altos dos alimentos, juntamente com os moradores rurais sem acesso à terra.

FIGURA 2.14

A agricultura tem grandes multiplicadores de empregos
Multiplicador

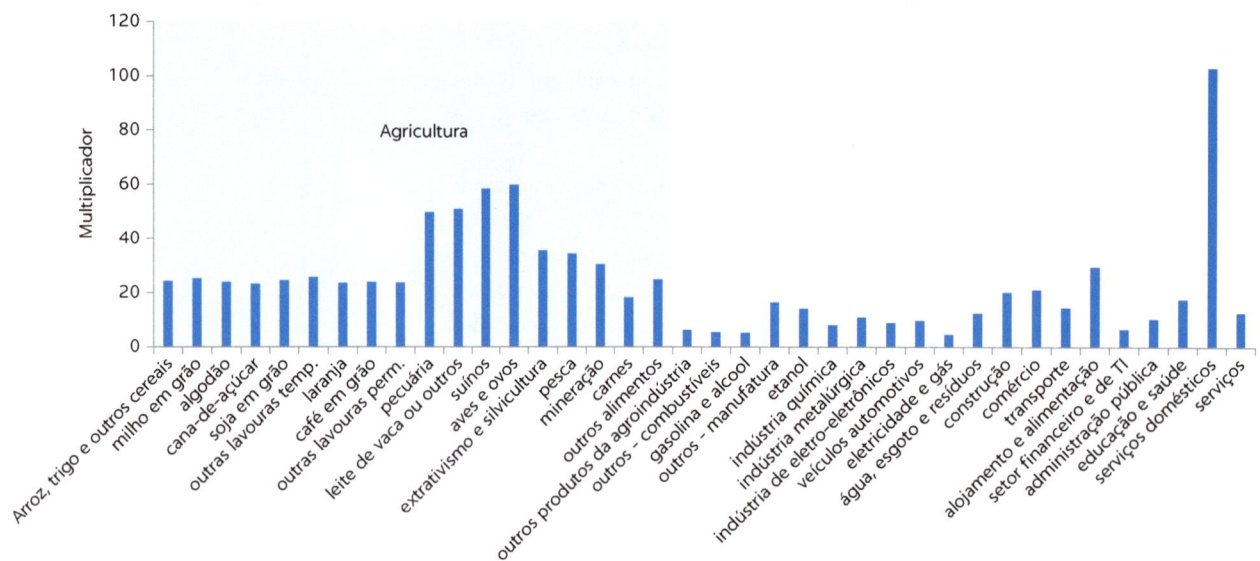

Fonte: Banco Mundial, com base no modelo de entrada-saída, com os mesmos dados usados em Ferreira-Filho e Hanusch (2022).
Observação: A figura apresenta os multiplicadores de trabalho que representam o número de trabalhadores (geração de trabalho) necessários para cada R$ 1 milhão (valores de 2015) do aumento final da demanda em cada setor. Quanto mais alto o multiplicador, maior o efeito no emprego de um aumento na demanda final do setor. A caixa azul destaca os setores agrícolas.

Na Amazônia Legal, os salários tendem a diminuir um pouco mais nas áreas rurais que nas urbanas, o que reflete a queda relativa na oferta de empregos agrícolas e os preços mais altos dos alimentos.

Os proprietários de terras nas áreas rurais, no entanto, ganham com essas políticas, pois a restrição da oferta de terras aumenta o preço dos arrendamentos. Embora esse impacto sobre o arrendamento compense algumas das perdas econômicas das populações rurais que tendem a ter acesso, ainda que limitado, às terras agrícolas, ele provavelmente aumentará a desigualdade, já que a propriedade das terras costuma estar concentrada nas mãos de poucas pessoas mais ricas.

O aumento da produtividade agrícola aumentaria a renda, mas também poderia trazer riscos às florestas (conforme analisam os capítulos 3 e 5), ao mesmo tempo que muda a natureza dos meios de subsitência rurais. Intervenções de políticas complementares que promovam simultaneamente a produtividade agrícola, os meios de subsistência rurais sustentáveis e a proteção florestal se apoiariam mutuamente, elevando a renda e, ao mesmo tempo, protegendo as florestas.

Outra área de política complementar que não impõe grandes riscos a florestas e gera oportunidades de renda está ligada à produtividade urbana, que é onde reside a maior parte da população da Amazônia Legal. Simulações indicam que os ganhos de produtividade nos setores urbanos, representados pela indústria, elevam a renda de famílias pobres e não pobres na Amazônia Legal, com efeitos econômicos positivos também para habitantes de outras regiões do Brasil (ver tabela 2.10). Os salários aumentam mais rapidamente para os trabalhadores pobres que para os não pobres em todo o país (exceto no caso dos trabalhadores urbanos da Amazônia Legal, cujos ganhos salariais são semelhantes em

TABELA 2.10 Modelos de crescimento, proteção florestal e suas implicações distributivas: simulação de impactos cumulativos ao longo de 12 anos

LOCALIZAÇÃO E SITUAÇÃO DE POBREZA	DEMANDA AGRÍCOLA EXTERNA (+0,5 PP)	REDUÇÃO DO DESMATAMENTO NA AMAZÔNIA LEGAL EM 1 MHA (CUMULATIVO)	CRESCIMENTO TOTAL DO FATOR PRODUTIVIDADE NA MANUFATURA NA AMAZÔNIA LEGAL (+0,5 PP)	CRESCIMENTO TOTAL DO FATOR DA PRODUTIVIDADE NO SUL/SUDESTE DO BRASIL (+0,5 PP)
a. Retorno do trabalho (salários reais)				
Resto do Brasil				
Não pobre rural	2,2	−1,7	0,2	14,6
Pobre rural	2,5	−1,9	0,5	7,0
Não pobre urbano	1,9	−1,4	0,1	19,6
Pobre urbano	2,2	−3,2	0,2	11,3
Amazônia Legal				
Não pobre rural	3,0	−2,8	5,2	3,7
Pobre rural	2,8	−2,7	5,7	4,4
Não pobre urbano	3,0	−2,3	6,1	4,2
Pobre urbano	2,7	−2,3	6,0	4,5
b. Retorno da terra (arrendamento real da terra)				
Resto do Brasil	4,1	12,6	−0,1	−32,5
Amazônia Legal	3,3	17,1	−8,4	−40,2

Fonte: Banco Mundial, com modelo de equilíbrio geral computável (EGC) de Ferreira-Filho e Hanusch (2022), traduzido por microssimulações usando dados da Pesquisa Nacional por Amostra de Domicílios (PNAD) 2019.
Observação: Pressupõem-se aumentos percentuais permanentes para a demanda agrícola externa e em cenários de PTF, e redução cumulativa do desmatamento no cenário de proteção florestal. Todos os valores são relativos à linha de base. Os "pobres" são definidos como as pessoas que vivem na linha de pobreza de US$ 5,50 por dia ou abaixo dela. Mha = milhões de hectares; pp = pontos percentuais.

diferentes grupos de renda). Os investimentos complementares em capital humano ajudariam a tornar o crescimento ainda mais inclusivo.

Os proprietários de terras sofrem perdas ao seguir um modelo de crescimento urbano mais voltado para a produtividade, pois o valor do arrendamento da terra cai quando a produtividade urbana aumenta. Como a posse da terra tende a se concentrar entre os ricos, esse modelo pode ajudar a reduzir a desigualdade de renda. Arrendamentos mais baratos também refletem menor concorrência por terra, o que pode reduzir a pressão sobre as comunidades indígenas e tradicionais (quadro 2.4).

Por fim, é importante ter em mente que a Amazônia Legal faz parte da história de desenvolvimento mais ampla do Brasil e que os ganhos de produtividade no resto do país podem melhorar os padrões de vida na Amazônia Legal. Isso indica que a agenda de produtividade é benéfica tanto em nível nacional quanto estadual. Ganhos de produtividade em outras partes do Brasil (na tabela 2.10, com foco nos estados mais dinâmicos do Sul e do Sudeste) têm grandes efeitos positivos para a Amazônia Legal – em parte, devido ao pequeno porte da economia amazônica em relação ao resto do Brasil. Os salários aumentam de três formas, da mesma forma que os ganhos de produtividade no resto do Brasil:

- *Estimulam a demanda por produtos* de todas as regiões do país, inclusive da Amazônia Legal;
- *Reduzem os preços*, aumentando assim o poder de compra dos consumidores em todo o país; e
- *Aumentam a demanda por trabalho* em outras partes do Brasil, atraindo trabalhadores para fora dos estados amazônicos, reduzindo, assim, a oferta de mão de obra na região e elevando os salários em todo o país e para todos os grupos de renda.

QUADRO 2.4

Modelos de crescimento, competição por terras, conflitos e criminalidade

Os conflitos violentos na Amazônia Legal estão frequentemente relacionados à posse de terras e ao acesso a recursos em áreas rurais e florestais. Eles costumam envolver grupos indígenas e outras populações tradicionais, além de, às vezes, camponeses sem terra e ativistas ambientais. Em algumas regiões da Amazônia Legal, interesses agroindustriais estão por trás da violência contra esses grupos, muitos dos quais são mais diretamente dependentes de florestas naturais preservadas. Redes criminosas organizadas ligadas à extração ilegal de madeira e suas cadeias produtivas são muitas vezes autoras de violência relacionada a conflitos de terra, ao desmatamento e a recursos naturais em geral.

Um modelo de crescimento urbano guiado pela produtividade poderia atenuar uma fonte de crimes e conflitos ao facilitar a concorrência pela terra. Quando o valor dos arrendamentos sobe, refletindo a alta demanda por terras (um recurso finito) e, especialmente, quando não há segurança quanto à propriedade da terra, podem surgir conflitos violentos para acabar com reivindicações concorrentes. Valores mais altos de terras podem atrair criminosos, especialmente num ambiente em que a gestão fundiária e a aplicação da lei são deficientes. Isso permite que criminosos basicamente "roubem" terras públicas e as vendam como privadas. O desmatamento ilegal também está ligado à lavagem de dinheiro (Fearnside, 2017).

Baixar o valor real da terra pode reduzir as fontes de conflitos e crimes ao limitar a concorrência pela terra. Os grupos mais expostos a esses tipos de conflito, especialmente os povos indígenas e tradicionais, se beneficiariam de um modelo de crescimento urbano guiado pela produtividade.

Fonte: Sanchez Martinez et al. (2022).

Ao mesmo tempo, o valor dos arrendamentos cairia no resto do Brasil, reduzindo uma fonte de desigualdade na Amazônia Legal e no Brasil.

A transformação estrutural pode desempenhar um papel fundamental no fortalecimento do desenvolvimento sustentável e inclusivo da Amazônia Legal. Ela pode beneficiar pessoas em áreas urbanas e rurais e, se bem equilibrada, pode ser compatível com a proteção florestal. Embora isso acarrete uma mudança cada vez maior do foco econômico para as áreas urbanas, as políticas devem levar em consideração que as taxas de pobreza são muito altas nas áreas rurais. O capítulo 5 analisará, com mais profundidade, maneiras de promover meios de subsistência sustentáveis em regiões rurais.

CONCLUSÕES E IMPLICAÇÕES PARA POLÍTICAS PÚBLICAS

Capital humano. O capital humano é fundamental para facilitar a transformação estrutural e assegurar que ela seja inclusiva. Este capítulo demonstrou que o capital humano é o ativo mais importante das famílias da Amazônia Legal, especialmente as mais pobres. A perspectiva de renda mais alta pode incentivar as famílias a investir mais em seu capital humano, fortalecendo o ciclo virtuoso entre o capital humano e a transformação estrutural. As políticas públicas devem se concentrar tanto no lado da demanda (transformação estrutural, inclusive por meio do fortalecimento da produtividade urbana) quanto no lado da oferta (capital humano).

Investir nos professores pode gerar impactos positivos significativos na aprendizagem. Além da educação básica, as políticas públicas devem se concentrar no aprendizado continuado para qualificar a força de trabalho para um mercado em constante mudança. A requalificação da mão de obra e a assistência técnica àqueles que precisam dela, especialmente na agricultura, garantirão que a mudança estrutural traga mais oportunidades que rupturas (capítulo 5).

Infraestrutura de serviços. Ainda há uma grande agenda inacabada na prestação de serviços básicos de infraestrutura. Os investimentos em infraestrutura e em empresas de saneamento básico em áreas rurais e urbanas serão especialmente importantes para elevar o padrão de vida dos habitantes da região, bem como para ajudar a aumentar o capital humano, melhorando os indicadores de saúde da população.

Regularização fundiária. A terra é um ativo importante, especialmente nas áreas rurais, e a regularização fundiária é uma área que merece especial atenção dos formuladores de políticas públicas. A segurança fundiária é baixa na Amazônia Legal. Os pobres rurais da região estão entre os que têm menos segurança de posse no Brasil, o que os desfavorece economicamente e pode levar a conflitos. Nas áreas rurais, políticas públicas devem se concentrar na regularização fundiária, no fortalecimento dos registros fundiários, na arbitragem de reivindicações concorrentes sobre a terra e no fortalecimento dos direitos de posse, especialmente para os assentamentos rurais e para as comunidades indígenas, quilombolas e outras comunidades rurais tradicionais.

Inclusão financeira. O capital desempenha um papel menos expressivo na renda familiar, especialmente entre os pobres, e melhorar o acesso ao crédito pode ajudar as famílias a fazer investimentos produtivos e nivelar seu consumo ao longo do tempo. Regiões menos desenvolvidas, e em particular indivíduos mais pobres, costumam ter acesso mais limitado a serviços financeiros. Embora o Brasil tenha feito progressos consideráveis na acessibilidade aos serviços financeiros, há espaço para melhorias. Para os agricultores, a clareza sobre a posse de suas terras é fundamental para que tenham mais acesso ao crédito. Melhorar o acesso ao crédito para o consumidor, inclusive por meio de cartões de crédito e soluções de tecnologia financeira, pode aumentar a inclusão financeira e proporcionar oportunidades de nivelamento do consumo ao longo do tempo. Todavia, essas soluções também podem reduzir a poupança e, portanto, a geração de riqueza e de amortecedores financeiros de longo prazo para as famílias.

Proteção social. O sólido sistema de proteção social brasileiro é fundamental para mitigar os impactos adversos associados à transformação estrutural. A Amazônia Legal tem espaço para mais sistemas de proteção social complementares, que promovam meios de vida sustentáveis e preservem a riqueza cultural da região. O Auxílio Brasil e o sistema previdenciário são especialmente importantes para as famílias mais pobres da região e podem mitigar a maioria dos choques econômicos, inclusive aqueles decorrentes do próprio processo de transformação estrutural.

Sistemas complementares de proteção social podem ajudar a preservar os meios de subsistência tradicionais nas áreas rurais, com foco particular na manutenção da riqueza cultural da Amazônia Legal. Para gerenciar impactos adversos para povos indígenas e tradicionais na Amazônia Legal, é importante reconhecer e fortalecer seus direitos, incluí-los em consultas sobre projetos que os afetem e elaborar mecanismos de compensação apropriados quando necessário.

Meios de subsistência rurais sustentáveis. Dadas as altas taxas de pobreza rural e o tempo necessário para que a transformação estrutural dê resultados, seria fundamental que a política pública apoiasse a renda rural sustentável (capítulo 5).

Produtividade além da agricultura. Um modelo de crescimento com maior ênfase na produtividade urbana pode ser conciliado com inclusão e sustentabilidade. O modelo extrativista atual beneficia muitas famílias pobres; contudo, para alcançar níveis mais altos de desenvolvimento, o Brasil precisa se concentrar mais na produtividade, e em setores além da agricultura. O aumento da produtividade em setores mais urbanos, em todo o Brasil e na Amazônia Legal, em particular, pode melhorar os meios de subsistência e fomentar a inclusão, especialmente se isso for associado a investimentos em capital humano. Os capítulos a seguir demonstram que um modelo com foco na produtividade urbana também pode ser conciliado com a preservação de terras naturais na Amazônia Legal no longo prazo. A produtividade urbana, portanto, faz parte de um modelo de crescimento inclusivo e sustentável (ver capítulo 6 e relatório complementar sobre competitividade urbana no estado do Amazonas) (Banco Mundial, 2023).

ANEXO 2A: INFORMAÇÕES COMPLEMENTARES SOBRE POVOS INDÍGENAS NO SISTEMA DE PROTEÇÃO SOCIAL BRASILEIRO

TABELA 2A.1 **Famílias indígenas no Cadastro Único e porcentagem de famílias no Bolsa Família, 2021**

ESTADOS DA AMAZÔNIA LEGAL	NÚMERO DE FAMÍLIAS INDÍGENAS (CADASTRO ÚNICO)	NÚMERO DE FAMÍLIAS INDÍGENAS NO BF	PORCENTAGEM DE FAMÍLIAS QUE RECEBEM BF
Acre	4.826	4.238	88%
Amapá	1.340	872	65%
Amazonas	44.538	36.403	82%
Maranhão	7.008	6.291	90%
Mato Grosso	8.565	7.058	82%
Pará	6.594	5.378	82%
Rondônia	2.154	1.733	80%
Roraima	14.781	10.796	73%
Tocantins	2.880	2.409	84%
Total	92.686	75.178	81%

Fonte: Dados de abril de 2021 da ferramenta de Consulta, Seleção e Extração de Informações do Cadastro Único (Cecad) do Ministério da Cidadania.
Observação: BF = Bolsa Família.

NOTAS

1. O programa Auxílio Brasil foi lançado em novembro de 2021 para substituir o já amplamente conhecido Programa Bolsa Família. Ele mantém várias características do Bolsa Família, inclusive a adoção de limites de renda como critérios de elegibilidade limites de (R$ 200 para famílias com filhos) e uma estrutura de benefícios baseada na composição familiar. Embora as condicionalidades para o Bolsa Família (frequência escolar e exames de saúde) tenham sido suspensas devido à pandemia de Covid-19, espera-se que sejam retomadas e aplicadas aos beneficiários do Auxílio Brasil no futuro.
2. Nos últimos anos, as organizações indígenas têm argumentado que a categoria *pardo* inclui indivíduos de origem indígena que não vivem em suas comunidades de origem; portanto, representa uma forma de invisibilidade da presença indígena na sociedade pelo Estado.
3. Os "aglomerados subnormais" são assentamentos urbanos informais, definidos como áreas urbanas de maior densidade, com pelo menos 51 unidades habitacionais e que, em sua maioria, carecem de serviços públicos essenciais; eles podem ocupar propriedade pública ou privada e são caracterizados por um padrão de urbanização desordenada (IBGE, 2020a).
4. O Atlas da Violência 2020 relata que a guerra entre as duas maiores organizações criminosas do país (Primeiro Comando da Capital e Comando Vermelho) é a maior responsável pelo aumento no número de homicídios nos últimos anos nas regiões Norte e Nordeste.
5. Outros estados da Amazônia Legal apresentaram a seguinte taxa de homicídios por 100 mil habitantes: Acre, 47,1; Amazonas, 37,8; e Rondônia, 27,1.
6. Para certas comunidades, há poucas informações disponíveis em pesquisas e censos.
7. Para uma análise mais detalhada, ver nota de referência de Sanchez Martinez et al. (2022).
8. Os "territórios" são locais estabelecidos por meio de legislação; as "comunidades" são definidas como grupos de 15 ou mais indivíduos quilombolas que vivam em áreas próximas; as "regiões" são definidas como localidades em que indivíduos quilombolas estejam assentados, mas nas quais a distância entre os domicílios seja maior que 50 metros (em geral, são comunidades mais esparsas).
9. Esses indicadores ICH incluem índices de saúde infantil (sobrevivência infantil aos 5 anos sem atraso de desenvolvimento); saúde adulta (a probabilidade, aos 15 anos, de viver até os 60); e educação (anos de escolaridade ajustados à aprendizagem).
10. O índice de pobreza de aprendizagem combina dois tipos de privações: a primeira é a privação da escolaridade, e a segunda, da aprendizagem. "A privação de escolaridade" ocorre quando crianças em idade escolar não frequentam a escola. A "privação de aprendizagem" ocorre quando as crianças que frequentam a escola têm desempenho abaixo da proficiência mínima para leitura (Azevedo, 2020).

11. Os assentamentos cobrem 33,6 milhões de hectares no bioma Amazônia.

12. Instituto Nacional de Colonização e Reforma Agrária (Incra). Instrução Normativa n.º 98, de 30 de dezembro de 2019, que dispõe sobre um processo de seleção de famílias beneficiárias do Programa Nacional de Reforma Agrária (PNRA). *Diário Oficial da União* (31/12/2019), edição 252, seção 1, página 50 (acesso em 15 de junho de 2021) https://www.in.gov.br/en /web/dou/-/instrucao-normativa-n-98-de-30-de-dezembro-de-2019-236095812.

13. Aproximadamente um terço dos assentamentos de reforma agrária da região encontra-se no estado do Pará. Quanto aos demais assentamentos, estão principalmente no Maranhão (808), Mato Grosso (549), Tocantins (378) e Rondônia (224), mas também no Amazonas (145), Acre (161), Roraima (67) e Amapá (54).

14. Pronaf Reforma Agrária – Planta Brasil – Grupo A. Banco do Brasil (acesso em 15 de junho de 2021) https://www.bb.com.br/pbb/pagina-inicial/agronegocios/agronegocio---produtos-e-servicos/pequeno-produtor/investir-em-sua-atividade/pronaf-reforma-agraria-planta-brasil-grupo-a#/.

15. Por exemplo, mais de 350 comunidades quilombolas estão registradas na Fundação Cultural Palmares, mas menos da metade tem um processo de regularização de posse da terra aberto no Incra, e poucos entre eles tiveram a posse de terra regularizada. Muitas das solicitações pendentes de regularização fundiária foram apresentadas há mais de uma década, o que reflete tanto a complexidade do processo como a capacidade limitada do INCRA.

16. Comunidades quilombolas no Brasil, Comissão Pró-Índio de São Paulo (CPI-SP) https://cpisp.org.br/direitosquilombolas/observatorio-terras-quilombolas/quilombolas-communities-in-brazil/.

17. O Bolsa Família foi incorporado ao Auxílio Brasil.

REFERÊNCIAS

Almeida, R.; Packard, T. 2018. *Skills and Jobs in Brazil: An Agenda for Youth*. International Development in Focus Series. Washington, DC: Banco Mundial.

Amaral, E. F. L.; Monteiro, V. P. 2013. "Avaliação de impacto das condicionalidades de educação do Programa Bolsa Família (2005 e 2009)." *Dados* 56 (3): 531–570.

Azevedo, J. P. 2020. "Simulating the Potential Impacts of COVID-19 School Closures on Schooling and Learning Outcomes: A Set of Global Estimates." Policy Research Working Paper 9284. Washington, DC: Banco Mundial.

Baggio, I. S.; De Barros, P. H. B.; Stege, A. L.; De Almeida Tupich Hilgemberg, C. M. 2019. "Economic Development and Crime in Brazil: A Multivariate and Spatial Analysis." *Revista Brasileira de Estudos Regionais e Urbanos* 13 (1): 1–22.

Banco Mundial. 2007. "Implementation Completion and Results Report on a Grant in the amount of US$ 2.1 Million to the Federative Republic of Brazil for the Indigenous Lands Projects (Pilot Program to Conserve the Brazilian Rain Forest)." Relatório n.º ICR0000338. Washington, DC: Banco Mundial.

Banco Mundial. 2017. *Um Ajuste Justo: Análise da eficiência e equidade do gasto público no Brasil: Revisão das Despesas Públicas do Brasil*. Washington, DC: Banco Mundial.

Banco Mundial. 2019. "Ending Learning Poverty: What Will It Take?" Relatório. Washington, DC: Banco Mundial.

Banco Mundial. 2020. *Convergence: Five Critical Steps toward Integrating Lagging and Leading Areas in the Middle East and North Africa*. Washington, DC: Banco Mundial.

Banco Mundial. 2022. *Brazil Human Capital Review: Investing in People*. Washington, DC: Banco Mundial.

Banco Mundial. 2023. "Urban Competitiveness in Brazil's State of Amazonas: A Green Growth Agenda." Relatório complementar a este relatório. Washington, DC: Banco Mundial.

Bastagli, F.; Hagen-Zanker, J.; Harman, L.; Barca, V.; Sturge, G.; Schmidt, T. 2019. "The Impact of Cash Transfers: A Review of the Evidence from Low- and Middle-Income Countries." *Journal of Social Policy* 48 (3): 569–594.

Bernhofen, M.; Dolan, F.; Borja-Vega, C. 2022. "Water in the Brazilian Amazon." Documento de apoio a este relatório. Washington, DC: Banco Mundial.

Black, S. E.; Devereux, P. J.; Salvanes, K. G. 2009. "Like Father, Like Son? A Note on the Intergenerational Transmission of IQ Scores." *Economics Letters* 105 (1): 138–140.

Boyd, D.; Lankford, H.; Loeb, S.; Rockoff, J.; Wyckoff, J. 2008. "The Narrowing Gap in New York City Teacher Qualifications and Its Implications for Student Achievement in High-Poverty Schools." Working Paper 14021. Cambridge, MA: National Bureau of Economic Research.

Camelo, R.; Ponczek, V. 2021. "Teacher Turnover and Financial Incentives in Underprivileged Schools: Evidence from a Compensation Policy in a Developing Country." *Economics of Education Review* 80: 102067.

Cequeira, D.; Bueno, S.; Alves, P. P.; De Lima, R. S.; Da Silva, E. R. A.; Ferreira, H.; Pimentel, A. et al. 2020. *Atlas da Violência 2020. Relatório estatístico annual.* Brasília: Instituto de Pesquisa Econômica (Ipea).

Chevalier, A.; Dolton, P.; Mcintosh, S. 2007. "Recruiting and Retaining Teachers in the UK: An Analysis of Graduate Occupation Choice from the 1960s to the 1990s." *Economica* 74 (293): 69–96.

Chiavari, J.; Lopes, C. L.; De Araujo, J. N. 2020. "Panorama dos Direitos de Propriedade no Brasil Rural." Relatório. Rio de Janeiro: Climate Policy Initiative.

Chimeli, A. B.; Soares, R. R. 2017. "The Use of Violence in Illegal Markets: Evidence from Mahogany Trade in the Brazilian Amazon." *American Economic Journal: Applied Economics* 9 (4): 30–57.

Claudino, L. S. D.; Rene, P.-C.; Darnet, L. A. F.; Gehlen, I. 2014. "Desiguais desde a chegada, mas a distância aumenta: a ampliação das desigualdades sociais numa área de fronteira na Amazônia brasileira." *Revista Ensambles* 1: 83–98.

CSRI (Credit Suisse Research Institute). 2019. *Global Wealth Report 2019.* Relatório analítico anual. Zurique: CSRI.

De Melo Lira, T.; Rodrigues Chaves, M. D. P. S. 2016. "Comunidades Ribeirinhas na Amazônia: Organização sociocultural e política." *Interações* 17 (1). https://doi.org/10.20435/1518 -70122016107.

Demirgüç-Kunt, A.; Klapper, L.; Singer, D.; Ansar, S.; Hess, J. 2018. *The Global Findex Database 2017: Measuring Financial Inclusion and the Fintech Revolution.* Washington, DC: Banco Mundial.

Dolton, P. J. 1990. "The Economics of UK Teacher Supply: The Graduate's Decision." *Economic Journal* 100 (400): 91–104.

Dolton, P. J.; Makepeace, G. H. 1993. "Female Labour Force Participation and the Choice of Occupation: The Supply of Teachers." *European Economic Review* 37 (7): 1393–1411.

Dutz, M. A. 2018. *Jobs and Growth: Brazil's Productivity Agenda.* International Development in Focus Series. Washington, DC: Banco Mundial.

Fandiño, P.; Arretche, M.; Hanusch, M. 2022. "A Genesis of Poverty and Inequality in Brazil." Washington, DC: Banco Mundial.

Fearnside, P. 2017. "Deforestation of the Brazilian Amazon." In Shugart, H. H. (ed.). *Oxford Research Encyclopedia of Environmental Science.* Oxford: Oxford University Press.

Fernandes, F. R. C.; Alamino, R. C. J.; Araujo; E. R. 2014. "Recursos minerais e comunidade: impactos humanos, socioambientais e econômicos." Rio de Janeiro: Centro de Tecnologia Mineral (Cetem), Ministério da Ciência, Tecnologia e Inovação (MCTI).

Ferreira, M. U.; Giacomini, I.; Sato, P. M.; Lourenço, B. H.; Nicolete, V. C.; Buss, L. F.; Matijasevich, A.; Castro, M. C.; Cardoso., M. A. 2022. "SARS-CoV-2 Seropositivity and COVID-19 among 5 Years-Old Amazonian Children and Their Association with Poverty and Food Insecurity." *PLoS Neglected Tropical Diseases* 16 (7): e0010580.

Ferreira-Filho, J.; Hanusch, M. 2022. "A Macroeconomic Perspective of Structural Deforestation in Brazil's Legal Amazon." Documento de apoio a este relatório. Washington, DC: Banco Mundial.

Freitas, C. M.; Giatti, L. L. 2009. "Environmental Sustainability and Health Indicators in the Legal Amazonia, Brazil." *Cadernos de Saúde Pública* 25 (6): 1251–1266.

Gomes De Souza, D.; De Oliveira, F. P.; Da Silveira Santos, R.; De Moura Ferreira, G. B.; Dos Santos Silva, E. J.; Da Silva, G. 2020. "Sistema de produção em comunidades tradicionais na costa amazônica brasileira." *Brazilian Journal of Development* 6 (1): 3688–3704.

Grover, A.; Lall, S.; Maloney, W. 2022. *Place, Productivity, and Prosperity: Revisiting Spatially-targeted Policies for Regional Development*. Washington, DC: Banco Mundial.

Guarino, C. M.; Santibanez, L.; Daley, G. A.; Brewer, D. J. 2004. "A Review of the Research Literature on Teacher Recruitment and Retention." Relatório técnico. Santa Monica, CA: RAND Corporation.

Hall, A. 1987. "Agrarian Crisis in Brazilian Amazonia: The Grande Carajas Programme." *Journal of Development Studies* 23 (4): 522–552.

Hallal, P. C.; Hartwig, F. P.; Horta, B. L.; Silveira, M. F.; Struchiner, C. J.; Vidaletti, L. P.; Neumann, N. A. et al. 2020. "SARS-CoV-2 Antibody Prevalence in Brazil: Results from Two Successive Nationwide Serological Household Surveys." *The Lancet Global Health* 8 (11): e1390–e1398.

Han, Y.-K.; Rossmiller, R. A. 2004. "How Does Money Affect Teachers' Career Choices? Evidences from NLS-72." *Journal of Education Finance* 30 (1): 79–100.

Hanlon, M.; Burstein, R.; Masters, S. H.; Zhang, R. 2012. "Exploring the Relationship between Population Density and Maternal Health Coverage." *BMC Health Services Research* 12 (1): 416.

Hanushek, E. 2003. "The Failure of Input-Based Schooling Policies." *Economic Journal* 113 (485): 64–98.

Hanushek, E. 2010. "The Economic Value of Higher Teacher Quality." *Economics of Education Review* 30 (3): 466–479.

IBGE (Instituto Brasileiro de Geografia e Estatística). 2010. *Censo Demográfico 2010*. Rio de Janeiro: IBGE.

IBGE (Instituto Brasileiro de Geografia e Estatística). 2011. *Censo Demográfico 2010: Aglomerados Subnormais*. Rio de Janeiro: IBGE.

IBGE (Instituto Brasileiro de Geografia e Estatística). 2012. "Os indígenas no Censo Demográfico 2010: primeiras considerações com base no quesito cor ou raça." Relatório. Rio de Janeiro: IBGE.

IBGE (Instituto Brasileiro de Geografia e Estatística). 2020a. "Aglomerados subnormais 2019: Classificação preliminar e informações de saúde para o enfrentamento à COVID-19." Relatório. Rio de Janeiro: IBGE.

IBGE (Instituto Brasileiro de Geografia e Estatística). 2020b. "Base de Informações Geográficas e Estatísticas sobre os indígenas e quilombolas para enfrentamento à COVID-19: Notas técnicas." Rio de Janeiro: IBGE.

Jacarandá, R.; Flores, L.; Feitoza, M. 2019. O encarceramento em massa e o aumento da violência nos estados da Amazônia Ocidental, 2005–2017: Análise e perspectivas. *Revista de Direito da Cidade* 11 (3): 636–663. doi:10.12957/rdc.2019.44025.

Johnson, S. M.; Berg, J. H.; Donaldson, M. L. 2005. *Who Stays in Teaching and Why: A Review of the Literature on Teacher Retention*. Washington, DC: NRTA.

Lautharte, I.; Mello, U.; Emmanuel, L. 2022. "Education as a Leverage for Future Skills in the Amazon." Documento de apoio a este relatório. Washington, DC: Banco Mundial.

Leigh, A. 2012. "Teacher Pay and Teacher Aptitude." *Economics of Education Review* 31 (3): 41–53.

Lira, S. R. B.; Da Silva, M. L. M.; Pinto, R. S. 2009. "Desigualdade e heterogeneidade no desenvolvimento da Amazônia no século XXI." *Nova Economia* 19 (1): 153–184.

Little, P. E. 2018. "Territórios Sociais e Povos Tradicionais no Brasil: por uma Antropologia da Territorialidade." *Anuário Antropológico* 28 (1): 251–290. https://periodicos.unb.br/index.php/anuarioantropologico/article/view/6871.

López-Calva, L. F.; Rodríguez-Castelán, C. 2016. "Pro-Growth Equity: A Policy Framework for the Twin Goals." Policy Research Working Paper 7897. Washington, DC: Banco Mundial.

Lundborg, P.; Majlesi, K. 2018. "Intergenerational Transmission of Human Capital: Is It a One-Way Street?" *Journal of Health Economics* 57: 206–220.

May, P. H.; Gebara, M. F.; Muccillo De Barcellos, L.; Benicio Rizek, M.; Millikan, B. 2016. *The Context of REDD+ in Brazil: Drivers, Actors and Institutions*. 3rd edition, 1–23. Bogor Barat, Indonésia: Center for International Forestry Research.

Milanowski, A. 2008. "Do Teacher Pay Levels Matter?" Estudo. Consortium for Policy Research in Education, University of Wisconsin-Madison.

Monteiro, F.; Schmidt, S. T.; Costa, I. B. Almeida, C. C. B.; Matuda., N. S. 2014. "Bolsa Família: Food and Nutrition Insecurity of Children under Five Years of Age." *Ciência & Saúde Coletiva* 19 (5): 1347–1358.

OCDE (Organização para a Cooperação e Desenvolvimento Econômico). 2020. *Education at a Glance 2020: Education Indicators.* Paris: OECD Publishing.

OIT (Organização Internacional do Trabalho). 2021. *Skilling, Upskilling and Reskilling of Employees, Apprentices & Interns during the COVID-19 Pandemic: Findings from a Global Survey of Enterprises.* Genebra: International Labour Office.

Oliveira, G. L.; Chagas, A. L. S. 2020. "Long-Term Effects of CCTs on Children: The Brazilian Case." Tese de doutorado. Universidade de São Paulo.

Oliveira, J. A. P. 2008. "Property Rights, Land Conflicts, and Deforestation in the Eastern Amazon." *Forest Policy and Economics* 10 (5): 303–315.

Paiva, L. F. S. 2019. "The Dynamics of the Illegal Cocaine Market in the Triple Border between Brazil, Peru, and Colombia." *Revista Brasileira de Ciências Sociais* 34 (99). https://doi.org/10.1590/349902/2019.

Piva Da Silva, M.; Fraser, J. A.; Parry, L. 2021. "Capability Failures and Corrosive Disadvantage in a Violent Rainforest Metropolis." *Geographical Review.* Divulgado antes da publicação, doi :10.1080/00167428.2021.1890995.

Podgursky, M. 2011. "Teacher Compensation and Collective Bargaining." In Hanushek, E. A.; Machin, S.; Woessmann, L. (eds.). *Handbook of the Economics of Education,* Vol. 3, 279–313. Amsterdam: Elsevier.

Ranzani, O. T.; Bastos, L. S. L.; Gelli, J. G. M.; Marchesi, J. F.; Baião, F.; Hamacher, S.; Bozza; F. A. 2021. "Characterisation of the First 250.000 Hospital Admissions for COVID-19 in Brazil: A Retrospective Analysis of Nationwide Data." *The Lancet Respiratory Medicine* 9 (4): 407–418.

Sanchez Martinez, G.; Paiva, J.; De Paula, G. L.; Moutinho, P.; Castriota, R.; Costa, A. C. G. 2022. "Indigenous Peoples and Sustainable Development in the Brazilian Amazônia." Documento de apoio a este relatório. Washington, DC: Banco Mundial.

Schmink, M.; Wood, C. H. 1992. *Contested Frontiers in Amazonia.* Nova Iorque: Columbia University Press.

Silva, J.; Almeida, R.; Strokova, V. 2015. "Sustaining Employment and Wage Gains in Brazil: A Skills and Jobs Agenda." Washington, DC: Banco Mundial.

Silva, T. F. 2018. *Bolsa Família 15 Anos (2003–2018).* Brasília: Escola Nacional de Administração Pública (Enap).

Simões, P.; Soares, R. B. 2012. "Efeitos do Programa Bolsa Família na fecundidade das beneficiárias." *Revista Brasileira de Economia* 66 (4): 445–68.

Sparovek, G.; Reydon, B. P.; Guedes Pinto, L. F.; Faria, V.; Mazzaro De Freitas, F. L.; Azevedo-Ramos, C.; Gardner, T.; Hamamura, C.; Rajão, R.; Cerignoni, F.; Pansani Siqueira, G.; Carvalho, T.; Alencar, A.; Ribeiro, V. 2019. "Who Owns Brazilian Lands?" *Land Use Policy* 87: 104062.

Staiger, D. O.; Rockoff, J. E. 2010. "Searching for Effective Teachers with Imperfect Information." *Journal of Economic Perspectives* 24 (3): 97–118.

Tavares, P.; Ponczek, V. 2018. "Teacher Pay and Student Performance: Evidence from Brazil." *Brazilian Review of Econometrics* 3 (2): 197–219.

Viana, V. 2011. *Bolsa Floresta and Bolsa Verde: Similarities, Differences, and Challenges. Artigo, Soluções para a Sustentabilidade na Amazônia.* Manaus: Fundação Amazônia Sustentável.

Wong, P. Y.; Harding, T.; Kuralbayeva, K.; Anderson, L. O.; Pessoa, A. M. 2018. "Pay for Performance and Deforestation: Evidence from Brazil." http://barrett.dyson.cornell.edu/NEUDC/paper_366.pdf.

Zibalza, A. 1979. "The Determinants of Teacher Supply." *Review of Economic Studies* 46 (1): 131–147. 1979.

3 Crescimento econômico e uso da terra

MAREK HANUSCH, GABRIEL ZAOURAK, JOAQUIM BENTO DE SOUZA FERREIRA FILHO E DIOGO BARDAL

MENSAGENS PRINCIPAIS

- O Brasil continua com seu modelo de acumulação de fatores (trabalho, capital e terra), o que o ajudou a alcançar o *status* de renda média alta. No entanto, o país enfrenta dificuldades para aumentar sua produtividade.

- A agricultura é um dos poucos setores competitivos do Brasil, e tem apresentado ganhos de produtividade[1].

- Para alcançar os níveis mais altos de desenvolvimento dos países da Organização para Cooperação e Desenvolvimento Econômico (OCDE), o Brasil não pode depender apenas da exportação de produtos primários (como os produtos agropecuários), mas precisa intensificar e elevar a produtividade de seus setores urbanos (como manufatura e serviços).

- O crescimento econômico nas regiões mais avançadas do país ajudaria a impulsionar o crescimento nas regiões menos desenvolvidas, como a Amazônia Legal, aumentando a demanda por seus produtos, ao passo que a migração entre regiões permitiria que a população local se beneficiasse de oportunidades de emprego em todo o país.

- A convergência regional significa que as rendas de regiões menos desenvolvidas, como a Amazônia Legal, podem alcançar aquelas das mais desenvolvidas. E isso requer uma transformação estrutural.

- Nos estados da Amazônia Legal, o processo de transformação estrutural têm sido desigual. Em alguns, ele mal começou, ao passo que em outros, tem se concentrado demasiadamente na agricultura. O estado do Amazonas corre o risco de regredir para um modelo de agricultura extensiva.

- Diversos fatores macroeconômicos afetam decisões de uso da terra: a governança florestal frágil, a forte demanda global por *commodities* e a transformação estrutural desigual na Amazônia Legal juntos geram mais desmatamento.

- O foco na produtividade, além dos setores primários, equilibrará a transformação estrutural da Amazônia Legal, promoverá sua convergência econômica com outras regiões e atenuará as pressões macroeconômicas sobre as florestas naturais.
- *Implicações para as políticas públicas:*
  - Promover o crescimento ancorado na produtividade em todo o Brasil e apoiar a diversificação das exportações para setores mais urbanos. Isso inclui o enfrentamento do Custo Brasil.
  - Fortalecer as bases para convergência regional da Amazônia Legal com outras regiões, melhorando a logística (especialmente o transporte aquaviário, sempre que possível), a infraestrutura econômica (por exemplo, energia e conectividade digital) e as instituições e o ambiente de negócios (desde o sistema educacional até a aplicação da lei).
  - Fortalecer as instituições de proteção florestal (conforme análise do capítulo 4).

TRANSFORMANDO O MODELO DE CRESCIMENTO

Por ser uma região pouco desenvolvida do ponto de vista econômico, a Amazônia Legal tem um potencial significativo de crescimento econômico, podendo, no futuro, alcançar outras partes do Brasil e do mundo. Isso é o que se chama de convergência regional (figura 3.1).

O capítulo 1 analisou como a Amazônia Legal, uma *região de fronteira* pouco desenvolvida, desenvolveu-se à medida que a atividade econômica se expandia para dentro de suas florestas naturais. A expansão ocorreu inicialmente ao longo dos grandes rios da região (a Fronteira Colonial) e, mais recentemente,

FIGURA 3.1

Crescimento econômico e mudanças no uso da terra

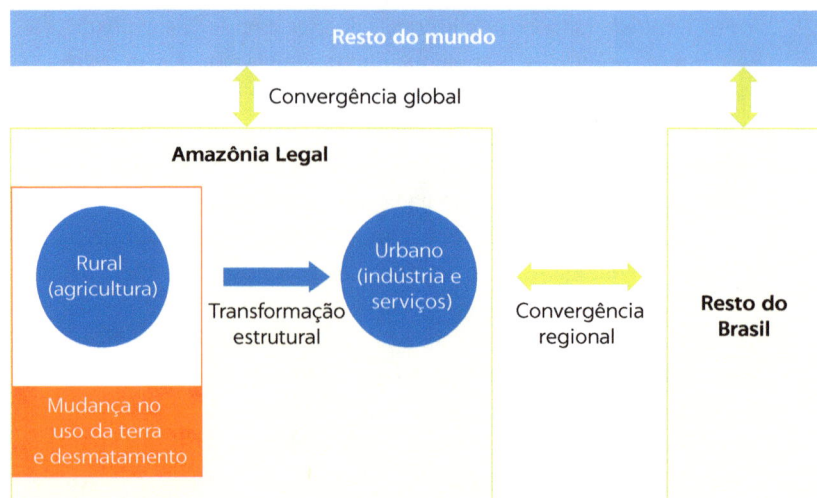

Fonte: Banco Mundial.
Observação: A Amazônia Legal abrange nove estados brasileiros: Acre, Amapá, Amazonas, Maranhão, Mato Grosso, Pará, Rondônia, Roraima e Tocantins.

principalmente no sudeste da Amazônia (a Nova Fronteira), uma região que, em linhas gerais, se sobrepõe ao Arco do Desmatamento (conforme ilustrado no quadro 1.1). O capítulo 2 demonstrou que o desenvolvimento econômico tem sido desigual em toda a Amazônia Legal, com taxas de pobreza mais altas entre os estados e áreas urbanas com dificuldades para cumprir sua promessa de uma vida melhor.

A partir dos *insights* do capítulo 2, este capítulo explora de que modo economias pobres e pouco desenvolvidas como a Amazônia Legal podem convergir com economias mais avançadas, por meio de um modelo de crescimento impulsionado pela produtividade e através de uma transformação estrutural mais equilibrada, incluindo tanto os setores urbanos quanto os rurais. Isso não apenas aumentará a renda e gerará empregos, mas também afetará as decisões sobre o uso da terra e o desmatamento na Amazônia Legal. Este capítulo destaca que é necessário mudar o atual modelo de crescimento, tanto no Brasil quanto na Amazônia Legal, para promover o desenvolvimento mais sustentável e inclusivo na região.

Em princípio, ser parte integrante da economia brasileira pode ser uma oportunidade para aumentar a renda da população amazônica. A Amazônia Legal é pequena: corresponde a menos de 10% do produto interno bruto (PIB) nacional e cerca de 13% da população brasileira. Isso significa que as outras regiões brasileiras, especialmente as mais desenvolvidas, podem representar um grande mercado para produtos da região. Além disso, podem oferecer emprego a trabalhadores que busquem oportunidades fora da Amazônia Legal, ou podem prover competências profissionais necessárias para a região. Apesar dos atritos observados entre diferentes estados brasileiros — principalmente devido a estruturas tributárias diferentes (Mello, 2008) — e do limitado fluxo migratório interno no Brasil, os bens, o capital e a mão de obra ainda fluem com relativa liberdade (Grover; Lall; Maloney, 2022). A Amazônia Legal certamente está em uma posição mais vantajosa que certos países pequenos que tentam alcançar o progresso de países mais desenvolvidos e são limitados por tarifas e controles de migração.

No entanto, o modelo de crescimento brasileiro oferece pouco apoio à Amazônia Legal e intensifica a pressão sobre suas florestas naturais. Vender produtos em mercados em crescimento é mais fácil que vendê-los em mercados mais estagnados. Embora o Brasil tenha se tornado um país de renda média alta, seu modelo de crescimento baseado na acumulação de fatores está chegando ao ponto de esgotamento. Com uma taxa de poupança baixa e uma população envelhecida, o Brasil precisa aumentar sua produtividade para alcançar níveis de renda mais altos — no entanto, tem encontrado dificuldades para fazer isso (Dutz, 2018). Desde 2015, quando chegou ao fim o último superciclo de *commodities*, o crescimento da economia brasileira tem ficado aquém do esperado. Uma economia baseada na exportação de *commodities* (em vez de no aumento de produtividade) aumenta a pressão sobre as terras naturais da Amazônia Legal à medida que a fronteira agrícola, o Arco do Desmatamento, se move para dentro da região. Alguns estados amazônicos, como Mato Grosso, aumentaram seu PIB por meio desse processo, mas com um alto custo associado à destruição dos serviços ecossistêmicos das florestas naturais.

Na Amazônia Legal, a transformação estrutural desequilibrada não é apenas um problema social, mas também ambiental. Numa fronteira em que as instituições — e a governança florestal — são deficientes, a forte demanda por *commodities* e a crescente produtividade da agricultura aumentam a procura por terras, e provocam o desmatamento (ver capítulo 1, figura 1.5). Este capítulo pretende demonstrar que a transformação estrutural precisa equilibrar os ganhos de produtividade rural e urbana para que a Amazônia Legal alcance níveis mais altos de desenvolvimento e possa reduzir a pobreza, convergir com outras regiões do Brasil e, ao mesmo tempo, limitar as pressões macroeconômicas sobre suas florestas naturais.

Este capítulo identifica amplas áreas de reformas de políticas públicas capazes de beneficiar a Amazônia Legal e promover o crescimento econômico de forma mais sustentável. Primeiramente, examina os limites do modelo de crescimento do Brasil. Em seguida, analisa a experiência de transformação estrutural da Amazônia Legal até o momento. Esses *insights* motivam um debate sobre os impactos macroeconômicos nas decisões sobre uso da terra, inclusive o desmatamento, destacando o papel da produtividade para o crescimento econômico e para a proteção das florestas. Em seguida, o capítulo examina as implicações para as políticas públicas destinadas a superar os principais desafios de desenvolvimento em um ecossistema sensível, considerando desde o ambiente de negócios até a logística e as instituições (detalhado mais adiante nos capítulos 5 e 6 e no relatório complementar a este memorando, Banco Mundial, 2023b). Este capítulo trata de questões de desenvolvimento de longo prazo, ao passo que o capítulo 4 se concentrará em como proteger a riqueza natural da Amazônia Legal — suas florestas — no curto prazo, ao fortalecer os sistemas de proteção florestal.

O CRESCIMENTO ECONÔMICO NO BRASIL

Após anos de volatilidade e desequilíbrios macroeconômicos, as reformas estruturais e condições externas favoráveis nas décadas de 1990 e 2000 ajudaram a estabilizar a economia brasileira. Desde a década de 1930, assim como muitos outros países latino-americanos, o Brasil buscou o caminho da industrialização por meio da substituição de importações. Embora inicialmente bem-sucedida nas décadas de 1950 e 1960 (figura 3.2), essa escolha criou graves distorções econômicas.

FIGURA 3.2

Os soluços dos ciclos de crescimento econômico brasileiro e sua tendência de declínio

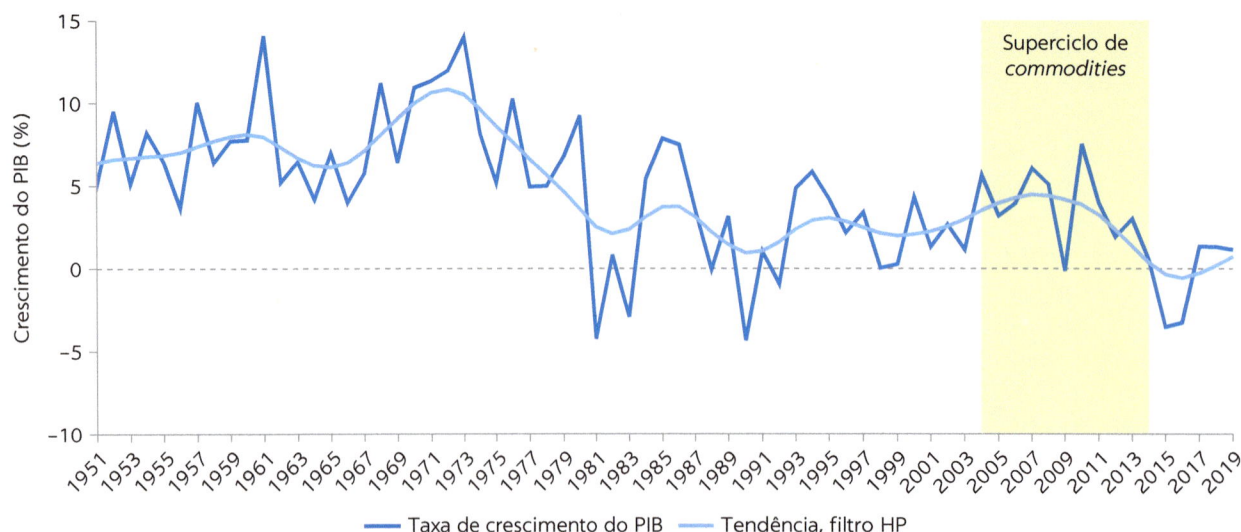

Fonte: Banco Mundial com base em dados da Penn World Table 10.0 de Feenstra, Inklaar e Timmer (2015).
Observação: Tendência de crescimento calculada usando o filtro Hodrick-Prescott (HP).

Reformas e o superciclo de *commodities*

Após a "década perdida" de 1981–1992 (com crise da dívida, hiperinflação, instabilidade política e crescimento desanimador), o Brasil passou a empreender reformas liberalizantes, tais como a abertura ao comércio na década de 1990 e a implementação de um conjunto de medidas macroeconômicas conhecidas como Plano Real. Após tentativas anteriores fracassadas de domar a inflação, o Plano Real finalmente conseguiu fazê-lo em 1995[2]. Após uma série de crises de mercados emergentes em 1997–1998, o Brasil acabou adotando uma taxa de câmbio flutuante e um regime de metas de inflação e, no ano 2000, introduziu a Lei de Responsabilidade Fiscal. Essas três políticas foram os principais pilares do crescimento econômico brasileiro nos anos 2000. Contudo, apesar do melhor desempenho econômico na década de 2000, o crescimento ainda permaneceu baixo demais para que o país alcançasse o nível de economias mais avançadas, como os Estados Unidos ou outros países pares, entre eles a Malásia, o México e a República da Coreia (figura 3.3).

Enfraquecimento dos ventos favoráveis

As políticas de estabilização renderam dividendos substanciais de crescimento no final da década de 1990 e início dos anos 2000 (figura 3.4), pois o superciclo de preços de *commodities* da década de 2000 proporcionou receitas econômicas significativas para o Brasil (figura 3.2), um grande exportador desses produtos. O impacto refletiu-se diretamente em motivadores externos de crescimento, como termos de troca e preços de *commodities* de exportação. Também se refletiu indiretamente em motivadores estruturais de crescimento, uma vez que termos de troca mais vantajosos melhoraram o balanço patrimonial das empresas e das famílias, o que, juntamente com as reformas do setor financeiro, apoiou a expansão do crédito (figura 3.5).

Quando o superciclo dos preços de *commodities* chegou ao fim, em 2015, a economia entrou em um novo período de baixa. O principal motivador do (baixo)

FIGURA 3.3

O processo de recuperação do Brasil encontra-se estagnado, ao passo que a renda de seus pares vem convergindo

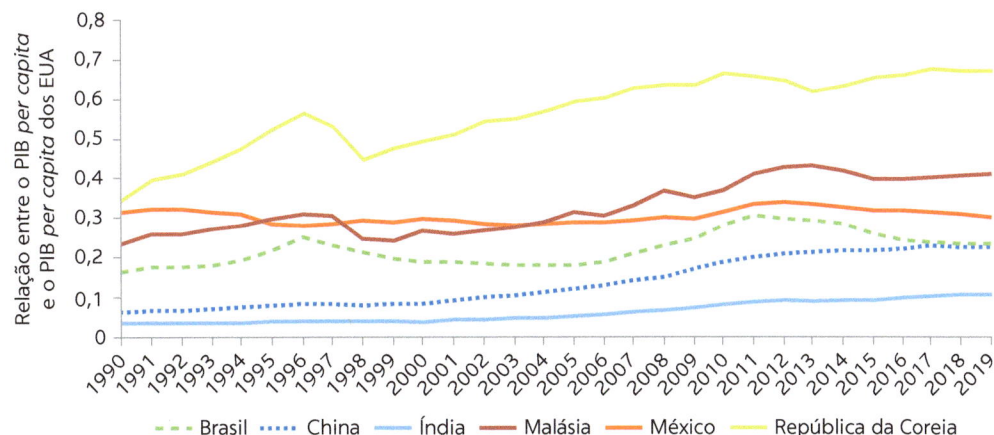

Fonte: Banco Mundial com base em dados da Penn World Table 10.0 de Feenstra, Inklaar e Timmer (2015).
Observação: Os cálculos são baseados no PIB real do lado da produção com paridade de poder de compra encadeada (em milhões de dólares americanos de 2017).

FIGURA 3.4

Principais motivadores do crescimento no Brasil, 1997–2019

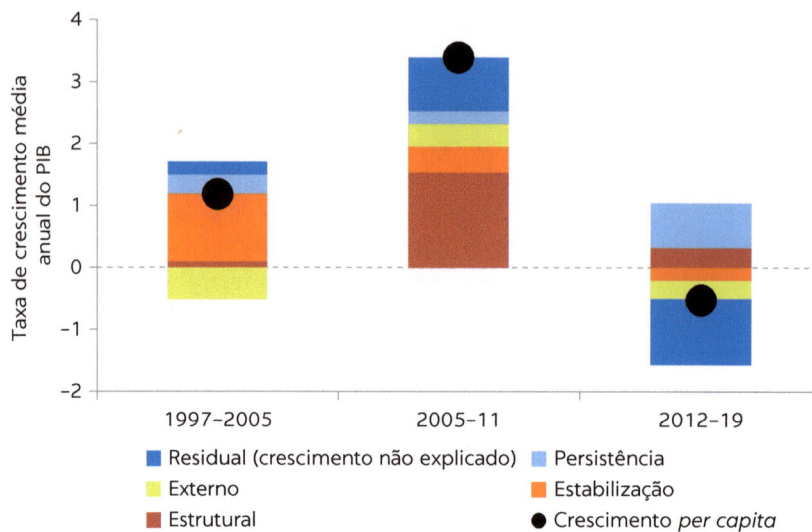

Fonte: Banco Mundial com base em Araújo et al. (2014).
Observação: A figura apresenta a taxa média anual de crescimento do PIB para cada período (círculo preto) e uma decomposição dos motivadores relativos de crescimento em cada período respectivo.

FIGURA 3.5

Motivadores estruturais do crescimento no Brasil, 1997–2019

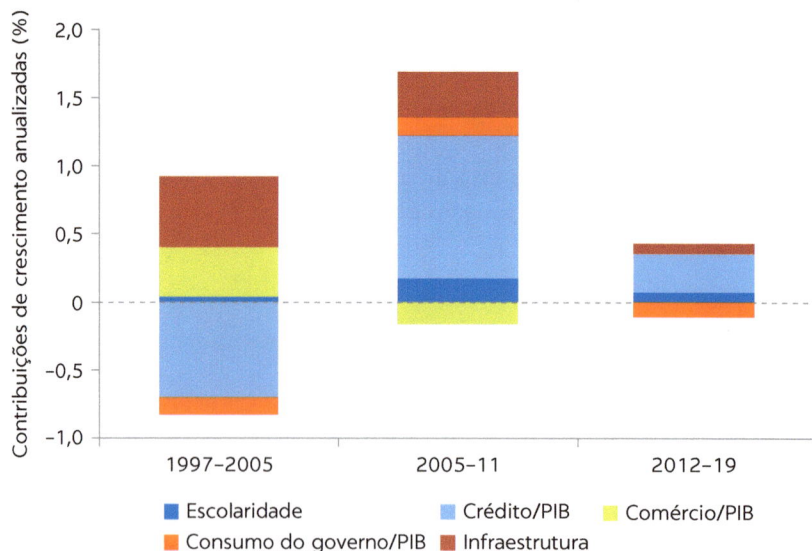

Fonte: Banco Mundial com base em Araújo et al. (2014).
Observação: A decomposição ilustra as contribuições relativas de vários motivadores de crescimento estrutural em três períodos sucessivos.

crescimento do país entre 2012–2019 foi o legado das reformas estruturais anteriores, juntamente com os ventos favoráveis do superciclo de *commodities* (figura 3.4). Desde 2015, o Brasil passou por duas recessões: (a) em 2015–2016, causada pelo fim do ciclo das *commodities,* por desequilíbrios macroeconômicos e deficiências estruturais, e pela operação Lava Jato, um escândalo de corrupção (Banco Mundial, 2016); e (b) em 2020–2021, provocada pela pandemia de Covid-19.

O problema da produtividade

À medida que os ventos favoráveis externos perdiam força, o Brasil passou a enfrentar dificuldades para mudar seu modelo de crescimento da acumulação de fatores para a produtividade. O acúmulo de fatores de produção por meio da expansão da força de trabalho, do acúmulo de capital (como edificações, maquinários e infraestrutura) e da expansão das terras produtivas é comum nos estágios iniciais do desenvolvimento de um país.

No Brasil, a expansão da força de trabalho tem sido um importante motivador do crescimento econômico (figura 3.6), contribuindo mais para o crescimento que em outros países e regiões pares (figura 3.7). A mão de obra ajustada pela escolaridade desempenhou um papel ainda mais importante. Mesmo partindo de um nível inicial baixo e com muitas lacunas remanescentes, o sucesso dessa força de trabalho reflete as conquistas do sistema educacional brasileiro, que viu um aumento na média de anos de escolaridade (embora a qualidade permaneça baixa). A acumulação de capital também contribuiu para o crescimento do Brasil, embora menos que no Leste Asiático, devido às taxas de poupança mais baixas. A conversão de terras naturais em produtivas, principalmente para a agricultura, também contribuiu para o crescimento econômico[3].

Por que o Brasil está mais devagar que seus pares de renda média para diminuir a diferença de renda *per capita* com os países mais ricos? Devido ao insucesso de seus esforços para aumentar a produtividade. Embora o país ainda tenha margem para se beneficiar da acumulação de fatores por meio de novas melhorias na educação (mão de obra) e nas taxas de poupança (capital), o principal obstáculo ao crescimento é a evolução baixa (e até negativa) da produtividade total dos fatores (PTF).

Exceto durante o superciclo de *commodities* na década de 2000, quando a produtividade aumentou, a evolução da PTF tem sido negativa no país (figura 3.6), com o crescimento impulsionado principalmente pela acumulação de fatores.

FIGURA 3.6

A mão de obra, ajustada pela escolaridade, é o principal motivador do crescimento

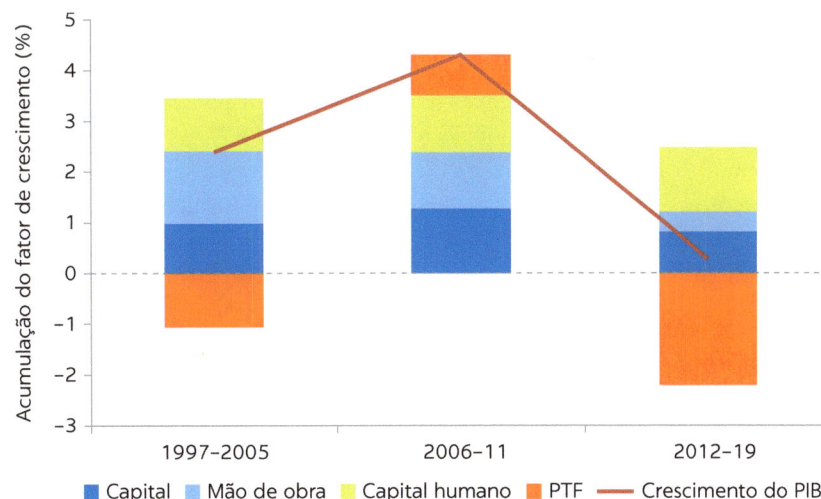

Fonte: Banco Mundial com base em dados da Penn World Table 10.0 de Feenstra, Inklaar e Timmer (2015).
Observação: capital humano = educação e saúde; PTF = produtividade total dos fatores.

FIGURA 3.7

A produtividade brasileira é baixa em relação aos seus pares

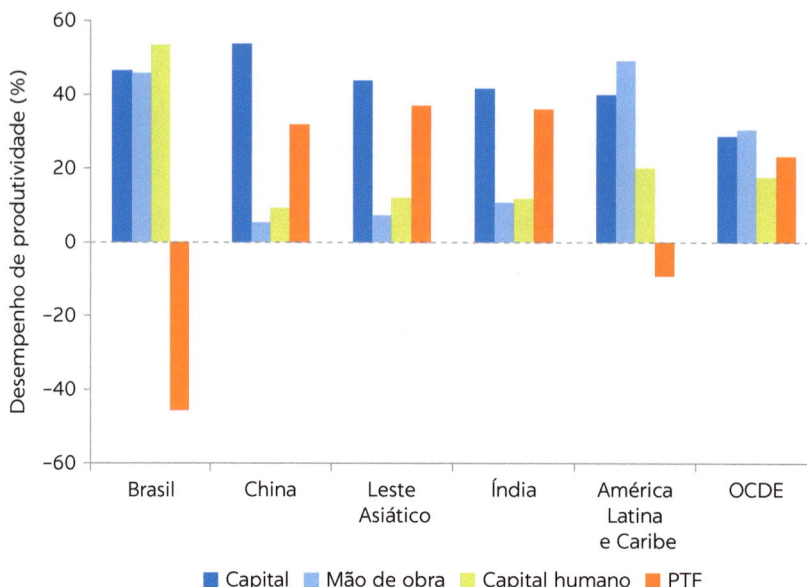

Fonte: Banco Mundial com base em dados da Penn World Table 10.0 de Feenstra, Inklaar e Timmer (2015).
Observação: O Leste Asiático inclui a China, e a ALC inclui o Brasil; capital humano inclui educação e saúde. OCDE = Organização para Cooperação e Desenvolvimento Econômico; PTF = produtividade total dos fatores.

A produtividade brasileira é baixa mesmo para os padrões medíocres da América Latina (figura 3.7), no entanto, tem sido o principal motivador do crescimento econômico em países como a China e a Índia, além dos membros da OCDE. O aumento da produtividade é a chave do desenvolvimento continuado do Brasil.

O motor de crescimento da agricultura brasileira

A agricultura é o principal impulsionador da produtividade no Brasil; e o crescimento da produtividade do setor manufatureiro tem sido negativo. Entre 1996 e 2020, a produtividade da mão de obra na agricultura cresceu, em média, 6% ao ano (figura 3.8). Não há estimativas setoriais de PTF disponíveis, no entanto, Gasques, Bacchi e Bastos (2018) fixam o crescimento da PTF para a agricultura, entre 2000 e 2016, em 3,2%.

São muitas as razões para o sucesso da agricultura brasileira, tais como a migração para o Brasil, especialmente para o Sul, de agricultores de outras partes do mundo (principalmente da Europa) (Luna; Klein, 2014) e os grandes investimentos em pesquisa e desenvolvimento (P&D) feitos por universidades e institutos de pesquisa brasileiros, bem como pela Empresa Brasileira de Pesquisa Agropecuária (Embrapa). De acordo com a Ficha Técnica de Indicadores de P&D Agrícola de 2016 do Instituto Internacional de Pesquisa em Políticas Alimentares, "o sistema de pesquisa agrícola do Brasil é, de longe, o maior da região em termos de capacidade de pesquisa e gastos" (Flaherty et al., 2016). O capítulo 5 analisa a profissionalização da agricultura na Amazônia Legal, onde a produtividade geral tem aumentado porque os agricultores mais produtivos tomam o lugar dos menos produtivos.

FIGURA 3.8

A agricultura obteve os maiores ganhos de produtividade, ao passo que a produtividade da indústria manufatureira caiu, 1996-2021

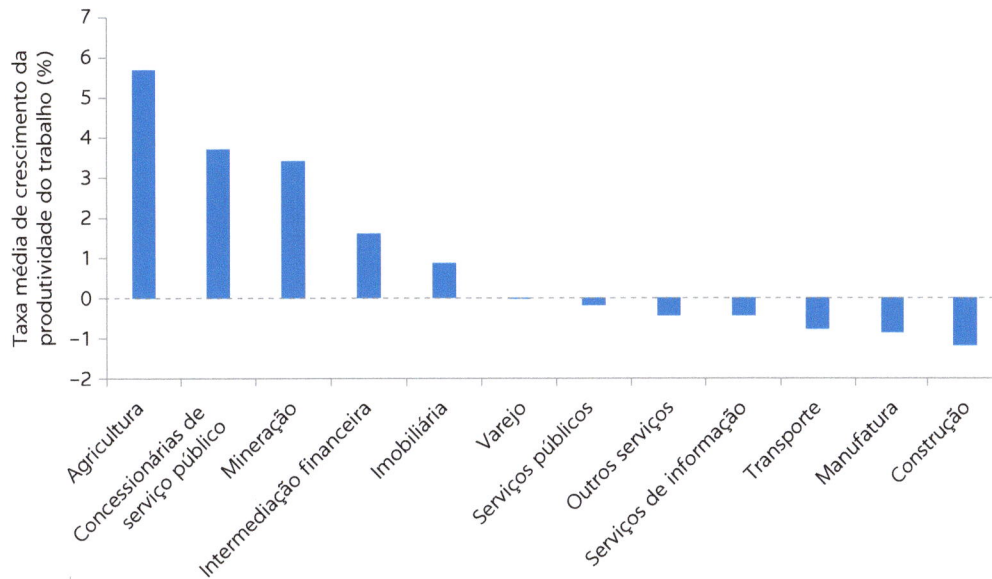

Fonte: Banco de dados do Observatório da Produtividade Regis Bonelli, do Instituto Brasileiro de Economia (Ibre), da Fundação Getulio Vargas (FGV).

Em geral, o crescimento da produtividade do trabalho entre 1996 e 2020 foi positivo, embora modesto, em outros setores além dos primários. A maioria ocorreu em setores não comercializáveis, como serviços públicos, finanças e mercado imobiliário. Os ganhos de produtividade foram muito negativos na indústria transformadora. Apesar de ter implementado algumas medidas de liberalização comercial na década de 1990, o Brasil não conseguiu superar seu histórico de industrialização por meio da substituição de importações. Os setores industriais do país, protegidos por altas barreiras comerciais, não são competitivos internacionalmente[4].

O Brasil vem se beneficiando da crescente demanda global por alimentos, e a produtividade agrícola permitiu que o país aumentasse sua participação no mercado internacional. Embora a taxa de crescimento da população mundial esteja diminuindo, ela ainda está crescendo e deve ultrapassar 10 bilhões até 2050 (figura 3.9). O Brasil ajuda a atender à crescente demanda de alimentos associada a esse crescimento. Além dos ganhos de produtividade da própria agricultura, a competitividade externa pode ser impulsionada ainda mais por outros setores. Ganhos de produtividade em certos setores não comercializáveis e perdas de produtividade em setores tradicionalmente comercializáveis, como a indústria manufatureira[5], podem aumentar a competitividade externa relativa da agricultura (e da mineração).

A agricultura brasileira aumentou sua participação de mercado, ao passo que outros setores enfrentam dificuldades. Embora a participação da agricultura na economia brasileira seja pequena, a agricultura voltada para a exportação, apoiada pela produtividade agrícola e pela forte demanda global por alimentos, é um pilar fundamental do modelo de crescimento do Brasil. Se não for considerado o agronegócio, a agricultura responde por cerca de 7% ou

FIGURA 3.9

A população global deve se aproximar de 10 bilhões até 2050, mas o crescimento populacional está desacelerando

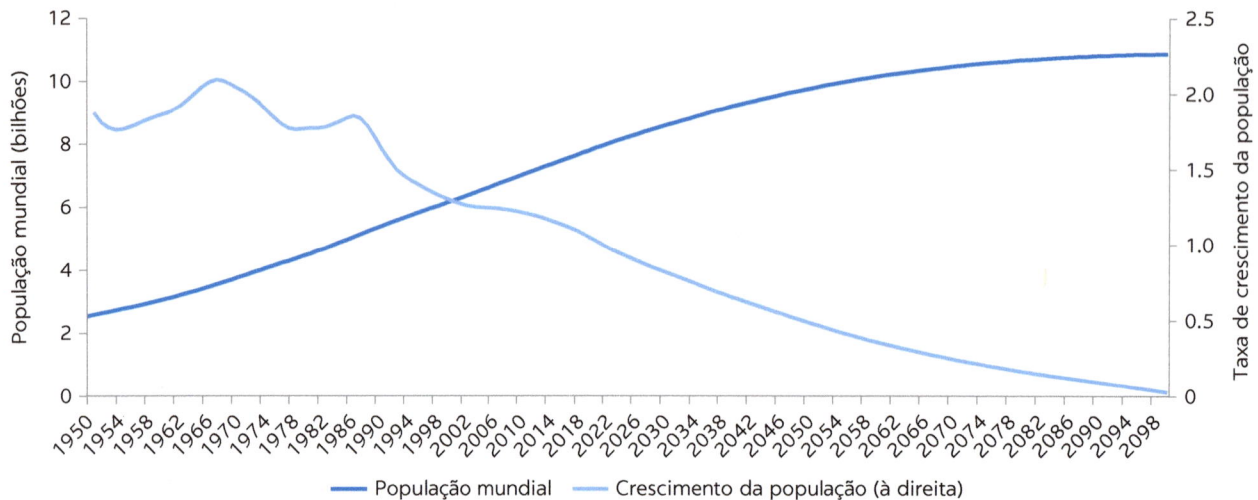

Fonte: UN DESA, 2022.
Observação: As projeções com início em 2022 adotam o cenário médio.

FIGURA 3.10

A agricultura brasileira dobrou sua participação nas exportações globais

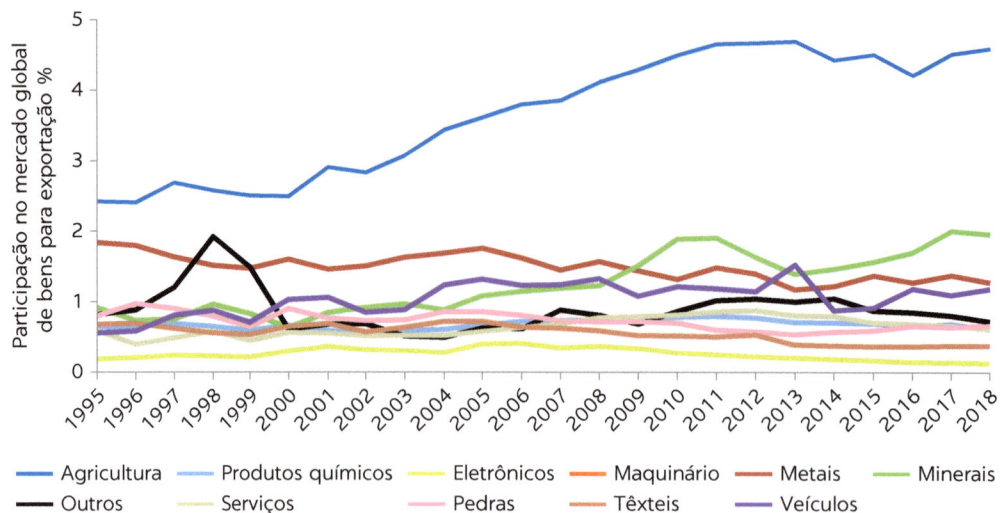

Fonte: Ferramenta de pesquisa e visualização do Atlas da Complexidade Econômica da Universidade de Harvard (https://atlas.cid.harvard.edu/).

menos do PIB nacional[6]. Ainda assim, domina as exportações do país (capítulo 1) e garante a participação do Brasil nos mercados globais de alimentos (figura 3.10). Por outro lado, o Brasil fica atrás de seus pares nas exportações de média e alta tecnologia, o que reflete a relativa fragilidade e falta de competitividade de seu setor manufatureiro. Embora a produtividade da mão de obra agrícola brasileira tenha conseguido acompanhar aquela de seus grandes pares, como, por exemplo, a China e a Índia, o Brasil teve um desempenho muito inferior na indústria e nos serviços[7].

A dificuldade do Brasil para aumentar a produtividade em setores não primários prejudica suas perspectivas futuras de ascensão econômica. Logo, seu modelo de crescimento oferece uma base insuficiente para gerar bons empregos em todo o país, inclusive na Amazônia Legal. Atualmente, a agricultura é pequena demais para impulsionar o crescimento do Brasil; portanto, os setores urbanos precisam se intensificar para permitir o crescimento futuro.

Embora o Brasil tenha criado muitos empregos nos anos 2000, o mercado de trabalho sofreu uma desaceleração nos últimos anos. O crescimento da produtividade é fundamental para revitalizar o mercado de trabalho e criar bons empregos para além dos serviços de baixa produtividade e setores informais (Dutz, 2018; Banco Mundial, 2016). O baixo crescimento em todo o Brasil, especialmente nos lugares que deveriam ser seus polos de crescimento (as grandes cidades do Sudeste, como São Paulo e Rio de Janeiro), oferece pouco ímpeto para o crescimento das regiões menos desenvolvidas, como a Amazônia Legal. O aumento da produtividade será fundamental para criar oportunidades econômicas nos aglomerados urbanos precários (especialmente nas favelas), sendo essencial para reduzir a pobreza, tanto no Brasil, de forma mais ampla, quanto na Amazônia Legal, em particular, tirando também a pressão sobre a fronteira agrícola na região. A agenda de produtividade mais ampla do Brasil é analisada em Dutz (2018)[8].

TRANSFORMAÇÃO ESTRUTURAL E CONVERGÊNCIA REGIONAL NA AMAZÔNIA LEGAL

O processo de transformação estrutural é parte integrante do desenvolvimento e da convergência com economias mais avançadas[9]. A transformação estrutural é impulsionada por, pelo menos, dois fatores: (a) mudanças exógenas, como, por exemplo, diferenciais de produtividade entre setores; e (b) mudanças nas preferências dos consumidores (desde alimentos até outros bens e serviços) conforme os países ficam mais ricos.

À medida que as economias se desenvolvem e o capital humano e as instituições melhoram, o número de empregos gerados pelo setor primário e seu respectivo valor agregado bruto tendem a diminuir, ao passo que a participação dos setores de serviços e bens industriais, aqui denominados "setores urbanos", aumenta. No caso da indústria, sua relevância aumenta nos estágios iniciais de desenvolvimento, atinge um pico e, posteriormente, diminui à medida que a economia cresce e os serviços se tornam cada vez mais importantes. No Brasil, a educação tem desempenhado um papel importante na viabilização do processo de transformação estrutural (Porzio; Ross; Santangelo, 2020). Esta seção concentra-se na produtividade do trabalho, a qual, na análise da transformação estrutural, é particularmente impulsionada pela PTF e pelo investimento.

Princípios de transformação estrutural e convergência regional

A transformação estrutural tende a ser inicialmente impulsionada pela agricultura. Nos países e regiões mais pobres, a maioria das pessoas vive em áreas rurais e obtém seu sustento à partir do uso da terra. Um maior acesso aos mercados geralmente desencadeia a transformação estrutural, pois os agricultores mais produtivos — capazes de competir em mercados recém-acessados — tomam o lugar dos menos produtivos (capítulo 5). Há uma diminuição do papel da agricultura no valor agregado, no consumo e no emprego em relação aos setores manufatureiro e de serviços, em parte devido aos ganhos de produtividade agrícola e à elasticidade relativamente baixa da demanda por produtos alimentícios[10]. À medida que a agricultura se torna mais produtiva e eficiente, menos mão de obra é necessária para garantir a mesma produção e os salários no setor agrícola aumentam, o que libera mão de obra na agricultura e contribui para a migração rural-urbana e para o aumento da urbanização.

Nos estágios iniciais da transformação estrutural, as áreas urbanas tendem a ser relativamente baratas. Para que os setores comercializáveis em áreas urbanas (principalmente manufatura) sejam competitivos, os salários devem ser relativamente baixos. Por sua vez, outros preços nas áreas urbanas também são geralmente baixos, como, por exemplo, terrenos e bens não comercializáveis (principalmente serviços). O fluxo de mão de obra rural rumo às cidades pressiona os salários urbanos para baixo, sustentando a competitividade dos setores comercializáveis. Em teoria, ao reduzir os custos de produção, esses processos permitem que os setores urbanos compitam nos mercados globais, atraindo a produção manufatureira de menor qualificação para países e regiões mais pobres. Conforme o setor manufatureiro cresce e se torna mais produtivo, os salários tendem a subir.

Enquanto a produtividade urbana continuar crescendo em linha com os salários, os salários mais altos da indústria não prejudicarão a competitividade da produção urbana, e os setores urbanos podem continuar a crescer. À medida que a produtividade manufatureira e os salários aumentam, os preços dos setores não comercializáveis nas áreas urbanas irão crescer também, levando ao aumento dos salários nos setores comercializáveis e não comercializáveis (efeito Balassa-Samuelson [Balassa, 1964; Samuelson, 1964])[11]. Há indícios desse processo no Brasil: em média, os aluguéis são 110% mais altos em São Paulo que nas capitais da Amazônia Legal. Da mesma forma, os índices de preços ao consumidor em São Paulo, que incluem os aluguéis, são cerca de 17% mais altos que em Manaus, e 21% mais altos que em Belém (tabela 3.1).

A transformação estrutural implica uma maior urbanização acompanhada pela melhoria dos padrões de vida e bem-estar nas áreas rurais e urbanas. Os salários aumentam nas áreas rurais devido aos ganhos de produtividade do trabalho agrícola e a uma menor oferta de mão de obra, à medida que os trabalhadores rurais migram para áreas urbanas. Nas cidades, os salários relativamente baixos na indústria transformadora atraem capital de outras regiões, aumentando a produtividade do trabalho por meio de investimentos e da PTF associada. A produtividade urbana

TABELA 3.1 Diferença percentual entre os preços em São Paulo e os nas capitais da Amazônia Legal, 2021

MÉTRICA DE PREÇOS	MANAUS	BELÉM	CUIABÁ	SÃO LUÍS	MACAPÁ	BOA VISTA	PORTO VELHO	PALMAS	RIO BRANCO
Índice de preços ao consumidor (IPC)	5,5	11,6	—	—	—	—	—	—	—
IPC incluindo aluguel	17,1	21,3	—	—	—	—	—	—	—
Preços de aluguéis	69,3	60,6	90,6	123,6	102,7	141,2	201,5	212,0	182,3
Preços de restaurantes	42,8	30,6	32,3	21,4	81,1	38,1	—	45,0	—
Preços de mantimentos	5	17,4	12	10,7	—	7,7	23,7	—	0,6

Fontes: Banco de dados de custo de vida Numbeo.com; Banco Mundial.
Observação: A Amazônia Legal abrange nove estados brasileiros (capitais entre parênteses): Acre (Rio Branco), Amapá (Macapá), Amazonas (Manaus), Maranhão (São Luís), Mato Grosso (Cuiabá), Pará (Belém), Rondônia (Porto Velho), Roraima (Boa Vista) e Tocantins (Palmas); "—" = dados não disponíveis.

pode apoiar ainda mais o crescimento urbano devido às economias de aglomeração. Essas surgem, por exemplo, porque mais pessoas compartilham infraestruturas de forma mais eficiente, porque há uma melhor correspondência entre empregos e oferta de candidatos no mercado de trabalho, ou devido à inovação e à melhor difusão de novas ideias. Isso tende a aumentar os salários e, portanto, os padrões de vida, tanto nos setores comercializáveis quanto nos não comercializáveis, em áreas rurais e urbanas, por meio do efeito Balassa-Samuelson. A remoção de distorções para atrair investimentos que impulsionem a transformação estrutural e a convergência regional é, portanto, fundamental.

Transformação estrutural impulsionada pela agricultura na Amazônia Legal

A transformação estrutural da Amazônia Legal é impulsionada pela agricultura, ao passo que a indústria e os serviços tendem a apresentar desempenho inferior. Entre 2012 e 2018, todos os estados brasileiros observaram uma realocação substancial do percentual de empregos da agricultura para outros setores (ver anexo 3A). Na Amazônia Legal, todos esses ganhos de postos de trabalho foram acumulados no setor de serviços, em vez da indústria; na verdade, a participação do emprego na manufatura chegou a diminuir no período.

A mudança estrutural contribuiu para o crescimento agregado da produtividade do trabalho entre 2012 e 2018 na maioria dos estados da Amazônia Legal. No entanto, a taxa de aumento desacelerou porque a transição foi da agricultura diretamente para serviços de baixa produtividade. A realocação de mão de obra da agricultura para setores não agrícolas entre 2012 e 2018 aumentou a produtividade na Amazônia Legal, exceto nos estados do Amazonas e de Mato Grosso (tabela 3.2). O processo de trasformação estrutural foi responsável por quase um terço do crescimento da produtividade agregada no Maranhão e 15% do crescimento da produtividade do trabalho no Tocantins e no Acre. Para esses estados, isso está em linha com os resultados mais amplos sobre a contribuição positiva da mudança estrutural para o crescimento da produtividade no Brasil (Dutz, 2018). No entanto, como a maioria dos trabalhadores de baixa qualificação foi realocada da agricultura para serviços de baixa produtividade, os ganhos com

TABELA 3.2 Componentes do crescimento da produtividade do trabalho nos estados da Amazônia Legal, 2012-2018
(Pontos percentuais)

ESTADO	COMPONENTE DE MUDANÇA ESTRUTURAL	COMPONENTE SETORIAL	AUMENTO DA PRODUTIVIDADE
Amazonas	−0,23	−0,47	−0,70
Amapá	−0,05	−0,31	−0,22
Roraima	0,00	−0,17	−0,13
Rondônia	0,03	−0,10	−0,05
Pará	0,05	−0,02	−0,02
Acre	0,08	−0,09	0,02
Tocantins	0,09	0,56	0,65
Mato Grosso	0,11	0,86	0,81
Maranhão	0,27	0,66	0,93

Fonte: Banco Mundial usando dados do Instituto Brasileiro de Geografia e Estatística (IBGE).
Observação: A produtividade do trabalho é definida como a razão entre a produção e o emprego.

as mudanças estruturais foram modestos, limitando as oportunidades para a criação de bons empregos.

Os ganhos de produtividade na agricultura têm sido substanciais na Amazônia Legal, especialmente nos estados com melhor acesso a mercados. Os ganhos na indústria e nos serviços foram muito mais limitados. Entre 2012 e 2018, os ganhos intrassetoriais de produtividade do trabalho foram maiores que os advindos de mudança estrutural intersetorial (figura 3.11), o que pode estar relacionado a um melhor acesso da agricultura aos mercados. No resto do Brasil, o componente intrassetorial de crescimento da produtividade do trabalho foi um empecilho para o crescimento da produtividade; na Amazônia, no entanto, foi responsável por quase 70% do aumento da produtividade do trabalho.

Com exceção de Mato Grosso, os ganhos intrassetoriais de produtividade foram mais altos nos estados da Nova Fronteira, impulsionados principalmente pela agricultura (figura 3.12). Esses estados tendem a ser mais bem conectados à infraestrutura de transporte (capítulo 1). Os ganhos de produtividade ligados ao acesso a mercados são consistentes com a expansão de agricultores comerciais em relação aos agricultores menos produtivos, conforme discutido no capítulo 5. Em linha com o nível relativamente avançado de transformação estrutural no Mato Grosso, os ganhos de produtividade do trabalho foram relativamente altos na indústria e nos serviços. Na maioria dos outros estados, a produtividade na indústria foi mista, e o crescimento da produtividade do trabalho nos serviços estagnou ou diminuiu.

FIGURA 3.11

Muitos estados amazônicos da Nova Fronteira passaram por processos significativos de transformação estrutural, 2012–2018

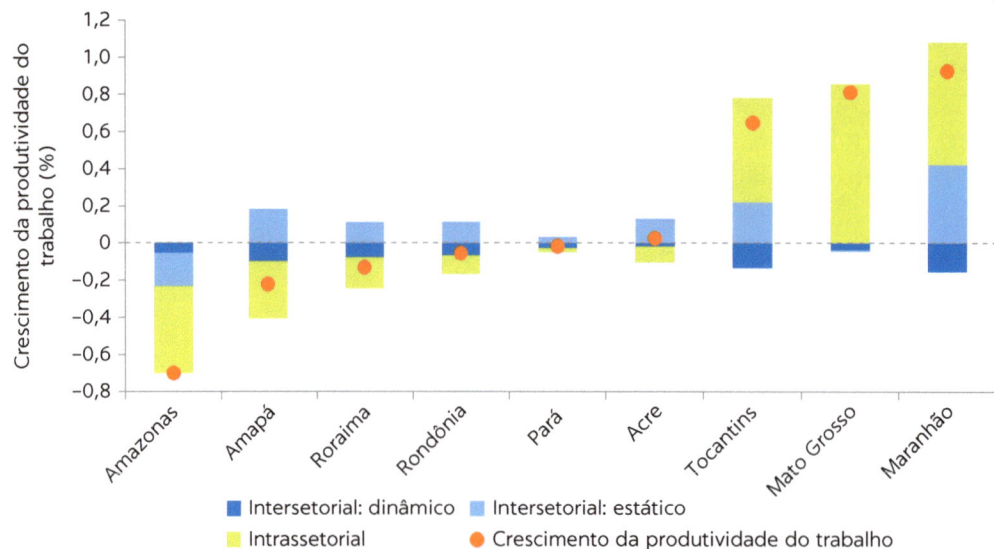

Fonte: Banco Mundial usando dados do Instituto Brasileiro de Geografia e Estatística (IBGE).
Observação: A figura decompõe os ganhos totais na produtividade do trabalho (razão entre a produção e o emprego) na agricultura, indústria e serviços. São considerados os ganhos intrassetoriais, bem como os ganhos intersetoriais, com base nos valores médios do período 2012–2018. Os círculos laranjas representam o crescimento total da produtividade (a soma das contribuições de cada uma das barras). Os estados da Nova Fronteira (descritos no quadro 1.1 do capítulo 1) são Maranhão, Mato Grosso, Rondônia e Tocantins. Os ganhos intersetoriais "dinâmicos" representam a medida na qual os trabalhadores migram para setores com maior crescimento da produtividade. Os ganhos intersetoriais "estáticos" representam a medida na qual os trabalhadores migram para setores com níveis mais altos de produtividade. Os ganhos "intrassetoriais" representam os ganhos de produtividade em cada setor.

FIGURA 3.12

Na maioria dos estados amazônicos, os ganhos intrassetoriais anuais médios foram particularmente altos na agricultura, 2012–2018

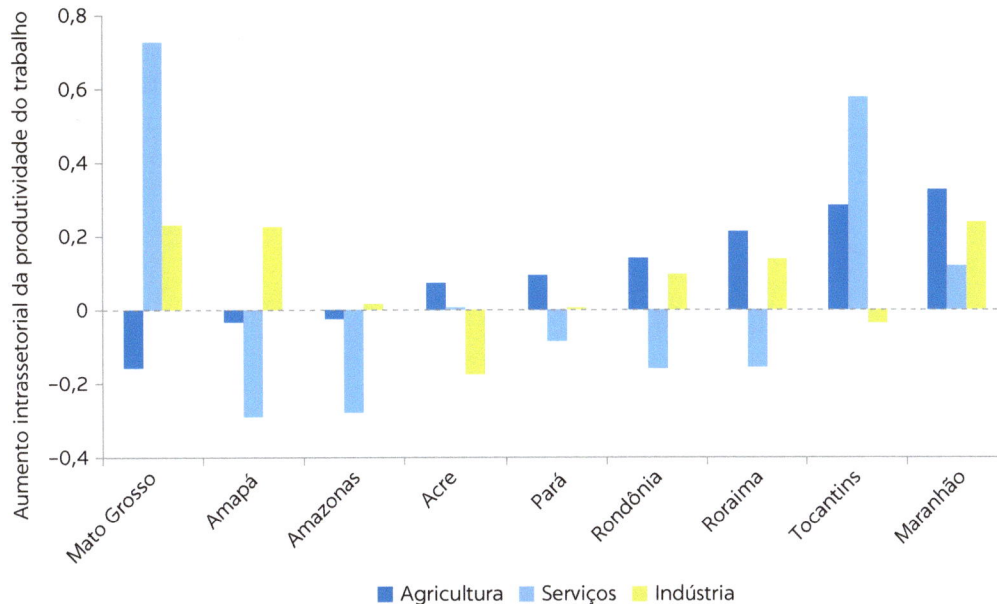

Fonte: Banco Mundial usando dados do Instituto Brasileiro de Geografia e Estatística (IBGE).
Observação: A produtividade do trabalho é definida como a razão entre a produção e o emprego.

Em muitas partes da Amazônia Legal, a transformação estrutural incompleta provavelmente resulta de profundos desafios de competitividade. Como a manufatura tende a ser um setor comercializável, a mudança de manufatura para serviços representa, essencialmente, uma mudança de comercializáveis para não comercializáveis — em outras palavras, de setores que precisam competir nos mercados externos para setores muito mais localizados e, portanto, protegidos. Isso pode contribuir para uma desindustrialização prematura (quadro 3.1).

A figura 3.13 mostra o declínio relativo da competitividade externa do Brasil e da maioria dos estados da Amazônia Legal em 2004–2016 e 2017–2019. Em linha com a análise apresentada neste capítulo, a maioria dos estados agrícolas da Nova Fronteira (Mato Grosso, Rondônia e Tocantins) aumentou ou manteve sua competitividade externa, ao passo que os estados da Fronteira Colonial tenderam a perder competitividade. (O relatório complementar a este memorando [Banco Mundial, 2023b] examina como os setores industriais podem recuperar sua competitividade externa a partir de uma análise aprofundada da Zona Franca de Manaus).

Convergência regional dos estados da Amazônia Legal

Apesar dos desafios que impedem a transformação estrutural da Amazônia Legal, tem havido certo nível de convergência regional, especialmente nos estados agrícolas mais avançados. Entre 2002 e 2018, foram observadas correlações negativas entre produtividade inicial (2002) e PIB *per capita* e sua taxa de crescimento entre os estados brasileiros (figura 3.14, painéis *a* e *b*, respectivamente).

Isso indica que, em linha com o processo de transformação estrutural, houve certa convergência em todo o país em termos de produtividade do trabalho e renda. A convergência do PIB tem sido particularmente robusta nos estados da Amazônia Legal que observaram forte transformação estrutural na agricultura, em particular Mato Grosso e Tocantins, que fazem parte da Nova Fronteira. Considerando a pobreza generalizada dos estados da Amazônia Legal, fechar as lacunas de produtividade poderia promover uma convergência mais ampla desses estados com as regiões ou estados mais desenvolvidos do Brasil.

QUADRO 3.1

Desindustrialização prematura e a promessa não cumprida de uma vida melhor nas cidades

O setor manufatureiro tem apresentado baixo desempenho, e há sinais de desindustrialização prematura. A produção industrial vem perdendo sua participação no emprego na maior parte da Amazônia Legal (ver tabela 3A.3 ano anexo)[a]. Embora se trate de um fenômeno mais amplo que afeta todo o país (Silva, Alencar Nääs, 2020), a desindustrialização é um problema mais grave para a Amazônia Legal devido ao fato de ser uma região pouco desenvolvida. O declínio na manufatura é um sinal de desindustrialização prematura em uma região já pouco desenvolvida, cuja convergência ainda deveria ser impulsionada pela manufatura (Rodrik, 2013). Na desindustrialização prematura, a mão de obra se distancia da manufatura e vai para setores de menor crescimento da produtividade (geralmente, serviços), reduzindo o crescimento geral da produtividade, o que gera consequências negativas para o crescimento real da renda e a elevação dos padrões de vida.

Vários fatores podem estar contribuindo para essa desindustrialização prematura, embora seja difícil identificá-los com clareza. As barreiras à realocação de recursos da agricultura para a manufatura podem ser um fator. Conforme discutido no capítulo 1, políticas públicas estão desproporcionalmente focadas em áreas rurais na Amazônia Legal, o que pode contrariar a lógica da transformação estrutural. Tal explicação seria consistente com o padrão de mudança estrutural apresentado na tabela 3.3. Na América Latina, de forma mais ampla, e no Brasil, em particular, as barreiras à convergência têm sido associadas ao nível de capital humano, a ineficiências do mercado financeiro, a distorções regulatórias e à baixa qualidade e disponibilidade de infraestrutura (Araújo et al., 2014; Dutz, 2018).

A desindustrialização prematura, ou, em um sentido mais amplo, a incapacidade de aumentar a renda em setores além da agricultura, limita a capacidade das cidades de gerar bons empregos. À medida que a agricultura liberou mão de obra e a transformação estrutural aumentou a renda na Amazônia, as taxas de urbanização aumentaram (figura Q3.1.1, painel a). No entanto, é improvável que as cidades da Amazônia Legal atinjam rendas que correspondam às suas taxas de urbanização, um problema brasileiro mais amplo (figura Q3.1.1, painel b). Isso reflete o fato de que os setores urbanos não cumprem seu potencial de desenvolvimento econômico. A desindustrialização prematura dos estados amazônicos indica que as cidades não realizam seu pleno potencial porque absorvem mão de obra principalmente em serviços de baixa produtividade, em vez de gerarem emprego na indústria.

Isso não é incomum no Brasil, um país em que a baixa produtividade do setor manufatureiro é um fenômeno nacional. Contudo, não significa que a urbanização deva ser revertida, mas, sim, que o desenvolvimento econômico deve atingir o nível proporcional de urbanização, o que exige maior produtividade urbana.

continua

Quadro 3.1, *continua*

FIGURA Q3.1.1
Taxas de urbanização e níveis de desenvolvimento no Brasil e no mundo

a. Taxa de urbanização e PIB *per capita* real, 2010[a]

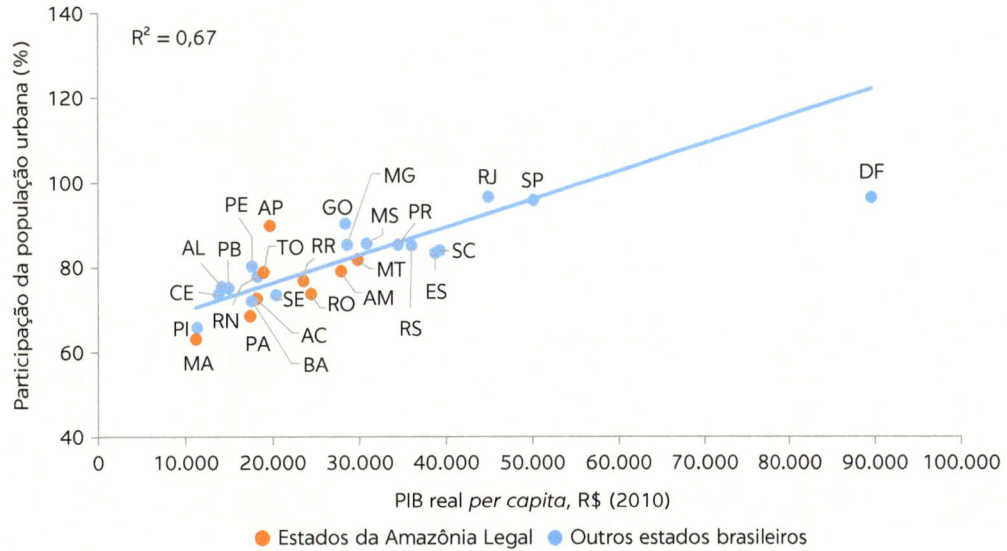

Estados da Amazônia Legal · Outros estados brasileiros

b. Parcela urbana da população e PIB *per capita*, 1990–2019

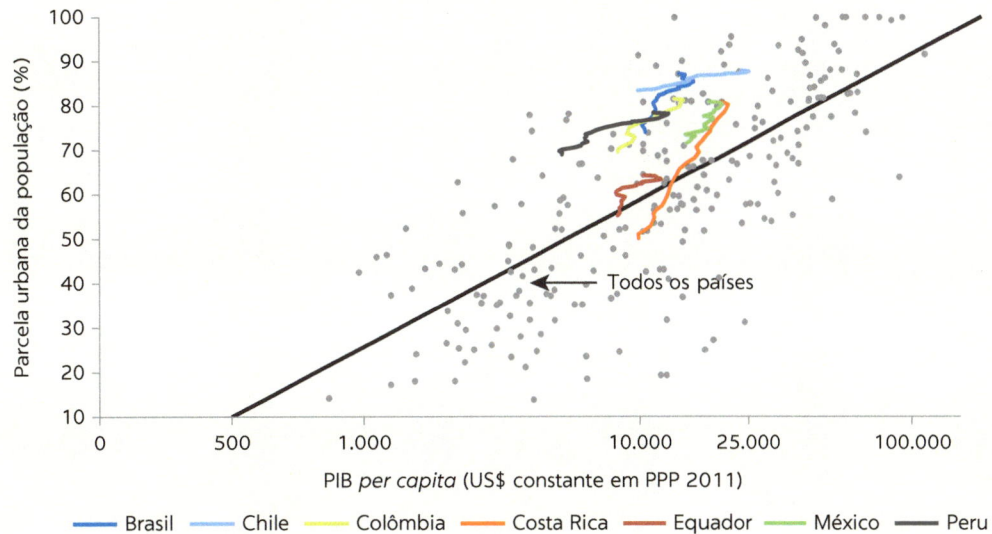

Brasil — Chile — Colômbia — Costa Rica — Equador — México — Peru

Fontes: Banco Mundial usando dados do Instituto Brasileiro de Geografia e Estatística (IBGE) e Indicadores de Desenvolvimento Mundial.
Observação: PPC = paridade de poder de compra.
a. A "urbanização" é definida como a porcentagem da população residente em áreas urbanas. Dados de 2010. Os nove estados amazônicos (em verde) são indicados por suas abreviaturas: Acre (AC), Amapá (AP), Amazonas (AM), Maranhão (MA), Mato Grosso (MT), Pará (PA), Rondônia (RO), Roraima (RR) e Tocantins (TO). A linha não inclui o Distrito Federal (DF).
b. As linhas coloridas indicam variações anuais em países latino-americanos selecionados.

---

a. Na verdade, o Acre apresentou um aumento marginal de 0,2% na participação da indústria no emprego, e Mato Grosso observou um aumento de 0,2% na participação da agricultura no emprego.

FIGURA 3.13

A competitividade externa é alta ou crescente em muitos estados da Nova Fronteira, mas tem caído em outras partes da Amazônia Legal e no resto do Brasil, 2004–2016 e 2017–2019

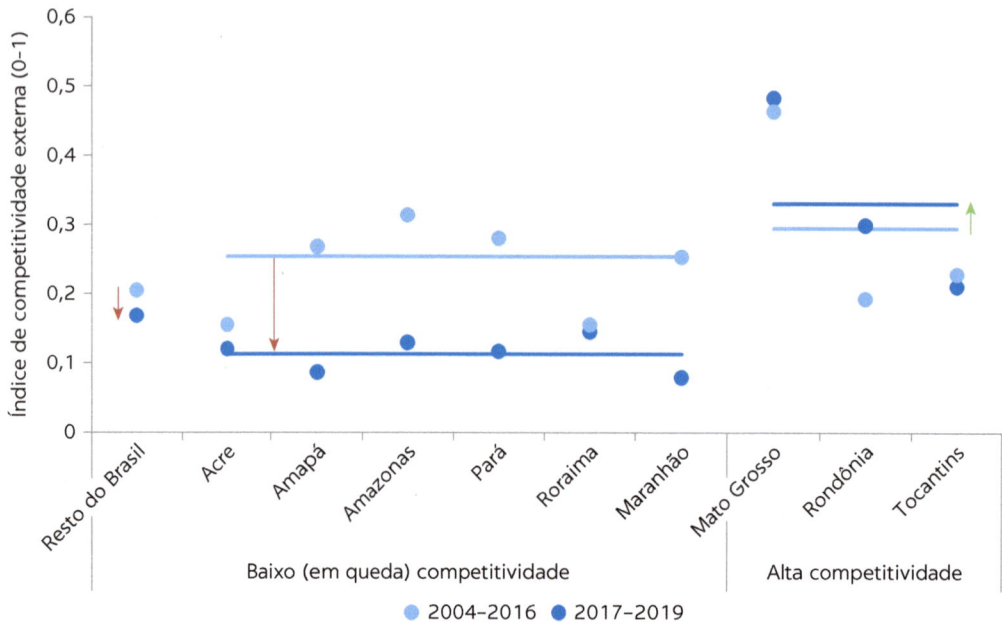

Fonte: Banco Mundial, com base em dados da Secretaria de Comércio Exterior do Ministério da Economia brasileiro.

Observação: A competitividade externa é representada pela vantagem comparativa dos estados amazônicos entre eles e em relação ao resto do Brasil. Os estados da Nova Fronteira são Maranhão, Mato Grosso, Rondônia e Tocantins. Os valores mais altos indicam maior competitividade. As linhas horizontais em azul claro representam o índice anual médio de um grupo de estados no período 2004–2016, e as linhas horizontais em azul escuro, a pontuação do período 2017–2019. As setas indicam a tendência em cada grupo entre os dois períodos: decrescente (setas vermelhas) ou crescente (setas verdes).

FIGURA 3.14

Tanto a produtividade do trabalho quanto o PIB *per capita* estão convergindo nos estados, 2002–2018

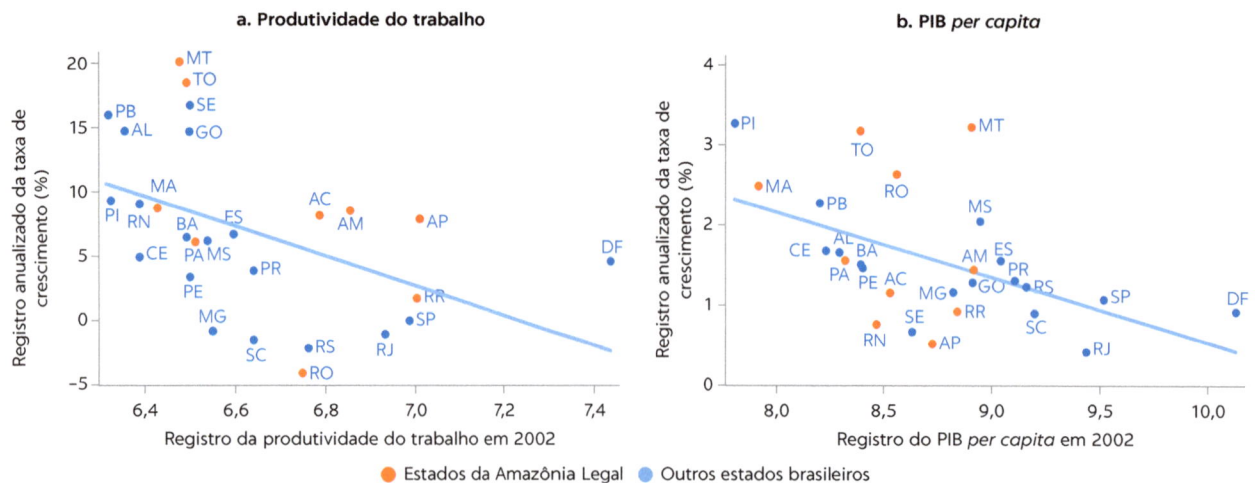

Fontes: Banco Mundial, com base em dados da Relação Anual de Informações Sociais (RAIS) (painel a) e em contas regionais e dados populacionais do Instituto Brasileiro de Geografia e Estatística (IBGE) (painel b).

Observação: A produtividade do trabalho é definida como a razão entre a massa salarial e o emprego. A curva com tendência negativa indica que os estados com valores iniciais mais baixos cresceram mais rápido, em média, o que permitiu que se recuperassem. Os dados da RAIS são usados aqui para séries temporais comparáveis mais longas, mas incluem apenas o emprego formal. Os estados brasileiros estão designados por suas siglas. PIB = Produto Interno Bruto.

OPORTUNIDADES PARA ACELERAR A CONVERGÊNCIA REGIONAL NA AMAZÔNIA LEGAL

Perspectiva de maior crescimento da produtividade na Amazônia Legal

Economias menos desenvolvidas podem alcançar as mais desenvolvidas se conseguirem eliminar seus níveis de produtividade. A convergência regional da Amazônia Legal não depende do uso de suas riquezas naturais. Para promover a convergência, os estados menos desenvolvidos precisam oferecer igualdade de oportunidades, investindo nas bases para o crescimento, fortalecendo os mercados e permitindo que os cidadãos se desloquem para onde houver mais oportunidades. Em muitos estados, especialmente na Nova Fronteira, isso ajudou a agricultura a se desenvolver — embora com um custo significativo para as florestas da região. Como alternativa mais sustentável, a bioeconomia tem sido apontada como um impulsionador do crescimento. Em princípio, a convergência regional não exige nenhuma riqueza natural. A eliminação das lacunas de produtividade em setores mais urbanos, em particular, poderia promover uma convergência mais rápida e sustentável dos estados amazônicos com o resto do Brasil.

Na agricultura, o estado de Mato Grosso conseguiu eliminar quase completamente sua diferença de produtividade com o estado que apresenta o melhor desempenho no Brasil. A figura 3.15, painel a, apresenta os diferenciais de produtividade do trabalho entre os estados da Amazônia Legal e de Mato Grosso do Sul, o estado com melhor desempenho em 2017. As lacunas de produtividade são menores nos estados da Nova Fronteira (Mato Grosso, Rondônia e Tocantins, que melhoraram drasticamente seu acesso a mercados nas últimas décadas) que nos estados mais remotos da Fronteira Colonial (Acre, Amapá e Roraima — ver capítulo 5). Isso é compatível com a noção de que o acesso a mercados permitiu que a agricultura nos estados da Nova Fronteira convergisse, em diferentes graus, com os estados agrícolas mais avançados em todo o Brasil. Essa convergência da produtividade do trabalho foi liderada pelo estado do Mato Grosso, seguida do Amazonas, do Pará e de outros estados menos desenvolvidos.

FIGURA 3.15

Em geral, as lacunas de produtividade do trabalho na Amazônia Legal são grandes

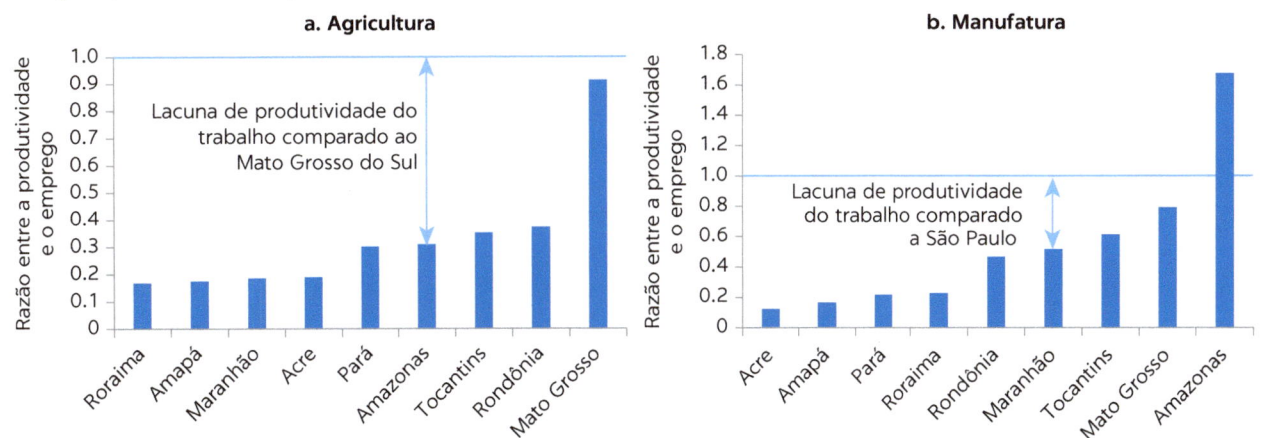

Fonte: Banco Mundial, com base em contas subnacionais do Instituto Brasileiro de Geografia e Estatística (IBGE), Censo Agropecuário (painel a) e séries setoriais de emprego (painel b).
Observação: A produtividade do trabalho é definida como a razão entre a produção e o emprego.

Há um potencial considerável para que os estados da Amazônia Legal recuperem seu ritmo de desenvolvimento na manufatura. Com exceção do Amazonas, os estados amazônicos apresentam grandes diferenças na produtividade do trabalho em relação a São Paulo, o centro econômico do Brasil (figura 3.15, painel b). Mesmo Mato Grosso, o estado amazônico com a melhor convergência na agricultura, apresenta uma grande diferença de produtividade do trabalho quando comparado a São Paulo — cerca de 20% inferior. Geralmente, os estados da Nova Fronteira tiveram lacunas de produtividade menores na indústria do que os estados na Fronteira Colonial (exceto o Amazonas), em linha com um nível mais avançado de transformação estrutural.

Mesmo o Amazonas tem espaço significativo para recuperar seu atraso no setor manufatureiro. Para tal, será importante remover as distorções causadas por incentivos fiscais. A figura 3.15, painel b, indica que a produtividade do trabalho é maior no Amazonas que em São Paulo. Contudo, isso não significa que o Amazonas seja mais eficiente que São Paulo, mas, sim, que há distorções. O uso do salário médio como medida alternativa da produtividade do trabalho revela que o Amazonas é menos produtivo que São Paulo. O bom desempenho aparente do Amazonas reflete uma intensidade de capital muito alta, consequência de incentivos fiscais que reduzem o custo de maquinários e insumos em relação ao custo da mão de obra, que não recebe incentivos. Logo, é mais provável que o resultado ilustrado na figura 3.15, painel b, seja um reflexo de distorções, em vez de indicar uma produtividade efetivamente maior. Os baixos salários médios também levam a crer que há potencial para o setor manufatureiro no Amazonas alcançar o de regiões mais desenvolvidas.

A indústria manufatureira tem maior potencial para aumentar sua produtividade que outros setores; no entanto, a realização desse potencial requer medidas estratégicas para conter o declínio da competitividade. Manter o foco das políticas na prevenção da desindustrialização prematura ajudaria a reverter o declínio do emprego. Isso aceleraria a convergência regional, uma vez que a maioria das atividades manufatureiras é comercializável e, portanto, tende a ter uma propensão quase automática para aumentar a produtividade do trabalho, o que explica seu maior aumento de produtividade ao longo do tempo (Rodrik, 2013). Em outras palavras, o aumento do emprego na indústria manufatureira acelera o processo de aproximação com economias mais avançadas, ao passo que seu declínio dificulta a convergência.

O aumento da produtividade no setor de serviços, o maior empregador, promoveria a convergência regional da Amazônia Legal com outras regiões. Em 2018, o setor de serviços correspondeu a quase 50% dos empregos na Amazônia Legal; logo, esse setor é, de longe, o maior de todos. O crescimento da produtividade dos serviços poderia, portanto, ter um grande impacto na produtividade total. Como os serviços são insumos para a produção de bens (serviços incorporados) e também são fornecidos a clientes agrupados com bens (serviços integrados), o aumento da produtividade no setor de serviços também pode aumentar a produtividade nos outros setores da economia. Aumentar a produtividade e a qualidade de serviços essenciais — como serviços financeiros, profissionais e de logística — é, portanto, cada vez mais importante para a convergência regional.

Os serviços comercializáveis modernos oferecem novas oportunidades de convergência de produtividade, mas a convergência é mais difícil para serviços não comercializáveis. Historicamente, o setor de bens manufaturados sempre foi o preferido para impulsionar o crescimento devido à sua capacidade de lidar com as pressões competitivas ao melhorar a eficiência, e à sua capacidade de aumentar a demanda através da exportação para mercados globais. Essas características nunca foram relevantes para os serviços, que eram amplamente vistos como não comercializáveis, com baixa escala e baixa produtividade. Hoje, no entanto, graças à evolução da internet, da digitalização e do armazenamento eletrônico, observa-se um rápido aumento do comércio transfronteiriço de serviços. Isso abre oportunidades para que países em desenvolvimento e estados individuais alcancem um crescimento impulsionado pelo setor de serviços, especialmente no caso das economias que já atingiram algum progresso em seu desenvolvimento e que têm uma forte base de capital humano[12]. A disseminação de características que aumentam a produtividade no setor de serviços, inclusive em países de renda baixa e média, expande a gama de atividades que, provavelmente, terão repercussões positivas para o desenvolvimento (Ghani; Kharas, 2010). Os serviços comercializáveis, tais como telecomunicações, logística, finanças e tecnologia da informação, além de serviços profissionais e outros serviços empresariais, podem apoiar a convergência regional[13]. Assim como a manufatura, esses serviços se beneficiam de avanços tecnológicos, da especialização por meio de economias de escala, da aglomeração, dos efeitos de rede e da divisão de trabalho.

Rumo a uma transformação estrutural mais equilibrada

Assim como no resto do Brasil, a agricultura é um pilar de crescimento em muitas partes da Amazônia Legal, ao passo que o desempenho urbano se encontra defasado. Mato Grosso é o estado amazônico mais avançado, com um setor de exportações competitivo no cenário internacional e concentrado na agricultura, o que o torna uma referência na Amazônia Legal. O Amazonas, único estado amazônico com uma economia baseada principalmente nos setores urbanos e manufatureiros (Zona Franca de Manaus), sofre as consequências da estagnação da economia brasileira, e sua baixa produtividade urbana o coloca em risco de voltar a praticar a agricultura extensiva. Muitos dos estados mais pobres na Amazônia Legal se concentram na agricultura e, principalmente, no mercado local (especialmente carne bovina), mas, à medida que sua transformação estrutural avançar, eles provavelmente seguirão o modelo de Mato Grosso.

Um foco maior na produtividade na Amazônia Legal e em todo o Brasil (além da agricultura) aumentaria a renda e também promoveria maior coesão social e econômica. O capítulo 2, por exemplo, demonstrou como os trabalhadores da Amazônia Legal se beneficiariam de um modelo de crescimento mais voltado à produtividade, com um foco urbano mais forte. O modelo também reduziria uma fonte de desigualdade, que se encontra vinculada à distribuição desigual da propriedade da terra. Um foco maior na produtividade em toda a economia também poderia integrar as cadeias de valor brasileiras e, cada vez mais, conectá-las ao resto do mundo. Isso não apenas permitiria que o Brasil expandisse suas cadeias de valor, mas também ajudaria a alinhar os ciclos comerciais em todo o país, fortalecendo a coesão econômica nacional. Em uma união monetária, isso é importante, pois aumenta a eficácia das políticas federais (fiscais, monetárias e estruturais). Alterar o modelo de crescimento para que se privilegiem ganhos de produtividade mais equilibrados, incluindo uma produtividade urbana mais robusta, seria uma agenda comum para a Amazônia Legal e o Brasil. Tal agenda geraria um crescimento inclusivo e mais sustentável do ponto de vista ambiental, como será examinado nas próximas seções.

IMPACTOS RELACIONADOS AO USO DA TERRA

Como a demanda agrícola externa impacta o desmatamento na Amazônia Legal

O atual modelo de crescimento brasileiro, em parte baseado na agricultura voltada para a exportação, tem fome de mais terra e impulsiona o desmatamento, especialmente nos estados do Arco do Desmatamento (ver quadro 1.1 no capítulo 1). Simulações de equilíbrio geral indicam que o crescimento da demanda agrícola externa beneficia, do ponto de vista econônomico (PIB), principalmente estados como Maranhão, Pará, Rondônia e Tocantins, mas o custo disso é o aumento do desmatamento (figura 3.16). Os estados mais remotos (em geral, na Fronteira Colonial) tem um setor agrícola menos avançado e, portanto, sofrem um aumento mais modesto no desmatamento. Mato Grosso tem um mercado agrícola mais desenvolvido e já sofreu muito desmatamento no passado; logo, o aumento da demanda agrícola aumenta seu PIB de forma significativa, mas também causa menos desmatamento que em outros estados do Arco do Desmatamento. O Amazonas, mais voltado à produção industrial e ao mercado interno, sofre uma crescente expansão do Arco do Desmatamento nesta simulação, com um benefício econômico relativamente modesto. Por fim, as simulações indicam que, embora os outros estados da Fronteira Colonial vejam seus níveis de desmatamento crescer marginalmente, suas economias se expandem à medida que aumentam suas vendas para estados que se beneficiam mais diretamente da maior demanda agrícola externa.

FIGURA 3.16

O aumento da demanda agrícola externa estimula o desmatamento

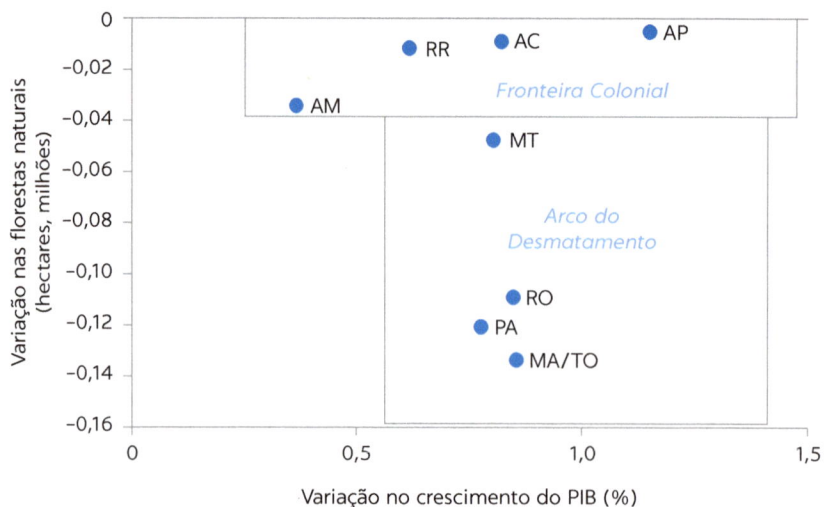

Fonte: Banco Mundial, com base no modelo de equilíbrio geral computável (EGC) em Ferreira-Filho e Hanusch (2022).
Observação: A figura ilustra as variações em relação às projeções da linha de base para a economia e o uso da terra em um período de 12 anos. Os impactos são desvios percentuais cumulativos da linha de base. Os nove estados da Amazônia Legal são indicados por suas abreviaturas: Acre (AC), Amapá (AP), Amazonas (AM), Maranhão (MA), Mato Grosso (MT), Pará (PA), Rondônia (RO), Roraima (RR) e Tocantins (TO). O Pará faz parte tanto da Fronteira Colonial quanto do Arco do Desmatamento, na Nova Fronteira. MA/TO refere-se a Maranhão e Tocantins, mas também inclui o Piauí na modelagem (que não faz parte da Amazônia). Para mais detalhes sobre a Fronteira Colonial, a Nova Fronteira e o Arco do Desmatamento, ver capítulo 1, quadro 1.1.

Como a competitividade externa e a produtividade afetam o desmatamento na Amazônia

O desmatamento da Amazônia Legal também está intimamente ligado à competitividade externa do Brasil. Diversos estudos apontam para os fatores macroeconômicos que ajudam a explicar o desmatamento, tais como os preços de produtos agrícolas e madeireiros ou a taxa de câmbio efetiva real (TCER) (por exemplo, Arcand, Guillaumont, Guillaumont Jeannenney, 2008). A TCER é a taxa de câmbio nominal ponderada pelo comércio entre parceiros comerciais, contabilizando os diferenciais de preços relativos entre eles. É, portanto, uma medida da competitividade externa de um país. Entre 2004 e 2015, parece ter havido certa dissociação entre os preços das *commodities* e o desmatamento na Amazônia Legal (veja, por exemplo, Assunção, Gandour e Rocha, 2015). No entanto, a relação entre a TCER e o desmatamento permaneceu forte (figura 3.17, painel a).

Como a agricultura é um dos setores de exportação mais importantes para o Brasil, a competitividade externa impacta a demanda por terras e, portanto, o desmatamento. A maior competitividade externa, ou seja, uma TCER depreciada, aumenta a demanda global por *commodities* brasileiras e, portanto, por terras agrícolas, pressionando os preços reais da terra em todo o Brasil (figura 3.17, painel b). Embora a maior demanda aumente os preços da terra, dados empíricos recentes (Instituto Escolhas, 2022) demonstram que a expansão da oferta de terras resultante do desmatamento reduz seus preços. Isso reforça a noção de que, no modelo brasileiro de crescimento com uso intensivo de recursos, o desmatamento é um meio de expandir a produção agrícola por meio de terras baratas. Assim, quanto mais os preços da terra sobem, maiores são os incentivos para desmatar.

A produtividade determina a competitividade externa no longo prazo. O aumento da produtividade brasileira reduz o desmatamento na Amazônia

FIGURA 3.17

A desvalorização real aumenta o desmatamento na Amazônia e os preços de terras em todo o Brasil

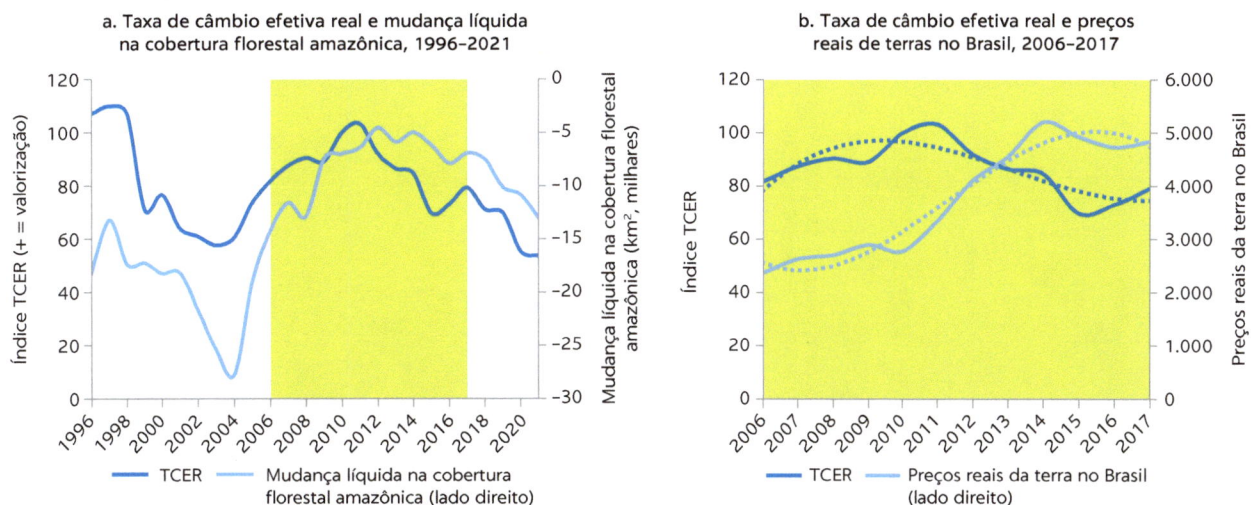

a. Taxa de câmbio efetiva real e mudança líquida na cobertura florestal amazônica, 1996–2021

b. Taxa de câmbio efetiva real e preços reais de terras no Brasil, 2006–2017

Fontes: Banco Mundial, com base em dados do Instituto Nacional de Pesquisa Espacial (Inpe), do Projeto de Monitoramento por Satélite do Desmatamento (PRODE), dos Indicadores de Desenvolvimento Mundial e do Instituto Escolhas (2022).
Observação: A taxa de câmbio efetiva real (TCER) é a taxa cambial nominal ponderada entre parceiros comerciais. Ela leva em consideração os diferenciais relativos de preços entre tais parceiros. Reduções nos valores da TCER indicam depreciação, ao passo que aumentos indicam valorização. A área sombreada no painel a indica um período idêntico no painel b; km² = quilômetros quadrados.

Legal por meio de três canais. Como a produtividade é o principal determinante de longo prazo da TCER, há, também, uma forte relação entre produtividade e desmatamento (figura 3.18). Quando a produtividade aumenta em toda a economia brasileira, observa-se uma redução do desmatamento na Amazônia Legal, graças aos impactos sobre preços, salários e substituição de fatores:

- *Preços*. Uma parte significativa dos ajustes na TCER é impulsionada pela taxa de câmbio nominal. A valorização nominal reduz o preço global dos bens primários em moeda local, o que, por sua vez, reduz os incentivos para os agricultores converterem florestas em terras produtivas.
- *Salários*. A produtividade aumenta os salários reais em toda a economia (efeito Balassa-Samuelson). Custos salariais mais altos reduzem a lucratividade dos agricultores e, juntamente com o efeito dos preços, reduzem a demanda por terra e, portanto, o desmatamento[14]. Isso se reflete na relação entre os custos unitários da mão de obra no Brasil e o desmatamento na Amazônia Legal (figura 3.19).
- *Substituição de fatores*. Para manter sua competitividade mesmo com preços mais baixos de *commodities* e custos salariais mais altos, os agricultores substituem a mão de obra por maquinários e insumos (como fertilizantes), cujos preços caem como resultado direto dos ganhos de produtividade ou de uma redução dos custos de importação associada a uma taxa de câmbio mais forte. O preço da terra também pode cair, dependendo do grau de produtividade derivado da agricultura ou de outros setores. Se os preços da terra caem, o efeito líquido de substituição sobre o desmatamento é ambíguo. Isso será analisado mais adiante.

Houve uma aceleração do desmatamento na Amazônia Legal quando chegou ao fim o superciclo das *commodities*. A valorização da TCER no Brasil na década de 2000 foi consequência da maior produtividade resultante de reformas

FIGURA 3.18

A produtividade brasileira está associada a três quartos do desmatamento observado na Amazônia Legal entre 1996 e 2019

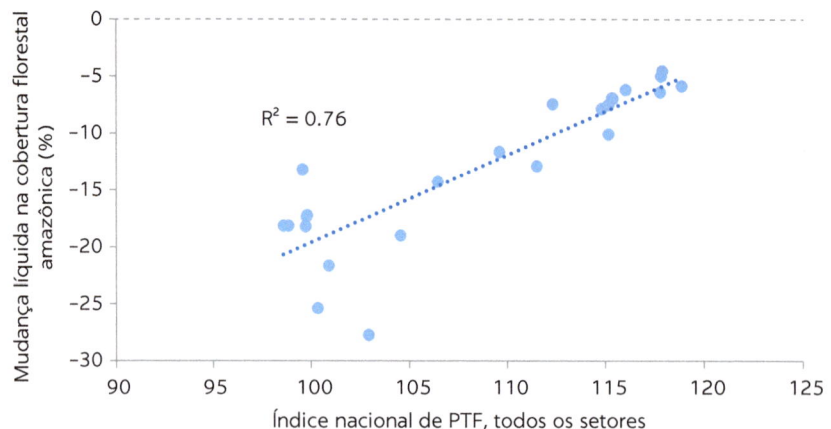

Fontes: Banco Mundial, com base em dados do Projeto de Monitoramento do Desmatamento da Amazônia Legal por Satélite do Instituto Nacional de Pesquisas Espaciais (Prodes-Inpe) e da Fundação Getulio Vargas (FGV).
Observação: Cada ponto no gráfico de dispersão representa um ano no período 1996–2019. Quanto maior for a produtividade, menor será a taxa de desmatamento.
PTF = produtividade total dos fatores.
km² = quilômetros quadrados.

FIGURA 3.19

O desmatamento da Amazônia Legal acompanha os custos unitários da mão de obra no Brasil

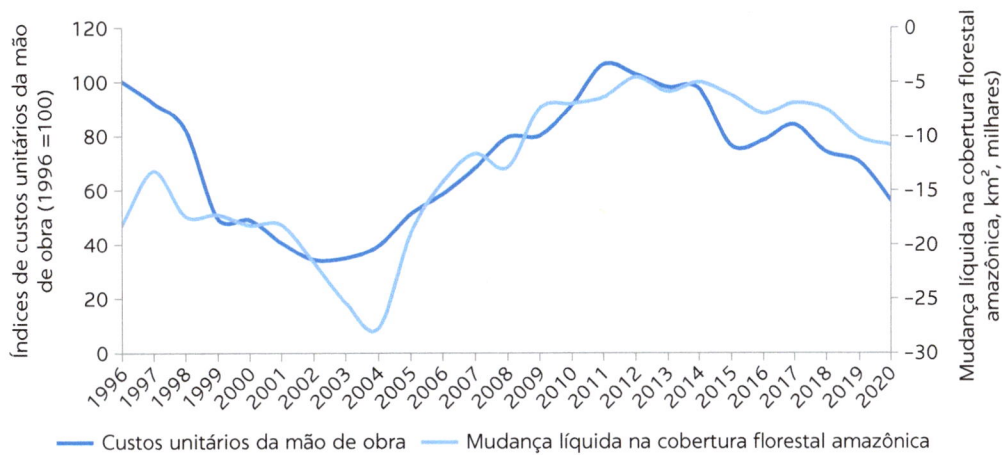

Custos unitários da mão de obra — Mudança líquida na cobertura florestal amazônica

Fontes: Banco Mundial, com base em dados do Projeto de Monitoramento do Desmatamento da Amazônia Legal por Satélite do Instituto Nacional de Pesquisas Espaciais (Prodes-Inpe) e do Banco Central do Brasil. km² = quilômetros quadrados.

estruturais e de um choque positivo nos termos de troca durante o superciclo das *commodities*. Os efeitos foram semelhantes aos de um aumento na PTF, com impulso da demanda agregada, da utilização da capacidade das fábricas e da demanda por mão de obra. Isso resultou em maiores salários reais para os trabalhadores, que viram seu poder de compra aumentar em relação aos seus parceiros comerciais, levando a uma valorização da TCER. Com a paralisação da agenda de reformas estruturais e o fim do superciclo em 2015, a produtividade se deteriorou, e a TCER se desvalorizou, enquanto o desmatamento na Amazônia voltou a crescer.

Impactos sobre o uso da terra de um modelo brasileiro de crescimento ancorado na produtividade

A agenda nacional de produtividade brasileira é importante para as florestas da Amazônia Legal. A economia da Amazônia Legal é pequena em comparação à economia brasileira. O que acontece no Brasil tem grande impacto nos agregados macroeconômicos do país e, portanto, afeta também a economia da Amazônia Legal. A tabela 3.3 ilustra esse ponto, concentrando-se apenas nos ganhos de produtividade do Brasil *fora da* Amazônia Legal (com foco no Sul e no Sudeste, os centros econômicos do país)[15]. As simulações de equilíbrio geral demonstram que isso não apenas aumentaria o PIB e o consumo na Amazônia Legal, conforme discutido anteriormente, mas também diminuiria o desmatamento na região. Isso contrasta fortemente com um modelo de crescimento que atende apenas à crescente demanda agrícola externa: as simulações indicam que um ganho de produtividade de 0,5 ponto percentual no resto do Brasil em um período de 12 anos aumentaria o PIB da Amazônia Legal em 0,5% e preservaria 1,9 milhão de hectares de florestas naturais brasileiras (0,8 milhão dos quais na Amazônia), ao passo que um aumento anual de 0,5 ponto percentual na demanda agrícola externa em um período de 12 anos aumentaria o PIB da

TABELA 3.3 Impactos setoriais cumulativos de ganhos anuais de produtividade de 0,5 ponto percentual no PIB, nos arrendamentos de terras, no desmatamento e nas emissões líquidas de GEEs ao longo de 12 anos

SETOR COM GANHO DE PRODUTIVIDADE DE 0,5 PONTO PERCENTUAL	PIB (%)	ARRENDAMENTOS (%)	AMAZÔNIA LEGAL		TODO O BRASIL	
			TERRAS FLORESTADAS (MILHÕES DE HECTARES)	DIÓXIDO DE CARBONO (GIGAGRAMAS)	TERRAS FLORESTADAS (MILHÕES DE HECTARES)	DIÓXIDO DE CARBONO (GIGAGRAMAS)
Demanda externa por produtos agrícolas	0,8	6,0	−0,4	13.049	−1,0	29.192
PTF Sul e Sudeste	0,5	−40,6	0,8	−56.605	1,9	−90.420
PTF Brasil						
Agricultura	1,8	0,0	0,3	4.193	0,8	18.221
Setor manufatureiro	3,9	−24,9	0,8	−33.486	1,9	−67.833
Mineração	0,3	−1,2	0,1	−2.834	0,2	−650
Serviços	9,1	−10,5	−0,1	−6.637	−0,1	3.085
PTF Amazônia Legal						
Agricultura	2,1	10,3	−0,5	32.282	−0,1	15.004
Setor manufatureiro	3,8	−8,1	0,6	−16.310	0,4	−14.350
Mineração	0,2	0,9	0,0	−693	0,0	−708
Serviços	9,8	−5,9	0,4	−14.211	0,2	−8.372

Fonte: Ferreira-Filho e Hanusch (2022).
Observação: O preenchimento verde indica menos desmatamento (mais terras florestadas) e emissões; o vermelho, mais desmatamento. As emissões de gases de efeito estufa (GEEs) são apresentadas em dióxido de carbono equivalente (CO2e). Não são considerados certos efeitos indiretos, tais como potenciais impactos de minas mais produtivas no desenvolvimento da infraestrutura e no desmatamento a ela associado. p.p. = pontos percentuais; PTF = produtividade total dos fatores.

Amazônia Legal em 0,8% e destruiria 1 milhão de hectares a mais de florestas naturais em todo o Brasil (0,4 milhão dos quais na Amazônia).

O aumento da produtividade, em todo o Brasil, dos setores comercializáveis que não fazem uso intensivo da terra, como o setor manufatureiro, aumentaria o bem-estar social e diminuiria o desmatamento na Amazônia Legal e no resto do país[16]. A tabela 3.3 demonstra que o aumento da produtividade manufatureira em todas as 27 Unidades Federativas do Brasil também teria grandes impactos positivos no PIB e na conservação das florestas. A figura 3.20 descompacta os resultados modelados, demonstrando que o aumento da PTF manufatureira nacional valoriza a moeda brasileira em termos reais à medida que os preços dos produtos manufaturados caem em relação aos preços não comercializáveis (serviços) e os salários aumentam, aumentando os padrões de vida e bem-estar das famílias. No entanto, salários mais altos também reduzem a competitividade das *commodities* primárias, e os preços globais de *commodities* caem em moeda local. O efeito líquido é menos desmatamento, tanto na Amazônia Legal quanto no resto do Brasil. Com base na premissa de que o desmatamento na Amazônia Legal manterá sua média quinquenal (2016–2020), as simulações para este memorando indicam que um modesto aumento de 0,5 ponto percentual no PIB industrial brasileiro faria com que o desmatamento caísse pela metade até 2050 e fosse completamente eliminado até 2078 (figura 3.21). O desmatamento acabaria ainda mais cedo se houvesse um crescimento maior da PTF. Isso também tem efeitos líquidos positivos na redução das emissões de gases de efeito estufa no Brasil e na proteção da biodiversidade (quadro 3.2).

FIGURA 3.20

Os impactos do aumento da PTF industrial brasileira são semelhantes aos do superciclo das *commodities*

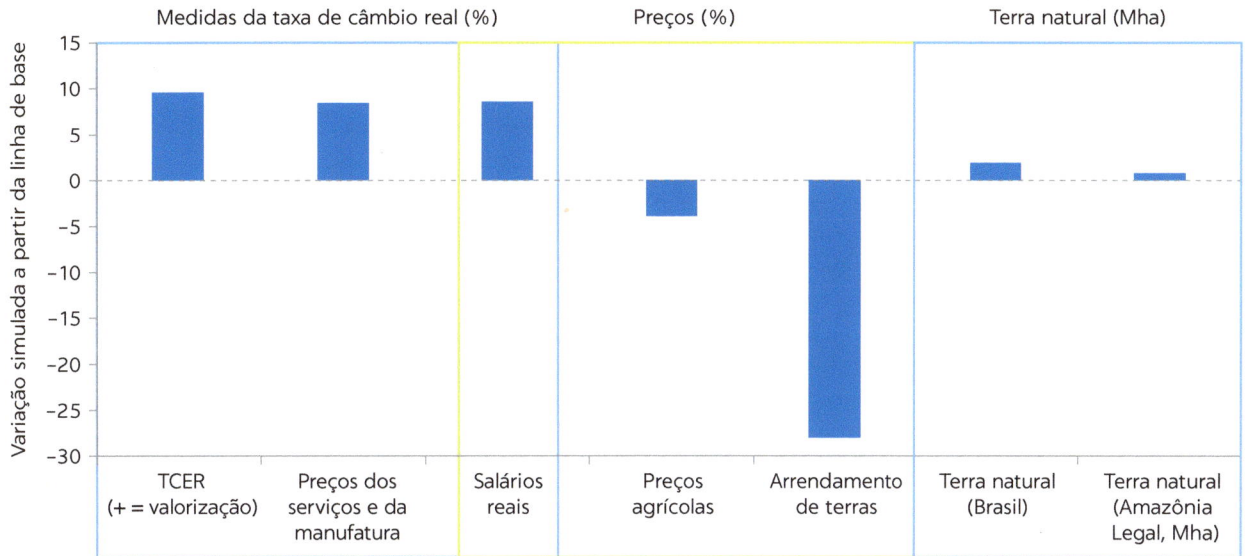

Fonte: Ferreira-Filho e Hanusch (2022).
Observação: A figura é uma projeção da economia e do uso da terra no futuro. Ela aplica o cenário da produtividade total dos fatores (PTF) industrial brasileira da tabela 3.3; Mha = milhões de hectares.

FIGURA 3.21

Variação simulada na cobertura florestal na Amazônia Legal após o aumento na PTF industrial brasileira

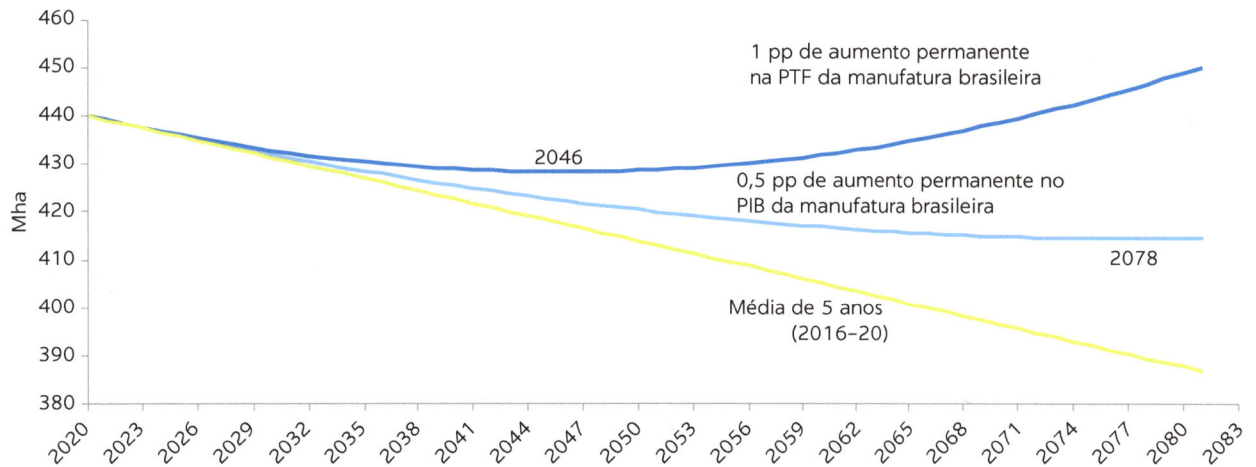

Fonte: Banco Mundial, com base em Ferreira-Filho e Hanusch (2022).
Observação: A simulação pressupõe a taxa média de desmatamento de 2016–2020 na linha de base. Aplica o cenário de PTF industrial da tabela 3.3 e adiciona um cenário de ganho de 1 ponto percentual na PTF industrial; Mha = milhões de hectares; p.p. = pontos percentuais.

Ganhos de produtividade na agricultura em todo o Brasil podem reduzir o desmatamento, mas a história tem nuances. A produtividade agrícola reduz o desmatamento em nível global, mas pode aumentá-lo localmente. O quadro 3.3 apresenta os mecanismos pelos quais a produtividade agrícola afeta os incentivos para converter terras naturais em terras produtivas para a agricultura. De acordo com a tabela 3.3, em nível nacional, seria observado o efeito Borlaug (em que a produtividade agrícola reduz o desmatamento). A tabela também

QUADRO 3.2

Por meio de seu impacto no desmatamento, a produtividade também pode reduzir as emissões de gases de efeito estufa e proteger a biodiversidade

As mudanças no uso da terra e as estruturas de produção afetam as emissões de gases de efeito estufa (GEEs), e a produtividade afeta tanto as emissões líquidas quanto a preservação da biodiversidade. O crescimento da produtividade no setor manufatureiro gera as maiores reduções de emissões de GEEs, pois as emissões líquidas mais baixas do uso da terra superam eventuais acelerações nas emissões industriais — que são relativamente baixas no Brasil devido ao uso de fontes de energia verde, como a hidrelétrica. Se o Brasil aumentasse permanentemente a PTF industrial em 0,5 ponto percentual ao ano, as simulações indicam que o país poderia reduzir suas emissões totais de GEEs em 67.833 gigagramas de CO_2 equivalente em relação à linha de base ao longo de 12 anos (ver tabela 3.3). Se considerarmos o preço de carbono de US$ 40 por tonelada de CO_2,

conforme apresentado no capítulo 1, isso equivaleria a cerca de US$ 10 bilhões[a].

O cálculo é mais complexo para os efeitos sobre a biodiversidade. Nas estimativas conservadoras de existência e valores de opção apenas para o bioma Amazônia descritas no capítulo 1, os 800 mil hectares de floresta preservada seriam avaliados em US$ 3,9 bilhões em 10 anos[b]. Aumentar a produtividade agrícola em nível nacional não reduziria as emissões de GEEs, porque um desmatamento menor não seria suficiente para compensar as emissões diretas associadas à produção agrícola (especialmente a pecuária), embora um desmatamento menor fosse capaz de preservar, em certa medida, a biodiversidade (ver tabela 3.3). Na Amazônia Legal, no entanto, uma maior produtividade agrícola provavelmente aumentaria o desmatamento e, assim, aumentaria as emissões líquidas de GEEs e reduziria a biodiversidade.

a. Uma tonelada de carbono contém 3,67 toneladas de CO_2. Portanto, 68 milhões de toneladas de carbono = 68 milhões x 3,67 toneladas de CO_2, a um preço de carbono de US$ 40 por tonelada = cerca de US$ 10 bilhões, sem descontar o benefício futuro de economia de carbono.
b. US$ 45 bilhões para toda a Amazônia, ou US$ 4.286 de valor subjacente por hectare com um desconto de 3%.

QUADRO 3.3

O impacto da produtividade agrícola no desmatamento — Jevons ou Borlaug

O efeito Jevons sugere que a produtividade agrícola aumentaria o desmatamento.
Uma maior produtividade agrícola pode aumentar ou reduzir o desmatamento. Em 1866, William Stanley Jevons descobriu que o uso de tecnologias aprimoradas para a produção de carvão provavelmente aumentaria a sua utilização, dando origem ao *paradoxo de Jevons,* um conceito usado no estudo da economia ambiental. É um achado contraintuitivo, uma vez que a maior eficiência costuma estar associada à redução no uso de insumos. A ideia é que a agricultura mais produtiva aumentaria o uso de insumos, inclusive a terra, dando origem a mais

desmatamento: a maior produtividade permitiria que os agricultores atendessem a um mercado maior, aumentando sua demanda por terras produtivas.

O efeito Borlaug sugere que a produtividade agrícola reduziria o desmatamento.
Norman Borlaug argumentou, em 2002, que agricultores mais produtivos atenderiam à mesma demanda com menos insumos. Não haveria, portanto, um paradoxo, pois a maior produtividade levaria ao menor uso de insumos, entre os quais a terra, reduzindo também o desmatamento.

continua

Quadro 3.3, *continua*

A elasticidade da demanda agrícola afeta fortemente essa relação.

Hertel (2012) reconciliou esse debate: se a demanda por produtos agrícolas for inelástica, um aumento na produção reduziria os preços, reduzindo, também, os resultados; logo, os insumos e a produção aumentariam apenas ligeiramente. Se a demanda for elástica, os preços seriam estáveis e os agricultores ganhariam com um aumento da produção, usando mais terra e pressionando as florestas. Os mercados locais tendem a ter uma demanda mais inelástica que os mercados globais (capítulo 5). Assim, o efeito Jevons é mais provável quando os agricultores têm acesso aos mercados internacionais, o que leva a mais desmatamento. Quanto mais próximos os agricultores amazônicos estiverem das rodovias, maior será a probabilidade de seus ganhos de produtividade resultarem em desmatamento (os estados do Arco do Desmatamento ou da Nova Fronteira têm uma densidade de estradas relativamente alta).

A elasticidade da oferta de terras também é importante.

Se o preço da terra aumenta acentuadamente com a demanda por terra (uma oferta inelástica), intensificar o uso da terra existente é mais barato para os agricultores que adquirir novas terras. O aumento da produtividade agrícola leva, então, à intensificação da agricultura em vez da conversão florestal. A oferta de terras tende a ser mais inelástica quando os mercados de terras são consolidados. Na Amazônia Legal, uma *região de fronteira* com questões pendentes de regularização fundiária, a oferta de terras é relativamente elástica, o que leva à conclusão de que os ganhos de produtividade agrícola na região provavelmente aumentarão o desmatamento.

Atualmente, não há consenso sobre a aplicabilidade do efeito Jevons à Amazônia legal. A modelagem realizada para este memorando indica que ele se aplica[a]. No mínimo, é um risco que os formuladores de políticas públicas devem levar em consideração quando pensarem em medidas de fomento à produtividade agrícola na Amazônia Legal: uma governança fundiária e florestal eficaz reduzirá a elasticidade da oferta de terras e, portanto, ajudará a conter o efeito Jevons.

Fontes: Bourlaug (2002), Hertel (2012) e Jevons (1866).
a. Alguns achados alternativos sobre o impacto do efeito Jevons no Brasil e na Amazônia Legal encontram-se em Szerman et al. (2022) e Cattaneo (2005).

sugere que, na Amazônia Legal, seria observado o efeito Jevons, em que ganhos de produtividade agrícola levariam a um maior desmatamento[17]. Isso se deve ao fato de que ganhos de produtividade superiores à média nacional na Amazônia Legal dariam à região uma vantagem relativa e fariam com que ela abocanhasse parte do mercado do restante do Brasil. Isso será analisado mais adiante. As simulações indicam que os ganhos de produtividade em todo o país reduziriam o desmatamento por duas razões: em primeiro lugar, um aumento nacional da PTF agrícola teria um grande impacto na TCER do Brasil, o que seria impulsionado desproporcionalmente por outras partes do país, dado o pequeno tamanho relativo da Amazônia Legal. Em segundo lugar, a oferta de terras no resto do Brasil é mais inelástica que na Amazônia Legal; logo, as pressões pelo desmatamento ficariam contidas em nível nacional[18].

Ganhos de produtividade nos setores de serviços também podem reduzir as pressões pelo desmatamento, embora o mecanismo seja mais complexo. Em nível nacional, um aumento geral da produtividade dos serviços não reduz o desmatamento, porque a maioria dos serviços não são comercializáveis e, portanto, têm um impacto direto menor na taxa de câmbio real (ver tabela 3.3). De fato, um ganho de produtividade no setor de serviços pode depreciar a taxa de câmbio real, porque o ganho de renda associado aumentará a demanda de importações sem um aumento compensatório considerável nas exportações. Há uma diversidade significativa nos serviços, no entanto. Frequentemente, eles são complementares aos setores comercializáveis, como a indústria de transformação, e podem, assim, ter efeitos indiretos positivos na competitividade. Por exemplo, ao isolar os impactos apenas para o setor de transportes, percebe-se que um aumento geral na produtividade dos serviços de transporte brasileiro diminuiria o desmatamento ao melhorar a competitividade externa dos bens comercializados[19]. Além disso, alguns serviços são comercializáveis (como turismo ou centrais de atendimento telefônico), e os impactos macroeconômicos de seus aumentos de produtividade reduziriam o desmatamento. A conclusão, portanto, é que os ganhos de produtividade em atividades que não fazem uso intensivo da terra e que se concentram nas cidades, como a indústria e alguns serviços, têm impactos macroeconômicos positivos para as florestas brasileiras.

Se não houver outro *boom* nos preços de minerais e metais, os impactos macroeconômicos da mineração sobre o desmatamento são pequenos — a menos que novas infraestruturas de mineração afetem as paisagens amazônicas. A mineração, um setor importante, mas relativamente pequeno no Brasil, exigiria ganhos de produtividade muito grandes — ou um aumento na demanda externa, como ocorreu durante o último superciclo de *commodities* — para que o setor tivesse impactos macroeconômicos na competitividade agrícola e no uso da terra no Brasil. É provável que a construção de infraestrutura e os assentamentos humanos associados a novas minas (ou à expansão das minas existentes) tenham mais impactos negativos para a floresta que os ganhos de produtividade.

De modo geral, a convergência do Brasil com outros países de economias mais avançadas ajudaria a aumentar a renda e conservar as florestas naturais — mas um aumento da divergência representaria uma grande ameaça às florestas naturais da Amazônia Legal[20]. O aumento da produtividade ajudará o Brasil a alcançar os países mais desenvolvidos, e a tabela 3.3 indica que isso ajudará a reduzir as pressões pelo desmatamento, especialmente se elas forem equilibradas em todo o país e em diferentes setores. Dado o desempenho histórico da produtividade brasileira, especialmente em relação a outros países, há um risco significativo de *divergência* global do Brasil. Nesse caso, os resultados da análise seriam invertidos, e a pressão sobre as florestas brasileiras *aumentaria*, inclusive na Amazônia Legal, o que destaca a urgência de revigorar a agenda de produtividade brasileira e reforçar os esforços institucionais para proteger as florestas naturais.

Impactos no uso da terra de um modelo de crescimento na Amazônia Legal impulsionado pela produtividade — com foco urbano mais forte

A transformação estrutural lenta e desigual na Amazônia Legal, com foco excessivo no crescimento da produtividade agrícola, limita o potencial de desenvolvimento e a preservação florestal. Este capítulo demonstrou que, embora a transformação estrutural esteja em curso na Amazônia Legal, ela vem ocorrendo em ritmos diferentes e de modo assimétrico. Há muito mais progresso na produtividade do setor agrícola que nos setores manufatureiro e de serviços, que geralmente estão associados à produção urbana. As simulações da tabela 3.3 indicam que, na Amazônia Legal, o efeito Jevons se manteria. A figura 3.22 detalha os resultados da simulação da tabela 3.3 em Mato Grosso,

FIGURA 3.22

Sem uma governança eficaz, o aumento da produtividade agrícola em Mato Grosso pode aumentar o desmatamento naquele estado, mas reduzi-lo no resto da Amazônia Legal

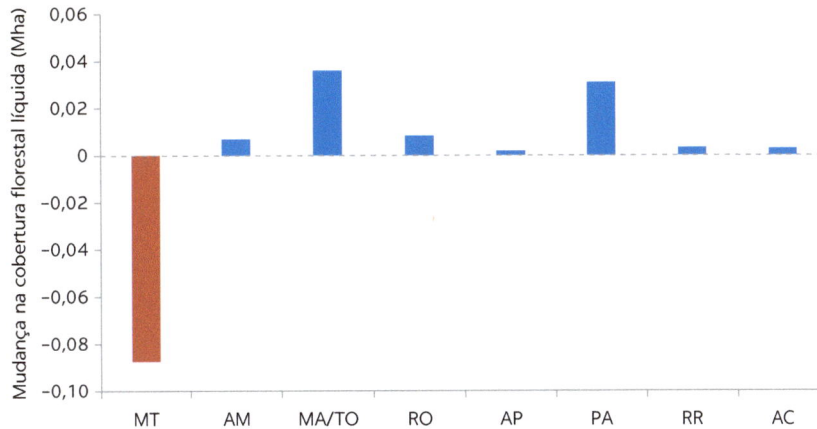

Fonte: Banco Mundial com base em Ferreira Filho e Hanush (2022).
Observação: A figura apresenta os impactos cumulativos ao longo de 12 anos de um aumento anual de 0,5 ponto percentual na produtividade total dos fatores (PTF) agrícola em Mato Grosso (barra vermelha) sobre a cobertura florestal líquida nos nove estados da Amazônia Legal: Acre (AC), Amapá (AM), Amazonas (AM), Mato Grosso (MT), Pará (PA), Rondônia (RO), Roraima (RR) e Maranhão e Tocantins (MA/TO) (inclui o Piauí, que não faz parte da Amazônia Legal, na modelagem). Mha = Milhões de hectares.

com o objetivo de demonstrar como o aumento da produtividade agrícola aumentaria o desmatamento no estado e o reduziria nos outros estados da Amazônia Legal. O capítulo 5 examina, em mais detalhes, como o desenvolvimento dos mercados agrícolas na fronteira amazônica está associado a crises sociais e ambientais, entre as quais o desmatamento.

O fortalecimento do braço urbano da transformação estrutural, como os setores de manufatura e serviços, pode ter um impacto significativo para a preservação florestal na Amazônia Legal. Tanto em nível nacional quanto na Amazônia Legal, o aumento da PTF industrial tem o maior impacto setorial na preservação das terras naturais, ao mesmo tempo que reduz as emissões líquidas de GEEs (ver tabela 3.3). Ganhos de produtividade dos serviços na Amazônia Legal também reduziriam, em média, o desmatamento (figura 3.23). Tanto a atividade manufatureira quanto a de serviços (avançados) tendem a estar associadas ao crescimento urbano.

O crescimento da produtividade urbana reduziria a pressão sobre os preços das terras rurais e, portanto, os incentivos ao desmatamento, ao mesmo tempo que criaria condições potencialmente mais propícias para a proteção ambiental. A relação entre produtividade urbana e desmatamento é intuitiva: a terra não é um insumo importante para a produção manufatureira ou para os serviços, e um aumento da PTF nesses setores reduz a competitividade relativa da agricultura, um setor que faz uso intensivo da terra. Logo, a demanda agrícola diminui, em geral, fazendo com que os preços das terras rurais caiam em relação à linha de base, reduzindo os incentivos para o desmatamento e os motivos especulativos associados à grilagem. À medida que a renda urbana se torna uma alternativa à produção rural com uso intensivo da terra, objeções à designação de áreas de preservação ambiental como áreas protegidas ou terras indígenas tendem a diminuir.

FIGURA 3.23

O aumento da produtividade dos setores de manufatura e serviços na Amazônia Legal reduziria o desmatamento na região

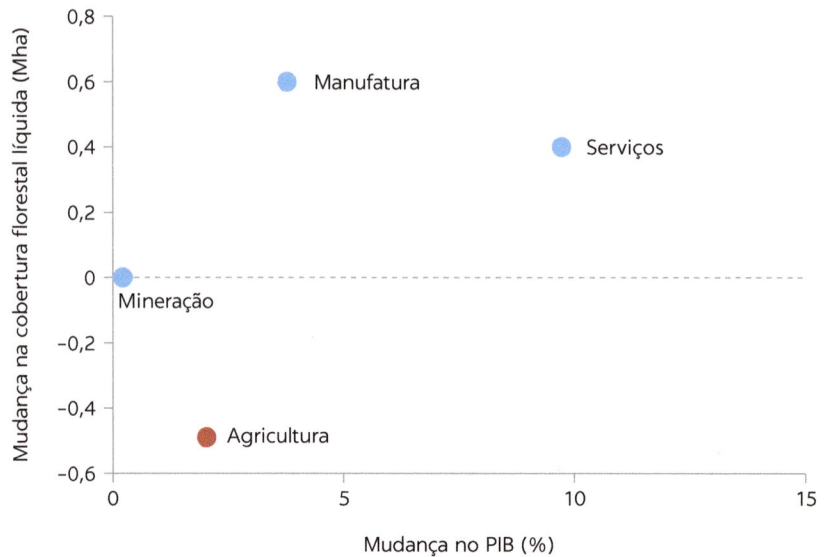

Fonte: Banco Mundial.
Observação: A figura é uma representação dos valores informados na tabela 3.3; Mha = Milhões de hectares.

O desenvolvimento sustentável na Amazônia Legal requer um modelo com foco no crescimento mais equilibrado da produtividade urbana e rural. A transformação estrutural em regiões menos desenvolvidas tende a ser impulsionada pelo aumento da produtividade agrícola. Portanto, um foco exclusivamente urbano não é realista, e também, a tabela 3.3 indica que isso reduziria a produção agrícola na Amazônia Legal, que poderia ser deslocada para outras regiões do mundo onde as terras naturais também estejam sob pressão, simplesmente deslocando o desmatamento. Além disso, a redução dos preços da terra em relação aos salários aumentaria os incentivos para usar mais terra, resultando em menos atividades agrícolas em geral, mas uso mais abundante da terra — a produtividade da terra cairia e a agricultura se tornaria mais extensiva em termos relativos.

O aumento simultâneo da produtividade tanto na agricultura quanto na manufatura aumentaria, em relação à linha de base (*business as usual*, ou BAU), a produção agrícola e a produtividade da terra (resultando na intensificação da agricultura) e limitaria a pressão sobre os preços de arrendamento de terras (reduzindo os incentivos à grilagem), mantendo, assim, mais florestas naturais (ver tabela 3.4). Um modelo de crescimento mais voltado à produtividade urbana é, portanto, um complemento importante para o aumento da produtividade agrícola. É mais adequado para a Amazônia Legal que um modelo com foco na agricultura extensiva, podendo impulsionar a prosperidade da região com menos perda de riquezas naturais.

Para apoiar a transformação estrutural da Amazônia Legal, a bioeconomia pode ser outro complemento importante (quadro 3.4). O capítulo 4 demonstrará que uma governança florestal eficaz precisará acompanhar o processo de transformação estrutural de forma a minimizar a perda de florestas naturais e intensificar a agricultura. As políticas públicas com foco

TABELA 3.4 Impactos cumulativos de aumentos na produtividade na produção agrícola, produtividade da terra, arrendamento de terras, salários e desmatamento na Amazônia Legal ao longo de 12 anos

| SETOR | PRODUÇÃO | | PRODUTIVIDADE DA TERRA | | ARRENDAMENTOS | | SALÁRIOS (RELATIVOS AO BRASIL) (%) | TERRAS NATURAIS NA AMAZÔNIA LEGAL (MHA) |
	PECUÁRIA (%)	SOJA (%)	PASTO (%)	LAVOURA (%)	PASTO (VARIAÇÃO PERCENTUAL)	LAVOURA (VARIAÇÃO PERCENTUAL)		
Agricultura	8,87	9,73	8,15	8,07	11,62	12,56	1,70	−0,54
Setor manufatureiro	−3,61	−3,06	−2,93	−2,59	−8,59	−9,29	5,11	0,54
Agricultura e manufatura	4,95	6,53	5,00	5,35	1,89	2,30	6,89	0,02

Fontes: Ferreira-Filho e Hanusch (2022).
Observações: A tabela apresenta o impacto de um aumento anual de 0,5 ponto percentual na produtividade total dos fatores (PTF) por setor em relação à linha de base em percentual para todas as variáveis, exceto terras florestais, expressas em milhões de hectares (Mha). O desmatamento é representado pela redução das terras florestais.

QUADRO 3.4

A macroeconomia da bioeconomia

Fomentar a produção sustentável pode reduzir o desmatamento proporcionando meios de subsistência rurais alternativos. Agricultores menos produtivos, em sua maioria pequenos agricultores, podem se tornar uma fonte de desmatamento quando sofrem pressões competitivas (capítulo 5)[a]. A transformação estrutural nas áreas rurais significa que os agricultores mais produtivos expulsarão os agricultores improdutivos que, na falta de alternativas, podem se envolver no desmatamento ilegal. Além de aumentar a demanda por alimentos, isso poderia ser uma explicação para o desmatamento observado em assentamentos. A capacidade de alternar atividades econômicas entre setores é importante para reduzir o desmatamento (Porcher e Hanusch, 2022), mas, na prática, é difícil mudar de profissão. No entanto, é mais fácil fazer a transição entre atividades relacionadas. A promoção de opções alternativas de renda sustentável em áreas rurais é uma importante estratégia complementar a uma estratégia mais ampla de facilitar a transformação estrutural capacitando as populações para empregos urbanos.

O foco na bioeconomia pode ajudar a reduzir o desmatamento, mas também há limitações. A Amazônia Legal pode ter uma vantagem absoluta em termos de produtos de bioeconomia (mas também tem um histórico de ser vítima de "biopirataria", conforme explica o capítulo 1). Embora a criação de opções alternativas de emprego ligadas à produção sustentável possa reduzir o desmatamento, é improvável que isso afete as pressões macroeconômicas que levam ao desmatamento, porque seus efeitos tendem a ser muito pequenos (ver no anexo 3B exemplos de agronegócios, bioeconomia e outros; por exemplo, fabricantes de automóveis têm sido acusados de, inadvertidamente, provocar desmatamento devido à sua demanda por couro). Porcher e Hanush (2022) demonstram que, nos lugares em que a manufatura tem cadeias de valor agrícola pronunciadas (ou de bioeconomia), a maior competitividade resultante dos ganhos de produtividade aumenta a demanda por todos os insumos, inclusive commodities primárias. Isso aumenta a demanda por terras e pode impulsionar o desmatamento, mesmo se houver ganhos de produtividade na manufatura, geralmente considerada um setor urbano. O impacto líquido é ambíguo, pois a maior produtividade industrial tende a reduzir o desmatamento, ao passo que a maior demanda por *commodities* rurais tende a aumentá-lo. A governança florestal robusta e medidas eficazes de sustentabilidade em todas as cadeias de suprimento serão fundamentais para evitar tais consequências não intencionais.

a. Podem ser uma fonte de desmatamento de "subsistência" para aumentar as áreas de pastagem ou arrendar terras para grandes proprietários.

em produtividade rural e urbana, meios de subsistência sustentáveis e instituições eficazes são analisadas mais a fundo no capítulo 7.

UM AMBIENTE PROPÍCIO PARA O CRESCIMENTO ECONÔMICO E A CONVERGÊNCIA REGIONAL

Criar igualdade de condições e fortalecer a dotação de recursos são medidas que podem ajudar a Amazônia Legal a eliminar suas lacunas de produtividade e convergir com o resto do Brasil. O desenvolvimento da região requer políticas federais que afetarão todos os estados, como abrir o Brasil ao comércio ou reduzir o Custo Brasil, juntamente com intervenções estaduais específicas. O aumento da conectividade e o acesso ao mercado são fundamentais para a convergência regional, mas implicam riscos para as florestas da Amazônia Legal. Outras áreas importantes de reformas incluem um ambiente de negócios propício, infraestrutura econômica e instituições adequadas. Uma base sólida de capital humano é fundamental, assim como o acesso a financiamento. Esses pontos já foram analisados no capítulo 2, e algumas políticas que possam apoiar o desenvolvimento nos estados da Amazônia Legal são descritos abaixo e em capítulos posteriores.

As necessidades de investimento são altas em uma *região de fronteira*, uma vez que a infraestrutura econômica ainda precisa ser desenvolvida. O investimento público nos estados amazônicos é superior, em média, à média nacional (em relação à receita corrente líquida), embora haja grandes diferenças entre os estados (ver anexo 3C). Como demonstra este memorando, no entanto, ainda há necessidades significativas de investimento, inclusive em infraestrutura econômica (como eletricidade ou conectividade digital) e infraestrutura social (como água e saneamento). Quando as necessidades excedem os meios, é fundamental que haja priorização. Por exemplo, estudos recentes sugerem que o fortalecimento da conectividade rodoviária dos centros urbanos do Brasil (especialmente ao longo da costa) resultará em aumento dos padrões de vida e bem-estar em todo o país, inclusive na Amazônia Legal, mais do que a construção de novas estradas rurais na Amazônia Legal (Gorton e Ianchovichina, 2021).

Aumento da conectividade e do acesso a mercados

Toda economia precisa de infraestrutura logística para prosperar, mas o transporte é uma questão controversa nas florestas nativas da Amazônia Legal. As estradas rurais são particularmente prejudiciais às florestas, uma vez que as rodovias principais levam à construção de estradas menores, às vezes informais, e muitas vezes abrem caminho para a extração ilegal de madeira (Soares-Filho et al., 2004). Em princípio, qualquer redução nos custos de transporte pode causar desmatamento ao gerar novas oportunidades de mercado para a agricultura extensiva e a extração de madeira (Braganá; Araújo; Assunção, 2020; Porcher; Hanush, 2022). É por isso que é importante considerar cuidadosamente onde esses investimentos devem ser realizados: a redução dos custos de transporte tende a ser menos prejudicial às florestas em mercados mais maduros, em que a elasticidade do preço da terra já é maior. Dessa forma, a logística pode ser particularmente prejudicial às florestas nas *regiões de fronteira* menos desenvolvidas da Amazônia Legal (Weinhold; Reis, 2008). Para reduzir o impacto da infraestrutura de transporte sobre os ecossistemas, é importante combinar as iniciativas com outras intervenções, inclusive políticas robustas de proteção ambiental (conforme apresenta o próximo capítulo) e investimentos em produtividade urbana (conforme apresentado neste capítulo, no capítulo 6 e em Banco Mundial, 2023b).

Hidrovias e ferrovias provavelmente causarão menos desmatamento imediato que estradas rurais e, por conectarem muitas cidades, especialmente no bioma Amazônia, são compatíveis com o apelo por maior proeminência econômica do ambiente urbano. O capítulo 1 demonstrou como o desmatamento tende a ser mais prevalente na Nova Fronteira, que se desenvolveu em torno de estradas. As hidrovias, por outro lado, ao longo das quais se desenvolveu a Fronteira Colonial, estão muito menos associadas ao desmatamento. A Amazônia é a maior bacia hidrográfica do mundo, o que torna o transporte hidroviário uma alternativa de custo competitivo às estradas rurais para o transporte de cargas (ver anexo 3A) na Fronteira Colonial (embora o transporte hidroviário possa interferir na biodiversidade dos rios). Para as áreas não tão facilmente acessíveis por hidrovias, o transporte ferroviário pode ser uma alternativa melhor que o rodoviário. Uma razão pela qual ambos esses dois meios de transporte estão associados a menores taxas de desmatamento é porque fazem menos paradas (o que reduz o desmatamento ao longo do caminho) e têm sistemas melhores e mais centralizados de monitoramento de cargas. O transporte aéreo não tem impacto sobre o desmatamento e é o meio de transporte preferido para indivíduos e produtos perecíveis, embora gere altas emissões de GEEs (isso pode mudar à medida que forem desenvolvidos combustíveis de aviação mais limpos).

Promover a migração em todo o Brasil é importante para apoiar a transformação estrutural, a convergência regional e a conservação das florestas (quadro 3.5). Os custos de transporte são um fator que impacta a migração. Logo, o setor de transporte não afeta apenas o transporte de cargas, mas também o transporte de passageiros.

Melhora do ambiente de negócios

Reduzir o Custo Brasil é fundamental, mas tem sido difícil do ponto de vista político, uma vez que diversos governos têm usado várias ferramentas fiscais para compensar as empresas. Os altos custos resultam de vários obstáculos aos negócios, como mercados financeiros ineficientes, regras fiscais e administrativas complexas e onerosas, e mudanças regulatórias frequentes. Esses custos reduzem a competitividade das empresas, enfraquecem os incentivos à inovação e favorecem comportamentos que visam apenas uma "caça a rendas" (*rent seeking*). As tentativas do governo de compensar as empresas pelos altos custos, por meio de intervenções nos mercados de produtos e insumos, têm aumentado a má alocação de recursos (como na Zona Franca de Manaus) e podem até ter reduzido a concorrência. Os governos introduziram altas barreiras à importação, exigências de conteúdo local, alíquotas e isenções tributárias diferenciadas, subsídios ao crédito e outras medidas para beneficiar indústrias e regiões específicas, e, muitas vezes, empresas específicas (Dutz, 2018).

As normas para a realização de negócios são um grande componente do Custo Brasil, e as diferenças entre elas nos estados da Amazônia Legal mostram que há oportunidades para impulsionar o crescimento da produtividade. Um estudo subnacional da série *Doing Business* nos estados identificou exemplos de melhor desempenho em estados de diferentes níveis de renda, tamanhos e regiões no Brasil. A Amazônia Legal está próxima à média brasileira, mas

QUADRO 3.5

Migração, bem-estar e florestas

A migração é importante para realizar ganhos de produtividade. A Amazônia Legal não necessariamente precisa atrair trabalhadores para enriquecer. A tabela Q3.5.1 ilustra isso no caso de Mato Grosso, o maior exportador agrícola da Amazônia Legal, e do Amazonas, o principal produtor industrial da região. Demonstra que ambos os estados aumentarão seu PIB e atrairão mão de obra quando a Amazônia Legal tiver alcançado ganhos de produtividade. No entanto, os estados não precisam de populações maiores para se desenvolverem: o aumento do PIB apresentado na tabela Q3.5.1 é acompanhado pela *emigração* no Amazonas em cenários de maior demanda agrícola externa e PTF em outras partes do país. Mato Grosso observa *imigração* quando se aumenta a demanda agrícola; e *emigração* quando a produtividade aumenta no resto do Brasil. Melhorar a situação da população da Amazônia Legal exige que eles possam migrar para onde as oportunidades estiverem — e um capital humano mais alto ampliará as oportunidades (capítulo 2).

Habilidades profissionais e migração são importantes para o desenvolvimento sustentável e inclusivo da Amazônia Legal. As escolas devem formar os futuros trabalhadores para os empregos certos — em sua maioria, nas cidades. Isso significa que mesmo as populações rurais devem estar preparadas para empregos urbanos. Agricultores que sofrem pressões econômicas sem terem alternativas de emprego são estimulados a usar ilegalmente a floresta para manter seu poder de compra (Porcher; Hanusch, 2022).

Nas áreas urbanas, qualificações profissionais são necessárias para impulsionar o crescimento da produtividade urbana, e isso exigirá imigração especializada. Embora a migração interna possa aumentar a população nas cidades, isso não causaria necessariamente mais desmatamento se os ganhos de produtividade da migração fossem consideráveis, a expansão urbana fosse controlada e os custos de transporte fossem baixos o suficiente para atender à demanda agrícola urbana adicional de outros lugares (Porcher; Hanusch, 2022). Embora seja importante ampliar as qualificações profissionais na Amazônia Legal, é essencial elevar os níveis de educação em todo o país para reduzir os incentivos à migração de brasileiros desempregados e não qualificados de outras partes do país para a Amazônia Legal em busca de oportunidades nas áreas rurais, como, por exemplo, grilagem ou garimpo, o que poderia resultar em mais desmatamento e conflitos (Porcher; Hanusch, 2022). Em vez disso, o aumento da produtividade impulsionado pela melhora de qualificações da população no Brasil como um todo traria uma melhora, na Amazônia Legal, dos padrões de vida e bem-estar da população e uma redução do desmatamento.

TABELA Q3.5.1 Impactos cumulativos de um aumento anual de 0,5 ponto percentual na PTF e na demanda agrícola externa ao longo de 12 anos

SIMULAÇÃO	AMAZONAS	MATO GROSSO
Aumento da PTF na Amazônia Legal		
PIB (%)	19,31	14,88
Migração (%)	56,27	34,10
Aumento da demanda agrícola		
PIB (%)	0,37	0,80
Migração (%)	−3,98	7,75
Aumento da PTF no Sul e no Sudeste do Brasil		
PIB (%)	0,56	−0,47
Migração (%)	−5,61	−43,79

Fonte: Banco Mundial com base em Ferreira-Filho e Hanusch (2022).
Observação: PIB = produto interno bruto; TFP = produtividade total dos fatores.

apresenta variações importantes entre seus estados (ver anexo 3A). Por exemplo, nos cinco indicadores estudados, as pontuações médias de Roraima e Tocantins estão acima da média brasileira (Roraima fica atrás apenas de São Paulo). Além disso, embora os estados mais ricos do Sudeste apresentem desempenho acima da média, também se observam bons resultados na Amazônia. Por exemplo, é mais fácil abrir um negócio no Pará graças à implementação bem-sucedida da Redesim no estado, uma iniciativa nacional para integrar e digitalizar o registro de empresas. Da mesma forma, Roraima é o melhor estado para obter alvarás de construção em tempo hábil (média de 179,5 dias). No entanto, a região também tem alguns dos piores desempenhos: o Acre e o Amapá estão no decil mais baixo para registro de propriedades; e o Maranhão está na parte inferior da distribuição no que diz respeito a alvarás de construção. Embora alguns estados amazônicos tenham os melhores desempenhos em alguns indicadores da pesquisa empresarial, eles apresentam desempenho ruim em outros — em alguns casos, o pior de todos. Por exemplo, embora seja fácil abrir um negócio no Pará, o estado apresenta grandes desafios para o pagamento de impostos devido ao grande número de pagamentos exigidos e ao tempo necessário para fazê-los. Melhorar o ambiente regulatório na Amazônia Legal será fundamental para a produtividade.

Energia mais eficiente e confiável

Os estados da Amazônia Legal são dependentes de fontes de energia ineficientes, não confiáveis e, muitas vezes, poluidoras. Embora a energia hidrelétrica, que tem baixa emissão de carbono, seja a principal fonte de energia no Brasil, os estados amazônicos dependem de usinas térmicas ineficientes e emissoras de gases de efeito estufa (Vagliasindi, 2022). A eletricidade é distribuída por meio de uma combinação de sistemas conectados à rede e sistemas isolados, e são comuns as lacunas no acesso. As concessionárias de energia elétrica sofrem com altas perdas, má gestão e falta de disciplina comercial, e tudo isso é agravado pela interferência política das autoridades locais.

O acesso à eletricidade é limitado, e a qualidade e a confiabilidade criam desafios para muitas empresas. Apesar dos avanços do programa Luz para Todos, o objetivo de fornecer energia elétrica a toda a população não foi alcançado, e o programa foi prorrogado até 2022 (ver anexo 3A). A má qualidade dos serviços de eletricidade afeta tanto as famílias quanto as empresas e é um entrave à produtividade (ver anexo 3A). A Pesquisa Empresarial do Banco Mundial de 2009 pedia às empresas que quantificassem o custo das vendas perdidas devido a quedas de energia. Foram constatadas perdas de cerca de 5% das vendas no Amazonas, o que é consideravelmente superior à média nacional, de 3%. Após descontar o valor das perdas entre todas as empresas que relataram falta de energia, o percentual caiu para cerca de 1,2%, o que ainda representava o dobro da média nacional. Contudo, ao descontar as perdas entre todas as empresas pesquisadas, as perdas do Amazonas ainda ficaram abaixo da média nacional. No entanto, é provável que essas perdas tenham sido subestimadas, não levando em consideração os mecanismos de enfrentamento das empresas para manter o fornecimento ininterrupto de energia, como, por exemplo, a aquisição de geradores próprios. A pesquisa descobriu que cerca de 18% das empresas no Amazonas possuem um gerador, uma das porcentagens mais altas do Brasil. Estima-se que as perdas de produtividade devido ao fornecimento inadequado de energia elétrica sejam altas[21].

Fortalecimento das instituições

Instituições mais fortes são essenciais para apoiar a convergência regional da Amazônia Legal. As instituições são analisadas ao longo deste memorando. Elas são fundamentais para melhorar o capital humano e a infraestrutura básica (capítulo 2), fatores importantes para aumentar a produtividade e viabilizar a transformação estrutural. Também são necessárias para investimentos públicos de alta qualidade e bem priorizados em infraestrutura econômica. Instituições são necessárias para garantir que os contratos sejam cumpridos e para assegurar a segurança de pessoas e propriedades. No entanto, a aplicação da lei é um desafio na Amazônia Legal, com impactos adversos para pessoas, empresas e florestas. O próximo capítulo examina mais detalhadamente as instituições, com foco particular naquelas voltadas à conservação florestal (ver o anexo do capítulo 4 para mais informações sobre as instituições na Amazônia Legal).

CONCLUSÕES E IMPLICAÇÕES PARA POLÍTICAS PÚBLICAS

Para alcançar níveis mais elevados de desenvolvimento, o Brasil deve fazer a transição de um modelo baseado na acumulação de fatores e na extração de recursos naturais para um modelo baseado na produtividade, inclusive aumentando a produtividade nos setores urbanos. A agricultura, um dos poucos setores competitivos do Brasil, é pequena demais para aumentar a renda *per capita* no futuro. Além disso, a fronteira agrícola em constante mudança, um reflexo do atual modelo de crescimento, vem causando desmatamento em grande escala. Para impulsionar o crescimento da produtividade além da agricultura — na indústria e nos serviços —, é necessário acelerar a agenda de produtividade mais ampla do Brasil para tornar o país mais competitivo e gerar crescimento econômico e demanda por mão de obra, o que ajudaria a criar empregos melhores (capítulo 2). Isso inclui a redução do Custo Brasil e o fomento à concorrência. Para tal, seria necessário abrir os mercados à concorrência estrangeira, atrair investimentos estrangeiros diretos em serviços e reduzir lentamente as tarifas para aumentar a exposição dos setores industriais brasileiros, que são fortemente protegidos, a concorrentes externos (Banco Mundial, 2023a).

Um modelo de crescimento baseado em produtividade para o Brasil também beneficiaria a Amazônia Legal. O baixo crescimento em todo o Brasil, especialmente nas partes mais desenvolvidas do país, também reduz as perspectivas de crescimento em regiões menos desenvolvidas e impede sua transformação estrutural.

Na Amazônia Legal, faz-se necessário implementar várias políticas transversais desde o capital humano até o acesso a financiamento, um ambiente regulatório propício para fazer negócios, energia confiável e acessível e um forte Estado de Direito. Por ser uma região remota, a Amazônia Legal também precisará melhorar sua conectividade, mas a infraestrutura de transporte precisa ser cuidadosamente projetada para evitar impactos nos ecossistemas da região. Isso se aplica a todos os modos de transporte (exceto o aéreo), mas, em particular, às estradas rurais.

Processos mais rápidos e equilibrados de transformação estrutural ajudariam a Amazônia Legal a se equiparar ao resto do país com menos pressão sobre as florestas naturais da região, o que é discutido neste e no próximo capítulo.

As áreas menos desenvolvidas, com grandes lacunas na produtividade da mão de obra, têm potencial substancial de crescimento.

Na Amazônia Legal, esse potencial poderia ser realizado concentrando-se mais na produtividade dos setores urbanos de manufatura e serviços avançados, em que os ganhos de produtividade são impulsionados pela aglomeração, efeitos de rede e especialização, entre outros (ver capítulo 6 e Banco Mundial, 2023b). As áreas urbanas são mais propensas que as áreas rurais a atrair trabalhadores com as habilidades fundamentais necessárias para uma indústria manufatureira competitiva e serviços de alta produtividade; também são mais propensas a gerar qualificações de nível superior. A atual ênfase das políticas públicas no desenvolvimento da produção rural em detrimento da produtividade urbana pode estar contribuindo para a desindustrialização prematura e a aceleração do desmatamento.

Isso não diminui a necessidade de ganhos de produtividade agrícola na Amazônia Legal, mas exige reequilíbrio para adicionar um foco complementar mais forte no ganho de produtividade urbana, juntamente com instituições fortes de proteção florestal (ver próximo capítulo). Várias políticas públicas são complementares conforme detalha o capítulo 7. O anexo 3C analisa algumas implicações deste capítulo para o investimento privado sustentável na Amazônia Legal.

ANEXO 3A: INDICADORES SELECIONADOS DO AMBIENTE DE NEGÓCIOS DA AMAZÔNIA

Tarifas comerciais

FIGURA 3A.1

As tarifas comerciais médias do Brasil superam as dos seus pares e as dos países de renda alta

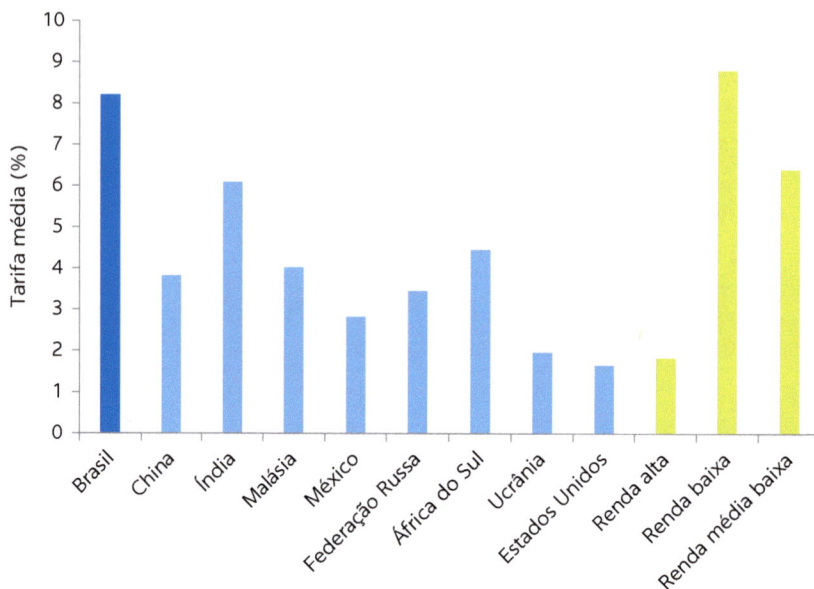

Fonte: Base de dados dos Indicadores de Desenvolvimento Mundial.

Investimento público

FIGURA 3A.2

O investimento público na maioria dos estados da Amazônia Legal está acima da média nacional

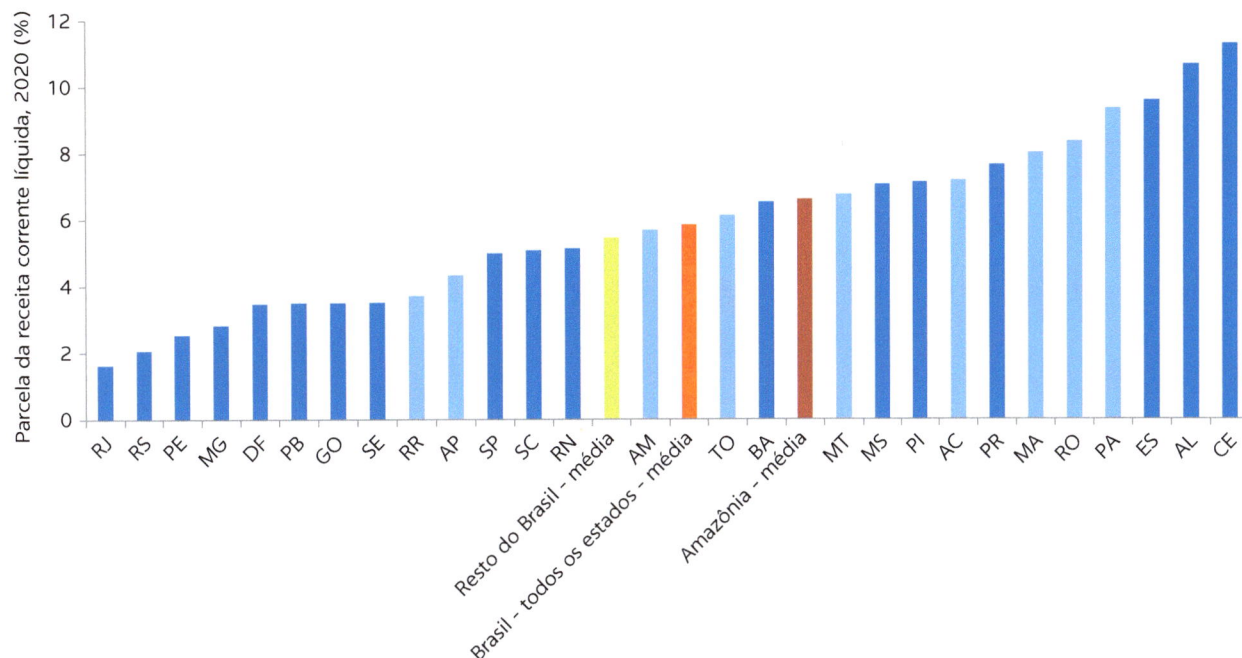

Fonte: Secretaria do Tesouro Nacional.
Observação: A figura mostra os níveis de investimento público em cada estado brasileiro, como percentual das receitas líquidas correntes em 2020. A Amazônia Legal (barra vermelha) abrange nove estados: Acre (AC), Amapá (AP), Amazonas (AM), Maranhão (MA), Mato Grosso (MT), Pará (PA), Rondônia (RO), Roraima (RR) e Tocantins (TO). As barras em azul claro mostram os estados amazônicos. A barra laranja, intitulada "Brasil, todos os estados", inclui todos os estados do país. A barra intitulada "Resto do Brasil" (verde) refere-se aos estados que não fazem parte da Amazônia Legal.

Ambiente regulatório

TABELA 3A.1 Indicadores *Doing Business* subnacionais, por estado da Amazônia Legal

Classificação entre os 27 estados brasileiros

ESTADO	CUSTO DE ABERTURA DE EMPRESAS	ALVARÁ DE CONSTRUÇÃO	REGISTRO DE PROPRIEDADES	PAGAMENTO DE IMPOSTOS	EXECUÇÃO DE CONTRATOS
Acre	24	11	25	22	6
Amapá	19	21	27	5	13
Amazonas	18	14	8	7	15
Maranhão	5	27	20	10	7
Mato Grosso	21	17	16	16	14
Pará	1	24	9	27,0	24
Rondônia	10	23	17	2	4
Roraima	25,0	1	10	18	5
Tocantins	23	5	13	15	9

Fonte: Banco Mundial (2021).
Observação: O sombreamento rosa indica um desempenho no decil mais baixo, e o verde, no decil mais alto.

Eletricidade

FIGURA 3A.3
As taxas de eletrificação são baixas em alguns estados da Amazônia Legal

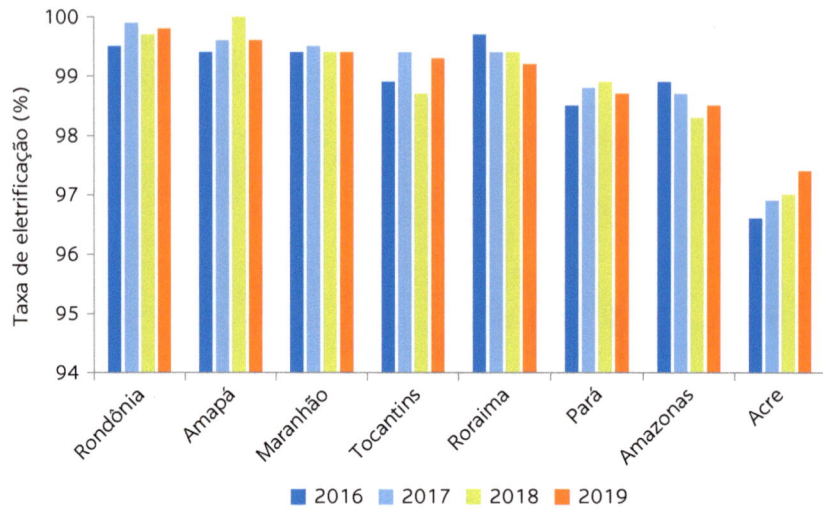

Fonte: Programa Luz Para Todos, governo do Brasil.

MAPA 3A.1
As interrupções de eletricidade reduzem a produtividade das empresas

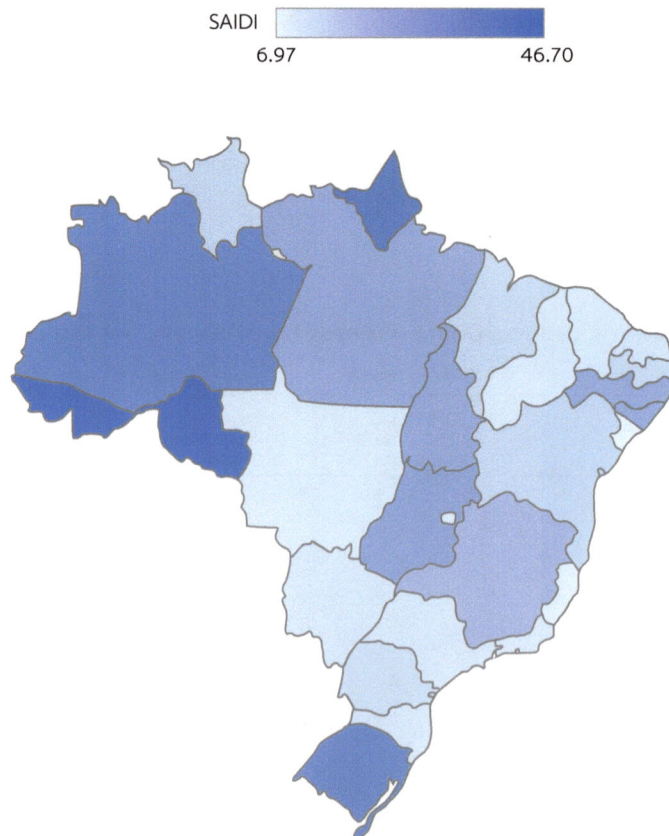

Fonte: Vagliasindi (2022).
Observação: Duração média da interrupção do sistema (minutos).

Transporte

TABELA 3A.2 Custos por meios de transporte nos estados da Amazônia Legal

(custos de frete, seguro e outros como porcentagem do valor do produto)

ESTADO	TODOS OS MEIOS SAÍDA	ENTRADA	AQUAVIÁRIO SAÍDA	ENTRADA	RODOVIÁRIO SAÍDA	ENTRADA	AÉREO SAÍDA	ENTRADA	FERROVIÁRIO SAÍDA	ENTRADA	MULTIMODAL SAÍDA	ENTRADA
Acre	8,76	8,65	12,68	9,77	8,69	8,58	3,94	17,72	—	—	—	17,10
Amapá	4,75	8,24	2,29	4,77	9,07	8,68	14,39	14,51	—	0,54	—	24,10
Amazonas	8,30	8,93	2,14	6,21	8,90	9,08	9,27	14,53	—	0,32	4,26	10,54
Maranhão	9,28	9,47	7,47	8,33	9,31	9,43	5,58	17,86	6,58	25,72	—	16,08
Mato Grosso	10,11	9,19	—	1,67	10,12	9,19	31,11	15,28	19,67	10,86	25,64	20,47
Pará	8,47	9,85	5,17	15,70	8,60	9,96	10,10	16,39	—	1,71	5,34	18,14
Rondônia	5,32	8,32	3,41	14,10	5,70	8,29	8,14	19,77	—	—	1,04	27,01
Roraima	5,89	6,25	—	3,42	5,92	6,13	7,78	15,93	—	0,55	—	11,52
Tocantins	6,91	7,74	—	3,96	6,97	7,73	9,88	15,45	5,56	5,60	—	10,59
Resto do Brasil	7,96	7,91	6,92	4,90	8,00	7,97	13,78	13,55	3,17	3,15	10,93	10,33
Brasil	8,07		5,62		8,07		13,69		4,07		10,82	

Fonte: Arquivei, Conhecimento de Transporte Eletrônico.
Observação: — = não disponível.

Desempenho comparativo da produtividade brasileira

FIGURA 3A.4

A produtividade da mão de obra brasileira (indústria e serviços) permaneceu praticamente a mesma entre 1994 e 2018

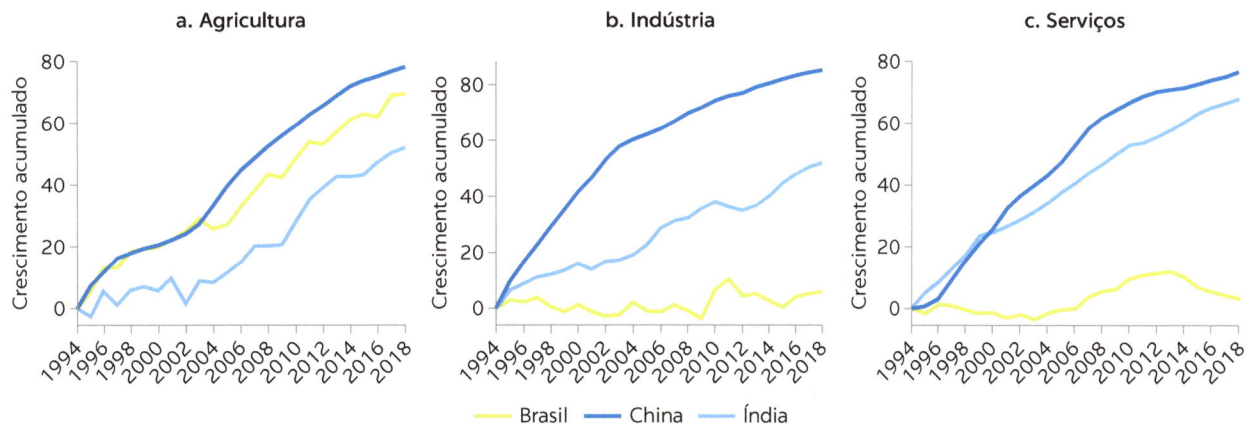

Fonte: Banco Mundial.
Observação: Índice cumulativo; 1994 = 0.

Estrutura setorial do emprego na Amazônia

TABELA 3A.3 **Porcentagens setoriais de emprego nos estados da Amazônia Legal, 2012 e 2018**

(porcentagem do emprego total)

ESTADO	AGRICULTURA		INDÚSTRIA		MANUFATURA		SERVIÇOS	
	2012	2018	2012	2018	2012	2018	2012	2018
Acre	18	13	15	15	4	5	67	72
Amapá	9	7	18	13	4	2	73	80
Amazonas	19	17	21	17	8	6	60	67
Maranhão	29	17	16	14	3	3	55	69
Mato Grosso	17	17	19	18	7	7	64	65
Pará	19	15	21	19	7	7	60	65
Rondônia	24	23	19	15	6	5	57	62
Roraima	10	8	16	14	4	3	73	78
Tocantins	18	15	17	14	5	3	64	72
Amazônia	18	15	20	17	5	4	64	68

Fonte: Banco Mundial usando dados do Instituto Brasileiro de Geografia e Estatística (IBGE).
Observação: O setor industrial inclui manufatura, mineração, construção e concessionárias de serviços públicos.

ANEXO 3B: AÇAÍ E CACAU NA FLORESTA AMAZÔNICA — CONSERVAÇÃO E EQUIDADE GLOBAL

Cacau e açaí são *commodities* muito procuradas. O cacau é nativo da América Latina, inclusive de certas áreas do Brasil, como a Amazônia. Durante a conquista europeia da América Latina, a "mania do chocolate" se espalhou pela Europa a partir do início do século XVI, e muitas plantações surgiram no Brasil. Os colonos também levaram cacau da América Latina para a África Ocidental. Atualmente, o cacau é um importante produto de exportação de Gana e da Costa do Marfim. Contudo, a maior parte da produção de chocolate ocorre na Europa e em outros países de renda alta, que se beneficiam do valor agregado da produção. O açaí também é uma fruta nativa da Amazônia, e a "mania do açaí" recentemente chegou a partes dos Estados Unidos e da Europa, principalmente em formas levemente processadas, como pós, bebidas e sorvetes.

Ambas as frutas são popularmente consideradas como elementos importantes para a conservação da Floresta Amazônica, mas uma demanda significativa do mercado pode ser atendida por monoculturas. Como o açaí já cresce de forma natural na Amazônia, a aceleração da demanda brasileira e internacional é considerada uma oportunidade para comunidades rurais selecionadas melhorarem sua renda usando métodos sustentáveis (extrativistas). Diante do aumento da demanda, grandes produtores comerciais de açaí entraram no mercado, plantando açaí em sistemas de monocultura, com menor valor de biodiversidade que o extrativismo. Isso ocorre principalmente em estados como o Pará.

A produção comercial de cacau é atualmente limitada na Amazônia Legal, mas há um interesse crescente por parte de empresas multinacionais em diversificar suas fontes de cacau. Esse interesse é principalmente instigado por preocupações ambientais, como as mudanças climáticas (e seu impacto nas condições de plantio em áreas de cultivo de cacau na África Ocidental), além de preocupações sociais, como o trabalho infantil, também ligado à produção na África Ocidental. Do ponto de vista biofísico, o cacau é considerado adequado para produção sustentável em paisagens integradas. No entanto, é provável que o processo de transformação agrícola na Amazônia Legal leve inicialmente a culturas especializadas e monoculturas (ver também capítulo 5). A demanda por produtos processados a partir do cacau produzido de forma sustentável permanece limitada a pequenos nichos de mercado. Embora haja espaço para uma produção que atenda a esses mercados, é improvável que isso tenha um grande impacto nas paisagens amazônicas.

A produção de produtos florestais é muito pequena para competir com sistemas de produção menos sustentáveis em nível macro. Solucionar um problema originado da terra (desmatamento) e vinculado a uma atividade que depende da terra (agricultura) com uma solução baseada na terra (produção mais sustentável) pode parecer atraente, mas, na prática, não é tão simples. Primeiramente, a importância econômica do cacau e do açaí é relativamente pequena no Brasil e na Amazônia Legal: essas culturas representam apenas 0,6% (cacau) e 1,6% (açaí) do PIB agrícola da região. Como ambas também são pequenas demais para aparecer nas matrizes oficiais de entrada e saída, a tabela 3B.1 mostra os efeitos de um aumento anual de 0,5 ponto percentual na PTF de produtos florestais (tais como borracha, castanha-do-brasil, cacau, açaí e madeira). A intuição econômica é comparável à da análise sobre a dinâmica intersetorial apresentada

TABELA 3B.1 Impactos cumulativos do aumento anual de 0.5 ponto percentual da PTF de produtos manufaturados e florestais na Amazônia Legal em 12 anos

| SETOR | ÁREA (MHA) | | | | | |
	FLORESTA NATIVA	SISTEMA AGROFLORESTAL	PASTO	LAVOURA	ARRENDAMENTO DE TERRAS	CONSUMO
Produtos manufaturados	0,500	−0,003	−0,46	−0,075	−8,1	5,8
Produtos florestais	0,007	0,012	−0,01	−0,005	0,6	0,1

Fonte: Banco Mundial com base em Ferreira-Filho e Hanusch (2022).
Observação: A estimativa baseia-se no aumento permanente de 0,5 ponto percentual na PTF setorial em relação à linha de base.
Mha = Milhões de hectares.

anteriormente neste capítulo: um aumento na PTF dos produtos florestais resulta num aumento de sua competitividade, o que torna outros produtos relativamente menos competitivos, inclusive a soja e o gado. Logo, a quantidade de terras usadas para pastagens e lavouras diminui, assim como o desmatamento (tabela 3B.1). Há, no entanto, algumas limitações importantes relativas a esses resultados. O tamanho limitado dos mercados de produtos florestais significa que seu impacto macroeconômico é insignificante, a menos que esses mercados cresçam consideravelmente. Além disso, a expansão de qualquer *commodity* agrícola aumentará tanto o valor agregado da terra quanto a concorrência por ela, levando a aumento dos valores de arrendamento, o que poderá incentivar a grilagem.

Importantes considerações de equidade global devem ser ponderadas em relação ao potencial limitado dos produtos florestais de conterem o desmatamento em larga escala na Amazônia. O mercado de produtos agroflorestais é pequeno. Por exemplo, o mercado mundial de grãos de cacau tem um valor anual de cerca de US$ 8 bilhões, muito inferior aos US$ 56 bilhões da soja. Mesmo um grande aumento na produção brasileira seria muito pequeno para gerar efeitos agregados em toda a economia nacional. Contudo, se for grande o suficiente em relação ao mercado mundial de cacau, tal aumento poderia reduzir os preços no mercado mundial. Isso excluiria os agricultores menos produtivos no Brasil (inclusive os extrativistas, a menos que atendam a nichos de mercado) e em países africanos, especialmente a Costa do Marfim, e Gana ou Cameroun, países muito mais pobres que o Brasil (figura 3B.2). Estima-se que mais da metade dos produtores da Costa do Marfim já viva abaixo da linha da pobreza (Banco Mundial, 2019). O impacto líquido global e local sobre o emprego provavelmente será negativo, pois qualquer expansão em grande escala da produção de cacau no Brasil tende a fazer uso muito mais intensivo de capital que na África Ocidental. No entanto, a maior produtividade da mão de obra associada a uma maior intensidade de capital provavelmente aumentaria os salários dos trabalhadores do setor.

O capítulo 5 demonstra como a bioeconomia rural pode ajudar a reduzir o desmatamento ao oferecer meios de subsistência alternativos e mais sustentáveis aos agricultores menos produtivos. Em outras palavras, não alterar as forças macroeconômicas, mas superar os atritos na transição entre empregos. Isso não exigirá ganhos desproporcionais na produção de artigos da bioeconomia.

Além disso, e ao reconhecer os riscos remanescentes, a transição de produtos primários para o seu processamento pode reduzir a pressão por

FIGURA 3B.1

A participação do Brasil nas exportações globais de cacau é minúscula

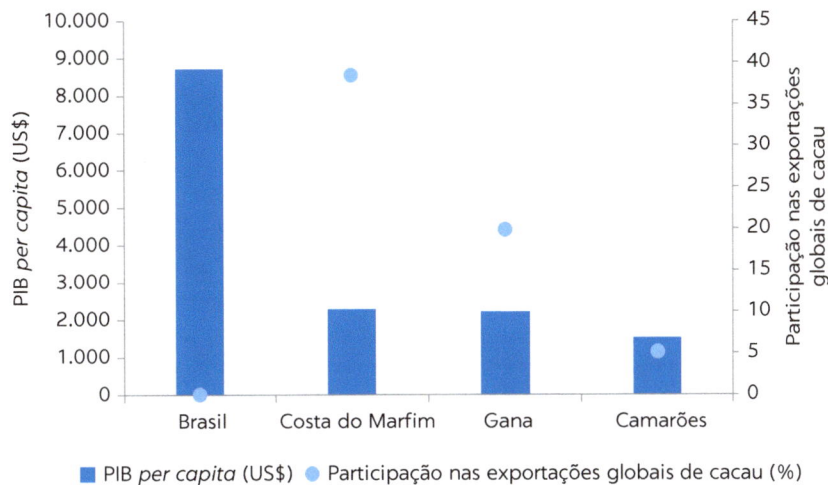

■ PIB *per capita* (US$) ● Participação nas exportações globais de cacau (%)

Fonte: Banco Mundial usando dados dos Indicadores de Desenvolvimento Mundial e da ferramenta de pesquisa e visualização do Atlas da Complexidade Econômica da Universidade de Harvard (https://atlas.cid.harvard.edu/).

FIGURA 3B.2

Os produtores de cacau da Costa do Marfim recebem uma pequena parte do valor agregado

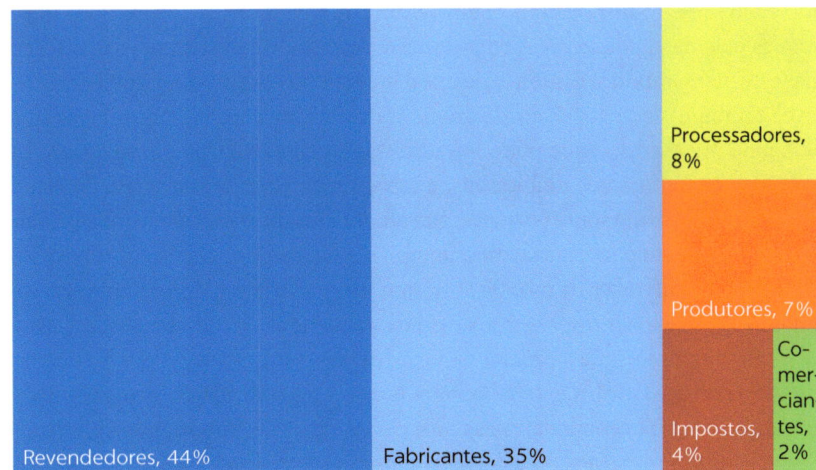

Processadores, 8%

Produtores, 7%

Comerciantes, 2%

Impostos, 4%

Revendedores, 44%

Fabricantes, 35%

Fonte: Banco Mundial (2019).

mais desmatamento. Por exemplo, no caso do cacau, a Costa do Marfim demonstra como o processamento de *commodities* primárias gera muito mais valor que a produção da própria matéria-prima (figura 3B.3). Para o Brasil, isso destaca o papel potencial do agronegócio e da bioeconomia urbana (que tende a se concentrar no processamento). O Brasil já dispõe de muitas capacidades em suas cadeias de valor, o que é condizente com seu nível de renda média alta, e é possível desenvolvê-las ainda mais. No entanto, é importante considerar que as cadeias de valor rurais ligadas à manufatura aumentarão a demanda por terras, o que pode impulsionar o desmatamento (Porcher e Hanusch, 2022).

ANEXO 3C: DESENVOLVIMENTO SUSTENTÁVEL NA AMAZÔNIA LEGAL: ALGUMAS IMPLICAÇÕES PARA OS INVESTIDORES

Uma estratégia de investimento coerente na Amazônia Legal deve buscar a adicionalidade de investimentos em múltiplos setores para reduzir as pressões pelo desmatamento. Isso pode ser feito ao manter o foco em ganhos de produtividade e na consolidação de cadeias de suprimentos sustentáveis em cada setor. Uma abordagem de portfólio é importante para qualquer estratégia de combate às mudanças climáticas, em que projetos em vários setores em todo o Brasil venham a ser financiados com um vínculo claro ao impacto desses projetos nas mudanças do uso da terra. Os investimentos em produtividade diversificarão a economia em setores de maior valor agregado e diversos da agricultura extensiva, reduzindo, assim, o desmatamento. Isso deve ser complementado por outras atividades sustentáveis, como soluções baseadas na natureza e em técnicas climáticas inteligentes (Banco Mundial, 2016). Os indicadores ambientais, sociais e de governança (ESG) soberanos podem servir como uma possível referência para orientar essa abordagem de portfólio em nível nacional. Além da sustentabilidade ambiental, pode incluir taxas de pobreza, eficácia do governo e acesso à energia elétrica e à educação.

Apesar de algumas atividades terem impactos econômicos agregados limitados, elas podem ser importantes para as comunidades rurais. O extrativismo, por exemplo, tem potencial de produtividade limitado, mas tem vínculos importantes com a redução da pobreza e a diversidade cultural. Não provoca desmatamento — mas também é muito pequeno para reduzir marcadamente as pressões mais amplas pelo desmatamento. A conservação promove o uso sustentável da terra, mas este memorando já demonstrou que o incentivo a uma produção mais sustentável também pode levar ao desmatamento indiretamente, ao aumentar a demanda por terras, o que pode impulsionar a grilagem. Quando se pesam os impactos econômicos e ambientais, a agricultura extensiva está no extremo oposto. Setores como soja e pecuária, que tendem a estar associados a uma produção extensiva, têm potencial de crescimento mais considerável e, por fazerem uso relativamente intensivo de mão de obra, também poderiam reduzir a pobreza. No entanto, também são responsáveis pelo desmatamento em grande escala. Este memorando propõe que a Amazônia Legal passe de um modelo de crescimento com foco na agricultura extensiva para outro mais baseado na produtividade urbana, sendo a bioeconomia, apesar dos riscos, um setor importante para a subsistência rural e para transições de longo prazo implícitas na transformação estrutural. Além disso, ele destaca importantes vínculos entre os setores, revelando que ganhos de produtividade na indústria de processamento podem ter impactos indiretos no uso da terra por meio de cadeias de valor agrícolas.

Investir em inovação é fundamental para aumentar a produtividade. Os investimentos em pesquisa e desenvolvimento (P&D) terão um grande impacto no crescimento de longo prazo e na redução da pobreza. O Brasil é uma potência na área de pesquisa agropecuária (especialmente por meio da Embrapa). Para ajudar a diversificar a economia e reduzir as pressões macroeconômicas sobre as florestas naturais, a eficácia da pesquisa e desenvolvimento também será importante para outros setores, além da agricultura. Os investimentos em infraestrutura e no setor financeiro podem apoiar a produtividade; além disso, o setor financeiro tem um papel crucial no fornecimento de recursos para a produção sustentável e a proteção contra riscos. No entanto, ao estimular a produção, também podem gerar demanda por mais terras e aumentar a pressão sobre as florestas.

A tabela 3C.1 resume alguns dos *insights* sobre setores individuais deste memorando que podem embasar decisões sobre investimentos privados sustentáveis na Amazônia Legal com foco nos potenciais impactos diretos e indiretos sobre o desmatamento.

TABELA 3C.1 Orientações sobre investimentos privados sustentáveis na Amazônia, por setor

SETOR	FUNÇÃO	IMPACTO	RISCOS
Agricultura			
Culturas anuais e pecuária	Incentivar a intensificação da produção: paisagens integradas (lavoura-pecuária ou, de modo ideal, lavoura-pecuária-floresta), misturas de gramíneas melhoradas com espécies de leguminosas fixadoras de nitrogênio etc.	Aumento da produção das terras agrícolas existentes (produtividade da terra), reduzindo, assim, a pressão para a conversão de terras naturais.	Se forem apoiados por crédito subsidiado, os incentivos para expandir a produção poderiam anular parcialmente os incentivos para a intensificação.
Lavoura	Incentivar a integração de culturas.	Aumento da integração de diferentes culturas, ampliando a cobertura do solo e permitindo que diferentes culturas cresçam na sombra umas das outras.	Os produtores podem resvalar para monoculturas com menos benefícios de carbono e biodiversidade quando o apoio terminar.
Agronegócio	Aumentar a produtividade do agronegócio.	O aumento da PTF na indústria reduz a competitividade de setores que fazem uso intensivo da terra, o que reduz o desmatamento.	A consequente demanda de insumos para o agronegócio aumentará a demanda agrícola, o que pode anular os efeitos de proteção florestal da produtividade.
Florestas			
Extrativismo de produtos florestais não madeireiros	Incentivar a agregação e a diferenciação de produtos: ajudam a criar escala (com cooperativas, por exemplo) e a explorar nichos de mercado com produtos rotulados.	A produção extrativista é altamente sustentável, mas os produtores são pequenos e têm acesso limitado ao mercado. A agregação e o acesso ao processamento permitiriam atender a cadeias de valor de nicho.	O crescimento é limitado pelo tamanho do nicho de mercado. Se os valores mais altos não forem suficientes para garantir a rentabilidade, há o risco de se resvalar para uma produção menos sustentável.
Produtos madeireiros e produção florestal sustentável	Incentivar a extração legal de madeira por meio de concessões florestais e florestas plantadas certificadas.	O manejo florestal por meio da colheita seletiva de árvores pode gerar renda, mantendo a biodiversidade remanescente.	A concorrência da extração ilegal de madeira provavelmente tornará esse setor não competitivo até que as pressões do desmatamento sejam contidas.
Indústria e comércio			
Outros serviços ligados à manufatura e ao comércio (como a não aquisição de produtos de cadeias de valor primárias)	Aumentar a produtividade dos serviços de manufatura e comércio.	O aumento da PTF na manufatura reduz a competitividade dos setores que fazem uso intensivo da terra, reduzindo o desmatamento.	Reduz os riscos de desmatamento, mas gera outros riscos ambientais potenciais, como a poluição.

continua

TABELA 3C.1, *continua*

SETOR	FUNÇÃO	IMPACTO	RISCOS
Infraestrutura			
Serviços de rede como eletricidade, edificações verdes e serviços municipais	Aumentar a produtividade das áreas urbanas, das atividades manufatureiras e dos serviços.	A melhoria da infraestrutura e da conectividade também aumentará a competitividade da manufatura e dos serviços nas cidades.	Na medida em que essa infraestrutura também aumente a produtividade da agricultura, pode aumentar o desmatamento localizado.
Transporte e logística	Aumentar a produtividade das áreas urbanas, das atividades manufatureiras e dos serviços.	Pode ajudar áreas agrícolas maduras a se tornarem mais competitivas, sem a necessidade de expandir a agricultura e a pecuária na fronteira.	O acesso ao mercado em mercados rurais menos maduros poderá gerar desmatamento.
Setor financeiro			
Micro, pequenas e médias empresas	Aumentar o investimento e a produtividade.	Ao reduzir a lacuna de financiamento das MPMEs, o setor financeiro promove a inovação (produtividade) e cadeias de suprimentos sustentáveis nas cidades (inclusive a bioeconomia); também é fundamental que haja seguros contra choques.	Há riscos de desmatamento se as MPMEs apoiadas ou seus ecossistemas tiverem origem em cadeias de valor primárias.
Crédito rural	Melhorar o desempenho econômico e ambiental dos agricultores.	O crédito rural pode apoiar os agricultores e melhorar o rastreamento das variáveis de desempenho ambiental, além de vincular o financiamento à conformidade ambiental. Também pode ajudar os agricultores improdutivos a adotar métodos alternativos e sustentáveis e financiar o seguro contra riscos climáticos.	Ao aumentar a competitividade da agricultura, o crédito rural pode impulsionar o desmatamento. O rastreamento só pode reduzir o desmatamento *diretamente* ligado aos mutuários, mas não aborda o desmatamento *indiretamente* vinculado ao crédito, o que impulsiona a demanda nos mercados de terras rurais.

Fontes: Banco Mundial e Corporação Financeira Internacional (IFC).
Observação: PTF = produtividade total dos fatores.

NOTAS

1. Neste memorando, o termo "agricultura" abrange tanto a produção agrícola quanto a pecuária.

2. O principal componente do Plano Real foi a criação da nova moeda, o real, originalmente indexada ao dólar estadunidense.

3. Como a terra é um fator omitido na equação contábil, ela é incluída nas medidas da produtividade total dos fatores (PTF). A expansão das terras naturais teve uma contribuição positiva para o crescimento; portanto, a produtividade "real" é ainda menor que a observada na figura 3.6.

4. Para uma comparação entre as médias das tarifas comerciais brasileiras e aquelas de países pares e países de renda alta selecionados, ver anexo 3A, figura 3A.1.

5. Isso está relacionado ao efeito Balassa-Samuelson, analisado na próxima seção.

6. A participação de 7% da agricultura no PIB brasileiro se baseia em dados de 2020. Em 2019, a agricultura representou apenas 4,3% do PIB. A diferença se deve, em grande parte, ao forte desempenho da agricultura e ao fraco desempenho dos setores não agrícolas durante a crise da Covid-19.

7. Para uma comparação entre a produtividade da mão de obra no Brasil e as da China e da Índia, por setores amplos, ver anexo 3A, figura 3A.4.

8. Pesquisas frequentes sobre a produtividade no Brasil são realizadas, por exemplo, pelo Observatório de Produtividade Regis Bonelli no Instituto Brasileiro de Economia (Ibre), da Fundação Getulio Vargas (FGV IBRE): https://ibre.fgv.br/observatorio-produtividade.

9. A transformação estrutural normalmente se aplica a países de renda alta e de renda baixa a média. Ver Beylis et al. (2020); Kutznets (1973); e Herrendorf, Rogerson e Valentinyi (2014).

10. A demanda relativamente inelástica por alimentos significa que uma renda mais alta não gera muita demanda adicional por produtos alimentícios.

11. Constatações do efeito Balassa-Samuelson em nível de Brasil podem ser encontradas em OCDE (2004) e Goda e Priewe (2000).

12. Nos estágios iniciais de desenvolvimento, os países ou regiões tendem a migrar para os chamados "serviços tradicionais", que não são comercializáveis, como, por exemplo, transportes, viagens e construção. À medida que avançam em seu processo de desenvolvimento, há uma mudança para serviços modernos ou não tradicionais (Duarte e Restuccia, 2010, 2016, 2018). Entre esses serviços, os economistas geralmente incluem as tecnologias da informação e comunicação (TIC), os serviços financeiros e de seguros, os serviços de saúde e outros serviços empresariais, que são, em sua grande maioria, serviços profissionais (como consultoria e arquitetura). Uma característica desses serviços é que, em geral, fazem uso mais intensivo de mão de obra altamente qualificada, e isso implica que são importantes para gerar empregos de alta remuneração que permitam a absorção de trabalhadores altamente qualificados.

13. Enache, Ghani e O'Connell (2016) e Kinfemichael e Morshed (2016) incluem telecomunicações, finanças, TI e serviços profissionais.

14. Araujo, Combes e Féres (2018) fornecem evidências de que, quando os salários aumentam em outras partes da economia, há um aumento no custo de oportunidade da agricultura e uma redução do desmatamento na Amazônia.

15. Essas simulações não incluem o custo da maior produtividade; logo, refletem melhor as reformas regulatórias. Quando é necessário investimento para aumentar a produtividade, a fonte de financiamento é importante. As simulações indicam que um aumento no investimento financiado com investimento estrangeiro direto (IED) seria particularmente benéfico para as florestas naturais, uma vez que o IED valoriza ainda mais a TCER. O investimento financiado com poupança doméstica teria um impacto menor na taxa de câmbio real que o IED; todavia, dada a mudança implícita do consumo para o capital, poderia reduzir a demanda agrícola nacional e, assim, diminuir a pressão sobre as florestas, embora os efeitos sejam mais ambíguos que num cenário de financiamento externo: o impacto de preservação florestal dependeria da produtividade gerada pelo investimento.

16. Relacionado a isso, Gorton e Ianchovichina (2021) mostram que melhorar a conectividade nos centros urbanos na costa brasileira aumenta o bem-estar social se comparado à construção de estradas, inclusive para a Amazônia.

17. Isso é condizente com os achados de Cattaneo (2005).

18. Esta avaliação é condizente com a noção de que promover a agricultura fora da Amazônia Legal pode reduzir o desmatamento na região, conforme evidenciado por Cattaneo (2008).

19. A redução dos custos de transporte apenas para a agricultura na Amazônia Legal provavelmente aumentaria o desmatamento ao tornar os agricultores da região mais competitivos, sem neutralizar os efeitos.

20. Isso é condizente com dados empíricos recentes de Assa (2021).

21. As regressões em nível de empresa em Vagliasindi (2022) indicam perdas potencialmente altas por falta de energia; as perdas de produtividade também são potencialmente muito altas. O impacto marginal de um aumento na duração dos cortes de energia nas perdas de vendas é significativamente maior no Amazonas que em outras partes do Brasil, resultado que se mantém mesmo após o controle dos efeitos fixos estaduais e setoriais. Muitos estudos constatam que as quedas de energia são uma grande restrição à produtividade das empresas nos países em desenvolvimento. Um estudo constatou que eliminar interrupções elétricas gera aumentos na produção agregada por trabalhador na ordem de 20%.

REFERÊNCIAS

Araújo, C.; J.-L. Combes; J. G. Feres. 2018. "Determinants of Amazon Deforestation: The Roll of Off-Farm Income." *Environment and Development Economics* 24 (2): 138–156.

Araújo, J. T.; M. Brueckner; M. Clavijo; E. Vostroknutova; K. M. Wacker. 2014. "Benchmarking the Determinants of Economic Growth in Latin America and the Caribbean." Relatório 91015-LAC, Banco Mundial, Washington, DC.

Arcand, J.-L.; P. Guillaumont; S. Guillaumont Jeanneney. 2008. "Deforestation and the Real Exchange Rate." *Journal of Development Economics* 86 (2): 242–262.

Assa, B. S. K. 2021. "The Deforestation-Income Relationship: Evidence of Deforestation Convergence across Developing Countries." *Environment and Development Economics* 26 (2): 131–150.

Assunção, J.; C. Gandour; R. Rocha. 2015. "Deforestation Slowdown in the Brazilian Amazon: Prices or Policies?" *Environment and Development Economics* 20 (6): 697–722.

Balassa, B. 1964. "The Purchasing-power Parity Doctrine: A Reappraisal." *Journal of Political Economy* 72 (6): 584–596.

Banco Mundial. 2016. "Retaking the Path to Inclusion, Growth and Sustainability: Brazil Systematic Country Diagnostic." Relatório 106569, Banco Mundial, Washington, DC.

Banco Mundial. 2019. "Au pays du cacao: Comment transformer la Cote d'Ivoire." Relatório 138517, Banco Mundial, Washington, DC.

Banco Mundial. 2021. "Subnational Doing Business in Brazil 2021: Comparing Business Regulation for Domestic Firms in 27 Brazilian Locations with 190 Other Economies." Relatório, Banco Mundial, Washington, DC.

Banco Mundial. 2023a. *Brazil: Country Climate and Development Report*. Washington, DC: Banco Mundial.

Banco Mundial. 2023b. "Urban Competitiveness in Brazil's State of Amazonas: A Green Growth Agenda." Nota para este relatório, Banco Mundial, Washington, DC.

Beylis, G.; R. Fattal-Jaef; M. Morris; A. R. Sebastian; R. Sinha. 2020. *Going Viral: COVID-19 and the Accelerated Transformation of Jobs in Latin America and the Caribbean*. Washington, DC: Banco Mundial.

Borlaug, N. 2002. "Feeding a World of 10 Billion People: The Miracle Ahead." *In Vitro Cellular & Developmental Biology - Plant* 38 (2): 221–228.

Bragança, A.; R. Araujo; J. Assunção. 2020. "Measuring the Indirect Effects of Transportation Infrastructure in the Amazon." White paper (October), Climate Policy Initiative, Washington, DC.

Cattaneo, A. 2005. "Inter-regional Innovation in Brazilian Agriculture and Deforestation in the Amazon: Income and Environment in the Balance." *Environment and Development Economics* 10 (4): 485–511.

Cattaneo, A. 2008. "Regional Comparative Advantage, Location of Agriculture, and Deforestation in Brazil." *Journal of Sustainable Forestry* 27 (1–2): 25–42.

Duarte, M.; D. Restuccia. 2010. "The Role of the Structural Transformation in Aggregate Productivity." *Quarterly Journal of Economics* 125 (1): 129–173.

Duarte, M.; D. Restuccia. 2016. "Relative Prices and Sectoral Productivity." Working Paper tecipa-555, University of Toronto, Department of Economics.

Duarte, M.; D. Restuccia. 2018. "Relative Prices and Sectoral Productivity." Working Paper, National Bureau of Economic Research, Cambridge, MA.

Dutz, M. A. 2018. *Jobs and Growth: Brazil's Productivity Agenda.* International Development in Focus Series. Washington, DC: Banco Mundial.

Enache, M.; E. Ghani; S. O'Connell. 2016. "Structural Transformation in Africa: A Historical View." Policy Research Working Paper 7743, World Bank, Washington, DC.

Feenstra, R. C.; R. Inklaar; M. P. Timmer. 2015. "The Next Generation of the Penn World Table." *American Economic Review* 105 (10): 3150–3182.

Ferreira Filho, J. B. S.; M. Hanusch. 2022. "A Macroeconomic Perspective of Structural Deforestation in Brazil's Legal Amazon." Policy Research Working Paper 10162, Banco Mundial, Washington, DC.

Flaherty, K.; R. do Carmo Nascimento Guidicci; D. A. P. Torres; G. L. Vedovoto; A. F. D Avila; S. Perez. 2016. "Agricultural R&D Indicators Factsheet, April 2016: Brazil." Country factsheet, International Food Policy Research Institute (IFPRI), Washington, DC.

Gasques, J. G.; M. R. P. Bacchi; E. T. Bastos. 2018. Crescimento e Produtividade da Agricultura Brasileira de 1975 a 2016. Carta de Conjuntura 38. Brasília: Instituto de Pesquisa Econômica Aplicada.

Gasques, J. G.; M. R. Piedade; E. T. Bastos. 2018. "Crescimento e Produtividade da Agricultura Brasileira de 1975 a 2016." Carta de Conjuntura 38. Instituto de Pesquisa Econômica Aplicada (Ipea), Brasília.

Ghani, E.; H. Kharas. 2010. "The Service Revolution." Economic Premise 14, Banco Mundial, Washington, DC.

Goda, T.; J. Priewe. 2020. "Determinants of Real Exchange Rate Movements in 15 Emerging Market Economies." *Brazilian Journal of Political Economy* 40 (2). doi:10.1590/0101-31572020-3072.

Gorton, N.; E. Ianchovichina. 2021. "Trade Networks in Latin America: Spatial Inefficiencies and Optimal Expansions." Policy Research Working Paper 9843, Banco Mundial, Washington, DC.

Grover, A.; S. V. Lall; W. F. Maloney. 2022. *Place, Productivity, and Prosperity: Revisiting Spatially Targeted Policies for Regional Development.* Washington, DC: Banco Mundial.

Herrendorf, B.; R. Rogerson; A. Valentinyi. 2014. "Growth and Structural Transformation." In *Handbook of Economic Growth*, Vol. 2B, edited by P. Aghion and S. Durlauf, 855–941. Amsterdam: Elsevier.

Hertel, T. W. 2012. "Implications of Agricultural Productivity for Global Cropland Use and GHG Emissions: Borlaug vs. Jevons." GTAP Working Paper 69, Center for Global Trade Analysis, Purdue University, West Lafayette, IN.

Instituto Escolhas. 2022. "Como o agro brasileiro se beneficia do desmatamento?" Relatório final, Instituto Escolhas, São Paulo. https://www.escolhas.org/wp-content/uploads /Relat%C3%B3rio-Final_AgroDesmatamento.pdf.

Jevons, W. S. 1866. "VII." In The Coal Question. 2nd ed. London: Macmillan and Company.

Kinfemichael, B.; A. M. Morshed. 2016. "Convergence of Labor Productivity Across the US States." *Economic Modelling* 76 (C): 270–280.

Kuznets, S. 1973. "Modern Economic Growth: Findings and Reflections." *American Economic Review* 63 (3): 247–258.

Luna, F. V.; H. S. Klein. 2014. *The Economic and Social History of Brazil since 1889.* Cambridge, UK: Cambridge University Press.

Mello, L. R. de. 2008. "The Brazilian 'Tax War:' The Case of Value-Added Tax Competition among the States." *Public Finance Review* 36 (2): 169–193.

OCDE (Organização para a Cooperação e Desenvolvimento Econômico). 2004. *Trade and Competitiveness in Argentina, Brazil and Chile: Not as Easy as A-B-C.* Paris: OECD Publishing.

Porcher, C.; M. Hanusch. 2022. "A Model of Amazon Deforestation, Trade, and Labor Market Dynamics." Policy Research Working Paper 10163, Banco Mundial, Washington, DC.

Porzio, T.; F. Ross; G. Santangelo. 2020. "The Human Side of Structural Transformation." Working Paper. Warwick Economics Research Papers Series (WERPS), University of Warwick, Coventry, UK.

Rodrik, D. 2013. "Unconditional Convergence in Manufacturing." *Quarterly Journal of Economics* 128 (1): 165–204.

Samuelson, P. A. 1964. "Theoretical Notes on Trade Problems." *Review of Economics and Statistics* 46 (2): 145–154.

Silva, A. V. Da; I. de Alencar Naas. 2020. "Deindustrialization: A View of the Brazilian Economy." *Research, Society and Development* 9 (12): e6591210494.

Soares-Filho, B.; A. Alencar; D. Nepstad; G. Cerqueira; M. del C. Vera Diaz; S. Rivero; L. Solorzano; E. Voll. 2004. "Simulating the Response of Land-Cover Changes to Road Paving and Governance along a Major Amazon Highway: The Santarem-Cuiaba Corridor." *Global Change Biology* 10 (5): 745–764.

Szerman, D.; J. Assunção; M. Lipscomb; A. Mushfiq Mobarak. 2022. "Agricultural Productivity and Deforestation: Evidence from Brazil." Discussion Paper 1091, Economic Growth Center, Yale University, New Haven, CT.

UN DESA (United Nations Department of Economic and Social Affairs). 2022. *World Population Prospects 2022: Summary of Results.* New York: United Nations.

Vagliasindi, M. 2022. "Key Challenges and Opportunities in the Power Sector of the State of Amazonas." Nota para este relatório. Banco Mundial, Washington, DC.

Weinhold, D.; E. Reis. 2008. "Transportation Costs and the Spatial Distribution of Land Use in the Brazilian Amazon." *Global Environmental Change* 18 (1): 54–68.

4 Instituições e Financiamento para a Conservação

JORGE MUÑOZ, CAMILLE BOURGUIGNON, LUIS DIEGO HERRERA GARCIA, MAREK HANUSCH, ERIC ARIAS, FABIANO COLBANO, ALEXANDRE KOSSOY, BRYAN GURHY, DIETER WANG, JON STRAND, RAFAEL AMARAL ORNELAS, CLAUDIA TUFANI E GUIDO PENIDO

MENSAGENS PRINCIPAIS

- Instituições fortes são fundamentais para que o desenvolvimento inclusivo e sustentável da Amazônia Legal possa se contrapor à chamada "maldição dos recursos naturais".
- Considerando a excepcional riqueza natural da região, a boa governança das florestas é um ponto crítico.
- Os sistemas de impostos e crédito para o setor rural estimulam a agricultura extensiva.
- O Brasil implementou sistemas de proteção florestal ao:
  - Destinar grandes extensões de terra como áreas protegidas ou territórios indígenas;
  - Atualizar o Código Florestal brasileiro e introduzir o Cadastro Ambiental Rural;
  - Instituir sistemas para que os agricultores passem a cumprir o Código Florestal;
  - Criar uma lista que exclui os municípios com altas taxas de desmatamento; e
  - Apoiar a aplicação da lei com o monitoramento por satélite em tempo real (comando e controle).
- A redução do desmatamento requer ações tanto do setor público quanto do setor privado.
- A agenda de regularização fundiária permanece inacabada, e a aplicação da lei tornou-se mais fraca recentemente.
- É fundamental fortalecer a vontade política para aplicar as leis de proteção ambiental na Amazônia Legal.
- O financiamento para a conservação (com dinheiro público ou investimentos do mercado privado) pode gerar recursos e vontade política para o desenvolvimento mais sustentável e inclusivo da Amazônia Legal.

- *Implicações para políticas públicas:*
  - Reforma do sistema de crédito rural e do imposto sobre a propriedade rural.
  - Destinação de terras públicas, regularização fundiária e aplicação das leis ambientais.
  - Fortalecimento da governança empresarial do setor privado e estímulo a cadeias de valor que excluam o desmatamento.
  - Reforço da conservação florestal com financiamento vinculado ao desempenho.

PROTEÇÃO DO PATRIMÔNIO NATURAL E FINANCIAMENTO DO CRESCIMENTO SUSTENTÁVEL E INCLUSIVO

À medida que a Amazônia Legal se desenvolve, a região precisa proteger sua riqueza natural. A Amazônia Legal tem um capital natural excepcional (capítulo 1), que a diferencia de outras regiões menos desenvolvidas. O capítulo anterior explica como os fatores econômicos impulsionam o desmatamento. Devido à atual trajetória de desenvolvimento, as florestas da Amazônia Legal (e no Brasil, de forma geral) estão sob ameaça significativa. Os pontos de inflexão, embora incertos, apresentam o risco de ampliar os custos econômicos do desmatamento contínuo para a Amazônia, o Brasil, a América do Sul e o mundo. Logo, é fundamental combater as forças econômicas que estão destruindo as florestas amazônicas por meio de instituições sólidas e financiamento adequado. Esse tema é o foco deste capítulo.

Em contraste com a força de suas instituições tradicionais, as *regiões de fronteira* tendem a ter instituições modernas mais fracas, que requerem o desenvolvimento e o amadurecimento dos sistemas que as governam. Além disso, como as *regiões de fronteira* tendem a surgir a partir da busca de riquezas geradas por recursos naturais, a governança pode ser prejudicada pela "maldição dos recursos naturais", em que as instituições democráticas são enfraquecidas pelas atividades de extração (Auty, 1993). Na Amazônia Legal, as atividades de extração de recursos naturais incluem o garimpo, a grilagem e o desmatamento. Em vista disso, são necessários esforços adicionais para fortalecer as instituições na Amazônia Legal.

O fortalecimento da proteção florestal faz parte de uma necessidade mais ampla de construção de instituições. Falhas institucionais ocorrem em muitos setores da Amazônia Legal (ver anexo 4A), e este memorando aponta diversas áreas em que são necessárias instituições mais sólidas, como, por exemplo, a melhoria dos sistemas de saúde e educação, e a prestação adequada de serviços de infraestrutura básica e econômica. O fortalecimento das instituições de proteção das florestas da Amazônia Legal não deve ser considerado algo que ocorre em detrimento de outras instituições, mas como algo complementar: um Estado que possa, de fato, assegurar sua autoridade numa área também se tornará mais confiável em outras, e a capacidade poderá se desenvolver em todos os setores.

A proteção florestal eficaz é peça central das soluções para o desenvolvimento da Amazônia Legal. Primeiramente, conforme demonstrou o capítulo 1, o desmatamento é uma forma ineficiente de redistribuição, pois acarreta uma enorme destruição de patrimônio público, além de ser um subsídio ineficiente que favorece a produção intensiva de recursos. Em segundo lugar, a proteção florestal eficaz é um complemento necessário para que possa haver uma transformação estrutural equilibrada. O capítulo 3 demonstrou que a elasticidade na oferta de terras, quando associada a uma proteção florestal leniente, pode resultar em consequências não desejadas dos investimentos na agricultura, e, potencialmente, prejudicar as florestas caso a demanda por propriedades rurais aumente. Por outro lado, uma proteção florestal eficaz pode apoiar a intensificação da agricultura.

Este capítulo concentra-se na governança pública e privada da proteção florestal e do financiamento para a conservação[1]. Proteger a Amazônia Legal é uma agenda compartilhada entre os setores público e privado. Embora as florestas amazônicas pertençam ao Brasil, elas oferecem serviços ambientais além das fronteiras do país. Desta forma, o capítulo examina soluções de financiamento para o desenvolvimento sustentável e inclusivo do Brasil que incluem recursos nacionais e internacionais. Instituições sólidas, financiamentos adequados (e preferencialmente baseados no desempenho) e um controle verificável do desmatamento são fundamentais para enfrentar a urgência do desmatamento. Esses aspectos complementam as intervenções paralelas que visam a promover o crescimento inclusivo da Amazônia Legal.

INSTITUIÇÕES QUE INCENTIVAM A AGRICULTURA EXTENSIVA

Diversas políticas públicas, talvez inadvertidamente, estimulam a acumulação de terras particulares na Amazônia Legal. Entre elas, destacam-se as de crédito rural e a estrutura do Imposto sobre a Propriedade Territorial Rural (ITR).

Crédito Rural

O crédito rural é o principal instrumento fiscal para fomentar a agricultura, cuja expansão impulsiona o desmatamento[2]. Os países mais ricos tendem a oferecer mais subsídios para a agricultura que os mais pobres (figura 4.1). Isso tem a ver com níveis mais avançados de desenvolvimento, em que o aumento dos salários reduz a competitividade da agricultura, o que acaba criando a necessidade de apoio fiscal (ou proteção comercial) para manter parte da produção nacional. Os países mais ricos também tendem a substituir subsídios à produção por subsídios por serviços ambientais. Os subsídios oferecidos no Brasil são relativamente baixos, refletindo a transformação estrutural menos avançada do país em comparação com nações com renda mais alta e, portanto, a competitividade relativamente mais alta de sua agricultura. Ainda assim, a agricultura é um dos setores mais subsidiados do país: o apoio fiscal ao setor agrícola corresponde a cerca de 0,35% do produto interno bruto (PIB) nacional. A maior parte do apoio é oferecido na forma de juros subsidiados para o crédito rural (Plano Safra e Programa Nacional de Fortalecimento da Agricultura Familiar [Pronaf]). Os subsídios indiretos, por sua vez, são oferecidos por meio de fundos constitucionais. Os programas de apoio são fragmentados, o que prejudica sua eficiência. Além disso, os juros subsidiados beneficiam principalmente os grandes agricultores, e o valor substancial dos recursos fiscais a eles destinados seria

FIGURA 4.1

Os países mais ricos tendem a oferecer mais subsídios para a agricultura que os países mais pobres

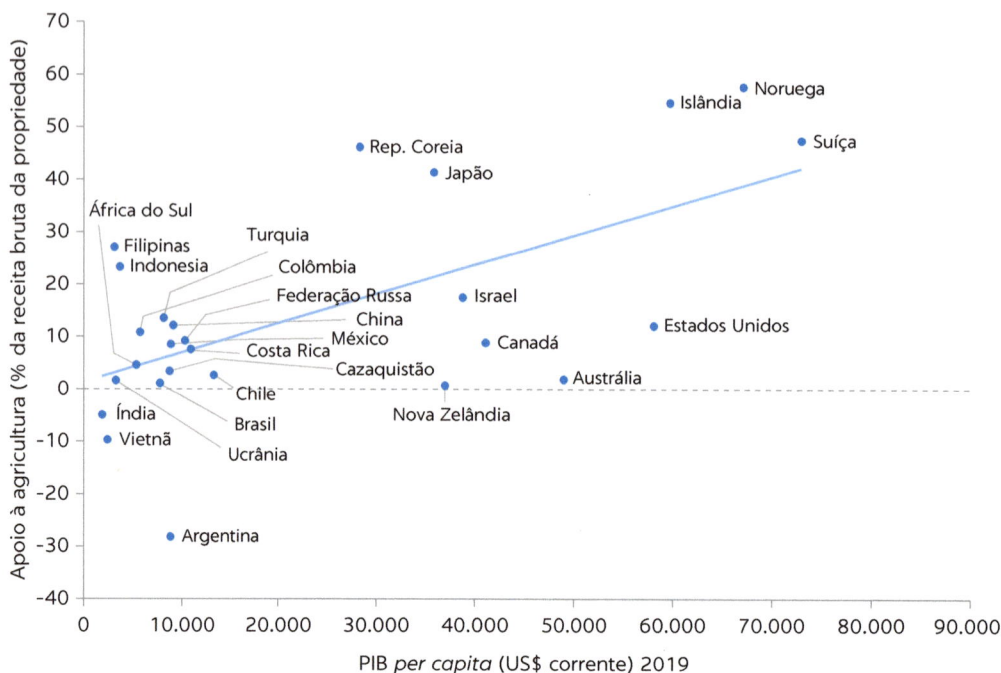

Fonte: Banco Mundial, com dados de indicadores de apoio à agricultura de 2019 da Organização de Cooperação e Desenvolvimento Econômico (OCDE).
Observação: O apoio à agricultura é definido como o valor monetário anual das transferências brutas para o setor agrícola de consumidores e contribuintes, derivadas de políticas públicas de apoio à agricultura, independentemente de seus objetivos e impactos econômicos.

mais bem aplicado em outros tipos de apoio ao financiamento agrícola, tais como garantias de crédito parciais e seguros.

O sistema de subsídios brasileiro pode estimular o desmatamento ao aumentar a demanda por terras agrícolas e criar distorções que reduzem a produtividade em todas as áreas da economia[3]. A maior parte do crédito subsidiado pelo Plano Safra apoiou a pecuária na Fronteira Colonial da Amazônia Legal (ver descrição no capítulo 1) e a produção agrícola na Nova Fronteira (figura 4.2). Seguindo a lógica da figura 1.5 do capítulo 1, subsidiar a agricultura pode ampliar a demanda por terras produtivas, possibilitando aumentar o desmatamento. De forma mais indireta, o crédito destinado à agricultura limita a produtividade ao reduzir os recursos financeiros disponíveis para outros setores potencialmente mais produtivos (Calice; Kalan, 2022). O capítulo 3 demonstra que reduzir a produtividade da economia em geral também pode promover o desmatamento. Portanto, o atual sistema de crédito rural incentiva o desmatamento de formas diretas e indiretas.

Embora o Brasil também ofereça programas de crédito rural que promovem a agricultura sustentável, como, por exemplo, o Plano ABC (ou Plano de Agricultura de Baixa Emissão de Carbono, analisado em mais profundidade no capítulo 5), essas iniciativas tendem a ser menos atrativas que programas-padrão, como o Plano Safra, por exemplo.

Em 2008, uma inovadora política do setor financeiro reduziu algumas pressões diretas sobre o desmatamento implícitas no crédito subsidiado.

FIGURA 4.2

Subsídios relativamente mais altos tendem a ser alocados para a pecuária nos estados da Fronteira Colonial da Amazônia Legal

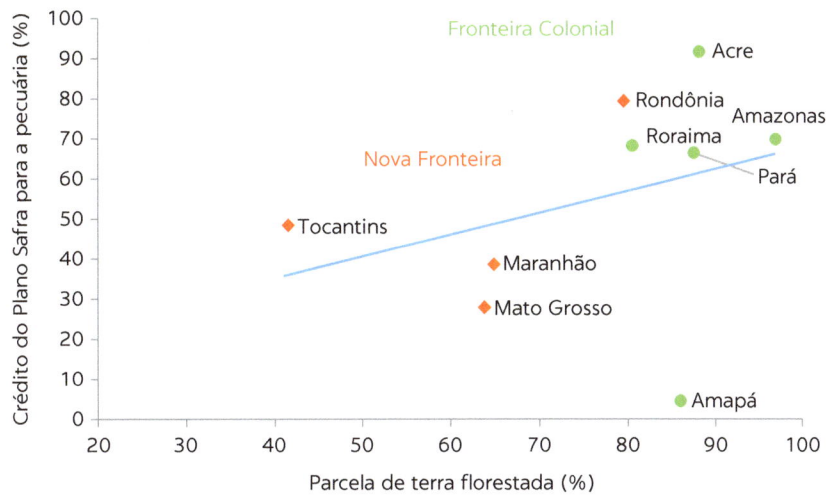

Fonte: Banco Mundial, com dados do Ministério da Agricultura e dados de áreas florestais do Banco Mundial extraídos do conjunto de dados *Dimensões Ocultas da Pobreza.*
Observação: O Plano Safra oferece juros subsidiados para o crédito rural. A pecuária tende a receber subsídios mais altos nos estados da Fronteira Colonial (onde a cobertura florestal ainda é relativamente alta), ao passo que a agricultura tende a receber subsídios mais altos nos estados da Nova Fronteira (que já sofreram níveis altos de desmatamento, mas dispõem de solos mais adequados para a produção agrícola).

Nos estados da Amazônia Legal com grande cobertura florestal remanescente, o principal programa de crédito rural, o Plano Safra, tende a apoiar a pecuária, a qual está fortemente associada ao desmatamento. Para limitar esse risco, o Banco Central passou a exigir a titularidade legal e a conformidade com determinadas normas ambientais (Resolução n.º 3.545, de 2008) para a liberação de crédito concessional na Amazônia Legal. Essa política, eficaz e inovadora, reduziu o desmatamento, mas a constante incerteza fundiária limitou sua eficácia (Assunção et al., 2020).

Imposto sobre a Propriedade Territorial Rural

Outra importante política rural é o ITR, um imposto progressivo sobre a terra destinado a aumentar as receitas e a produtividade, embora com eficácia limitada. Com alíquotas progressivas que variam de 0,03% a 20%, o imposto baseia-se na área e no valor das terras, bem como no grau de uso (área produtiva como porcentagem da área total) (Ipam, 2016; Fendrich et al., 2022). A área tributável não inclui reservas legais, outras áreas de conservação ou outras reservas. Na Amazônia Legal, as fazendas com menos de 100 hectares são isentas do ITR[4], assim como todos os agricultores assentados que possuam apenas uma propriedade com menos de 100 hectares. Por que o efeito é tão modesto? Os municípios têm autorização para cobrar o ITR, mas a cobrança não tem sido feita como deveria — em parte, por causa do retorno sobre o pagamento (as taxas do ITR são baixas), e porque os municípios preferem estimular a agricultura e a pecuária em suas jurisdições para promover o desenvolvimento econômico. Outra complicação é o fato de as principais variáveis do cálculo do ITR serem avaliadas pelos próprios proprietários das terras, os quais frequentemente subestimam suas responsabilidades tributárias.

Embora o ITR seja destinado a impulsionar a produtividade das terras, ele pode, na prática, estimular o desmatamento. Os impostos fundiários são frequentemente usados para preservar áreas naturais (Banco Mundial, 2021), mas, no Brasil, eles têm efeito oposto[5]. A natureza progressiva do ITR deveria recompensar o uso mais intensivo da terra. Porém, os valores que definem o uso de áreas intensivas (especialmente para a pecuária) não são ambiciosos e não são ajustados há anos. Até mesmo a pecuária bastante extensiva pode se encaixar nas faixas mais baixas do ITR. Além disso, como a alíquota do ITR aumenta de acordo com o tamanho das terras, independentemente ou não de haver cobertura florestal, os proprietários têm um incentivo para usar suas terras de forma produtiva para justificar o tamanho de suas propriedades. Todavia, como esse objetivo pode ser alcançado com a pecuária e uma produtividade relativamente baixa, o impacto geral é a redução das áreas de floresta para privilegiar um uso da terra mais extensivo. Logo, a estrutura e as taxas e alíquotas implícitas do ITR geram incentivos para o desmatamento.

REGULARIZAÇÃO FUNDIÁRIA E GOVERNANÇA FLORESTAL

Na década de 2000, o desmatamento sofreu uma desaceleração, e as políticas de proteção ambiental tornaram-se mais restritivas no Brasil, particularmente no bioma Amazônia. O Programa de Áreas Protegidas da Amazônia, lançado em 2002, criou 60 milhões de hectares de áreas protegidas. Em 2004, o governo adotou o Plano de Ação para Prevenção e Controle do Desmatamento na Amazônia Legal (PPCDAm), o qual, inicialmente, concentrou-se em posse de terras e planejamento territorial; produção sustentável; e monitoramento e controle ambientais. Além disso, a aplicação da lei foi intensificada pelo monitoramento com detecção remota, inclusive por meio do Sistema de Detecção de Desmatamento em Tempo Real (DETER). A partir de 2009, houve um aumento nas ações direcionadas de ficalização em municípios prioritários (incluídos na lista de exclusão) (Assunção, Rocha, 2019; Sills et al., 2020; Soares-Filho et al., 2014). Em 2012, o Brasil atualizou seu Código Florestal de 1965 e introduziu o Cadastro Ambiental Rural (CAR), uma inovadora ferramenta de gestão ambiental e base de dados. Embora a atualização do Código Florestal tenha oferecido um regime especial para os proprietários de terras que tivessem praticado o desmatamento ilegal antes de 2008, seu objetivo era, também, oferecer ferramentas para deter o desmatamento ilegal em terras particulares a partir daquele momento. Além disso, as iniciativas voluntárias do setor privado envolvendo a cadeia de valor agrícola também se destinavam a reduzir o desmatamento. Embora todos esses esforços tenham conseguido reduzir o desmatamento nos anos 2000[6], eles não conseguiram impedir a aceleração do desmatamento iniciada em 2015. Acelerar a regularização fundiária, exigir o cumprimento das leis de proteção ambiental (comando e controle) e financiar adequadamente as intervenções de políticas públicas sustentáveis (financiamento para a conservação) são fundamentais para reverter essa tendência.

A regularização fundiária ainda não foi concluída no âmbito das reformas das políticas públicas. A situação fundiária na Amazônia Legal ainda é desconhecida. A regularização fundiária na região faz parte da agenda desde que o Brasil se tornou uma república, em 1889, e as terras, que deixaram de ser propriedade do rei, foram transferidas de fato para o governo (Chiavari; Lopes; Araújo, 2020a, 2020b). Os governos federal e estaduais avançaram na regularização fundiária na Amazônia Legal. Cerca de 42% das terras são destinadas como áreas protegidas e terras indígenas (ambas oficialmente terras públicas); 29%, como terras particulares; e cerca de 29% permanecem sem destinação (tabela 4.1) (Brito et al., 2021). Essas áreas aguardam sua definição como unidades de conservação[7], terras indígenas, assentamentos de reforma agrária, terras elegíveis à regularização, ou alguma outra categoria fundiária. As terras públicas não destinadas totalizam cerca de 140 milhões de hectares[8], dos quais em média um terço são florestas não alocadas pelos governos federal ou estaduais para uma situação fundiária específica (as chamadas florestas públicas não destinadas). Aproximadamente 11,6 milhões de hectares de florestas públicas não destinadas foram reivindicadas como propriedades particulares a partir de 2020, embora essas terras sejam públicas segundo a lei (Azevedo et al., 2020).

As terras não destinadas são os principais *hotspots* do desmatamento, seguidas das terras particulares (figura 4.3). Os benefícios financeiros associados à grilagem de terras (ou, mais amplamente, a qualquer especulação imobiliária) são um dos principais fatores do desmatamento (Miranda et al., 2019) A grilagem de terras torna-se mais fácil nas áreas em que agentes particulares possam se aproveitar da insegurança jurídica quanto à destinação das terras (Azevedo et at., 2020). As propriedades particulares ficam em segundo lugar em área de desmatamento ao longo da Nova Fronteira e da Fronteira Colonial (conforme descreve o capítulo 1). Atualmente, os assentamentos são responsáveis por cerca de um

TABELA 4.1 **Posse de terras na Amazônia**

ESTADO	ÁREA TOTAL (MHA)	ÁREAS COM DESTINAÇÃO (% DO TOTAL)						ÁREAS SEM DESTINAÇÃO (% DO TOTAL)
		ÁREAS PROTEGIDAS[a]	TERRITÓRIOS INDÍGENAS (INCLUINDO QUILOMBOLAS)	ASSENTAMENTOS DE REFORMA AGRÁRIA	ÁREAS DE PROPRIEDADE PARTICULAR[b]	OUTRAS ÁREAS[c]	ÁREA TOTAL COM DESTINAÇÃO	
Acre	16,4	32,0	15,0	11,0	14,0	0	72,0	28,0
Amapá	14,2	62,5	8,5	8,0	3,0	0	82,0	18,0
Amazonas	155,9	24,0	29,5	5,5	3,0	0,5	62,5	37,5
Maranhão[d]	26,1	6,0	9,0	11,0	30,0	0	56,0	44,0
Mato Grosso	90,3	2,5	16,5	5,0	65,5	0	89,5	10,5
Pará	124,6	23,0	25,0	11,0	10,5	3,5	73,0	27,0
Rondônia	23,8	21,5	21,0	17,5	13,0	0	73,0	27,0
Roraima	22,4	8,5	46,0	5,5	5,0	1,0	66,0	34,0
Tocantins	27,7	4,0	9,5	4,0	48,5	0	66,0	34,0
Amazônia	**501,5**	**18,5**	**23,1**	**7,8**	**21,0**	**1,0**	**71,4**	**28,6**
Equivalente em área do país, km² (aproximada)	União Europeia + Japão + Uruguai + Equador	França + Alemanha	Colômbia	Paraguai	Chile + Itália	Costa Rica	Índia + Malásia	Noruega + Suécia + Finlândia

Fonte: Brito et al. (2021).
Observações: Mha = milhões de hectares.
a. Não inclui as áreas de proteção ambiental.
b. Devido a diferenças na metodologia e fontes complementares, a estimativa de 105,1 milhões de hectares de terras particulares do Imazon (Instituto do Homem e Meio Ambiente da Amazônia) difere da estimativa de 92 milhões de hectares do Ipam (Instituto de Pesquisa Ambiental da Amazônia).
c. Inclui áreas militares e florestas públicas. Nas estimativas do Imazon, as florestas públicas incluem áreas ainda não destinadas, mas reservadas para concessões florestais ou comunidades (tais como duas grandes áreas no Pará).
d. Inclui somente os municípios que fazem parte da Amazônia Legal.

FIGURA 4.3

Aumento do desmatamento em terras não destinadas, 2007–2018

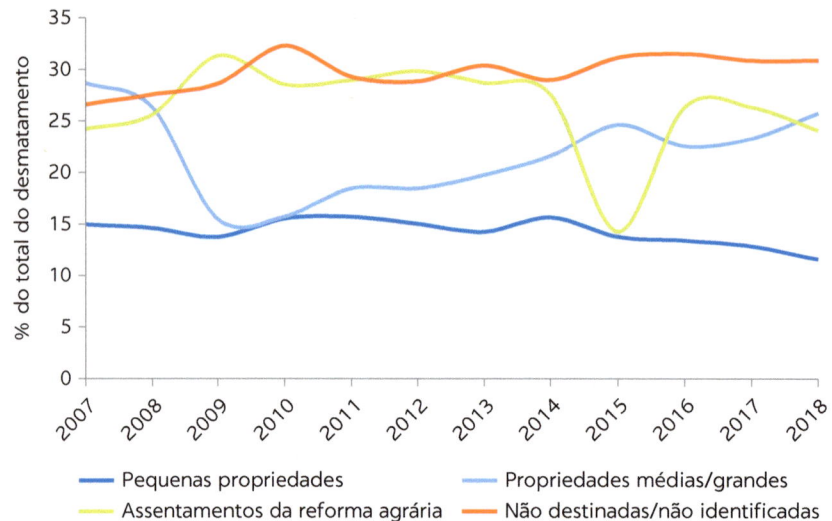

Fonte: Banco Mundial, com dados de Gandour et al. (2021).
Observação: Propriedades pequenas, médias e grandes = propriedades particulares; assentamentos de reforma agrária = assentamentos; não destinadas/não identificadas = áreas que aguardam destinação como unidades de conservação, terras indígenas, assentamentos de reforma agrária, terras elegíveis para regularização fundiária ou outras categorias.

quarto de todo o desmatamento. Os agricultores que não fazem parte dos assentamentos (principalmente na região do Arco do Desmatamento) são responsáveis por, aproximadamente, um terço do desmatamento. Por fim, a mineração, sua infraestrutura e seus assentamentos são responsáveis por um percentual estimado em 10% do desmatamento, incluindo os efeitos indiretos (Sonter et al., 2017). Taxas mais baixas de desmatamento — em geral, perpetrado por forasteiros — ocorrem em áreas protegidas e terras indígenas, embora elas venham aumentando recentemente (figura 4.4).

As grandes extensões de terras públicas não destinadas e não registradas são uma das razões que dificultam a determinação da posse da terra na Amazônia Legal. Outras razões são a existência de vários mecanismos de aquisição de direitos sobre terras públicas (legalmente ou não) e a coexistência de registros e cadastros desvinculados. Além disso, os cartórios de registro de imóveis administrados por tabeliães públicos não são totalmente confiáveis, embora devessem, supostamente, ser os responsáveis pela emissão da principal prova de posse de terras. O registro de 12 categorias diferentes de títulos de terra é processado por ao menos cinco entidades federais distintas que não se coordenam com os diversos órgãos estaduais e municipais, cujos mandatos se sobrepõem e cujas bases de dados são individuais e desvinculadas. Ao menos 22 entidades federais e estaduais possuem autoridade para regularizar terras na Amazônia Legal (Brito et al., 2021). Além disso, os estados amazônicos tratam a aprovação de terras regularizadas de forma diversa. Alguns exigem a aprovação da assembleia legislativa para grandes áreas, que podem variar de tamanho, desde a partir de 100 hectares (no Acre) até a partir de 2.500 hectares, no Amapá e Roraima, onde também é necessária a aprovação do Congresso Nacional.

FIGURA 4.4

Recentemente, o desmatamento está aumentando em áreas protegidas e terras indígenas na Amazônia Legal, 2008–2021

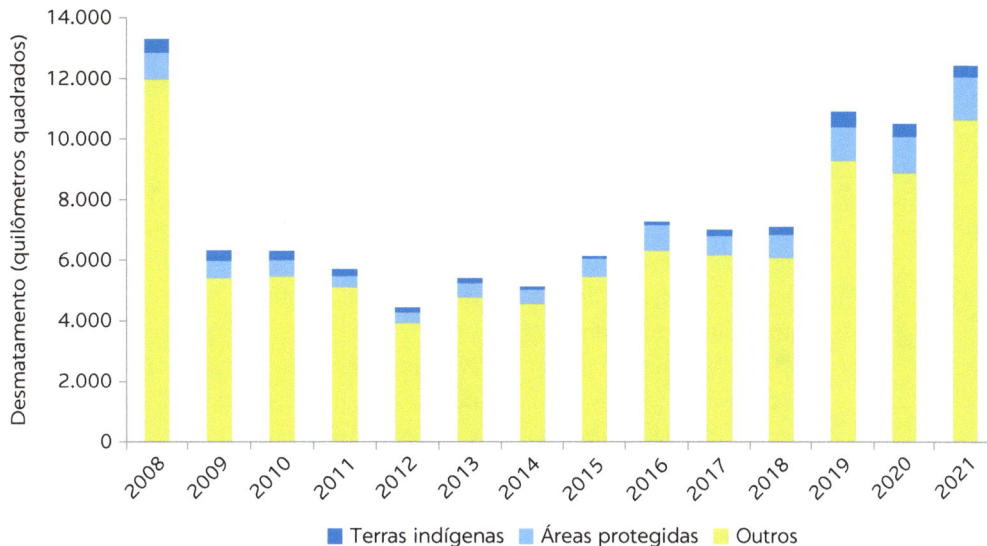

Fonte: Banco Mundial, com dados do Projeto de Monitoramento por Satélite do Desmatamento na Amazônia Legal (Prodes) do Instituto Nacional de Pesquisas Espaciais (Inpe).

Terras indígenas e áreas protegidas

Grandes extensões da Amazônia Legal foram regularizadas nos últimos anos, incluindo áreas destinadas para modos de vida tradicionais e proteção ambiental. Aproximadamente 23% da Amazônia estão legalmente registrados como territórios indígenas (uma área comparável à da Colômbia), ao passo que 18,5% foram declarados áreas protegidas pelos governos federal e estaduais (equivalente à área combinada da França e da Alemanha). A maioria dessas áreas foi criada nos anos 1980, quando as preocupações ambientais e sociais começaram a aumentar, embora outras tenham sido criadas nas décadas de 1990 e 2000. Os estados podem criar suas próprias áreas protegidas desde que estejam alinhadas a objetivos e princípios predeterminados (por exemplo, o estado do Amazonas criou diversas áreas protegidas).

Sob certas condições, as áreas protegidas permitem algumas formas limitadas de atividade econômica. As áreas de categoria I não permitem usos produtivos, exceto pelo turismo sustentável; as de categoria II permitem o uso sustentável por parte de comunidades locais e habitantes da floresta, ou, em alguns casos, o uso sustentável por meio de concessões (garantindo que tais usos não invadam áreas usadas por comunidades locais).

Os territórios indígenas e as áreas protegidas estão associados a taxas mais baixas de desmatamento. Portanto, expandir essas terras poderia proteger áreas maiores contra o desmatamento. Em geral, os territórios indígenas apresentam potencial agrícola mais limitado, e muitos estão localizados em áreas remotas, o que reduz o incentivo econômico para a invasão por forasteiros (o desmatamento tende a ser maior em áreas indígenas mais próximas à fronteira agrícola do Arco do Desmatamento) (FAO; Filac, 2021). Embora as proteções mais robustas dificultem a grilagem em terras indígenas, o CAR foi usado algumas vezes para reivindicar essas terras ilegalmente (Sanchez Martinez et al., 2022)[9].

Não há associação entre povos indígenas e desmatamento, em vista de seu conhecimento milenar de controle do seu ambiente de forma sustentável (Sanchez Martinez et al., 2022). Assim, o fortalecimento e o respeito aos direitos fundiários dos povos indígenas e outras comunidades tradicionais com fortes vínculos com a terra poderia reduzir o desmatamento nessas áreas, além de preservar os meios de subsistência tradicionais e proteger as comunidades de conflitos fundiários (capítulos 2 e 5). Diversos grupos indígenas ainda aguardam o reconhecimento de seus direitos fundiários.

Assim como nos territórios indígenas, o desmatamento tende a ser menor nas áreas protegidas; e assim como também acontece nos territórios indígenas, o desmatamento em áreas protegidas é maior nas áreas com mais acesso ao mercado, especialmente dentro do Arco do Desmatamento, como nas regiões de Triunfo do Xingu ou Jaci-Paraná.

O desmatamento é menor nas áreas protegidas — e maior nas áreas florestais não protegidas (Assunção; Gandour, 2020; Assunção; Gandour; Rocha, no prelo; Herrera; Pfaff; Robalino, 2019). A grilagem de terras federais e de terras com situação fundiária clara é mais difícil que a grilagem de terras públicas não destinadas, especialmente quando essas terras pertencem a governos estaduais. Os órgãos federais são, em geral, mais eficientes na aplicação das leis de proteção ambiental que os estaduais. Isso acontece, possivelmente, porque os órgãos federais são mais eficientes e têm maior capacidade, mas é mais provável que se deva ao nível mais baixo de incentivos para a fiscalização dos órgãos estaduais. Embora os grileiros evitem as áreas protegidas e busquem o caminho de menor resistência das terras não destinadas ou com menos proteção, as áreas protegidas continuam em risco. A integridade das áreas protegidas é ameaçada por propostas de redução, recategorização e desafetação das terras (Chiavari et al., 2020b). Keles et al. (2020) relatam 30 processos de recategorização e 21 de reduções de áreas protegidas entre 2006 e 2015, em geral por razões econômicas. Conforme a região se desenvolve e a demanda por terras aumenta, as áreas protegidas estão sendo cada vez mais ameaçadas pelo enfraquecimento das leis de proteção ambiental e pela fraca aplicação das leis em vigor.

Terras particulares

A incerteza em relação à posse das terras particulares pode levar ao desmatamento. Muitos agricultores de assentamentos ainda não receberam o título de propriedade das terras que lhes foram concedidas pelo governo (em alguns casos, isso remonta à década de 1970). A falta de um título de propriedade gera incerteza jurídica, limita as oportunidades econômicas e cria dificuldades quanto ao cumprimento das leis de proteção ambiental. A ausência do título pode estar relacionada ao desmatamento, embora os fatores que o incentivam podem diferir entre os agricultores mais pobres (muitos deles vivendo em assentamentos) e os produtores mais voltados para o comércio. O capítulo 5 demonstra que, embora os assentados rurais tenham maior probabilidade de expandir sua produção para territórios adjacentes (que podem ser terras públicas ou não destinadas), os agricultores com áreas maiores frequentemente promovem o desmatamento direta, de forma legal ou ilegal, ou indiretamente, ao pressionarem a alta dos preços da terra de forma legal, o que gera incentivos para o desmatamento em outras áreas (especialmente em áreas sem destinação).

O Código Florestal brasileiro definiu os limites do desmatamento legal em terras particulares e criou o Cadastro Ambiental Rural (CAR). O Código Florestal determina que somente 20% das terras particulares da Amazônia podem ser legalmente desmatadas, mas estabelece algumas exceções (e limites menos rigorosos para outros biomas). O CAR é um instrumento fundamental para o Código Florestal, já que os proprietários de terras são obrigados a registrar os limites de suas propriedades e demarcar as áreas protegidas. O mapeamento desses terrenos pode, assim, ser realizado via satélite para a verificação de sua conformidade com as exigências de preservação. Porém, o Código Florestal e o CAR têm sido criticados por duas razões. Por um lado, no caso das terras sem título de propriedade, o CAR frequentemente atua como uma "cortina de fumaça" que permite reivindicar ilegalmente a propriedade de territórios indígenas, protegidos ou não destinados. Por outro lado, as exigências de reservas naturais contidas no Código Florestal ainda resultam na fragmentação da paisagem natural em territórios particulares adjacentes, prejudicando a integridade da floresta tropical.

O Código Florestal prevê um sistema comercial de Cotas de Reserva Ambiental (CRAs) que favorece a conformidade, o que poderia gerar incentivos para a redução do desmatamento legal. No mercado de CRAs, um proprietário de terras que mantém uma cobertura de floresta natural acima do limite legal pode vender cotas para outro proprietário de terras localizado no mesmo bioma e no mesmo estado e cuja cobertura de floresta natural seja deficitária, caso o desmatamento excessivo tenha ocorrido antes de 2008. O sistema é aplicável a todo o território nacional, e poderia reduzir o custo da conformidade ambiental para os agricultores com déficit de vegetação nativa. O sistema também pode otimizar o uso da terra em locais em que o desmatamento de áreas com maior potencial agrícola pode ser compensado pela separação de terras com potencial agrícola menor (mas não necessariamente com valor mais baixo quanto à biodiversidade ou ao clima). Esse processo também pode resultar em unidades florestais contíguas maiores em áreas menos apropriadas para a agricultura e, dessa forma, reduzir a fragmentação das paisagens naturais. O estudo de Soares-Filho et. al. (2016) estima que a principal demanda por CRAs poderia vir dos estados de Mato Grosso, Mato Grosso do Sul, Paraná e São Paulo, ao passo que a maior parte da oferta poderia vir dos estados do Amazonas e do Pará, gerando oportunidades para reduzir o desmatamento legal, particularmente nos estados do bioma Amazônia.

Existem, porém, limites para a eficácia das CRAs. O sistema depende da garantia fundiária tanto em relação às áreas com excedentes quanto em relação às áreas deficitárias; de um monitoramento robusto; da fiscalização efetiva em áreas de proteção demarcadas; e de custos de transação razoavelmente baixos, que permitam administrar o sistema comercial (May, 2015). As pendências em relação à garantia da posse, bem como o enfraquecimento do monitoramento e fiscalização, especialmente nos últimos anos, prejudicam a viabilidade das CRAs. Além disso, a oferta de áreas florestais disponíveis em alguns estados e biomas pode reduzir o preço das CRAs a zero, e, praticamente, eliminá-las como incentivo à conservação (Rajão; Soares-Filho, 2015)[10]. O preço poderia aumentar por meio da limitação das áreas elegíveis no âmbito do sistema de CRAs àquelas com alto risco de desmatamento, ou, ainda, por meio de sistemas adicionais de pagamento por serviços ambientais (ou ecossistêmicos).

A recuperação de áreas degradadas pode reduzir as pressões sobre o desmatamento com o aumento da oferta de terras. Para que tais políticas sejam eficazes, é necessário considerar os incentivos privados e a credibilidade da proteção florestal (quadro 4.1). Quando a proteção florestal é ineficaz, a recuperação de áreas degradadas (para que voltem a ser florestas em vez de áreas produtivas) pode aumentar os estoques florestais sem consequências indesejadas.

Restauração de terras na Amazônia

As áreas degradadas podem se tornar produtivas, e isso poderia reduzir o desmatamento, especialmente se complementado com investimentos em produtividade. Cerca de 25% das terras da Amazônia Legal estão degradadas, mas uma parte delas poderia ser recuperada (Centro de Gestão e Estudos Estratégicos, 2016). Recuperar essas áreas para uso produtivo aumentaria a oferta de terras, atenuaria a concorrência e baixaria os preços, reduzindo, assim, os incentivos para a grilagem e gerando serviços ambientais, que são mais altos em áreas agrícolas que em solos degradados.

Embora a recuperação de terras seja capaz de reduzir os incentivos ao desmatamento, ela poderia tornar a agricultura mais extensiva, em certa medida, já que o preço das terras seria mais baixo em relação a outros fatores de produção. Dessa forma a recuperação de terras deve ser combinada com investimentos na produtividade das fazendas.

Os incentivos públicos para a recuperação de terras são mais eficazes quando a governança florestal e fundiária é forte. Na maioria dos casos, a recuperação das terras exige algum apoio financeiro do governo para se tornar comercialmente viável. Segundo Porcher e Hanusch (2022), isso poderia criar uma expectativa de futuros subsídios para a recuperação de terras degradadas, gerando incentivos perversos para que os agricultores deixassem que suas terras se deteriorassem deliberadamente. Uma vez que a oferta de terras agricultáveis diminuiria, os preços aumentariam, bem como o desmatamento[a].

A transformação de terras degradadas em florestas aumentaria, inequivocamente, o estoque florestal. Uma vez que as áreas degradadas não estão incluídas na oferta de terras, sua transformação em florestas naturais (sem uso produtivo) não afetaria o valor das terras, podendo inclusive eliminar os efeitos indiretos sobre o desmatamento.

a. Em consequência dos efeitos do equilíbrio geral, as ações em determinada área podem afetar os incentivos em outras áreas por meio dos preços que regem o mercado de terras mais amplo.

Terras não destinadas

A maioria das terras não destinadas da Amazônia Legal está localizada nos vastos estados do Pará e Amazonas (figura 4.5). As terras não destinadas ou de titularidade incerta correspondem a quase 38% do território do Amazonas e 27% do território do Pará. Essas foram também as áreas com o maior índice de desmatamento em 2020 (Pará) e um dos índices mais altos de aceleração do desmatamento (Amazonas). A Amazônia Legal continua tendo grandes áreas não destinadas (tabela 4.1).

A grilagem ocorre com mais facilidade em áreas não destinadas, que, por essa razão, constituem um dos principais *hotspots* de desmatamento. Procedimentos diferentes para a regularização de terras públicas e conversão em terras particulares nos âmbitos federal e estadual, além do acesso diferenciado à informação e às entidades públicas, levam a um acesso assimétrico às terras; criam lacunas entre os baixos valores atuais das terras e a estimativa de altos valores no futuro; e estimulam a segmentação do mercado de terras e a grilagem. Em média, ao regularizar terras públicas, os estados cobram dos agentes particulares uma taxa de 15% do valor de mercado, ao passo que o governo federal cobra 26%. O estado do Tocantins aplica a menor taxa, de apenas R$ 4 por hectare, em média (figura 4.6) — e somente R$ 1 para pequenos lotes inferiores a quatro módulos fiscais[11]. O estado do Pará cobra o valor mais elevado (R$ 789 por hectare, em média), o qual, ainda assim, corresponde a 18%

FIGURA 4.5

Amazonas e Pará possuem quase dois terços das terras não destinadas na Amazônia Legal

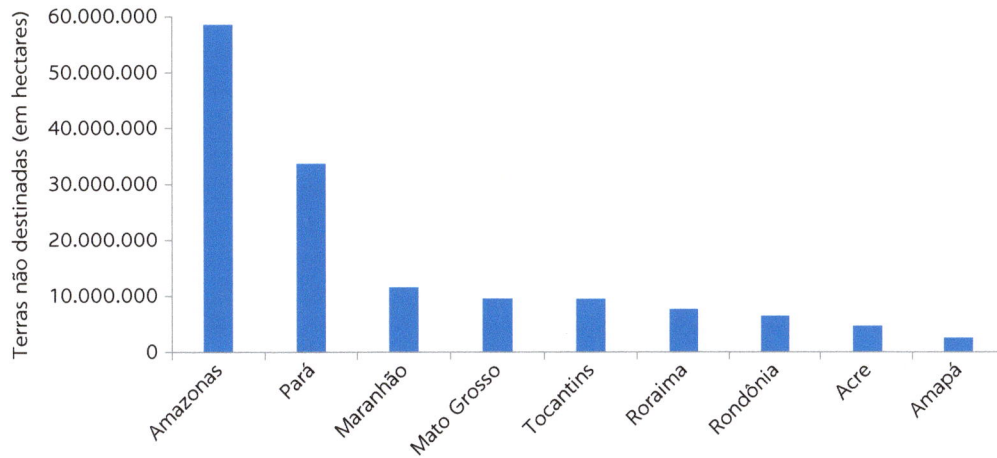

Fonte: Banco Mundial.
Observação: A figura ilustra os dados apresentados na tabela 4.1. O termo "terras não destinadas" refere-se a terras públicas que aguardam a destinação como unidades de conservação, terras indígenas, assentamentos de reforma agrária, terras elegíveis para a regularização fundiária, ou outras categorias.

FIGURA 4.6

Há descontos implícitos para a regularização fundiária na Amazônia Legal, 2019.

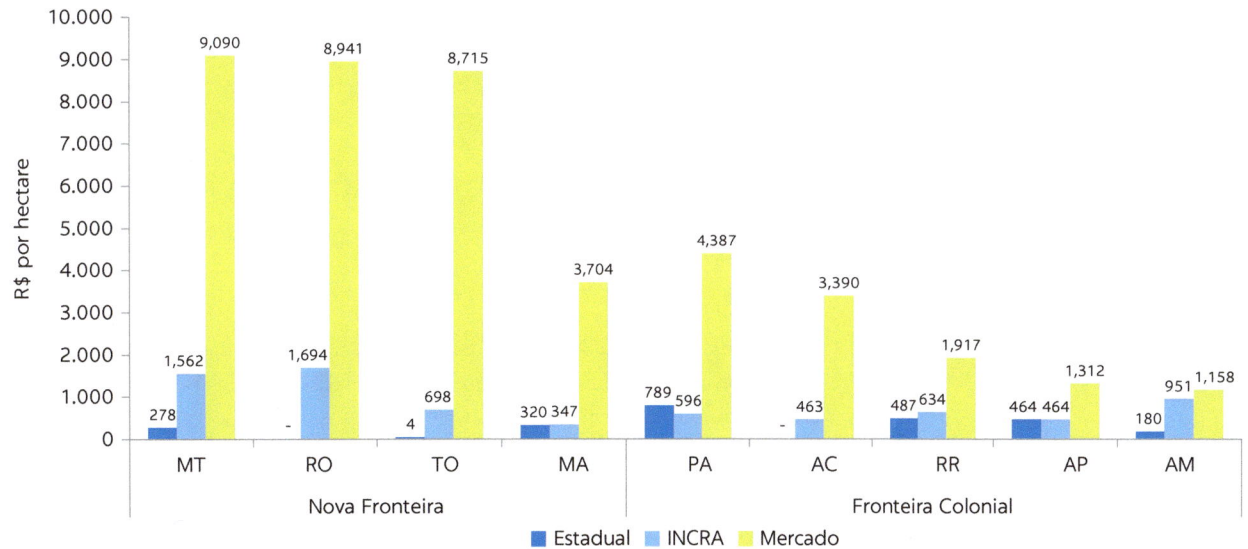

Fonte: Brito et al. (2021).
Observação: A figura compara valores (em reais por hectare) de terras regularizadas pelo Instituto Nacional de Colonização e Reforma Agrária (Incra) ou pelos estados com os preços de mercado. A comparação entre os valores médios de mercado por hectare e o valor da terra nua é usada como base para a venda de terras pelo estados da Amazônia Legal. Vale notar que os preços de mercado são muito mais altos nos estados da Nova Fronteira, que têm uma agricultura mais desenvolvida (ver capítulos 3 e 5); - = dados não disponíveis.

da média do valor de mercado (R$ 4.387). No Pará, a diferença entre os valores do mercado e as taxas estaduais para cerca de 8.053 propriedades que poderiam ser regularizadas pelo Instituto de Terras do Pará é estimada em R$ 9 bilhões (Brito et al., 2021). Se o governo federal regularizasse os 19,6 milhões de hectares de terras não destinadas da Amazônia Legal com base nos valores atuais e de acordo com a lei, isso representaria um subsídio estimado de R$ 62 bilhões a R$ 88 bilhões para os recebedores dos títulos de terras, o que equivale a cerca de um quarto da capitalização de mercado da Petrobras em 2019.

Os conflitos relacionados ao uso adequado da terra (produção e conservação) em áreas não destinadas podem estar ligados ao modelo de crescimento agrícola dominante. Políticas federais e estaduais criam incentivos implícitos para a grilagem de terras com o objetivo de eventual regularização (Brito et al., 2021). Desde a década de 1850, os programas de regularização fundiária são caracterizados por constantes mudanças em suas datas de corte. Segundo o programa federal de regularização fundiária Terra Legal, que outorgou aos posseiros a titularidade legal das terras por eles ocupadas, as datas de corte foram alteradas de 2004 para 2009 e, em seguida, para 2011. Embora o programa tenha sido encerrado em 2019, ainda se discutem as muitas solicitações de legalização (Stabile et al., 2019). A experiência parece indicar aos potenciais grileiros que basta aguardar para, no futuro, obter a titularidade legal das terras, o que coloca a legalidade de qualquer desmatamento associado a essas áreas em situação nebulosa. A grande lacuna observada entre o valor de mercado e o preço da regularização das terras, conforme ilustra a figura 4.6, é outro incentivo para os grileiros. Esses incentivos implícitos são particularmente elevados nos estados do Arco do Desmatamento (estados da Nova Fronteira e o estado do Pará), que tendem a ter uma agricultura mais desenvolvida (capítulos 3 e 5). Esse subsídio implícito aos usos da terra privados é compatível com o modelo de crescimento baseado na acumulação de terras (capítulo 3), no âmbito do qual os custos associados à intensificação da terra poderiam fazer com que o foco simultâneo no desenvolvimento voltado à agricultura e na proteção da floresta pareça contraditório.

COMPROMISSOS DO SETOR PRIVADO PARA REDUÇÃO DO DESMATAMENTO

Acordos de desmatamento zero

A Moratória da Soja da Amazônia, pactuada em 2006, foi um dos primeiros grandes compromissos voluntários assumidos pelo setor privado com relação ao desmatamento zero em regiões tropicais. As empresas responsáveis por cerca de 90% da soja produzida na Amazônia Legal assumiram o compromisso de não adquirir grãos cultivados em áreas desmatadas da Amazônia após 2006 (posteriormente alterado para 2008), além de incluir na lista de exclusão os agricultores que ignorassem normas trabalhistas mínimas. A moratória foi um marco na resposta ao aumento das preocupações com a proteção das riquezas naturais da Floresta Amazônica. Três anos depois, a Moratória da Soja foi seguida pelo Compromisso de Desmatamento Zero na Pecuária (também conhecido como "G4").

Ainda não se sabe ao certo se os compromissos assumidos pelo setor privado para reduzir o desmatamento vinculado à soja ou à pecuária são eficazes, ou se meramente deslocam o desmatamento para outras regiões. Há evidências de que esses acordos levaram a mudanças de comportamento entre as partes signatárias. Por exemplo, a JBS, a maior processadora de carne bovina do mundo, introduziu normas de aquisições e sistemas de rastreamento mais rigorosos, aumentando a probabilidade de impedir a compra de gado criado em terras desmatadas recentemente (Gibbs, 2015). Contudo, a conformidade foi baixa (Azevedo; Stabile; Reis, 2015), e esses acordos deslocaram a produção para o Cerrado (Moffette; Gibbs, 2021). Dessa forma, embora os acordos tenham possivelmente reduzido o desmatamento na Amazônia, eles provavelmente aumentaram o desmatamento em outros biomas importantes.

Algumas brechas continuam limitando a eficácia desses instrumentos. Por exemplo, embora o Sistema de Identificação e Certificação de Origem de Bovinos e Bubalinos registre todos os animais nascidos no Brasil (ou importados), apenas os exportadores são obrigados a aderir ao sistema, muito embora a maior parte da carne bovina seja vendida no mercado brasileiro. E mesmo no sistema do Registro Geral do Animal monitorando os animais desde o nascimento até a morte, apenas o último proprietário é registrado, o que impossibilita a identificação de fornecedores indiretos. Dessa forma, o gado originário de áreas desmatadas ilegalmente pode entrar no sistema sem que isso seja notado (Proforest, 2021).

Com os devidos sistemas em vigor, seria importante aplicar as normas de desmatamento livre ao longo de toda a cadeia de valor, com atribuições para os compradores, os consumidores e os governos. Por exemplo, embora muitos frigoríficos de grande porte tenham se comprometido a comprar o gado de fontes livres de desmatamento usando os sistemas de controle de compras, os frigoríficos menores têm sido relutantes em aderir a esses acordos. Rótulos de sustentabilidade confiáveis também poderiam fundamentar as escolhas do consumidor, embora ainda não se conheça bem a intensidade da pressão dos consumidores brasileiros. Os governos poderiam criar incentivos para a adesão aos sistemas de certificação de sustentabilidade ao oferecer descontos nas obrigações fiscais para a carne bovina certificada, os quais seriam compensados por taxas sobre carnes não certificadas (*feebates*) (Banco Mundial, 2021). O desenvolvimento de sistemas de certificação confiáveis será importante para reduzir o desmatamento, "limpando" a cadeia de valor.

Questões ambientais, sociais e de governança

Investimentos baseados em critérios ambientais, sociais e de governança (ESG, na sigla em inglês) estão se tornando uma premissa importante no universo da gestão de ativos, e cada vez mais investidores estão avaliando os impactos de suas decisões de investimento na sociedade em geral. O desmatamento tem sido uma questão de destaque para muitos investidores institucionais europeus desde 2020 (Cavallito, 2021). Em princípio, as questões ESG são relevantes tanto no âmbito empresarial quanto no soberano. Por exemplo, muitos investidores estrangeiros ativos no mercado de ações brasileiro verificam as relações diretas e indiretas com o desmatamento antes de decidir sobre seus investimentos. Dessa forma, a divulgação de informações societárias e a governança são cada vez mais importantes para as empresas brasileiras. Historicamente, os investidores locais têm mantido o foco em investimentos de curto prazo. Por outro lado, buscam maneiras de aumentar seu envolvimento com as empresas, especialmente em relação à governança e outras questões relacionadas a questões ESG.

As empresas que atuam na Amazônia aplicam diversas normas ESG para orientar suas operações e informar o mercado de seus compromissos com a sustentabilidade. As mais comuns incluem as normas de divulgação de informações (por exemplo, a Iniciativa Global de Relatórios *[Global Reporting Initiative]* e o Conselho de Normas Contábeis de Sustentabilidade *[Sustainability Accounting Standards Board]*); os relatórios baseados em questionários (Classificação de Divulgação de Carbono); os relatórios de alavancagem de informações (relacionados às Classificações Verdes *[Green Rankings]*); as certificações (Conselho Internacional de Mineração e Metais *[International Council of Mining and Metals]*, ou ICMM), os compromissos setoriais ou geográficos (como a Moratória da Soja na Amazônia e o Compromisso de Desmatamento Zero na Pecuária); e as políticas internas *ad hoc* de diversas empresas. Embora essas normas tenham o objetivo comum de promover práticas de sustentabilidade, elas seguem metodologias diferentes. Os questionários e relatórios de alavancagem de informações são geralmente usados para avaliar as práticas ESG das empresas por meio de classificações e relatórios, ao passo que os marcos de relatórios, as certificações e os acordos de conformidade prestam orientações voluntárias para as empresas que desejem aplicar práticas ESG. Outra diferença é que esses acordos podem ser unilaterais ou bilaterais. No primeiro caso (acordos de conformidade e marcos de relatórios), a empresa aproveita as orientações relativas a práticas ESG para implementar suas políticas. Já no segundo caso, a instituição que elaborou determinado marco ESG assume o compromisso público de divulgar sua posição quanto a práticas ESG.

No setor agrícola, as empresas que possuem um sistema de gestão ambiental e social (SGAS) bem desenvolvido tendem a priorizar as práticas relacionadas ao compromisso com programas de reflorestamento e desmatamento zero, apoio a pequenos agricultores, controle de emissões de gases de efeito estufa (GEEs) e rastreamento da cadeia de suprimentos (embora, às vezes, isso não inclua os fornecedores indiretos). As certificações e os acordos de conformidade são amplamente usados devido à alta especificidade das *commodities* ligadas à atividade de empresas privadas que operam na região. Acordos como a Moratória da Soja na Amazônia, o Compromisso de Desmatamento Zero na Pecuária, a Mesa Redonda da Soja Responsável e a certificação da Rainforest Alliance são amplamente adotados e garantem, entre outros, que os produtos respeitem o bem-estar animal e não se originem de áreas de desmatamento ilegal.

No setor de mineração, as empresas com práticas ambientais, sociais e de governança robustas vão além das normas nacionais e internacionais, com atividades que incluem as mais recentes tecnologias, o engajamento com as comunidades locais e a proteção e recuperação da biodiversidade. Algumas empresas que operam na Amazônia, por exemplo, assumiram voluntariamente um compromisso com a mineração responsável, unindo-se a iniciativas como a *Aluminum Stewardship Initiative* (ASI) e o ICMM. Também estabeleceram diretrizes e políticas empresariais alinhadas aos compromissos voluntários, além de direcionarem seus investimentos ligados à responsabilidade social corporativa a iniciativas locais, visando a abordar os impactos sociais, ambientais e econômicos da mineração. Os projetos incluem a recuperação ambiental de áreas de mineração desativadas, parcerias com governos locais e doações beneficentes, entre outros.

No setor de infraestrutura, as empresas concentram-se mais nos mecanismos internos de mitigação das emissões de GEEs, reciclagem e gestão da água. O grande impacto de suas atividades, especialmente ao trabalharem junto das comunidades, faz com que as empresas frequentemente priorizem projetos de desenvolvimento comunitários que estejam próximos às suas áreas de operação (por meio, também, de seus institutos sem fins lucrativos). As empresas líderes no setor seguem as normas da Iniciativa Global de Relatórios (GRI) .

Enquanto algumas empresas demonstrem conformidade mínima com a legislação nacional e práticas ESG limitadas, outras vão além e trabalham para reduzir os riscos de suas atividades; de fato, em alguns casos, adotam uma postura pioneira entre seus pares e lideram a criação de valor no longo prazo. Em geral, as empresas mais expostas aos mercados internacionais, e consequentemente às partes interessadas de mercados desenvolvidos, tendem a ter sistemas de gestão ambiental e social mais robustos. Frequentemente, tais práticas incluem a apresentação de relatórios alinhados a normas internacionais (por exemplo, GRI ou o Pacto Global das Nações Unidas), certificações setoriais e de base geográfica e a interação com organizações internacionais específicas do setor, dedicadas ao fortalecimento do desempenho ESG em determinadas atividades. As Normas de Desempenho da Corporação Financeira Internacional (IFC) e o Marco Ambiental e Social (MAS) do Grupo Banco Mundial também contêm um conjunto abrangente de princípios, além de exigências e normas para instituições financeiras e não financeiras. Tais normas podem ser adotadas para a Amazônia Legal e até mesmo aperfeiçoadas em alguns casos, especialmente para grandes projetos de infraestrutura. Uma das principais características é o fato de, por definição, tais normas "excederem a conformidade" com leis e regulamentos locais[12].

A boa governança empresarial é, portanto, essencial para o desenvolvimento da Amazônia Legal. Os sistemas de governança empresarial devem interagir com as partes interessadas e aumentar a transparência quanto às suas decisões comerciais. Para empresas menores, em especial, cuja governança empresarial costuma ser mais fraca, o incentivo a práticas de governança empresarial poderia ter um impacto maior sobre a inovação, o crescimento da produtividade e a conduta sustentável. Associações comerciais e instituições, como o Serviço Brasileiro de Apoio às Micro e Pequenas Empresas (Sebrae), desempenham um importante papel na disseminação das normas de governança empresarial adaptadas para pequenas e médias empresas e para empreendimentos familiares.

A boa governança empresarial e a do setor público se complementam. Os governos precisam estimular a adoção de normas ESG e a conformidade com elas, tanto para apoiar o desenvolvimento mais sustentável e inclusivo para os cidadãos quanto para gerar condições de igualdade para as empresas, garantindo que práticas não sustentáveis não prejudiquem práticas sustentáveis. Além disso, atos individuais podem gerar externalidades de difícil controle em nível de empresa. Por exemplo, um investimento sustentável na área rural pode, indiretamente, provocar o desmatamento fora da propriedade da empresa se aumentar a demanda por terras. Faz-se necessária uma forte governança florestal em toda a Amazônia Legal para controlar esse tipo de consequências indesejadas.

COMANDO E CONTROLE

Em princípio, pelo menos, o Brasil tem sistemas exemplares para o controle do desmatamento na Amazônia Legal. Para sua aplicação, é fundamental que haja "comando e controle". A grilagem e o desmatamento ilegal são os principais motivadores do desmatamento na Amazônia Legal, e isso reflete a fraca aplicação da lei. A recente aceleração do desmatamento demonstra o afrouxamento da aplicação da lei. Salvo pela retórica política, um indicador do afrouxamento fiscalização é a diminuição do número de notificações de infrações ambientais. Tais notificações tendem a estar diretamente relacionadas ao desmatamento na Amazônia Legal, relação esta que foi interrompida a partir de 2019, com o aumento do desmatamento e a diminuição das notificações de infrações (OCDE, 2021).

As evidências indicam a eficácia de várias medidas, entre elas a inclusão dos municípios em "listas de exclusão" e a fiscalização com o auxílio de imagens de satélite. A inclusão dos municípios com as maiores taxas de desmatamento em listas de exclusão provoca uma redução significativa no desmatamento (West; Fearnside, 2021) e tem um potencial especial, dada a concentração do desmatamento em uma dúzia de municípios no Arco do Desmatamento. O monitoramento por satélite é outra ferramenta importante, e o Deter, um sistema de monitoramento por satélite, emite alertas de desmatamento em tempo real para a Amazônia brasileira. A ferramenta usa tecnologia de ponta e tem potencial para ser adotada em outros países com problemas de desmatamento. Assunção e Rocha (2019) apresentam evidências de que a lista de exclusão pode ser eficaz quando implementada de maneira resoluta, combinando o monitoramento por satélite com a fiscalização em nível local. Os resultados sugerem que reduzir as ações de comando e controle pela metade aumenta as taxas de desmatamento em 44%, ou seja, a implementação eficaz requer vontade política.

A ECONOMIA POLÍTICA DA GOVERNANÇA FLORESTAL: GERAÇÃO DE VONTADE POLÍTICA PARA A APLICAÇÃO DA LEI

As implicações relacionadas ao bem-estar público e privado associadas a diversos tipos de usos da terra têm implicações político-econômicas cruciais para a proteção das florestas da Amazônia Legal. A proteção ambiental é, essencialmente, uma decisão política relacionada a uma forma implícita de redistribuição entre indivíduos, unidades administrativas e gerações. Isso explica por que o controle do desmatamento é difícil e por que fatores como forças macroeconômicas (capítulo 3) e incentivos eleitorais podem enfraquecer a efetividade das leis e instituições de proteção ambiental.

O desmatamento na Amazônia Legal é um exemplo da "tragédia dos comuns", uma vez que, por um lado, resulta em benefícios para o setor privado e, por outro, em custos públicos dispersos (Hardin, 1968). O custo anual da preservação das florestas para as comunidades locais do Arco do Desmatamento foi estimado em US$ 979 por hectare em rendas agrícolas perdidas (Figueiredo Silva; Fulgitini; Perrin, 2019). Outras evidências indicam que as pessoas que desmataram acima do limite permitido pelo Código Florestal eram mais ricas que aquelas que não desmataram (Schons, 2019). Estima-se que os agricultores que respeitaram o Código Florestal tenham perdido US$ 4 bilhões de renda por ano (Souza-Rodrigues, 2019). Esses resultados empíricos são condizentes com a modelagem de equilíbrio geral apresentada no capítulo 2. A percepção da compensação entre benefícios para o setores público e privado torna a política complexa.

A eficácia da governança florestal depende de preferências políticas: as tendências políticas e ideológicas, bem como o compromisso da comunidade internacional, podem moldar a economia política do desmatamento. A recente aceleração do desmatamento na Amazônia Legal reflete a preferência ideológica pelos valores de exploração das florestas da região pelo setor privado, exceto quando o valor público é monetizado. A preferência pela exploração pelo setor privado é evidente na alocação de orçamentos menores, não apenas para os órgãos ambientais, especialmente o Instituto Brasileiro do Meio Ambiente e dos

Recursos Naturais Renováveis (Ibama), mas também para a prevenção e o controle de incêndios florestais. Ao mesmo tempo, o Congresso vem atuando para reduzir as salvaguardas ambientais. Com o objetivo de monetizar o valor público das florestas, o governo federal lançou o programa "Floresta+" em 2020. Em 2021, as negociações entre o Brasil e os Estados Unidos concentraram-se em compensações financeiras para reduzir o desmatamento ilegal, e os países de renda alta comprometeram recursos para apoiar a redução global do desmatamento na COP26. Ainda assim, houve retrocessos significativos na monetização do valor de bem público da Amazônia, o bioma brasileiro que mais atrai a atenção de todos. Em vista da aceleração do desmatamento, o Fundo Amazônia, financiado principalmente pela Alemanha e pela Noruega, foi suspenso.

Também há evidências de que o governo federal tenha sistematicamente aumentado a destinação de áreas protegidas em municípios controlados pela oposição, em comparação com o que faz nos municípios alinhados ao partido da situação (Mangonnet; Kopas; Urpelainen, 2022). Isso destaca os dividendos políticos da maior proteção em nível federal (o que beneficia o partido no poder), mas gera descontentamento entre os eleitores em nível local (prejudicando o partido da oposição). Em nível estadual, a governança florestal costuma ser vítima frequente da política eleitoral, o que ajuda a explicar por que ela tende a ser mais robusta nas jurisdições federais. Na esfera local, a tomada de decisões tende a desconsiderar os benefícios para as pessoas de fora das localidades (Besley; Coate, 2003; Sigman, 2005). Isso explica por que os órgãos federais (que representam todos os cidadãos brasileiros) tendem a ser mais eficazes na redução do desmatamento que os estaduais (que representam os cidadãos de um estado); e por que o desmatamento tende a ser mais baixo em terras federais, tais como as áreas indígenas e as áreas protegidas (Herrera, Pfaff; Robalino, 2019).

Por fim, há evidências de que as taxas de desmatamento aumentam de 8% a 10% em anos de eleição quando o prefeito concorre à reeleição, um valor equivalente a 4% da área total de florestas perdida desde as eleições de 2004 (Pailler, 2018).

Os exemplos acima demonstram como as compensações entre os setores público e privado relacionadas à proteção ambiental podem criar uma dinâmica de economia política que desequilibra a economia do setor público e leva ao aumento do desmatamento, uma vez que ainda não foram criados regimes duradouros e eficazes para zerar o desmatamento ilegal.

Especialmente na esfera municipal, surgem atritos adicionais importantes, incluindo as restrições de capacidade (Abers; Oliveira; Pereira, 2017). A constatação de que o aumento da capacidade de alguns municípios de monitorar e aplicar as leis tende a reduzir o desmatamento, deslocando-o para municípios que não recebem esse apoio, indica que um número maior de municípios pode precisar de mais apoio para desenvolver sua capacidade do que os recursos permitem (Slough; Urpelainen, 2019). A já baixa capacidade e a fragilidade das instituições na Amazônia Legal são ainda mais desgastadas por redes criminosas, o que impulsiona o desmatamento (Human Rights Watch, 2019).

Por fim, as políticas públicas brasileiras costumam não ter credibilidade, e isso as torna menos eficazes (Banco Mundial, 2023a). Considerando a atualização do Código Florestal realizada em 2012, Albuquerque Sant'Anna e Costa (2021) observam que o *lobby* ativo de produtores rurais resultou na anistia para o desmatamento ilegal cometido nos termos do Código Florestal de 1965. Eles argumentam que tal anistia sinalizou que as leis ambientais poderiam ser contornadas, incentivando a desobediência ao Código Florestal no que se refere a terras particulares. Uma lógica semelhante é aplicável às alterações nos prazos de regularização fundiária, que comprometem a credibilidade das autoridades e incentivam a grilagem de forma indireta.

O apoio para a proteção ambiental costuma representar um equilíbrio político frágil, que pode ser desgastado por fatores econômicos. Isso talvez explique o aumento recente do desmatamento. Apesar dos esforços de muitos anos para fortalecer as leis e as instituições de proteção das florestas da Amazônia Legal, especialmente no bioma Amazônia, o desmatamento acelerou-se à medida que o ambiente macroeconômico se tornou mais favorável (capítulo 3). Embora haja sistemas formais de governança florestal, sua eficácia e real comprometimento precisam ser fortalecidos. O financiamento para a conservação pode desempenhar um importante papel nesse processo.

FINANCIAMENTO PARA A CONSERVAÇÃO

O financiamento para a conservação pode usar recursos para a proteção florestal e o desenvolvimento sustentável e inclusivo, além de alinhar a vontade política. A externalidade positiva associada às florestas pode justificar a mobilização de recursos públicos (quadro 4.2). O financiamento baseado no mercado pode alavancar recursos do setor privado, com possível cofinanciamento com recursos públicos.

QUADRO 4.2

Financiamento para a conservação e incentivos para o comportamento sustentável

A monetização dos serviços ecossistêmicos da floresta criaria incentivos para preservar as florestas naturais. As pressões macroeconômicas por desmatamento possivelmente diminuirão no longo prazo, à medida que o Brasil adotar um modelo de crescimento voltado para produtividade além da agricultura e que as preferências de consumo e a infraestrutura de comércio global se concentrarem cada vez mais em modelos de produção sustentáveis. Ainda assim, o prejuízo imediato causado pelo desmatamento de um ecossistema milenar no âmbito do modelo de crescimento existente é difícil de ser revertido, e os pontos de inflexão podem acelerar a destruição desses sistemas.

Os *trade-offs* percebidos entre objetivos econômicos e ambientais serão significativos até que as forças macroeconômicas, entre outras, se tornem mais favoráveis. O trabalho de financiamento para a conservação — incluindo as reformas regulatória, fiscal e estrutural — pode alterar o equilíbrio do consumo privado para o público ao mudar os incentivos daqueles que atuam na Amazônia. Quanto mais cedo essas macroforças se tornarem favoráveis, mais cedo as necessidades de financiamento diminuirão. Em outras palavras, conforme as constatações do capítulo 3, os avanços no processo de transformação estrutural da Amazônia Legal podem reduzir o custo financeiro vitalício de proteção das florestas da região.

Pagamentos por serviços ambientais
Segundo Wunder (2014), os pagamentos por serviços ambientais (PSAs) devem ser transações voluntárias entre os usuários dos serviços (responsáveis pelo pagamento) e os fornecedores desses serviços (que recebem o pagamento), com base nas normas convencionadas sobre a gestão dos recursos naturais[a]. Wunder acrescenta que o ideal é que os PSAs sejam pagos por serviços fora da área em questão, para abranger as externalidades que não podem ser diretamente internalizadas pelo proprietário legal do ecossistema. Este capítulo usa uma definição mais ampla

continua

Quadro 4.2, *continua*

do financiamento para a conservação, cujo principal requisito é que a motivação dos pagamentos esteja relacionada à conservação e à prestação de serviços ambientais. A classificação apresentada aqui inclui casos em que os usuários e os fornecedores são claramente identificáveis (assim como nos PSAs), e casos em que essa conexão é menos direta (por exemplo, quando os investimentos em produtividade reduzem a pressão macroeconômica sobre as florestas naturais).

Monetização de externalidades positivas
Incentivos financeiros podem recompensar a manutenção de um comportamento. Esta primeira interpretação do financiamento para a conservação aplica-se aos casos em que, por meio dos serviços ambientais, uma atividade proporciona simultaneamente benefícios para um indivíduo e gera externalidades positivas para a sociedade (figura Q4.2.1). Programas como o Bolsa Verde e o Bolsa Floresta se encaixam nessa categoria, uma vez que os beneficiários recebem transferências em dinheiro pelos benefícios de biodiversidade positivos que resultam de seu modo de vida sustentável e de sua contribuição para uma boa governança florestal. Nesse caso, os incentivos para o patrocinador ou doador do programa e para o beneficiário tendem a estar, de modo geral, alinhados e voltados a meios de subsistência

sustentáveis. Essa forma de pagamento está associada a políticas públicas de proteção social, uma vez que seu foco principal seriam as comunidades mais pobres. Ela pode alcançar maior relevância se o processo de mudança estrutural ameaçar os meios de subsistência sustentáveis (capítulos 2 e 5).

Compartilhamento de custos
Uma segunda interpretação está relacionada ao compartilhamento de custos. Em princípio, os incentivos públicos e privados são compatíveis, ao menos parcialmente, e poderia haver mais externalidades positivas por meio do compartilhamento de custos (relacionado à noção de benefícios compartilhados, na qual alguns benefícios vão para o ente privado responsável pelo desmatamento). Um exemplo disso é o crédito subsidiado, como no caso do Plano de Agricultura de Baixa Emissão de Carbono (ABC). Os agricultores adotariam modelos de produção que, por exemplo, renderiam mais benefícios de biodiversidade, e a sociedade cofinanciaria os custos de produção adicionais associados a esses modelos de produção. Outro exemplo é o apoio do setor público para a recuperação de terras. Nesses casos, os recursos públicos possibilitariam externalidades positivas, ou seja, serviços ambientais mais altos. O apoio a um processo mais equilibrado de transformação estrutural na Amazônia Legal e no

FIGURA Q4.2.1
Conceitualização dos incentivos financeiros para a conservação

Monetização de externalidades positivas
- ✓ Incentivos alinhados
- ✓ Externalidades positivas de ações privadas sem custo
- ✓ Recompensa pelo comportamento

Compartilhamento de custos
- ✓ Incentivos (em princípio) compatíveis
- ✓ Externalidades positivas a partir de ações privadas a um custo (cobenefícios)
- ✓ Favorecimento de comportamentos

Compensação por renúncia ao bem-estar
- ✓ Incentivos incompatíveis
- ✓ Externalidades negativas a partir de ações privadas
- ✓ Recompensa pela mudança de comportamento

continua

Quadro 4.2, *continua*

Brasil também possibilitaria eventuais mudanças favoráveis de comportamento, uma vez que reduziria a demanda pela expansão de lavouras ou pastagens.

Compensação por renúncia ao bem-estar

Na terceira interpretação, os incentivos privados são incompatíveis com o bem público, e uma compensação financeira é oferecida pela renúncia ao bem-estar devido a uma mudança de comportamento. Os pagamentos são efetuados quando os incentivos entre doadores e beneficiários estão mal alinhados, porque a ação privada aumenta o consumo individual, mas reduz o consumo da sociedade — como no caso do desmatamento legal em propriedades particulares. Aqui, um doador poderia compensar o beneficiário pela perda econômica associada à mudança de comportamento (evitar o desmatamento legal). Outro exemplo é o aumento do Imposto sobre a Propriedade Territorial Rural (ITR) para intensificar a produção agrícola e a reversão da receita para os agricultores (embora esse pagamento fosse apenas uma compensação parcial diante das perdas incorridas sem financiamento adicional).

Foco nos governos num ambiente marcado pela ilegalidade

O financiamento para a conservação não deve ser usado para incentivar as pessoas a cumprirem a lei, mas pode ser usado para apoiar os governos na aplicação da lei. A maior parte do desmatamento na Amazônia é ilegal, e as penalidades podem mudar o comportamento das pessoas. Segundo o princípio do "poluidor-pagador", os agentes causadores do desmatamento ilegal precisam ser processados e punidos[b]. Em princípio, as multas teriam finalidade preventiva e refletiriam os custos ambientais. Embora esses custos ambientais possam ser muito altos e de difícil determinação, as multas deveriam ser suficientemente altas para impedir o comportamento ilegal. O fato de ainda haver desmatamento ilegal na Amazônia indica que as sanções aplicadas aos violadores da lei são insignificantes, ou que a lei não está sendo devidamente aplicada. Os governos poderiam aumentar suas receitas por meio da aplicação de multas adequadas e pelo financiamento para a conservação se as multas se traduzissem numa mudança de comportamento que levasse à redução do desmatamento.

O financiamento para a conservação com o propósito de que os governos façam cumprir a lei pode ser justificado com base em todas as abordagens apresentadas na figura Q4.2.1, uma vez que recompensa o comportamento (proteção do capital natural); compartilha custos de regularização fundiária, promovendo ações de comando e controle, ou fomentando a produtividade e diversificando a economia; e gera vontade política ao oferecer compensação pela eliminação de modelos de crescimento baseados na agricultura extensiva. Em princípio, o financiamento para a conservação poderia ser disponibilizado para todas as entidades que tenham impactos na proteção e no desenvolvimento florestal, inclusive nos governos federal, estaduais e municipais.

a. Após sete anos de deliberações, em 2021 o Congresso Nacional brasileiro instituiu o Programa Federal de Pagamentos por Serviços Ambientais. Ao criar um marco legal para os contratos entre compradores e prestadores de serviços ambientais, a lei preenche a lacuna jurídica há muito considerada um entrave para o uso mais amplo de PSAs no Brasil. A lei também estabelece que os pagamentos pelos serviços são voluntários; que o vendedor (e o comprador) podem ser entes públicos ou privados; e que tais pagamentos podem ser feitos de diversas formas, como dinheiro, títulos verdes ou outros bens e serviços.

b. Para maiores informações sobre os pagamentos e sua relação com o princípio do poluidor-pagador nesse contexto, ver Börner et al. (2017); Engel, Pagiola e Wunder (2008); Mauerhofer, Hubacek e Coleby (2013); e Wunder et al. (2020).

Fontes de financiamento

Em todos os países, as receitas governamentais constituem a primeira fonte de financiamento para ações de conservação. No Brasil, a conservação é financiada pelos orçamentos federal, estaduais e municipais. Por exemplo, o Plano ABC é financiado pelo governo federal, ao passo que o Bolsa Floresta é financiado com recursos orçamentários do estado do Amazonas — ou seja, com a receita tributária estadual e outras fontes de receita, tais como repasses federais, subsídios e empréstimos. A regularização fundiária e a fiscalização também são itens orçamentários. O financiamento para a conservação também pode envolver várias unidades de governo. Por exemplo, o Imposto sobre a Circulação de Mercadorias e Serviços Ecológico (ICMS Ecológico), que visa a promover políticas verdes, representa uma parcela dos tributos estaduais sobre o comércio que é destinada a municípios selecionados por seus resultados de desempenho ambiental, inclusive na área de controle do desmatamento. A inclusão dos municípios que não atingirem determinado padrão ambiental numa lista de exclusão também pode ser uma medida eficaz — de punição, em vez de incentivo. Será fundamental garantir que as políticas que buscam o desenvolvimento sustentável e inclusivo da Amazônia Legal tenham acesso aos recursos necessários para sua aplicação (quadro 4.3), o que pode incluir a geração de novas receitas ou a realocação de gastos.

Os tributos podem financiar os esforços de conservação ou mudar o comportamento das pessoas ao alterar diretamente os incentivos. Por exemplo, a reforma do ITR poderia reduzir o desmatamento ao aumentar o preço das terras, estimulando, assim, a intensificação da agricultura. Souza-Rodrigues (2019) estima que um imposto rural anual no valor de US$ 42,50 por hectare induziria os agricultores a usarem somente 20% de suas terras e, assim, atingirem metas compatíveis com o Código Florestal. No sistema proposto, as receitas adicionais dos impostos seriam devolvidas aos agricultores por meio de transferências federais, uma vez que o principal objetivo do imposto é alterar o preço relativo das terras, em vez de captar novas receitas. Na realidade, a reversão das receitas ainda resultaria numa perda econômica para os agricultores no valor estimado de cerca de US$ 479 milhões, o que poderia exigir uma compensação adicional a ser financiada por outras fontes. Os instrumentos fiscais de *feebate* poderiam reduzir o desmatamento de uma forma neutra quanto às receitas ao oferecer abatimentos para os agricultores que comprovassem fontes sustentáveis, penalizando aqueles que não fornecessem tal comprovação.

QUADRO 4.3

Financiamento público para a Amazônia

Há uma restrição de finanças públicas em nível federal, o que deixa pouco espaço para apoio adicional para a Amazônia Legal, seja para o desenvolvimento econômico, seja para a conservação. Em 2021, a dívida pública geral do governo atingiu 80,3% do PIB. Esses níveis são altos, mas não ao ponto de ameaçarem a sustentabilidade da dívida. No entanto, podem exigir mais esforços de consolidação fiscal, em linha com a âncora fiscal. Isso exigirá uma rigorosa disciplina de gastos do governo federal, incluindo a necessidade de limitar as transferências para os governos estaduais, o que é previsto em diversas emendas constitucionais atualmente em tramitação no Congresso, colocando ainda mais pressão sobre as finanças públicas dos estados da Amazônia Legal, inclusive em relação à priorização de gastos adequados no presente e à manutenção de finanças públicas estáveis no futuro. As restrições orçamentárias motivam ainda mais a necessidade de atrair possíveis recursos internacionais para a conservação a fim de apoiar os esforços de proteção ambiental.

continua

Quadro 4.3, *continua*

De modo geral, os estados da Amazônia Legal têm uma situação fiscal relativamente melhor que a de outros estados brasileiros. Esses estados recebem uma parcela relativamente grande das transferências federais por meio do Fundo de Participação dos Estados e do Distrito Federal (FPE). De certa forma, essas transferências protegem as receitas dos choques econômicos no âmbito estadual. Durante a pandemia de Covid-19, o apoio federal beneficiou os estados amazônicos de maneira desproporcional. Em geral, as finanças estaduais relativamente robustas se refletem na classificação de crédito mantida pelo Tesouro Nacional: no início de 2022, três estados da Amazônia Legal receberam classificação "A", e outros três, classificação "B" (numa escala de A a D)[a].

A massa salarial constitui o maior desafio para as finanças públicas e o espaço fiscal no que se refere a intervenções para o desenvolvimento. A previdência absorve cerca de 27% da receita líquida corrente no Brasil como um todo; nos estados amazônicos, que são relativamente mais "jovens", a despesa previdenciária é de aproximadamente 15%. Ainda assim, a despesa previdenciária menor não se traduz em investimentos maiores na Amazônia Legal, mas em despesas maiores com a folha de pagamento e empréstimos mais baixos para investimentos: a média das despesas com a folha de pagamento está em cerca de 43% da receita líquida atual nos estados da Amazônia Legal, comparado a apenas 36% em outros estados brasileiros. Outras despesas correntes são um pouco mais baixas na Amazônia Legal que no resto do país; ainda assim, sobram apenas 8% da receita atual líquida para investimentos: menos de 2 pontos percentuais a mais que em outros estados brasileiros.

Embora haja espaço para captar receitas adicionais, especialmente nos estados, uma nova priorização dos gastos é outra maneira de alinhar os orçamentos estaduais às mudanças em suas prioridades de desenvolvimento. No âmbito federal, as receitas já são relativamente altas no Brasil, deixando pouco espaço para o aumento de impostos (o imposto sobre as emissões de carbono poderia gerar alguma receita, mas poderia ser redirecionado para a redução de outros impostos). Os entes subnacionais dispõem de mais espaço. Aumentar as alíquotas tributárias geraria espaço fiscal e reduziria, em certa medida, a dependência de transferências federais. Isso poderia incluir o aumento do ICMS nos estados, e uma parcela maior do imposto poderia ser destinada a investimentos no desenvolvimento ambiental (como o ICMS Ecológico).

No que se refere aos gastos, os orçamentos em todas as esferas do governo brasileiro têm uma rigidez significativa. Na esfera estadual, por exemplo, 37% das receitas são alocadas para gastos com saúde e educação. O espaço para gastos discricionários tende a ser limitado. Contudo, pode haver espaço para uma repriorização. Na esfera federal, isso poderia incluir uma mudança nas prioridades para a provisão de crédito rural, ou na forma de apoio às zonas econômicas especiais da Amazônia Legal (particularmente, a Zona Franca de Manaus — ver Banco Mundial, 2023b). Já na esfera estadual, os planos plurianuais (PPAs) devem evitar negligenciar o crescimento da produtividade urbana em relação aos investimentos rurais.

Os municípios também precisam fortalecer suas finanças públicas, para poderem cumprir as prioridades de suas políticas. Embora os estados amazônicos demonstrem um desempenho relativamente bom em comparação a outros estados brasileiros, as contas públicas municipais na Amazônia Legal são muito mais limitadas que no restante do país, exceto em certos municípios dos estados de Mato Grosso e Rondônia. Muitos municípios na Amazônia Legal têm grandes necessidades de desenvolvimento combinadas a vastos territórios que requerem serviços básicos. Por exemplo, o município de Altamira, no Pará, tem cerca de 160 mil km² (é maior que a Tunísia). A maioria dos municípios depende fortemente das transferências do governo. No entanto, há espaço para aumentar as receitas municipais, seja por meio de melhorias na cobrança do Imposto sobre a Propriedade Territorial Rural (ITR), seja nas áreas urbanas, por meio do Imposto Predial e Territorial Urbano (IPTU). Assim como acontece com os estados, os municípios precisam priorizar novamente seus gastos e aumentar a eficiência.

a. Ver dados sobre a capacidade de pagamento (Capag) de cidades e municípios no *site* da Secretaria do Tesouro Nacional: https://www.tesourotransparente.gov.br/temas/estados-e-municipios/capacidade-de-pagamento-capag/#item-visualizacao.

O imposto sobre a emissão de carbono poderia reduzir o desmatamento e, ao mesmo tempo, aumentar as receitas para a conservação e as políticas públicas complementares. A criação de um imposto abrangente sobre a emissão de carbono no valor (altamente conservador) de US$ 18,50 por tonelada de dióxido de carbono poderia, essencialmente, eliminar todas as terras agrícolas da Amazônia Legal (Souza-Rodrigues, 2019). Um sistema de precificação do carbono poderia ser planejado de forma a ajudar o Brasil a atingir sua Contribuição Nacionalmente Determinada (NDC) de forma equitativa se os recursos forem usados para reduzir o impacto sobre as famílias de renda baixa (Souza-Rodrigues, 2019). Por outro lado, os recursos poderiam ser investidos em medidas de melhoria da produtividade com foco em setores que não fazem uso intensivo da terra (principalmente, em áreas urbanas).

O financiamento internacional para a conservação é outra possível fonte de recursos. Inclui fontes bilaterais de financiamento, tais como o Fundo Amazônia (atualmente interrompido), financiado pela Alemanha e pela Noruega, e fontes multilaterais de financiamento, como o Programa de Investimento Florestal (FIP) no âmbito dos *Climate Investment Funds*, o Fundo Verde para o Clima, o Programa Paisagens Sustentáveis da Amazônia do Fundo Global para o Meio Ambiente, ou a Iniciativa para a Amazônia do Banco Interamericano de Desenvolvimento (que abrange todo o bioma Amazônia)[13]. Uma grande parcela do valor total das florestas da Amazônia Legal está nas mãos da comunidade internacional, e não nas mãos do governo ou do povo brasileiro. Devido a isso, grande parte do financiamento poderia vir de fontes internacionais. Na COP26, realizada em Glasgow, o Brasil assinou, juntamente com mais de 100 países, o compromisso de eliminar o desmatamento até 2030 — uma intenção apoiada pela promessa de financiamento público e privado no valor de US$ 19,2 bilhões.

Diferentes mecanismos podem assegurar que os recursos públicos internacionais alcancem os objetivos pretendidos. Num sistema baseado em resultados (isto é, que use financiamentos baseados em resultados), os pagamentos são realizados com base nesses resultados (semelhante ao que ocorre no caso do ICMS Ecológico). Teoricamente, o financiamento baseado em resultados tem um impacto mais forte no comportamento das pessoas, uma vez que vincula o desembolso dos recursos aos resultados. Tradicionalmente, no entanto, os doadores têm usado sistemas baseados em insumos com mais frequência, uma vez que podem ser monitorados mais facilmente e oferecem uma previsibilidade maior dos desembolsos para os beneficiários. O ponto mais fraco desse tipo de sistema é que, na prática, é impossível saber, no momento dos desembolsos, se a redução do desmatamento será efetivamente alcançada.

O financiamento para a conservação poderia vir de iniciativas do setor privado, tais como as de responsabilidade social corporativa, filantropia corporativa, *royalties* e investimentos de impacto. Diversos fundos privados também se destinam a aumentar a sustentabilidade ambiental e reduzir o desmatamento. Mais recentemente, a iniciativa global LEAF, no valor de US$ 1 bilhão, foi lançada pelas empresas Amazon, Boston Consulting, McKinsey, Unilever, Salesforce, Airbnb, GSK e Nestlé. O Grupo de Instituições, Fundações e Empresas (Gife) mapeou 932 projetos e 133 organizações ativamente envolvidas em ações de investimento social privado em zonas urbanas e rurais da Amazônia Legal. A *Rainforest Business School* e os Laboratórios Criativos da Amazônia são financiados pela iniciativa privada (Arapyaú). Os recursos da Compensação Financeira pela Exploração Mineral (CFEM) são significativos e também poderiam ajudar a financiar a conservação (capítulo 5).

Os compromissos do setor privado com possibilidade de reduzir a rentabilidade comercial (um imposto implícito e voluntário) também podem ser incluídos nessa categoria, tais como a Moratória da Soja e o Compromisso de Desmatamento Zero na Pecuária.

Doações voluntárias também podem ser mobilizadas mais amplamente por meio de programas liderados por organizações não governamentais ou pelo Programa Adote um Parque[14], alavancando a considerável disposição internacional de contribuir para a conservação da Amazônia Legal.

Instrumentos de financiamento

Há uma ampla gama de instrumentos de financiamento para a conservação. Com base na taxonomia para o financiamento da biodiversidade da Organização para a Cooperação e Desenvolvimento Econômico (OCDE), tais instrumentos incluem: doações, subsídios e transferências; dívidas concessionais; dívidas comerciais; capital e recursos próprios; PSAs; e diversas formas de compensação (OCDE, 2020). Todos esses instrumentos podem contribuir para as atividades que apoiam o desenvolvimento sustentável da Amazônia Legal.

Os instrumentos de financiamento para a conservação baseados no mercado podem ser agrupados em quatro categorias mais amplas: instrumentos de dívida, instrumentos de capital, instrumentos híbridos e créditos de carbono. Todos podem contribuir para financiar o desenvolvimento sustentável desde que haja comprovação de que as atividades por eles apoiadas tenham impactos ambientais ou climáticos positivos. Algumas das medidas podem ter metas de desempenho diretas relacionadas ao desmatamento, ao passo que outras podem ter metas intermediárias compatíveis com a promoção da redução do desmatamento no longo prazo (por exemplo, metas de produtividade, conforme explica o capítulo 3) e com outros critérios ESG (relacionados não apenas ao desmatamento, mas também a outros critérios ambientais e sociais).

As soluções de financiamento baseadas no mercado com foco no impacto encontram-se em estágio inicial de desenvolvimento: os projetos do setor privado ligados a soluções baseadas na natureza frequentemente sofrem com a baixa viabilidade financeira. Embora alguns projetos na região da América Latina e Caribe tenham atraído financiamento e se tornado financeiramente viáveis no longo prazo, cerca de 60% continuam ativamente buscando apoio financeiro (Ozment et al., 2021). A maioria desses projetos depende do financiamento de doações, e, até o momento, nenhum deles usou investimentos privados. As principais razões tendem a incluir a baixa escala de possíveis investimentos, e perfis de risco-retorno não atraentes (tanto em termos financeiros quanto ambientais) (Rode et al., 2019).

Algumas das possíveis soluções de financiamento baseado no mercado são:

- *Títulos ou empréstimos verdes e sustentáveis.* Esses instrumentos, conhecidos como títulos rotulados ou de uso de recursos, podem ser emitidos por entes soberanos ou subsoberanos. Os títulos são criados para financiar projetos que ofereçam benefícios ambientais e/ou climáticos positivos. A maioria deles consiste em títulos verdes ligados ao uso de recursos, ou títulos vinculados a ativos, cujos recursos são alocados para projetos verdes e apoiados pelo balanço patrimonial do emissor[15]. No caso da Amazônia Legal, os recursos poderiam se concentrar no financiamento da governança florestal e no crescimento econômico sustentável. Dadas as limitações para a emissão de títulos pelos estados brasileiros, os títulos verdes emitidos pelo governo federal com o intuito explícito de apoiar o desenvolvimento sustentável da Amazônia Legal poderiam ser mais efetivos.

- *Títulos vinculados à sustentabilidade (SLBs) ou títulos vinculados a indicadores-chave de desempenho (KPIs)*. Esses títulos também podem ser uma alternativa viável aos títulos de uso de recursos (Wang; Gurhy; Hanusch, 2022). Incluem qualquer tipo de título cujas características financeiras e/ou estruturais variem a depender do cumprimento, por parte do emissor, de objetivos de sustentabilidade/ESG predefinidos. Nesse sentido, os emissores comprometem-se explicitamente (na documentação do título) a melhorar seus resultados futuros na área de sustentabilidade dentro de um prazo previamente estabelecido. Os SLBs são instrumentos futuros baseados no desempenho; portanto, requerem metas de desempenho claramente mensuráveis (ICMA, 2020). Em princípio, eles podem ser emitidos tanto por entidades públicas quanto por entidades privadas.

- *Créditos de carbono*. Esses créditos alavancam um mecanismo que permite internalizar os custos sociais relacionados à externalidade das emissões de GEEs por meio da estruturação de créditos de carbono e da venda desses créditos para os mercados de carbono (voluntários ou de conformidade). De acordo com os mecanismos do artigo 6 do Acordo de Paris, a negociação de Resultados de Mitigação Internacionalmente Transferidos (ITMOs) poderia oferecer incentivos à redução ou ao fim do desmatamento no Brasil (Banco Mundial, 2023a) caso as emissões de carbono pudessem ser substancialmente reduzidas para níveis inferiores às metas da NDC brasileira, e o preço dos ITMOs fosse suficientemente alto. Combinado a produtos para o financiamento de projetos, o acesso a esses fundos pode superar os obstáculos aos investimentos e gerar recursos significativos para as despesas de capital dos projetos. Os créditos de carbono podem complementar o financiamento do desenvolvimento internacional (quadro 4.4).

- *Financiamento internacional para o desenvolvimento*. Além da assistência oficial para o desenvolvimento tradicional, a combinação de diversos tipos de financiamento vem conquistando popularidade crescente nos últimos anos. A combinação de financiamento público e privado direcionou investimentos significativos para questões relacionadas aos Objetivos de Desenvolvimento Sustentável. Entidades públicas, tais como bancos de

---

QUADRO 4.4

A experiência do Brasil com a precificação do carbono em nível de projeto

Para que a precificação do carbono funcione, é preciso considerar soluções que monetizem os recebíveis futuros dos créditos de carbono, como, por exemplo, o marco financeiro desenvolvido pelo Rabobank International Brazil em 2000. O Banco Mundial assinou um Acordo de Compra de Redução de Emissões (ERPA) com a Plantar, uma empresa brasileira, segundo o qual o Banco Mundial pagaria pelos créditos de carbono produzidos e entregues pela Plantar. No entanto, a Plantar não tinha recursos para desenvolver os projetos que gerariam os créditos. Logo, o Rabobank International Brazil adiantou os recursos para a Plantar dar início ao projeto em troca dos recursos advindos do ERPA. Uma vez gerados os créditos, o Banco Mundial pagaria ao Rabobank por eles, diminuindo a dívida da Plantar com o Rabobank.

desenvolvimento multilaterais, capital filantrópico ou instituições de financiamento do desenvolvimento e clima, diminuem os obstáculos enfrentados pelo capital privado para entrar em mercados que, de outra forma, seriam inacessíveis ou muito arriscados. Para ultrapassar esses obstáculos, diversas entidades (como o Fundo de Adaptação, o Fundo Verde para o Clima, o Fundo Global para o Meio Ambiente ou os Fundos de Investimento do Clima) mobilizam capital privado adicional por meio de instrumentos de concessão de financiamento em condições preferenciais (doações de capital/assistência técnica, garantias, políticas de primeira/segunda perda ou subsídios de taxas de juros). Esses mecanismos ajudam a reduzir o risco de novos instrumentos no estágio de desenvolvimento e incluem instrumentos do mercado de capital emitidos com o objetivo de desenvolver a capacidade, subsidiar custos operacionais altos (ao menos inicialmente) e reduzir o risco (quadro 4.4). O pagamento por serviços ambientais também pode ser feito na forma de garantias capazes de reduzir o risco dos projetos.

- *Financiamento interno do desenvolvimento.* Os bancos de desenvolvimento locais, os fundos de investimento estratégico, os fundos soberanos e os fundos previdenciários estatais também podem realizar coinvestimentos de dívida ou capital. Esses investidores costumam estar bem posicionados para investir em projetos sustentáveis, e seu envolvimento também poderia catalisar outros capitais do setor privado por intermédio de fundos estruturados ou garantias. Os fundos estruturados, tais como os fundos de investimento em direitos creditórios (FIDCs), são suficientemente flexíveis para explorar a melhoria do crédito, a mitigação de riscos e o financiamento combinado, além de serem particularmente importantes para as operações na região. Também permitem agregar uma carteira de pequenas e médias empresas, projetos de infraestrutura menores (como os de energia solar) e investimentos em cadeias de suprimentos sustentáveis (agregando cooperativas e pequenos proprietários).

- *Capital de risco e fundos de capital privado.* A transformação estrutural e o crescimento da produtividade exigirão um ecossistema de negócios funcional que direcione os recursos para modelos de negócio inovadores originados de pesquisas e desenvolvimento primários. É aqui que os projetos de bioeconomia tradicionais podem ser iniciados e ganhar escala. Devido ao surgimento de novas classes de ativos associadas à preservação ambiental, esses mercados desempenham um papel essencial.

Os créditos de carbono têm potencial significativo e poderiam estar relacionados a uma reforma mais ampla da abordagem da precificação do carbono no Brasil. Por meio da parceria *Partnership for Market Readiness*, o Ministério da Economia, apoiado pelo Banco Mundial, explorou opções para a descarbonização no Brasil, desenvolvendo um Sistema de Comércio de Emissões (SCE), também conhecido como mercado de carbono[16]. Esse sistema poderia ajudar o Brasil a cumprir sua NDC, promovendo o bem-estar por meio da complementação com créditos de carbono, inclusive de compensações florestais (e outras medidas, tais como a reversão de receitas para reduzir impostos trabalhistas, ou para propiciar transferências sociais adicionais). O Brasil tem avançado rumo à adoção de um SCE por meio de medidas dos poderes Legislativo e Executivo (Banco Mundial, 2023a).

O Brasil já tem experiência na venda de créditos de carbono em mercados voluntários. Na verdade, o país já foi o terceiro maior em número de projetos e o quarto maior vendedor de créditos em nível global. O BioCF (Fundo de Biocarbono), apoiado pelo Banco Mundial, custeou dois projetos bem-sucedidos que geraram créditos florestais no Brasil (reflorestamento): os projetos Brasil AES Tietê, no estado de São Paulo, e Plantar, em Minas Gerais (quadro 4.4). Atualmente, os compradores são, principalmente, empresas que desejam cumprir voluntariamente seus próprios objetivos de descarbonização, tanto no Brasil quanto no exterior. O Sistema de Compensação e Redução de Carbono para a Aviação Internacional (Corsia) é uma importante fonte potencial de demanda para a compensação florestal no Brasil, assim como provavelmente serão os mercados de carbono internacionais estruturados segundo o artigo 6 do Acordo de Paris. Diferentemente dos mercados voluntários, muitos mercados de conformidade aplicam normas mais rigorosas e não aceitam créditos florestais. Todavia, essa realidade está mudando rapidamente, já que metodologias robustas têm sido desenvolvidas para a emissão de compensações florestais, que estão sendo aplicadas com sucesso. Estima-se que a compensação florestal terá um impulso maior após a COP26.

A compensação florestal precisa ser um componente fundamental do Sistema de Comércio de Emissões brasileiro, de forma a criar um mercado interno de conformidade[17]. Na parceria *Partnership for Market Readiness*, a modelagem e as consultas demonstraram que um SCE seria mais viável no Brasil se o sistema permitisse compensações florestais. Sendo o desmatamento uma das principais fontes de emissões líquidas no Brasil, qualquer precificação do carbono que exclua o uso da terra, as mudanças no uso da terra e o setor florestal, causaria um ônus desproporcional para outros setores, especialmente os de energia e manufatura, resultando num preço implícito do carbono difícil de ser justificado politicamente. Isso iria contra a necessidade de diversificar a economia rumo a setores mais urbanos. Incluir a compensação florestal num SCE brasileiro limitaria significativamente a perda econômica advinda da precificação do carbono e garantiria que o ajuste não ocorresse às custas dos setores urbanos[18]. A modelagem da *Partnership for Market Readiness* também avaliou ações de florestamento e reflorestamento, no entanto, em princípio, as compensações florestais também poderiam ser emitidas para o desmatamento evitado.

As compensações florestais poderiam ser emitidas por governos estaduais em troca da redução do desmatamento. As recentes atualizações do artigo 6 do Acordo de Paris, o qual define as bases e cria os mecanismos para a implementação dos mercados de carbono internacionais, poderiam gerar novas oportunidades para a emissão de créditos com base no desmatamento evitado. Segundo o artigo 6.2, que permite o comércio de resultados de mitigação diretamente entre as partes, abordagens jurisdicionais baseadas no desmatamento evitado poderiam se tornar aceitáveis. A norma REDD+ *Environmental Excellence Standard* (TREES) de 2020 do programa *Architecture for REDD+ Transactions* (ART) oferece oportunidades para a redução da emissão de créditos nos estados (com o objetivo de mudar para um sistema nacional até 2030) (ver ART, 2020). A norma TREES requer que o desmatamento não se alastre para as jurisdições vizinhas (no entanto, atualmente os mecanismos de detecção desse alastramento são limitados). Esse risco poderia ser reduzido se todos os estados amazônicos aderissem ao programa, possivelmente coordenados por grupos como o Conselho Nacional da Amazônia Legal. No futuro, todos os estados brasileiros se uniriam para reduzir o alastramento do desmatamento no país.

Aplicação de instrumentos de financiamento para a conservação para reduzir o desmatamento na Amazônia

O financiamento para a conservação pode reduzir o desmatamento na Amazônia de várias formas, com o foco no trabalho de combate ao desmatamento ilegal pelo governo. Considerando que, na Amazônia Legal, a maior parte do desmatamento é ilegal, o papel de controle do governo é particularmente relevante (quadro 4.2), o que torna o financiamento para a conservação especialmente importante para os governos (quadro 4.5). Embora o foco principal deva estar nos governos

QUADRO 4.5

Desenvolvimento do financiamento para a conservação para os governos da Amazônia Legal

Cálculo do desmatamento evitado

Para serem elegíveis ao financiamento para a conservação, os governos da Amazônia Legal precisam comprovar que reduziram o desmatamento. Em princípio, poderiam ser usados indicadores macroeconômicos para estabelecer um elemento contrafatual para

o cálculo do desmatamento evitado[a]. No contexto do Brasil, as forças macroeconômicas, tais como os preços globais das *commodities* ou a taxa de câmbio efetiva real (TCER), representam importantes fatores de desmatamento (figura B4.5.1). Com um nível maior de refinamento[b], um índice baseado nesses *insights* poderia

FIGURA Q4.5.1

Estimativa da "floresta em risco" na Amazônia Legal, aplicando variáveis macroeconômicas e considerando as políticas públicas que visam à redução do desmatamento

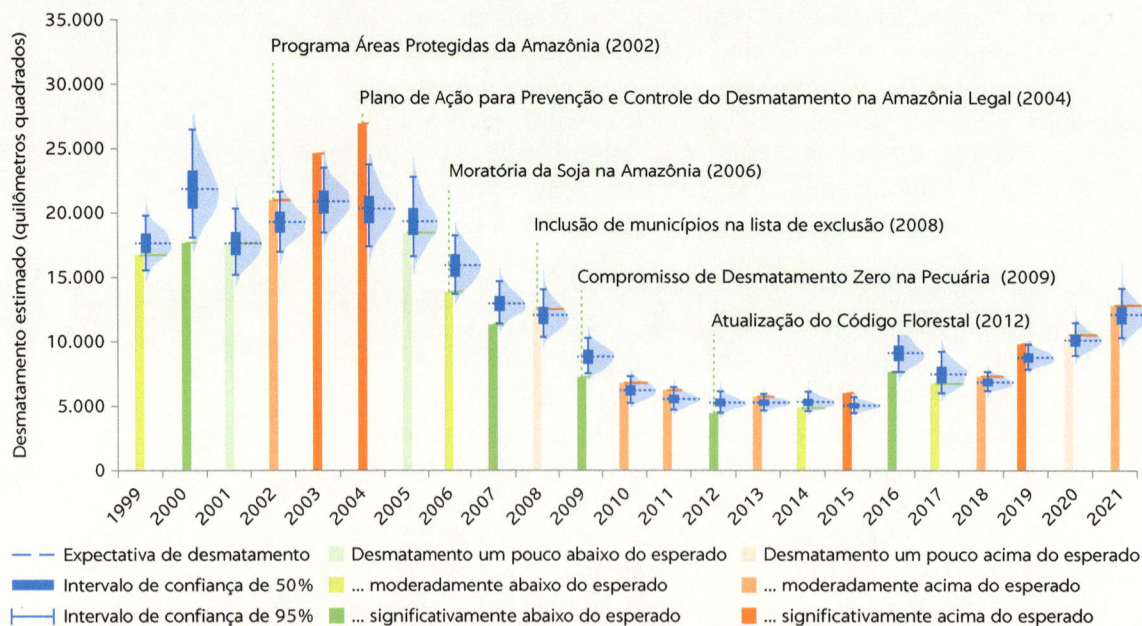

Fonte: Wang, Gurhy e Hanusch (2022).
Observação: As barras verdes e vermelhas indicam o nível do desmatamento observado, ao passo que as linhas horizontais pontilhadas em azul estimam o nível de desmatamento com intervalos de confiança baseados em erros-padrão de inicialização. O modelo usa preços de *commodities* defasados e a taxa de câmbio efetivo real defasada, que foram identificados como os mais importantes preditores usando métodos de regularização. As bandeiras indicam como várias intervenções de políticas públicas coincidiram com níveis estatisticamente significativamente mais baixos de desmatamento, o que pode ser atribuído à eficácia dessas políticas.

continua

Quadro 4.5, *continua*

servir de linha de base para a avaliação das políticas de redução do desmatamento. Esquematicamente: o "desmatamento evitado" seria o espaço abaixo do "desmatamento previsto" e "acima do desmatamento real" (área verde na figura B4.5.2). Intensificar os esforços de conservação para evitar o desmatamento reduzirá o processo do desmatamento.

reduzir o ritmo do desmatamento e tornar a preservação permanente

Os governos poderiam obter financiamento para reduzir o desmatamento, preservando, assim, um estoque maior de florestas naturais. O desmatamento evitado se tornará permanente se as pressões sobre o desmatamento forem reduzidas, à medida que o Brasil e a Amazônia Legal atingirem níveis mais altos de desenvolvimento e tanto suas economias quanto suas instituições amadurecerem (tendência de baixa no desmatamento estimado na figura B4.5.2).

Por outro lado, a possível duração de tal mecanismo de incentivo seria determinada pela área total das florestas naturais na Amazônia Legal, que é a potencial área total de floresta que poderia, em algum momento, estar exposta ao risco de desmatamento.

A fronteira se desloca rumo às florestas da região num cenário de manutenção do modelo atual (BAU, ou *business as usual*) (figura B4.5.3, painel a). Se o desmatamento for reduzido por políticas públicas, a fronteira não alcançará as áreas mais ao interior da floresta natural, deixando-a, por fim, permanentemente

FIGURA Q4.5.2

Ilustração do financiamento para a conservação para proteger a "floresta em risco" usando um índice de desmatamento macroeconômico

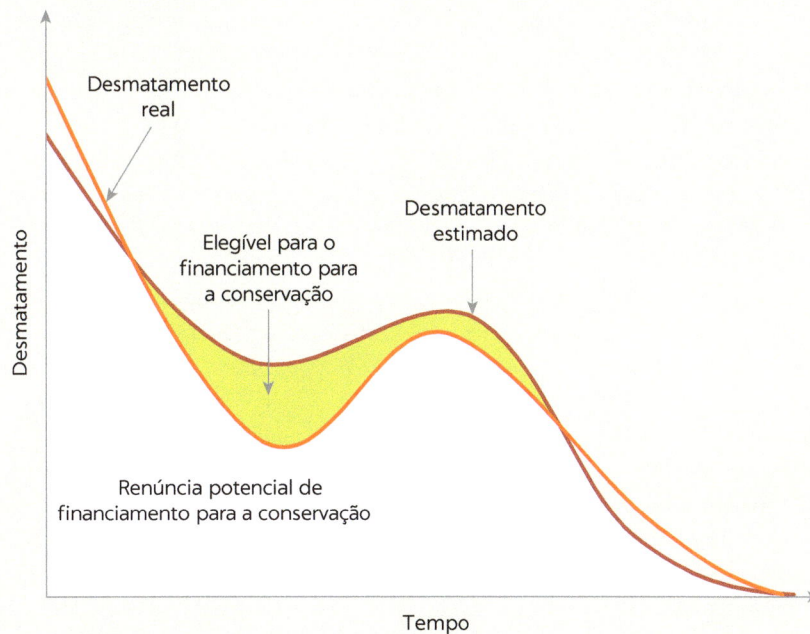

Fonte: Banco Mundial.
Observação: A linha vermelha (desmatamento estimado) representa a floresta em risco estimada com base num modelo econômico (como as linhas horizontais pontilhadas em azul na figura B4.5.1). É o volume máximo de floresta elegível para o financiamento para a conservação a cada ano se o governo evitar a perda de todas as florestas em risco. O "desmatamento evitado" é a área florestal abaixo da floresta em risco estimada (linha vermelha) e acima do nível de "desmatamento real observado" (linha laranja). Níveis mais altos de desmatamento evitado atraem mais financiamento para a conservação.

continua

Quadro 4.5, *continua*

FIGURA Q4.5.3
Desaceleração do Arco do Desmatamento

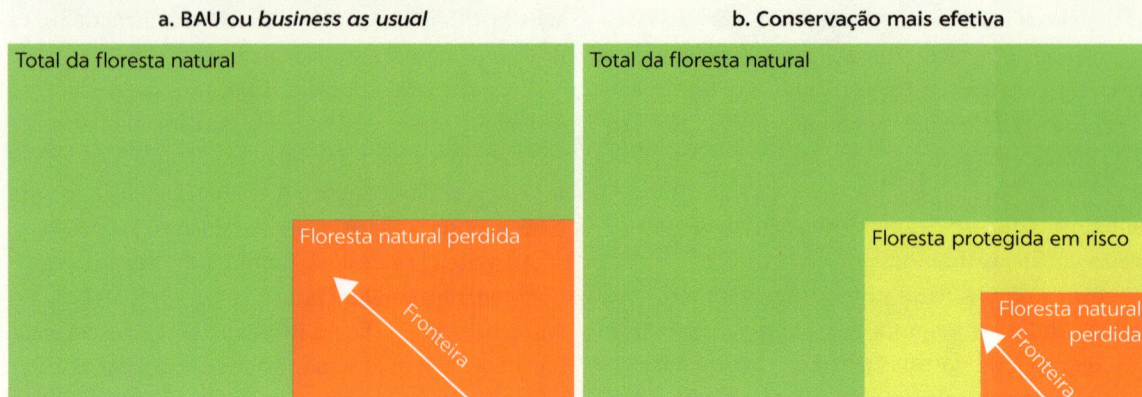

a. BAU ou *business as usual*

b. Conservação mais efetiva

Fonte: Banco Mundial.
Observação: Se o financiamento para a conservação recompensar níveis mais altos de desmatamento evitado, ele retardará o avanço do Arco do Desmatamento. O desmatamento evitado permanentemente será a floresta que o Arco do Desmatamento nunca alcançar, ou seja, a floresta que estaria em risco num cenário BAU sem o financiamento para a conservação.

protegida (figura B4.5.3, painel b). Essa área de proteção permanente corresponde ao total das áreas de florestas em risco que foram efetivamente protegidas a cada ano.

Uma vez que o desmatamento mais lento resultará na proteção permanente de algumas áreas florestais (as quais a fronteira jamais alcançará), os resultados anuais das ações para evitar o desmatamento de forma eficaz em relação ao elemento contrafatual poderiam ser elegíveis para o financiamento para a conservação, já que ajudarão a proteger a floresta de forma permanente.

Criação de *buffers*
A criação de amortecedores, ou *buffers*, poderia oferecer proteção contra reversões nas políticas públicas e outras pressões sobre as florestas, inclusive desastres naturais. Seguindo uma prática comum nos mercados de carbono para créditos florestais, deveriam ser criados *buffers* para fazer com que os compradores se sentissem mais propensos a adquirir créditos. Isso serviria como um tipo de seguro contra reversões nas políticas governamentais em relação à conservação ou choques naturais que destroem as florestas (tais como incêndios florestais naturais ou pontos de inflexão das florestas), reduzindo o risco de que esses eventos anulem os ganhos anteriores de proteção florestal.

Geração de vontade política
O mecanismo proposto ofereceria incentivos para os governos implementarem políticas públicas com grandes impactos de conservação verificáveis. Assim, os governos teriam um incentivo para implementar políticas ambiciosas que poderiam reduzir o desmatamento de forma relativamente rápida — por exemplo, a destinação de áreas pendentes de destinação (não contestadas) como áreas protegidas ou terras indígenas; a intensificação das ações de comando e controle; a reforma e o aumento do Imposto sobre a Propriedade Territorial Rural (ITR); ou o fortalecimento das bases para o monitoramento das cadeias de valor — visando a maximizar o tamanho da floresta protegida e o financiamento correspondente.

Financiamento por doadores
Os recursos de doadores constituem uma possível fonte de financiamento para esse mecanismo. Por exemplo, o Fundo Amazônia oferece modalidades de financiamento baseadas no desempenho, usando um mecanismo contrafatual diferente. O financiamento por doadores pode ter potencial significativo para a elaboração de uma "prova de conceito" para o mecanismo proposto.

continua

Quadro 4.5, *continua*

Títulos vinculados à sustentabilidade (SBLs)

Os SBLs são uma fonte de financiamento para a conservação no âmbito do mecanismo proposto (Wang; Gurhy; Hanusch, 2022). Eles poderiam ser vinculados aos resultados da conservação, tais como a proteção de "florestas em risco" com reduções nos pagamentos de cupons relacionados à proteção efetiva da "floresta em risco" (ou cupons mais altos, caso o desempenho não seja alcançado). Um modelo rigoroso de ilustração das metas e do desmatamento evitado poderia ser especialmente atraente para os investidores, uma vez que apoiaria a precificação dos instrumentos; apoiaria ações de diligência prévia *[due diligence]* de investidores; e forneceria a base para um indicador-chave de desempenho (KPI) robusto, que serviria de gatilho para possíveis recompensas ou penalidades para os emissores de SLBs Flugge; Mok; Stewart, 2021). Essa modelagem poderia ajudar a tornar os instrumentos de SLB mais vendáveis e a evitar algumas acusações de *greenwashing* (lavagem verde) que têm afetado os SLBs (Hay, 2021). Com uma implementação relativamente fácil, eles poderiam ser o primeiro passo rumo a sistemas mais complicados, tais como créditos de carbono florestais.

Créditos de carbono

Os créditos de carbono, outra fonte de recursos em potencial, poderiam resultar em receitas significativas — a depender do desenvolvimento dos mercados de carbono (para mais informações sobre o assunto, ver Nepstad et al., 2022). Em 2020, o preço global médio dos créditos florestais no âmbito do programa de Redução das Emissões por Desmatamento e Degradação Florestal (REDD) das Nações Unidas era US$ 3,80. A modelagem para a *Partnership for Market Readiness* resultou em compensações florestais negociadas a US$ 8,40 por tonelada de dióxido de carbono (CO_2) evitada, segundo o sistema de comércio de emissões brasileiro (Banco Mundial, 2021), e os preços provavelmente aumentarão com o tempo. Pressupondo que o desmatamento real tenha refletido todas as "florestas em risco" estimadas em 2020, o elemento contrafatual do desmatamento zero pode ter resultado em receitas equivalentes a US$ 1,8 bilhão ao preço de US$ 3,80, ou US$ 20,6 bilhões ao preço de US$ 40[c]. Isso

equivaleria a uma faixa de 1% a 12% do PIB da Amazônia Legal, e de 0,1% a 1,4% do PIB brasileiro. Para fins de comparação, os incentivos fiscais para a Zona Franca de Manaus equivalem a cerca de 0,4% do PIB nacional.

Esse cenário considera a demanda por esses créditos e pressupõe o desenvolvimento do mercado de carbono. No futuro, isso também poderia estar vinculado à criação de mercados maiores para emissores privados de compensações florestais conforme o sistema de Cotas de Reserva Ambiental Carbono (CRA Carbono), para abordar atual redução na demanda pelo atual sistema de CRAs.

O momento importa: os preços do carbono podem aumentar, e a "floresta em risco" pode diminuir.

Se atrelados aos mercados de carbono, os potenciais financiamentos aumentariam à medida que os preços do carbono subissem, mas cairiam à medida que o Brasil se desenvolvesse. Dependendo, em parte, do ritmo da descarbonização no Brasil e no mundo, os preços do carbono provavelmente subiriam, o que aumentaria o valor dos créditos florestais e geraria mais receitas para o desenvolvimento sustentável na Amazônia Legal. Conforme a Amazônia Legal e o Brasil se desenvolverem em nível mais amplo, as pressões sobre a floresta podem diminuir (capítulo 3), limitando, assim, a área de "floresta em risco" e, por fim, eliminando as oportunidades de obtenção de crédito pelos governos para conter o desmatamento (conforme refletido na tendência de baixa apresentada na figura B4.5.2).

Incentivos perversos limitados ao desenvolvimento

Uma vez que o financiamento para a conservação não ficaria necessariamente disponível indefinidamente, os governos da Amazônia Legal têm incentivos adicionais para aproveitarem a oportunidade de acelerar o desenvolvimento sustentável. Teoricamente, os governos também poderiam atrasar deliberadamente o desenvolvimento econômico para maximizar a "floresta em risco" e, assim, receber mais recursos para a conservação. Entretanto, esse é um cenário improvável no longo prazo, já que as receitas

continua

Quadro 4.5, *continua*

de conservação não proporcionariam os mesmos benefícios numa economia mais desenvolvida. Além disso, os ganhos de produtividade em outras regiões do Brasil reduzirão a "floresta em risco" na fronteira da Amazônia Legal (capítulo 3), o que aumentaria a probabilidade de os governos elegíveis ao financiamento para a conservação na Amazônia Legal investirem seus recursos no desenvolvimento econômico sustentável.

a. Debates sobre a previsão do desmatamento para identificar possíveis pagamentos no âmbito do Programa de Redução de Emissões por Desmatamento e Degradação Florestal (REDD) foram proeminentes, por exemplo, por ocasião da elaboração do Plano de Ação de Bali na COP13, embora, à época, tenha sido difícil determinar os índices adequados. Ver Angelsen (2008).

b. Em princípio, tal refinamento também poderia incluir variáveis que captassem as ações de políticas globais para a redução do desmatamento. Arcand, Guillaumont e Guillamont Jeanneney (2008), entre outros, apresentam um trabalho de modelagem semelhante. Se usados para recompensar os governos pela proteção das florestas, o desafio seria descobrir até que ponto os indicadores são capazes de prever a produção em relação à vontade política de proteger as florestas.

c. O preço de US$ 40 está subjacente ao exercício de avaliação apresentado na tabela 1.1 do capítulo 1.

estaduais da Amazônia Legal, o governo federal também tem um papel importante na proteção florestal; ao mesmo tempo, oportunidades econômicas em todo o país apresentam externalidades positivas para o desenvolvimento sustentável da Amazônia Legal. Os diferentes níveis de governo têm um papel a desempenhar (e possíveis oportunidades de financiamento). Uma vez fortalecida a governança florestal, o financiamento para a conservação também se tornará mais eficiente para o setor privado, já que o risco de alastramento do desmatamento será reduzido (capítulo 7). O financiamento para a conservação pode ajudar a combater o desmatamento na Amazônia por meio de uma série ou uma combinação de diferentes instrumentos de financiamento para a conservação.

CONCLUSÕES E IMPLICAÇÕES DE POLÍTICAS PÚBLICAS

A governança efetiva do capital natural depende de instituições fortes e de fiscalização rigorosa. A proteção das florestas da Amazônia Legal requer uma reforma nas instituições que possa promover a agricultura extensiva (crédito rural e Imposto sobre a Propriedade Territorial Rural — ITR), regularizando as propriedades rurais e exigindo o cumprimento das leis (especialmente contra o desmatamento ilegal e a grilagem), ou seja, ações de comando e controle. Promover cadeias de valor sustentáveis é essencial, e o investimento privado é necessário, amparado pela boa governança corporativa. O financiamento para a conservação deverá ser alavancado para apoiar os esforços de proteção florestal e lançar os alicerces para o desenvolvimento mais sustentável e inclusivo da Amazônia Legal.

Crédito rural

O crédito rural precisa favorecer a produtividade e a sustentabilidade[19]. Ao beneficiar os grandes agricultores, que poderiam obter empréstimos nos mercados privados, as políticas de crédito rural oferecem uma vantagem implícita para a agricultura — um setor que faz uso intensivo da terra — em relação a outros setores. Isso é feito de forma ineficiente, devido à fragmentação dos programas de crédito e às distorções geradas pela alocação de crédito, que reduzem a produtividade. As normas do Banco Central para reduzir os impactos diretos do crédito rural sobre o desmatamento representam um grande avanço. Para melhor conciliar o crescimento agrícola com a sustentabilidade ambiental e fiscal, o governo deve considerar os fatores a seguir:

- Concentrar o apoio fiscal nos pequenos agricultores produtivos, com maior ênfase na promoção da resiliência (por meio de seguros) e em práticas sustentáveis, e não apenas na produção. Para pequenos agricultores menos produtivos, programas de proteção social ajudam mais que o crédito (capítulo 5).
- Revisar os subsídios ou incentivos para programas de empréstimos para grandes agricultores e direcionar os subsídios e incentivos exclusivamente a programas que contribuam claramente para os bens públicos, inclusive a agricultura de baixo carbono e métodos agroflorestais (capítulo 5).
- Revisar os programas criados para agricultores de médio porte com base na análise das condições atuais de mercado e eliminar gradualmente as cotas e tetos de taxas de juros.
- Eliminar as cotas e tetos de taxas de juros dos empréstimos para agricultores de grande porte para evitar distorções na concorrência.
- Considerar a realocação de uma parte do orçamento de desenvolvimento rural para o desenvolvimento urbano, que desempenha um papel complementar fundamental na transformação rural.
- Uma vez que o aumento da demanda por terras provoca o desmatamento e qualquer sistema de crédito que incentive o aumento da produção gerará a demanda por terras, reformar o sistema de crédito rural ao realocar o orçamento existente pode ter um impacto maior na redução do desmatamento.

Imposto sobre a Propriedade Territorial Rural

A atualização do ITR para evitar incentivos perversos ao desmatamento pode ser feita de quatro formas (Ipam, 2016). Na primeira, os municípios deveriam ajustar suas taxas de estoque para melhor refletir níveis realistas de produtividade, associando alíquotas mais baixas de impostos a níveis muito mais altos de produtividade agropecuária. Esse ajuste afetaria o ônus fiscal no que diz respeito à área produtiva tributável (que exclui as florestas). Na segunda, a definição do tamanho total da propriedade (que inclui as florestas) para fins de cálculo do ITR deveria ser atualizada. Tanto a área produtiva tributável quanto a área total da propriedade precisam excluir as áreas florestais para reduzir o incentivo ao desmatamento. Na terceira, os sistemas do ITR e do CAR precisariam ser mais bem integrados para assegurar que as áreas de proteção ambiental seriam respeitadas. Na quarta, para que as alíquotas tributárias cumpram seus objetivos pretendidos, a autodeclaração por parte dos proprietários precisaria ser substituída por uma avaliação independente.

Aumentar a alíquota do ITR poderia reduzir as pressões de desmatamento, e as políticas públicas poderiam mitigar as perdas econômicas correspondentes. Souza-Rodrigues (2019) demonstra que, para o bioma Amazônia, a alteração da alíquota do ITR poderia ter resultado de conservação semelhante à exigência de reserva de 80% prevista no Código Florestal, se o valor uniforme do ITR fosse estabelecido em US$ 42,50 por hectare de terras agrícolas por ano. Além disso, Souza-Rodrigues estima que isso resultaria na preservação de 80% das florestas naturais na Amazônia Legal, uma vez que os agricultores tornariam suas terras mais produtivas para minimizar sua carga tributária. Segundo Souza-Rodrigues, esse sistema seria eficiente, pois os agricultores mais produtivos ultrapassariam o limite de 80% de produção de suas propriedades (já que poderiam arcar com impostos mais altos), ao passo que os agricultores menos produtivos considerariam mais econômico converter menos terras naturais em agricultáveis. As receitas do imposto sobre a terra poderiam ser usadas para pagar indenizações de forma a garantir que a consequente proteção ambiental obtenha um equilíbrio político; poderiam, também, ser investidas em medidas de aumento da produtividade.

Regularização fundiária

A segurança fundiária afeta tanto as questões econômicas quanto a proteção florestal — em especial, a regularização fundiária deve ser priorizada como investimento público num bem público essencial. Por exemplo, é importante ter clareza quando à posse da terra de forma a permitir o condicionamento justo e efetivo do crédito em conformidade com as leis de proteção florestal. Isso também é importante para a prestação de contas, uma vez que a incerteza quanto à posse da terra cria áreas nebulosas para os órgãos de fiscalização com relação a violações das leis de proteção ambiental.

É essencial concluir a destinação das terras rurais públicas. As áreas não destinadas continuam sendo *hotspots* de desmatamento. Nos estados da Amazônia Legal, elas podem refletir a preferência implícita das políticas públicas pelo desenvolvimento da agricultura. O foco das políticas públicas no favorecimento da produção agrícola — combinado a informações fundiárias incompletas ou não confiáveis e a órgãos de administração fundiária ineficazes — cria fortes expectativas de aumento dos preços de propriedades rurais, o que incentiva a grilagem para fins especulativos. Ampliar o foco no desenvolvimento urbano ao reduzir a pressão sobre os preços das propriedades rurais poderia desestimular a especulação fundiária e oferecer oportunidades de renda alternativas não ligadas à agricultura ou às atividades rurais, de preferência usando o financiamento para a conservação. Isso poderia gerar vontade política para destinar mais terras como áreas protegidas ou territórios indígenas, preservando, assim, uma maior área de floresta, com menos impacto negativo sobre a economia e bem-estar.

Para ser efetiva, a regularização fundiária deve começar pela identificação e esclarecimento da finalidade das áreas não destinadas. O governo precisa identificar e concluir a destinação, o mapeamento, a demarcação e o registro de todas as áreas federais e estaduais propostas como áreas de proteção, territórios indígenas, assentamentos da reforma agrária e outras categorias de terras públicas, o que aumentaria o custo legal esperado das atividades de grilagem, impedindo, assim, que essas terras caíssem em poder de agentes particulares. Para o Brasil, seria útil promover um debate sobre a destinação de aproximadamente 140 milhões de hectares de terras não destinadas na Amazônia Legal. A proteção terá mais chances de sucesso se os estados da Amazônia Legal mudarem o seu foco de desenvolvimento, passando de atividades baseadas na terra para atividades com maior valor agregado, especialmente no ambiente urbano, e se suas transferências fiscais dependerem do progresso dessas atividades.

Em segundo lugar, os governos federal e estaduais devem priorizar a regularização fundiária e integrar questões fundiárias à regularização ambiental. As entidades federais e estaduais de adjudicação de terras devem reduzir a lacuna entre o baixo custo (particular) do acesso e o alto valor (social) das terras públicas não destinadas. Por razões de equidade, os lotes de terra com tamanho abaixo de certo limite (tais como quatro módulos fiscais) devem ser isentos. Tal isenção pode ser feita por meio do ajuste dos valores de adjudicação legal para valores próximos aos de mercado; da possível imposição de penalidades mais severas para o desmatamento ilegal em todas as terras públicas; da suspensão das mudanças nos prazos de reivindicações de posse válidas e não regularizadas; e da concessão de acesso às informações sobre a posse de terras e transações de mercado a todos os agentes públicos e particulares. Ao fortalecer a administração fundiária e as órgãos ambientais, os governos federal e estaduais devem integrar questões fundiárias à regularização ambiental, dedicando atenção especial à equidade. Visto que as taxas de desmatamento são duas ou três vezes mais altas nas áreas em que a posse da terra não é regularizada, essa regularização deve começar com agricultores menores nos assentamentos de reforma agrária do Incra (Chiavari; Lopes, 2019). Esse processo exigiria a atualização do Sistema de Cadastro Ambiental (Sicar) mediante a obtenção de dados obrigatórios das propriedades incluídas nos assentamentos de reforma agrária do Incra; o registro das propriedades no Sicar; e a verificação da conformidade ambiental das áreas registradas. A confirmação da conformidade ambiental ampliará a segurança jurídica dos agricultores familiares nos assentamentos agrários e reabilitará a imagem pública dos assentados rurais, tidos como o principal grupo responsável pelo desmatamento na Amazônia Legal.

Em terceiro lugar, sob a liderança do governo federal, o Brasil deve impor a interoperabilidade e a integração de seus diversos cadastros territoriais, registros e outros sistemas de informação fundiária. O sistema da Administração Global de Informações Geoespaciais da ONU (UN-GGIM) oferece aos países orientações detalhadas sobre a adoção de um Marco Integrado de Informações Geoespaciais (IGIF). O Brasil possui capacidade técnica para tal; contudo, também são necessárias vontade política continuada e coordenação institucional entre várias esferas de governo.

Em quarto lugar, o governo precisa investir em mecanismos de resolução de controvérsias mais acessíveis e simples, bem como na aplicação mais rigorosa das normas relacionadas à posse e ao uso da terra. Mecanismos simples e alternativos para resolver controvérsias, tais como arbitragem, mediação e outros procedimentos administrativos, podem manter as disputas fora do sistema judicial, que é oneroso, lento e frequentemente inacessível. A aplicação da lei deve se concentrar em penalidades razoáveis para o desmatamento e a ocupação ilegal de terras, a falsificação de documentos, a evasão fiscal e o registro de lotes não regularizados no CAR (ou outras entidades) como forma de reivindicar a propriedade das terras.

Conformidade com a legislação florestal

Para aumentar a conformidade com o Código Florestal, é importante operacionalizar o mercado de CRAs. Isso resultaria num sistema eficiente, capaz de fomentar o cumprimento dos objetivos centrais do Código Florestal e, ao mesmo tempo, gerar incentivos financeiros para aumentar a cobertura florestal em muitas partes da Amazônia.

A conformidade com a legislação pode melhorar com o fortalecimento dos órgãos de aplicação da lei e o direcionamento de recursos. Em alguns casos, a aplicação ineficaz da lei deve-se a limitações de capacidade institucional, tais como o recrutamento e treinamento inadequados de agentes de fiscalização e a superposição de diferentes mandatos. Esses problemas podem ser superados com a melhora do recrutamento, da capacitação de funcionários e da colaboração entre diferentes órgãos. Recentemente, os recursos alocados para a aplicação da legislação florestal no Brasil foram drasticamente reduzidos. É fundamental que essa situação seja revertida. O ideal é que esses esforços sejam estendidos para além das fronteiras brasileiras, numa abordagem regional de proteção da Amazônia.

Priorizar os municípios com as maiores taxas de desmatamento pode reduzir o desmatamento de maneira mais eficiente e, ao mesmo tempo, proteger a floresta contra o risco de deslocar o desmatamento para outras áreas. O financiamento para a conservação poderia ajudar a arcar com os custos correspondentes e criar vontade política para melhorar a aplicação da lei. Boas práticas de aplicação da lei nos âmbitos estadual e local também dependem de incentivos para sua aplicação. Esses incentivos serão maiores se as receitas fiscais dos estados passarem a depender da aplicação dessas práticas.

Aspectos ambientais, sociais e de governança (ESG) e cadeias de valor sustentáveis

Uma abordagem rigorosa na área de ESG deve constituir a base para os investimentos privados na Amazônia. Atrair empresas com políticas empresariais robustas de governança ambiental para uma região marcada por altos níveis de ilegalidade também requer normas de sustentabilidade sólidas, verificáveis e aplicáveis. A solidez dos sistemas ESG não é apenas uma obrigação moral das empresas, mas, cada vez mais, uma exigência dos financiadores.

O governo precisa eliminar as brechas de monitoramento da cadeia de suprimentos da carne bovina e aumentar os incentivos para a adoção de normas sustentáveis. A produção de carne bovina é um dos principais fatores do desmatamento da Amazônia. Sistemas de monitoramento e rastreamento que assegurem que a carne não tenha origem em áreas desmatadas ilegalmente precisam incluir os fornecedores indiretos. Para aumentar a confiança no sistema de monitoramento, os dados precisam ser disponibilizados publicamente (respeitando devidamente todos os requisitos de confidencialidade). Os compradores da produção, inclusive os abatedouros de pequeno e médio portes, devem ser estimulados a aderir a sistemas de controle de compras, e todos os frigoríficos devem usar critérios de compra compatíveis. A política fiscal pode criar incentivos para a participação em cadeias de valor livres de desmatamento, oferecendo descontos para fornecedores certificados e equilibrando a queda das receitas com o aumento dos impostos sobre a carne bovina não certificada.

Financiamento para a conservação

O financiamento para a conservação deve apoiar o desenvolvimento sustentável e inclusivo da Amazônia Legal. O financiamento pode vir de recursos públicos ou ser obtido no mercado nacional ou internacional. A aceleração do interesse no financiamento climático no Brasil e no mundo oferece um potencial para novas soluções que evitem o desmatamento, especialmente se puder ser baseado no desempenho. Os mecanismos comerciais previstos no artigo 6 do Acordo de Paris abrem espaço para a possível obtenção de grandes receitas no Brasil se o desmatamento na Amazônia Legal for contido. Tal financiamento deve apoiar esforços de proteção florestal e lançar os alicerces para o desenvolvimento. Os capítulos 3 e 5 demonstram que isso requer investimentos num processo de transformação estrutural equilibrado e em métodos de produção mais sustentáveis na Amazônia Legal.

O financiamento para a conservação também pode ser usado para aumentar a cobertura florestal no Brasil, ao incentivar os proprietários de terras particulares a manter um estoque florestal superior ao determinado na lei. Também poderia cofinanciar a recuperação de terras degradadas. É provável que a eficiência desses investimentos aumente à medida que as pressões mais amplas de desmatamento diminuam (conforme analisa o capítulo 7).

ANEXO 4A: UM OLHAR MAIS ABRANGENTE SOBRE AS LACUNAS INSTITUCIONAIS NA AMAZÔNIA LEGAL

Os desafios de governança são particularmente graves nas regiões de fronteira: variam desde lacunas relativamente grandes nos serviços públicos até uma tolerância relativamente alta com atividades ilegais, que são encorajadas por um sentimento de impunidade associado à fraqueza do Estado. Dessa forma, os PPAs da maioria dos estados prioriza o fortalecimento da governança (capítulo 1). Fortalecer a governança na Amazônia Legal, tanto para suas florestas quanto para seus povos, será fundamental para que o Estado possa cumprir seu papel.

As atuais limitações podem ser consequência das restrições orçamentárias e do grau de eficácia e eficiência da administração pública. Na Amazônia Legal, esses aspectos são exacerbados pela vastidão do território, que exige o desembolso relativamente alto de recursos para policiar e monitorar o território, bem como para prestar serviços públicos em comunidades remotas. O capital humano é baixo na Amazônia Legal, o que se reflete na qualidade dos servidores públicos contratados pelos governos locais, com impacto sobre a qualidade da saúde e da educação. A baixa qualidade dos serviços prestados está ligada não apenas às restrições orçamentárias, mas também a uma governança fraca, inclusive no que se refere à coleta de lixo, aos sistemas de esgoto, à gestão hídrica e aos serviços urbanos — embora haja variações significativas no desempenho em toda a região (figura 4A.1).

O setor público é pouco eficiente na Amazônia Legal. O indicador do Centro de Liderança Pública (CLP) para a eficiência pública observa a eficiência e a produtividade do setor público em diversas áreas essenciais, tais como o custo do governo estadual central; o custo do Judiciário e do Legislativo; os atrasos do Judiciário; a transparência do setor público; a qualidade das informações e relatórios fiscais; e a disponibilidade e qualidade dos serviços públicos digitais[20]. Os estados da Amazônia Legal tendem a ter uma classificação baixa, com vários

FIGURA 4A.1

A Amazônia Legal apresenta lacunas significativas na governança dos serviços municipais, 2021

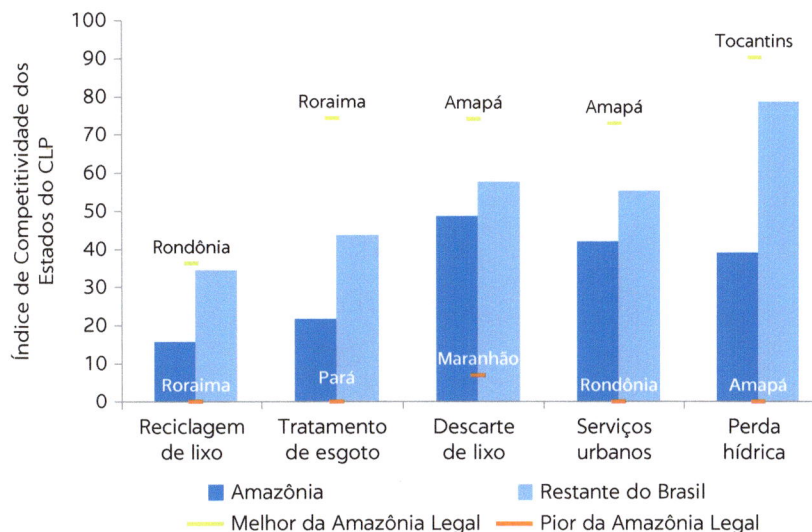

Fonte: Banco Mundial, com base na Classificação de Competitividade dos Estados de 2021 do Centro de Liderança Pública (CLP).

deles ocupando as cinco ou seis posições mais baixas. A máquina do governo estadual central é muito mais onerosa nesses estados que a média nacional: Amapá e Roraima gastam quase 3% de seu PIB com a administração central, ao passo que um estado eficiente como o Paraná, no Sul do Brasil, gasta menos de 0,2%. Exceto pelo estado do Amazonas, todos os estados do grupo gastam mais de 1% do PIB com o Judiciário, ao passo que a maioria dos demais estados do país gasta, em média, cerca de 0,5%. O total dos gastos com pessoal é comparável ao de outros estados, o que significa que os salários do Judiciário podem impedir o fornecimento de outros serviços importantes. Apesar dos esforços para fortalecê-lo, com variações consideráveis entre os estados, o Judiciário dos estados da Amazônia Legal ainda tende a ser menos eficiente que em outras regiões do Brasil (figura 4A.2).

A aplicação da lei na Amazônia Legal é um desafio, o que dificulta a redução de todos os tipos de crime, desde o tráfico de drogas até assassinatos e desmatamento ilegal. A fronteira amazônica é marcada por altos níveis de ilegalidade, pela fragilidade do Estado de Direito e por níveis geralmente baixos de segurança pessoal e patrimonial. A magnitude do desafio explica por que os estados gastam uma parcela tão alta de seus orçamentos com o Judiciário. Todavia, os desembolsos orçamentários ainda são insuficientes para garantir a aplicação da lei, e há evidências de que o crime organizado corrói as instituições na Amazônia Legal. Tudo isso ressalta os desafios de aplicação da lei, inclusive as leis de proteção ambiental, entre outras.

Recursos adequados e a capacidade de executar apropriadamente os orçamentos fazem diferença. Os estados da Amazônia Legal recebem transferências de equalização significativas do governo federal, as quais, de certa forma, refletem suas consideráveis necessidades de desenvolvimento. No âmbito das restrições orçamentárias, a qualidade dos gastos é um aspecto crítico, que se encontra,

FIGURA 4A.2

O Estado de Direito também tende a ser mais frágil na Amazônia Legal, 2021

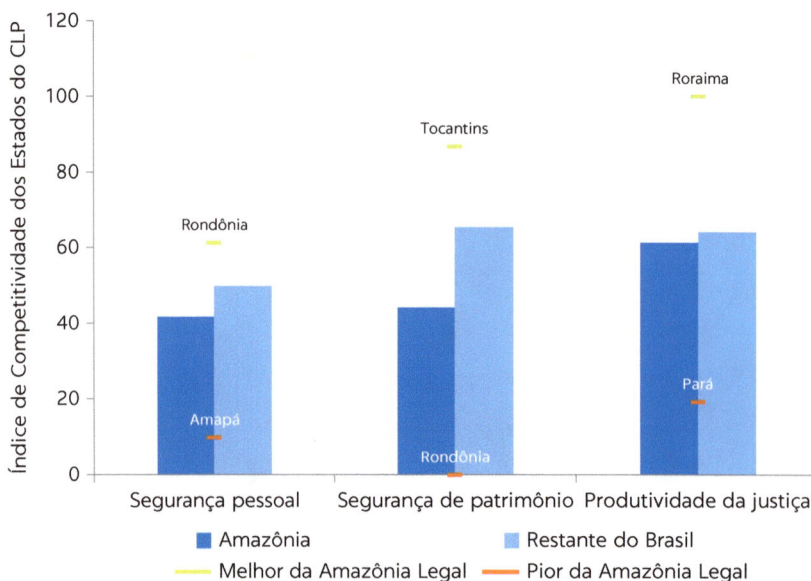

Fonte: Banco Mundial, com base na Classificação de Competitividade dos Estados de 2021 do Centro de Liderança Pública (CLP).

em grande parte, na esfera de ação dos governos estaduais. No entanto, a implementação do orçamento é um grande problema. O planejamento e a gestão orçamentária nos estados da Amazônia Legal são mais ineficientes que no restante do Brasil, o que se reflete numa execução orçamentária 5,5% inferior à média nacional (83% *versus* 88,5%). Portanto, é necessário investir na capacitação dos ministérios implementadores.

Uma sólida gestão do investimento público (GIP) é fundamental quando os recursos são escassos, e isso requer uma ênfase particularmente forte nas salvaguardas ambientais do delicado ecossistema da Amazônia Legal. O Brasil possui um sistema de GIP complexo e fragmentado, o que é comum em vários países federativos, com muitos atores e modalidades de financiamento e execução do investimento público, tais como o governo federal, os governos estaduais, as empresas estatais, os bancos de desenvolvimento públicos, as concessionárias e os fundos extraorçamentários. Tal fragmentação resulta na ausência de práticas e abordagens uniformes. Poucos estados brasileiros possuem sistemas modernos de GIP. Na realidade, os setores e as instituições têm sistemas e manuais próprios para a elaboração de projetos, o que resulta em variações significativas na qualidade dos projetos de investimento e dificulta as comparações entre projetos de investimento diferentes. Sendo assim, as considerações políticas e os esforços de lobistas podem afetar a escolha de projetos e, devido à incerteza de financiamento, levar a uma gestão desigual de projetos. Ademais, problemas de capacidade nos estados e em alguns ministérios contribuem para a execução ineficiente dos projetos, o estouro de orçamentos de obras públicas, atrasos na construção e infraestrutura de má qualidade. As normas ambientais ainda são frágeis na maioria dos sistemas estaduais de GIP.

Os estados da Amazônia Legal são lentos na adoção de serviços públicos digitais. À exceção do Amapá, todos os estados da região encontram-se abaixo da média nacional de maturidade digital, segundo a Associação Brasileira de Entidades Estaduais de TIC (ABEP-TIC)[21]. A maioria dos estados não dispõe de uma plataforma de interoperabilidade, deixando que diferentes instituições desenvolvam seus próprios aplicativos e sistemas, sem qualquer planejamento de compartilhamento ou uso dos dados existentes. Embora a maioria dos estados disponha de plataformas de serviços digitais, tais plataformas não possuem capacidades de *login* exclusivas, e a maioria redireciona os usuários para outras páginas que possuem seus próprios sistemas de *backend, login*, registros e exigências de verificação. O resultado é uma rede complexa de sistemas diferentes que os usuários precisam navegar para acessar os serviços, sendo que a maioria dos serviços públicos digitais consiste em simples serviços de informações, com a possibilidade de baixar diferentes formulários e legislações. Poucos estados possuem serviços digitais complexos de ponta a ponta que exijam pagamento ou assinaturas de documentos. Como resultado, muitos usuários expressam confusão e insatisfação com os serviços digitais. Somente o Amapá possui sistemas de *feedback* de usuários, e apenas Rondônia aprovou leis para implementar a legislação federal de simplificação dos serviços públicos, um elemento essencial para a implementação desses serviços.

NOTAS

1. Intervenções relacionadas à regularização fundiária e à aplicação da lei apresentadas na figura 1.5 do capítulo 1 ilustram o processo de desmatamento.

2. Esta seção se baseia em Calice e Kalan (2022).

3. As exceções incluem o crédito para a produção sustentável, como no caso do Plano ABC.

4. O tamanho das propriedades isentas de ITR varia por região, mas prevê áreas de até 30 hectares na maior parte do Brasil.

5. Para propostas recentes sobre a reforma do ITR, ver Instituto Escolhas (2019) e Fendrich et al. (2022).

6. Para um resumo das evidências, consultar a plataforma de visualização de evidências científicas "Evidence Pack, da Climate Policy Initiative" (atualizada em 21 de julho de 2021): https://www.climatepolicyinitiative.org/dataviz/evidence-pack/.

7. As unidades de conservação incluem aquelas destinadas ao uso sustentável e à preservação. A primeira categoria permite atividades como extrativismo e assentamentos humanos (em condições especiais), ao passo que a segunda não permite o uso direto dos recursos da unidade. Somente atividades como pesquisa ou ecoturismo (passeios turísticos) são permitidas nas unidades de conservação destinadas à proteção.

8. As estimativas das áreas não destinadas variam de acordo com a fonte, o período dos dados e a metodologia. Com base nos dados do Instituto Nacional de Colonização e Reforma Agrária (Incra) (dados de 2021 para terras particulares e de 2020 para assentamentos quilombolas e do Incra), o Instituto do Homem e Meio Ambiente da Amazônia (Imazon) estima 143,6 milhões de hectares de terras não destinadas. Excluindo as áreas cobertas com água (5,7 milhões de hectares na Amazônia), o Instituto de Pesquisa Ambiental da Amazônia (Ipam) (usando dados do CAR de 2021, dados sobre terras particulares de 2021 do Incra, dados sobre assentamentos do Incra de 2020 e dados de 2019 do Cadastro Nacional de Florestas Públicas [CNPF] sobre florestas públicas) estima 139,9 milhões de terras não destinadas. Tanto o Incra quanto o Ipam coincidem quanto à extensão total das terras da Amazônia Legal, isto é, 501,5 milhões de hectares.

9. O CAR foi criado para melhorar a conformidade com o Código Florestal.

10. Um sistema de CRA Carbono poderia resolver a questão, já que a demanda global por compensações florestais deve crescer significativamente na próxima década. Entretanto, a solução de qualquer não conformidade se tornaria mais onerosa.

11. Os módulos fiscais são uma unidade de medida em hectares, cujo valor é fixado pelo Incra para cada município, considerando: (a) o tipo de produção predominante no município (horticultura, cultura permanente, cultura temporária, agropecuária ou silvicultura); (b) a receita obtida pelo tipo de produção predominante; (c) outras formas de produção no município que, embora não sejam predominantes, sejam expressivas em termos de receita ou área utilizada; (d) o conceito de "propriedade familiar". O tamanho do módulo fiscal varia de acordo com o município em que a propriedade estiver localizada. O valor do módulo fiscal no Brasil varia de 5 a 110 hectares.

12. Numa iniciativa liderada pela Corporação Financeira Internacional e pelo Centro de Estudos de Sustentabilidade da FGV (FGVces) realizada em 2017, as duas instituições realizaram um amplo processo de consultas para que governos, o setor privado e a sociedade civil debatessem um conjunto voluntário de diretrizes ambientais e sociais para investimentos em grandes projetos de infraestrutura. É comum haver uma desconexão entre os compromissos e a implementação e as práticas de monitoramento locais. Ao tratar o impacto do comportamento dos consumidores, muitas empresas priorizam seu engajamento com as comunidades vizinhas, dadas as questões econômicas que podem resultar de uma potencial interrupção, bem como as certificações de sustentabilidade para seus produtos.

13. A lista de doadores de recursos para a conservação e gestão sustentável da Amazônia está disponível em: https://spatialagent.org/FundingAmazonConservation/datatool.html.

14. Entre os vários programas e iniciativas em vigor, destaca-se a Amazônia Live do festival de música Rock in Rio.

15. Existem também os títulos verdes baseados no "uso de recursos", os títulos de projetos verdes e os títulos verdes securitizados. Ver "Explaining Green Bonds" no site da Climate Bonds Initiative: https://www.climatebonds.net/market/explaining-green-bonds.

16. O Banco Mundial concluiu seu apoio ao Ministério da Economia no âmbito da *Partnership for Market Readiness* em 2020.

17. Teoricamente, as compensações florestais também poderiam funcionar por meio de um imposto sobre o carbono; todavia, de acordo com as partes interessadas consultadas no âmbito da *Partnership for Market Readiness*, a preferência no Brasil é por um SCE.

18. No âmbito do programa, a adoção de um SCE aplicável à combustão estática e aos processos industriais, cobrindo aproximadamente 20% das emissões de GEEs brasileiras, permitiria que o país cumprisse sua NDC em 2030, com uma redução de custos de US$ 30 bilhões e um aumento de 2,2% do PIB em relação a outros abatimentos.

19. Essas recomendações encontram-se mais detalhadas em Calice e Kalan (2022).

20. O Centro de Liderança Pública (CLP) é uma instituição de pesquisa independente que classifica os estados brasileiros quanto a seu desempenho em relação a uma série de tópicos de políticas públicas que incluem sustentabilidade ambiental, capital humano, educação, desempenho do setor público, qualidade da infraestrutura, inovação, potencial de mercado, gestão fiscal, segurança pública e desenvolvimento social (pobreza, saúde, acesso ao saneamento).

21. Ver o Índice ABEP-TIC de Oferta de Serviços Públicos Digitais dos Governos Estaduais e Distrital: https://www.jornaldaabep.com.br/indice-de-oferta-de-servicos.

REFERÊNCIAS

Abers, R.; M. Oliveira; A. Pereira. 2017. "Inclusive Development and the Asymmetric State: Big Projects and Local Communities in the Brazilian Amazon." *Journal of Development Studies* 53 (6): 1–16.

Albuquerque Sant'Anna, A.; L. Costa. 2021. "Environmental Regulation and Bail Outs under Weak State Capacity: Deforestation in the Brazilian Amazon." *Ecological Economics* 186 (August): 107071.

Angelsen, A., ed. 2008. *Moving Ahead with REDD: Issues, Options, and Implications*. Bogor, Indonesia: Center for International Forestry Research.

Arcand, J.-L.; P. Guillaumont; S. Guillaumont Jeanneney. 2008. "Deforestation and the Real Exchange Rate." *Journal of Development Economics* 86 (2): 242–262.

ART (Architecture for REDD+ Transactions). 2020. *The REDD+ Environmental Excellence Standard (Trees)*. Arlington, VA: ART Secretariat. https://www.artredd.org/wp-content/uploads/2020/04/TREES-v1-February-2020-FINAL.pdf.

Assunção, J.; C. Gandour. 2020. "Protected Territories, though Critical, Are Not Enough to Slow Amazon Deforestation: Brazil Requires Coordinated and Targeted Conservation Policies." Policy Brief, Climate Policy Initiative, Rio de Janeiro.

Assunção, J.; C. Gandour; R. Rocha. Forthcoming. "DETERring Deforestation in the Brazilian Amazon: Environmental Monitoring and Law Enforcement." *American Economic Journal: Applied Economics*. https://www.aeaweb.org/articles?id=10.1257/app.20200196.

Assunção, J.; C. Grandour; R. Rocha; R. Rocha. 2020. "The Effect of Rural Credit on Deforestation: Evidence from the Brazilian Amazon." *Economic Journal* 130 (626): 290–330.

Assunção, J.; R. Rocha. 2019. "Getting Greener by Going Black: The Effect of Blacklisting Municipalities on Amazon Deforestation." *Environment and Development Economics* 24 (2): 115–137.

Auty, R. 1993. *Sustaining Development in Mineral Economies: The Resource Curse Thesis*. Abingdon-on-Thames: Routledge.

Azevedo, A. A.; M. C. C. Stabile; T. N. P. Reis. 2015. "Commodity Production in Brazil: Combining Zero Deforestation and Zero Illegality." *Elementa: Science of the Anthropocene* 3: 3: 000076. doi:10.12952/journal.elementa.000076.

Azevedo, J. P.; A. Hasan; D. Goldemberg; S. A. Iqbal; K. Geven. 2020. "Simulating the Potential Impacts of COVID-19 School Closures on Schooling and Learning Outcomes: A Set of Global Estimates." Policy Research Working Paper 9284, Banco Mundial, Washington, DC.

Banco Mundial. 2021. *Designing Fiscal Instruments for Sustainable Forests*. Washington, DC: Banco Mundial.

Banco Mundial. 2023a. *Brazil: Country Climate and Development Report*. Washington, DC: Banco Mundial.

Banco Mundial. 2023b. "Urban Competitiveness in Brazil's State of Amazonas: A Green Growth Agenda." Documento de apoio a este relatório. Banco Mundial, Washington, DC.

Besley, T.; S. Coate. 2003. "Centralized versus Decentralized Provision of Local Public Goods: A Political Economy Approach." *Journal of Public Economics* 87 (12): 2611–2637.

Borner, J.; K. Baylis; E. Corbera; D. Ezzine-de-Blas; J. Honey-Roses; U. M. Persson; S. Wunder. 2017. "The Effectiveness of Payments for Environmental Services." *World Development* 96 (August): 359–374.

Brito, B.; J. Almeida; P. Gomes; R. Salomão. 2021. *Dez fatos essenciais sobre regularização fundiária na Amazonia Legal*. Belém: Imazon.

Calice, P.; F. D. Kalan. 2022. "Sustainable, Inclusive Growth: Rural Finance in the North Region." Documento de apoio a este relatório. Banco Mundial, Washington, DC.

Cavallito, M. 2021. "Financial Firms Put Pressure on Bolsonaro: 'Brazil Must Save the Amazon.'" Re Soil Foundation, August 16.

Centro de Gestão e Estudos Estratégicos. 2016. *Land Degradation and Neutrality: Implications for Brazil*. Brasília: Centro de Gestão e Estudos Estratégicos.

Chiavari, J.; C. L. Lopes. 2019. "Onde Estamos na Implementação do Código Florestal." Relatório, Climate Policy Initiative, Pontifícia Universidade Católica do Rio de Janeiro.

Chiavari, J.; C. L. Lopes; J. N. de Araujo. 2020a. *Onde estamos na implementação do Código Florestal? Radiografia do CAR e do PRA nos estados brasileiros*. Rio de Janeiro: Climate Policy Initiative.

Chiavari, J.; C. L. Lopes; J. N. de Araujo. 2020b. *Panorama dos direitos de propriedade no Brasil*. Rio de Janeiro: Climate Policy Initiative.

de Figueiredo Silva, F.; L. Fulginiti; R. Perrin. 2019. "The Cost of Forest Preservation in the Brazilian Amazon: The 'Arc of Deforestation'." *Journal of Agricultural and Resource Economics* 44 (3): 497–512.

Engel, S.; S. Pagiola; S. Wunder. 2008. "Designing Payments for Environmental Services in Theory and Practice: An Overview of the Issues." *Ecological Economics* 65 (4): 663–674.

FAO (Food and Agricultural Organization of the United Nations); FILAC (Fund of the Development of the Indigenous Peoples of Latin America and the Caribbean). 2021. *Forest Governance by Indigenous and Tribal Peoples. An Opportunity for Climate Action in Latin America and the Caribbean*. Santiago: FAO e FILAC. doi:10.4060/cb2953en.

Fendrich, A. N.; A. Barretto; G. Sparovek; G. W. Gianetti; J. da Luz Ferreira; C. F. M. de Souza Filho; B. Appy; C. M. Guedes de Guedes; S. Leitao. 2022. "Taxation Aiming Environmental Protection: The Case of Brazilian Rural Land Tax." *Land Use Policy* 119: 106164.

Flugge, M. L.; R. C. K. Mok; F. E. Stewart. 2021. "Striking the Right Note: Key Performance Indicators for Sovereign Sustainability-Linked Bonds." Banco Mundial, Washington, DC.

Gandour, C.; D. Menezes; J. P. Vieira; J. J. Assunção. 2021. "Forest Degradation in the Brazilian Amazon: Public Policy Must Target Phenomenon Related to Deforestation." Insight report, Climate Policy Initiative, Pontifícia Universidade Católica do Rio de Janeiro.

Gibbs, H. K. 2015. "Did Ranchers and Slaughterhouses Respond to Zero Deforestation Agreements in the Brazilian Amazon?" *Conservation Letters* 9 (1): 32–42.

Hardin, G. 1968. "The Tragedy of the Commons." *Science* 162 (3859): 1243–1248.

Hay, J. 2021. "Greenwashing Is in the Mouth of the Investor." *GlobalCapital Securitization*, June 24.

Herrera, D.; A. Pfaff; J. Robalino. 2019. "Impacts of Protected Areas Vary with the Level of Government: Comparing Avoided Deforestation across Agencies in the Brazilian Amazon." *Proceedings of the National Academy of Sciences* 116 (30): 14916–14925.

Human Rights Watch. 2019. *World Report 2019*. New York: Seven Stories Press.

ICMA (International Capital Market Association). 2020. "Sustainability-Linked Bond Principles: Voluntary Process Guidelines, June 2020." ICMA, Paris.

Instituto Escolhas. 2019. *Imposto territorial rural: Justiça tributária e incentivos ambientais*. São Paulo: Instituto Escolhas.

IPAM (Instituto de Pesquisa Ambiental da Amazônia). 2016. "O imposto territorial rural: Como forma de induzir boas práticas ambientais." Report, IPAM, Brasília.

Keles, D.; P. Delacote; A. Pfaff; S. Qin; M. B. Mascia. 2020. "What Drives the Erasure of Protected Areas? Evidence from across the Brazilian Amazon." *Ecological Economics* 176 (October): 106733.

Mangonnet, J.; J. Kopas; J. Urpelainen. 2022. "Playing Politics with Environmental Protection: The Political Economy of Designating Protected Areas." *Journal of Politics* 84 (3). doi:10.1086/718978.

Mauerhofer, V.; K. Hubacek; A. Coleby. 2013. "From Polluter Pays to Provider Gets: Distribution of Rights and Costs under Payments for Ecosystem Services." *Ecology and Society* 18 (4): 41.

May, P. 2015. *Tourism's Contribution to Forest Benefits in the Amazon Basin*. Washington, DC: Banco Mundial.

Miranda, J.; J. Borner; M. Kalkuhl; B. Soares-Filho. 2019. "Land Speculation and Conservation Policy Leakage in Brazil." *Environmental Research Letters* 14 (4): 045006.

Moffette, F.; H. K. Gibbs. 2021. "Agricultural Displacement and Deforestation Leakage in the Brazilian Amazonia." *Land Economics* 97 (1): 155–179.

Nepstad, D.; M. de los Rios; R. Seroa da Motta; C. Dihl Prolo; M. Warren; C. Stickler; J. Ardila; L. Lopes; T. Bezerra; J. Shimada. 2022. "The New Carbon Market and the Brazilian Amazon." Policy Brief, Earth Innovation Institute, San Francisco, CA.

OCDE (Organização para a Cooperação e Desenvolvimento Econômico). 2020. "A Comprehensive Overview of Global Biodiversity Finance." Final Report, OCDE, Paris.

OCDE (Organização para a Cooperação e Desenvolvimento Econômico). 2021. "Evaluating Brazil's Progress in Implementing Environmental Performance Review Recommendations and Promoting Its Alignment with OECD Core Acquis on the Environment." Report, OCDE, Paris.

Ozment, S.; M. Gonzalez; A. Schumacher; E. Oliver; G. Morales; T. Gartner; M. Silva; A. Grunwaldt; G. Watson. 2021. *Nature-Based Solutions in Latin America and the Caribbean: Regional Status and Priorities for Growth*. Washington, DC: Inter-American Development Bank and World Resources Institute.

Pailler, S. 2018. "Re-election Incentives and Deforestation Cycles in the Brazilian Amazon." *Journal of Environmental Economics and Management* 88 (March): 345–365.

Porcher, C.; M. Hanusch. 2022. "A Model of Amazon Deforestation, Trade, and Labor Market Dynamics." Policy Research Working Paper 10163, Banco Mundial, Washington, DC.

Proforest. 2021. "Beef Traceability in Brazil." Report prepared for the International Finance Corporation, Washington, DC.

Rajão, R.; B. Soares-Filho. 2015. *Cotas de reserva ambiental (CRA): Potencial e viabilidade econômica do mercado no Brasil*. Belo Horizonte, Brazil: Center for Remote Sensing of the Universidade Federal de Minas Gerais.

Rode, J.; A. Pinzon; M. C. C. Stabile; J. Pirker; S. Bauch; A. Iribarrem; P. Sammon; et al. 2019. "Why 'Blended Finance' Could Help Transitions to Sustainable Landscapes: Lessons from the Unlocking Forest Finance Project." *Ecosystem Services* 37 (June): 100917.

Sanchez Martinez, G.; J. Paiva; G. L. de Paula; P. Moutinho; R. Castriota; A. C. G. Costa. 2022. "Indigenous Peoples and Sustainable Development in the Brazilian Amazonia." Documento de apoio a este relatório. Banco Mundial, Washington, DC.

Schons, S. 2019. "Smallholder Land Clearing and the Forest Code in the Brazilian Amazon." *Environment and Development Economics* 24 (2): 1–23.

Sigman, H. 2005. "Transboundary Spillovers and Decentralization of Environmental Policies." *Journal of Environmental Economics and Management* 50 (1): 82–101.

Sills, E.; A. Pfaff; L. Andrade; J. Kirkpatrick; R. Dickson. 2020. "Investing in Local Capacity to Respond to a Federal Environmental Mandate: Forest & Economic Impacts of the Green Municipality Program in the Brazilian Amazon." *World Development* 129 (May): 104891.

Slough, T.; J. Urpelainen. 2018. "Public Policy under Limited State Capacity: Evidence from Deforestation Control in the Brazilian Amazon." Unpublished technical report.

Soares-Filho, B.; R. Rajão; M. Macedo; A. Carneiro; W. Costa; M. Coe; H. Rodrigues; A. Alencar. 2014. "Cracking Brazil's Forest Code." *Science* 344 (6182): 363–364.

Soares-Filho, B.; R. Rajão; F. Merry; H. Rodrigues; J. Davis; L. Lima; M. Macedo; M. Coe; A. Carneiro; L. Santiago. 2016. "Brazil's Market for Trading Forest Certificates." *PLOS ONE* 11 (4): e0152311.

Sonter, L. J.; D. Herrera; D. J. Barrett; G. L. Galford; C. J. Moran; B. S. Soares-Filho. 2017. "Mining Drives Extensive Deforestation in the Brazilian Amazon." *Nature Communications* 8 (1): 1013.

Souza-Rodrigues, E. 2019. "Deforestation in the Amazon: A Unified Framework for Estimation and Policy Analysis." *Review of Economic Studies* 86 (6): 2713–2744.

Stabile, M. C. C.; A. L. Guimaraes; D. S. Silva; V. Ribeiro; M. N. Macedo; M. T. Coe; E. Pinto; P. Moutinho; A. Alencar. 2019. "Solving Brazil's Land Use Puzzle: Increasing Production and Slowing Amazon Deforestation." *Land Use Policy* 91 (February): 104362.

Wang, D.; B. Gurhy; M. Hanusch. 2022. "Could Sustainability-Linked Bonds Incentivize Lower Deforestation in Brazil's Legal Amazon?" Documento de apoio a este relatório. Banco Mundial, Washington, DC.

West, T. A. P.; P. Fearnside. 2021. "Brazil's Conservation Reform and the Reduction of Deforestation in Amazonia." *Land Use Policy* 100 (January): 105072.

Wunder, S. 2014. "Revisiting the Concept of Payments for Environmental Services." *Ecological Economics* 117 (September): 234–243.

Wunder, S.; J. Borner; D. Ezzine-de-Blas; S. Feder; S. Pagiola. 2020. "Payments for Environmental Services: Past Performance and Pending Potentials." *Annual Review of Resource Economics* 12 (1): 209–234.

Desenvolvimento
Rural e Urbano

5 Transformação rural e diversificação na Amazônia Legal

HANS JANSEN, MAREK HANUSCH, GIOVANI WILLIAM GIANETTI,
FRANK MERRY, ADAUTO BRASILINO ROCHA JUNIOR, CLAUDIA TUFANI
E DANIELE LA PORTA

MENSAGENS PRINCIPAIS

- A transformação estrutural na Amazônia rural é motivada principalmente pelo melhor acesso aos mercados e aumento da demanda por produtos agropecuários. Embora a transformação estrutural aumente a renda em geral, ela também provoca perturbações sociais e ambientais.
- As pressões da concorrência intensificam a produção agrícola nas propriedades comerciais e excluem os agricultores menores, mais tradicionais e menos produtivos.
- O desmatamento aumenta à medida que a agricultura demanda mais terras – as quais são relativamente baratas em *regiões de fronteira* como a Amazônia Legal, e os agricultores mais pobres procuram manter seu padrão de vida. O desmatamento também impulsiona a degradação das terras.
- A pecuária e algumas lavouras são os principais impulsionadores do desmatamento. Existe potencial para sistemas de produção mais sustentáveis, mas sua adoção está atualmente limitada nas economias de fronteira. Assim, apoiar práticas climáticas inteligentes e mais verdes na agricultura é fundamental para o desenvolvimento rural sustentável da Amazônia Legal.
- Existem opções de diversificação (como o sistema agroflorestal) na Amazônia rural, mas sua adoção requer mercados mais desenvolvidos na região.
- As cidades precisarão absorver grande parte da mão de obra que deixa as áreas rurais nos períodos de transformação estrutural.
- *Ações da política pública*:
  - Apoiar os pequenos agricultores na transição para a agricultura com maior valor agregado, usando tecnologias de produção inteligentes para o clima.

- Apoiar iniciativas do setor privado para o agronegócio, cuja produção tenha origem apenas em áreas livres de desmatamento.
- Aumentar a garantia da posse e fortalecer as ações de comando e controle (ver também o capítulo 4).
- Criar um ambiente favorável para aumentar a produtividade em atividades rurais não intensivas em terra (como a pesca e a aquicultura).
- Educar e requalificar pequenos agricultores e trabalhadores rurais, e possibilitar transições do ambiente rural para o ambiente urbano (ver também o capítulo 2).
- Expandir a proteção social, incluindo a proteção ligada aos serviços ecossistêmicos (ver também o capítulo 2).

CRESCIMENTO, INTERFERÊNCIAS E RESILIÊNCIA NA AMAZÔNIA RURAL

A transformação estrutural contribuirá para a prosperidade na Amazônia rural no longo prazo, mas também causará interferências que precisarão ser gerenciadas pelas políticas públicas. Os capítulos 2 e 3 mostraram que a transformação estrutural das atividades agropecuárias em atividades de manufatura e serviços, e o aumento da urbanização, faz parte do desenvolvimento econômico de longo prazo. Essa transformação aumentará as rendas ao longo do tempo – mas também causará interferências sociais e culturais no curto prazo. O capítulo 3 também demonstrou que o equilíbrio entre a gestão cuidadosa do processo de transformação estrutural em áreas rurais (incluindo aumentos de produtividade agrícola e não agrícola) com maior produtividade nas áreas urbanas é necessário para absorver a mão de obra rural, e futuramente apoiará dinâmicas fundiárias mais favoráveis, reduzindo, assim, a pressão sobre as florestas naturais. A transformação rural tem, portanto, grande impacto sobre a natureza e os meios de subsistência na Amazônia Legal. Este capítulo discorre sobre como a transformação rural afeta as áreas rurais e analisa como uma política pública que combine proteção ambiental, apoio para práticas agrícolas inteligentes para o clima[1] e proteção social, pode moldar o processo de transformação e reduzir interferências.

É improvável que haja oportunidades de trabalho suficientes nas áreas rurais para absorver toda a mão de obra que será dispensada durante o processo de transformação estrutural rural, destacando-se, assim, a importância das cidades e a necessidade de preparar alguns moradores da área rural para a vida urbana. A maioria dos empregos rurais na Amazônia está ligada ao setor agropecuário, o que representa 80% dos empregos do setor privado em Rondônia e 42% em Roraima (calculado a partir de dados na figura 5.1, excluindo os serviços públicos). A silvicultura, a pesca e a aquicultura são responsáveis por contribuições menores, porém consideráveis, para o emprego nas áreas rurais, particularmente nos estados amazônicos e regiões litorâneas. Existe alguma atividade industrial rural nos estados do Acre, Amazonas e Pará, principalmente em áreas próximas às cidades. Os serviços de hospitalidade, que incluem algumas atividades de turismo, geram oportunidades de emprego

FIGURA 5.1
A maioria dos empregos rurais nos estados amazônicos está na agropecuária

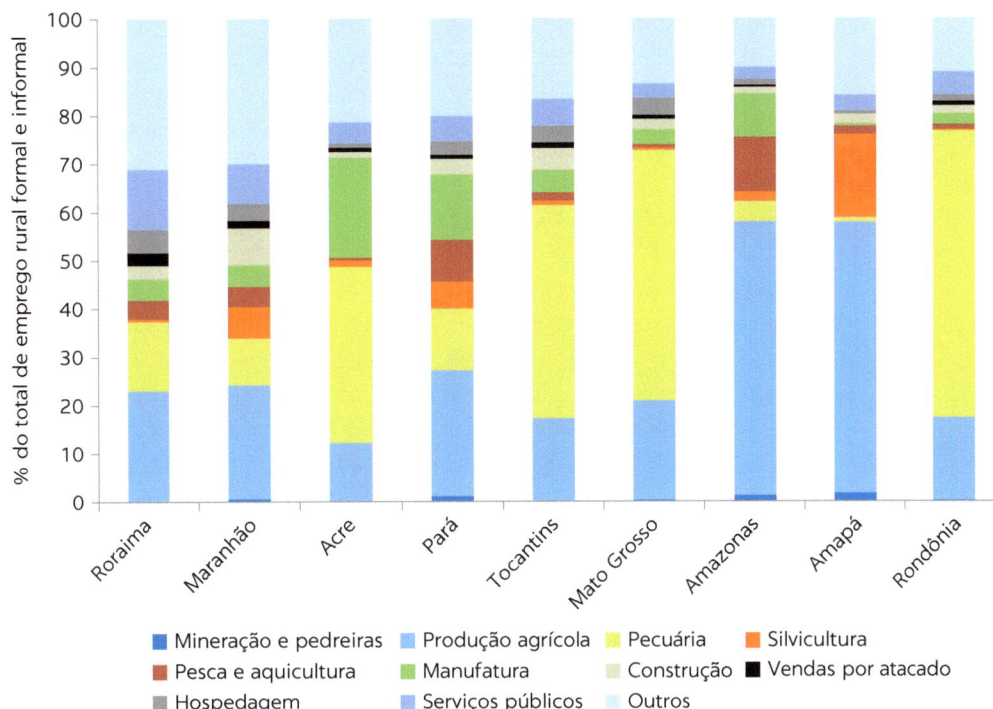

Fonte: Banco Mundial, baseado em dados para o quarto trimestre de 2019 do Instituto Brasileiro de Geografia e Estatística (IBGE) e da Pesquisa Nacional por Amostra de Domicílios Contínua (PNADC).

menos importantes. A mineração (que, na Amazônia, é frequentemente associada aos garimpeiros, conforme mencionado no capítulo 1) também gera poucas vagas de emprego, tanto formais como informais. Conforme ilustrado na figura 5.1, seria necessário um aumento substancial nas vagas de emprego nesses setores para que pudessem absorver o grande volume de mão de obra que atualmente trabalha na agropecuária. A capacidade de geração de emprego da diversificação rural, inclusive da bioeconomia rural, é, portanto, relativamente limitada, o que destaca a necessidade de as áreas urbanas absorverem a maior parte do excedente da mão de obra rural para evitar o surgimento de assentamentos semelhantes a favelas (ver também o capítulo 2).

Este capítulo analisa a transformação rural na Amazônia e suas implicações para as políticas públicas. Aqui são verificados os tipos de terras disponíveis no processo de transformação rural, enfatizando que a destinação de terras impõe limites para o uso produtivo em grandes partes da Amazônia (ver o capítulo 4); a transformação estrutural na agropecuária e seus impactos sociais e ambientais; bem como sugestões de implicações para as políticas públicas. Uma delas seria a necessidade de preparar as populações rurais, ao longo de gerações, para oportunidades de emprego alternativas nas áreas rurais e também nas áreas urbanas, em sua maioria. As possíveis oportunidades de emprego rural incluem a diversificação de produtos de (agro)florestas e produtos florestais não madeireiros, mineração, pesca e aquicultura, e o turismo ecológico e baseado na comunidade. O potencial econômico dessas oportunidades porém, é limitado, e em alguns casos, tais como o da agrossilvicultura, sua viabilidade depende do avanço da transformação rural. As principais implicações apresentadas nos capítulos 2-4 também valem para este capítulo: ao gerenciar cuidadosamente as oportunidades e as interferências causadas pela transformação estrutural rural, as políticas públicas podem apoiar o aumento da renda sem prejudicar as condições para uma vida digna, tanto nas comunidades tradicionais como em outras comunidades rurais.

TRANSFORMAÇÃO ESTRUTURAL E USO DA TERRA

Mais da metade das terras na Amazônia Legal é protegida e não pode ser usada para fins produtivos, a não ser em condições rigorosamente limitadas. A tabela 5.1 classifica as terras públicas e privadas, sua contribuição para os meios de subsistência rurais, seu potencial de ganhos de produtividade e risco de desmatamento. O Brasil fez avanços consideráveis na proteção dos bens públicos da Amazônia Legal ao designar várias formas de proteção das terras públicas. Embora algumas dessas áreas públicas protegidas possam ser usadas para produção, como, por exemplo, as reservas extrativistas e as concessões florestais, as normas que permitem a criação dessas áreas de uso sustentável limitam o alcance da produção e as escolhas tecnológicas, e, portanto, seus níveis de produtividade. O risco de desmatamento em terras designadas públicas também é relativamente baixo (ver o capítulo 4). Sendo assim, o potencial para o aumento da produtividade e a transformação estrutural rural ocorre, principalmente, em terras particulares (incluindo os assentamentos da reforma agrária). Embora as terras particulares tenham potencial para o crescimento econômico, é difícil conciliar alguns tipos de terras comerciais com a conservação de terras naturais, o que faz com que a balança penda mais para os bens particulares do que para os públicos. As tecnologias de produção inteligentes para o clima (incluindo os sistemas agroflorestais)[2] e as abordagens de paisagem integrada[3,4] são, de certa forma, uma promessa de equilíbrio entre o desenvolvimento econômico e a maior sustentabilidade ambiental, mas sua adoção depende do nível de desenvolvimento do mercado na região, conforme discutido mais detalhadamente a seguir.

TABELA 5.1 Classificação das terras na Amazônia

CATEGORIA DE USO DA TERRA	DIMENSÕES DO BEM PÚBLICO	DIMENSÕES DO BEM PRIVADO	CONTRIBUIÇÃO PARA OS MEIOS DE SOBREVIVÊNCIA RURAL	POTENCIAL PARA GANHOS DE PRODUTIVIDADE	RISCO DE DESMATAMENTO
Floresta não designada	Muito alto	Muito baixo	Baixo	Baixo para público; alto para privado	Muito alto
Terras indígenas	Muito alto	Muito baixo	Baixo	Baixo	Baixo
Áreas protegidas	Muito alto	Muito baixo	Baixo	Muito baixo	Baixo
Reservas extrativas	Médio–alto	Baixo	Baixo	Baixo	Baixo-médio
Terras públicas em concessões florestais	Médio–alto	Baixo-médio	Baixo-médio	Baixo-médio	Baixo
Assentamentos da reforma agrária	Médio	Médio	Alto	Alto	Muito alto
Paisagens mistas e agroflorestas	Médio–alto	Médio	Médio	Médio–alto	Médio
Pastagens	Muito baixo	Alto	Médio	High	Muito alto
Terras cultiváveis	Muito baixo	Muito alto	Médio	High	Muito alto
Terras degradadas (não recuperadas)	Muito baixo	Baixo	Baixo	Baixo	Baixo

Fonte: Banco Mundial.

TRANSFORMAÇÃO ESTRUTURAL NA AGROPECUÁRIA

Esta seção descreve os mercados agropecuários e os produtores da Amazônia Legal, e analisa os impactos ambientais da transformação estrutural na agricultura. Fica demonstrado que dentro de um panorama de distribuição altamente desigual das terras e a predominância do uso da terra para criação de gado e colheitas anuais, a dinâmica do mercado está orientando um processo de transformação estrutural rural da Amazônia Legal que favorece cada vez mais as grandes propriedades com a produtividade total de fatores (PTF) mais elevada. A crescente pressão sobre a competitividade dos pequenos agricultores da Amazônia Legal e a falta de capacidade desses agricultores de absorverem mão de obra rural indicam a necessidade de dispensar mais atenção para a produtividade urbana.

Transformação estrutural rural e mercados agropecuários na Amazônia

Grande parte da Amazônia Legal está em uma *região de fronteira* agrícola, com mercados pouco desenvolvidos (ver capítulo 1). Os mercados em áreas de fronteira estão distantes dos centros de atividade econômica, têm infraestrutura inadequada e sofrem distorções de mercado que resultam, principalmente, da insegurança quanto à posse das terras (ver capítulo 4), do baixo acesso ao crédito e à assistência técnica, e da baixa alocação de verbas públicas. Os sistemas de produção em áreas de fronteira tendem a ser de culturas mistas, que usam mão de obra intensiva e de baixa produtividade, têm uma alta produtividade das terras e um alto nível de diversificação de culturas. Baixos níveis tecnológicos e de eficiência econômica resultam em uma PTF baixa, levando a altos custos unitários de produção. O fato dessas áreas serem isoladas aumenta o custo do transporte; e, sendo assim, a produção atende basicamente os mercados locais.

A maioria das propriedades na Amazônia Legal é de agricultores familiares, porém, as propriedades não familiares são responsáveis pela maior parte das terras e da produção agropecuária. A Lei Nacional de Agricultura Familiar (Lei 11.326/2006) define os agricultores familiares com base no tamanho da propriedade, uso predominante de mão de obra familiar, operações gerenciadas pela família e renda originada, principalmente, da agricultura[4]. Além disso, as políticas públicas brasileiras, tais como os programas de crédito rural, diferenciam os agricultores familiares mais pobres – com receita familiar anual bruta (líquida de transferências públicas) de até R$ 23 mil (aproximadamente US$ 4.200) e que utilizam somente mão de obra familiar[5], além de outros agricultores familiares[6]. Os agricultores familiares, que somam cerca de 750 mil na Amazônia Legal, respondem, em média, por 80% dos estabelecimentos rurais[7], porém são responsáveis por menos de 25% e 20% da área utilizada na agropecuária e do valor bruto da produção, respectivamente, enquanto os 170 mil agricultores não familiares detêm cerca de 75% de todas as terras da agropecuária (figura 5.2). Sendo assim, a distribuição de terras na Amazônia Legal é altamente desigual: 80% dos agricultores detêm terras com menos de 100 hectares e respondem por 13% da área total, enquanto 2,3% dos agricultores possuem terras com mais de 1.000 hectares e respondem por 61% da área total[8].

Entre os agricultores familiares na Amazônia Legal, a pecuária é a atividade mais importante, seguida das lavouras temporárias. Cerca de metade dos agricultores familiares cria gado, o que representa cerca de 70% da área e responde

FIGURA 5.2

Participação de propriedades não familiares e propriedades familiares no valor bruto da produção, área e número de propriedades, por tamanho da propriedade

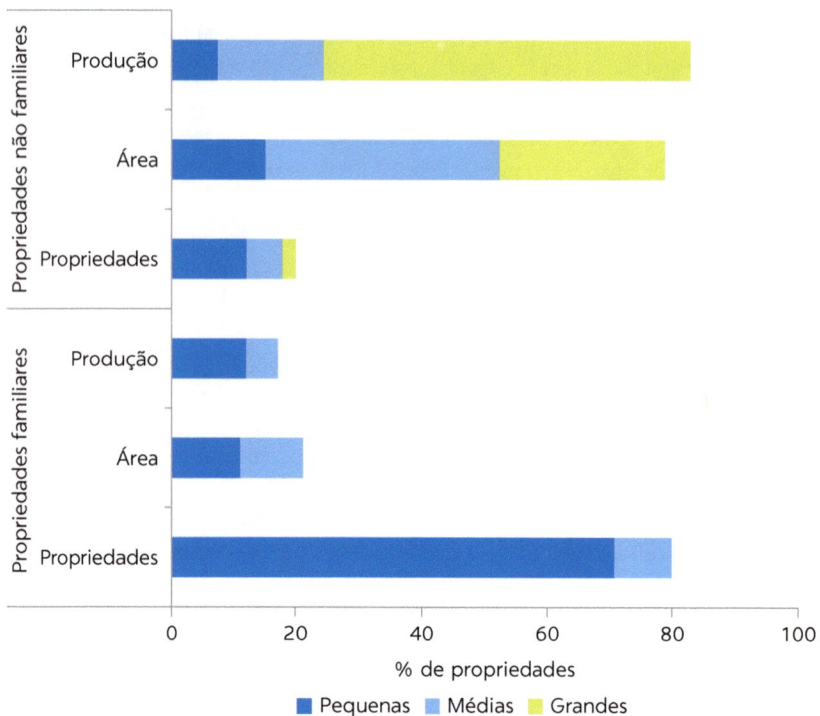

Fonte: Banco Mundial, com base no Censo Agrícola de 2017.
Observação: Pequenas = <100 ha. Médias = 100–1.000 ha.
Grandes = >1.000 ha.

FIGURA 5.3

Características das propriedades familiares: distribuição do valor bruto da produção, área por atividade agrícola e parcela de propriedades envolvidas em cada atividade

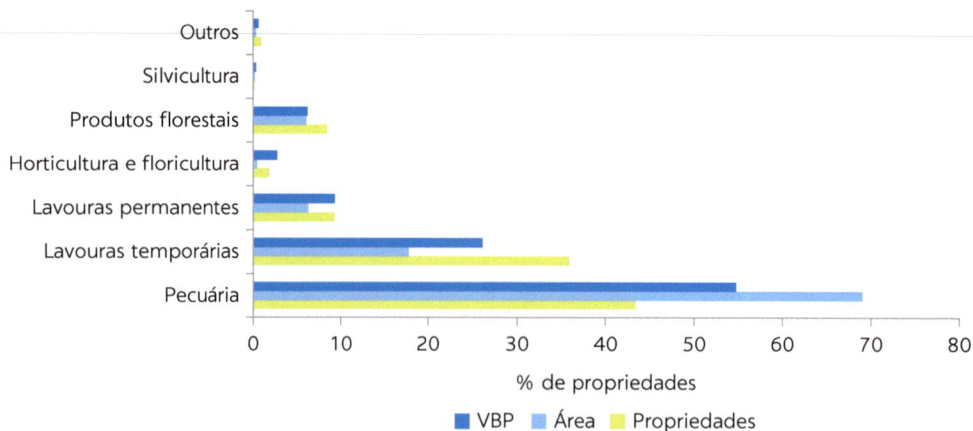

Fonte: Banco Mundial, com base no Censo Agrícola de 2017 do Instituto Brasileiro de Geografia e Estatística (IBGE).
Observação: VBP = valor bruto de produção.

por mais da metade do valor bruto da produção agropecuária (figura 5.3). A pecuária é seguida (em ordem de importância) pelas lavouras temporárias, lavouras permanentes e produtos florestais. A parcela de outras atividades agrícolas como a silvicultura e a horticultura é relativamente pequena.

Os mercados agropecuários estão se desenvolvendo em todo o Brasil, inclusive na Amazônia Legal. Helfand e Taylor (2021) dividem a agricultura no Brasil em três fases, seguindo o padrão espacial do desenvolvimento histórico do país, sendo o sul e o sudeste as regiões mais desenvolvidas, o centro-oeste (que inclui o Mato Grosso) uma região em desenvolvimento e o norte (que inclui o bioma amazônico) uma *região de fronteira*. Os produtores localizados nas áreas de fronteira, onde a infraestrutura pouco desenvolvida resulta no isolamento do mercado, enfrentam uma oferta de mão de obra inelástica e produzem, principalmente, para os mercados locais, cuja demanda é bastante inelástica. Os produtores agrícolas da Amazônia Legal têm níveis de instrução mais baixos e menos acesso ao crédito do que seus pares em outras regiões do país, o que resulta no uso intensivo da terra para a agricultura, bem no uso intensivo da mão de obra. No entanto, à medida que os mercados se desenvolvem, as instituições se fortalecem, as distorções diminuem, e o acesso ao crédito e à tecnologia melhora, a produção se torna mais intensiva em termos de capital. Conforme as terras naturais são convertidas em terras agricultáveis (pelo desmatamento), o estoque de terras naturais diminui e a oferta de terras torna-se menos elástica, resultando, por fim, em uma menor expansão de terras para a produção agropecuária. Na figura 5.4, uma imagem dos motivadores do desenvolvimento do mercado na Amazônia Legal indica que o Mato Grosso (na Nova Fronteira) é o estado

FIGURA 5.4

Os mercados agrícolas são mais desenvolvidos na Nova Fronteira comparados aos da Fronteira Colonial

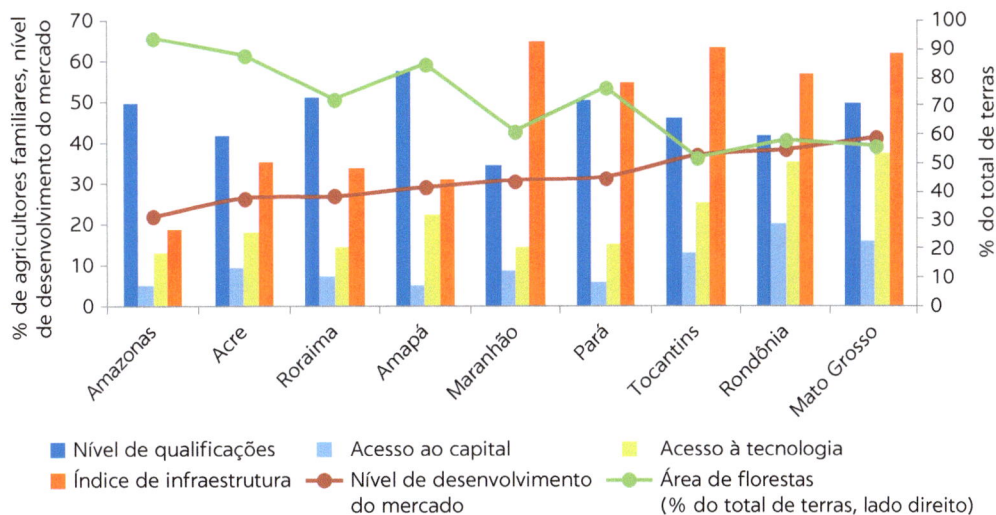

Fonte: Banco Mundial, com base em dados do Censo Agrícola de 2017 do IBGE e do Mapbiomas.
Observação: Nível de qualificação = percentual de agricultores familiares com pelo menos a educação básica; acesso ao capital = percentual de agricultores familiares que usaram crédito; acesso à tecnologia = percentual de agricultores familiares com acesso à Internet; índice de infraestrutura = índice de infraestrutura do Grupo de Políticas Públicas da USP: https://www.gppesalq.agr.br/); nível de desenvolvimento do mercado = média do nível de qualificação, capital, tecnologia e infraestrutura. Os valores entre parênteses após os nomes dos estados referem-se ao PIB *per capita*, em reais.

mais avançado, enquanto o Amazonas (na Fronteira Colonial) é o menos desenvolvido,[9] o que os torna bons estudos de caso para este capítulo.

Conforme os mercados se desenvolvem, a transformação estrutural rural altera principalmente a agricultura, com vantagens cada vez maiores para os grandes agricultores. Pequenos e grandes agricultores podem coexistir em mercados pouco desenvolvidos, e os pequenos agricultores podem continuar competitivos à medida que os mercados se desenvolvem, desde que se especializem. Eles podem até ter níveis de PTF semelhantes (ver quadro 5.1), desde que as distorções nos mercados de crédito limitem a capacidade dos grandes agricultores de substituir a mão de obra pelo capital (figura 5.5) e os custos mais altos de supervisão da mão de obra relacionados ao tamanho das terras limitem a sua produtividade. No entanto, à medida que os mercados se desenvolvem e as distorções nas terras e nos mercados de capital diminuem (por exemplo, quando os avanços na segurança da posse resultam em acesso melhor ao crédito)[10], os grandes agricultores substituem a mão de obra por capital, reduzindo, assim, seus custos de supervisão. Isso permite que eles obtenham vantagens na

---

QUADRO 5.1

Tamanho e produtividade das propriedades agrícolas

A produtividade agrícola pode ser mensurada de várias formas. Este capítulo concentra-se na produtividade total dos fatores (PTF), definida como o resultado gerado por todos os fatores de produção (terras, mão de obra, capital) e outros insumos. Quanto mais alto for o resultado em determinados níveis de fatores de produção e outros dados, mais produtiva será a propriedade. Assim como a produtividade da mão de obra, a produtividade das terras é uma medida parcial de produtividade: o resultado por unidade de terra, comumente conhecido como "produção". Com o desenvolvimento ainda maior do mercado, a melhoria da produtividade da propriedade se refletirá tanto no aumento da PTF quanto na produtividade da terra (ver a figura Q5.1.1 sobre a produção de soja).

No mundo todo, as pequenas propriedades tendem a superar as grandes em termos de produtividade da terra. Frequentemente, isso se deve ao uso relativamente mais alto de mão de obra (na maior parte, familiar), o que não reflete necessariamente maior eficiência. Com relação ao Brasil, Helfand e Taylor (2021) confirmam que os pequenos agricultores alcançam uma produtividade mais alta, independentemente do seu nível de desenvolvimento do mercado. No entanto, à medida que os mercados se desenvolvem, os grandes agricultores atingem uma PTF mais

elevada. Além disso, os grandes agricultores tendem a ter uma produtividade de mão de obra mais alta em razão de a proporção capital-mão de obra ser mais alta.

FIGURA Q5.1.1

A produção de soja aumenta com o desenvolvimento do mercado

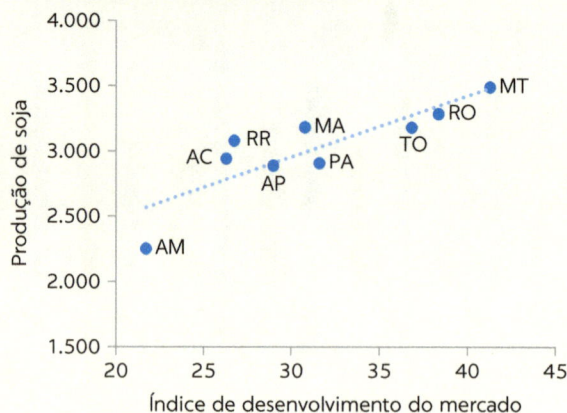

Fonte: Índice de desenvolvimento do mercado do Censo Agrícola do Instituto Brasileiro de Geografia e Estatística (IBGE) e pelo Grupo de Políticas Públicas da Universidade de São Paulo (https://www.gppesalq.agr.br/), produção de soja informada pela Companhia Nacional de Abastecimento (Conab).
Observação: O desenvolvimento do mercado é uma medida média do nível de capacidade, capital, tecnologia, e índices de infraestrutura. Kg/ha – quiilograma por hectare.

FIGURA 5.5

As três fases de transformação estrutural na agricultura da Amazônia

Fonte: Banco Mundial.

produtividade das terras durante as colheitas, o que, combinado à redução dos custos unitários de produção relacionados ao aumento dos retornos de escala, melhora a sua competitividade com relação aos pequenos agricultores. Essa diferença entre os grandes e pequenos agricultores fica particularmente evidente nas lavouras comerciais, e poderá se ampliar à medida que os grandes agricultores tiverem mais acesso à tecnologia (incluindo as tecnologias de informação e comunicação e insumos melhores) e uma mão de obra qualificada (incluindo competências de gestão) se tornar disponível.

Os pequenos agricultores podem se manter competitivos em mercados desenvolvidos, concentrando-se em produtos com alto valor e retornos de escala reduzidos ou constantes, ou em nichos de mercado com alto valor agregado. Mesmo em mercados desenvolvidos, os pequenos agricultores podem obter uma produtividade maior da terra do que os agricultores maiores e continuar a produzir *commodities* de valor mais elevado para os mercados urbanos locais ou regionais (tais como horticultura, cacau, pimenta-do-reino e café)[11]. No entanto, em termos de PTF, os grandes agricultores superam os pequenos agricultores cada vez mais conforme os mercados se desenvolvem.

Dado que os agricultores mais produtivos pressionam a saída dos menos produtivos, a produtividade geral aumenta. Em uma comparação entre economias avançadas e menos desenvolvidas, notou-se que a integração a mercados gerou um aumento da PTF nas regiões menos desenvolvidas, devido a exportação pelos agricultores com alta produtividade para as regiões avançadas, o que contribuiu para a participação deles no mercado e pressionou os salários para cima ao demandar mais mão de obra (Melitz, 2003)[12]. Os agricultores com baixa produtividade em regiões menos desenvolvidas mal podem arcar com o aumento no custo da mão de obra e, assim, saem do mercado. Embora os agricultores com produtividade média permaneçam no mercado, seus níveis de produtividade são muito baixos para que eles possam concorrer em regiões avançadas (incluindo os mercados de exportação), e eles perdem sua participação de mercado para os agricultores mais produtivos. A transformação estrutural rural da Amazônia Legal poderá resultar no aumento da PTF de maneira geral devido à saída gradual de agricultores menos produtivos, como parte de um processo de integração crescente com economias mais avançadas, incluindo mercados agrícolas regionais, nacionais e internacionais.

Transformação estrutural rural e os agricultores na Amazônia Legal

Assim como nos mercados agrícolas com baixos níveis de desenvolvimento, a agricultura de subsistência é dominante entre os agricultores familiares da Amazônia Legal. Os pequenos agricultores consomem a maior parte de sua produção de lavouras temporárias, principalmente, grãos (figura 5.6), inclusive como alimento para os animais. Por outro lado, a horticultura é principalmente voltada para o mercado, com a produção concentrada em áreas de perímetro urbano. As culturas permanentes (cultivadas) e os produtos florestais (em sua maioria, extraídos) ficam em um contexto misto, sendo os produtos extraídos mais utilizados para o consumo próprio do que os produtos cultivados.

Se comparados aos agricultores não familiares, os agricultores familiares da Amazônia Legal têm menos acesso a infraestrutura, assistência técnica e capital, além de menor grau de instrução, o que os coloca sob uma pressão competitiva crescente. Cerca de 30% dos agricultores familiares da Amazônia Legal não têm acesso à eletricidade; menos de 8% recebem alguma forma de assistência técnica (sobretudo de fontes públicas); e menos de 4% estão organizados

FIGURA 5.6

O consumo da produção própria é mais elevado nas propriedades familiares, 2017

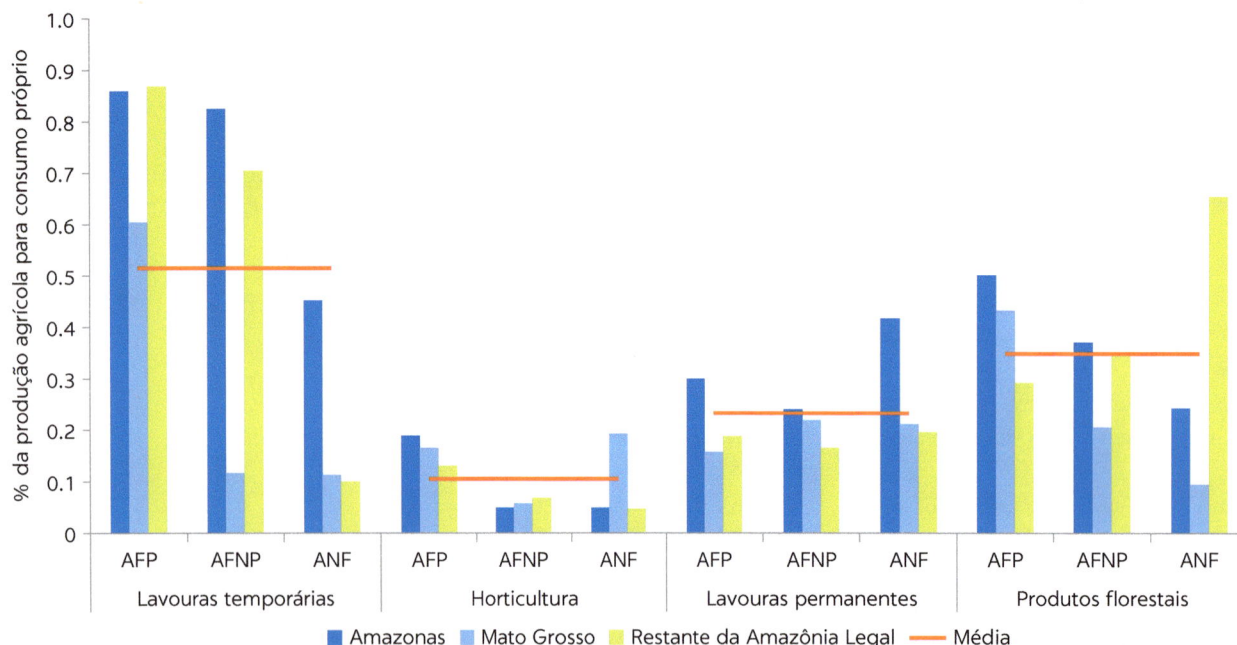

Fonte: Banco Mundial, com base em dados do Censo Agrícola de 2017 do Instituto Brasileiro de Geografia e Estatística (IBGE).
Observação: FFB = agricultores familiares pobres, FFO = agricultores familiares não pobres e NFF = agricultores não familiares.

em cooperativas que oferecem acesso ao mercado e ajudam na obtenção de escala da produção (figura 5.7). Menos de 15% dos agricultores familiares concluíram pelo menos o ensino secundário. Dentre essas variáveis de produtividade, a participação em cooperativas (Herrera et al., 2018) e o grau de instrução são os mais importantes determinantes da produtividade dos pequenos proprietários (figura 5.8).

O acesso ao crédito facilita a compra de insumos que aumentam a produtividade, mas a proporção de agricultores amazônicos com acesso ao crédito é baixa, e o foco dos empréstimos para pequenos agricultores é basicamente a redução da pobreza. Enquanto 29% dos agricultores da região Sul do Brasil disseram já ter

FIGURA 5.7

Variações no percentual de agricultores que se beneficiam das medidas de aumento da produtividade, por tamanho da propriedade, 2006-2017

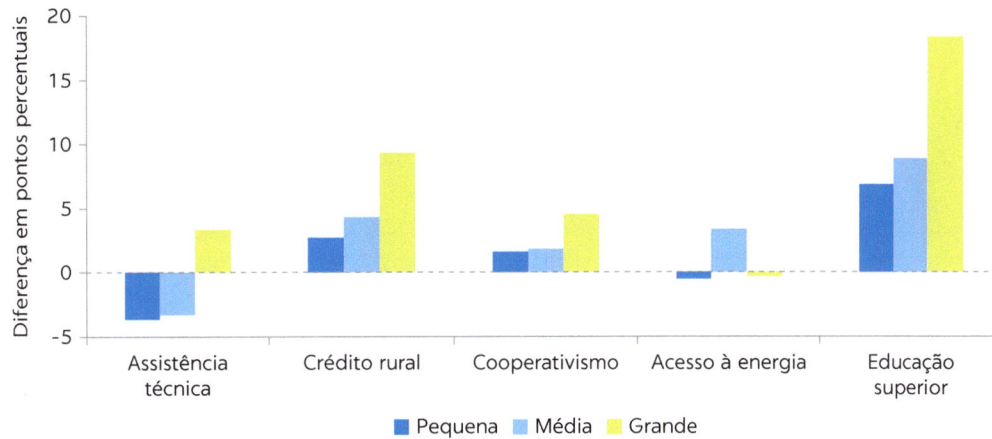

Fonte: Rocha (2022).
Observação: Pequeno < 100 hectares. Médio = 100-1.000 hectares. Grande = > 1.000 hectares.

FIGURA 5.8

O impacto das variáveis de produtividade sobre as mudanças na PTF, por tamanho de propriedade, 2006-2017

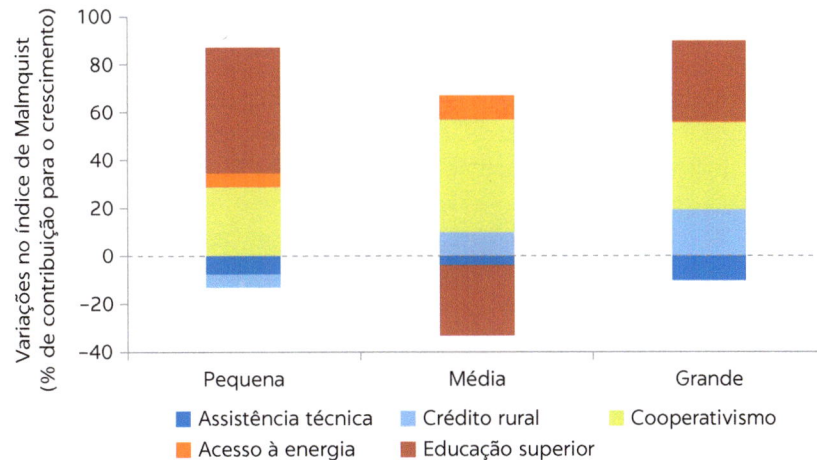

Fonte: Rocha (2022).
Observação: Não inclui a contribuição de um período de tempo fixo e efeitos residuais.
Pequeno < 100 hectares. Médio = 100-1.000 hectares. Grande = > 1.000 hectares.

tomado empréstimos, somente cerca de 9% dos agricultores da Amazônia Legal o fizeram (o percentual é ainda mais baixo entre mulheres agricultoras). Além disso, a maior parte do crédito é para custeio, e não para investimentos de longo prazo, que são críticos para o uso de tecnologias de produção agrícola inteligentes voltadas para o clima e, assim, para o aumento simultâneo da produtividade e da sustentabilidade. Os pequenos agricultores familiares contam, basicamente, com cooperativas e bancos públicos para obter crédito, enquanto os grandes agricultores frequentemente tomam empréstimos de bancos privados. Os bancos privados são obrigados a alocar um determinado percentual dos depósitos para o crédito rural, beneficiando especialmente os grandes agricultores muito embora eles não tenham restrições de crédito. Os programas de crédito do governo, tais como o Pronaf (Programa Nacional de Fortalecimento da Agricultura Familiar) e o Pronamp (Programa Nacional de Apoio ao Médio Produtor Rural), oferecem empréstimos subsidiados (com juros baixos) para pequenos e médios agricultores familiares. Em 2017, esses programas alcançaram cerca de 15 mil agricultores familiares na Amazônia Legal, o que corresponde a cerca de um terço dos agricultores que tomaram empréstimos (ou 3% do total de agricultores). No entanto, esses programas do governo vêm perdendo terreno nos últimos anos à medida que o declínio sistemático na proporção de pequenos empréstimos com o tempo restringiu cada vez mais o acesso de pequenos agricultores ao crédito, e o foco dos empréstimos passou a ser a redução da pobreza, e não os investimentos para aumento da produtividade (Brinker, 2019; Calice; Kalan, 2022; Magalhães; Abramovay, 2006; Maia et al, 2012). Além disso, o alcance dos programas de seguro agrícola apoiados pelo governo é muito limitado na Amazônia Legal.

Diversas mudanças nos programas de crédito rural poderiam reduzir as distorções nos mercados financeiros rurais e melhorar o acesso ao crédito para as pequenas propriedades familiares. Primeiramente, em vez de subsidiar as taxas de juros, que favorecem empréstimos maiores, um subsídio fixo para ajudar os bancos a cobrirem seus custos administrativos com empréstimos favoreceria o empréstimo de valores mais baixos. Em segundo lugar, eliminar os subsídios de taxas de juros sobre os empréstimos para grandes agricultores[13] e atrelar esses empréstimos aos objetivos de sustentabilidade poderia liberar recursos para fortalecer programas de crédito para pequenos agricultores (e facilitar a adoção da agricultura inteligente para o clima) e expandir o seguro agrícola e outros programas de gestão de risco (Banco Mundial, 2020).

O efeito da educação superior sobre a produtividade é maior para as pequenas e grandes propriedades agrícolas (figura 5.8). Em geral, os pequenos agricultores trabalham em suas próprias terras, sendo assim, qualquer aprimoramento de suas habilidades técnicas aumentará a produtividade. Muitos deles também se envolvem em atividades fora de suas propriedades agrícolas, e o grau de instrução pode melhorar a posição desses agricultores no mercado de trabalho, permitindo que eles adquiram implementos que melhorem a produtividade. A literatura menciona que a educação tem diversos efeitos sobre a renda dos agricultores, incluindo a probabilidade de obterem um emprego não ligado a atividades agrícolas (Greiner; Sakdapolrak, 2013; Yue; Feldman; Du, 2010). A produção agrícola tende a ser a principal fonte de renda dos grandes agricultores, e melhorias adicionais em suas habilidades de gestão beneficiam diretamente a produtividade agrícola. Um estudo recente observou efeitos positivos significativos da educação sobre a PTF na agricultura brasileira para os pequenos e grandes agricultores, embora isso não se confirme para os de médio porte (Rada; Helfland; Magalhães, 2019). Os estudos anteriores costumavam se basear na premissa de que os agricultores alocam seu trabalho de forma a assegurar uma remuneração marginal semelhante para diferentes usos (Summer, 1982), o que resultava em efeitos ambíguos da educação sobre o emprego dentro e fora das propriedades agrícolas (Tao Yang, 1997). O efeito não significativo da educação na alocação do tempo entre os agricultores de médio porte pode estar relacionado às diferenças na alocação do tempo feitas entre os agricultores de médio porte e os pequenos e grandes agricultores. Por exemplo, os agricultores de médio porte com grau de instrução mais elevado dedicam menos tempo às atividades de produção agrícola.

O rápido envelhecimento dos pequenos agricultores prejudica a competitividade dos agricultores familiares e é sintomático de um setor que está deixando de ser atraente para os jovens. Como os jovens costumam ficar mais interessados em trabalhos nas áreas urbanas, a maioria dos agricultores na Amazônia Legal é relativamente velha (assim como no resto do Brasil). O envelhecimento é particularmente acentuado entre os agricultores familiares (figura 5.9), o que sugere que a agricultura não familiar oferece uma proposta de valor mais atraente do que a agricultura familiar. Entre 2006 e 2017, a proporção de pensionistas entre os agricultores familiares na Amazônia Legal quase triplicou, enquanto a parcela de agricultores com 65 anos ou mais também aumentou significativamente. A natureza intensiva do trabalho dos pequenos agricultores faz com que a idade coloque uma pressão maior sobre a produtividade do trabalho dos agricultores familiares e acelere o declínio de sua competitividade.

Dados os esforços para se manterem competitivos, os agricultores familiares dependem muito da renda não relacionada à agricultura. Embora exista uma variação entre os estados, cerca de 50% ou mais da renda dos agricultores familiares de baixa renda da Amazônia Legal têm sua origem em fontes não

FIGURA 5.9

O envelhecimento prejudica a competitividade dos pequenos agricultores familiares da Amazônia Legal, 2006–2017

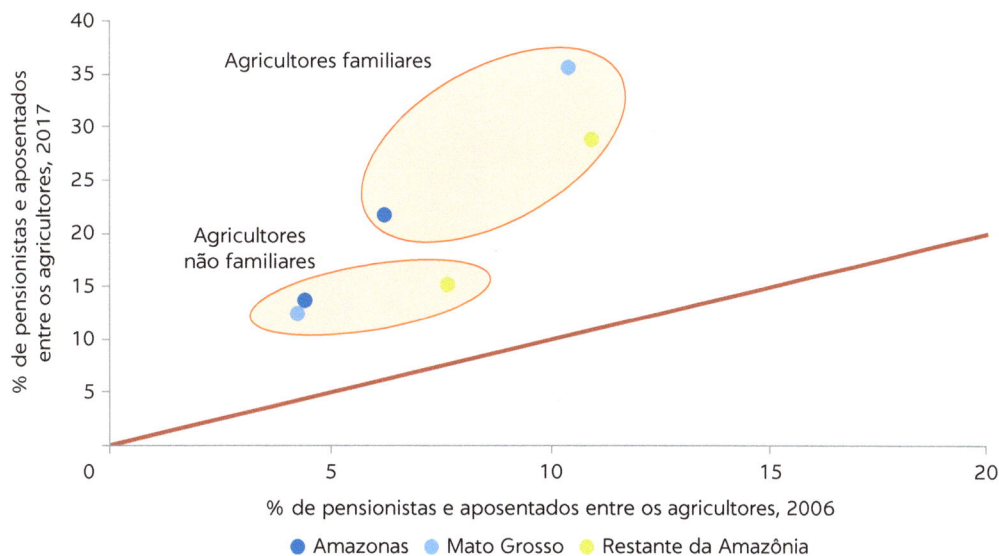

Fonte: Banco Mundial, com base em dados dos Censos Agrícolas de 2006 e 2017 do Instituto Brasileiro de Geografia e Estatística (IBGE).

agrícolas (figura 5.10), particularmente pensões e outros pagamentos de aposentadoria (figura 5.11). Para os grandes agricultores (agricultores familiares não pobres e agricultores não familiares), as atividades nos setores de serviços e de varejo realizadas em áreas urbanas são a principal fonte de renda não relacionada à agropecuária. Uma vez que essas propriedades rurais conseguem obter uma produtividade maior do trabalho, elas podem pagar salários mais altos, e parte da renda não agropecuária dos agricultores familiares mais pobres é originada do trabalho executado nas propriedades de agricultores mais produtivos (Rocha, 2022).

FIGURA 5.10

Os agricultores familiares dependem fortemente de aposentadorias e rendas não agrícolas, 2017

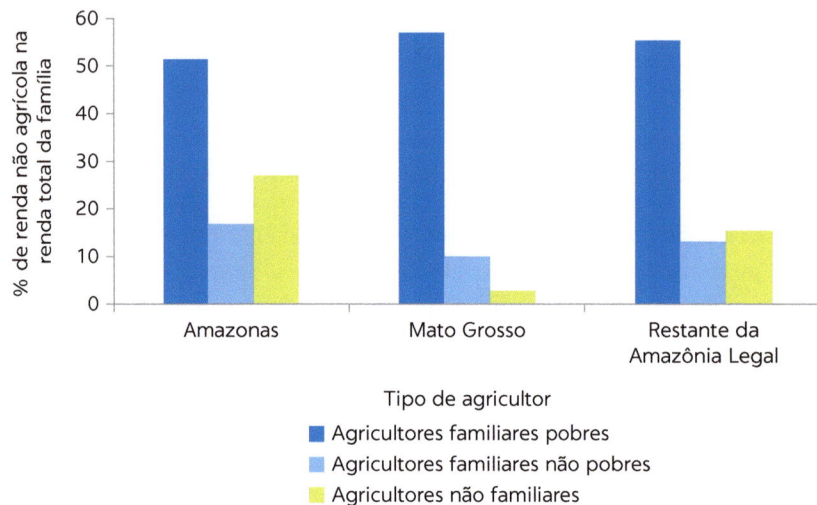

Fonte: Banco Mundial, com base em dados do Censo Agrícola de 2017 realizado pelo Instituto Brasileiro de Geografia e Estatística (IBGE).

FIGURA 5.11

Os agricultores familiares contam com as pensões e outros pagamentos de aposentadoria, 2017

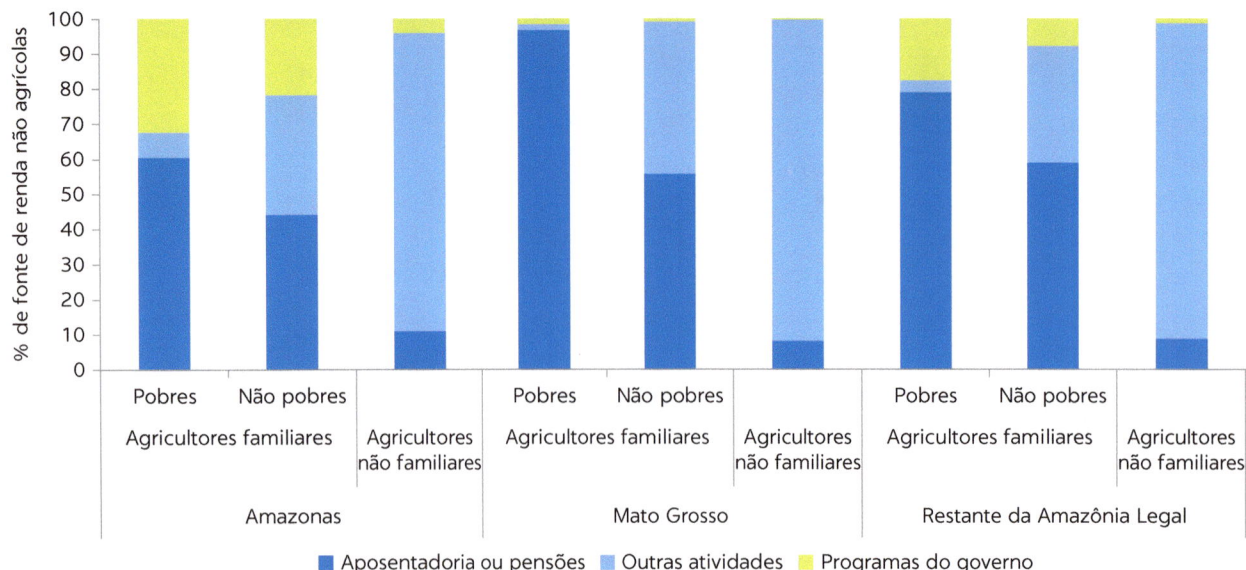

Fonte: Banco Mundial, com base em dados do Censo Agrícola de 2017 do IBGE.

Os agricultores menos competitivos adaptam-se alterando seus portfólios de produção, ou buscando outras fontes de renda. Ao enfrentar pressões da concorrência, os agricultores menos competitivos e, em geral, menores e mais pobres trabalham para outros agricultores, ou vendem ou arrendam suas terras para agricultores mais produtivos. Os agricultores familiares também podem se adaptar à transformação estrutural rural alterando seu portifólio de produção, evitando, assim, produtos com os quais eles não podem mais competir com grandes agricultores, especialmente as lavouras temporárias com retornos crescentes de escala, tais como a soja. Na Amazônia Legal, os pequenos agricultores também estão trocando a produção agrícola pela criação de gado (figura 5.12), e muitos conseguem continuar competitivos em relação aos grandes agricultores (Rocha, 2022). Os agricultores familiares também estão aumentando o volume de seus produtos de mão de obra intensiva, tais como a silvicultura no Amazônas e as culturas permanentes no Mato Grosso. As inovações tecnológicas, principalmente as de produção agropecuária inteligentes para o clima desenvolvidas pela Empresa Brasileira de Pesquisa Agropecuária (Embrapa), representam uma fonte importante, porém, não totalmente aproveitada, de apoio aos pequenos agricultores para que tornem sua produção mais verde e mais sustentável.

De forma geral, a transformação estrutural rural permitirá que a agricultura na Amazônia Legal acompanhe as das regiões mais avançadas. A transformação estrutural rural é um processo de ruptura que tende a colocar os agricultores familiares menores e mais pobres em desvantagem[14]. No entanto, faz parte do processo de desenvolvimento, aumentando a produtividade geral do setor. A transformação estrutural na Amazônia Legal permitiu que áreas mais remotas se desenvolvessem, especialmente em relação às culturas temporárias, cuja produção tem aumentado mais na Amazônia Legal do que em áreas mais desenvolvidas.

FIGURA 5.12

Para responder à crescente pressão da concorrência, os agricultores familiares estão mudando seu portfólio de produção, com menos lavouras anuais e mais criação de gado, 2006–2017

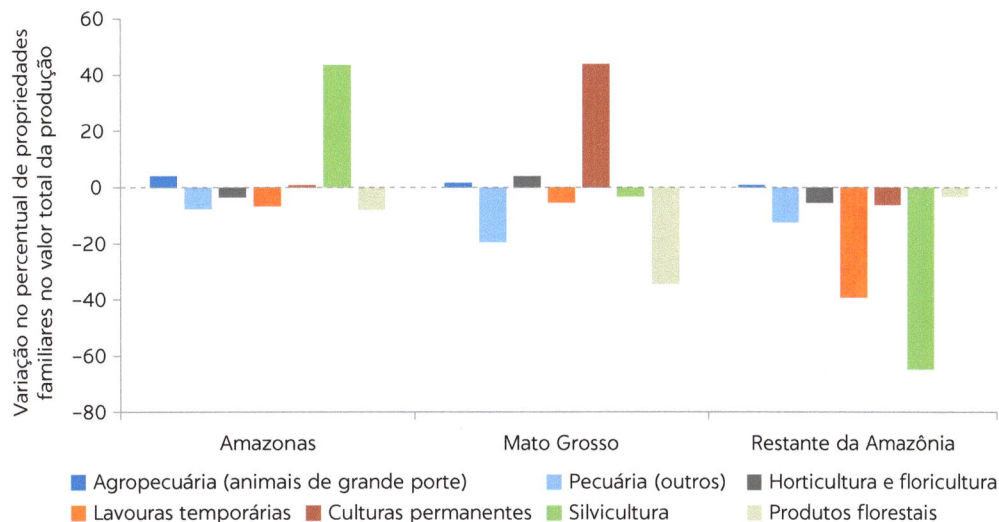

Fonte: Banco Mundial, com base em dados dos Censos Agrícolas de 2006 e 2017 do IBGE.

Impactos ambientais da transformação estrutural rural da agricultura

Os ganhos de produtividade como parte da transformação estrutural rural podem levar ao desmatamento. Conforme demonstrado no capítulo 4, os ganhos de produtividade agrícola podem aumentar o desmatamento localizado (efeito "Jevons"), mas eles reduzem a pressão sobre as terras naturais em todo o mundo. Muito embora os ganhos de PTF aumentem a produtividade da terra (pela intensificação), a elasticidade relativamente alta das terras na Amazônia Legal ainda torna econômico converter florestas em áreas produtivas para atender mercados maiores, quando os ganhos de produtividade aumentam a competitividade dos agricultores. Com o desenvolvimento dos mercados, a demanda por *commodities* torna-se mais elástica, enquanto a oferta de terras torna-se menos elástica, o que pressiona os preços das terras sem aumentar os preços da produção. Esse processo fortalecerá a intensificação da agricultura à medida que a terra se tornar um fator de produção mais caro, resultando na redução do desmatamento. A Amazônia ainda não alcançou este estágio: a combinação entre mercados fundiários imaturos (oferta elástica de terras) e uma governança florestal fraca, com uma melhoria gradual do acesso ao mercado, possivelmente aumentará a produtividade agrícola, aumentando o desmatamento ao invés de reduzi-lo.

O aumento da produtividade agrícola pode causar impactos no desmatamento de forma direta e indireta. Os agricultores mais produtivos podem querer atender mercados maiores e converter florestas em terras produtivas dentro de suas propriedades. A partir do momento que ultrapassam os limites do Código Florestal, esse desmatamento será considerado ilegal. Porém, o efeito também pode ser indireto se os agricultores estiverem dispostos a pagar mais para adquirir terras mais produtivas legalmente. A demanda maior aumentará os preços das terras, o que pode, indiretamente, impulsionar o desmatamento relacionado à grilagem.

Os produtores rurais que perdem competitividade durante a transformação estrutural rural podem tomar medidas defensivas que resultam em uma produção mais extensiva e no desmatamento (Porcher; Hanush, 2022). Até o momento, a única atividade agropecuária na qual os agricultores familiares vêm aumentando consistentemente a sua participação de mercado durante a transformação estrutural tem sido a pecuária bovina. Agricultores familiares menos produtivos que enfrentam pressões econômicas podem usar a pecuária como forma de poupança, estabilizando ou até mesmo aumentando o seu poder de compra, ao expandir (quase sempre de forma ilegal) o seu acesso às terras com o desmatamento na expectativa de um aumento futuro do valor das terras. As pastagens, e não as lavouras, costumam ser a opção mais atraente para o uso das terras imediatamente após o desmatamento, em razão de limitações biológicas e relacionadas ao solo; baixo custo inicial das pastagens; poucas exigências de implementos e tecnologia; baixa variação no preço do gado; e maior facilidade de transporte e comercialização do gado, em comparação às lavouras. As tradições culturais que atribuem um *status* mais alto a quem possui cabeças de gado também podem ter influência.

A expansão da pecuária bovina em pastagens tradicionais e com baixa produtividade costuma ser acompanhada pela extração dos nutrientes do solo, resultando na degradação da floresta e das terras. A degradação das florestas precede o desmatamento, particularmente nos assentamentos rurais

(Gandour et al., 2021). A predominância da degradação da floresta nas proximidades dos assentamentos rurais é consistente com a transição dos agricultores menos produtivos para a pecuária extensiva. Começando com a derrubada de árvores e a criação de gado de baixa densidade, esse processo evolui com o esgotamento gradual dos nutrientes do solo, o que força os produtores a se mudarem para novas terras para recomeçar o ciclo. Essa prática pode ser conveniente economicamente da perspectiva financeira individual do agricultor[15]. Nesses casos, a degradação da floresta é seguida pela degradação da terra, e a eficiência econômica é consistente com a terra degradada e as pastagens abandonadas.

Nessas situações, reduzir a pressão pelo desmatamento pode ajudar a evitar a degradação da terra. Quando os mercados se desenvolvem, e a demanda se torna cada vez mais elástica, evitar a degradação da terra requer a intensificação da produção de carne bovina (e, em alguns estados, incluindo Rondônia e Pará, da produção de leite também) por meio da gestão sustentável de pastagens e de taxas de lotação animal mais altas. O manejo sustentável de pastagens exige a melhor gestão do solo e pode incluir a plantação de legumes, a aplicação de fertilizantes e calcário, e mais maquinário agrícola. Esses implementos são caros, especialmente para os pequenos agricultores da Amazônia Legal, em vista do alto custo do transporte, assim, a região está defasada em relação ao resto do Brasil nesse aspecto. Conforme descrito no capítulo 3, uma forma de possibilitar a intensificação agrícola é impulsionar a produtividade urbana além da produtividade agrícola, alterando os preços relativos, inclusive dos implementos agrícolas. Nesse contexto, a promoção de tecnologias verdes, incluindo a agricultura inteligente para o clima, é um objetivo importante das políticas públicas. O plano Nacional de Agricultura de Baixa Emissão de Carbono, conhecido como o Plano ABC, apoia a recuperação de terras degradadas e é um exemplo importante das referidas tecnologias de produção verde (ver informações a seguir e o quadro 5.3).

A melhor gestão do solo, incluindo o uso de fertilizantes e de tecnologias para sua conservação, aumenta a produtividade e reduz a degradação das terras e o desmatamento, e contribui para a competitividade da produção agrícola. A experiência no Cerrado brasileiro ilustra como a gestão melhorada do solo e a redução nos preços das terras podem ajudar a manter a competitividade agrícola (de Rezende, 2002). Como os solos da Amazônia têm qualidade inferior em comparação aos do Cerrado, a gestão do solo como peça central da agricultura inteligente para o clima pode ser ainda mais importante para a produtividade e a competitividade das terras.

Embora o aumento do uso de fertilizantes reduza o desmatamento e a degradação das terras, também pode gerar externalidades ambientais indesejáveis. Como o nível de produção a ser alcançado utilizando-se apenas nutrientes orgânicos é baixo demais para uma produção competitiva, usar mais fertilizantes frequentemente significa usar mais fertilizantes inorgânicos. Considerando que o uso de fertilizantes aumenta a produtividade e reduz a demanda por terras, ele pode diminuir o desmatamento. No entanto, se usados de forma inadequada, os fertilizantes inorgânicos podem ter impactos ambientais nocivos, incluindo a lixiviação de nitrato, a eutrofização (causada por depósitos de nitrato e fosfato que provocam o crescimento excessivo de algas), a emissão de gases de efeito estufa e a absorção de metais pesados pelas plantas. Os agricultores da Amazônia Legal precisam ter mais conhecimento sobre o uso sustentável de fertilizantes em temos econômicos e ambientais.

TRANSFORMAÇÃO ESTRUTURAL E AGROFLORESTA

A agrofloresta e os pequenos agricultores

Os sistemas agroflorestais são uma parte importante da bioeconomia rural e têm recebido cada vez mais atenção ao longo da última década. Considerando que os sistemas agroflorestais combinam a eficiência da produção com benefícios ambientais, incluindo a resiliência climática, a reciclagem de nutrientes, a proteção da biodiversidade e, até mesmo, a mitigação dos efeitos climáticos[16], eles são um dos principais exemplos de agricultura inteligente para o clima e vêm se tornando cada vez mais atraentes tanto no mercado doméstico como no de exportação.

Apesar de limitadas, as atividades agroflorestais estão aumentando rapidamente na Amazônia. Os produtos florestais não madeireiros[17] da Amazônia Legal têm um valor de produção anual estimado em aproximadamente R$ 2 bilhões (cerca de US$ 400 milhões; figura 5.13), ou seja, o triplo de seu valor há 20 anos. A produção, embora dominada pelo açaí e pela castanha-do-brasil, também inclui cacau, palmito, ervas, oleaginosas e fibras. Porém, embora o açaí seja uma cultura de alto valor, seu valor de produção ainda corresponde a menos de 2% do PIB agrícola da Amazônia Legal.

Os pequenos agricultores, principalmente, costumam usar métodos extrativistas em suas atividades de agrofloresta na Amazônia Legal. Quando a demanda é inelástica e o acesso é limitado aos mercados locais, a produção de *commodities* florestais costuma ser feita apenas com base no extrativismo. Isso é motivado pela preocupação dos pequenos agricultores com a segurança alimentar e a minimização de riscos, e não pela maximização dos lucros. A produtividade das terras e da mão de obra é baixa por causa do uso intensivo de mão de obra não qualificada e do baixo uso de capital e tecnologia[18].

FIGURA 5.13
Produção agroflorestal no Brasil, 2017

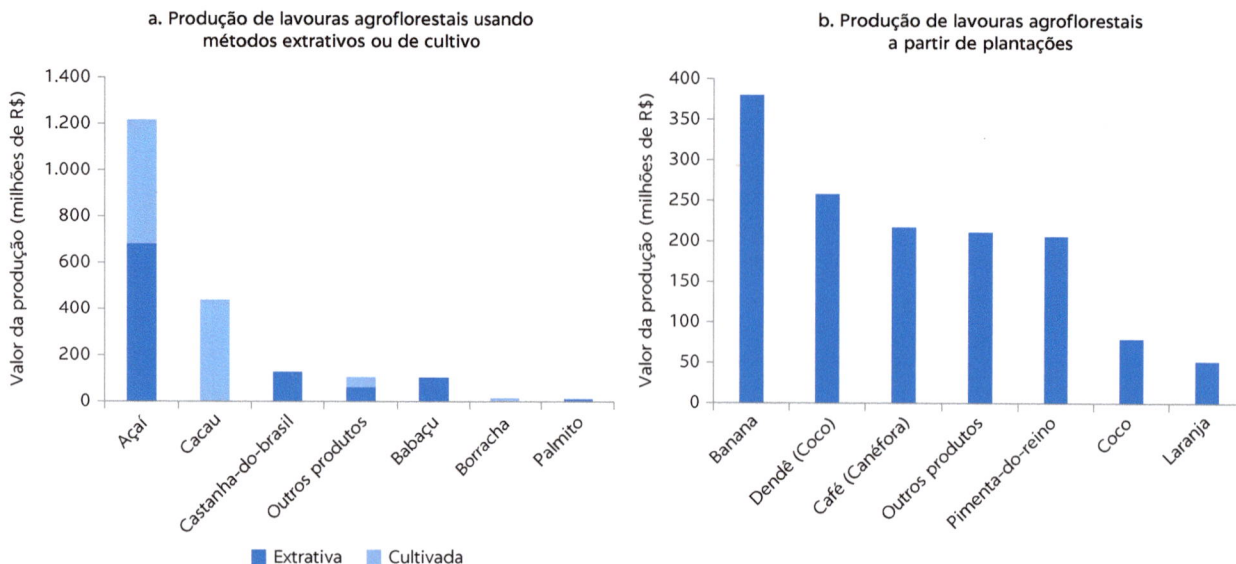

a. Produção de lavouras agroflorestais usando métodos extrativos ou de cultivo

b. Produção de lavouras agroflorestais a partir de plantações

■ Extrativa ■ Cultivada

Fonte: Banco Mundial, com base em dados do Censo Agrícola de 2017 do Instituto Brasileiro de Geografia e Estatística (IBGE).

O sistema agroflorestal extrativista mantém sua produção sustentável e é comum nas comunidades indígenas. Além disso, é o único sistema de produção legalmente permitido nas reservas extrativistas localizadas em áreas protegidas e em áreas de zoneamento ecológico-econômico (ZEE). Nesse sentido, os sistemas agroflorestais extrativistas podem ajudar os pequenos agricultores a lidar com a perda de competitividade com relação aos grandes agricultores, ao menos temporariamente.

O sistema agroflorestal extrativista como motor do crescimento rural tem potencial limitado. Isso acontece, principalmente, porque a expansão do mercado é limitada por dois fatores: o rápido aumento dos custos marginais da penetração na floresta e uma capacidade menor de processamento. O segundo fator pode ser resolvido até certo ponto mediante o fortalecimento das cadeias de valor.

Entre os assentados/agricultores mais pobres, os sistemas agroflorestais não extrativistas podem surgir como parte de um padrão de produção concentrado na segurança alimentar. As famílias usam mão de obra familiar, seu principal ativo, para a limpeza do terreno e início das atividades produtivas e costumam trocar mão de obra com as famílias vizinhas. As árvores derrubadas são queimadas e a plantação é feita entre os troncos. O processo de queima total das árvores normalmente leva vários anos, durante os quais as lavouras são intercaladas com os troncos. Frequentemente, as primeiras plantações após a limpeza do terreno são de milho, mandioca ou arroz, todos alimentos essenciais. As famílias mais pobres são motivadas pela segurança alimentar e minimização de riscos, e não pela produção para o mercado e maximização do lucro (de Barros et al., 2009). Além dos métodos extrativistas, mais sistemas agroflorestais também podem surgir, com a combinação de árvores frutíferas, ervas e hortaliças, bem como alimentos básicos, como o milho e a mandioca.

A competitividade em evolução da agrofloresta e os pequenos produtores na Amazônia

A adequação e a competitividade dos sistemas agroflorestais evoluem à medida que os mercados se desenvolvem. A figura 5.14 apresenta uma imagem estilizada da relação entre o desenvolvimento do mercado (demonstrado nas figuras 5.4 e 5.5) e a competitividade dos sistemas agroflorestais. Em vista da capacidade limitada dos sistemas extrativistas de satisfazer a crescente demanda a preços competitivos (a castanha-do-brasil é um bom exemplo), essa forma de produção pode evoluir para plantações. À medida que os mercados se desenvolvem, os sistemas de produção bioeconômicos baseados na agrofloresta vão gradualmente perdendo terreno para as monoculturas, antes de recuperarem alguma competitividade (ainda que não seja baseada no extrativismo) enquanto os mercados continuam se desenvolvendo e a disposição para pagar preços mais altos por produtos bioeconômicos aumenta.

Conforme os mercados se desenvolvem, a viabilidade econômica dos modelos extrativistas é limitada aos nichos de mercado. Homma (2012) identifica quatro estágios de transição, desde a subsistência extrativista baseada na bioeconomia até um sistema de manejo de culturas combinadas ou agrofloresta: extrativismo, estabilização, declínio e plantação. Embora a subsistência baseada no extrativismo tenha o mesmo potencial de desenvolvimento inicial de *commodities* como a madeira e o açaí, a castanha-do-brasil, a borracha e o bacuri, o escopo para ganhos de produtividade é limitado. Assim, conforme a demanda aumenta,

FIGURA 5.14

A competitividade dos sistemas de produção agrícolas baseados na agrofloresta muda à medida que os mercados se desenvolvem

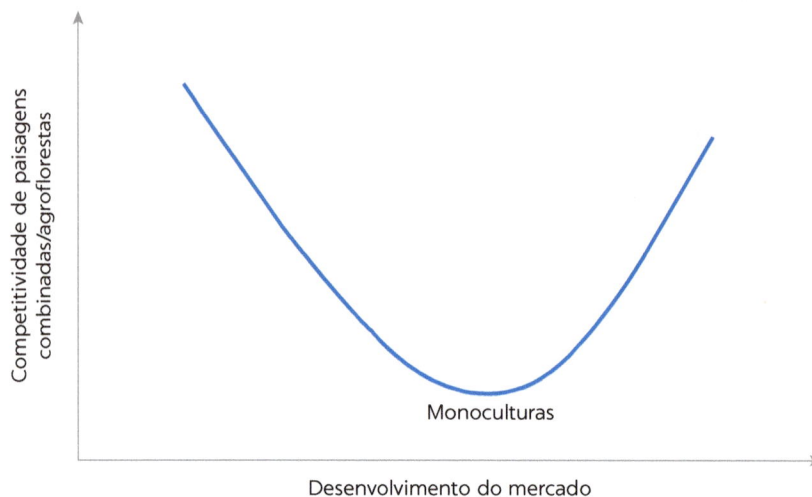

Fonte: Banco Mundial.

a bioeconomia tradicional dá lugar a métodos de produção mais modernos. Por exemplo, o guaraná e a borracha eram produtos extrativistas, no entanto, agora são cultivados, em sua maioria (ver capítulo 1). O extrativismo pode sobreviver com a segmentação do mercado e seus produtos serão diferenciados como social e ambientalmente sustentáveis, alcançando, assim, preços mais altos em nichos de mercado. No entanto, tais nichos são, por definição, pequenos e muitas *commodities* de árvores são cada vez mais encontradas em plantações.

À medida que os mercados se desenvolvem e favorecem a produção de *commodities* florestais em monoculturas no lugar da produção extrativista, é possível que os pequenos agricultores sofram perdas. Custos de transporte em queda obrigarão os agricultores a competir com produtos de regiões mais desenvolvidas e mais produtivas do Brasil (ou de outros países). Métodos de produção extrativista deixarão de ser competitivos, e os padrões tradicionais de colheita da agrofloresta com base na diversificação de risco, em geral, darão lugar à monocultura. Conforme o acesso ao capital aumenta, as terras se mantêm relativamente abundantes e baratas e o acesso à mão de obra qualificada continua limitado, os métodos de produção intensiva quanto ao capital e às terras, possivelmente, acabarão substituindo os sistemas de produção tradicional. Os agricultores familiares e de subsistência serão gradualmente eliminados por grandes agricultores comerciais. A menos que os agricultores possam passar de sistemas agroflorestais essencialmente extrativistas para sistemas mais sofisticados e comercialmente viáveis, as monoculturas serão o resultado provável da transição, com benefícios de carbono mais baixos e perda de florestas originais.

O aumento da concorrência no mercado faz com que os pequenos produtores tenham um poder de mercado mais baixo na cadeia de valor, o que limita o potencial para recebimento do prêmio de mercado pelos produtos bioeconômicos, em comparação aos produtos cultivados (quadro 5.2). A distância de muitos dos pequenos produtores de produtos bioeconômicos, tais como as *commodities* florestais, significa que os custos de transporte são altos. A logística representa até 67% dos custos de produção de *commodities* florestais, as

QUADRO 5.2

O contraste entre a produção extrativista e a produção comercial no Pará

No Pará, a produção extrativista continua sendo um elemento importante da bioeconomia, mas os preços são baixos. A produção extrativista do açaí e do palmito ultrapassa a das plantações manejadas (figura Q5.2.1). O cacau, outra cultura com potencial de produção extrativista, é produzido basicamente como monocultura. Com relação a essas três culturas, os preços da produção em plantações são mais altos do que os da produção extrativista (figura Q5.2.2), revelando as desvantagens inerentes da produção extrativista, incluindo a falta de um padrão de qualidade, baixo poder de barganha devido à fragmentação dos produtores e altos custos de transporte por causa das distâncias. Como um reflexo da forte demanda global pelo açaí, o aumento dos preços entre 2006 e 2017 excedeu significativamente a inflação indicada pelo índice de preços ao consumidor (figura Q5.2.3), ao contrário do mercado de palmito de origem extrativista, que ficou estagnado e sofreu queda nas vendas. Portanto, a bioeconomia baseada na extração sustentável de produtos florestais apresenta potencial limitado de contribuição para o crescimento econômico e a redução da pobreza, especialmente quando os mercados não são tão dinâmicos quanto os do açaí.

Um exemplo bem-sucedido da produção agroflorestal comercial baseada em plantações na Amazônia Legal é a Cooperativa Agrícola Mista de Tomé-Açu. Nesse município do nordeste do Pará, fundado por

FIGURA Q5.2.1
Percentual de produtos vendidos no Pará, 2017

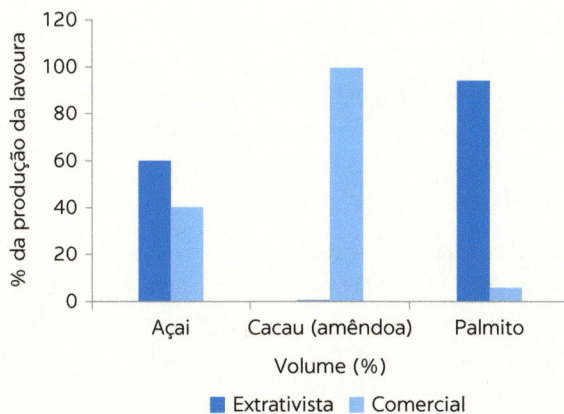

Fonte: Banco Mundial com base em dados do IBGE.

FIGURA Q5.2.2
Média de preços dos produtos no Pará, 2017

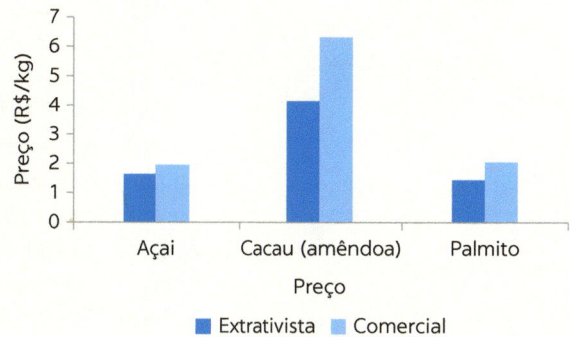

Fonte: Banco Mundial com base em dados do IBGE.

FIGURA Q5.2.3
Variação na média de preços de produtos do extrativismo e inflação de preços ao consumidor em Belém, 2006–2017

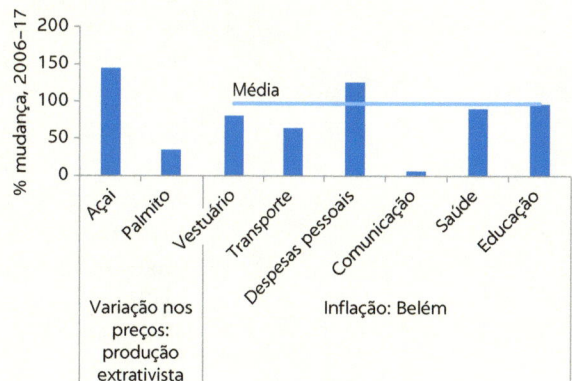

Fonte: Banco Mundial com base em dados do IBGE.
Observação: A linha horizontal azul representa a média da inflação dos preços ao consumidor em Belém.

imigrantes japoneses, cerca de 230 famílias nipo-brasileiras plantam mais de 6.000 hectares de terras e cultivam 70 espécies agrícolas e 300 combinações de consórcio. O sucesso dessa comunidade é atribuído a uma gestão cooperativa forte, produção de pimenta-do-reino de alto rendimento e diversificação de culturas, como parte de uma estratégia deliberada de mitigar os riscos de doenças das plantas e as flutuações nos preços do mercado (Yamada; Gholz, 2002).

quais costumam apresentar uma curva de custo marginal acentuada (Kohlman; Licks, 2022). Os pequenos produtores também têm a desvantagem da informalidade, fragmentação e pouco acesso aos protocolos sanitários, medidas de controle de qualidade e instalações de processamento, o que reduz seu poder de barganha frente aos grandes compradores da produção (Kohlman; Licks, 2022). A Amazônia, assim como o Brasil em geral, tem lutado para se tornar competitiva no mercado da castanha-do-brasil, apesar das perspectivas de mercado favoráveis e do apoio do governo, por meio do regime de preço mínimo aplicado pela Companhia Nacional de Abastecimento (Conab), por exemplo. Atualmente, a Bolívia é o maior produtor e exportador de castanha-do-brasil. Embora o Brasil tenha tido mais sucesso na criação de vantagens competitivas na produção do açaí e o método extrativista ainda seja amplamente usado, o açaí cultivado atrai preços mais altos. Embora essa diferença possa ser parcialmente explicada pelo poder de mercado mais baixo dos produtores bioeconômicos dentro da cadeia de suprimentos e pelos preços mais elevados do transporte, ela também indica a ausência do prêmio de mercado para o açaí de origem extrativista, bem como diferenças em sua qualidade.

Qual o futuro da agrofloresta na Amazônia Legal?

Conforme os mercados se desenvolvem, a melhoria no acesso a qualificações, tecnologia, infraestrutura e implementos poderia estimular a volta aos sistemas agroflorestais. Esses sistemas seriam necessariamente mais intensivos e usariam mais tecnologia, capital e mão de obra qualificada do que os sistemas de agroflorestas tradicionais baseados em métodos extrativistas. Os sistemas modernos de agroflorestas (que são mais produtivos que as monoculturas) poderiam aumentar a produtividade das terras e as rendas de pequenos agricultores e recuperar a sua competitividade, ao mesmo tempo em que preservam a vegetação nativa. A reputação favorável dos sistemas agroflorestais nos mercados globais, em especial os sistemas integrados 'lavoura-pecuária-floresta', como "sistemas de produção verdes e inteligentes para o clima", também poderia ajudar. Porém, a região amazônica brasileira provavelmente ainda não alcançou o nível de desenvolvimento de mercado necessário para a ampla adoção desses sistemas. Isso significa que podem ser necessárias medidas adicionais de apoio do governo.

A maioria dos sistemas agroflorestais, incluindo os intensivos, usa mão de obra intensiva e é adequada para os pequenos agricultores com mão de obra familiar abundante, acesso limitado a implementos que substituem a mão de obra e vontade de minimizar os riscos climáticos e de mercado. No entanto, a ampla adoção de sistemas agroflorestais intensivos como a principal medida de uma estratégia que promova a agricultura inteligente para o clima exige primeiro resolver algumas questões:

- Os sistemas agroflorestais são relativamente intensivos em termos administrativos e de conhecimento; portanto, os pequenos agricultores da Amazônia precisariam ter acesso a um programa de assistência técnica e transferência de conhecimento. A experiência bem-sucedida do Brasil no Cerrado demonstra que a Embrapa está bem posicionada para ajudar a superar esse obstáculo.
- Apesar de exemplos isolados de oferta inelástica de terras e do aumento de preços, a oferta total de terras no Brasil permanece relativamente elástica, uma vez que a fronteira agrícola continua se expandindo. Isso pode

desestimular a adoção de sistemas de produção em grande escala com produtividade mais alta da terra que permitam seu uso mais eficiente, inclusive com sistemas de produção baseados na agrofloresta.

- A lacuna entre o investimento e a realização do pleno potencial de produção dos sistemas agroflorestais significa que o retorno esperado das atividades agroflorestais, considerando uma análise de fluxo de caixa descontado, poderia ser suficiente para estimular sua adoção em grande escala. Apesar de ser o mercado mais desenvolvido do Brasil, São Paulo demonstra uma adoção limitada dos sistemas agroflorestais e outros sistemas de produção integrada (Steinfeld, 2018).

Ainda assim, o Brasil fez progressos no desenvolvimento de sistemas de paisagem integrada que incluem a agrofloresta. Conduzida pela Embrapa, a pesquisa agroflorestar no Brasil concentra-se em sistemas integrados lavoura-pecuária-floresta. Esses sistemas usam as terras de forma mais eficiente e oferecem benefícios ambientais importantes, inclusive o sequestro de carbono, melhoria do solo, controle da erosão, conservação da biodiversidade e melhorias microclimáticas e bem-estar animal. Em 2015/16, esses sistemas em sua maioria estiveram direcionados para colheitas comerciais (frequentemente a soja), gado e eucalipto, cobrindo cerca de 11,5 milhões de hectares (Garret et al., 2020). Quase a metade deles (45%) se concentrou nos estados do Mato Grosso do Sul, Rio Grande do Sul e Mato Grosso (o único estado da Amazônia). Consistente com o baixo nível de desenvolvimento do mercado na maior parte da Amazônia Legal (figura 5.4), a adoção de sistemas de produção integrados lavoura-pecuária-floresta fora do Mato Grosso (onde o mercado é mais desenvolvido) ainda é muito limitada.

Os sistemas de lavoura-pecuária foram adotados de forma mais ampla no Brasil, em comparação aos de lavoura-pecuária-floresta. Os sistemas de produção integrados lavoura-pecuária não incluem as árvores, que levam muito tempo para crescer e envolvem custos irrecuperáveis. Os sistemas de lavoura-pecuária permitem, ainda, usar os resíduos das colheitas para alimentar o gado e melhorar as pastagens (especialmente no sistema de plantio direto). Os sistemas integrados lavoura-pecuária também são menos complexos do que os sistemas de lavoura-pecuária-floresta e requerem um gerenciamento mais simples, o que os torna mais atraentes para os agricultores.

A adoção de sistemas de pastagens melhores no Brasil foi significativa, mas ficou abaixo do potencial. O sucesso relativo do Plano ABC no Cerrado (quadro 5.3) indica uma promessa semelhante para a Amazônia Legal. O plano concentrou-se na recuperação de pastagens degradadas com a introdução de sistemas de pastagens mais produtivos que sustentam taxas de lotação animal mais altas pela intensificação da pecuária. Esses sistemas consistem na plantação combinada de gramíneas melhoradas com espécies de leguminosas que fixam o nitrogênio, ou de sistemas silvipastoris que envolvem a criação de gado combinada com a gestão florestal. Os sistemas silvipastoris também costumam se basear em espécies de pastagens melhoradas e podem incluir as lavouras. A plantação de árvores leguminosas fixa o nitrogênio no solo e melhora a produção de gramíneas. Além disso, os sistemas silvipastoris podem sequestrar grandes quantidades de carbono e mitigar as mudanças climáticas, o que os torna um dos principais exemplos de agricultura inteligente para o clima. Entretanto, a adoção das tecnologias promovidas pelo Plano ABC tem sido relativamente lenta, com níveis muito inferiores ao seu potencial. O capítulo 7 também discute as possíveis

QUADRO 5.3

Insights do Plano ABC

Existem evidências do impacto positivo do Plano ABC sobre a recuperação de pastagens degradadas, a geração de renda e os indicadores zootécnicos, apesar dos problemas relacionados à implementação, monitoramento e gerenciamento do programa. Os municípios do Nordeste do Brasil que adotaram o Plano ABC de 2013 a 2017 registraram um aumento de 17% na área de boas pastagens e uma redução de 19% na área de pastagens degradadas (Rocha et al., 2019). Uma avaliação realizada em fazendas de gado de Santa Catarina de 2012 a 2016 constatou que o Plano ABC aumentou o número de animais em 21%; reduziu a idade de abate em 50% por cento (de três para dois anos); e apoiou a adoção de outras melhorias zootécnicas e de gestão que resultaram no aumento de 70% do capital social e de 123% na receita bruta anual (da Costa et al., 2019). Porém, a alocação dos recursos do Plano ABC foi direcionada para as regiões Sul e Centro-Oeste do Brasil e para o bioma Cerrado (Gianetti e Ferreira-Filho, 2021). Apesar dos resultados positivos, os recursos disponíveis não foram totalmente usados, e o financiamento do programa foi reduzido recentemente (Observatório ABC, 2019).

Pelo menos duas características do Plano ABC limitam a sua expansão. Primeiro, o crédito aos agricultores do programa ABC não só oferece taxas de juros mais altas do que o crédito de outras fontes, como também envolve custos transacionais mais elevados, já que os agricultores precisam elaborar um plano técnico detalhado para os sistemas de produção sustentável (MAPA, 2021). Segundo, tanto os agricultores como os profissionais técnicos (agrônomos, zootécnicos e veterinários) frequentemente não têm conhecimento técnico aprofundado da agricultura de baixo carbono inteligente para o clima (Assad, 2013). Além de limitado pela oferta restrita, o Plano ABC tem a desvantagem de falta de demanda, principalmente devido aos riscos econômicos envolvidos na recuperação de pastagens degradadas (Barros, 2017). O Plano ABC poderia ser mais viável e o uso do crédito poderia aumentar se o programa designasse regiões prioritárias e se suas políticas considerassem os aspectos técnicos, econômicos e ambientais específicos do local, para além das diferenças nas taxas de estoque.

O governo brasileiro lançou um novo ciclo do programa ABC para 2020-2030, conhecido como ABC+, como parte de sua estratégia de expansão dos sistemas de produção inteligentes para o clima. O novo ciclo inclui a expansão de incentivos econômicos para os agricultores que adotarem esses sistemas, a definição de novos instrumentos de mercado para a comercialização de créditos de carbono e a criação de um sistema integrado de gestão de dados.

---

limitações de subsídios implícitos em que a fiscalização deficiente pode prejudicar os incentivos para a conservação da floresta. Em tais situações, os subsídios públicos para a recuperação de terras poderiam servir como desestímulo para as pessoas físicas manterem a qualidade de suas terras, e ao mesmo tempo incentivar o desmatamento ilegal para compensar a degradação das terras. Nesse sentido, medidas de proteção ambiental eficazes, de preferência em conjunto com a regularização da posse de terras, são uma medida complementar necessária.

Uma limitação importante à adoção mais ampla de sistemas agroflorestais por parte dos pequenos agricultores é seu baixo poder de mercado, como resultado da falta de escala e de oportunidades de mercado restritas. A produção dos pequenos agricultores pode ganhar escala se seus produtos forem agregados, inclusive, por meio de cooperativas (embora sua eficiência seja mista), produção contratada (os agricultores individuais negociam contratos com um grande comprador) ou sistemas de produtores externos (*outgrowers*) (um contrato semelhante, onde o comprador da produção costuma ser um grande produtor). Estes mecanismos também podem oferecer aos pequenos agricultores um acesso confiável aos mercados, implementos de qualidade, crédito e assessoria para extensão. Por fim, conforme a experiência com o açaí demonstrou, há oportunidades para os produtores extrativistas nos mercados em expansão e nos casos de retorno de escala em declínio ou constantes (a exemplo do cacau). No entanto, quando os mercados não são tão dinâmicos, os preços baixos podem tornar a produção extrativista menos atraente, especialmente onde a produção cultivada impõe preços mais altos. Para que os métodos extrativistas continuem sendo atraentes, a diferenciação dos produtos pode ser uma opção para aumentar o prêmio dos preços de itens produzidos de forma sustentável e vendidos em mercados de nicho sofisticados, embora esses mercados sejam, por definição, pequenos.

TRANSIÇÕES OCUPACIONAIS PARA OS AGRICULTORES E FONTES DE DIVERSIFICAÇÃO RURAL

A transformação estrutural obriga os agricultores menos produtivos a migrarem para outras atividades econômicas, havendo algumas oportunidades na bioeconomia rural. As pressões competitivas durante a transformação estrutural podem empurrar os agricultores menos produtivos para o desmatamento ilegal, a menos que eles tenham outras opções de subsistência (Porcher e Hanusch, 2022). A análise da relação ocupacional (definida como as ocupações que os trabalhadores passam a ter após deixar sua ocupação original) de três importantes atividades agrícolas da Amazônia (cereais, gado e soja) mostra que os trabalhadores tendem a ficar na agricultura, o que sugere acesso limitado às ocupações não agrícolas (figura 5.15). Os trabalhadores rurais tendem a migrar da cultura de cereais ou soja para a pecuária ou outros tipos de culturas (figura 5.15, painel a e painel c, respectivamente), mas também para a produção de soja certificada e livre de desmatamento. Os trabalhadores da pecuária tendem a mudar para outras ocupações relacionadas à atividade, ou para a lavoura de culturas (figura 5.15, painel b). A transição para a horticultura também é bastante comum e consistente com a análise apresentada neste capítulo. Os trabalhadores da pecuária parecem ser os mais versáteis: os que deixam a criação de gado têm uma faixa significativamente mais ampla de correlação ocupacional do que os que deixam o plantio de cereais (figure 5.15d).

Além de outras produções agrícolas principais, a correlação ocupacional dos trabalhadores agrícolas também é forte dentro da cadeia de valor agrícola e no setor rural em geral. A transição ocupacional dos trabalhadores da produção de cereais, gado e soja, para outros produtos agropecuários (tais como a produção de porcos e aves) é bastante comum, da mesma forma que a transição ocupacional dos trabalhadores da pecuária para a pesca/aquicultura. Exceto pela produção agrícola principal, as transições ocupacionais acontecem, em sua maioria, para outras partes da cadeia de valor agrícola, tais como a produção de sementes ou mudas, moagem, produção de ração animal, ou, no caso dos trabalhadores da agropecuária, os frigoríficos. Embora menos comuns, também há transições para a mineração, incluindo o garimpo de ouro, ou *commodities* menos preciosas, como areia ou calcário (associadas à construção).

A mudança ocupacional da agricultura para cadeias de valor não agrícolas é rara e está limitada, em sua maioria, a empregos com baixa qualificação. Essas fontes de emprego incluem os serviços de fretes e táxi, construção e vendas. As mudanças ocupacionais para a indústria acontecem, principalmente,

FIGURA 5.15

Probabilidade de transições de emprego das culturas de cereais e soja e da criação de gado para outras ocupações

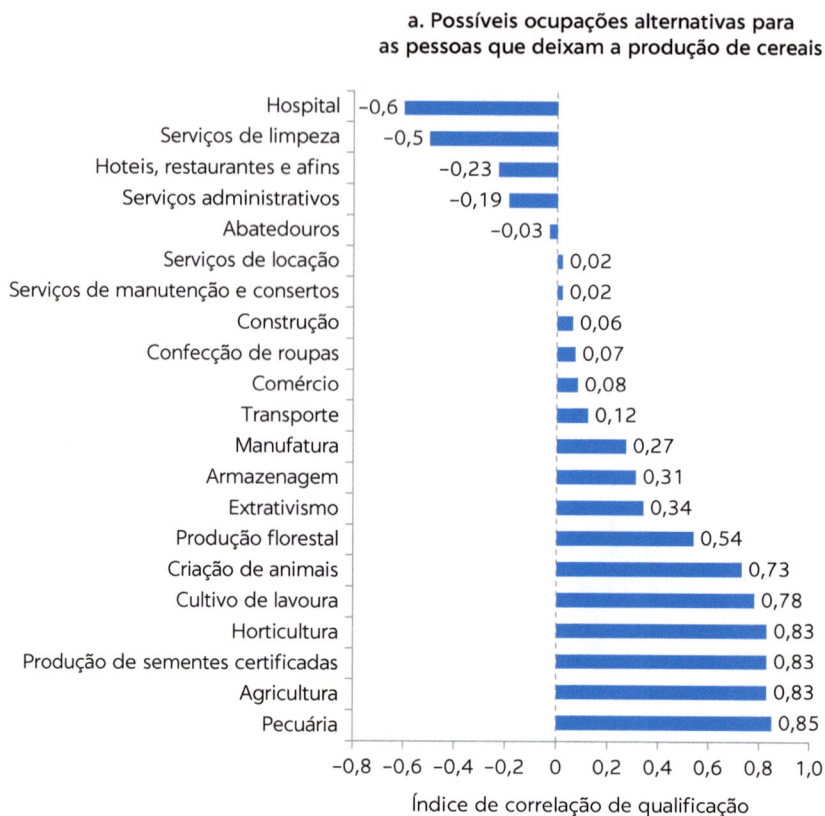

a. Possíveis ocupações alternativas para as pessoas que deixam a produção de cereais

Ocupação	Índice
Hospital	−0,6
Serviços de limpeza	−0,5
Hoteis, restaurantes e afins	−0,23
Serviços administrativos	−0,19
Abatedouros	−0,03
Serviços de locação	0,02
Serviços de manutenção e consertos	0,02
Construção	0,06
Confecção de roupas	0,07
Comércio	0,08
Transporte	0,12
Manufatura	0,27
Armazenagem	0,31
Extrativismo	0,34
Produção florestal	0,54
Criação de animais	0,73
Cultivo de lavoura	0,78
Horticultura	0,83
Produção de sementes certificadas	0,83
Agricultura	0,83
Pecuária	0,85

Índice de correlação de qualificação

b. Possíveis ocupações alternativas para as pessoas que deixam o trabalho na pecuária

Ocupação	Índice
Hospital	−0,1
Serviços de limpeza	0,24
Serviços administrativos	0,25
Hoteis, restaurantes e afins	0,30
Serviços de manutenção e consertos	0,31
Comércio	0,32
Confecção de roupas	0,46
Armazenagem	0,48
Transporte	0,48
Construção	0,48
Serviços de locação	0,50
Manufatura	0,52
Extrativismo	0,67
Abatedouros	0,73
Produção de sementes certificadas	0,75
Indústria de laticínios	0,78
Agricultura	0,81
Produção florestal	0,87
Aquicultura	0,88
Horticultura	0,91
Cultivo de lavoura	0,92
Criação de animais	0,95

Índice de correlação de qualificação

continua

FIGURA 5.15, *continua*

c. Possíveis ocupações alternativas para as pessoas que deixam a produção de soja

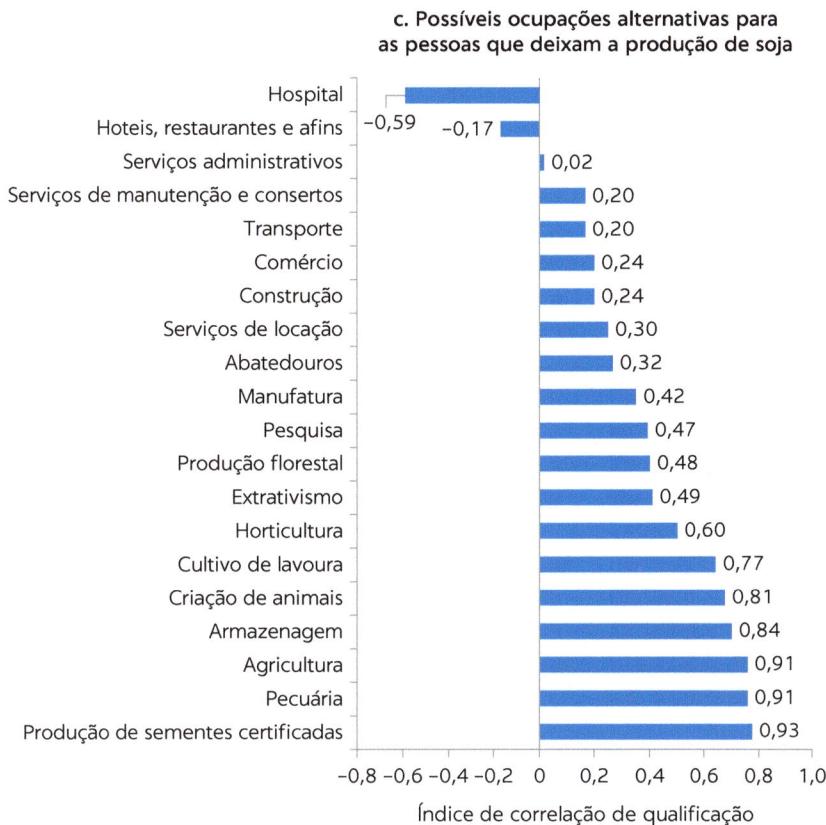

Hospital	−0,59
Hoteis, restaurantes e afins	−0,17
Serviços administrativos	0,02
Serviços de manutenção e consertos	0,20
Transporte	0,20
Comércio	0,24
Construção	0,24
Serviços de locação	0,30
Abatedouros	0,32
Manufatura	0,42
Pesquisa	0,47
Produção florestal	0,48
Extrativismo	0,49
Horticultura	0,60
Cultivo de lavoura	0,77
Criação de animais	0,81
Armazenagem	0,84
Agricultura	0,91
Pecuária	0,91
Produção de sementes certificadas	0,93

Índice de correlação de qualificação

d. *Spread* dos índices de correlação de qualificação para trabalhadores que migram da produção de cereais, gado e soja, para fontes alternativas de emprego

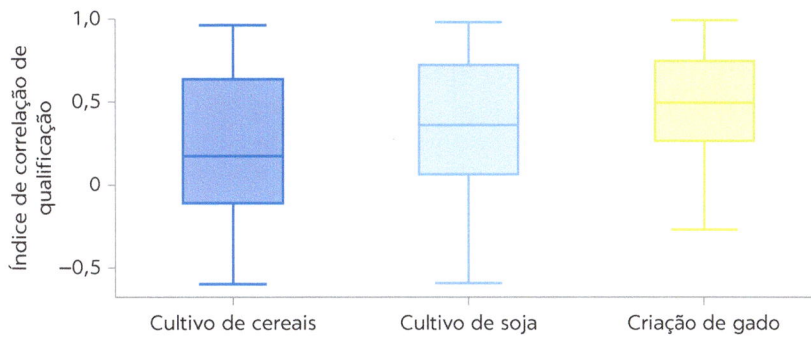

Fonte: Cirera e Neto (2022).
Observação: Valores mais altos implicam mais escolhas para a migração dos trabalhadores para empregos alternativos. Os dados refletem apenas os empregos formais (dados da Relação Anual de Informações Sociais - RAIS) do Centro de Estudos da População, Instituto de Pesquisa Social. No painel das linhas externas, identificam os valores mínimo e máximo, a base e o topo da caixa o primeiro e terceiro quartil, e a linha horizontal na caixa é a mediana.

dentro das cadeias de valor agrícolas (agronegócio). Quase não existe mudança ocupacional para o setor de hospitalidade, exceto no caso dos trabalhadores da pecuária.

Fornecer o apoio para adquirir novas qualificações e criar oportunidades fora da agricultura é um ponto crítico, especialmente para os jovens das zonas rurais. Durante a transformação estrutural rural, a agricultura deixa de precisar de mão de obra intensiva, e muitos agricultores e trabalhadores agrícolas necessitarão encontrar oportunidades de emprego alternativas em outras áreas. Conforme recomendado no capítulo 2, isso exigiria a melhoria dos sistemas de educação na zona rural para preparar a força de trabalho para novos empregos, inclusive em áreas urbanas.

A diversificação rural econômica e ambientalmente sustentável na Amazônia exige uma transformação estrutural rural equilibrada. As próximas seções examinam o potencial de renda e as oportunidades de emprego na zona rural nas áreas de silvicultura, pesca/aquicultura, turismo (todos como parte da bioeconomia rural) e mineração. Embora esses quatro setores sejam negociáveis e possam ter efeitos macroeconômicos que reduzam o desmatamento, eles também podem se manter pequenos e limitar sua capacidade de impacto nas forças macroeconômicas que levam ao desmatamento. No entanto, seu potencial de renda para as populações rurais ainda poderia ser importante, a depender do desenvolvimento equilibrado da região. Por exemplo, o setor florestal vem sendo impactado há muito tempo na Amazônia Legal. Embora o excesso da oferta de madeira (frequentemente ilegal) como um subproduto do desmatamento impeça o desenvolvimento de um setor florestal sustentável, o crescente desenvolvimento dos mercados agrícolas possivelmente facilitará o desenvolvimento do setor florestal sustentável. O desenvolvimento da pesca e da aquicultura depende de métodos de produção "verdes" que não poluam as fontes de água. Novos sistemas logísticos urbanos também podem facilitar o turismo nas áreas rurais da Amazônia Legal. O desenvolvimento da Amazônia Legal como um todo durante o processo de transformação estrutural rural também pode reduzir atividades de mineração oportunistas que vêm sendo associadas a danos ambientais significativos.

Silvicultura

O setor madeireiro na Amazônia Legal tem estado volátil há muito tempo. A extração de madeira é a única atividade florestal com economias de escala significativas, oferecendo empregos e orientando uma economia de fronteira (Merry et al., 2006). Muitas dessas atividades têm acontecido sem a supervisão adequada, permitindo que os madeireiros deixem de pagar impostos ou *royalties*. Combinado aos lucros inesperados do acesso à madeira de florestas primárias, a falta de supervisão tem criado uma série de ciclos de altos e baixos na fronteira da floresta. A fase de aumento dos negócios de 10 a 20 anos ocorre ao longo da fronteira de extração de madeira, porque a floresta está madura, detém seu volume máximo de madeira, e a indústria de extração tem acesso irrestrito às espécies primárias. Essa fase deixa para trás uma floresta degradada com valor comercial baixo ou zero e a próxima colheita em pelo menos 25 a 30 anos. A abundância de madeira nas áreas da Nova Fronteira, combinada com as políticas de substituição de importações para equipamentos de processamento da madeira, que os tornam mais caros, desestimula a adoção de tecnologia e mantêm a produtividade baixa. Assim, à medida que os recursos madeireiros se esgotam, o custo-benefício da mudança para áreas da Nova Fronteira visando ter acesso ao estoque de madeira primária é maior do que o de ficar onde está e adotar um sistema de extração de madeira com impacto reduzido usando tecnologias de processamento melhoradas e manejo adequado da madeira (o atual regime legal de terras florestais de propriedade privada na Amazônia). Consequentemente, o setor madeireiro não conseguiu atingir seu potencial como parceiro construtivo na busca por um futuro sustentável para a Amazônia Legal.

Frequentemente, as famílias de assentados que trabalham na extração de madeira acabam se envolvendo, involuntariamente, em vendas 'semilegais', obtendo ganhos limitados. Cerca da metade das famílias dos assentamentos agrários vende madeira no início do processo de assentamento (Amacher; Merry; Bowman, 2009). Em geral, as famílias derrubam o volume total legal de 60 metros cúbicos por ano permitido para 3 ha, bem como, aproximadamente, 900 metros cúbicos de madeira comercial disponível para lotes de 100 ha[19]. Porém, as famílias, em geral, não conseguem maximizar o valor das vendas de madeira devido a informações incompletas sobre os preços de mercado, altos percentuais de desconto (maior preferência por dinheiro à vista) e mercados madeireiros monopsonistas que tratam a maioria dos vendedores como tomadora de preços.

A madeira nativa está sofrendo pressões competitivas de substitutos, tais como a madeira de reflorestamento, tijolos e outros materiais de construção. No seu auge, aproximadamente em 1998, o setor madeireiro da Amazônia Legal consumia um volume estimado de 27 milhões de metros cúbicos de madeira por ano[20]. Desde então, o volume de madeira vem diminuindo consideravelmente à medida que a fiscalização aumenta, produtos substitutos entram no mercado, e desafios de infraestrutura ao longo da fronteira aumentam os preços da madeira em relação aos seus substitutos. É possível que ocorra a expansão contínua das plantações em áreas de pastagens degradadas com o objetivo de atender os mercados de substitutos da madeira e papel.

Em 2006, o governo brasileiro deu início à formalização da indústria madeireira por meio de uma nova legislação florestal e concessões madeireiras em terras públicas. Para obter os recursos adicionais necessários para gerenciar as áreas protegidas e criar uma estrutura formal de operações madeireiras, o governo começou a oferecer concessões madeireiras em áreas designadas para a produção de madeira sustentável. O processo tem sido cercado de dificuldades, incluindo complicações burocráticas (os candidatos às concessões precisam obter autorização de diversos órgãos do governo) e, principalmente, a concorrência constante das atividades de extração ilegal de madeira[21]. Se a extração ilegal de madeira pudesse ser controlada, as concessões e outras formas de extração legal de madeira poderiam enfrentar condições de mercado mais lucrativas[22].

Com os altos níveis do desmatamento ilegal atualmente, é difícil para as concessões madeireiras cumprirem a promessa de reduzir o impacto e produzir madeira de forma sustentável (Merry et al., 2006). Embora haja casos de sucesso, o ciclo de alta e baixa continua constante mesmo com a diminuição do acesso ao comércio lucrativo de madeira. Ainda há um grande volume de madeira em florestas particulares (que continuará crescendo à medida que outras terras não destinadas são estabelecidas, e áreas protegidas perdem sua classificação), mas a extração de madeira em terras privadas precisa ser mais bem regulamentada para equilibrar os ganhos particulares em relação aos bens públicos.

O futuro do setor madeireiro sustentável não depende apenas das concessões madeireiras, mas da criação de condições de igualdade para a extração de madeira em qualquer local. Para que a silvicultura comunitária e as florestas manejadas em terras privadas funcionem, o corte ilegal de madeira deve ser interrompido, já que resulta em vantagem competitiva injusta; incentivos claros devem ser criados para o gerenciamento de longo prazo de florestas comunitárias e particulares; os custos burocráticos relacionados ao gerenciamento das concessões madeireiras devem ser reduzidos; e o acesso ao financiamento do desenvolvimento deve ser aprimorado para permitir que a extração de madeira concorra com usos alternativos das terras.

O amadurecimento da economia da Amazônia Legal, juntamente com medidas de proteção ambiental, poderia reduzir o desmatamento e fortalecer as perspectivas para atividades de silvicultura sustentável. Enquanto isso, as concessões madeireiras possivelmente continuarão sendo prejudicadas pela extração ilegal de madeira e os altos custos de supervisão necessários para afastar os madeireiros ilegais. Para estabelecer as condições para um setor madeireiro sustentável, as políticas públicas precisam se concentrar nos macroimpulsionadores do desmatamento, bem como na imposição das leis de proteção ambiental. A inovação e o aumento do uso do capital em operações florestais, bem como ganhos de produtividade em todas as áreas da economia, poderiam contribuir para o aumento da produtividade das terras e aprimorar a sustentabilidade ambiental da indústria.

Pesca e aquicultura

A pesca fluvial e a aquicultura fornecem produtos com alto valor e podem oferecer oportunidades atraentes de geração de renda na Amazônia Legal. Esses setores representam uma oportunidade subexplorada para o desenvolvimento da economia verde. Embora os impactos ambientais da produção pesqueira precisem ser cuidadosamente administrados, a pesca fluvial e a aquicultura oferecem uma forma de produção de proteína significativamente mais sustentável em termos ambientais do que a carne bovina: a proteína originária da criação de peixes é 30 vezes menos intensiva em relação à terra do que a criação de gado (McGrath et al., 2020). O setor de pesca, como um todo, é uma oportunidade de geração de renda em rápido crescimento: o valor da produção das atividades de pesca fluvial e aquicultura no Brasil teve um crescimento médio anual de cerca de 9% entre 2013 e 2019, somando, aproximadamente, R$ 5 bilhões em 2019, um incremento de R$ 2 bilhões em comparação a 2013.

Apesar desse potencial, o desempenho do setor de pesca fluvial e aquicultura na Amazônia Legal não tem sido uniforme. Rondônia lidera os estados amazônicos nas atividades de pesca fluvial e aquicultura, com um valor de produção anual total de, aproximadamente, R$ 417 milhões. O setor também é importante no Mato Grosso (R$ 250 milhões, embora as atividades não estejam localizadas na parte do Estado que pertence à Amazônia Legal), Pará (R$ 120 milhões), Amazonas (R$ 70 milhões) e Acre (R$ 30 milhões). Entre esses estados, somente o Pará registra um crescimento substancial do setor, tendo praticamente triplicado seu valor de produção desde 2013. O valor da produção caiu consideravelmente no Mato Grosso.

Enquanto muitas famílias que residem na planície aluvial do Rio Amazonas realizam atividades de pesca em pequena escala, ou para fins de subsistência, a pesca comercial é feita por uma frota de embarcações maiores. Um estudo sobre a frota comercial que opera na região do Baixo Amazonas observou que as embarcações menores (com capacidade de armazenamento inferior a 4 toneladas) responderam por quase 90% do volume da pesca e por mais de 70% do valor da produção gerado na região (Almeida; McGrath; Ruffino, 2001). Outro estudo sobre a frota pesqueira nos rios Amazonas-Solimões estimou que uma frota de, aproximadamente, 7.500 barcos pescou 84 mil toneladas de peixes por ano, gerando 160 mil empregos e um valor de produção bruto de cerca de R$ 390 milhões (Almeida; Lorenzen; McGrath, 2004).

A tilápia e o tambaqui respondem em média, por metade do valor total da produção da aquicultura. O sistema de produção é muito concentrado e tem foco em duas espécies que obtiveram uma escala de produção significativa. Outras espécies não alcançaram essa escala, possivelmente devido à baixa produtividade e pouca aceitação no mercado. Por exemplo, o pirarucu, que está sendo promovido como uma importante oportunidade para a pesca fluvial, atualmente responde por apenas 0,5% do valor da produção da aquicultura (Sebrae, 2016).

Outros desafios enfrentados pela pesca fluvial e a aquicultura incluem a pesca ilegal (e, portanto, não comunicada e não regulada) e a fraca imposição das normas de prevenção da poluição das águas. A falta dos dados necessários para estabelecer e impor cotas e planos de manejo da população de peixes estimula a pesca ilegal. Os planos regionais de manejo da população de peixes são necessários porque algumas espécies migram ao longo de toda a extensão do rio. A expansão da aquicultura precisa ser feita com cautela, uma vez que o manejo das populações de peixes é particularmente difícil. Na ausência de normas adequadas em vigor, o desenvolvimento da aquicultura pode introduzir espécies invasivas, com consequências potencialmente catastróficas para as espécies nativas e a biodiversidade. Por fim, a aquicultura também é prejudicada por barreiras mais gerais ao desenvolvimento da Amazônia Legal, as quais incluem os mercados subdesenvolvidos e a logística.

Turismo

Os mercados globais de turismo estão crescendo e trazendo oportunidades para a Amazônia Legal. A região pode se beneficiar particularmente da crescente popularidade do ecoturismo (que inclui o turismo baseado nas comunidades). Cerca de 2,6 milhões de pessoas visitaram a região amazônica (Bolívia, Brasil, Colômbia, Equador e Peru) em 2012, incluindo 2,06 milhões de turistas nacionais e 0,56 milhão de turistas internacionais. Embora os turistas nacionais gastem, em média, bem menos que os turistas internacionais, seu gasto total é maior (US$ 2,4 bilhões *versus* US$ 1,7 bilhão por ano), uma vez que são muito mais numerosos. Mais da metade dos gastos estimados dos turistas na Amazônia Legal (US$ 4,1 bilhões por ano, possivelmente subestimados) foram direcionados para o Brasil (May, 2015)[23].

Pesquisas feitas pelo Ministério do Turismo com 640 mil turistas internacionais que chegaram ao Brasil em 2019 constataram que mais da metade deles (65%) preferem ir para destinos litorâneos e não para a Amazônia; e cerca de um quinto (18,6%) viajou para realizar atividades ligadas ao ecoturismo, à natureza ou ao turismo de aventura. Aproximadamente, 65 mil turistas internacionais visitaram os principais destinos da Amazônia Legal localizados nos estados do Amazonas e do Pará em 2019 (Ministério do Turismo, 2020). Em 2007, a Fundação Instituto de Pesquisas Econômicas (FIPE) constatou que apenas cerca de 5% (274 mil pessoas) dos turistas estrangeiros no Brasil visitaram um ou mais dos nove estados amazônicos (segundo o Programa de Desenvolvimento do Ecoturismo na Amazônia Legal). A maioria dos pacotes de turismo internacional para a Amazônia tem como destino inicial a cidade de Manaus, seguida de Belém e São Luís. As excursões para o Pico da Neblina, em Roraima, também são mencionadas por muitos operadores como um dos principais pontos de interesse turístico.

O Ministério do Meio Ambiente avaliou o potencial do ecoturismo nos nove estados da Amazônia Legal, com foco específico em 57 municípios localizados em 15 polos de ecoturismo. Além das nove capitais dos estados, os polos incluem a cidade de Santarém, no Pará; Soure, na Ilha de Marajó; e Parintins (onde acontece a festa do bumba-meu-boi), Barcelos e Tefé (atraídos pelo ecoturismo baseado na comunidade da reserva biológica de Mamirauá), no Amazonas; Xapuri (terra de Chico Mendes e do movimento de seringueiros no Vale do Acre), no Acre; e Cáceres (no bioma Pantanal), no Mato Grosso. Outras cidades mencionadas foram Mateiros, Presidente Figueiredo e São Gabriel das Cachoeiras, no Amazonas; e Alta Floresta, no Mato Grosso. Embora todas as regiões tenham algum potencial para o turismo, os turistas identificam a boa infraestrutura como um aspecto importante de sua experiência em geral. Em 2017, os turistas internacionais que visitaram Manaus atribuíram 98 pontos, de um total de 100, para os serviços de assistência ao cliente e infraestrutura aeroportuária. Na mesma pesquisa, os turistas atribuíram a pontuação mais baixa para os serviços de telecomunicações (65 de 100). A limpeza dos espaços públicos também recebeu uma pontuação baixa (Ministério do Turismo, 2018). A pesquisa destaca as expectativas dos ecoturistas com relação a determinadas facilidades durante a viagem, sugerindo que a região precisa investir mais em infraestrutura e instalações básicas para atrair mais turistas.

O emprego formal no setor de turismo vem diminuindo na Amazônia Legal. Em 2019, seus nove estados tinham um total de 127.516 vagas de emprego formais ligadas ao turismo, em comparação a 136.050 vagas em 2015 (Sistema de Informações do Mercado de Trabalho no Setor de Turismo [SIMT] do Instituto de Pesquisa Econômica Aplicada [Ipea]). No mesmo período, o número de empregos formais do setor no Pará caiu de 33.176 para 29.050. Cada emprego formal no setor gera cerca de 1,34 vaga de trabalho informal. As atividades com o maior número de novos empregos são os serviços de restaurantes (36% dos empregos), seguidos pelos serviços de hospedagem e transporte (cerca de 28% cada um). No setor de turismo, os salários tendem a ser inferiores àqueles pagos em outros setores, possivelmente devido ao alto percentual de mulheres entre os empregados (especialmente nos serviços de preparação de alimentos e de limpeza) e aos trabalhadores informais (Coelho; Sakowski, 2012).

Poucos parques nacionais na Amazônia Legal recebem visitantes, já que muitas áreas ainda não elaboraram os planos de gestão ambiental obrigatórios. Atualmente, apenas alguns parques, florestas nacionais e áreas de uso sustentável da terra permitem a visita de turistas, entre eles os Parques Nacionais da Amazônia, de Anavilhanas e de Jaú, e as áreas de uso sustentável da terra de Mamirauá e Juma, no Amazonas, além da Floresta Nacional do Tapajós, no Pará. Algumas reservas de patrimônio natural particulares, bem como reservas extrativistas e indígenas, também foram consideradas destinos de ecoturismo.

Sendo o turismo um setor de concorrência internacional, a atividade apresenta grandes desafios nas regiões mais remotas da Amazônia brasileira. Outros países no bioma amazônico oferecem visitas interessantes à Amazônia, as quais são frequentemente combinadas com visitas a preços mais vantajosos para outras atrações turísticas. O Brasil possui inúmeras outras atrações turísticas além da Amazônia, em destinos estabelecidos e com boa infraestrutura. Conforme mencionado, entre os turistas estrangeiros que visitaram o Brasil em 2019, 65% vieram visitar as praias, enquanto 19% vieram fazer ecoturismo, ou viagens ligadas à natureza e ao turismo de aventura (Ministério do Turismo, 2020). Com taxas consistentes ao longo dos anos, Foz do Iguaçu e Manaus atraem a maioria dos turistas estrangeiros que vêm ao Brasil para atividades de ecoturismo, ou ligadas à natureza (Ministério do Turismo, 2018). A preferência por destinos como a Amazônia é mais forte entre os turistas nacionais: cerca de 26% dos brasileiros que viajaram a lazer optaram pelo ecoturismo e viagens relacionadas à natureza e ao turismo de aventura.

Visitar a Amazônia, embora não seja necessariamente mais caro do que visitar destinos litorâneos brasileiros, consome um tempo considerável e, em geral, oferece menos facilidades. Embora o tamanho e a distância sejam desvantagens para a Amazônia como destino turístico, alguns locais têm uma infraestrutura digna de uma experiência marcante – como, por exemplo, a pesca do tucunaré, perto de Manaus. No entanto, isso não ocorre em muitas outras partes da região e, apesar de seu potencial, o turismo na Amazônia Legal continua sendo limitado por uma logística inadequada e forte concorrência (inclusive de outras regiões brasileiras). Em 2017, o gasto médio diário dos turistas estrangeiros era de US$ 85,34 em Foz do Iguaçu, e US$ 80,34 em Manaus, em comparação a US$ 49 em destinos litorâneos, tais como Fortaleza e Recife, e US$ 72 no Rio de Janeiro. Para atrair turistas, os procedimentos burocráticos para as visitas a áreas públicas precisam ser simplificados. Outro aspecto igualmente importante é que a Amazônia Legal precisa melhorar suas instalações e serviços básicos, incluindo as telecomunicações e o transporte, e tais iniciativas devem ser feitas de forma sustentável e favorável ao meio ambiente. É possível manter as visitas de turistas concentradas em pequenas áreas, conforme demonstrado pela Costa Rica, um dos destinos tropicais de turismo ecológico mais procurados do mundo, cuja área total corresponde a cerca de apenas um terço do pequeno estado do Acre. A logística das áreas urbanas (ver o capítulo 6) também poderia servir de polo e *feeders* para o ecoturismo rural na Amazônia, o que sugere o potencial para efeitos de sinergia.

Mineração

A maior parte das atividades de mineração artesanal e de pequena escala na Amazônia é ilegal e de mão de obra relativamente intensiva (especialmente para ouro e ferro-gusa). Por outro lado, os garimpos modernos estão altamente mecanizados e capitalizados, e obtêm parte significativa de sua renda do contrabando de ouro e da lavagem de dinheiro. Eles formam uma força política muito importante, tanto em nível estadual como federal. A Bacia do Tapajós (no sudoeste do Pará), o norte do Mato Grosso (perto de Peixoto de Azevedo) e as áreas próximas a Porto Velho (Rondônia) e Calçoene (Amapá) estão em uma das regiões mais ricas em ouro. O Brasil produz cerca de 100 toneladas de outro por ano, e estima-se que, aproximadamente, um quarto desse total venha da mineração artesanal e de pequena escala. Algumas dessas atividades são legais, mas a maioria é ilegal. Existem mais de 450 áreas de mineração ilegal na Amazônia, e estima-se que só na reserva do povo Yanomami (a maior reserva indígena protegida do Brasil) haja 20 mil garimpeiros ilegais. Mais de 20% das terras indígenas são impactadas por concessões minerais e mineração ilegal, em uma área de, aproximadamente, 450 mil km² (Vallejos et al., 2020).

A taxa anual do desmatamento provocado pelos garimpeiros na Amazônia Legal aumentou mais de 90% entre 2017 e 2020, tendo alcançado 101,7 km² em 2020 (Siqueira-Gay; Sánchez, 2021). Enquanto a mineração legalizada precisa cumprir normas ambientais, a maior parte das áreas de mineração de pequena escala ou artesanal (especialmente a mineração ilegal) é abandonada após o esgotamento das reservas, sem a devida recuperação. Para reduzir a ilegalidade e tornar a mineração sustentável, será necessária a implementação de regras para o rastreamento da produção de ouro, bem como a criação de um sistema de normas, classificações e certificados reconhecidos e valorizados por clientes globais, aumentando, assim o prêmio dos preços dos produtos da mineração artesanal. Isso criaria incentivos para a mineração artesanal e de pequena escala adotar tecnologias verdes que reduzissem a degradação das terras e o desmatamento.

A mineração em grande escala cria um número relativamente pequeno de empregos na Amazônia. Em 2018, havia 15.195 vagas no setor de processamento mineral no Pará, principalmente na indústria de cerâmica (34%), materiais para a construção civil (27%), metalurgia (23%) e produção de ferro, aço e suas ligas (12%). Se incluídas as atividades *upstream*, a extração mineral empregou 32.242 trabalhadores em 2018, com um efeito multiplicador de 0,87 vaga no setor de transformação mineral, de acordo com a Agência Nacional de Mineração. Segundo estimativas do Ministério de Minas e Energia, em 2019, cada emprego direto no segmento de extração mineral gerou 13 empregos indiretos. No caso do Pará, isso significa 266 mil empregos diretos e indiretos.

A mineração, especialmente em grande escala, faz contribuições fiscais substanciais para os orçamentos dos municípios afetados, por meio de *royalties* e outros pagamentos não relacionados a impostos. Em 2020, os pagamentos de *royalties* (Compensação Financeira pela Exploração de Recursos Minerais, ou CFEM) somaram R$ 6,08 bilhões no Pará, o que corresponde a 95% dos recolhimentos da CFEM na Amazônia. Parauapebas e Canaã dos Carajás representaram 46% do total, seguidas por Marabá, Paragominas e Oriximiná. As receitas da CFEM em outros estados são muito menores (entre R$ 5 e R$ 60 milhões por ano).[24] Aproximadamente, 82% das receitas da CFEM no Pará são pagas pelo setor de minério de ferro. A maior parte das receitas da CFEM é alocada para os municípios (65%), com parcelas menores direcionadas para os estados (23%) e o governo federal (12%). Por lei, as receitas devem ser usadas em projetos que beneficiem as comunidades locais direta ou indiretamente (tais como infraestrutura, qualidade ambiental, saúde e educação).

A mineração em grande escala também teve impacto positivo nas economias locais, embora na Amazônia Legal isso tenha sido frequentemente acompanhado de danos ambientais. Os grandes projetos de mineração costumam promover a infraestrutura local e regional (com rodovias e energia elétrica) com investimento direto ou como usuários dos serviços de infraestrutura, melhorando a mobilidade e a conectividade das populações rurais. A infraestrutura construída pelas mineradoras, além de apoiar os projetos de mineração, pode estimular outras atividades econômicas e serviços. Os grandes projetos de mineração também podem promover o crescimento de centros urbanos[25] e facilitar o desenvolvimento dos fornecedores locais de bens e serviços, os quais, com o devido apoio, podem ser integrados às cadeias de suprimentos nacionais e internacionais e contribuir para a diversificação econômica. Esses impactos são particularmente importantes durante os períodos de alta (Carvalho; Candeira Pimentel, 2017). No entanto, no aspecto negativo, a infraestrutura e o desenvolvimento trazidos pela mineração também levam ao aumento do desmatamento na Amazônia Legal (ver os capítulos 1 e 4).

Assim como em outros lugares, a mineração legalizada na Amazônia está cada vez mais comprometida com o desenvolvimento sustentável. A Amazônia é rica em recursos minerais muito procurados, como o minério de ferro e o ouro, mas também em minerais de "ação climática" usados na produção de tecnologias de energia limpa (eólica, solar, baterias) necessárias para a transição global rumo a um futuro neutro em carbono. Enquanto a demanda por esses minerais for grande e os preços se mantiverem altos, haverá pressão pela terra para a extração mineral. A conciliação entre mineração e proteção ambiental é importante para o crescimento sustentável. Na Amazônia, as mineradoras de grande escala estão comprometidas com a gestão sustentável das terras e a efetiva conservação florestal e reflorestamento, bem como com a redução da pobreza em suas áreas de atuação, inclusive ao apoiar os governos municipais na prestação de serviços básicos em áreas remotas. A mineração em grande escala pode ser um componente positivo de uma transformação estrutural na Amazônia Legal por meio do financiamento inovador (comércio de emissões, títulos verdes) para a recuperação das terras e as atividades de manejo. A pressão crescente sobre as mineradoras para cumprir a neutralidade das emissões líquidas de carbono tem estimulado o interesse em compensações de carbono florestal, que são uma ferramenta econômica para a mitigação dos efeitos climáticos. O desenvolvimento de mecanismos de financiamento que aumentem o investimento privado no setor florestal pode proteger as florestas, reduzir as emissões e oferecer benefícios para a biodiversidade, a conservação das terras, a água e o desenvolvimento das comunidades locais e áreas indígenas. Por fim, muitas mineradoras de grande escala deixaram para trás a exploração mineral em terras indígenas.

CONCLUSÕES E IMPLICAÇÕES DA POLÍTICA PÚBLICA

A transformação estrutural aumentará a renda e diversificará a economia rural na Amazônia Legal, porém, ela também causará interferências sociais e ambientais que precisam ser administradas. A maioria dos empregos na Amazônia rural está na agropecuária, porém, a transformação estrutural rural está cada vez mais dispensando a mão de obra rural e colocando pressão sobre os agricultores menos competitivos. A transformação estrutural rural pode ser facilitada por meio de políticas públicas que tenham foco no desenvolvimento de novas fontes de resiliência econômica, social e ambiental. Especificamente no caso da agricultura, as políticas e programas públicos devem estar voltadas para a produção de culturas de alto valor que utilizem tecnologias inteligentes para o clima; dar apoio à renda e à segurança alimentar dos pequenos agricultores; prestar assistência para os agricultores familiares na transição para meios de subsistência alternativos; e limitar o impacto da transformação estrutural sobre o desmatamento pela imposição de normas ambientais.

- **Fortalecer a agricultura familiar.** Um foco mais direcionado para as culturas de alto valor como parte de uma estratégia agrícola verde mais ampla implicaria a extensão rural, o treinamento e a capacitação de agricultores, programas de crédito e apoio para estruturas organizacionais que ajudem os pequenos agricultores a obter escala (tais como cooperativas, produção contratada e sistemas de produtores externos). Devido à perda gradual de competitividade dos agricultores familiares na produção de culturas temporárias e permanentes, e aos riscos ambientais associados à pecuária, uma atenção maior deverá ser dirigida às *commodities* de alto valor (tais como vegetais e a pesca) que sejam adequadas e ofereçam uma fonte de renda confiável para os agricultores familiares, especialmente para as famílias rurais localizadas perto de centros urbanos de demanda. O governo brasileiro, por meio da Conab, impõe uma política de preço mínimo para 17 produtos extrativos, dos quais 9 são importantes para a Amazônia Legal. No entanto, embora a política pública apoie a renda dos agricultores em momentos de baixa dos preços no mercado, ela é insustentável no longo prazo, e os recursos poderiam ser redirecionados para o aumento da produtividade com o uso de tecnologias verdes e para ajudar os agricultores a atingirem os padrões de produtos exigidos nos mercados privados. Simultaneamente, as atividades de treinamento e capacitação também precisam se concentrar na agricultura mais verde e no apoio à recuperação de áreas e florestas degradadas, nas atividades de agrofloresta e no manejo da paisagem em geral.

- **Apoiar a renda dos agricultores familiares.** É preciso dar apoio à renda e à segurança alimentar dos agricultores familiares, já que os agricultores de subsistência tendem a ser avessos ao risco e frequentemente priorizam a produção de alimentos básicos, mesmo que as culturas comerciais gerem uma renda maior e ofereçam maior segurança alimentar. Os programas do governo que oferecem formas alternativas de garantia de renda ou segurança alimentar podem ajudar os agricultores a assumir mais riscos e estimulá-los a fazer investimentos mais rentáveis, inclusive em tecnologias agrícolas inteligentes para o clima. Os programas atuais (quadro 5.4) poderiam ser condicionados ao não desmatamento por parte dos participantes, em um esforço para reduzir o alto risco de que os pequenos agricultores (assentados agrários) desmatem em resposta às pressões da concorrência. A implementação adequada dos programas de regulamentação ambiental no Brasil é fundamental para a imposição dessas condições.

- **Mudança dos incentivos financeiros.** Existe muito espaço para a racionalização do uso de recursos públicos no apoio aos agricultores comerciais. Primeiramente, em vez de subsidiar as taxas de juros, o financiamento agrícola para agricultores comerciais poderia ser melhorado mantendo seu foco

QUADRO 5.4

Avaliação do impacto dos programas de compras públicas sobre os agricultores participantes

As compras públicas proporcionam aos pequenos agricultores acesso ao mercado e também fornecem alimentos para escolas e outras entidades do governo. Em 2003, o governo federal lançou o Programa de Aquisição de Alimentos (PAA), com o objetivo de garantir a segurança alimentar para populações urbanas vulneráveis. Apoiado pela produção de agricultores familiares, o PAA tornou-se um instrumento de desenvolvimento inclusivo e descentralizado, oferecendo incentivos importantes para os agricultores familiares. Outro programa, denominado Programa Nacional de Alimentação Escolar (PNAE), financiado pelo Fundo Nacional de Desenvolvimento da Educação (FNDE), requer que, pelo menos, 30%

dos produtos adquiridos sejam originados de agricultores familiares (Lei 11.947/2009).

Uma avaliação do PAA para 2015-2017 e do PNAE para 2017 estimou que o impacto desses programas sobre a renda dos agricultores participantes é de, aproximadamente, duas vezes o valor médio das compras, confirmando, assim, o impacto positivo do programa sobre o acesso ao mercado e os agricultores familiares (Rocha; da Silva; Vian, 2019). Apesar desses resultados positivos, o PAA vem perdendo sua influência, conforme evidenciado pela redução de 90% no volume de compras e de 80% no financiamento público entre 2011 e 2017. O PNAE sofreu uma redução bem menor, de 5,5%, em seus recursos no mesmo período.

em garantias de crédito parciais e no seguro agrícola. Em segundo lugar, a alocação de recursos públicos para tornar a produção em grande escala mais inteligente para o clima resultaria tanto em benefícios ambientais (ao reduzir as emissões de GEEs) quanto econômicos (ao melhorar a resiliência e a conformidade com as normas ambientais cada vez mais exigidas nos mercados de exportação).

Os agricultores familiares para os quais a agricultura deixou de ser uma opção economicamente viável se beneficiariam do apoio para a transição para meios de subsistência alternativos. O capítulo 6 demonstra que o aumento da produtividade e a geração de oportunidades de emprego em áreas urbanas são elementos fundamentais de uma estratégia destinada a apoiar a transição dos agricultores familiares. Esses agricultores poderiam receber apoio para a obtenção de qualificações novas e com alta demanda, ou apoio financeiro para começar um novo negócio, por exemplo. Porém, embora as cidades sejam fundamentais para absorver a mão de obra rural no longo prazo, ainda existe um espaço significativo para apoiar os meios de sobrevivência rurais, especialmente em setores com qualificações complementares à agricultura, tais como a silvicultura, pesca e aquicultura, determinadas atividades de mineração e o turismo ecológico. As políticas públicas podem dar apoio a um ambiente de negócios mais favorável para esses setores. Para outros, especialmente a silvicultura, um ambiente mais favorável dependeria também de efeitos secundários menores de outras atividades econômicas, como o desmatamento e a extração ilegal de madeira associada à limpeza de terrenos para a agricultura, enquanto a pesca e a aquicultura dependeriam da redução da poluição provocada por métodos agrícolas não sustentáveis. O turismo rural poderia se beneficiar de uma logística melhor, associada ao desenvolvimento urbano na Amazônia Legal.

Algumas implicações das políticas públicas mencionadas em outros capítulos também são imediatamente relevantes para a transformação estrutural rural e a diversificação econômica da Amazônia Legal: o reforço da garantia da posse (capítulo 4), a educação e treinamento de habilidades (capítulo 2) e a proteção social – potencialmente ampliada pelo pagamento de serviços ambientais (capítulos 2, 4 e 7). O foco nos agricultores familiares e produtores tradicionais será importante, uma vez que muitos deles possivelmente não sobreviveriam ao aumento da pressão competitiva sem capacitação e proteção social. Finalmente, e não menos importante, a governança florestal continua sendo crucial para limitar as pressões pelo desmatamento advindas da mudança estrutural (capítulo 4).

NOTAS

1. A agricultura inteligente para o clima (CSA) é definida como as práticas de uso da terra que aumentam a produtividade de forma sustentável, melhoram a adaptação às mudanças climáticas (aumentando a resiliência) e contribuem para a mitigação das mudanças climáticas.
2. A Organização das Nações Unidas para Agricultura e Alimentação usa a agrofloresta como um nome coletivo para os sistemas de uso da terra e tecnologias que incluem plantas perenes (tais como árvores, arbustos, palmeiras e bambu) nas mesmas unidades de manejo da terra que as culturas agrícolas e a pecuária, em uma forma de organização espacial ou sequência temporal. Dessa forma, a agrofloresta incorpora uma ampla gama de sistemas com complexidades variadas.
3. Abordagens de paisagem integrada envolvem a consideração simultânea de aspectos espaciais, ecológicos e socioeconômicos do gerenciamento de demandas concorrentes pela

terra, água e outros recursos naturais em um determinado território, criando assim a demanda por sistemas de produção como a agrofloresta, que almejam a intensificação sustentável. Ver, por exemplo, Banco Mundial (2014) e Garrett et al. (2020).

4. Área: até quatro módulos fiscais, os quais, dependendo do município, podem incluir de 20 a 440 ha; força de trabalho: predominantemente, membros da família; fontes de renda familiar: a agricultura responde por, no mínimo, metade da renda total, excluindo os benefícios do governo e as aposentadorias; e responsabilidade pela gestão agrícola: somente membros da família. O Brasil tem muitas políticas públicas destinadas a propriedades familiares que utilizam instrumentos diversificados, tais como crédito rural, assistência técnica, compras públicas e preços mínimos.

5. Essa classificação estabelece os mesmos critérios do Programa Nacional de Fortalecimento da Agricultura Familiar (Pronaf) Microcrédito Grupo B, um programa de crédito rural do governo (disponível em https://www.bcb.gov.br/estabilidadefinanceira/creditorural e https://www.bndes.gov.br/wps/portal/site/home/financiamento/produto/pronaf-microcredito-grupo-b).

6. Os agricultores familiares não pobres são aqueles com renda anual acima de R$ 23 mil ou que usam mão de obra que não inclui os membros da família.

7. Aqui foram usados os conceitos de estabelecimentos agropecuários do Censo Agropecuário de 2017.

8. Os dados baseiam-se no Censo de 2017 (Ministério do Desenvolvimento Regional, 2020). Os dados agregados para a Amazônia Legal não refletem a grande variação na região. Por exemplo, embora os grandes agricultores respondam pela maior parte da produção agrícola no Mato Grosso, os pequenos agricultores contribuem substancialmente para o valor total da produção no estado do Amazonas.

9. Isso reflete parcialmente o fato de que o apoio do governo à agricultura tem historicamente se concentrado nas culturas agrícolas, e não em produtos florestais.

10. Os grandes agricultores também podem achar mais fácil acessar as linhas de crédito por outras razões, como o valor mais elevado das garantias de suas terras.

11. Os mercados urbanos da Amazônia Legal ainda apresentam oportunidades importantes em culturas de alto valor. No Pará, por exemplo, uma grande parcela (de até 80%) de determinadas frutas e vegetais é importada das regiões Sul e Sudeste do Brasil.

12. Embora o estudo de Melitz (2003) concentre-se na indústria, suas conclusões são aplicáveis à agricultura.

13. Os subsídios das taxas de juros costumam ser regressivos e frequentemente não beneficiam a população-alvo, levando alguns pesquisadores a argumentar que, quanto mais alto é o subsídio das taxas de juros, maior é a probabilidade de que a população-alvo seja excluída. Ver Gonzalez-Vega (1984).

14. Conforme mencionado, as desvantagens dos pequenos agricultores em relação aos grandes agricultores têm origem em diversos fatores, incluindo as diferenças no acesso ao crédito e à tecnologia, dotações de terras mais baixas e que limitam as economias de escala, e pouco acesso aos mercados.

15. Bulte et al. (2000) discorre sobre como essa prática apresentava condições ideais nas planícies tropicais úmidas da Costa Rica, um ambiente semelhante ao bioma amazônico no Brasil.

16. Ver a revisão da literatura em Steinfeld (2018).

17. Neste capítulo, o termo "produtos florestais não madeireiros" refere-se a todos os itens produzidos por métodos extrativistas, de acordo com o Censo Agrícola de 2017 (exceto madeira e lenha), e ao cultivo de culturas permanentes, incluindo açaí, borracha, cacau, palmito, camu-camu e cupuaçu.

18. O foco desta seção é na evolução da competitividade dos sistemas agroflorestais baseados nos pequenos agricultores, não se referindo aos sistemas mistos intensivos de pequenos agricultores (os quais frequentemente envolvem combinações de consórcio, e não árvores), nos quais a produtividade da terra é relativamente alta, embora a produtividade da mão de obra ainda seja baixa.

19. Essas licenças estão prontamente disponíveis e muitas vezes dão cobertura para os madeireiros retirarem árvores mais valiosas da reserva legal do lote, degradando a qualidade da floresta e "roubando" da família.

20. Ver Pereira et al. (2010).

21. Quase toda a retirada de madeira das concessões é considerada ilegal de alguma forma.

22. No entanto, as condições de mercado lucrativo não são garantidas, uma vez que a quantidade reduzida de madeira aumentaria os preços e forçaria os consumidores a adquirirem produtos substitutos.

23. Ver referências em May (2015).

24. Para dados sobre as maiores arrecadações da CFEM, consultar a ferramenta do Sistema de Coleta Extra da CFEM da Agência Nacional de Mineração (ANM) em https://sistemas .anm.gov.br/arrecadacao/extra/Relatorios/cfem/maiores_arrecadadores.aspx.

25. Por exemplo, a rodovia de 998 km em via dupla que liga a mina ao porto em Carajás (Estrada de Ferro Carajás, EFC) atua como saída para sua produção mineral no Pará. Em vista de sua conexão com a rede ferroviária nacional, a EFC tornou-se um importante corredor para as exportações da produção agrícola, bem como para outras cargas da região Centro-Oeste do Brasil, fortalecendo o desenvolvimento da agricultura no interior do país. O estudo de Brauch et al. (2020) demonstra que o uso compartilhado da infraestrutura ferroviária de Carajás trouxe benefícios socioeconômicos diretos para os municípios localizados ao longo do corredor. A proximidade com o corredor de exportações está associada a taxas mais baixas de pobreza e indicadores socioeconômicos mais elevados. Esses indicadores são mais altos em áreas de mineração, em centros urbanos como Açailândia, Marabá e São Luís, onde está localizado o terminal de exportações de Itaqui.

REFERÊNCIAS

Almeida, O.; K. Lorenzen; D. McGrath. 2004. "The Commercial Fishing Sector in the Regional Economy of the Brazilian Amazon." In *Proceedings of the Second International Symposium on the Management of Large Rivers for Fisheries, Volume II*, edited by R. Welcomme and T. Petr, Bangkok: FAO Regional Office for Asia and the Pacific. http://www.fao.org/3/ad526e /ad526e05.htm.

Almeida, O. T.; D. G. McGrath; M. L. Ruffino. 2001. "The Commercial Fisheries of the Lower Amazon: An Economic Analysis." *Fisheries Management and Ecology* 8 (3): 253–269.

Amacher, G. S.; F. D. Merry; M. S. Bowman. 2009. "Smallholder Timber Sales on the Amazon Frontier." *Ecological Economics* 68 (6): 1787–1796.

Assad, E. D. 2013. *Agricultura de baixa emissão de carbono: A evolução de um novo paradigma*. Brasília: Observatório ABC.

Banco Mundial. 2014. "Moving toward a Sustainable Landscape Approach to Development." Agriculture and Environmental Services Department Note 88433, Banco Mundial, Washington, DC. https://documents1.worldbank.org/curated/en/819501468151511677/pdf /884330BRI0AES000Box385225B00PUBLIC0.pdf.

Banco Mundial. 2020. "Brazil Rural Finance Policy Note." Banco Mundial, Washington, DC. https://openknowledge.worldbank.org/handle/10986/34195.

Barros, A. M. 2017. *Avaliação do uso estratégico das áreas prioritárias do Programa ABC*. Brasília: Observatório ABC. http://observatorioabc.com.br/wp-content/uploads/2017/05 /Relatorio-Completo_Áreas_Prioritárias.pdf.

Brauch, M. D.; N. Maennling; P. Toledano; E. S. Monteiro; F. B. Tavares. 2020. "Shared-Use Infrastructure along the World's Largest Iron Ore Operation: Lessons Learned from the Carajás Corridor." Columbia Center on Sustainable Investment, New York.

Brinker, I. 2019. *O crédito na agricultura brasileira no período 2013–2018: Um estudo do PRONAF, PRONAMP e demais linhas de crédito rural, com ênfase no investimento*. Universidade do Vale do Rio dos Sinos, São Leopoldo, Brasil.

Bulte, E. H.; B. A. M. Bouman; R. A. J. Plant; A. Nieuwenhuyse; H. G. P. Jansen. 2000. "The Economics of Soil Nutrient Stocks and Cattle Ranching in the Tropics: Optimal Pasture Degradation in Humid Costa Rica." *European Review of Agricultural Economics* 27 (2): 207–226.

Calice, P.; F. D. Kalan. 2022. "Sustainable, Inclusive Growth: Rural Finance in the North Region." Background note for this report, Banco Mundial, Washington, DC.

Carvalho, A. C.; C. A. Candeira Pimentel. 2017. "The Logic of the Valorization of Natural Resources in Brazil: Historical Relationship between the Electricity Sector and the Mining Industry in the Amazon." *Novos Cadernos NAEA* 20 (3): 9–29.

Cirera, X.; A. M. Neto. 2022. "The Role of Skills Relatedness and Spin-offs in Diversification to Green Sectors." Nota para este relatório, Banco Mundial, Washington, DC.

Coelho, M. H. P.; P. A. M. Sakowski. 2012. *Perfil da mão de obra do turismo no Brasil nas atividades características do turismo e em ocupações*. Brasília: Instituto de Pesquisa Econômica Aplicada. http://www.ipea.gov.br/portal/images/stories/PDFs/TDs/td_1938.pdf.

da Costa, N. B. Jr.; T. C. Baldissera; C. E. Pinto; F. C. Garagorry; A. de Moraes; P. C. de Faccio Carvalho. 2019. "Public Policies for Low Carbon Emission Agriculture Foster Beef Cattle Production in Southern Brazil." *Land Use Policy* 80 (January): 269–273.

de Barros, A. V. L.; A. K. O. Homma; J. A. Takamatsu; T. Takamatsu; M. Konagano. 2009. "Evolução e percepção dos sistemas agroflorestais desenvolvidos pelos agricultores nipo--brasileiros do município de Tomé-açu, estado do Pará." *Amazônia: Ciência e Desenvolvimento* 5 (9): 121–151.

de Rezende, G. C. 2002. "Ocupação agrícola e estrutura agrária no cerrado: O papel do preço da terra, dos recursos naturais e da tecnologia." Instituto de Pesquisa Econômica Aplicada (Ipea), Brasília. http://repositorio.ipea.gov.br/handle/11058/2803.

Gandour, C.; D. Menezes; J. P. Vieira; J. J. Assunção. 2021. "Forest Degradation in the Brazilian Amazon: Public Policy Must Target Phenomenon Related to Deforestation." Climate Policy Initiative, March 9, 2021. https://www.climatepolicyinitiative.org/publication/forest-degradation-in-the-brazilian-amazon-public-policy-must-target-phenomenon-related-to-deforestation/.

Garrett, R. D.; J. Ryschawy; L. W. Bell; O. Cortner; J. Ferreira; A. V. N. Garik; J. D. B. Gil; L. Klerkx; M. Moraine; C. A. Peterson; J. C. dos Reis; J. F. Valentim. 2020. "Drivers of Decoupling and Recoupling of Crop and Livestock Systems at Farm and Territorial Scales." *Ecology and Society* 25 (1): 24. https://doi.org/10.5751/ES-11412-250124.

Gianetti, G. W.; J. B. d. S. Ferreira-Filho. 2021. "The ABC Plan and Program: An Evaluation of Execution and Distribution of Resources." *Revista de Economia e Sociologia Rural* 59 (1): e216524.

Gonzalez-Vega, C. 1984. *Credit-Rationing Behavior of Agricultural Lenders: The Iron Law of Interest-Rate Restrictions*. Boulder, CO: Westview Press.

Greiner, C.; P. Sakdapolrak. 2013. "Rural-Urban Migration, Agrarian Change, and the Environment in Kenya: A Critical Review of the Literature." *Population and Environment* 34 (4): 524–553.

Helfand, S.; M. Taylor. 2021. "The Inverse Relationship between Farm Size and Productivity: Refocusing the Debate." *Food Policy* 99 (February): 101977.

Herrera, G. P.; R. Lourival; R. B. da Costa; D. R. F. Mendes; T. B. S. Moreira; U. G. P. de Abreu; M. Constantino. 2018. "Econometric Analysis of Income, Productivity, and Diversification among Smallholders in Brazil." *Land Use Policy* 76 (July): 455–459.

Homma, A. K. O. 2012. "Plant Extractivism or Plantation: What Is the Best Option for the Amazon?" *Estudos Avançados* 26 (74): 167–186.

Kohlmann, G.; E. Licks. 2022. "Mapping Value Chains for the Amazon Bioeconomy." Nota para este relatório, Banco Mundial, Washington, DC.

Magalhães, R.; R. Abramovay. 2006. *Acesso, uso e sustentabilidade do Pronaf B*. São Paulo, Brasil: Ministério do Desenvolvimento Agrário e Fundação Instituto Pesquisas Econômicas.

Maia, G. B. da S.; V. D. Bastos; B. M. De Conti; F. B. Roitman. 2012. "O Pronaf B e o financiamento agropecuário nos Territórios da Cidadania do semiárido." *Revista do BNDES* 37 (June): 177–214.

MAPA (Ministério da Agricultura, Pecuária e Abastecimento). 2021. *ABC+ plano setorial para adaptação à mudança do clima e baixa emissão de carbono na agropecuária com vistas ao desenvolvimento sustentável (2020–2030): Visão estratégica para um novo ciclo*. Brasília: MAPA Secretaria de Inovação, Desenvolvimento Rural e Irrigação.

May, P. 2015. "Tourism's Contribution to Forest Benefits in the Amazon Basin." Relatório não publicado, Banco Mundial, Washington, DC.

McGrath, D.; L. Castello; M. Brabo; D. Nepstad; S. Gama; B. Forsberg; E. Mendoza; G. Estupinan; M. Ruffino; A. Ribeiro; O. Almeida; A. Bentes; C. Chan. 2020. "Can Fish Drive Development of the Amazon Bioeconomy?" Policy brief. San Francisco, Earth Innovation Institute.

Melitz, M. J. 2003. "The Impact of Trade on Intra-Industry Reallocations and Aggregate Industry Productivity." *Econometrica* 71 (6): 1695–1725.

Merry, F.; G. Amacher; D. C. Nepstad; E. Lima. 2006. "Industrial Development on Logging Frontiers in the Brazilian Amazon." *International Journal of Sustainable Development* 9 (3): 277–296.

Ministério do Desenvolvimento Regional. 2020. *Plano regional de desenvolvimento da Amazônia (PRDA) 2020–2023*. Belém: Ministério do Desenvolvimento Regional.

Ministério do Turismo. 2018. "Caracterização e dimensionamento do turismo internacional no Brasil, 2013–2017." Relatório Descritivo, Ministério do Turismo e Fundação Instituto Pesquisas Econômicas, São Paulo.

Ministério do Turismo. 2020. "Anuário Estatístico de Turismo 2020: Vol. 47, Ano Base 2019." Ministério do Turismo, Brasília, março de 2021.

Observatório ABC. 2019. "Análise dos recursos do programa ABC Safra 2017/18 e 2018/19." Observatório ABC, São Paulo. http://observatorioabc.com.br/wp-content/uploads/2019/11/Sumario_2019-FINAL-Grafica-1.pdf.

Porcher, C.; M. Hanusch. 2022. "The Macroeconomics of Amazon Development and Deforestation: A Spatial Dynamic General Equilibrium Approach." Nota para este relatório, Banco Mundial, Washington, DC.

Rada, N.; S. Helfand; M. Magalhães. 2019. "Agricultural Productivity Growth in Brazil: Large and Small Farms Excel." *Food Policy* 84 (April): 176–185.

Rocha, A. B. Jr. 2022. "Farm Scale and Productivity in the Legal Amazon." Nota para este relatório, Ministério do Turismo, Washington, DC.

Rocha, A. B.; R. P. da Silva; C. E. F. Vian. 2019. "Programa de Aquisição de Alimentos e Programa Nacional de Alimentação Escolar: Dinâmica recente e impacto na receita dos agricultores familiares." Apresentado na 57a. Reunião Anual da Sociedade Brasileira de Economia Rural, Administração, e Sociologia: Agricultura, Alimentos e Desenvolvimento, 21–25 julho, Ilhéus, Brasil.

SEBRAE (Serviço Brasileiro de Apoio às Micro e Pequenas Empresas). 2016. *Estudo de mercado consumidor do Pirarucu*. Brasília: SEBRAE. https://www.novaaqua.com.br/site/wp-content/uploads/2017/02/Estudo-de-Mercado-Consumidor-do-Pirarucu-2016.pdf.

Siqueira-Gay, J.; L. E. Sánchez. 2021. "The Outbreak of Illegal Gold Mining in the Brazilian Amazon Boosts Deforestation." *Regional Environmental Change* 21 (1): 28.

Steinfeld, J. 2018. "Complex Farming Systems: More Ecosystem Services and Higher Labour Requirements: A Case Study from Brazil." MSc thesis, Organic Agriculture, Wageningen University, Wageningen, Netherlands.

Sumner, D. A. 1982. "The Off-farm Labor Supply of Farmers." *American Journal of Agricultural Economics* 64 (3): 499–509.

Tao Yang, D. 1997. "Education and Off-farm Work." *Economic Development and Cultural Change* 45 (3) 613–632.

Vallejos, P. Q.; P. Veit; P. Tipula; K. Reytar. 2020. *Undermining Rights: Indigenous Lands and Mining in the Amazon*. Washington, DC: World Resources Institute.

Yamada, M.; H. L. Gholz. 2002. "An Evaluation of Agroforestry Systems as a Rural Development Option for the Brazilian Amazon." *Agroforestry Systems* 55 (2): 81–87.

Yue, Z.; S. Li; M. W. Feldman; H. Du. 2010. "Floating Choices: A Generational Perspective on Intentions of Rural-Urban Migrants in China." *Environment and Planning A* 42 (3): 545–562.

6 Rumo a uma nova agenda urbana na Amazônia Legal

PAULA RESTREPO CADAVID E OLIVIA D'AOUST

PRINCIPAIS MENSAGENS

- Cerca de três quartos da população da Amazônia Legal vive em áreas urbanas.
- As cidades da Amazônia Legal tendem a ser menores e mais distantes dos mercados nacionais.
- Dado o vasto espaço na região, os sistemas urbanos fragmentados da Amazônia Legal se concentram em torno de polos econômicos e de serviços.
- Em relação ao restante do Brasil, as cidades da Amazônia Legal são menos desenvolvidas no que se refere ao acesso a serviços básicos, serviços digitais, educação e saúde, adiando a convergência de rendas *per capita* (capítulo 2).
- A Amazônia Legal pode avançar rumo à sua fronteira de produtividade, reduzir a pressão do desmatamento e convergir para os níveis de renda do resto do país sem expandir o perímetro urbano.
- Há um longo histórico de desenvolvimento e implementação de projetos e programas regionais destinados a integrar a Amazônia Legal ao resto do Brasil e a outros países da América Latina e do mundo — mas falta uma agenda bem definida para as cidades da Amazônia Legal.
- *Implicações de políticas públicas:*
  - Construir uma abordagem específica e direcionada para o desenvolvimento regional — fazendo com que as cidades sejam os principais atores econômicos e de prestação de serviços na Amazônia Legal.
  - Investir na criação de instituições locais para melhor administrar o desenvolvimento regional e urbano.

- Investir em infraestrutura urbana para reduzir as disparidades no padrão de vida em polos econômicos e de serviços, aumentando a competitividade das cidades como polos econômicos regionais.
- Fortalecer o capital humano existente em toda a região (para o futuro) e desenvolver recursos locais para atrair e reter capital humano qualificado, melhorando a qualidade de vida, as facilidades urbanas e os níveis de prestação de serviços nos polos econômicos.
- Escolher cuidadosamente as intervenções para melhorar a conectividade entre as cidades e os mercados regionais e globais, protegendo, ao mesmo tempo, a floresta.
- Escolher cuidadosamente as intervenções locais, levando em consideração questões espaciais (densidade populacional e proximidade dos mercados).
- Enfrentar questões urbanas persistentes nas cidades brasileiras — inclusive fora da Amazônia Legal — a fim de reduzir as barreiras ao desenvolvimento de um sistema urbano mais eficiente. A recém-atualizada Política Nacional para o Desenvolvimento Regional e a Política Nacional para o Desenvolvimento Urbano constituem um bom marco de orientação.

POSICIONAMENTO DAS CIDADES PARA O DESENVOLVIMENTO DA AMAZÔNIA LEGAL

Cerca de três quartos da população da Amazônia Legal vivem em áreas urbanas. Este capítulo concentra-se nas áreas urbanas da Amazônia Legal e sua possível contribuição para o desenvolvimento econômico e a conservação ambiental. O capítulo avalia brevemente as particularidades das áreas urbanas na região e o que seria necessário para que as cidades da região melhorassem seu desempenho econômico e oferecessem um futuro melhor para seus habitantes. Assim, o capítulo corrobora a implementação da recém-atualizada Política Nacional de Desenvolvimento Regional (PNDR — Decreto n.º 9.810/19). Essa política tem seu foco nos fundamentos e intervenções necessárias para que o Brasil eleve o padrão e a qualidade de vida e ampliar o acesso a oportunidades na Amazônia Legal. Ademais, a política tem como um de seus objetivos consolidar uma rede policêntrica de cidades amparada por um mandato de desenvolvimento regional, de forma a superar os desafios e aproveitar as oportunidades específicas de diferentes regiões.

Nem todas as cidades contribuem para a economia da mesma forma, uma vez que isso seria ineficiente (além de oneroso do ponto de vista fiscal e ambiental). O agrupamento das indústrias e a distribuição dos trabalhadores nas cidades são impulsionados pelas forças do mercado, atraídos por certas vantagens locais (recursos naturais, físicos ou de capital humano) ou, às vezes, por acidentes históricos (Ellison; Glaeser, 1997). Entre os exemplos de cidades que se especializaram em setores específicos estão a indústria de diamantes na Antuérpia, a indústria vinícola em Mendoza, a indústria automotiva em Detroit e os polos tecnológicos em Bangalore e no Vale do Silício. As forças que moldam as cidades tendem a concentrar as atividades econômicas e tornar a organização espacial geograficamente assimétrica. A produção baseada em economias de escala, quando aliada a custos de transporte mais baixos, aumenta a concentração geográfica de pessoas e de atividades econômicas (Krugman, 1991a, 1991b). À medida que as economias se desenvolvem, a atividade econômica costuma se tornar mais concentrada, e não menos. Além disso, a natureza dos aglomerados econômicos parece estar evoluindo. O que importava na era da manufatura (capital e acesso ao transporte de cargas) pode não ter o mesmo peso atualmente. Numa era em que as economias são movidas por serviços, as interações entre trabalhadores altamente qualificados são os elementos mais importantes (Duranton, 2020).

A concentração econômica espacial não precisa ocorrer à custa da desigualdade nos padrões de vida, tanto dentro quanto fora das cidades. Há diferentes instrumentos de políticas públicas capazes de incentivar a eficiência espacial e, ao mesmo tempo, apoiar a equidade espacial (Banco Mundial, 2009). Os governos podem trabalhar para alcançar os dois objetivos em paralelo, desde que os instrumentos necessários para tanto sejam coordenados. O segredo é manter o foco nas pessoas, reconhecendo os desafios dos lugares onde elas estão, em vez de se concentrar nas localidades. A equidade espacial não deve ser confundida com a implementação de políticas uniformes de desenvolvimento regional, que podem ser dispendiosas e fazer pouco para melhorar o padrão de vida das pessoas. Os desafios heterogêneos precisam ser enfrentados por políticas igualmente diferenciadas, o que requer a identificação dos benefícios e *trade-offs* de políticas alternativas. Tais políticas devem ser realistas e baseadas no estágio de desenvolvimento e nas capacidades fiscais e institucionais de cada local (Lall, 2009).

As cidades amazônicas não oferecem boas alternativas de emprego para trabalhadores rurais formais, tampouco prestam serviços básicos de qualidade ou criam um ambiente propício à formação de recursos humanos para o futuro. A conectividade relativamente baixa dos transportes e a distância entre os povoados locais resultaram em sistemas urbanos fragmentados organizados em torno de polos econômicos, apoiados por polos de serviços menores. Boa parte do sistema urbano da Amazônia Legal funciona como estados insulares isolados (Schor; Oliveira, 2011). As cidades da Bacia Amazônica (Fronteira Colonial), em particular, dependem de vias navegáveis, e suas relações funcionais com outros povoados são limitadas pelas longas distâncias que os separam. Tais sistemas urbanos fragmentados — centrados em torno de polos econômicos, nos quais a população e as atividades econômicas estão agrupadas — serão fundamentais para fomentar o crescimento da produtividade urbana na Amazônia Legal. Dada a grande distância entre os assentamentos humanos, os polos econômicos são complementados por polos de serviços, que tendem a ser menores, mas podem desempenhar um papel fundamental na prestação de serviços e na formação de recursos humanos (capital humano). Os polos econômicos e os polos de serviços são, ambos, imprescindíveis para o desenvolvimento da Amazônia Legal.

Políticas mais bem direcionadas e ajustadas podem permitir que as cidades amazônicas contribuam para o desenvolvimento inclusivo e sustentável da região, sem aumentar seu perímetro urbano. Conforme explicam os capítulos 1 a 3, para avançar em seu grau de desenvolvimento, o Brasil precisa adotar um modelo de crescimento urbano voltado para a produtividade. Na Amazônia Legal, as cidades precisam começar a assumir um papel mais central no desenvolvimento. Políticas federais e estaduais precisam começar a implementar um conjunto de medidas específicas e complementares, levando em consideração o potencial dos recursos urbanos e o potencial econômico da Amazônia Legal. O objetivo é promover a produtividade da região, melhorar a qualidade de vida de seus habitantes e começar a desenvolver o capital humano que será necessário no futuro. Para tal, não é necessário expandir o perímetro urbano: basta que as cidades tenham condições de usar seus recursos espaciais, financeiros e humanos de forma mais eficiente. Na verdade, a análise feita no capítulo 3 indica que, por meio de efeitos de equilíbrio geral, o aumento da produtividade urbana pode reduzir as pressões macroeconômicas sobre as florestas naturais, favorecendo o desenvolvimento mais sustentável da região.

Este capítulo prossegue da seguinte forma: apresenta, de forma breve e com foco no desmatamento, evidências sobre como as cidades da Amazônia Legal interagem com as áreas naturais ao seu redor. Isso merece atenção especial, pois a produtividade urbana raramente é vista como uma força de redução do desmatamento (capítulo 3). Em seguida, apresenta os determinantes teóricos e empíricos da produtividade urbana no Brasil e analisa as possíveis rotas rumo a uma maior produtividade nas cidades da Amazônia Legal. A partir daí, explora e propõe uma abordagem dupla para a concepção de políticas públicas de desenvolvimento regional na Amazônia Legal urbana, em particular, e no Brasil, de forma geral.

AS CIDADES DA AMAZÔNIA LEGAL E A FLORESTA

O crescimento das cidades resulta, por definição, em mudanças no uso do solo. Com a expansão dos edifícios e da infraestrutura exigida para atender ao crescimento da população, as áreas ao redor das cidades passam a ser convertidas. O grau de conversão do solo geralmente depende dos padrões de ocupação e crescimento urbano (compacto ou espalhado) e é influenciado pelos planos de uso do solo que norteiam o perímetro de crescimento urbano e limitam sua expansão em áreas protegidas ou propensas a perigos. Assim, a expansão das cidades converte diretamente o uso do solo e pode causar desmatamento ou reduzir as terras agrícolas. Além dos impactos diretos, pode levar ao desmatamento nos casos em que, por exemplo, novas indústrias de beneficiamento de alimentos em determinada cidade expandirem as atividades agrícolas ao seu redor (Porcher; Hanusch, 2022).

O perímetro urbano na Amazônia Legal é relativamente pequeno, de modo que o desmatamento direto ligado a seus espaços urbanos é limitado. A área total das 47 maiores cidades da Amazônia Legal (que representam 93% de sua população urbana) é de 1.548 km^2, ou apenas 0,03% do território da Amazônia Legal[1]. Além disso, as cidades amazônicas tendem a ser mais densas que outras cidades brasileiras, o que reduz ainda mais seu impacto direto sobre as terras naturais.

Assim, o desmatamento vinculado às cidades amazônicas resulta de suas interações econômicas (ou cadeias de valor) com o meio ambiente, ou da infraestrutura logística (principalmente rodoviária) que a conecta ao resto do país. Na Nova Fronteira, por exemplo, o desmatamento foi muito maior no entorno das cidades. O mapa 6.1 ilustra tal interação no caso de dois aglomerados urbanos: um centrado em Manaus, capital do Amazonas; e outro, em Porto Velho, capital de Rondônia. O desmatamento é muito menor ao redor de Manaus e ao longo do rio Amazonas que ao redor de Porto Velho e ao longo da BR-364. Rondônia fica na Nova Fronteira e está associada ao Arco do Desmatamento. Muitas cidades surgiram à medida que a agricultura se expandia para dentro da região.

MAPA 6.1

Em torno das cidades, há muito mais desmatamento na Nova Fronteira

a. Manacapuru-Manaus-Itacoatiara   b. Porto Velho-Ariquemes-Ji Parana

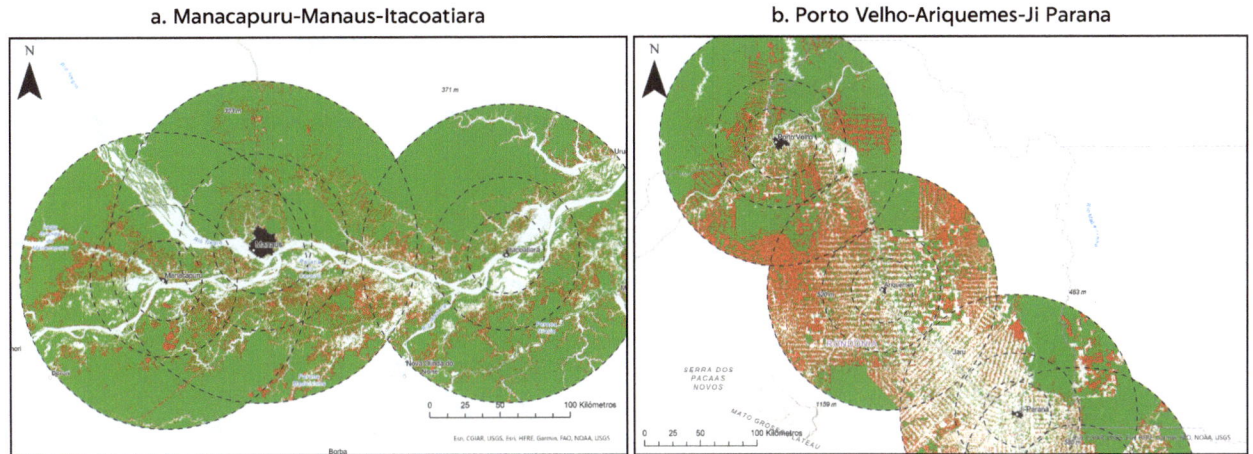

Fontes: Hansen et al. (2013) e GHS Urban Centre Database 2015 (Florczyk, 2019).

O desmatamento tende a ser menor nas cidades cujas cadeias de valor estão menos ligadas à produção rural. É possível que certas áreas urbanas abriguem indústrias que processam *commodities* primárias (por exemplo, empresas do agronegócio ou fabricantes de móveis); normalmente, elas estão integradas às atividades econômicas do interior, o que aumenta a produtividade dos setores que fazem uso intensivo da terra (Porcher; Hanusch, 2022). Logo, os municípios em que as atividades econômicas estão relacionadas à produção ou transformação agrícola (inclusive o processamento de madeira) tendem a ser rodeados por áreas com maior desmatamento (figura 6.1). Por exemplo, o desmatamento ao redor de Manaus, uma cidade com foco industrial, é muito menor que o desmatamento ao redor de Porto Velho, um porto estratégico para a agricultura (mapas 6.1a e 6.1b, respectivamente). A análise inicial é condizente com a necessidade de o Brasil se afastar de seu atual modelo de desenvolvimento (baseado na agricultura e na acumulação de terras) e adotar um modelo com foco na expansão dos serviços e da produção industrial, atividades que tendem a se agrupar nas áreas urbanas e em torno delas.

UM *KIT* PARA AUMENTAR A PRODUTIVIDADE URBANA NA AMAZÔNIA LEGAL

Determinantes teóricos e empíricos da produtividade urbana

Um foco mais direcionado à produtividade urbana da Amazônia Legal permitiria desacelerar o desmatamento e impulsionar o desenvolvimento econômico e social, como descrito nos capítulos de 1 a 3. Um novo modelo de desenvolvimento envolve o aumento da produtividade de setores comercializáveis que não fazem uso intensivo da terra, como a indústria manufatureira e o setor de serviços, e que têm o poder de elevar o padrão de vida dos habitantes da região, ao mesmo tempo que promovem a conservação das florestas. Como essas atividades tendem a se localizar nas cidades, uma transformação estrutural mais rápida e uma maior produtividade urbana (dentro e fora da Amazônia Legal) podem ter um impacto significativo na redução do desmatamento na região. Qual seria a melhor maneira de realizar tal transformação?

FIGURA 6.1

A parcela da atividade econômica ligada à produção rural apresenta uma correlação positiva com o desmatamento

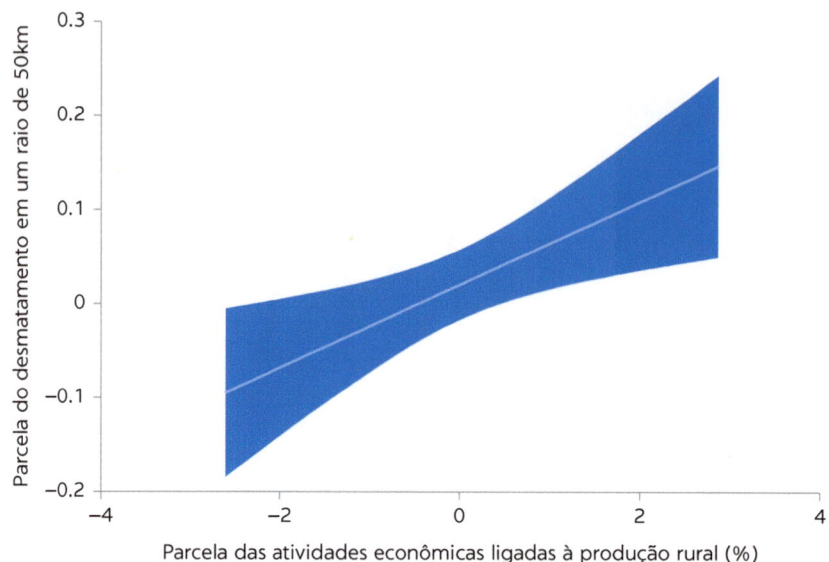

Fonte: Banco Mundial.

Observação: A figura apresenta a plotagem residual com intervalos de confiança de 90%. O eixo y ilustra os residuais de uma regressão de mínimos quadrados ordinários sobre o logaritmo da parcela anual de desmatamento do estoque florestal existente (de Hansen et al., 2013) num raio de 50 quilômetros da cidade definida no banco de dados GHS Urban Centre Database 2015 (Florczyk, 2019), com variáveis de controle para a defasagem da taxa de desmatamento; os tempos de viagem fluvial ou rodoviária para Brasília e as capitais estaduais; e os efeitos fixos anuais (2003–2018). O eixo x corresponde ao logaritmo do quociente de localização do emprego ligado ou não à floresta, computado para códigos postais situados num raio de 50 quilômetros da cidade, disponíveis no banco de dados da Relação Anual de Informações Sociais (RAIS) nos mesmos controles. Cada observação refere-se a uma cidade. A inclinação é o coeficiente resultante de uma regressão linear que estima a correlação entre o desmatamento e a parcela de atividades econômicas ligada à produção rural com os controles acima mencionados, 0,04 [p < 0,05].

Duas razões principais explicam por que uma cidade é mais produtiva que outra. Em primeiro lugar, por meio da migração seletiva de competências, trabalhadores e empresas com características diferentes dividem-se em cidades diferentes. Os trabalhadores de alta qualificação tendem a preferir viver em grandes cidades com melhores recursos. Como esses trabalhadores tendem a ser mais produtivos, a produtividade tende a ser maior nas cidades onde residem. Em segundo lugar, as características intrínsecas de cada cidade (densidade populacional e configuração urbana, por exemplo) e de sua localização (recursos locais e acesso a mercados), as quais facilitam as interações entre empresa e trabalhador, potencializam a difusão de ideias e conhecimentos. Por sua vez, isso aproxima os profissionais certos das empresas certas, além de permitir que as empresas obtenham insumos e alcancem os mercados consumidores com custos menores. No Brasil, os profissionais com ensino superior completo levam em consideração a oferta de serviços e benefícios urbanos — tais como coleta de lixo, museus, restaurantes, teatros e, inclusive, índices de criminalidade mais baixos — ao escolherem onde se estabelecer após a formatura (Fan; Timmins, 2017; Ferreyra; Roberts, 2018). Esses dois vetores de produtividade reforçam-se mutuamente: as cidades (por terem maior densidade econômica) tornam seus trabalhadores mais produtivos; e as cidades com maior produtividade crescem porque atraem trabalhadores mais produtivos, que são mais propensos a interagir entre si (Duranton; Puga, 2020).

Como essas externalidades positivas se traduzem em maior produtividade? A literatura de economia urbana aponta para três características fundamentais que fazem com que as cidades possam ser lugares onde as forças motrizes da produtividade, da diversificação e do crescimento econômico interagem estreitamente (Duranton; Puga, 2004).

A primeira característica é a presença de economias de aglomeração, muitas vezes capturadas pela densidade populacional. Uma grande proximidade espacial gera muitos benefícios. A oferta de certos bens públicos — como infraestrutura e serviços básicos — torna-se mais barata conforme crescem as populações e a densidade populacional. Empresas de uma mesma localidade podem compartilhar fornecedores, o que reduz os custos de insumos. Mercados de trabalho de grande porte reduzem os custos de busca, uma vez que as empresas dispõem de um conjunto maior de potenciais trabalhadores sempre que precisarem contratar mão de obra adicional. Ademais, a proximidade espacial torna mais fácil para os trabalhadores compartilharem informações e aprenderem uns com os outros (Duranton; Puga, 2004). Evidências internacionais demonstram que os efeitos indiretos dos conhecimentos desempenham um papel fundamental na determinação da produtividade das cidades bem-sucedidas.

A segunda maneira pela qual as cidades podem gerar maior produtividade é pela atração de mão de obra qualificada, o que dá origem a externalidades positivas de capital humano. Os trabalhadores trazem para o local de trabalho um pacote de competências que influenciam sua produtividade. Assim, como no caso da teoria das economias de aglomeração, as pessoas aprendem e interagem umas com as outras. O conhecimento é incorporado pelas pessoas e difundido pelos "que sabem" (Duranton, 2018). A disseminação de conhecimentos entre um grande número de pessoas aumenta a geração, o acúmulo e a difusão desses conhecimentos. Cidades maiores podem, portanto, se tornar "berçários" para nutrir cidades menores, à medida que o conhecimento se espalha entre elas (Duranton; Puga, 2004).

Todavia, é mais provável que a aprendizagem ocorra entre os trabalhadores mais qualificados, o que permite prever que a produtividade individual de cada trabalhador aumentará até a média do capital humano da cidade onde essa pessoa vive (Moretti, 2004; Rauch, 1993). Nas cidades estadunidenses, por exemplo, um aumento de 10% na porcentagem de trabalhadores com diploma universitário leva a um aumento de 22% do produto interno bruto metropolitano *per capita* (Glaeser, 2011). As cidades maiores — especialmente nas economias mais ricas — tendem a oferecer uma remuneração melhor aos trabalhadores escolarizados que as cidades menores (de la Roca; Puga, 2017). Essa é uma das razões pelas quais as cidades maiores costumam atrair mais trabalhadores qualificados. Portanto, não é de surpreender que, com frequência, as cidades sejam modeladas como "sistemas interativos", nos quais a estrutura urbana reflete os benefícios líquidos das interações (valor das interações após a dedução dos custos de transporte) (Bacolod; Blum; Strange, 2009). Na França, demonstrou-se que as externalidades de capital humano afetam os ganhos por meio de uma maior comunicação no local de trabalho. O efeito é maior em cidades maiores e com população mais escolarizada (Charlot; Duranton, 2004).

A terceira maneira para as cidades aumentarem sua produtividade é por meio de um acesso maior e mais rápido a insumos intermediários e a grandes mercados consumidores. O crescimento da produtividade decorre do tamanho da cidade, da demanda por bens e serviços e de sua conexão com outras cidades e áreas vizinhas. Um acesso expandido a mercados e fornecedores permite que as empresas cubram, com mais facilidade, os custos fixos da instalação de uma nova fábrica, o que, por sua vez, aumenta os lucros e a produtividade das empresas (Fujita; Krugman; Venables, 1999; Krugman, 1991a; Krugman, 1991b; Krugman; Venables, 1995). Isso reflete a economia mais básica resultante da aglomeração: a redução dos custos de transporte de mercadorias. Quando o fornecedor está próximo a seus clientes, os custos de transporte diminuem e a gama de fornecedores especializados de bens intermediários aumenta. Entre as três características principais para as cidades se tornarem mais produtivas, modificar o acesso ao mercado tende a ser a solução mais viável no curto prazo para aumentar a produtividade urbana.

Muitos desses benefícios aumentam com a escala: os povoados e pequenas cidades não podem gerar as mesmas vantagens produtivas que as grandes cidades. A elasticidade da renda da população urbana varia de 3% a 8%. Quando uma cidade dobra de tamanho, sua produtividade aumenta em 5% (Rosenthal; Strange, 2004). No entanto, o crescimento mal administrado da população urbana pode aumentar a exposição à poluição e a doenças, transformar a densidade populacional numa aglomeração desordenada, aumentar o tráfego (e os custos de transporte) e diminuir os espaços verdes. O aumento da densidade também pode se traduzir em preços mais altos de terrenos e habitações, o que, por sua vez, aumenta os custos sociais (Duranton; Puga, 2020). A maioria das cidades da América Latina tem produtividade relativamente baixa, associada ao alto congestionamento no trânsito e ao uso disfuncional da terra em áreas com assentamentos ilegais. Contudo, como a urbanização ainda é fluida, essas economias ainda podem ser corrigidas (Duranton, 2020; Quintero; Roberts, 2018).

Determinantes da produtividade urbana no Brasil

Embora grande parte da variação da produtividade entre diferentes áreas subnacionais da América Latina se explique por diferenças na força de trabalho, uma parte importante está relacionada às características intrínsecas das cidades (Quintero; Roberts, 2018). De fato, as diferenças na composição da força de trabalho não são capazes de explicar uma parte importante da variação da produtividade, o que é condizente com a existência das externalidades positivas e efeitos indiretos mencionados anteriormente. Para a região da América Latina e Caribe, o fato de determinada cidade ter um acesso melhor aos mercados e uma maior acumulação de capital humano (número médio de anos de escolaridade) está associado a uma maior produtividade urbana (figura 6.2)[2]. No entanto, não há evidências de uma relação significativa entre densidade populacional e produtividade urbana, o que indica que as cidades da região — contrariamente ao que diz a literatura sobre outros países, como China e Índia — não estão se beneficiando de uma maior densidade populacional, provavelmente devido às forças de congestionamento que sobrecarregam as economias de aglomeração (Duranton, 2020; Ferreyra; Roberts, 2018). Os resultados, porém, variam de um país para outro, tendo o Brasil se afastado da tendência regional, o que demonstra a correlação positiva entre produtividade e os fatores que a impulsionam.

No Brasil, a proximidade dos mercados, a grande concentração de capital humano e a maior densidade populacional têm sido vinculadas a um aumento da produtividade urbana. O aumento da densidade populacional urbana em determinada cidade brasileira está associado a um aumento de 0,2% na produtividade

FIGURA 6.2

A densidade populacional, a escolaridade e o acesso aos mercados estão associados à maior produtividade urbana na região da América Latina e Caribe

a. Densidade populacional

b. Média de anos de escolaridade

c. Acesso aos mercados

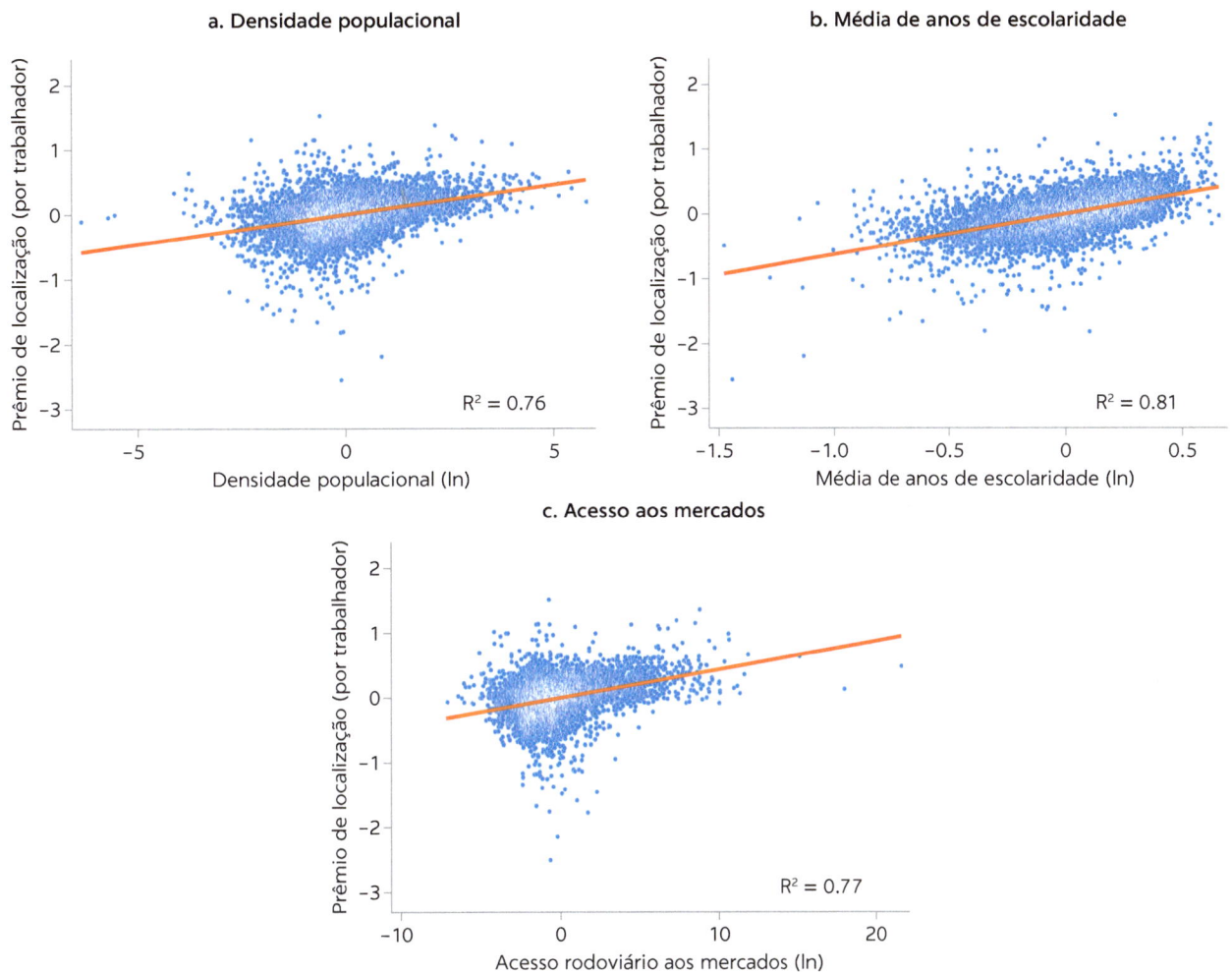

Fonte: Banco Mundial, com base em Quintero e Roberts (2018).

Observação: Os gráficos de dispersão apresentam a correlação entre a produtividade subjacente — os prêmios de localização estimados (expressos em logaritmos naturais) de Quintero e Roberts (2018) — e os logaritmos naturais de densidade populacional, número médio de anos de escolaridade e acesso ao mercado controlando os efeitos fixos do país. As áreas administrativas subnacionais são as unidades de observação, e as correlações são estimadas com base na variação dos dados dentro do país. O acesso ao mercado é medido como $MA_i = \sum_{i \neq j} (P_j / t^2_{ij})$, em que MA_i é o acesso ao mercado da área subnacional i, P_j é a população da área subnacional j, e t_{ij} é o tempo de viagem estimado (em modo rodoviário) entre as áreas subnacionais i e j.

urbana; um aumento equivalente da média de anos de escolaridade ou do acesso ao mercado está associado a um aumento de 4,4% e 0,2% na produtividade urbana, respectivamente (Quintero; Roberts, 2018). Embora haja evidências positivas de economias de aglomeração nas cidades brasileiras, elas poderiam ser ainda mais produtivas se solucionassem as externalidades negativas advindas da alta densidade — tais como o congestionamento, as favelas, a criminalidade e as desigualdades — e investissem em instituições e infraestrutura para mitigar os custos do congestionamento (Duranton; Ferreyra; Roberts, 2018).

A variabilidade nos índices de produtividade entre as áreas urbanas no Brasil é alta, o que parece indicar uma alocação ineficiente de capital humano em todo o sistema urbano. As diferenças subnacionais são menores que em outros países sul-americanos, mas existem mesmo após o controle das características dos trabalhadores e, portanto, da distribuição da população. As diferenças nos salários nominais de diferentes áreas metropolitanas brasileiras diminuíram ao longo dos últimos 15 anos, o que indica uma melhoria na alocação espacial dos trabalhadores em diversas áreas metropolitanas; apesar disso, as cidades brasileiras ainda estão atrás das outras na comparação internacional[3]. A escassez de moradias populares nas áreas metropolitanas mais produtivas é uma explicação provável para a alocação ineficiente dos trabalhadores no território. O acesso inadequado aos mercados é outra explicação. Num sistema bemintegrado, o fluxo de bens, pessoas e recursos entre diferentes cidades reduz as lacunas de produtividade e maximiza a contribuição de todo o sistema. Mais que em outros países da América Latina e Caribe, os brasileiros com melhores qualificações profissionais preferem as grandes cidades, que apresentam grandes desigualdades de competências e habilidades, resultando em grandes disparidades de renda.

Rotas de aumento de produtividade para as cidades amazônicas

A melhoria da produtividade urbana nas cidades da Amazônia Legal requer um movimento rumo à fronteira da produtividade e à expansão de seus limites. Conforme descrito anteriormente, a fronteira de produtividade das cidades é definida, entre outras coisas, por sua localização em relação aos mercados nacionais e globais, seu capital humano e sua densidade populacional. Assim, o caminho para uma maior produtividade difere de cidade para cidade e precisa levar em conta o papel relativo de uma cidade na hierarquia urbana de um país, seus ativos de localização e seu estoque de capital humano. Uma cidade pequena, se tiver um *campus* universitário bem estruturado ou estiver localizada próximo a uma metrópole próspera, dispõe de meios muito mais bem claros para aumentar sua economia que uma cidade numa região escassamente povoada, com poucos ativos locais e uma pequena força de trabalho qualificada.

As cidades da Amazônia Legal tendem a ser menores que outras cidades brasileiras. Elas tendem a estar posicionadas na parte inferior da distribuição populacional: apenas Belém, Manaus, São Luís e Teresina encontram-se na parte superior da distribuição (figura 6.3). O tamanho médio de uma cidade na Amazônia Legal é de 40.738 habitantes, em comparação com 55.816 no resto do Brasil. Se forem consideradas apenas as cidades com mais de 50 mil habitantes, as cidades médias e grandes tendem a ser menores na Amazônia Legal que no resto do Brasil (médias de 217 mil na Amazônia Legal e 340 mil no resto do Brasil). Se a amostra for ainda mais restrita, considerando apenas as cidades com mais de 100 mil habitantes, as médias são de 463 mil na Amazônia Legal e 630 mil no resto do Brasil. Portanto, as cidades pequenas são, em sua maioria, provavelmente pequenas demais para que possam elevar, de maneira significativa, o desempenho econômico da Amazônia Legal.

No entanto, as cidades amazônicas — sobretudo as maiores — são mais densas que cidades comparáveis em outras regiões do país, o que indica a existência de um potencial ainda inexplorado. A cidade média na Amazônia Legal tem uma densidade populacional de 2.120 habitantes por km², ao passo que, no resto do Brasil, a média é de 2.103 habitantes por km². Contudo, as cidades mais populosas da Amazônia Legal (acima de 50 mil habitantes) tendem a ser muito mais densas que no resto do Brasil (figura 6.4). As densidades populacionais em Belém e Manaus são comparáveis às do Rio de Janeiro ou de São Paulo

FIGURA 6.3

A maioria das cidades amazônicas tende a ser pequena em relação aos padrões brasileiros

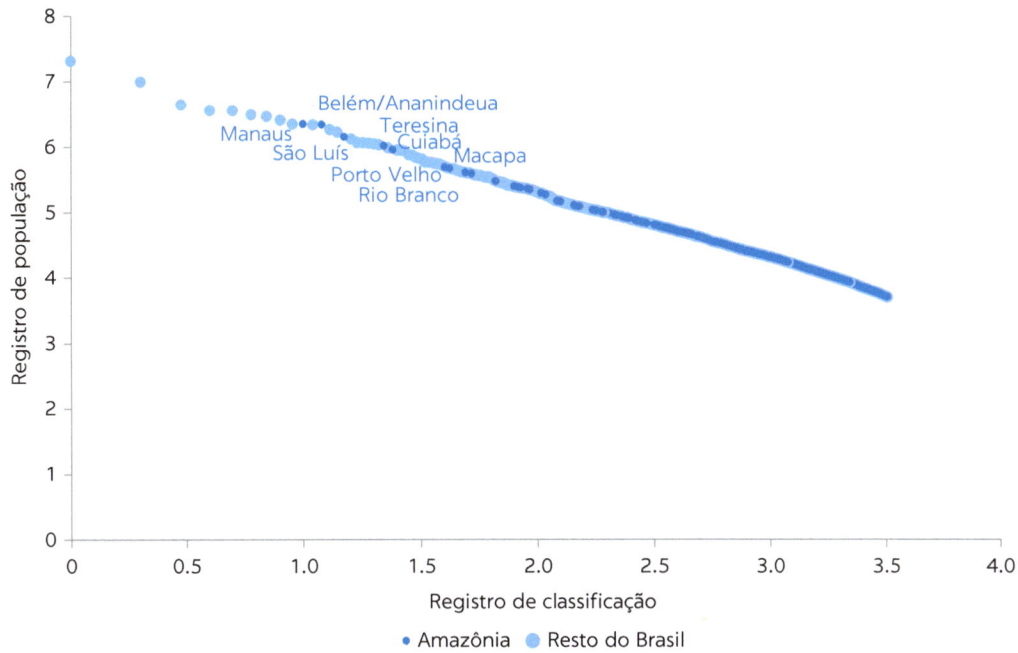

Fonte: Banco Mundial, com dados de WorldPop (2020) para cidades acima de 5 mil habitantes e de Dijkstra et al. (2020) para os limites das cidades.

FIGURA 6.4

As cidades mais populosas na Amazônia Legal são mais densas que no resto do Brasil

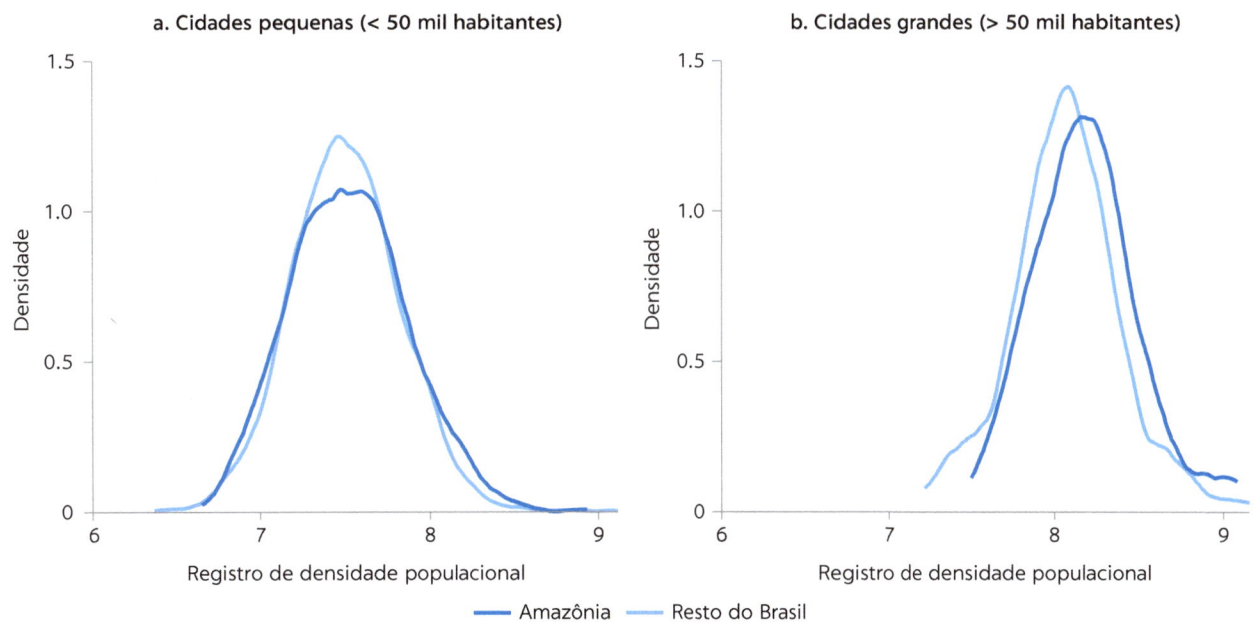

Fonte: Banco Mundial, com dados de WorldPop (2020) para cidades acima de 5 mil habitantes e de Dijkstra et al. (2020) para os limites das cidades.

(cerca de 8 mil pessoas por km²), o que as posicionam entre as cidades mais densas do país. As cidades amazônicas — como a maioria das cidades brasileiras — também possuem características físicas urbanas (conectividade interna e perímetros mais suaves e arredondados) associadas a uma maior produtividade[4].

As cidades da Amazônia Legal — especialmente no bioma Amazônia — dispõem de acesso muito limitado aos mercados nacionais. Embora a maioria dos residentes da Amazônia Legal tenha acesso a uma cidade de 5 mil habitantes ou mais, os mercados regionais estão muito mais distantes (mapa 6.2 e figura 6.5). Embora 65% das localidades se encontrem no raio de uma hora de viagem até uma cidade (78% no raio de duas horas), elas estão muito mais distantes dos mercados regionais: apenas 26% têm acesso a um mercado regional em menos de uma hora, e 50%, em até duas. No restante do Brasil, 97% das localidades têm acesso a uma cidade numa hora, e 67% têm acesso a um mercado regional em até uma hora. A distância até os mercados nacionais também é muito maior para as cidades e localidades do bioma Amazônia, cujo principal meio de conectividade é por meio do rio Amazonas e outras vias fluviais interligadas. Em média, são necessárias 26 horas para se chegar a uma cidade de 50 mil habitantes no estado do Amazonas; e apenas 7% das localidades estão a menos de duas horas de um mercado regional.

A distância geográfica das cidades da Amazônia Legal é provavelmente a maior barreira a impedir as cidades da região de alcançar níveis mais altos de desempenho econômico. Também é difícil aumentar a conectividade sem contribuir para o desmatamento. Embora a grande distância física tenha resultado em mercados desconectados (com implicações para o comércio), a melhoria do acesso ao mercado provavelmente não ajudará a conectar lugares muito distantes, já que a elasticidade do comércio em relação à distância é alta. Para melhorar a conectividade e a produtividade, as intervenções poderiam se concentrar em melhorar e manter a rede de transportes, principalmente o transporte aquaviário, a fim de torná-la mais eficiente, além de flexibilizar o ambiente regulatório, de modo a melhor aproveitar o potencial da região (ver descrição do caso de Manaus no relatório complementar a este memorando [Banco Mundial, 2023]).

MAPA 6.2

Tempos de viagem até as cidades de menor porte e de maior porte mais acessíveis na Amazônia Legal

a. Cidade pequena mais acessível   b. Cidade grande mais acessível

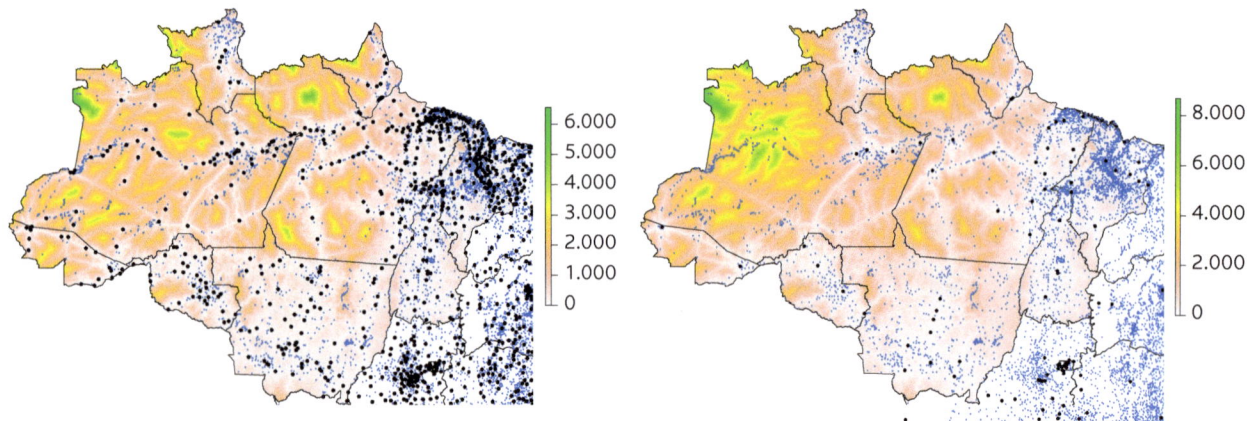

Fonte: Banco Mundial, com dados de WorldPop (2020) para cidades acima de 5 mil habitantes; de Dijkstra et al. (2020) para os limites das cidades; e do Instituto Brasileiro de Geografia e Estatística (IBGE) e de Weiss et al. (2018) para os tempos de viagem.
Observação: As cidades de pequeno porte (< 50 mil habitantes) e de grande porte (> 50 mil habitantes) aparecem em preto; e as localidades, em azul, sobrepostas aos tempos de viagem até cidades de menor porte (a) ou cidades de maior porte (b) em minutos.

FIGURA 6.5

Os tempos de viagem são muito mais longos na Amazônia Legal

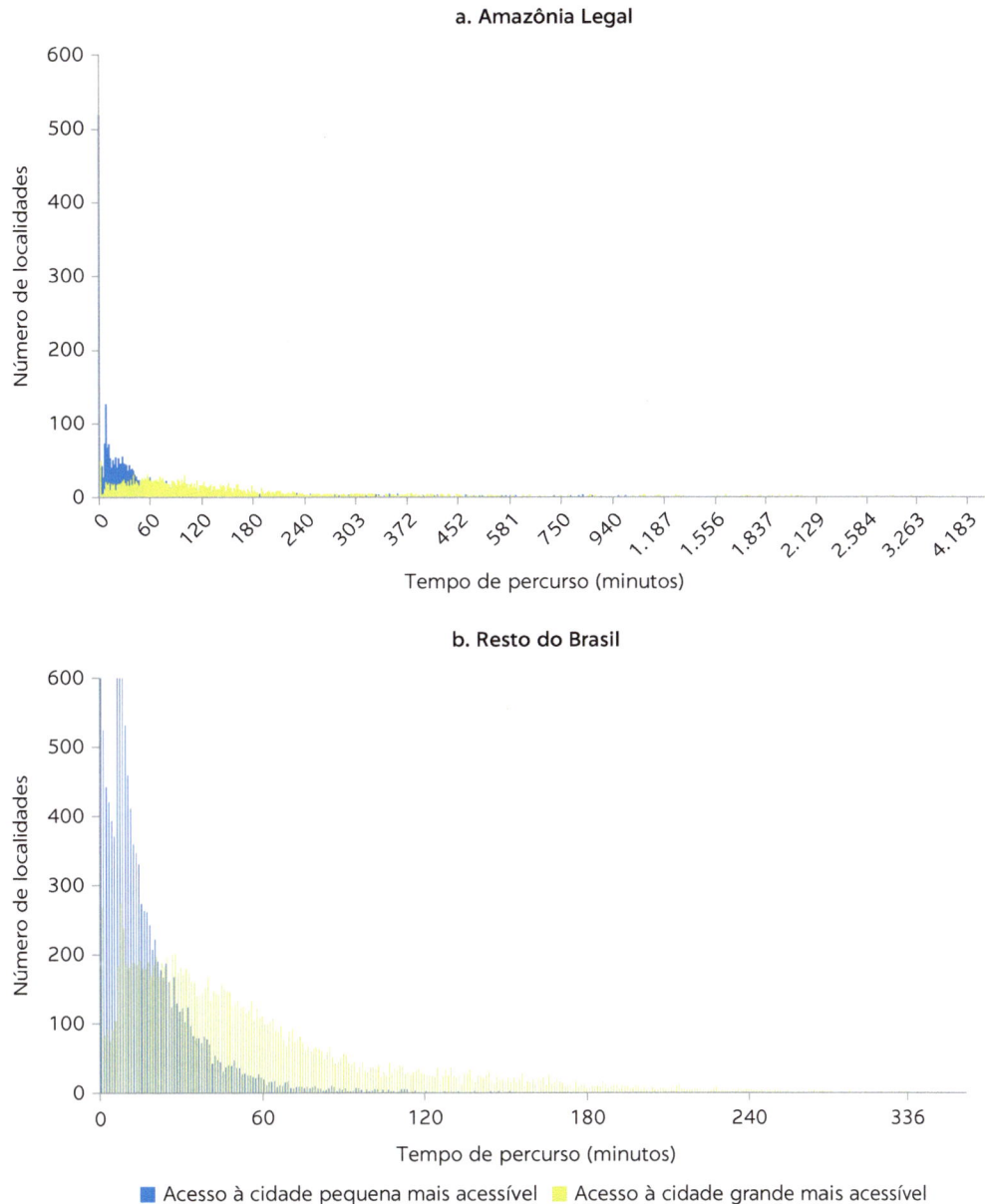

a. Amazônia Legal

b. Resto do Brasil

■ Acesso à cidade pequena mais acessível   ■ Acesso à cidade grande mais acessível

Fonte: Banco Mundial com base em Weiss et al. (2018), localidades do Instituto Brasileiro de Geografia e Estatística (IBGE, 2021), WorldPop (2020) e Dijkstra et al. (2020).
Observação: Com base na cidade pequena ou grande mais acessível a partir das localidades. O eixo y foi recortado no painel (b) para realçar melhor as diferenças (há 2.388 localidades com tempo de viagem até uma cidade pequena igual a zero).

Além disso, a força de trabalho das cidades amazônicas não é tão escolarizada quanto as de outras cidades brasileiras. No que se refere à acumulação de capital humano, as áreas urbanas da Amazônia Legal têm a vantagem de contar com uma força de trabalho mais jovem, que está crescendo a taxas mais altas que nas áreas urbanas do resto do país; todavia, essa força de trabalho é menos escolarizada[5]. Em 2019, a média de anos de escolaridade nas áreas urbanas da Amazônia Legal era de nove anos (com variação entre os estados); no resto do

FIGURA 6.6

A média de anos de escolaridade é menor na Amazônia Legal, principalmente nas áreas rurais, 2012–2019

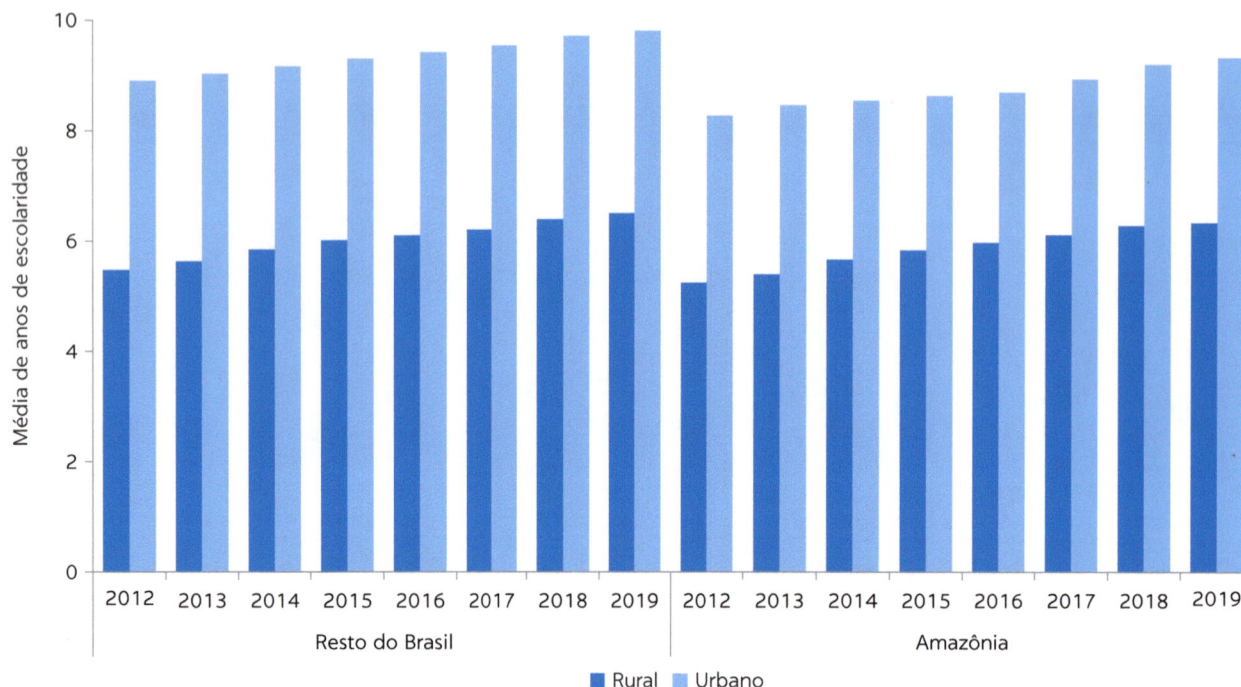

Fonte: Banco Mundial, com dados da Pesquisa Nacional por Amostra de Domicílios Contínua (PNADC) de 2002 a 2019.

Brasil, a média era de dez anos (figura 6.6). Nos municípios amazônicos, as matrículas no ensino superior equivalem aproximadamente à metade do resultado no resto do Brasil (capítulo 2). Além disso, a probabilidade de emigração é maior entre as pessoas com níveis mais altos de escolaridade, embora, nas últimas décadas, isso pareça estar diminuindo. Tanto no Brasil quanto na Amazônia Legal, a migração para fora do estado natal varia em função da escolaridade: os mais escolarizados têm maior probabilidade de migrar. Entretanto, essas tendências vêm mudando com o tempo: embora as pessoas mais qualificadas tivessem maior probabilidade de emigração que no resto do país, isso se inverteu na década de 2010 (figura 6.7).

O acesso das cidades amazônicas a serviços básicos de qualidade (inclusive conectividade digital) é muito limitado. Conforme descrito anteriormente, isso aumenta os custos de congestionamento e impede que as economias de aglomeração floresçam. As cidades amazônicas têm muito menos acesso ao abastecimento de água, ao fornecimento de energia elétrica e a serviços de coleta, tratamento e gerenciamento de esgotos e de resíduos sólidos. Nas cidades da Amazônia Legal, apenas 33% dos habitantes têm acesso a redes de esgoto; no resto do país, 81% (figura 6.8) (Arretche, 2019). Quanto à conectividade digital, a porcentagem de pessoas com acesso à telefonia celular na Amazônia Legal é igual à média do país, mas o acesso à internet é um pouco mais baixo nas cidades amazônicas. Também há lacunas de qualidade na prestação de serviços: há, inclusive, alguns aumentos nessas lacunas, como no caso da eletricidade (com apagões persistentes e fontes de geração de energia poluentes e não confiáveis (figura 6.9) (Vagliasindi, 2022). A situação também é crítica quando se trata de acesso a serviços de banda larga de qualidade e bens essenciais para assegurar a

FIGURA 6.7

As pessoas nascidas no resto do Brasil têm mais probabilidade de terem migrado de seu estado natal, ao passo que as pessoas educadas na Amazônia Legal apresentam maior mobilidade

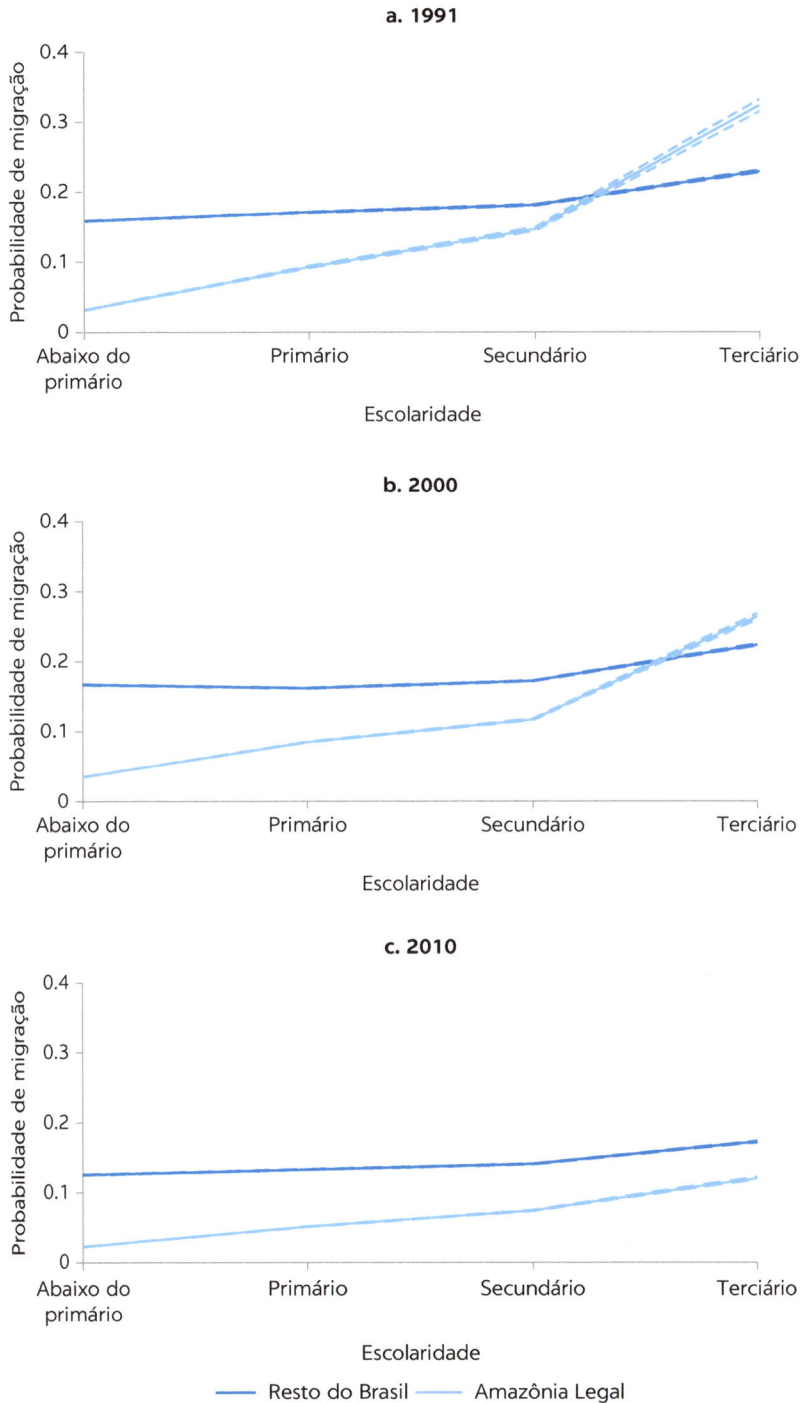

a. 1991

b. 2000

c. 2010

—— Resto do Brasil   —— Amazônia Legal

Fonte: Banco Mundial, com dados censitários do Brasil de 1990, 2000 e 2010 obtidos do banco de dados internacional da Série Integrada de Microdados de Uso Público da Universidade de Minnesota (Ipums).

Note: As estimativas se baseiam num modelo Probit em que a variável dependente é o fato de a pessoa ter nascido na Amazônia Legal e ter deixado a região até o ano do censo. As variáveis de controle são: gênero; idade; estado civil; escolaridade; área de residência atual; situação de emprego no destino (na ausência de informações sobre a origem); diferença média de renda entre origem e destino; e densidade populacional na origem (pressupondo que a distribuição em nível estadual permaneça a mesma). Foram relatados intervalos de confiança de 90%.

FIGURA 6.8

As cidades amazônicas têm muito menos acesso a serviços básicos

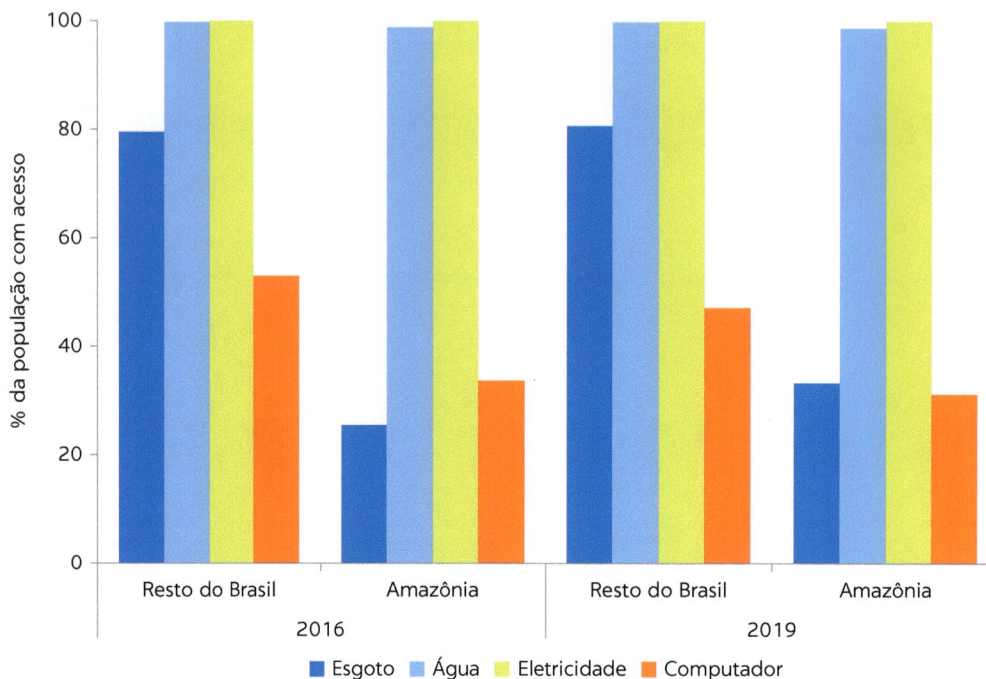

Fonte: Banco Mundial, com dados da Pesquisa Nacional por Amostra de Domicílios Contínua (PNADC) de 2016 e 2019.

FIGURA 6.9

A confiabilidade da energia elétrica é baixa nos estados da Amazônia Legal, 2019

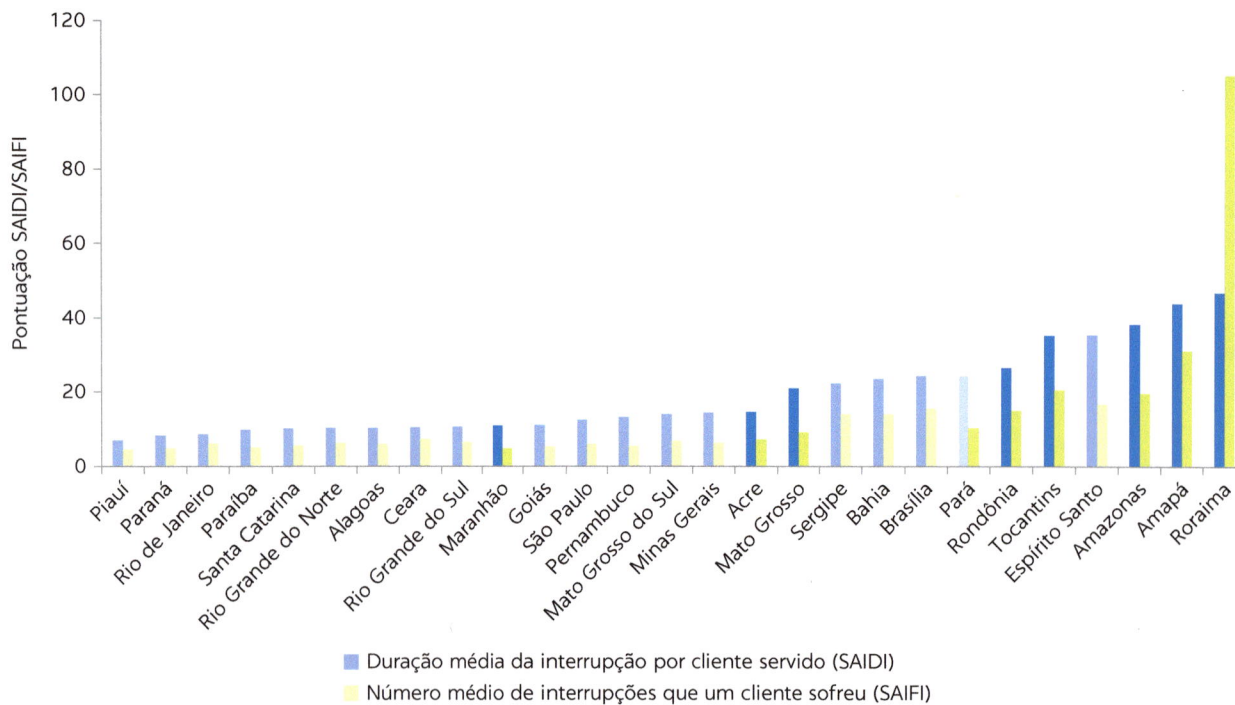

Fonte: Vagliasindi (2022).
Observação: SAIDI = Índice Médio da Duração das Interrupções no Sistema; SAIFI = Índice Médio da Frequência das Interrupções no Sistema.

FIGURA 6.10

A velocidade e a confiabilidade da internet também tendem a ser baixas na Amazônia Legal, 2019

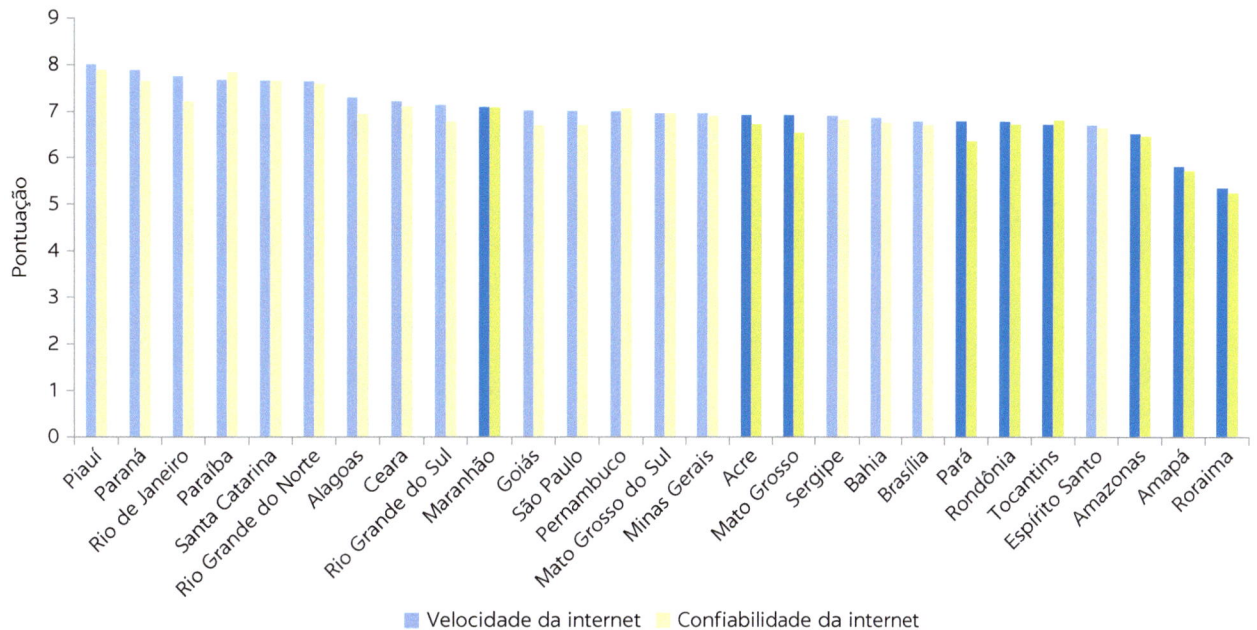

■ Velocidade da internet   ■ Confiabilidade da internet

Fonte: Banco Mundial, com base em dados de MelhorPlano e Anatel.
Observação: As barras mais escuras indicam os estados da Amazônia Legal.

conectividade digital, tais como computadores e *smartphones* (figura 6.10) (Arretche, 2019). O acesso reduzido e a baixa qualidade dos serviços básicos afetam famílias e empresas de maneiras diferentes — devido à necessidade de buscar fontes alternativas e aos altos custos dos meios necessários para garantir a prestação de serviços confiáveis — e encarecem a produção, reduzindo a atratividade das cidades amazônicas para iniciativas do setor privado e limitando seu desempenho econômico.

UMA ABORDAGEM ESPACIALMENTE SENSÍVEL ÀS POLÍTICAS PARA CIDADES PEQUENAS E GRANDES DA AMAZÔNIA LEGAL

As cidades da Amazônia Legal, tanto pequenas quanto grandes, carecem, em sua maioria, dos recursos espaciais e dos insumos necessários para se tornarem polos de crescimento econômico. Essas cidades provavelmente são demasiadamente pequenas e distantes dos mercados nacionais e globais para que possam se converter em verdadeiras potências econômicas regionais ou nacionais. Elas também não dispõem de capital humano, serviços básicos e ambientes de negócios capazes de atrair o desenvolvimento impulsionado pelo setor privado e fomentar economias de aglomeração. De fato, os recursos espaciais escassos da região (que é periférica e esparsa, em sua maior parte) são típicos de uma região menos desenvolvida. Devido a isso, é essencial adotar uma visão realista do que é viável para a região de forma a conceber políticas de desenvolvimento regional que reflitam os desafios territoriais e explorar os potenciais de aumento da produtividade e da convergência (quadro 6.1). A seção a seguir

QUADRO 6.1

Como evitar as armadilhas das políticas de desenvolvimento regional

De acordo com o *Relatório de Desenvolvimento Mundial 2009: A Geografia Econômica em Transformação*, as regiões menos desenvolvidas tendem a apresentar recursos espaciais mais limitados, além de serem menos densamente povoadas (com baixos níveis de densidade populacional e/ou lugares cercados por territórios pouco povoados) e estarem mais longe dos mercados (Banco Mundial, 2009). Além disso, enfrentam obstáculos relacionados a seus ambientes de negócios e sua infraestrutura, à menor capacidade de suas instituições e à menor acumulação de capital humano. Em resposta a esses desafios, as autoridades tendem a se concentrar na implementação de políticas públicas e investimentos espacialmente direcionados, com o objetivo de promover a convergência econômica. Todavia, as políticas espacialmente direcionadas são apostas estratégicas ou setoriais que não oferecem garantia de sucesso. De fato, muitas dessas intervenções — tais como a implementação de zonas econômicas especiais — resultaram em fracassos altamente custosos; e poucos foram os casos de sucesso. A experiência tem demonstrado que abordagens mais sensíveis do ponto de vista espacial são justificadas, e que a concepção de políticas de desenvolvimento regional deve ser embasada em seus benefícios líquidos para o crescimento nacional, o bem-estar e a coesão social, bem como sua viabilidade prática, dadas as limitações fiscais e políticas[a].

Alcançar equidade em todo o território não deve ser confundido com implementar políticas genéricas de desenvolvimento local, que podem ser dispendiosas e resultar em poucas melhorias no padrão de vida das pessoas. Os investimentos e políticas destinados a melhorar as condições de vida em áreas menos desenvolvidas, esparsamente povoadas e isoladas não são os mesmos necessários para enfrentar a pobreza nas favelas de uma metrópole ou em regiões ao mesmo tempo pobres e muito densas. Com a combinação certa de políticas para cada localidade, um país pode alcançar um alto nível de crescimento nacional, com altos padrões de vida em todas as regiões e unidade nacional.

Para evitar as armadilhas de políticas de desenvolvimento regional, é necessário um projeto minucioso. Cinco aspectos principais devem ser considerados:

- *Abordar as complementaridades conjuntamente.* As regiões menos desenvolvidas frequentemente sofrem múltiplas desvantagens; logo, as intervenções que abordam apenas uma dessas desvantagens têm seus impactos neutralizados porque faltam complementos essenciais. Muitas vezes, é inviável ter todos os complementos necessários. Os grandes esforços são de alto risco e de alto custo. As economias de aglomeração não podem ser implantadas. Fundamentos como um bom ambiente de negócios, mercados de fatores fluidos e capital humano geralmente são necessários para que as políticas de desenvolvimento regional sejam bem-sucedidas.

- *Diagnosticar e solucionar gargalos diretamente.* Muitas vezes, as políticas de desenvolvimento regional buscam compensar as empresas por resultados econômicos medíocres ou favorecem ações de alta visibilidade, apesar de seus baixos impactos, em vez de abordar os gargalos subjacentes.

- *Identificar as ineficiências de mercado por trás de resultados medíocres.* É importante que o foco da política seja a superação das ineficiências de mercado, a fim de evitar "puxadinhos" ou "remendos" ineficazes.

- *Olhar para fora.* Com frequência, as intervenções tratam os lugares menos desenvolvidos isoladamente, em vez de conectar esses lugares e sua população a oportunidades externas.

- *Concentrar-se nas pessoas.* Quando os lugares menos desenvolvidos permanecem estagnados, seus habitantes tendem a emigrar em busca de oportunidades em outros lugares. É importante garantir um padrão de vida digno por meio da prestação de serviços públicos e de transferências progressivas, além de desenvolver o capital humano para ampliar o acesso às oportunidades e eliminar os atritos de mobilidade.

a. Para dados sobre a experiência internacional, ver Grover, Lall e Maloney (2021) e Rodríguez-Pose e Wilkie (2019), entre outros. O caso da Europa é analisado em Farole, Goga e Ionescu-Heroiu (2018). Para dados sobre as ZEEs, em particular, ver a revisão de Farole e Akinci (2011). Para informações mais detalhadas sobre a experiência internacional, ver a revisão abrangente de Grover, Lall e Maloney (2021).

analisa mais profundamente o sistema urbano da Amazônia Legal no intuito de fornecer um marco inicial para suas políticas de desenvolvimento regional.

A conectividade relativamente baixa dos transportes e a longa distância entre áreas povoadas na Amazônia Legal geraram uma série de sistemas urbanos fragmentados, organizados em torno de polos econômicos e apoiados por polos de serviços menores. Os polos econômicos são lugares onde se agrupam populações e atividades econômicas; eles serão fundamentais para promover o crescimento da produtividade urbana na Amazônia Legal. Dada a grande distância entre os povoados, esses polos econômicos são complementados por polos de serviços, que tendem a ser menores, mas desempenham um papel fundamental na prestação de serviços e na formação de sua população (capital humano), inclusive em outros povoados localizados no entorno. Tanto os polos econômicos quanto os polos de serviços são essenciais para o desenvolvimento da Amazônia Legal. Este capítulo propõe uma estrutura analítica que poderia servir como um marco para a identificação de polos econômicos e de serviços regionais (ver anexo 6A para mais detalhes).

Os ganhos de produtividade urbana na Amazônia Legal provavelmente serão limitados a alguns polos econômicos que disponham de recursos suficientes para que as políticas de desenvolvimento regional sejam eficazes e ofereçam apoio às indústrias mais competitivas. Conforme mencionado anteriormente, as cidades da Amazônia Legal consistem em sistemas urbanos desconectados, que tendem a estar distantes dos mercados. Na verdade, as cidades (de todos os tamanhos) não são, em sua maioria, suficientemente grandes ou estrategicamente localizadas para que possam prosperar e garantir o crescimento e desenvolvimento das empresas privadas que nelas se instalarem. Por isso, os ganhos de produtividade urbana provavelmente se limitarão a alguns poucos polos econômicos.

Polos econômicos

A identificação dos polos econômicos com ativos locais suficientes ajuda a garantir que as políticas de desenvolvimento local sejam personalizadas, realistas e eficazes. Os polos econômicos são definidos com base em seu grau de atratividade, na distância até outros locais povoados e na própria população. Eles precisam atrair um mínimo de cinco outras cidades para se qualificarem como polos econômicos[6]. Isso não significa que as cidades que não fazem parte dos polos econômicos não sejam importantes ou acessíveis, mas pode iniciar uma reflexão sobre como priorizar políticas de desenvolvimento local para aumentar a produtividade em torno dos polos que possuem massa populacional, mercados e atividades econômicas suficientes para se desenvolverem. Os polos econômicos têm, em média, 566.835 habitantes (2020). Com base nessa metodologia, identificamos um conjunto inicial de 20 polos econômicos em potencial na Amazônia Legal (mapa 6.3)[7].

Os polos econômicos propostos parecem ter uma maior participação de universitários recém-graduados, o que também é um dos fatores-chave para o crescimento da produtividade urbana na Amazônia Legal, bem como no Brasil, de

MAPA 6.3

Vinte possíveis polos econômicos na Amazônia Legal

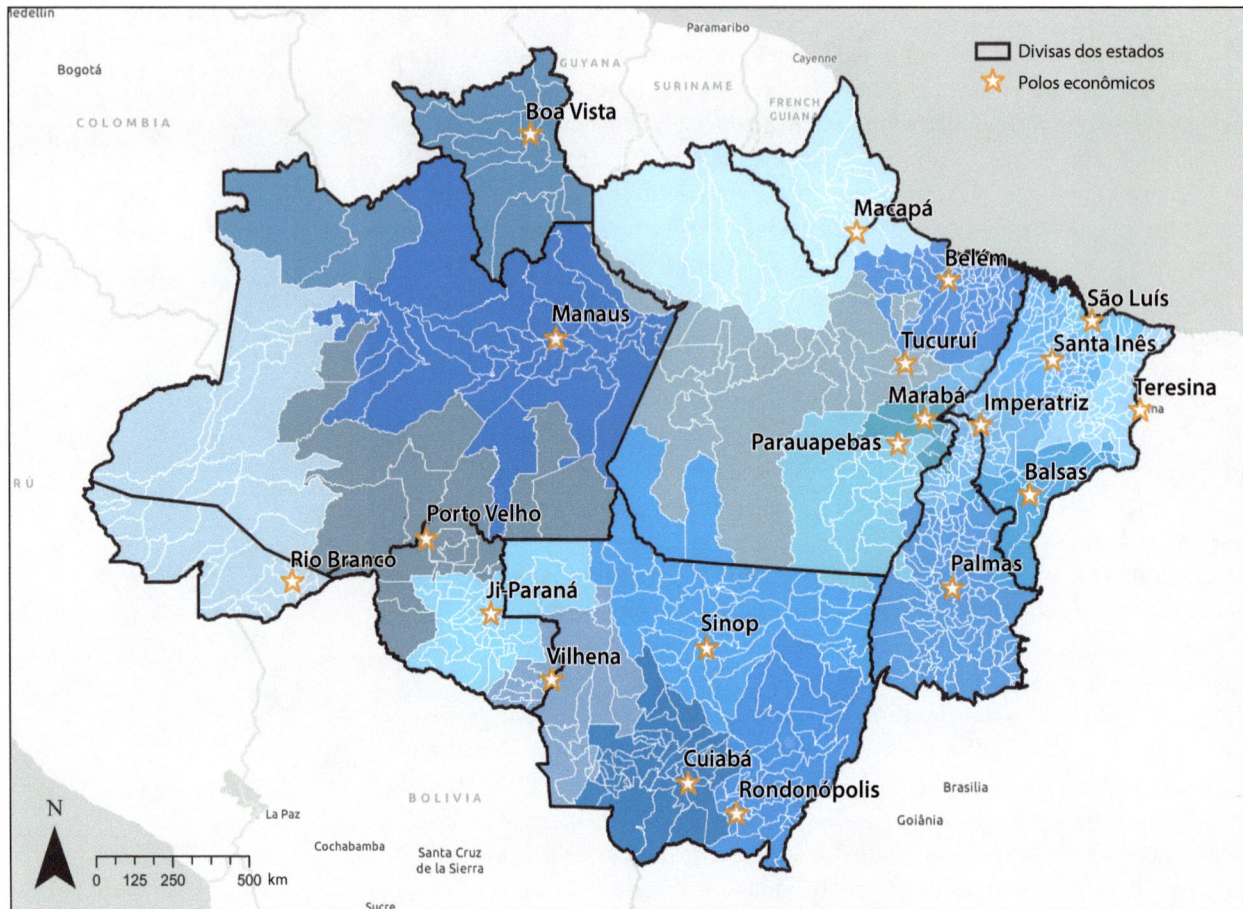

Fontes: Banco Mundial, com base em dados de Weiss et al. (2018) para atratividade e WorldPop (2020) para a população urbana, com base na definição global descrita em Dijkstra et al. (2020).
Observação: As cores demarcam as áreas servidas pelos 20 polos.

forma mais ampla (mapa 6.4). Poderiam ser considerados outros critérios além do tamanho relativo da população e do tempo de viagem (como os recursos disponíveis, a prestação de serviços e o acesso aos mercados globais), mas isso exigiria um engajamento mais profundo. Os polos identificados são, em sua maioria, capitais estaduais.

Alguns dos polos econômicos identificados parecem estar mais bem posicionados que outros para melhorar sua posição no *ranking* de produtividade urbana. Muitas das cidades da Amazônia Legal (em verde e vermelho na figura 6.11) estão em municípios com poucos recursos espaciais: estão longe dos mercados e apresentam densidades populacionais relativamente baixas (quadrante inferior esquerdo da figura 6.11). Dos 20 polos econômicos identificados, três estão no quadrante inferior esquerdo. Belém, Imperatriz, Palmas, São Luís e Teresina parecem ter os melhores recursos espaciais, pois estão em municípios muito mais próximos dos mercados e apresentam densidades populacionais mais elevadas. Boa Vista, Macapá, Manaus e Rio Branco (todos na Fronteira Colonial) têm densidade populacional relativamente densa, mas fazem parte de municípios periféricos; portanto, requerem políticas diferentes daquelas

MAPA 6.4

Há uma presença maior de estudantes do ensino superior nos polos econômicos

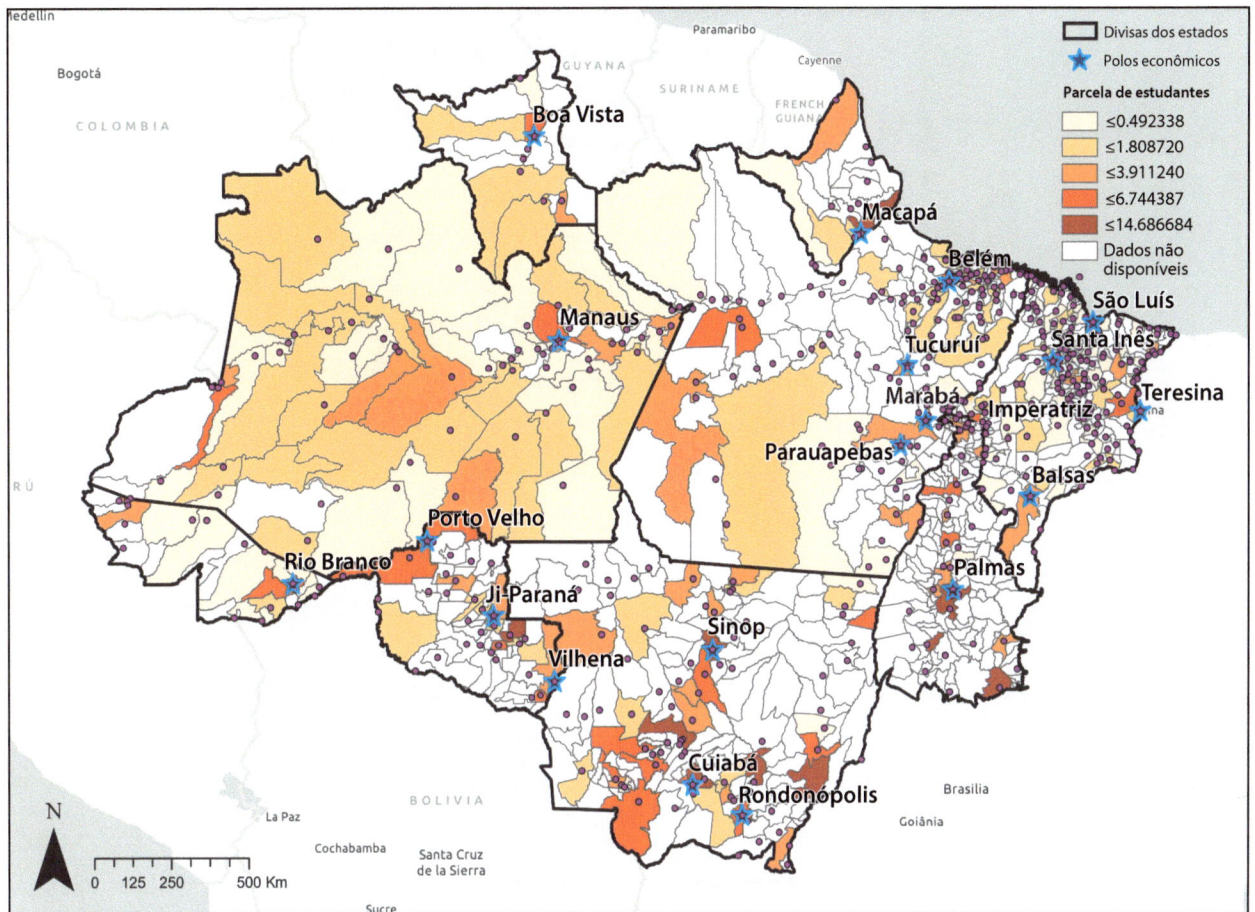

Fonte: Banco Mundial, com base no Censo da Educação Superior 2014 do Instituto Nacional de Estudos e Pesquisas Educacionais Anísio Teixeira (Inep).
Observação: os polos econômicos são definidos com base em sua atratividade — ou seja, sua distância de outros centros povoados e sua própria população. Eles precisam atrair pelo menos outras cinco cidades para que se qualifiquem como polos econômicos (ver também anexo 6A).

implementadas nos outros polos citados (ver quadro 6.2 e relatório complementar para mais informações sobre Manaus [Banco Mundial, 2023]).

É necessário um conjunto coordenado de ações para que vários polos econômicos se tornem polos de crescimento regional. A metodologia requer a elaboração de políticas de desenvolvimento regional com foco em diversos setores — conforme descreve o relatório complementar em relação à energia, ao abastecimento de água, à gestão de resíduos sólidos e à infraestrutura urbana em Manaus (Banco Mundial, 2023) — e políticas de formação e desenvolvimento de capital humano centradas nas pessoas e que sejam capazes de conectá-las às oportunidades disponíveis. Também é fundamental garantir a oferta de padrão e qualidade de vida decentes para reter e atrair pessoas com altos níveis de qualificação profissional. Além desses aspectos, o aprimoramento da capacidade institucional nos vários níveis (regional, estadual e municipal) é indispensável para garantir que o setor público possa liderar e coordenar ações em diferentes esferas. Por fim, a melhoria do ambiente empresarial, do comércio e da logística pode promover ganhos de produtividade no setor privado urbano da Amazônia Legal (Banco Mundial, 2023). Entretanto, as apostas estratégicas precisam ser

FIGURA 6.11

Alguns polos econômicos estão em municípios com melhores recursos espaciais — densos e centrais, ou densos e periféricos

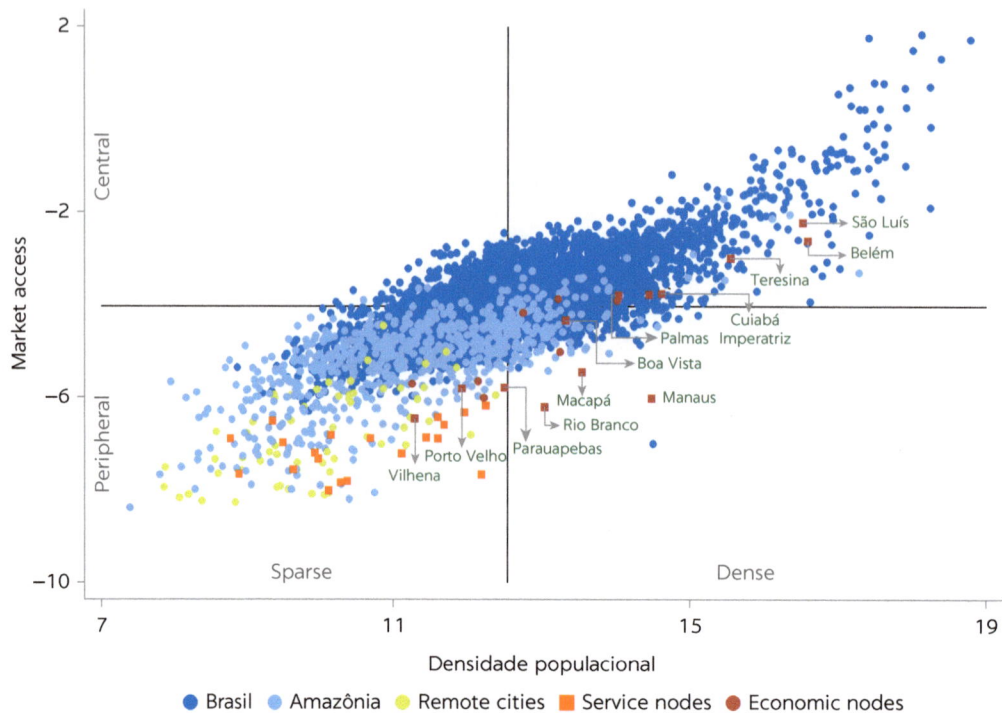

Fonte: Banco Mundial, com base nos dados de Weiss et al. (2018) e dos arquivos *shapefile* municipais do Instituto Brasileiro de Geografia e Estatística (IBGE) para população e área em 2010 (IBGE, 2021).
Observação: cada ponto representa um município. As cidades remotas são aquelas que distam mais de seis horas de carro dos polos de serviços. Os polos de serviços são áreas povoadas suficientemente grandes para serem consideradas "polos" e suficientemente próximas (menos de seis horas de viagem rodoviária) de pelo menos três outras regiões povoadas na Amazônia Legal, de forma que podem ser consideradas centros de prestação de serviços. Os polos econômicos são definidos com base em sua atratividade — ou seja, sua distância de outros centros povoados e sua própria população. Eles precisam atrair pelo menos outras cinco cidades para que se qualifiquem como polos econômicos (ver também anexo 6A).

QUADRO 6.2

Como ajustar as políticas em função das dificuldades enfrentadas por diferentes localidades

As políticas para a Amazônia Legal podem ser ajustadas às dificuldades específicas enfrentadas por diferentes localidades. Um passo importante é identificar os principais gargalos que levam a resultados fracos. Farole, Goga e Iionescu-Heroiu (2018) e Banco Mundial (2009) traduzem esses princípios num marco básico para a adoção de políticas personalizadas (Q6.2.1).

Desenvolvimento de recursos transversais em todos os lugares

O fortalecimento da capacidade institucional para auxiliar os governos locais na execução de seus mandatos constitui o alicerce das políticas públicas voltadas à integração espacial dos países, juntamente com ações que visem a promover a mobilidade da mão de obra por todo o território. Essas políticas também

continua

Quadro 6.2, *continua*

Marco para a aplicação de políticas em regiões menos desenvolvidas

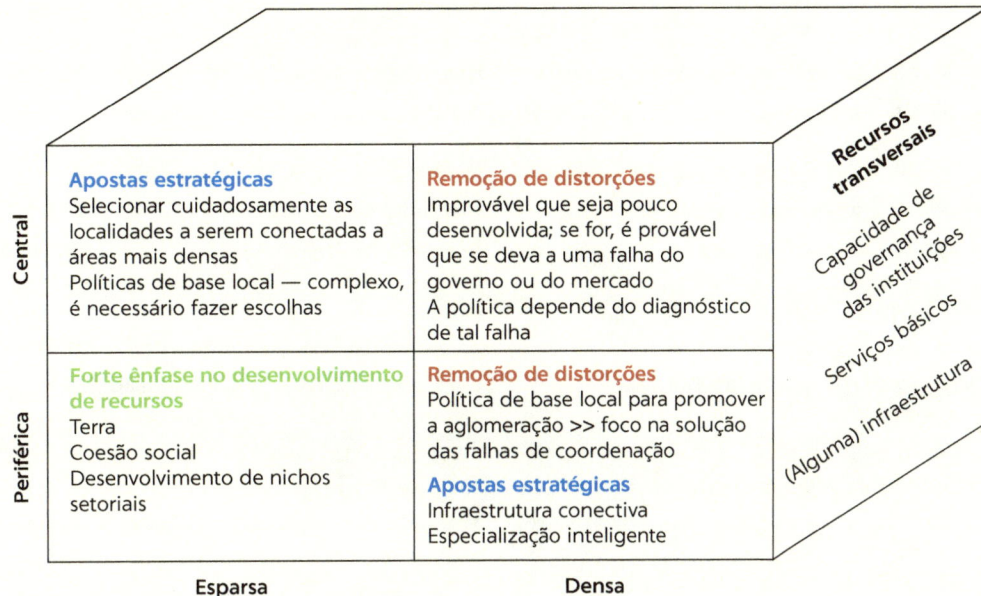

	Esparsa	**Densa**	
Central	**Apostas estratégicas** Selecionar cuidadosamente as localidades a serem conectadas a áreas mais densas Políticas de base local — complexo, é necessário fazer escolhas	**Remoção de distorções** Improvável que seja pouco desenvolvida; se for, é provável que se deva a uma falha do governo ou do mercado A política depende do diagnóstico de tal falha	**Recursos transversais** Capacidade de governança das instituições Serviços básicos (Alguma) infraestrutura
Periférica	**Forte ênfase no desenvolvimento de recursos** Terra Coesão social Desenvolvimento de nichos setoriais	**Remoção de distorções** Política de base local para promover a aglomeração >> foco na solução das falhas de coordenação **Apostas estratégicas** Infraestrutura conectiva Especialização inteligente	

Fonte: Farole, Goga e Ionescu (2018); Banco Mundial (2009).

incluem regras claras sobre direitos fundiários, acesso à terra, comércio, tributos e mecanismos de transferência — tudo com vistas a facilitar a mobilidade de bens e serviços. A garantia de níveis mínimos de prestação de serviços básicos e infraestrutura também ajuda a garantir uma maior igualdade de condições. Esses requisitos são essenciais em todos os lugares, desde aqueles pouco povoados, como no extremo oeste do bioma Amazônia, até as maiores cidades da Amazônia Legal e do Brasil.

Lugares periféricos e pouco povoados

Reformas institucionais e melhoras no acesso a serviços básicos (e na qualidade de tais serviços) têm um grande impacto sobre a equidade; essas medidas podem destravar um potencial inexplorado, elevar o padrão de vida e conectar as pessoas às oportunidades. Se as regiões contarem com instituições avançadas e de qualidade e o capital humano tiver atingido níveis elevados, as oportunidades de desenvolvimento econômico regional em nichos específicos devem surgir por meio das instituições existentes.

Lugares com mais pessoas, mas ainda distantes dos mercados

A conectividade pode ajudar as localidades mais pobres a usufruir os sucessos das principais localidades: ela aumenta a escala dos mercados que podem ser acessados a partir das localidades mais pobres e facilita o comércio, permitindo que cada localidade possa se especializar no que faz de melhor. Uma melhor conectividade (transporte, energia e logística) entre os mercados é capaz de aumentar produtividade de atividades como agricultura, agroprocessamento ou indústria manufatureira intensiva em mão de obra, além de contribuir para o desenvolvimento econômico[a]. Contudo, o investimento em conectividade precisa ser adaptado sob medida a cada localidade: investimentos pesados em infraestrutura precisam de certo nível de densidade econômica e populacional para alcançarem os impactos esperados e os retornos adequados: eles devem ser priorizados em torno de cidades e corredores secundários, nos quais as oportunidades possam ser ampliadas e consigam alcançar um número maior de pessoas.

continua

Quadro 6.2, *continua*

Algumas regiões menos desenvolvidas podem ficar presas numa situação em que não consigam atrair investidores porque, em geral, seus níveis de investimento são demasiadamente baixos; e o retorno esperado pelos investidores depende fundamentalmente dos investimentos de terceiros (falhas de coordenação). Sem uma rede suficientemente densa de empresas, o subinvestimento de todas as partes resulta num equilíbrio estável, mas subótimo. Isso é comum em regiões menos desenvolvidas e, mais ainda, em regiões com menor potencial de aglomeração. São necessárias intervenções governamentais (e não soluções de mercado) para corrigir tais falhas de coordenação.

Regiões escassamente povoadas, mas com localização central

Com frequência, estão próximas a aglomerados maiores; portanto, a prioridade é melhorar a conectividade com tais aglomerados. Investimentos setoriais direcionados também podem ser relevantes nesse tipo de região. Pensando em desenvolver economias de escala em torno de alguns polos e considerando a floresta, as escolhas relativas à infraestrutura terão de ser feitas cuidadosamente (onde instalá-la?) de modo a preencher os complementos que faltam em torno de polos

específicos, em vez de espalhar tudo a seu redor (e agir de forma fragmentada). O principal desafio é: se o potencial para o desenvolvimento de economias de aglomeração for baixo, é provável que a especialização seja especialmente importante, o que aumenta o risco típico daquelas políticas industriais regionais que buscam identificar "campeões".

Regiões densamente povoadas e com localização central

Essas são as candidatas mais bem posicionadas para que as políticas de desenvolvimento local resolvam os gargalos subjacentes restantes. Intervenções direcionadas mais caras e com distorções espaciais costumam enfrentar dificuldades em lugares economicamente menos densos devido à falta de demanda e dos complementos necessários para seu sucesso. Entretanto, em lugares com urbanização avançada (como grandes cidades), mais desses complementos estão presentes, e os mercados já revelaram as vantagens da localização. Nesse caso, mais políticas de desenvolvimento regional podem se mostrar eficazes para aliviar o congestionamento e superar os gargalos restantes que obstam um crescimento rápido e inclusivo.

a. Essas atividades não apresentam economias de aglomeração e, portanto, são mais propensas a se beneficiar, em vez de perder, com a melhoria da conectividade. Outras atividades incentivarão as empresas a se concentrarem em áreas de ponta, pois uma melhor conectividade lhes permite alcançar mercados mais distantes.

concebidas adequadamente — com objetivos claros, uma análise de seus benefícios frente a políticas alternativas e estratégias de saída bem definidas (quadro 6.2). Também é necessário realizar uma avaliação mais pormenorizada do desenvolvimento regional e econômico, exercícios estratégicos e consultas para identificar os polos econômicos que dispõem dos recursos básicos adequados para gerar o maior impacto nas políticas destinadas a estimular a competitividade nos serviços e na indústria manufatureira, ou entender quais polos necessitam de intervenções complementares.

Polos de serviços

Políticas e estratégias adicionais podem ser necessárias para garantir a prestação de serviços básicos e desenvolver capacidades móveis em potenciais polos de serviços e cidades remotas. As intervenções devem se concentrar em melhorar a prestação de serviços nesses polos a fim de reduzir eventuais disparidades espaciais. Isso faz sentido tanto do ponto de vista da equidade (para garantir que o futuro dos brasileiros não seja determinado por seu local de nascimento) quanto do crescimento nacional (para que, caso habitantes de determinada localidade queiram migrar, eles contem com um conjunto mínimo de competências para prosperar em outros lugares). A consolidação e o apoio à prestação de serviços nos polos de serviços também fazem sentido do ponto de vista da eficiência, pois é necessário certo nível de densidade para que a prestação de serviços seja realizada em escala, diminuindo os custos. Diferentes densidades exigirão diferentes infraestruturas e tecnologias de prestação de serviços. Em áreas pouco povoadas, é fundamental considerar tecnologias alternativas para a prestação de serviços (tais como painéis solares e clínicas de saúde móveis) que não dependam de economias de escala para alcançar a eficiência.

Mas como são identificados os polos de serviços? Como no caso dos polos econômicos, os polos de serviços são definidos com base na população e na distância até outros lugares povoados (ver anexo 6A). Um polo de serviços é um local habitado suficientemente grande para ser considerado um polo e suficientemente próximo (menos de seis horas) de, pelo menos, outras três áreas povoadas na Amazônia Legal para servir como centro de prestação de serviços (mapa 6.5). Com base nisso, é possível afirmar que há cerca de 35 polos de serviços na região, que poderiam atender a 465 cidades menores. A população média

MAPA 6.5

É necessário fortalecer os polos de serviços para assegurar equidade nos padrões de vida e oportunidades

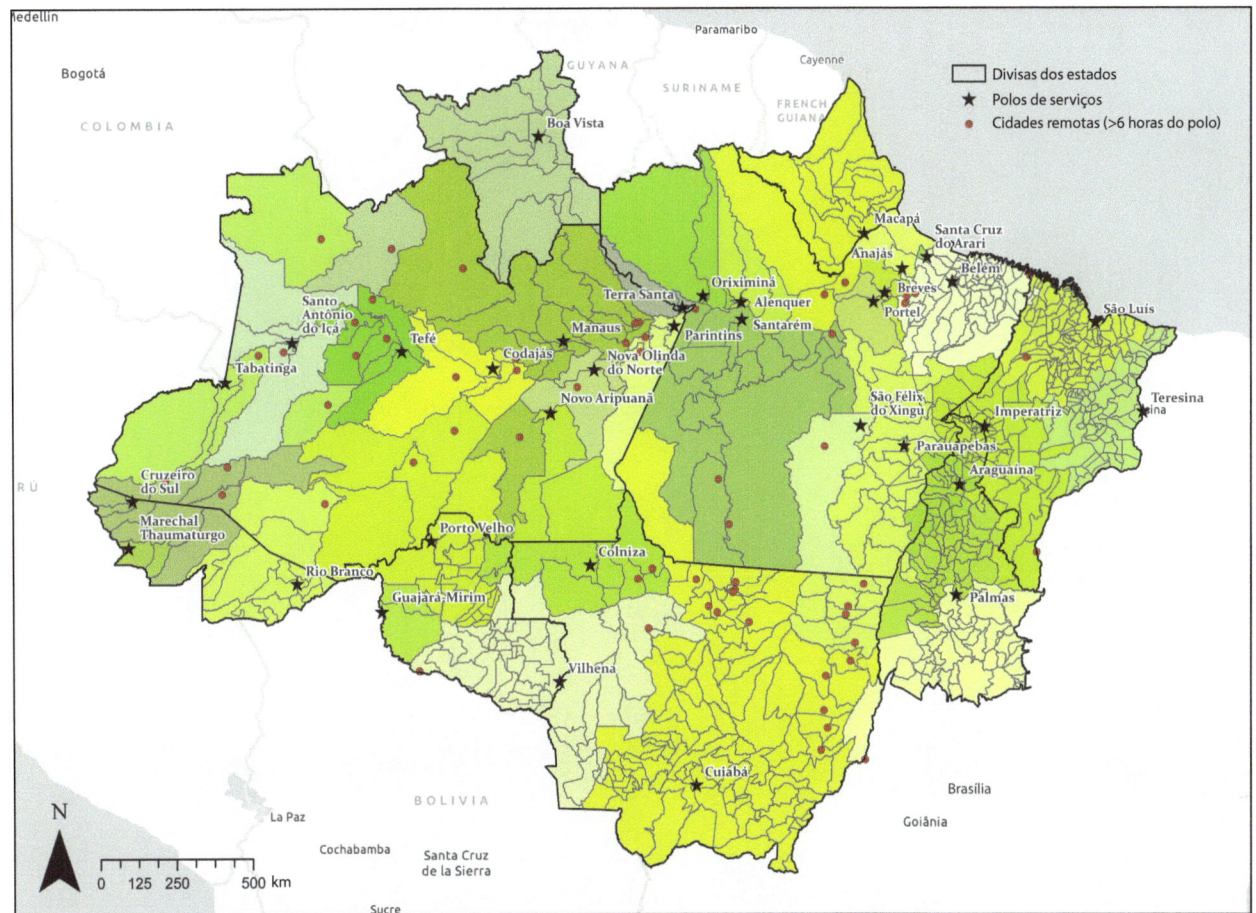

Fontes: Banco Mundial, com base em dados de Weiss et al. (2018) para acessibilidade e WorldPop (2020) para a população dos municípios, conforme a definição global dada em Dijkstra et al. (2021).
Observação: Os polos de serviços são áreas povoadas suficientemente grandes para serem consideradas "polos" e suficientemente próximas (menos de seis horas de viagem rodoviária) de pelo menos três outras regiões povoadas na Amazônia Legal, de forma que podem ser consideradas centros de prestação de serviços.

dos polos de serviços e das cidades remotas é de 326.606 e 14.671 habitantes, respectivamente (WorldPop, 2020).

Algumas cidades remotas estão muito longe dos polos de serviços identificados e, portanto, não foram associadas a nenhum deles. Todos esses lugares povoados estão muito mais distantes que as seis horas adotadas como critério (mapa 6.6). Além disso, dada a distância de muitas dessas cidades e povoados e a falta de conectividade com os mercados regionais e o resto do Brasil, os métodos e tecnologias utilizados para a prestação de serviços provavelmente precisarão ser ajustados para garantir tanto a qualidade quanto a eficiência dos custos. Alguns exemplos são o ensino simultâneo (para crianças de diferentes idades); o deslocamento diário/semanal para estudantes em áreas remotas; a oferta de alojamento estudantil próximo a alguns núcleos escolares; e programas de aprendizagem digital (*e-learning*) ou ensino a distância. A prestação de serviços de energia elétrica e saneamento básico deve ser adaptada conforme as circunstâncias locais, de forma a incluir alternativas, por exemplo, às redes de esgotamento sanitário, considerando modelos de esgotamento não

MAPA 6.6

Polos econômicos, polos de serviços e cidades remotas na Amazônia Legal

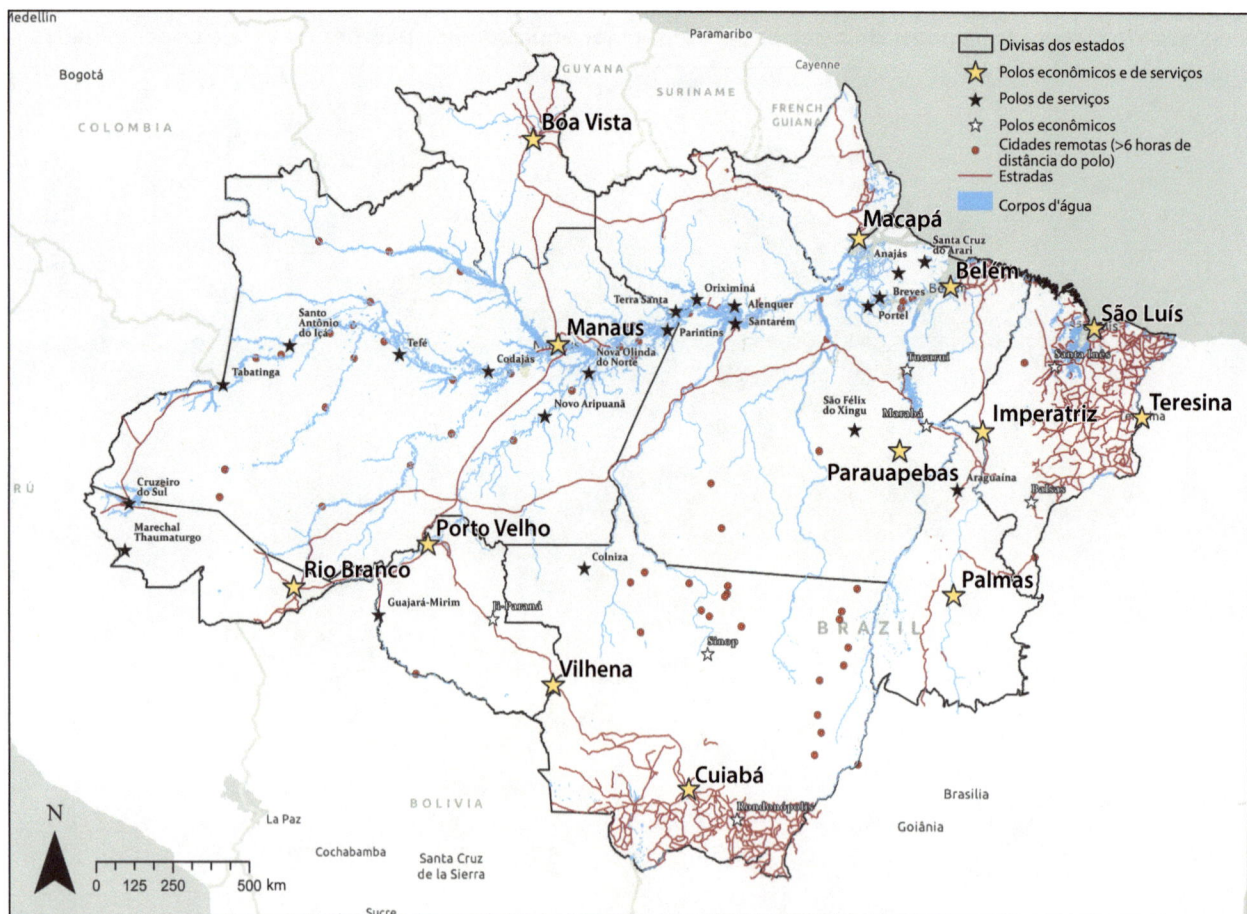

Fontes: Banco Mundial, com base em dados de Weiss et al. (2018) para acessibilidade e WorldPop (2020) para a população dos municípios, conforme a definição global dada em Dijkstra et al. (2021).

Observação: Os polos de serviços são áreas povoadas suficientemente grandes para serem consideradas "polos" e suficientemente próximas (menos de seis horas de viagem rodoviária) de pelo menos três outras regiões povoadas na Amazônia Legal, de forma que podem ser consideradas centros de prestação de serviços. Os polos econômicos são definidos com base em sua atratividade — ou seja, sua distância de outros centros povoados e sua própria população. Eles precisam atrair pelo menos outras cinco cidades para que se qualifiquem como polos econômicos (ver também anexo 6A).

convencionais e minirredes elétricas. A inacessibilidade das cidades remotas pode ser observada no mapa. Dada a inacessibilidade das cidades remotas, é altamente provável que esses lugares comecem (ou já tenham começado) a enfrentar declínios populacionais à medida que seus residentes migrarem para lugares com infraestrutura e oportunidades melhores. Nesses casos, os governos devem continuar a enfatizar a capacitação profissional (para que as pessoas possam migrar e aplicar suas competências em qualquer lugar) e reduzir as barreiras à migração para polos econômicos na Amazônia Legal e para cidades em todo o Brasil. Políticas para gerenciar o encolhimento de cidades de médio porte podem ser justificadas em certos casos.

Áreas urbanas fora da Amazônia Legal

As áreas urbanas no resto do Brasil desempenham um papel fundamental para assegurar um maior desenvolvimento econômico na Amazônia Legal e fazer com que condições de vida naquela região possam convergir com a região mais avançada do país, bem como assegurar uma perspectiva ambiental mais promissora para a floresta (capítulos 2 a 4). No Brasil, a força de trabalho qualificada é limitada, assim como o investimento do país em pesquisa e desenvolvimento e a eficiência de seu sistema de transporte. Todos esses fatores poderiam ser benéficos para aumentar a competitividade do país (Artuc; Bastos; Lee, 2021; Grover; Lall; Maloney, 2021). De fato, reduzir as barreiras à migração e resolver os desafios de desenvolvimento urbano nas cidades brasileiras também é fundamental para aumentar a produtividade urbana em todos os lugares e contribuir para um sistema de cidades mais eficiente e com melhor desempenho. Garantir que os mercados habitacional e fundiário funcionem bem e que as pessoas possam se mudar para locais que ofereçam maiores retornos para suas qualificações faz sentido tanto na Amazônia Legal quanto no resto do país. Atualmente, migrantes com baixos níveis de qualificação e capital humano poderiam levar a uma aglomeração estéril, aumentando o congestionamento em vez de promover a produtividade e a transformação estrutural (Grover; Lall; Maloney, 2021). Para atrair mão de obra mais qualificada, são necessários investimentos na educação, na formação profissional e na saúde das pessoas que vivem na Amazônia Legal, bem como em moradias e equipamentos urbanos. Embora esse tema fuja ao escopo deste capítulo, é importante considerar tais investimentos como uma peça do quebra-cabeça.

A recém-atualizada Política Nacional de Desenvolvimento Regional (PNDR) está alinhada à direção proposta para o desenvolvimento regional da Amazônia Legal e a consolidação do sistema urbano brasileiro (quadro 6.3). Em nível federal, a PNDR é a principal política pública de promoção de desenvolvimento regional do Brasil. Um dos quatro objetivos da política é "consolidar uma rede policêntrica de cidades, em apoio à desconcentração e à internalização do desenvolvimento regional e do país, de forma a considerar as especificidades de cada região". Para detalhar esse objetivo, foram elaborados dois planos: a Política Nacional de Desenvolvimento Urbano (PNDU) e o Plano Regional de Desenvolvimento da Amazônia (PRDA). A ideia subjacente à PNDU é apontar estratégias para fortalecer cidades de médio porte a fim de "consolidar uma rede policêntrica de cidades". O PRDA visa a reduzir as desigualdades regionais, levando em consideração os Objetivos de Desenvolvimento Sustentável. O PRDA apresenta uma lista de tipos de projetos a serem promovidos e conclui com uma lista de 251 projetos estruturantes prioritários listados por estado na Amazônia Legal,

QUADRO 6.3

Rumo a uma política nacional de desenvolvimento regional

Os princípios descritos neste capítulo para a elaboração de uma abordagem com sensibilidade espacial para a Amazônia Legal estão bem alinhados à recém-atualizada Política Nacional de Desenvolvimento Regional (PNDR — Decreto n.º 9.810/19). A PNDR se propõe a:

- "Promover a convergência dos níveis de desenvolvimento e de qualidade de vida (...) e a equidade no acesso a oportunidades de desenvolvimento em regiões que apresentem baixos indicadores socioeconômicos" (como a Amazônia Legal);
- "Consolidar uma rede policêntrica de cidades, em apoio à desconcentração e à interiorização do desenvolvimento regional e do país, considerando as especificidades de cada região";

- "Estimular ganhos de produtividade e aumentos da competitividade regional, sobretudo em regiões que apresentem declínio populacional e elevadas taxas de emigração" (embora este relatório proponha que sejam estimulados ganhos de produtividade e competitividade regional, as políticas em áreas com populações em declínio e alta emigração provavelmente devem ser direcionadas a promover a convergência no acesso aos serviços e a capacitação das pessoas, principalmente em lugares remotos com limitados recursos espaciais); e
- "Fomentar agregação de valor e diversificação econômica (...) para o desenvolvimento regional, observando critérios como geração de renda e sustentabilidade, sobretudo em regiões com forte especialização na produção de *commodities* agrícolas ou minerais".

a saber: Acre (33 projetos), Amapá (25), Amazonas (40), Maranhão (27), Mato Grosso (23), Pará (15), Rondônia (25), Roraima (17) e Tocantins (37). Mais da metade dos projetos são de infraestrutura; os restantes dividem-se entre serviços sociais, educação, tecnologia, equipamentos, turismo e agricultura, além de muitos projetos com foco especial no transporte e na exportação de *commodities*.

CONCLUSÕES E IMPLICAÇÕES DE POLÍTICAS PÚBLICAS

As áreas urbanas da Amazônia Legal desempenham um papel fundamental no fomento à convergência dos padrões de vida, no desenvolvimento de recursos humanos para o futuro e no posicionamento do Brasil rumo a um crescimento mais sustentável. O Brasil pode ampliar esse papel se adotar um modelo de desenvolvimento com base na produtividade urbana e reduzir as pressões de desmatamento. Todavia, a fronteira da produtividade urbana é limitada pelos baixos recursos espaciais das cidades da Amazônia Legal. As políticas de desenvolvimento regional nas cidades da região devem se basear em duas abordagens. A primeira, que busca manter o foco num conjunto específico de polos econômicos para acelerar a transformação estrutural, exige um conjunto de políticas complementares e um senso de realismo para que possa ser exitosa. A segunda, que visa a aprimorar a prestação de serviços e consolidar a capacidade de apoiar polos de serviços, deve continuar e promover e desenvolver capacidades transferíveis (educação e saúde) mesmo em lugares remotos. Ambas devem considerar aspectos específicos (povos indígenas e outras minorias) e buscar soluções personalizadas e economicamente eficientes, adaptando as tecnologias de prestação de serviços onde isso for relevante. As políticas urbanas nacionais com foco além da Amazônia Legal também têm um papel nesse processo.

São necessárias mais pesquisas e análises para identificar as características funcionais do sistema urbano da Amazônia Legal e confirmar, inclusive por meio de consultas e pesquisas qualitativas, quais são os principais polos econômicos e de serviços da região e as restrições subjacentes que eles enfrentam para atrair empresas privadas e aumentar sua competitividade. Um plano de desenvolvimento regional mais robusto e bem definido, com aprofundamento em certos polos econômicos e de serviços, também poderia ser útil para atualizar as prioridades federais na região e coordenar a ação de atores locais e globais no curto, médio e longo prazos.

Ao considerar os principais investimentos na Amazônia Legal, é essencial identificar cuidadosamente seus desafios e as oportunidades. Alcançar ganhos de produtividade em regiões com baixos recursos espaciais e alta emigração provavelmente será algo caro, uma vez que vai contra as forças do mercado. É provável que tais investimentos públicos em recursos espaciais não sejam suficientes para direcionar grandes investimentos privados para a região; logo, é possível que os benefícios tenham alcance local e curta duração. Além disso, os esforços para disseminar a atividade econômica de maneira uniforme correm o risco de reduzir o crescimento econômico nacional. Para garantir benefícios econômicos mais amplos, intervenções complementares que eliminem os gargalos de desenvolvimento econômico local — tais como o fortalecimento da regulamentação fundiária e a melhoria do acesso a serviços de qualidade — podem ajudar a garantir que grandes investimentos públicos gerem os retornos esperados para os beneficiários, que cumpram suas promessas sociais e que protejam os bens públicos globais da Floresta Amazônica.

ANEXO 6A: NOTA METODOLÓGICA: AS REGIÕES FUNCIONAIS DA AMAZÔNIA LEGAL

Polos e regiões de serviços

As regiões de serviços são definidas em dois passos. O primeiro identifica os polos regionais, e o segundo atribui as cidades a cada região com base em sua distância até o polo.

O primeiro passo identifica, para cada cidade, a maior extensão urbana num raio de seis horas em torno de seu centro. A cidade é classificada como um polo se for verificada uma das seguintes condições:

- A cidade tem uma população maior que a maior cidade nas redondezas (no raio de seis horas de distância); ou
- A cidade tem pelo menos mais da metade do tamanho da maior cidade das redondezas e tem uma população de pelo menos 50 mil habitantes.

O segundo passo, utilizando o polo recém-definido, cria regiões vinculando todas as cidades ao polo mais próximo. Como resultado, algumas cidades estarão a mais de seis horas de distância do polo regional (ver exemplos). Elas são definidas como um único polo e, embora mostradas como parte da região funcional, são consideradas cidades remotas.

Exemplo 1

A cidade A tem uma população de 10 mil habitantes e está a quatro horas de distância da cidade B (população: 15 mil), que está a quatro horas na mesma direção da cidade N (população: 250 mil). Como a cidade N é um polo, a cidade B não será um polo, e a cidade A estará a oito horas de seu polo, apesar de ter uma cidade a menos de seis horas de distância. A cidade A é considerada um polo único, ou uma cidade remota.

Exemplo 2

A cidade mais próxima da cidade A está a 20 horas de distância; portanto, a cidade A é considerada uma cidade remota.

Polos e regiões econômicas

As regiões econômicas também são definidas em dois passos.

O primeiro passo identifica, para cada cidade, a cidade com maior atratividade, o que é feito com base na seguinte equação de gravidade:

$$Gravidade_{ij} = \frac{Pop_i \times Pop_j}{d_{ij}^2} \qquad (6A.1)$$

em que o numerador é a multiplicação das populações das duas cidades (em milhares), e o denominador, a distância (medida como tempo de viagem em modo rodoviário ou aquaviário) entre as duas cidades ao quadrado. Para cada cidade i, a cidade com maior atratividade j é aquela com a maior pontuação de gravidade, desde que a população de j seja pelo menos 30% superior à de i. Uma cidade é definida como um polo se for a mais atrativa para, pelo menos, outras cinco cidades[8].

O segundo passo, utilizando o polo recém-definido, cria regiões e vincula todas as cidades ao polo mais próximo. Como resultado, algumas cidades serão polos regionais, apesar de haver cidades maiores nas redondezas.

Exemplo

A cidade A tem 15 mil habitantes e está a uma hora de distância da cidade B (população: 30 mil) e a três horas da cidade C (população: 50 mil). As cidades A, B e C estão isoladas e a 30 horas de distância da cidade mais próxima. A cidade A é a cidade mais atrativa para a cidade B, mas não pode ser um polo porque é menor. A cidade B é a cidade mais atrativa para a cidade C, mas não pode ser um polo porque também é menor. A cidade B é a cidade mais atrativa para a cidade A e, portanto, é um polo, apesar de ser menor que a cidade C próxima.

NOTAS

1. Cidades selecionadas no banco de dados GHS Urban Centre Database 2015, com atributos multitemporais e multidimensionais (Florczyk et al., 2019), e definidas aplicando o Grau de Urbanização descrito em Dijkstra et al. (2021).
2. Ver também a análise sobre educação e desenvolvimento no capítulo 2.
3. Foi realizada uma análise cuidadosa a fim de selecionar um conjunto de países comparadores apropriados para cada país da região da América Latina e Caribe. Foi usado um procedimento em duas etapas, que classificou todos os países globalmente de acordo com sua geografia numa primeira etapa e, em seguida, selecionou os "vizinhos mais próximos" em termos de população, área terrestre e densidade demográfica média geral dentro do grupo. Durante o processo, foi selecionado um país de cada uma das seguintes regiões: Leste Asiático e Pacífico; e Europa e Ásia Central. O último elemento de comparação foi escolhido sem restrições do restante do mundo. Para o Brasil, são (1) China, (2) Turquia e

(3) Estados Unidos (como comparadores globais); e Estados Unidos (1), Canadá (2) e Arábia Saudita (3) (como comparadores de renda alta) (Ferreyra; Roberts, 2018).

4. Em geral, os traçados urbanos das cidades brasileiras tendem a favorecer a produtividade. Além da densidade, outras dimensões espaciais desses modelos são importantes para a produtividade. Cidades com contornos suaves, arredondadas, compactas e bem-conectadas tendem a ter níveis de produtividade mais altos que cidades irregulares ou alongadas, ou cidades com ruas mal conectadas. Embora a cidade média na região da América Latina e Caribe seja arredondada, apresente contornos (perímetros) suaves, tenha uma densa malha viária e tenda a ser compacta, a região abriga cidades com uma grande diversidade de formas urbanas (Duque et al., 2019). As cidades brasileiras refletem tal diversidade. Elas tendem a apresentar baixos valores de suavidade, indicando padrões de crescimento não planejados, e altos índices de arredondamento, refletidos em áreas urbanas compactas. No entanto, cidades como São Paulo têm uma forma urbana construída de alta densidade, diferentemente de Brasília, que tem uma proporção maior de espaços abertos em seu espaço urbano. Essas disparidades corroboram a constatação de que a alta produtividade pode ser alcançada de diferentes maneiras, desde que garantam a conectividade interna da cidade.

5. A população urbana da Amazônia Legal é, em média, quatro anos mais jovem que a do resto do Brasil.

6. Os polos foram identificados por meio de uma metodologia inspirada no princípio de regiões funcionais descrito pela primeira vez em Lösch (1938).

7. Embora Santarém seja uma cidade relativamente grande e com conectividade relativamente boa, ela não é considerada um polo devido a sua proximidade de Belém e Manaus e a seu tamanho relativo. Belém e Manaus têm um peso muito maior que outras grandes cidades próximas a Porto Velho; portanto, a maioria das pequenas cidades próximas é mais "atraída" por elas na modelagem que por Santarém. Como resultado, há menos de cinco cidades para as quais Santarém é a cidade com a maior pontuação de gravidade; logo, com base em nossos critérios de limitação, ela não é selecionada como um polo.

8. Os mesmos cálculos são efetuados restringindo a definição de polos a cidades que atraiam, respectivamente, pelo menos duas ou cinco outras cidades.

REFERÊNCIAS

Arretche, M. 2019. "A geografia digital no Brasil: Um panorama das desigualdades regionais." In *Desigualdades digitais no espaço urbano: Um estudo sobre o acesso e o uso da internet na cidade de São Paulo*, 55–79. São Paulo: Núcleo de Informação e Coordenação do Ponto BR, NIC.br.

Artuc, E.; P. Bastos; E. Lee. 2021. "Trade, Jobs, and Worker Welfare." Policy Research Working Paper 9628, Banco Mundial, Washington, DC.

Bacolod, M.; B. S. Blum; W. C. Strange. 2009. "Skills in the City." *Journal of Urban Economics* 65 (2): 136–153.

Banco Mundial. 2009. *World Development Report 2009: Reshaping Economic Geography*. Washington, DC: Banco Mundial.

Banco Mundial. 2023. "Urban Competitiveness in Brazil's State of Amazonas: A Green Growth Agenda." Relatório complementar a este memorando. Washington, DC, Banco Mundial.

Charlot, S.; G. Duranton. 2004. "Communication Externalities in Cities." *Journal of Urban Economics* 56 (3): 581–613.

de la Roca, J.; D. Puga. 2017. "Learning by Working in Big Cities." *Review of Economic Studies* 84 (1): 106–142.

Dijkstra, L.; A. J. Florczyk; S. Freire; T. Kemper; M. Melchiorri; M. Pesaresi; M. Schiavina. 2021. "Applying the Degree of Urbanisation to the Globe: A New Harmonised Definition Reveals a Different Picture of Global Urbanisation." *Journal of Urban Economics* 125 (September): 103312.

Duque, J. C.; N. Lozano-Gracia; J. E. Patino; P. Restrepo. 2021. "Urban Form and Productivity: What Shapes Are Latin American Cities?" *Environment and Planning B: Urban Analytics and City Science* 49 (1): 131–150.

Duranton, G. 2008. "Viewpoint: From Cities to Productivity and Growth in Developing Countries." *Canadian Journal of Economics/Revue Canadienne d'Economique* 41 (3): 689–736.

Duranton, G. 2020. "Cities in Latin America: Transition Challenges." Unpublished working paper.

Duranton, G.; D. Puga. 2004. "Micro-foundations of Urban Agglomeration Economies." In *Handbook of Regional and Urban Economics*. Volume 4, edited by J. V. Henderson and J.-F. Thisse, 2063–2117. Amsterdam: North-Holland.

Duranton, G.; D. Puga. 2020. "The Economics of Urban Density." *Journal of Economic Perspectives* 34 (3): 3–26.

Ellison, G.; E. L. Glaeser. 1997. "Geographic Concentration in U.S. Manufacturing Industries: A Dartboard Approach." *Journal of Political Economy* 105 (5): 889–927.

Fan, L.; C. Timmins. 2017. "A Sorting Model Approach to Valuing Urban Amenities in Brazil." Unpublished paper, Banco Mundial, Washington, DC.

Farole, T.; G. Akinci. 2011. *Special Economic Zones: Progress, Emerging Challenges, and Future Directions*. Directions in Development Series. Washington, DC: Banco Mundial.

Farole, T.; S. Goga; M. Ionescu-Heroiu. 2018. *Rethinking Lagging Regions: Using Cohesion Policy to Deliver on the Potential of Europe's Regions*. Washington, DC: Banco Mundial.

Ferreyra, M. M.; M. Roberts. 2018. *Raising the Bar for Productive Cities in Latin America and the Caribbean*. World Bank Latin American and Caribbean Studies. Washington, DC: Banco Mundial.

Florczyk, A.; C. Corbane; M. Schiavina; M. Pesaresi; L. Maffenini; M. Melchiorri; P. Politis; et al. 2019. Global Human Settlement (GHS) Urban Centre Database 2015, Multitemporal and Multidimensional Attributes, R2019A [dataset]. Brussels: European Commission, Joint Research Centre. https://data.jrc.ec.europa.eu/dataset/53473144-b88c-44bc-b4a3 -4583ed1f547e.

Fujita, M.; P. Krugman; A. J. Venables. 1999. *The Spatial Economy: Cities, Regions, and International Trade*. Cambridge MA: MIT Press.

Glaeser, E. 2011. *Triumph of the City: How Our Greatest Invention Makes Us Richer, Smarter, Greener, Healthier, and Happier*. London: Macmillan.

Grover, A.; S. Lall; W. Maloney. 2021. *Place, Productivity, and Prosperity: Revisiting Spatially Targeted Policies for Regional Development*. Washington, DC: Banco Mundial.

Hansen, M. C.; P. V. Potapov; R. Moore; M. Hancher; S. A. Turubanova; A. Tyukavina; D. Thau;, et al. 2013. "High-Resolution Global Maps of 21st-Century Forest Cover Change." *Science* 342 (6160): 850–853.

IBGE (Instituto Brasileiro de Geografia e Estatística). 2021. "Population." Datasets, IBGE, Rio de Janeiro (acesso em 26 de janeiro de 2022). https://www.ibge.gov.br/en/statistics/social /population.html.

Krugman, P. 1991a. *Geography and Trade*. Cambridge, MA: MIT Press.

Krugman, P. 1991b. "Increasing Returns and Economic Geography." *Journal of Political Economy* 99 (3): 483–499.

Krugman, P.; A. J. Venables. 1995. "Globalization and the Inequality of Nations." *Quarterly Journal of Economics* 110 (4): 857–880.

Lall, S. V. 2009. "Territorial Development Policy: A Practitioner's Guide." Report 70398, Banco Mundial, Washington, DC.

Lösch, A. 1938. "The Nature of Economic Regions." *Southern Economic Journal* 5 (1): 71–78.

Moretti, E. 2004. "Human Capital Externalities in Cities." In *Handbook of Regional and Urban Economics*. Volume 4, edited by J. V. Henderson and J.-F. Thisse, 2243–91. Amsterdam: North-Holland.

Porcher, C.; M. Hanusch. 2022. "A Model of Amazon Deforestation, Trade, and Labor Market Dynamics." Policy Research Working Paper 10163, Banco Mundial, Washington, DC.

Quintero, L. E.; M. Roberts. 2018. "Explaining Spatial Variations in Productivity: Evidence from Latin America and the Caribbean." Policy Research Working Paper 8560, Banco Mundial, Washington, DC.

Rauch, J. E. 1993. "Productivity Gains from Geographic Concentration of Human Capital: Evidence from the Cities." *Journal of Urban Economics* 34 (3): 380–400.

Rodriguez-Pose, A.; C. Wilkie. 2019. "Strategies of Gain and Strategies of Waste: What Determines the Success of Development Intervention?" *Progress in Planning* 133 (October): 100423.

Rosenthal, S.; W. Strange. 2004. "Evidence on the Nature and Sources of Agglomeration Economies." In *Handbook of Regional and Urban Economics*. Volume 4, edited by J. V. Henderson and J.-F. Thisse, 2119–71. Amsterdam: North-Holland.

Schor, T.; J. A. de Oliveira. 2011. "Reflexões metodológicas sobre o estudo da rede urbana no Amazonas e perspectivas para análise das cidades na Amazônia Brasileira." *ACTA Geográfica* 5 (11): 15–30.

Vagliasindi, M. 2022. "Key Challenges and Opportunities in the Power Sector of the State of Amazonas." Documento de apoio a este relatório. Banco Mundial, Washington, DC.

Weiss, D. J.; A. Nelson; H. S. Gibson; W. Temperley; S. Peedell; A. Lieber; M. Hancher; et al. 2018. "A Global Map of Travel Time to Cities to Assess Inequalities in Accessibility in 2015." *Nature* 553 (7688): 333–36.

WorldPop. 2020. Open Spatial Demographic Data and Research. University of Southampton, UK. www.worldpop.org.

III Um Equilíbrio Delicado

7 Políticas complementares para a Amazônia Legal

MAREK HANUSCH, ANA MARIA GONZALEZ VELOSA,
TANYA LISA YUDELMAN, SANDRA BERMAN,
JON STRAND E CLAUDIA TUFANI

MENSAGENS PRINCIPAIS

- O desenvolvimento sustentável e inclusivo da Amazônia Legal requer medidas para reequilibrar a abordagem de desenvolvimento por meio de políticas públicas adequadas, que protejam as florestas e construam as bases para o desenvolvimento econômico no longo prazo.
- Dada a complexidade dos desafios de desenvolvimento a serem superados na Amazônia Legal, as políticas terão mais eficácia se forem complementares. A sinergia dessa abordagem também ajudará a limitar eventuais consequências não desejadas.
- Pacotes de políticas complementares podem auxiliar o amadurecimento econômico e institucional das economias de fronteira da Amazônia Legal.
- Esforços compartilhados em nível global, nacional e local podem impulsionar o desenvolvimento sustentável e inclusivo da Amazônia Legal, inclusive no que diz respeito aos seguintes aspectos:
  - Sustentabilidade da oferta e demanda de alimentos;
  - Sustentabilidade do sistema comercial;
  - Financiamento para a conservação;
  - Transformação estrutural equilibrada na Amazônia Legal e em todo o Brasil;
  - Aprimoramento da proteção florestal na Amazônia Legal; e
  - Proteção social customizada para as particularidades da região, serviços básicos adequados e uma bioeconomia que sustente os meios de subsistência da população da Amazônia Legal.
- Investimentos constantes na base de conhecimentos sobre desenvolvimento sustentável e inclusivo são aspectos-chave desse processo.
- As decisões sobre políticas públicas devem ser tomadas de forma inclusiva e consultiva.

ONDE HÁ FUMAÇA, HÁ FOGO

Os incêndios florestais na Amazônia Legal destacam os profundos desafios para o desenvolvimento da região e, de forma mais ampla, do Brasil. Este memorando demonstra que a vasta destruição de valor público na Amazônia Legal brasileira é sintomática de uma economia que está esgotando seus capitais naturais em vez de gerar valor e se tornar mais produtiva. A pobreza — seja rural, seja urbana — e o desmatamento da Amazônia Legal são lados opostos da mesma moeda. O desmatamento na região não deve ser visto como um problema isolado: ele é estrutural e está enraizado no modelo de crescimento adotado no Brasil. Da mesma forma, as soluções para o desmatamento da Amazônia Legal não dependem apenas da floresta.

O que falta é um debate mais amplo sobre como o Brasil pretende se tornar um país mais desenvolvido — um país-membro da Organização para a Cooperação e Desenvolvimento Econômico (OCDE) — sem esgotar suas riquezas naturais. Para que o Brasil possa se tornar, ao mesmo tempo, um país mais rico e mais verde, serão necessárias intervenções de políticas públicas complementares em todos os níveis (global, nacional e local), o que guiará a economia rumo a um futuro mais sustentável e inclusivo.

A proteção das florestas da Amazônia Legal exige ações decisivas. O capítulo 3 demonstrou que, sem apoio externo, como, por exemplo, o superciclo de *commodities* do passado, a economia brasileira tem avançado aos tropeços; nota-se, também, um aumento das pressões econômicas sobre o desmatamento e uma reversão dos ganhos passados nas áreas de redução da pobreza e da desigualdade. As simulações de equilíbrio geral apresentadas no capítulo 3, mostram que o desmatamento pode, de fato, acelerar ainda mais. O Brasil não pode se dar ao luxo de protelar uma solução para esse problema por, pelo menos, dois motivos: por um lado, restam poucas alternativas para deter as mudanças climáticas; por outro, a economia global provavelmente gerará poucos ventos favoráveis para impulsionar o crescimento brasileiro. Afinal, a produtividade e a governança pertencem ao domínio da política interna, e há um bom entendimento no país sobre quais reformas podem aumentar a produtividade e proteger as florestas (Dutz, 2018). Há uma necessidade urgente de progredir em ambas as frentes.

Ações climáticas globais podem ajudar a proteger as florestas, mas também podem gerar problemas econômicos — tanto na Amazônia Legal quanto no Brasil — a menos que o modelo de crescimento se torne mais sustentável. No Brasil e no resto do mundo, as pessoas têm demonstrado mais preocupação com as mudanças climáticas. Isso se aplica especialmente às gerações mais jovens, aos indivíduos mais instruídos e aos países mais ricos (PNUD; Universidade de Oxford, 2021), o que também significa que o progresso socioeconômico global tende a intensificar a conscientização climática.

As adaptações nos comportamentos dos consumidores ao redor do mundo e as políticas públicas que buscam proporcionar segurança alimentar global podem reduzir a demanda por *commodities* agrícolas brasileiras, o que, por sua vez, reduziria a pressão sobre as florestas naturais do país — que enfrentam ameaças mais graves na Amazônia Legal. Contudo, isso teria um custo em termos de crescimento econômico. Essas preferências internacionais podem afetar ainda mais a produção brasileira se implementadas por meio de medidas comerciais destinadas a reduzir as emissões globais de gases de efeito estufa (GEEs).

Por outro lado, esses desdobramentos também representam uma oportunidade de mudança, e o Brasil pode se beneficiar significativamente da descarbonização global (Banco Mundial, 2023a). Se o Brasil, de forma mais ampla, e a Amazônia Legal, em particular, conseguirem substituir sua abordagem de desenvolvimento por outra que enfatize a produtividade e uma transformação estrutural mais equilibrada, além de uma proteção ambiental mais forte, isso levará a uma abertura de mercados maiores para produtos agrícolas e não agrícolas produzidos de forma sustentável. Além disso, o país e a região poderão se beneficiar mais da matriz energética verde brasileira no contexto da descarbonização global.

Este capítulo final analisa como as políticas econômicas, climáticas e ambientais podem se complementar para que a Amazônia Legal possa avançar — com desenvolvimento e conservação florestal. O aumento da sustentabilidade na Amazônia Legal também beneficiará o Brasil de forma mais ampla. Será necessário financiamento para apoiar uma mudança estratégica rumo a um desenvolvimento mais sustentável e inclusivo.

Para promover o desenvolvimento econômico e, ao mesmo tempo, proteger as florestas naturais da Amazônia Legal, as políticas precisam ser cuidadosamente equilibradas. Este capítulo analisa esse *equilíbrio delicado*, que engloba a complexidade dos desafios do desenvolvimento, inclusive em termos de *espaço* (do global ao local, tanto rural quanto urbano); *tempo* (curto e longo prazos); *sociedade* (setores público e privado, ricos e pobres, moderna e tradicional); e *trade-offs* (entre consumo e ativos naturais).

O capítulo se baseia nas quatro prioridades estratégicas da Amazônia Legal identificadas neste memorando, a saber: (a) fomentar a produtividade por meio de um processo equilibrado de transformação estrutural; (b) proteger as florestas; (c) promover meios de subsistência rurais sustentáveis; e (d) estruturar o financiamento para a conservação. Ele analisa as políticas públicas voltadas ao desenvolvimento da Amazônia Legal sob a ótica da conservação; além disso, explora como tais políticas podem se complementar para auxiliar as economias de fronteira da região em seu processo de amadurecimento econômico e institucional, fomentando, assim, o desenvolvimento sustentável e inclusivo.

DESENVOLVIMENTO NA AMAZÔNIA LEGAL SOB A ÓTICA DA CONSERVAÇÃO

O Brasil tem investido muito no desenvolvimento da Amazônia Legal. O retorno desse investimento não deve esgotar as riquezas naturais do país, mas, sim, construir riqueza nacional. Isso exige uma abordagem diferente para o desenvolvimento. Ainda se sentem os efeitos de decisões tomadas décadas atrás para povoar e desenvolver a Amazônia Legal, o que gera, atualmente, uma tensão entre o uso privado da terra e os bens públicos associados às florestas naturais. Os custos associados àquelas decisões foram altíssimos.

O capítulo 1 documentou os investimentos significativos em infraestrutura, e o relatório complementar a este memorando, cujo foco é o estado do Amazonas (Banco Mundial, 2023b), chama a atenção para os atuais custos fiscais nacionais das zonas econômicas especiais, especialmente a Zona Franca de Manaus. Os investimentos na Amazônia Legal renderam certos retornos: em particular, uma expansão agrícola significativa e o surgimento de grandes cidades amazônicas com notáveis capacidades econômicas. Contudo, se computarmos a perda de valor resultante da destruição de ecossistemas durante esse processo, os retornos seriam muito menores, em termos gerais.

No futuro, a nova abordagem de desenvolvimento deve promover o crescimento econômico com um impacto ambiental muito menor, aumentando, assim, a renda e a poupança, mas sem destruir, em larga escala, as riquezas naturais. Isso seria condizente com as aspirações do Brasil de se tornar um membro da OCDE, ao mesmo tempo que ajudaria o país a mitigar as mudanças climáticas globais e progredir no cumprimento de sua Contribuição Nacionalmente Determinada (NDC) e dos compromissos assumidos durante a Conferência das Nações Unidas sobre Mudanças Climáticas de 2021 (a 26ª Conferência das Partes, ou COP26) de zerar o desmatamento ilegal até 2028.

Para atingir tais objetivos, é necessário agir não apenas na Amazônia Legal, mas também em nível global e nacional (tabela 7.1). Os motivos são diversos:

- A demanda dos consumidores por produtos que fazem uso intensivo de recursos (em especial, a carne bovina) gera desmatamento, independentemente de a demanda ter sido gerada na Amazônia Legal, em outras partes do Brasil ou em outro país.
- O modelo de crescimento que impulsiona o desmatamento é um problema específico da Amazônia Legal, mas que também afeta todo o Brasil.
- Embora algumas ações estejam sob a responsabilidade das autoridades da Amazônia Legal, outras exigem o comprometimento de entidades de todas as esferas de governo, como, por exemplo, nas áreas de policiamento, regularização fundiária, reforma do sistema de crédito rural ou reformas econômicas estruturais.
- Há uma importante dimensão regional, dados os impactos econômicos e ambientais indiretos observados nos oito países da região amazônica (quadro 7.1).

QUADRO 7.1

Proteção do bioma Amazônia por meio de colaboração regional

Os diversos hábitats e espécies em todos os países que compartilham a Amazônia estão intrinsecamente ligados e fornecem serviços ecossistêmicos essenciais para os seres humanos, tanto em nível nacional quanto global. Esses países dependem da integridade de todo o bioma para a sustentabilidade ecológica, a manutenção do ciclo hidrológico, a conservação da biodiversidade e a resiliência às mudanças climáticas. A noção de uma Amazônia conectada além das fronteiras políticas também mobiliza grupos étnicos tradicionais e seus conhecimentos sobre a região. Reconhecer e proteger a conectividade biológica e cultural dos ecossistemas amazônicos não apenas garante a prestação de seus serviços, mas também promove relações e parcerias comunitárias, científicas e institucionais em prol de interesses comuns.

Ameaças em vários países

A conectividade dos ecossistemas também pode exarcebar o alcance e o impacto das ameaças ambientais nos países amazônicos. Por exemplo, más decisões que resultem no desenvolvimento insustentável de infraestruturas nas nascentes de sistemas hídricos compartilhados podem alterar a dinâmica da água doce e desviar recursos hídricos de afluentes

continua

Quadro 7.1, *continua*

ou rios, fazendo com que os usuários a jusante tenham de gerenciar os impactos adversos da disponibilidade reduzida de água e dos fluxos frequentemente inconstantes.

A sobrepesca em determinado país também pode afetar as populações de peixes em outros, especialmente no caso de peixes migratórios, que constituem a maioria das espécies pescadas. Por exemplo, os estoques pesqueiros bolivianos são afetados pela pesca excessiva na região de Madre de Dios, no Peru, e no baixo e médio rio Madeira, no Brasil (Van Damme et al., 2011). Mesmo atividades criminosas, como o comércio ilegal de vida selvagem e de madeira, atravessam fronteiras, e os autores se aproveitam das diferenças nas leis e políticas de cada país amazônico e exploram as brechas que surgem da cooperação insuficiente entre agências internacionais e países de destino.

Exemplos de colaboração regional

O Brasil tem sido um participante ativo e um líder na formulação de múltiplos esforços para promover a cooperação regional com o intuito de enfrentar os desafios que afetam o bioma, bem como na promoção de soluções integradas que se alinhem a planos de desenvolvimento nacionais e subnacionais. Uma dessas importantes iniciativas é o Tratado de Cooperação Amazônica de 1978, que levou ao estabelecimento da Organização do Tratado de Cooperação Amazônica (OTCA), uma plataforma intergovernamental de diálogo político e regional destinada a incentivar o desenvolvimento sustentável e a inclusão social[a]. A mais recente iniciativa nacional de coordenação é o Pacto de Letícia de 2019, assinado por sete países amazônicos para enfrentar os fatores que motivam o desmatamento e os crimes ambientais na região[b].

Também tem sido promovida colaboração em nível subnacional, conforme ilustram os seguintes exemplos:

• A Força-Tarefa dos Governadores para o Clima e Florestas promove abordagens para proteger as florestas, reduzir as emissões e melhorar os meios de subsistência. Essas abordagens se aplicam a toda a jurisdição[c].

• O projeto de Gerenciamento Integrado das Bacias Hidrográficas do Rio Putumayo-Içá foi elaborado em conjunto pelo Brasil, Colômbia, Equador e Peru[d].

• A Iniciativa Regional para a Conservação e Uso Sustentável das Áreas Úmidas da Amazônia inclui a Bolívia, o Brasil, a Colômbia, o Equador e a República Bolivariana da Venezuela.

• A Rede Amazônica de Informação Socioambiental Georreferenciada, criada em 2007, é um consórcio de organizações da sociedade civil de países amazônicos que busca produzir e disseminar conhecimentos, dados estatísticos e informações socioambientais geoespaciais[e].

Identificação de pontos em comum

Certas agendas setoriais são concorrentes entre si, e certos sistemas não são harmonizados. Além disso, é limitada a capacidade de supervisionar o cumprimento de acordos que não sejam juridicamente vinculantes; e falta continuidade devido a mudanças nos governos. Apesar disso, diversos benefícios da colaboração ainda superam os custos, tais como:

• Melhora da governança e da fiscalização para combater atividades ilegais transfronteiriças, tais como o tráfico de vida selvagem e a extração ilegal de madeira[f].

• Fortalecimento do desenvolvimento socioeconômico ao longo das fronteiras.

• Expansão das redes de turismo baseado na natureza.

• Compartilhamento de aprendizados e boas práticas sobre gestão de áreas protegidas, manejo florestal sustentável e cadeias produtivas de valor.

• Harmonização de protocolos de conhecimento e sistemas de monitoramento em toda a bacia.

• Promoção de diálogo sobre comércio, infraestrutura, migração e gestão de zoonoses transmissíveis.

O Programa Paisagens Sustentáveis da Amazônia, financiado pelo Fundo Global para o Meio Ambiente e administrado pelo Banco Mundial, oferece ao Brasil uma plataforma para promover essa colaboração em áreas e temas de interesse.

continua

Quadro 7.1, *continua*

a. A Secretaria Permanente da OTCA está sediada em Brasília, Brasil.

b. O Pacto de Letícia foi assinado em setembro de 2019 por Bolívia, Brasil, Colômbia, Equador, Guiana, Peru e Suriname (https://www .cancilleria.gov.co/en/newsroom/news/siete-paises-suscriben-pacto-leticia-amazonia), e seu Plano de Ação foi publicado em dezembro de 2019 (https://www.cancilleria.gov.co/sites/default/files/planofactionfinaltext-5dicen12.pdf).

c. A força-tarefa é uma colaboração subnacional entre 39 estados e províncias do Brasil, Colômbia, Costa do Marfim, México, Nigéria, Peru, Espanha e Estados Unidos. Um de seus resultados foi a Declaração de São Francisco (setembro de 2018), na qual governadores de cinco países da Amazônia (Bolívia, Brasil, Colômbia, Equador e Peru) comprometeram-se a implementar ações contra as mudanças climáticas e o desmatamento. Os estados brasileiros que são membros da força-tarefa (e que compõem a Amazônia Legal brasileira) são: Acre, Amapá, Amazonas, Maranhão, Mato Grosso, Pará, Rondônia, Roraima e Tocantins.

d. O projeto, a ser financiado pelo Fundo Global para o Meio Ambiente, é liderado pela Secretaria de Estado do Meio Ambiente (Sema) do Amazonas e pelos Ministérios do Meio Ambiente dos outros três países vizinhos (Colômbia, Equador e Peru).

e. A rede é constituída por oito instituições de seis países amazônicos: a Fundação Amigos da Natureza (FAN) da Bolívia; o Instituto Socioambiental (ISA) e o Instituto do Homem e Meio Ambiente da Amazônia (Imazon) do Brasil; a Fundação Gaia Amazonas, da Colômbia; a Fundação Equatoriana de Estudos Ecológicos (EcoCiencia), do Equador; o Instituto para o Bem Comum (IBC), do Peru; e a Provita e o Grupo de Trabalho Socioambiental da Amazônia (Wataniba), da Venezuela.

f. Embora a importância relativa do comércio ilegal de vida selvagem como fator de degradação ambiental seja menor que a de outros fatores, sua redução por meio de maiores esforços de detecção e fiscalização tem o potencial de alavancar a cooperação de longo prazo entre os governos regionais e nacionais, o que gera efeitos colaterais positivos para melhorar a percepção geral sobre a governança ambiental. Um caso interessante, por exemplo, com o qual o Brasil e outros países amazônicos têm a oportunidade de aprender são os esforços do Peru para fortalecer as capacidades das instituições governamentais nacionais e subnacionais e promover a participação cidadã e o monitoramento com o propósito de prevenir e reduzir crimes ambientais.

TABELA 7.1 Esforços compartilhados para apoiar o desenvolvimento sustentável e inclusivo na Amazônia Legal nos níveis global, nacional e local

OBJETIVO	NÍVEL GLOBAL	NÍVEL NACIONAL	AMAZÔNIA LEGAL
Demanda e oferta globais sustentáveis			
Consumo mais sustentável (C1a)	✓	✓	✓
Eliminação das lacunas de produtividade agrícola (C1a)	✓	✓	Sim, com proteção contra o efeito Jevons[a]
Promoção de integração comercial sustentável (C1b)	✓	✓	
Transformação estrutural equilibrada em todo o Brasil (C2a e C2b)			
Remoção de distorções nos mercados de produtos e fatores		✓	✓
Fomento de infraestrutura e logística sustentáveis e fortalecimento de redes urbanas e de serviços municipais em áreas rurais e urbanas		✓	✓
Reforma dos incentivos implícitos à agricultura extensiva (tais como crédito rural e impostos fundiários) e promoção de uma agricultura inteligente em termos de clima (C3)		✓	✓
Fortalecimento do capital humano		✓	✓
Melhora da proteção florestal na Amazônia Legal			
Aceleração da regularização fundiária (C4a)		Sim, para terras federais na Amazônia Legal	✓
Fortalecimento da fiscalização, inclusive em relação à governança florestal (C4b)		Sim, para órgãos federais relevantes e colaboração regional	✓
Prevenção de desmatamento, promoção de reflorestamento (C5a) e restauração de terras degradadas (C5b)		Sim, por exemplo, por meio de CRAs	Sim, com proteção contra o vazamento de desmatamento

continua

TABELA 7.1, *continua*

OBJETIVO	NÍVEL GLOBAL	NÍVEL NACIONAL	AMAZÔNIA LEGAL
Meios de vida rurais sustentáveis na Amazônia Legal (C6)			
Fortalecimento da bioeconomia			✓
Adequação da proteção social			✓
Financiamento para a conservação			
Fornecimento de financiamento	✓	✓	✓
Recebimento de financiamento		Sim, para esforços federais na Amazônia Legal	✓

Fonte: Banco Mundial.
Observação: As políticas fundamentadas na conservação são indicadas por um "C", conforme detalham a seção "políticas complementares" deste capítulo e a figura 7.1.
a. O efeito Jevons refere-se à "intensificação que induz a extensificação", em que os ganhos de produtividade agrícola aumentam o desmatamento em nível local. CRAs = Cotas de Reserva Ambiental.

Qualquer política pública na Amazônia Legal precisa estar alinhada à necessidade de proteger as florestas da região. A tabela 7.1 apresenta um resumo das políticas mais amplas analisadas neste memorando — em níveis global, nacional e amazônico. Tais políticas abrangem diversos temas, tais como mercados agrícolas globais, processos de transformação estrutural no Brasil e na Amazônia Legal, meios de subsistência sustentáveis na Amazônia Legal e financiamento para a conservação.

A figura 7.1 aplica uma ótica de conservação às políticas analisadas neste memorando, numa releitura do marco apresentado no capítulo 1 (figura 1.5). Ela permite examinar como as políticas públicas podem romper a lógica perniciosa do desmatamento e seus impactos econômicos, tanto no curto quanto no longo prazo[1]. Em alguns casos, há *trade-offs* entre conservação florestal e desenvolvimento econômico, mas o risco de pontos de inflexão na Amazônia Legal faz pender a balança ainda mais para o lado da conservação. Se forem atingidos pontos de inflexão, os impactos na economia serão, sem dúvida, negativos (capítulo 1). No entanto, este capítulo demonstra que, se houver políticas complementares e bem-estruturadas, especialmente se elas forem cuidadosamente planejadas, as sinergias podem prevalecer.

POLÍTICAS COMPLEMENTARES

Políticas públicas eficazes e equilibradas podem ajudar a Amazônia Legal a proteger suas florestas e, ao mesmo tempo, se desenvolver de forma mais rápida e inclusiva. Um modelo de crescimento com foco em maior produtividade (cenários de políticas C2a e C2b na figura 7.1), inclusive nos setores urbanos atualmente menos desenvolvidos, é compatível com a redução de medidas ineficientes de apoio à agricultura extensiva (C3) e com a intensificação da agricultura por meio de uma oferta de terra mais inelástica — o que seria feito por meio da regularização e proteção de terras naturais (C4a e C4b). Todas essas medidas ajudariam a impulsionar a transformação estrutural na Amazônia Legal, promovendo, ao mesmo tempo, a conservação florestal. Ademais, os processos de transformação estrutural podem gerar rupturas sociais e ambientais, o que torna fundamental a provisão de meios de subsistência sustentáveis

FIGURA 7.1

Alavancas políticas para mudar a lógica perniciosa do desmatamento

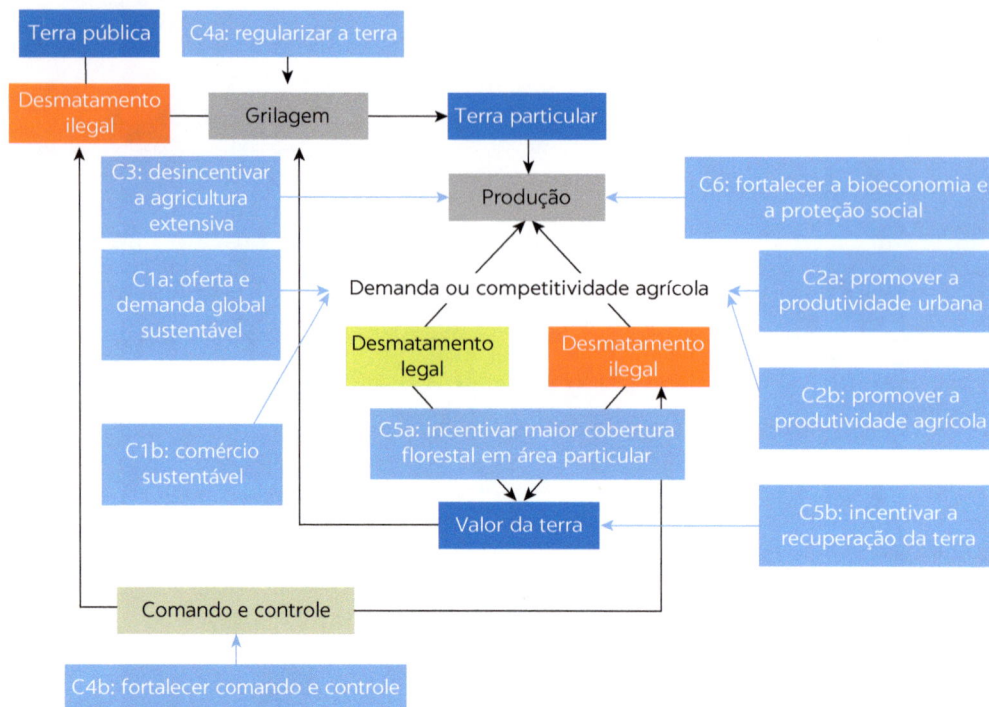

Fonte: Banco Mundial, com base na figura 1.5 do capítulo 1.

Observação: As caixas e linhas sombreadas em verde-claro indicam a relação entre as políticas ligadas à conservação propostas (identificadas com a letra "C" seguida de um número), as quais tratam das várias causas para a alteração da cobertura florestal na Amazônia Legal. O "desmatamento ilegal" inclui a exploração madeireira não autorizada em terras públicas (como áreas protegidas ou territórios indígenas) e a derrubada de árvores resultante de processos de grilagem. O desmatamento ilegal também ocorre em terras particulares em violação ao Código Florestal. O "desmatamento legal" ocorre em terras particulares conforme os limites estabelecidos no Código Florestal. A demanda agrícola e a concorrência afetam as decisões sobre o uso da terra, o valor da terra e os consequentes incentivos à grilagem. As intervenções de comando e controle pretendem conter o desmatamento ilegal. A figura não considera a exploração madeireira legal, o desmatamento para obras de infraestrutura, ou outras formas legítimas de produção em pequena escala em terras públicas.

alternativos para pequenos agricultores e comunidades florestais (C6) paralelamente a ações que evitem o desmatamento causado por choques sociais ou ambientais. O aumento da resiliência será particularmente importante à medida que as mudanças climáticas se intensificarem. As políticas públicas devem, portanto, concentrar-se em viabilizar processos de transformação estrutural, ao mesmo tempo que mitigam cuidadosamente seus impactos adversos.

Uma questão importante é o risco de o desmatamento "vazar" para outros territórios, ou seja, quando o desmatamento cessa em uma área mas a atividade se inicia em outra como consequência. Isso torna as políticas complementares ainda mais importantes, como meio de reduzir os incentivos ao desmatamento (legal ou ilegal) em determinada área quando o desmatamento for reduzido em outra.

O financiamento para a conservação, juntamente com orçamentos públicos mais bem estruturados, pode apoiar as políticas complementares. Isso exigirá uma proteção efetiva das florestas, podendo mobilizar esforços para fortalecer diretamente a governança fundiária e florestal (cenários de políticas C4a e C4b) e promover uma maior cobertura florestal (C5a e C5b), além de promover o desenvolvimento sustentável de forma mais ampla na Amazônia Legal (C2a, C2b e C6). O financiamento para a conservação pode vir do Brasil, mas também de outros países, mediante, por exemplo, doações ou através de mercados globais de carbono e títulos.

Embora algumas políticas públicas possam ter impactos imediatos uma vez implementadas, elas podem não ser implementadas rapidamente por razões de economia política, algo que os pacotes de políticas podem ajudar a superar. O capítulo 3 chamou a atenção para possíveis *trade-offs* entre proteção florestal e desenvolvimento econômico, ao passo que o capítulo 4 desenvolveu ainda mais esse raciocínio para enfatizar as implicações da economia política e como elas podem ser superadas. A proteção ambiental é mais difícil quando há perdas econômicas. A combinação das várias políticas da figura 7.1 tende a aumentar o bem-estar geral, o que também pode ajudar a fomentar mais vontade política para implementá-las. O financiamento para a conservação pode estimular ainda mais a vontade política necessária e, portanto, é um componente importante de qualquer combinação eficaz de políticas públicas.

As subseções a seguir examinam os impactos econômicos e sociais das políticas analisadas neste memorando (com foco na cobertura florestal) e sua provável eficácia no curto e longo prazos. Na medida do possível, a análise busca abordar os efeitos diretos e indiretos. No caso do bem-estar, isso costuma exigir um entendimento sobre como as intervenções são financiadas (em geral, demandando certo grau de redistribuição e, em alguns casos, introduzindo distorções), o que foge ao escopo da análise.

Demanda e oferta agrícola global

Cenário de políticas públicas C1a: Preferências mais sustentáveis dos consumidores e eliminação das lacunas globais de produtividade agrícola

- *Impacto econômico:* Redução dos preços agrícolas, pelo menos para os produtos que fazem uso intensivo de recursos naturais → redução da renda dos agricultores amazônicos, amortecida pelos preços mais altos pagos aos produtores certificados; para os consumidores, poder de compra mais alto devido à expansão da oferta de produtos agrícolas, com impactos ambíguos na renda devido a mudanças para modelos de produção mais sustentáveis.
- *Impacto ambiental*: Redução da demanda por terras agrícolas → aumento da cobertura florestal natural.
- *Impacto ao longo do tempo*: Longo prazo.

Consumo mais sustentável. O que acontece na Amazônia Legal é parcialmente determinado em outras partes do mundo. Embora a Amazônia Legal seja remota e isolada em alguns aspectos, ela está profundamente integrada ao mundo em outros. Portanto, a demanda e oferta global de *commodities* — e as demandas subjacentes dos consumidores — tendem a afetar o que acontece na região.

A expansão econômica insustentável na Amazônia Legal e em outras terras naturais em todo o mundo é impulsionada, em parte, pelo aumento da demanda internacional. Um modelo de crescimento extrativista é parcialmente viabilizado pelas oportunidades globais, ou seja, pelo dinamismo dos mercados de alimentos. A população global continua a crescer, embora o ritmo esteja diminuindo. Sem uma mudança nos padrões de consumo global, esse crescimento continuará a aumentar a demanda por alimentos e *commodities* agrícolas, além de outras *commodities* associadas ao desmatamento, como minerais e madeira.

Para a demanda de alimentos, os consumidores no mundo todo (inclusive no Brasil) têm várias maneiras de adaptar seu comportamento para ajudar a reduzir a pressão sobre as terras naturais (Searchinger et al., 2019). Os produtos de origem animal (carnes, laticínios, peixes e ovos) estão associados a uma produção que faz um uso muito intensivo de recursos. Simulações sugerem que uma redução de 30% na ingestão de alimentos de origem animal poderia eliminar toda a expansão global de terras agrícolas até 2050 (considerando apenas os fatores do lado da demanda). Um efeito semelhante poderia ser alcançado se os consumidores dos países mais ricos reduzissem sua ingestão de carne e atingissem a média global. Uma redução de 30% na demanda por carne de ruminantes (bovinos, ovinos e caprinos) na Europa, América Latina, Federação Russa e outros países da Europa Oriental e Central, além do Canadá e dos Estados Unidos, teria um efeito semelhante nas terras agrícolas. Em todos os casos, isso exigiria um aumento do número de pessoas que seguem dietas vegetarianas, as quais estão associadas a uma eficiência de recursos muito maior.

Há diversas maneiras de abordar as políticas públicas, tais como ações de *advocacy;* mudanças de normas sociais; conscientização sobre dietas saudáveis e sustentáveis; redução do desperdício de alimentos; e intervenções fiscais para desencorajar alimentos insustentáveis e encorajar alimentos sustentáveis (Searchinger et al., 2019).

Os consumidores prestam cada vez mais atenção aos métodos de produção sustentáveis. Isso significa que há um número maior de pessoas dispostas a pagar um valor mais elevado por custos de produção mais altos. A figura 7.2 analisa dois tipos de produtores agrícolas: aqueles que desmatam (agricultura extensiva) e aqueles que preferem intensificar sua produção. Como há um custo envolvido na intensificação da produção (resultante do maior uso de maquinário, insumos etc.), os agricultores intensivos têm uma curva de oferta mais acentuada: eles precisam cobrar um preço marginalmente mais alto que os agricultores extensivos por cada unidade adicional produzida[2].

A figura 7.2 simula uma mudança na demanda por produtos cultivados extensivamente rumo a uma produção mais sustentável, capaz de reduzir o desmatamento. Ela mostra que, quando a demanda diminui, o preço dos alimentos produzidos de forma extensiva cai, o que tende a reduzir o desmatamento. Os consumidores que continuarem a comprar esses produtos pagarão preços mais baixos. A curva de oferta mais acentuada para os agricultores intensivos exige que o preço de mercado aumente mais acentuadamente que a queda correspondente nos preços dos agricultores extensivos. Em outras palavras, os consumidores devem estar dispostos a pagar um preço mais alto pelo bem produzido intensivamente para conservar a floresta. Esse comportamento oferecerá incentivos para que os produtores adotem, cada vez mais, métodos sustentáveis que possam aumentar o bem-estar geral.

Eliminação das lacunas de produtividade agrícola. Também são necessárias intervenções de políticas agrícolas para ajudar o mundo a atender às suas necessidades alimentares de forma mais eficiente. Há grandes diferenças na produtividade agrícola ao redor do mundo, especialmente nos países da África, que estão defasados em relação aos demais. Eliminar as lacunas de produtividade agrícola aumentaria a oferta de alimentos por meio de um uso mais eficiente da terra, reduzindo, assim, a invasão de terras naturais. Contudo, há riscos: à medida que os ganhos de produtividade agrícola reduzirem as pressões

FIGURA 7.2

Impacto da demanda sustentável sobre os preços de mercado e as florestas

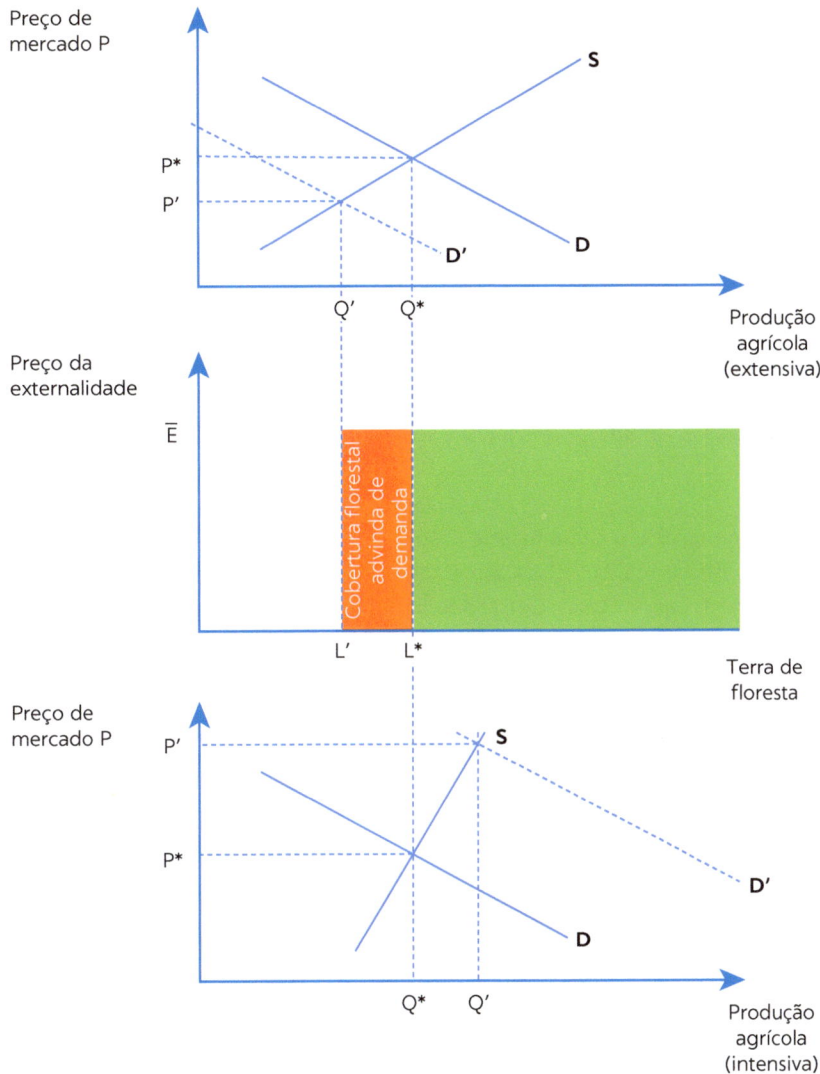

Fonte: Banco Mundial.
Observação: A figura ilustra como uma mudança na demanda dos consumidores em prol de produtos sustentáveis altera os preços para os produtores sustentáveis e não sustentáveis e conserva terras naturais que, caso contrário, correriam risco de desmatamento.

sobre as terras naturais em escala global, eles podem aumentá-las localmente, devido ao efeito Jevons[3].

Em geral, eliminar as lacunas globais de produtividade agrícola poderia reduzir a pressão sobre terras naturais ao redor do mundo. Caso contrário, a alternativa poderia ser uma expansão de 26% das terras agrícolas rumo às florestas naturais globais (equivalente a 3,4 milhões de km[2]) entre 2010 e 2050, com aumentos significativos nas emissões de GEEs e na perda de biodiversidade (Williams et al., 2020). Segundo essas simulações, 87,7% das espécies perderiam parte de seus hábitats, sendo que 1.280 espécies perderiam mais de 25% de seus hábitats no mundo todo. A intensificação da produção agrícola no Brasil poderia diminuir a pressão dos ecossistemas em outras partes do mundo, mas, ao mesmo tempo, é preciso evitar o efeito Jevons na Amazônia Legal (ver cenário de políticas públicas C2b).

A redução dos preços de produtos agrícolas associada ao aumento da oferta global elevaria o poder de compra dos consumidores e, ao mesmo tempo, pressionaria os produtores a aumentar sua produtividade.

À frente da curva. Tanto a redução da demanda por alimentos quanto a maior produtividade agrícola global representam ameaças para o modelo de crescimento extrativista do Brasil — ao passo que um modelo de crescimento mais sustentável oferece muitas oportunidades globais. À medida que as mudanças climáticas aceleram, as pessoas estão prestando cada vez mais atenção à sustentabilidade. Como resultado disso, haverá uma intensificação dos esforços para mudar as preferências dos consumidores e atender às necessidades alimentares de forma mais eficiente. O Brasil e a Amazônia Legal precisam estar preparados para essas mudanças, pois elas reduzirão as oportunidades de acesso ao mercado global. Uma pauta de exportações baseada em produtos primários não atenderá às necessidades futuras do Brasil, e o país precisa investir na diversificação. No caso específico da Amazônia Legal, apostar na agricultura extensiva voltada à exportação é arriscado (dos pontos de vista econômico e ambiental); além disso, é improvável que isso resista à prova do tempo.

Tanto o Brasil quanto a Amazônia Legal precisam se preparar para um futuro mais sustentável. O foco numa transformação estrutural mais equilibrada (cenários de políticas públicas C2a, C2b e C3) e numa governança territorial e florestal mais eficaz (cenários C4a e C4b) pode criar uma base para o Brasil e a Amazônia Legal competirem com sucesso nos mercados globais e se beneficiarem do esforço global de descarbonização em diversos setores, tais como agricultura sustentável e manufatura verde (Banco Mundial, 2023a).

Cenário de políticas públicas C1b: Liberalização do comércio

- *Impacto econômico:* Maior acesso a mercados e ganhos de produtividade com a liberalização do comércio → aumento da renda, em geral.
- *Impacto ambiental*: Maior demanda por produtos agrícolas (pressionando as florestas) e maior produtividade geral, inclusive nos setores urbanos (reduzindo a pressão sobre as florestas) → impactos ambíguos sobre a cobertura florestal natural.
- *Impacto ao longo do tempo*: Longo prazo.

A liberalização do comércio pode ajudar o Brasil a se livrar de seu legado de industrialização por substituição de importações (capítulos 1 e 3). A liberalização tende a aumentar a renda geral, mas também pode causar transtornos sociais e ambientais significativos. O aumento da produtividade (cenários de políticas públicas C2a e C2b), que visa a aumentar a competitividade da economia, e as intervenções de proteção social (cenário C6), que visam a proteger os mais pobres dos efeitos negativos, constituem, portanto, importantes políticas complementares.

Os acordos internacionais de comércio podem ajudar o Brasil e a Amazônia Legal a se tornarem mais ricos e sustentáveis, mas também apresentam riscos significativos (Banco Mundial, 2023a). O Brasil é signatário do recente acordo entre a União Europeia e o Mercosul, que intensifica o comércio entre os dois blocos comerciais. A expectativa é que o Brasil amplie seu acesso aos mercados europeus, especialmente para *commodities* primárias, como o etanol. Dada a associação da carne bovina ao desmatamento, sua liberalização na Europa foi mais modesta. Em troca, o Brasil comprometeu-se a promover a abertura de alguns setores manufatureiros ao longo de 15 anos.

Estima-se que os ganhos comerciais sejam benéficos para a economia brasileira em geral. Todavia, os impactos sobre as florestas naturais, especialmente na Amazônia Legal, são mais complexos (Banco Mundial, 2023a). A exposição da indústria brasileira a uma maior concorrência pode ajudar a aumentar a produtividade do setor, e este memorando prevê que isso possa reduzir o desmatamento. No entanto, a abertura comercial também aumentará a demanda por produtos agrícolas brasileiros. Embora os produtos diretamente associados ao desmatamento tenham sido, de certa forma, excluídos da liberalização comercial[4], a competição por terras ainda tende a se intensificar, e as decisões sobre produção em resposta a aumentos generalizados na demanda não podem ser contidas em áreas geográficas específicas no país. O deslocamento da produção em toda a economia brasileira pode impulsionar o desmatamento.

Assim, em termos relativos, o momento de abertura dos mercados manufatureiros no Brasil (que pode reduzir o desmatamento da Amazônia Legal) é importante. Futuros acordos comerciais devem se concentrar nesse equilíbrio para apoiar o desenvolvimento sustentável do Brasil e da Amazônia Legal.

A política comercial internacional pressionará cada vez mais o Brasil para garantir cadeias de valor livres de desmatamento. Embora várias salvaguardas tenham sido implementadas para evitar a exportação de *commodities* produzidas em terras desmatadas ilegalmente, a eficácia de tais salvaguardas é pouco uniforme (Abman; Lundberg; Ruta, 2021; Rajão et al., 2020).

Vários países estão considerando condicionar o acesso a seus mercados a padrões ambientais mínimos. Embora o Mecanismo de Ajuste de Carbono na Fronteira da União Europeia atualmente se concentre no conteúdo de carbono relacionado aos combustíveis, é concebível que ele seja estendido a produtos agrícolas, exigindo, por exemplo, uma prova de que tenham sido produzidos em áreas livres de desmatamento. Alguns países (como a Bélgica) já estão considerando tais medidas.

Enquanto outros grandes mercados não impuserem normas semelhantes, é provável que haja desvios de comércio. Em outras palavras, os produtos brasileiros com certificação de sustentabilidade chegariam aos mercados com normas mais rígidas, e os produtos não certificados seriam destinados àqueles mercados (globais ou domésticos) com padrões mais baixos. No entanto, à medida que os padrões se nivelarem entre os países, aumentará a pressão sobre o Brasil para que fortaleça seus sistemas de certificação sustentáveis. Os sistemas de redução de taxas (*feebate*) analisados no capítulo 4 podem ajudar o Brasil a atingir essa meta, fornecendo incentivos fiscais para os produtores aderirem a sistemas de certificação confiáveis.

Transformação estrutural equilibrada

Cenário de políticas públicas C2a: Fomento da produtividade urbana

- *Impacto econômico:* Aumento dos empregos e dos salários reais → aumento da renda.
- *Impacto ambiental:* Aumento da competitividade dos setores que não fazem uso intensivo da terra → aumento da cobertura florestal (especialmente se as fontes de produção urbana forem sustentáveis).
- *Impacto ao longo do tempo:* Longo prazo.

O Brasil precisa atualizar seu modelo de crescimento para fazer pender a balança mais fortemente para a produtividade urbana, impulsionando a diversificação além das *commodities*. Este memorando se baseou em pesquisas que destacam os desafios de produtividade do Brasil e demonstram que eles afetam a Amazônia Legal de, pelo menos, duas maneiras importantes: uma economia brasileira estagnada oferece pouca sustentação para as economias amazônicas menos desenvolvidas; e os desafios para o crescimento brasileiro, como o Custo Brasil, são desafios compartilhados.

O foco mais nítido na produtividade e competitividade urbanas em todo o país beneficiaria o Brasil, em geral, e ajudaria a Amazônia Legal a alcançar o resto do país. Como demonstra este memorando (capítulos 1 e 3), um foco excessivo na produção rural e, em particular, na agricultura extensiva pode distorcer e prejudicar o desenvolvimento, pois posiciona os fatores de produção na direção oposta à da transformação estrutural. Ao mesmo tempo, uma maior produtividade urbana em todo o país reequilibraria a competitividade urbana e rural, ajudando a alterar as pressões que contribuem para o desmatamento em grande escala nas florestas naturais amazônicas. Na verdade, a produtividade urbana terá um impacto maior na desaceleração do desmatamento quando não gerar demanda agrícola adicional (por exemplo, por meio de cadeias de valor rurais mais profundas em certas áreas e cadeias de valor em que a governança florestal for deficiente).

Um foco que englobe todo o Brasil também ajudaria a evitar a divergência nos modelos de crescimento, o que poderia prejudicar a coesão econômica do país (capítulo 3). Em nível federal, o fomento da produtividade urbana inclui a aceleração da agenda de reformas estruturais, a saber: a retomada das reformas do sistema tributário bizantino do país; reformas que visem a aumentar a eficiência logística; e a alavancagem estratégica de novos acordos comerciais para abrir os setores urbanos a uma maior concorrência (ver análise anterior do cenário C1b). Além disso, os estados devem refletir esse foco urbano mais nítido em seus Planos Plurianuais (PPAs) e desenvolver uma agenda para cidades produtivas e verdes. As prioridades urbanas precisariam, no futuro, ser mais bem definidas nos orçamentos federais e subnacionais.

Infraestrutura de transportes. A ênfase na produtividade urbana também pode reduzir a necessidade de estradas rurais, um fator-chave do desmatamento. O risco atual na Amazônia é que o Arco do Desmatamento na Nova Fronteira continue se deslocando rumo ao norte, impulsionado pela expansão das estradas rurais. Uma ênfase maior na produtividade urbana reduziria a necessidade dessas estradas: as cidades já estão conectadas aos mercados por meio de rodovias e ferrovias, especialmente na Nova Fronteira; hidrovias, na Fronteira Colonial; e aeroportos.

Em princípio, a expansão da infraestrutura de transporte constitui uma medida de baixa prioridade na Amazônia Legal se o desenvolvimento se concentrar nas cidades. O transporte fluvial, quando viável, pode ser uma solução logística sustentável para o transporte de mercadorias (reconhecendo que também há desafios ambientais relacionados ao transporte hidroviário). Em vez disso, priorizar os investimentos rodoviários em outras partes do Brasil — fortalecendo a conectividade, especialmente entre os centros urbanos do litoral — geraria grandes ganhos econômicos para todo o país, inclusive a Amazônia Legal (que se beneficiaria do crescimento dos mercados) (Gorton; Ianchovichina, 2021).

Distorções de mercado. Eliminar as distorções será importante para a produtividade. A política industrial brasileira tem um histórico de "escolher os vencedores". Na Amazônia Legal, isso também se reflete em incentivos fiscais, concedidos diretamente às empresas da Zona Franca de Manaus (Banco Mundial, 2023b). Uma abordagem de política industrial com foco no fortalecimento do ambiente de negócios mais amplo reduziria as distorções econômicas, inclusive as questões implícitas de concorrência, e elevaria a competitividade geral dos centros urbanos. Alguns investimentos não exigirão desembolsos fiscais significativos — por exemplo, muitas intervenções para reduzir o Custo Brasil na Amazônia Legal (e em outras regiões) exigem apenas mudanças regulatórias. Uma área crucial para reformas estruturais é o setor nacional de transportes (em particular, o transporte aquaviário), cujas ineficiências prejudicam desproporcionalmente a remota Amazônia Legal.

No futuro, à medida que a região desenvolver as bases urbanas necessárias para assegurar sua convergência econômica com o resto do país, o apoio financeiro à região pode ser reduzido. Enquanto isso não acontecer, o financiamento público continuará a ser justificado pelas externalidades ambientais positivas geradas pelo desenvolvimento sustentável da produtividade urbana na Amazônia Legal. Os recursos podem vir do financiamento para a conservação ou de um redirecionamento de incentivos distorcidos em outros setores (como aqueles que promovem a agricultura extensiva, descritos no cenário de políticas públicas C3).

Redes urbanas. Uma rede de cidades verdes, grandes e pequenas, deve servir de apoio à transformação estrutural e à redução da pobreza na Amazônia Legal. As políticas devem se concentrar na produtividade nas cidades amazônicas que já tiverem desenvolvido capacidades econômicas, infraestrutura, densidade, competências e logística (os polos econômicos). No bioma Amazônia, essas cidades costumam estar localizadas ao longo dos principais rios. Nas cidades em desenvolvimento, deve ser dada atenção especial ao "esverdeamento" da energia, da logística, do transporte e do manejo de resíduos.

Cidades verticais. Há uma relação entre cidades mais verticais e cidades mais produtivas, o que significa que o desenvolvimento urbano não requer um perímetro físico maior — o que é particularmente importante para reduzir os impactos diretos da Amazônia Legal urbana em suas florestas.

Capital humano. Uma transformação estrutural equilibrada também exige uma base de capital humano sólida (capítulo 2). O crescimento e a transformação estrutural exigem trabalhadores qualificados, mas a Amazônia Legal enfrenta limitações de capital humano significativas. Investir em capital humano é importante para criar as competências necessárias para a diversificação econômica. Também é importante que as pessoas se adaptem às mudanças estruturais por meio de reciclagem profissional, troca de profissão ou migração para outras regiões do país que apresentem crescimento mais rápido.

Este memorando destacou a necessidade crucial do investimento nos professores, bem como o importante papel de diferentes polos urbanos da Amazônia Legal para a prestação de serviços públicos básicos, como saúde e educação. O aprimoramento dos resultados de capital humano tende a ser um processo lento, no entanto, e é parcialmente endógeno ao próprio processo de transformação estrutural, criando um círculo virtuoso de desenvolvimento econômico e desenvolvimento de capital humano. Para aprimorar mais rapidamente as competências da força de trabalho e impulsionar a produtividade na Amazônia Legal, pode ser útil tentar atrair migrantes qualificados para os centros urbanos da região, destacando mais uma vez que a Amazônia Legal está inserida no Brasil, e que as políticas para promover o desenvolvimento em outras partes do país também beneficiarão aquela região.

No curto prazo, é fundamental que as políticas complementares se concentrem nos mais pobres, de forma a amortecer os choques resultantes de rupturas econômicas (cenário C6).

Serviços básicos de infraestrutura. Além da produtividade, a elevação dos padrões de vida exige que sejam resolvidas as lacunas de infraestrutura, inclusive em relação a habitação e saneamento básico (por exemplo, o novo Marco do Saneamento Básico é uma oportunidade para atrair capital privado para investimentos em abastecimento de água e esgotamento sanitário na região). Na verdade, os serviços básicos de infraestrutura não são apenas uma prioridade urbana, mas também são importantes para as regiões rurais, tanto para garantir padrões de vida básicos adequados para a população quanto para evitar pressões migratórias rumo às cidades (que excedam o processo de urbanização regular, associado à transformação estrutural).

Embora a produtividade urbana reduza o desmatamento no Brasil (capítulo 3), ela pode deslocar o desmatamento para outras regiões do planeta. Para evitar isso, os ganhos de produtividade agrícola no Brasil e no mundo são complementares (cenários de políticas públicas C2b e C1a).

Cenário de políticas públicas C2b: Fomento da produtividade agrícola

- *Impacto econômico:* Aumento dos salários reais e da migração rural-urbana → aumento da renda (especialmente quando isso está associado a empregos e produtividade urbana).
- *Impacto ambiental:* Intensificação da produção agrícola (menos desmatamento), podendo gerar demanda por mais terras para ampliar a parcela de mercado (mais desmatamento devido ao efeito Jevons) → efeitos positivos sobre as florestas naturais globais, mas impactos ambíguos na Amazônia Legal.
- *Impacto ao longo do tempo:* Longo prazo.

A produtividade agrícola na Amazônia Legal já está alcançando os índices do resto do país, mas essa convergência vem acompanhada de um alto índice de desmatamento. O crescimento do setor tem sido apoiado por mercados internacionais dinâmicos, mas também por melhorias na infraestrutura e no acesso aos mercados. A produtividade tende a ser maior nos estados com mercados agrícolas mais desenvolvidos, e muitas das intervenções citadas no cenário de políticas públicas C2a (como infraestrutura de transportes e capital humano) também são importantes para o aumento da produtividade agrícola e a transformação estrutural mais ampla. A expansão do setor agrícola permitiu que muitos estados da Amazônia Legal, especialmente na Nova Fronteira, contribuíssem para o abastecimento local e global de alimentos e, ao mesmo tempo, alcançassem níveis mais elevados de desenvolvimento. No entanto, a fronteira agrícola é um sinônimo do Arco do Desmatamento, o que faz com que esse modelo não atenda aos ecossistemas sensíveis da Amazônia Legal.

Mitigação do efeito Jevons. Para reduzir o risco de desmatamento, o fomento da produtividade agrícola deve ser sensível à maturidade dos mercados agrícolas e deve alavancar intervenções complementares, de forma a conter o efeito Jevons. Embora ainda não haja consenso sobre a aplicabilidade do efeito Jevons à Amazônia Legal, a modelagem realizada para este memorando indica que ele está presente. No mínimo, o efeito Jevons deve ser considerado um risco importante a ser mitigado pelos formuladores de políticas públicas. Há várias maneiras de se fazer isso:

- **Fomento à produtividade agrícola em outras partes do Brasil** em que os volumes de produção sejam maiores, os mercados fundiários mais maduros, e o desmatamento menos preocupante. Isso poderia aumentar a oferta de alimentos sem pressionar a fronteira agrícola da Amazônia Legal. Essa lógica também pode se aplicar aos mercados mais maduros da região (por exemplo, o sudeste de Mato Grosso).
- **Complemento dos ganhos de produtividade agrícola na Amazônia Legal com melhor governança territorial e florestal,** inclusive por meio de políticas de regularização fundiária (cenário de políticas públicas C4a), comando e controle (C4b), restauração de terras (C5b), desincentivo à agricultura extensiva (C3) e melhoria dos sistemas de rastreamento e sistemas de incentivo (como os *feebates* descritos acima) para deter o cultivo em terras desmatadas ilegalmente.
- **O fomento da produtividade urbana** (C2a) é outro importante foco de política complementar capaz de promover a intensificação agrícola por meio do impacto nos preços de capital e de insumos (em relação aos preços das terras).

Implicações sociais. Quando se fomentam políticas de produtividade agrícola, também é necessário levar em consideração as implicações sociais associadas a tais políticas, pois o aumento da produtividade agrícola tende a reduzir o emprego nesse setor. O capítulo 5 demonstrou que a intensificação da concorrência entre agricultores produtivos e menos produtivos é uma fonte de aumento geral da produtividade. Uma consequência social é, por exemplo, a exclusão dos agricultores menos produtivos, que geralmente são mais pobres e têm menos terra. Para garantir os meios de subsistência desses agricultores e, ao mesmo tempo, evitar que resvalem para modos de produção menos sustentáveis, as políticas devem estimular alternativas sustentáveis nas áreas rurais, especialmente a bioeconomia (C6).

Ao mesmo tempo, são necessários sistemas de proteção social adequados para amortecer os impactos adversos da transformação estrutural nas populações rurais, inclusive as comunidades tradicionais. Ao longo do processo, as áreas urbanas desempenharão um papel essencial na absorção de migrantes rurais, o que destaca novamente o papel da produtividade urbana (C2a) como importante foco de política complementar.

Cenário de políticas públicas C3: Desincentivo à agricultura extensiva

- *Impacto econômico:* Redução das distorções na agricultura e fortalecimento da transformação estrutural → aumento da renda.
- *Impacto ambiental:* Intensificação da agricultura → aumento da cobertura florestal natural (e expansão e aprimoramento dos serviços ecossistêmicos se as reformas fortalecerem uma agricultura inteligente em termos de clima).
- *Impacto ao longo do tempo:* De curto a longo prazo.

A expectativa é que a redução do apoio implícito das políticas públicas à agricultura extensiva gere impactos positivos para as florestas e a renda (ao reduzir distorções e fomentar a transformação estrutural).

Um dos focos é a reforma do crédito rural. Já houve muito progresso regulatório em relação à redução dos impactos ambientais adversos do crédito rural (como, por exemplo, no caso da Resolução n.º 3.545 do Banco Central do Brasil), à promoção da agricultura de baixo carbono (Resolução n.º 3.896) e à introdução de amplas regras para promover a sustentabilidade socioambiental e lidar com os riscos climáticos das instituições financeiras (Resoluções n.º 4.327 e n.º 4.557). No entanto, as fontes tradicionais de crédito rural ainda são distorcivas e continuam a minar a eficácia de programas de crédito mais sustentáveis, como o Plano de Agricultura de Baixa Emissão de Carbono (ABC), no que diz respeito à promoção da agricultura de baixo carbono.

Para reduzir a pressão sobre as terras naturais, o crédito para a produção rural não deve ser aumentado, em geral; os orçamentos existentes devem ser redirecionados à busca de objetivos mais específicos (como no Plano ABC), com foco em bens públicos e na agricultura sustentável e inteligente em termos de clima, o que inclui a integração lavoura-pecuária e o seguro climático. Em particular, incentivar maior produtividade por meio de medidas como a integração lavoura-pecuária ou lavoura-pecuária-floresta tem maior probabilidade de sucesso quando a oferta de terras for mais inelástica (capítulo 5), pois essas medidas passam a ser complementares às políticas de governança territorial e florestal (cenários C4a e C4b) e à reforma do Imposto sobre a Propriedade Territorial Rural (ITR).

O ITR deve ser reformado para tornar a oferta de terras menos elástica, alinhando-a às leis e sistemas ambientais (especificamente, o Cadastro Ambiental Rural)[5]. As reformas para desincentivar a agricultura extensiva são compatíveis com os esforços para promover o aumento da produtividade (Souza-Rodrigues, 2019) e a transformação estrutural e se afastar da agricultura extensiva; sua viabilidade política pode, portanto, ser aprimorada por meio de avanços no sentido de mudar o modelo geral de crescimento (cenários C2a e C2b), reciclar as receitas e financiar a conservação.

Melhor proteção florestal

Cenário de políticas públicas C4a: Regularização fundiária por meio da destinação de terras

- *Impacto econômico:* Fortalecimento dos direitos fundiários e expectativa de aumento dos custos de produção, como resultado da redução da oferta futura de terras → aumento da renda para os beneficiários, mas redução da renda total esperada, devido à restrição na oferta de terras (sem levar em consideração os impactos econômicos positivos indiretos da prevenção de perdas ecossistêmicas).
- *Impacto ambiental:* Promoção da intensificação da agricultura e redução da grilagem → aumento da cobertura florestal natural (especialmente se áreas não destinadas forem consideradas áreas protegidas ou territórios indígenas).
- *Impacto ao longo do tempo:* De curto a longo prazo (dependendo da vontade política e capacidade de implementação).

A regularização fundiária é uma questão multidimensional na Amazônia Legal, que afeta várias partes interessadas e gera consequências ambientais e econômicas diversas. A regularização fundiária é importante para os assentados mais pobres da Amazônia Legal. A falta de regularização fundiária representa um problema para os assentados do Instituto Nacional de Colonização e Reforma Agrária (Incra), o que impede o desenvolvimento de um modelo agrícola mais produtivo. Devido aos efeitos sobre a produtividade dos agricultores, é importante evitar o efeito Jevons na região.

Ao mesmo tempo, os meios de subsistência tradicionais estão ameaçados pela insegurança fundiária, pois ainda existem áreas significativas de terras indígenas não registradas. Os direitos fundiários de muitas comunidades quilombolas ainda precisam ser fortalecidos e reconhecidos na Amazônia Legal[6]. Há sinergias importantes entre essa questão e a proteção florestal. A existência de vastas áreas de terras ainda não destinadas tem estimulado a grilagem, a especulação fundiária e a violência. Portanto, a destinação de terras é fundamental para eliminar essa fonte de desmatamento e conflitos. Há, inclusive, fortes argumentos a favor da destinação dessas terras como áreas de proteção ou territórios indígenas.

Se terras não destinadas forem consideradas terras particulares, o Código Florestal permite 20% de desmatamento *legal* no bioma Amazônia (e porcentagens ainda maiores em outros biomas). Assim, isso aumentaria a oferta de terras agrícolas, o que poderia reduzir o desmatamento em outras partes da Amazônia Legal. Embora, em termos gerais, os impactos sejam relativamente ambíguos, os riscos para as florestas da Amazônia Legal permanecem altos.

Essa forma de expansão da fronteira — por meio da transferência de terras públicas a agentes privados — remonta, pelo menos, aos tempos coloniais e faz parte do modelo de crescimento de muitos estados brasileiros, sendo ancorada pela disponibilidade de terras artificialmente baratas. Como resultado, do ponto de vista político, isso torna mais difícil solucionar a subvaloração das terras no processo de regularização, ou designá-las como terras protegidas.

A destinação de áreas não destinadas como áreas protegidas ou territórios indígenas provavelmente reduziria o desmatamento. A grilagem deixaria de ser economicamente viável, pois a terra não poderia ser vendida. Ademais, a redução da expansão geográfica estimularia a intensificação da agricultura. No entanto, ainda assim há riscos. Enquanto o desmatamento ilegal não for controlado e enquanto houver áreas que possam ser legalmente desmatadas, a demanda por terras que não for atendida pela expansão da produção rumo a terras não destinadas poderá ser atendida pela conversão de florestas em terras agrícolas em outras áreas.

Medidas complementares (por exemplo, o cenário C2a, para reduzir a pressão sobre a fronteira agrícola, ou financiamento para a conservação) podem aumentar a vontade política para reequilibrar a ênfase das políticas públicas, com foco maior na proteção florestal. O financiamento para a conservação também pode ajudar a fornecer os recursos necessários para os complexos processos jurídicos e administrativos associados à regularização fundiária. Outras medidas complementares que aumentam o impacto da regularização fundiária e reduzem os vazamentos do desmatamento incluem medidas mais eficazes de comando e controle (C4b) e um processo de transformação estrutural equilibrado (C2a, C2b e C3).

Cenário de políticas públicas C4b: Comando e controle

- *Impacto econômico:* Aumento dos custos de produção por meio da limitação da oferta de terras, redução do emprego e aumento dos preços de alimentos → redução da renda (sem levar em consideração os efeitos positivos indiretos da prevenção de perdas ecossistêmicas).
- *Impacto ambiental:* Prevenção da extração madeireira ilegal e do desmatamento e promoção da intensificação da agricultura → aumento da cobertura florestal natural devido à queda no desmatamento (possível vazamento para o desmatamento legal).
- *Impacto ao longo do tempo:* Curto prazo (dependendo da vontade política e capacidade de execução).

As florestas naturais precisam ser protegidas por meio do cumprimento das leis ambientais existentes, entre as quais o Código Florestal. A aplicação efetiva das leis de proteção ambiental vigentes na Amazônia Legal poderia, em princípio, eliminar o desmatamento ilegal. Quando as leis são aplicadas de forma plena e consistente, o desmatamento ilegal é eliminado ou mantido num nível mínimo. Na falta disso, é provável que o desmatamento aumente substancialmente no futuro próximo. Isso significa que a aplicação dessas leis é de suma importância para que a Floresta Amazônica (e outras florestas da região) permaneça intacta e num nível próximo ao atual.

Já existe uma base institucional para a plena aplicação do Código Florestal e de outras leis ambientais, mas é possível que ainda falte vontade política para efetivamente aplicar a legislação. Sistemas sofisticados de vigilância (sensoriamento remoto, inclusive pelo Sistema de Detecção de Desmatamento em Tempo Real [DETER]) podem detectar desmatamentos ilegais e orientar os agentes de fiscalização. A criação de listas de exclusão de municípios (por meio da concentração dos esforços de proteção) nos *hotspots* de desmatamento pode gerar resultados positivos, embora permaneçam os riscos de vazamento do desmatamento. Todavia, faltam incentivos para realmente fazer cumprir as leis florestais brasileiras, inclusive o Código Florestal, em todos os níveis de governo: municipal, estadual e federal.

A aplicação efetiva da lei é fundamental e requer recursos estáveis e adequados, além da capacitação dos principais órgãos de fiscalização, como o Instituto Brasileiro do Meio Ambiente e dos Recursos Naturais Renováveis (Ibama) e o Instituto Chico Mendes de Conservação da Biodiversidade (ICMBio) em nível federal. Além disso, requer uma mudança de atitude em relação à aplicação do Código Florestal em todos os níveis, inclusive o local. Nos níveis subnacionais, os estados e municípios devem garantir recursos e capacidade adequados aos seus respectivos órgãos de monitoramento e fiscalização. Ademais (e talvez isso seja mais difícil), também deve ser criado um ambiente propício que garanta, aos agentes locais de fiscalização, os incentivos corretos para realmente fazerem cumprir as leis existentes.

Em todos os níveis de governo, é fundamental haver vontade política para criar um ambiente que promova a aplicação efetiva da lei. Uma mudança no modelo de crescimento mais amplo que não privilegie a agricultura extensiva (C2a, C2b e C3) também deve ajudar a alinhar os incentivos políticos a uma melhor proteção ambiental, com o apoio de recursos de financiamento para a conservação.

Os impactos gerais das intervenções de governança florestal sobre o bem-estar dependem de possíveis efeitos indiretos, especialmente se a Amazônia Legal chegar a um ponto de inflexão. Um modelo de crescimento baseado na agricultura extensiva significa que restringir a oferta de terras — seja pela contenção da grilagem ou por um fortalecimento das ações de comando e controle — pode, também, diminuir a renda real, reduzindo o emprego na agricultura e aumentando os preços dos alimentos. Esse é um aspecto central da economia política da proteção florestal na região, que pode minar a vontade política de agir. No entanto, essas estimativas não levam em conta impactos mais amplos, como, por exemplo, as consequências desastrosas de desencadear um ponto de inflexão na Amazônia Legal. O reconhecimento desses riscos é uma razão a mais para substituir o modelo econômico por outro que busque um crescimento mais sustentável. Um modelo de crescimento com foco na produtividade (cenários de políticas públicas C2a e C2b) aumenta a renda e é plenamente compatível com a proteção florestal.

Prevenção do desmatamento legal, promoção do reflorestamento e restauração de terras degradadas

Cenário de políticas públicas C5a: Incentivo ao aumento da cobertura florestal em terras particulares

- *Impacto econômico:* Fonte alternativa de receita para os proprietários de terras → mais bem-estar para esses proprietários.
- *Impacto ambiental:* Aumento da cobertura florestal em propriedades específicas, possivelmente compensado, de forma parcial, pelo desmatamento (legal ou ilegal) em outros lugares → aumento da cobertura florestal natural (com certo grau de vazamento de desmatamento).
- *Impacto ao longo do tempo:* Cada vez mais eficaz à medida que o desmatamento ilegal for controlado e o processo de transformação estrutural progredir.

É fundamental fazer com que os agricultores da Amazônia Legal cumpram as regras de áreas florestais mínimas previstas no Código Florestal. O sistema de Cotas de Reserva Ambiental (CRAs) é uma maneira de cumprir as regras no caso de terras desmatadas antes de 2008. As CRAs permitem que os agricultores cumpram a lei por meio da aquisição de créditos florestais de outros agricultores, como num mecanismo de compensação. Em princípio, isso poderia fortalecer a credibilidade do Código Florestal, garantir que o desmatamento legal seja controlado (dentro de seus limites) e que os estoques florestais sejam preservados. A operacionalização das CRAs é, portanto, um componente importante da gestão de mudanças legais de uso da terra.

Para aumentar os estoques florestais, várias opções podem ser implantadas. No entanto, possíveis vazamentos de desmatamento podem minar a eficácia dos programas destinados a aumentar o estoque de florestas em terras particulares. Os agricultores podem ser encorajados a exceder as exigências do Código Florestal (por meio, por exemplo, da venda de créditos florestais no âmbito do marco REDD+)[7] ou da obtenção de apoio para reflorestar suas terras (por meio do Programa Reflorestar).

Também estão sendo debatidas possíveis inovações nas regras financeiras para permitir que terras florestadas sejam incluídas como garantia, o que aumentaria o valor dessas terras. Essas intervenções gerarão renda para os proprietários participantes. No entanto, enquanto a governança florestal for insuficiente na Amazônia Legal, esses esforços podem resultar no vazamento do desmatamento (Dasgupta, 2021). Eles reduziriam a oferta de terras agrícolas, elevariam o valor da terra e aumentariam os incentivos para a invasão de terras públicas ou o desmatamento de terras particulares em outras regiões. Tais intervenções são, portanto, mais eficazes quando complementadas por medidas que reduzam o desmatamento total (como C1a, C2a, C3, C4a e C4b).

Cenário de políticas públicas C5b: Incentivo à recuperação de terras

- *Impacto econômico:* Aumento do retorno sobre a terra → aumento da renda para os proprietários.
- *Impacto ambiental:* Aumento da disponibilidade de terras produtivas, reduzindo a necessidade de desmatamento (mas os subsídios para a recuperação podem involuntariamente gerar incentivos para permitir a degradação da terra) → impactos ambíguos sobre a cobertura florestal (impacto claramente positivo se terras degradadas forem convertidas em florestas).
- *Impacto ao longo do tempo:* Cada vez mais eficaz à medida que o desmatamento ilegal for controlado e o processo de transformação estrutural progredir.

O financiamento para recuperar terras degradadas para uso produtivo pode reduzir o desmatamento — ou deslocá-lo. Em princípio, a recuperação de terras degradadas — por meio, por exemplo, do Plano ABC — aumentaria a oferta de terras produtivas, propiciando o crescimento da produção agrícola sem que fosse necessário desmatar mais áreas e, ao mesmo tempo, reduzindo os incentivos para a grilagem. Além disso, a terra de uso agrícola também fornece serviços ambientais mais elevados que a terra degradada.

Os subsídios públicos podem gerar incentivos para a recuperação territorial, aumentando o retorno sobre a terra. No entanto, os subsídios também podem causar desmatamento se criarem uma expectativa de que o financiamento público estará disponível para recuperar terras particulares degradadas no futuro, inadvertidamente criando incentivos para deixar que a terra se degrade[8] e revertendo os impactos pretendidos de redução do desmatamento. Esses incentivos adversos poderiam ser evitados se as atividades de recuperação somente preparassem as terras *públicas* degradadas para uso agrícola e, posteriormente, as vendessem aos agricultores. Também pode ser possível reduzir os incentivos adversos se apenas as terras *atualmente* degradadas forem elegíveis para receber apoio financeiro do governo, o que limitaria as expectativas de apoio financeiro futuro. Todavia, os governos gozam de pouca credibilidade na Amazônia Legal em relação ao cumprimento de prazos (como no caso da regularização fundiária). Tais programas provavelmente se tornarão mais eficazes com o amadurecimento institucional e o aumento da credibilidade do governo.

Reflorestar ou florestar terras públicas degradadas (por meio, por exemplo, de parcerias público-privadas) aumentaria o estoque florestal sem consequências não intencionais sobre o desmatamento. Tais intervenções não afetam a oferta de terras e, portanto, não geram incentivos privados que possam resultar em desmatamento. Ao mesmo tempo, não haveria retorno de mercado, o que exigiria que tais intervenções fossem financiadas com recursos públicos ou financiamento para a conservação. O comércio de créditos de carbono nos termos do artigo 6 do Acordo de Paris pode desempenhar um papel significativo para essa atividade (capítulo 4).

Meios de vida sustentáveis

Cenário de políticas públicas C6: Fortalecimento da bioeconomia e da proteção social

- *Impacto econômico:* Rendas mais altas e sustentáveis para agricultores e comunidades pobres → redução da pobreza rural.
- *Impacto ambiental:* Menos transições para atividades não sustentáveis e aumento do uso sustentável do capital natural → aumento da cobertura florestal e fortalecimento dos serviços ecossistêmicos.
- *Impacto ao longo do tempo:* De curto a longo prazo.

Dadas as altas taxas de pobreza rural, é importante fortalecer os meios de subsistência rurais. As rupturas associadas ao desenvolvimento econômico aumentam a urgência de se fazer isso. À medida que a transformação rural avançar, os agricultores menos produtivos sofrerão pressões cada vez maiores dos agricultores mais produtivos. As políticas não devem apoiar artificialmente a produção ineficiente no longo prazo, mas o apoio é necessário até que sejam desenvolvidos meios de subsistência alternativos, inclusive programas sociais para agricultores, como o Programa de Aquisição de Alimentos, cujo benefício deve ser condicionado ao não desmatamento. Os recursos públicos também devem financiar assistência técnica e requalificação para outras atividades ligadas à agricultura (com foco em técnicas mais sustentáveis) ou além de seu escopo. Há possíveis vínculos com a agenda urbana (cenário de políticas públicas C2a) se os agricultores receberem apoio para aproveitarem os benefícios da agricultura com alto valor agregado (especialmente a horticultura) em áreas urbanas e periurbanas.

Fortalecimento de bioeconomia. O papel da bioeconomia pode ser muito importante. Por um lado, a bioeconomia pode fornecer meios de subsistência alternativos para as populações rurais, dando-lhes acesso ao capital natural das florestas em pé e reduzindo os incentivos para a adoção de atividades insustentáveis, especialmente à medida que a concorrência agrícola se intensificar. Há, também, oportunidades para pequenas atividades ligadas à bioeconomia, como, por exemplo, atividades de apoio associadas às reservas legais. Por fim, várias atividades ligadas à bioeconomia têm alto valor cultural na Amazônia Legal. Exemplos disso são a produção de produtos florestais não madeireiros (como açaí ou cacau) e de produtos não florestais (como pesca e aquicultura), além do turismo ecológico.

É importante que os formuladores de políticas públicas prestem atenção a diversos riscos associados à bioeconomia, tais como:

- Os mercados são relativamente pequenos, e a promoção excessiva da produção pode resultar rapidamente na queda dos preços para os produtores, tanto na Amazônia Legal quanto em outras partes do mundo (que, geralmente, estão entre as mais pobres).

- Também há riscos de que esses produtores resvalem para a monocultura, o que contrariaria a noção original da bioeconomia e seria prejudicial às florestas.
- Estimular a bioeconomia urbana (que inclui o processamento de produtos da bioeconomia) poderia aumentar a demanda por terras, o que, num ambiente de governança territorial e florestal fragilizada, poderia prejudicar indiretamente as florestas.

Para mitigar esses riscos, as políticas podem se concentrar na produção sustentável em pequena escala. Tal produção deveria ser dirigida a nichos de mercado e contar com rótulos e fortes padrões de sustentabilidade em toda a cadeia de valor da bioeconomia. Políticas complementares de proteção florestal (por exemplo, cenários C4a e C4b) ajudariam a reduzir eventuais consequências não intencionais.

Adequação da proteção social. O Brasil já possui um forte sistema de proteção social, que também beneficia os habitantes da Amazônia Legal. As avançadas redes de proteção social do Brasil, como, por exemplo, o Auxílio Brasil, as aposentadorias rurais, o seguro-desemprego e outras, desempenharão um papel crucial na manutenção de padrões mínimos de vida nas situações em que a mitigação desses choques não for bem-sucedida.

Na Amazônia Legal, há oportunidades para intervenções complementares de proteção social, tais como o programa Bolsa Floresta ou o extinto Bolsa Verde. Essas intervenções apoiariam modos de vida tradicionais e recompensariam as populações rurais por manterem seus meios de subsistência sustentáveis nos ecossistemas sensíveis da Amazônia Legal. Tais programas podem reduzir o desmatamento decorrente da miséria econômica. Todavia, há limitações (Dasgupta, 2021), a saber:

- Esses programas tendem a se concentrar em comunidades que *já* adotam meios de subsistência sustentáveis.
- Condicionar o apoio a reduções mensuráveis no desmatamento pode colocar os beneficiários, que tendem a estar entre os mais vulneráveis, em conflito com madeireiros ilegais e outros criminosos — num ambiente em que o Estado de Direito já é falho.
- Mesmo que seja possível reduzir o desmatamento, ele pode "vazar" para outras partes da floresta, prejudicando a eficiência dos gastos fiscais (Porcher; Hanusch, 2022).

Um foco deliberadamente mais dirigido à proteção dos pobres e medidas de apoio a meios de subsistência sustentáveis reduzirão os riscos de decepções (e interrupções) caso os programas não reduzam efetivamente o desmatamento.

PACOTES DE POLÍTICAS PÚBLICAS PARA DIFERENTES NÍVEIS DE MATURIDADE ECONÔMICA E INSTITUCIONAL

Diferentes pacotes de políticas podem ser mais apropriados dependendo do nível de maturidade econômica e institucional na Amazônia Legal. Em conformidade com a figura 1.9 do capítulo 1, este memorando demonstrou como as economias de fronteira da Amazônia Legal podem se tornar mais prósperas por meio de uma transformação estrutural mais equilibrada (maturidade econômica), com o crescimento econômico se tornando cada vez mais urbano e fortalecendo a governança dos setores público e privado (maturidade institucional). Diversas intervenções de políticas públicas se complementam à medida que as economias amadurecem (figura 7.3). Os investimentos em capital humano permanecem cruciais, sendo, talvez, os mais importantes impulsionadores do crescimento inclusivo de longo prazo.

Maturidade institucional e econômica limitada

Nas situações em que os níveis gerais de maturidade ainda são baixos — por exemplo, nos estados mais remotos da Amazônia Legal, como Acre, Maranhão e Roraima, ou em certos municípios de outros estados, como Amazonas ou Pará — o primeiro desafio é desenvolver a maturidade institucional. Esse processo deve reconhecer a força das instituições tradicionais atuais, inclusive os povos indígenas da Amazônia Legal. Além disso, exige um fortalecimento da governança (a) no setor público (por exemplo, capacitação da administração pública, aplicação da lei, funções judiciais etc.); e (b) no setor privado (por exemplo, foco maior em normas e práticas ambientais, sociais e de governança [ESG]). Também inclui a governança dos mercados fundiários e a proteção florestal. As políticas devem garantir que toda a população da Amazônia Legal tenha acesso à infraestrutura básica, inclusive em áreas remotas.

No momento, as economias são pouco diversificadas, predominantemente dominadas pelo setor público; por serviços muitas vezes informais nas áreas urbanas; e por uma agricultura relativamente improdutiva nas áreas rurais. Nas abordagens tradicionais de desenvolvimento, esses estados deveriam buscar fortalecer sua produtividade agrícola, mas isso é arriscado se a governança florestal for deficiente, pois pode levar ao desmatamento (devido ao efeito Jevons). As políticas públicas devem apoiar uma produção rural sustentável (inclusive a bioeconomia), com o fomento da governança territorial e florestal como base para investimentos em produtividade agrícola. Sistemas de financiamento para a conservação já deveriam ter sido desenvolvidos nesta fase e devem estar disponíveis para todos os níveis de maturidade, pelo menos enquanto a floresta estiver ameaçada. Nesta etapa, é importante que o capital humano desenvolva as habilidades fundamentais e que ao população da Amazônia Legal esteja preparada para o processo de transformação estrutural da economia.

Maturidade institucional limitada e maturidade econômica alta

Este é um cenário relativamente hipotético, uma vez que as instituições são fundamentais para o desenvolvimento econômico. Em certa medida, o estado do Amazonas conseguiu fazer isso à custa de um desembolso fiscal alto, embora tenha enfrentado dificuldades para fazer com que sua economia relativamente urbana fosse mais voltada à produtividade. Devido a isso, o estado corre o risco de retornar a um ponto de baixa maturidade institucional e econômica.

Em economias relativamente maduras, a pressão econômica sobre as florestas naturais tende a ser menor. Isso poderia oferecer uma oportunidade política para reformar certos sistemas que apoiam implicitamente a agricultura extensiva (por exemplo, a atual estrutura do impostos fundiários ou o sistema de crédito rural), levando em consideração as respectivas responsabilidades dos

FIGURA 7.3

Intervenções de políticas públicas por nível de maturidade econômica e institucional

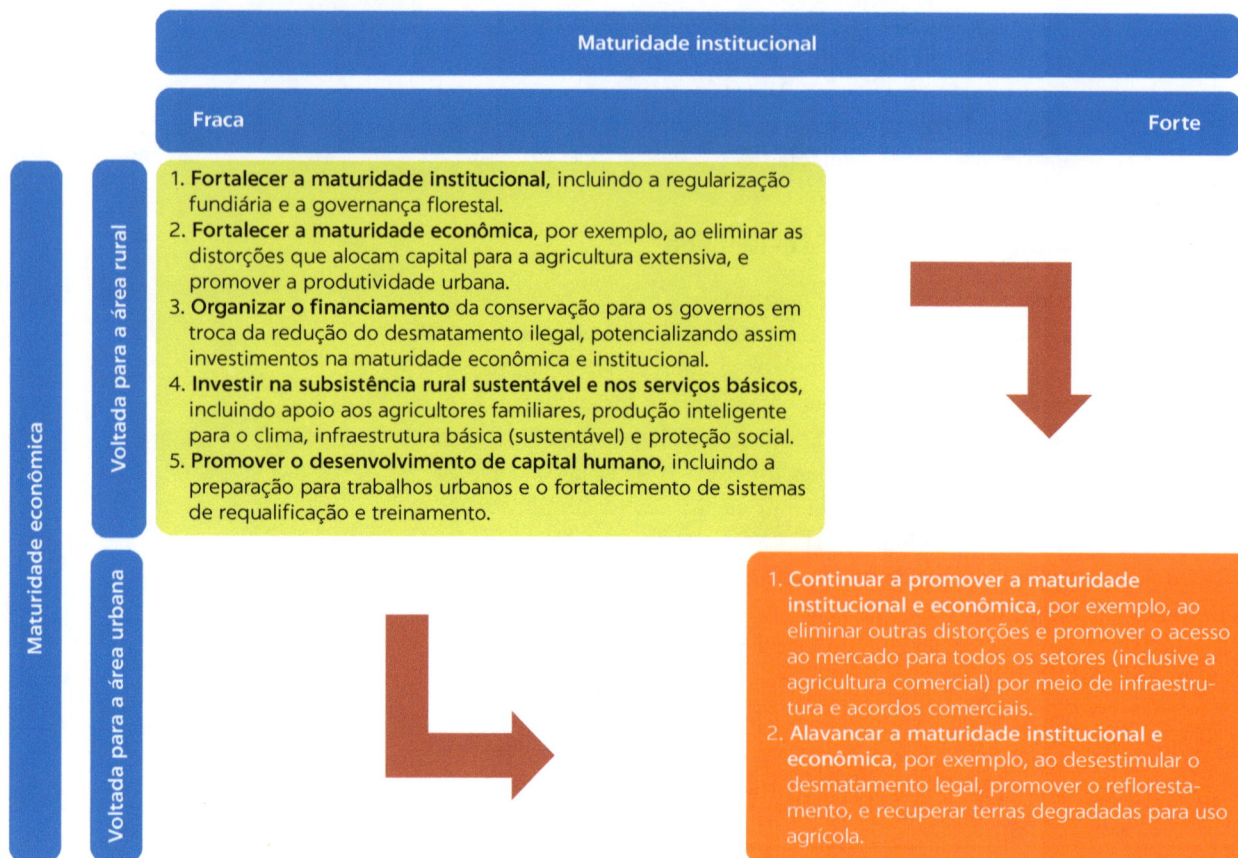

Maturidade institucional

Fraca — Forte

Maturidade econômica

Voltada para a área rural

1. **Fortalecer a maturidade institucional**, incluindo a regularização fundiária e a governança florestal.
2. **Fortalecer a maturidade econômica**, por exemplo, ao eliminar as distorções que alocam capital para a agricultura extensiva, e promover a produtividade urbana.
3. **Organizar o financiamento** da conservação para os governos em troca da redução do desmatamento ilegal, potencializando assim investimentos na maturidade econômica e institucional.
4. **Investir na subsistência rural sustentável e nos serviços básicos**, incluindo apoio aos agricultores familiares, produção inteligente para o clima, infraestrutura básica (sustentável) e proteção social.
5. **Promover o desenvolvimento de capital humano**, incluindo a preparação para trabalhos urbanos e o fortalecimento de sistemas de requalificação e treinamento.

Voltada para a área urbana

1. **Continuar a promover a maturidade institucional e econômica**, por exemplo, ao eliminar outras distorções e promover o acesso ao mercado para todos os setores (inclusive a agricultura comercial) por meio de infraestrutura e acordos comerciais.
2. **Alavancar a maturidade institucional e econômica**, por exemplo, ao desestimular o desmatamento legal, promover o reflorestamento, e recuperar terras degradadas para uso agrícola.

Fonte: Banco Mundial.

governos federal e estaduais. No entanto, é importante que os governos tentem fazer isso o quanto antes, pois a remoção da subvalorização do capital natural pode liberar capital para a transformação estrutural. Nos casos em que a produtividade urbana já for robusta, as políticas devem garantir que as populações rurais possam atender à demanda de empregos urbanos, inclusive por meio de treinamento e requalificação. Esses sistemas já devem ter sido implementados no momento em que as economias transitarem para esse estágio, para que seja possível proteger os meios de subsistência tradicionais usando sistemas de proteção social adequados.

Maturidade institucional alta e maturidade econômica limitada

A maturidade institucional ainda é relativamente baixa na fronteira amazônica, embora haja bolsões de boa governança nos estados da região (capítulo 4). Nos casos em que a maturidade institucional for forte, o foco das políticas públicas deve ser a promoção da maturidade econômica e, portanto, o fortalecimento da produtividade urbana e rural. Ao mesmo tempo, seria mais eficiente incentivar os agentes privados a evitar o desmatamento e a reflorestar e recuperar terras agrícolas degradadas, pois isso ajudaria a conter os potenciais efeitos de vazamentos.

Maturidade institucional e econômica alta

O objetivo é alcançar uma forte maturidade institucional e econômica. Embora ambos os tipos de maturidade possam ajudar a Amazônia Legal a convergir com o Brasil e o mundo, as reformas precisarão ser contínuas para que possam sustentar o processo de recuperação. Os riscos de desmatamento já são provavelmente mais baixos ao longo da faixa sudeste da Amazônia Legal, onde já houve muito desmatamento e onde os processos de transformação estrutural e convergência regional já se encontram em estágios mais avançados. No entanto, ainda há lacunas no que diz respeito à aplicação da legislação ambiental nessa região.

Uma forte governança fundiária e florestal, paralelamente a uma transformação estrutural equilibrada, será capaz de conter a agricultura extensiva e o efeito Jevons. Logo, este é o estágio em que fomentar a agricultura comercial apresentará menos riscos para as florestas da Amazônia Legal. Instituições fortes também limitarão os possíveis custos ambientais associados ao comércio ou à infraestrutura. A expectativa é que a maturidade institucional e econômica reduza o desmatamento legal e ilegal.

CONSIDERAÇÕES FINAIS E PAUTA DE PESQUISAS FUTURAS

Este memorando faz algumas reflexões sobre o desenvolvimento sustentável na Amazônia Legal. Ele deve ser complementado por outras pesquisas. O memorando se baseou em conhecimentos nacionais e internacionais significativos e destacou algumas lacunas nessa base de conhecimentos, principalmente em relação aos fatores macroeconômicos do desmatamento e a questões mais amplas relativas ao modelo de crescimento mais adequado para o Brasil e a Amazônia Legal. Também identificou vínculos entre as forças macroeconômicas, a força das instituições numa economia de fronteira e seu impacto conjunto na capacidade das instituições públicas de proteger a floresta. Em poucas palavras, ele exige uma ênfase maior numa transformação estrutural equilibrada, associada a instituições mais fortes de proteção florestal. Este memorando deve ser visto como uma contribuição para o debate sobre o desenvolvimento sustentável na Amazônia Legal, e seus principais *insights* devem ser minuciosamente questionados e desenvolvidos no futuro.

No caso da Amazônia Legal, as políticas analisadas neste memorando, em grande maioria, tendem a se alinhar a planos de desenvolvimento locais, especialmente os planos plurianuais (PPAs) e o Plano de Recuperação Verde 2021 (capítulo 1). No entanto, este memorando também defende algumas possíveis mudanças estratégicas, em particular as que têm seu foco no ambiente urbano. Incorporar o conceito de produtividade urbana na Amazônia Legal ao planejamento de políticas públicas exigiria mais tempo para sua elaboração, busca de consenso e implementação, além de recursos e plataformas adequados para a troca de ideias colaborativas.

Ainda há lacunas de conhecimento. Embora este memorando tenha gerado novos *insights* sobre a produtividade urbana, essa continua sendo uma área de pesquisa relativamente incipiente, que requer fortalecimento. Além disso, as cidades amazônicas precisam não apenas ser mais produtivas, mas também mais verdes. A sustentabilidade das cidades assume particular importância devido ao ecossistema altamente sensível em que estão localizadas. Este memorando também apresentou algumas ideias novas sobre o financiamento para a conservação, mas são necessárias mais pesquisas sobre a mecânica e os possíveis arranjos de implementação. Estudos adicionais podem tentar responder se o financiamento para a conservação é capaz de fornecer incentivos suficientes para gerar vontade política e recursos para proteger a Amazônia Legal.

Além disso, são necessários dados melhores para embasar as políticas públicas de desenvolvimento da Amazônia Legal. Este memorando foi limitado pelos dados disponíveis. Em alguns casos, sua elaboração ajudou a propor novas abordagens para o uso de dados, como as notas fiscais mencionadas no relatório complementar a este memorando, que permitem a análise dos fluxos comerciais subnacionais (Banco Mundial, 2023b). É possível desenvolver essa fonte de dados administrativos para outras pesquisas sobre políticas públicas, especialmente se for possível usar dados mais recentes (respeitando os importantes requisitos de confidencialidade associados aos dados tributários).

Outra deficiência foi a indisponibilidade de um censo recente, pois o censo populacional brasileiro de 2020 teve de ser adiado devido à pandemia de Covid-19. A conclusão esperada do Censo 2022 fornecerá informações muito importantes, principalmente para o longo prazo.

Como o índice de pobreza é alto na Amazônia Legal, os formuladores de políticas públicas precisam de uma boa base de dados para formular suas intervenções. No curto prazo, pesquisas domiciliares (como a Pesquisa Nacional por Amostra de Domicílios Contínua, ou PNADC) poderiam ser reformuladas para fornecer amostras suficientes para melhorar a compreensão sobre os meios de subsistência em comunidades amazônicas de mais difícil acesso.

Por fim, consultas e ações de *advocacy* são fundamentais. O desenvolvimento é sempre uma agenda compartilhada, e é fundamental que as partes interessadas sejam consultadas em todos os debates sobre políticas públicas. No contexto deste memorando, a pandemia de Covid-19 impôs alguns limites às consultas, especialmente no que diz respeito a interações presenciais com as comunidades, embora tenham sido realizadas consultas *on-line* com um amplo conjunto de partes interessadas. À medida que a agenda de pesquisas continua além da pandemia, serão buscadas oportunidades para mais interações e contribuições.

Naturalmente, as consultas também serão indispensáveis no desenvolvimento de políticas e projetos na Amazônia Legal, desde sua elaboração até sua implementação e encerramento. Quando houver consenso, as ações de *advocacy* podem apoiar a tomada de decisões nos setores público e privado. O que está claro é que as florestas da Amazônia Legal precisam ser protegidas, e este memorando oferece algumas sugestões sobre como promover o desenvolvimento econômico da região e, ao mesmo tempo, conservar suas excepcionais riquezas naturais.

NOTAS

1. A maioria dos mecanismos exibidos também foram modelados em Porcher e Hanusch (2022).
2. Para uma comparação de diferentes estratégias e custos de intensificação na Amazônia brasileira, ver Pedrosa et al. (2019).
3. O "efeito Jevons" refere-se à "intensificação que induz a extensificação", ou seja, os ganhos de produtividade agrícola aumentam o desmatamento em nível local. Para mais detalhes, ver capítulos 3 e 5.

4. Há evidências de que tais disposições em acordos comerciais regionais podem reduzir o desmatamento (Abman; Lundberg; Ruta, 2021).

5. Em 2012, o Brasil atualizou seu Código Florestal de 1965 e introduziu o Cadastro Ambiental Rural (CAR), uma inovação em termos de banco de dados e ferramenta de gestão ambiental.

6. Os quilombolas, descendentes de escravos africanos fugidos, são descritos em mais detalhes no capítulo 1.

7. O REDD+ é um marco criado pela Conferência das Partes (COP) da Convenção-Quadro das Nações Unidas sobre Mudanças Climáticas (UNFCCC), que significa Redução das Emissões por Desmatamento e Degradação Florestal nos Países em Desenvolvimento.

8. Esse risco também foi identificado em Dasgupta (2021), p. 205.

REFERÊNCIAS

Abman, R.; C. Lundberg; M. Ruta. 2021. "The Effectiveness of Environmental Provisions in Regional Trade Agreements." Policy Research Working Paper 9601, Banco Mundial, Washington, DC.

Banco Mundial. 2023a. "Brazil: Country Climate and Development Report." Banco Mundial, Washington, DC.

Banco Mundial. 2023b. "Urban Competitiveness in Brazil's State of Amazonas: A Green Growth Agenda." Report, Banco Mundial, Washington, DC.

Dasgupta, P. 2021. *The Economics of Biodiversity: The Dasgupta Review.* London: HM Treasury.

Dutz, M. A. 2018. *Jobs and Growth: Brazil's Productivity Agenda.* International Development in Focus Series. Washington, DC: Banco Mundial.

Gorton, N.; E. Ianchovichina. 2021. "Trade Networks in Latin America: Spatial Inefficiencies and Optimal Expansions." Policy Research Working Paper 9843, Banco Mundial, Washington, DC.

Pedrosa, L. M.; A. K. Hoshide; D. C. de Abreu; L. Molossi; E. Guimarães Couto. 2019. "Financial Transition and Costs of Sustainable Agricultural Intensification Practices on a Beef Cattle and Crop Farm in Brazil's Amazon." *Renewable Agriculture and Food Systems* 36 (1): 26–37.

Porcher, C.; M. Hanusch. 2022. "A Model of Amazon Deforestation, Trade, and Labor Market Dynamics." Policy Research Working Paper 10163, Banco Mundial, Washington, DC.

PNUD (Programa das Nações Unidas para o Desenvolvimento) e Universidade de Oxford. 2021. "People's Climate Vote: Results." Survey report, UNDP e University of Oxford.

Rajão, R.; B. Soares-Filho; F. Nunes; J. Borner; L. Machado; D. Assis; A. Oliveira, et al. 2020. "The Rotten Apples of Brazil's Agribusiness: Brazil's Inability to Tackle Illegal Deforestation Puts the Future of Its Agribusiness at Risk." *Science* 369 (6501): 246–248.

Searchinger, T.; R. Waite; C. Hanson; J. Ranganathan; E. Matthews. 2019. *Creating a Sustainable Food Future: A Menu of Solutions to Feed Nearly 10 Billion People by 2050.* Washington, DC: World Resources Institute.

Van Damme, P. A.; F. M. Carvajal-Vallejos; M. Pouilly; T. Perez; J. Molina Carpio. 2011. "Threats to Fish and Fisheries in the Bolivian Amazon." In *Los peces y defines de la Amazonia boliviana: Habitats, potencialidades y amenazas,* edited by P. A. Van Damme, F. M. Carvajal-Vallejos, and J. Molina Carpio. Cochabamba, Bolivia: Editorial INIA.

Williams, D. R.; M. Clark; G. M. Buchanan; G. F. Ficetola; C. Rondinini; D. Tilman. 2020. "Proactive Conservation to Prevent Habitat Losses to Agricultural Expansion." *Nature Sustainability* 4: 314–322.

www.ingramcontent.com/pod-product-compliance
Lightning Source LLC
Chambersburg PA
CBHW061134030426
42334CB00003B/28